辺境の生成

征服＝入植運動・封建制・商業

足立 孝 著

Generating a Frontier

Conquest-Colonization, Feudalism and Commercialization

名古屋大学出版会

辺境の生成——目　次

序章

ラテン・ヨーロッパは、一般に中世盛期と呼ばれるおおよそ一〇〇〇年から一三〇〇年におよぶ時間的枠組みのなかで、急激な社会経済的成長を遂げるとともに、活発な征服＝入植運動によってその周縁諸地域をも政治的、社会経済的、文化的に統合し、急速に拡大を遂げつつ形成された。その過程で統合された周縁諸地域、すなわち「辺境」には、ウェールズやアイルランド、バルト海沿岸やスカンディナヴィア、東ヨーロッパ、さらには地中海南ヨーロッパといった空間が含まれるが、互いに隔絶したそれらの空間では、ローマ・カトリック教会管区の組織的導入、封建的エリートの進出、入植にともなう自治都市や相対的に自由な村落の創出など、多様な差異を示しながらもおおむね類似の経験を共有したと考えられている(1)。

本書では、ラテン・ヨーロッパの「辺境」とみなされているそれら諸地域のなかでも、アンダルス（al-Andalus イスラーム・スペイン）と対峙し、レコンキスタと呼ばれる軍事的征服運動が繰り広げられたことで知られるイベリア半島をとりあげる。もっとも、これらの歴史的事象をもって語られること自体、イベリア半島があくまでもラテン・ヨーロッパの「辺境」であって、本来はラテン・ヨーロッパの純粋な構成要素とみなされていないことを端的にものがたっている。そもそもイスラームと対峙する「辺境」（Frontera）や、わが国では「国土回復運動」という訳語があてられる、一九世紀初頭以来の造語であるレコンキスタ（Re-conquista「再＝征服」）、これにつづく入植運動を意味するやはり造語のレポブラシオン（Repoblación, Re-población「再＝入植」）、これらはいずれもスペイン語にかぎらず大文字で表記される固有名詞であり、本来は歴史的事象とそれらが生起した空間そのものの特異性を表現するものである。ところが、国土を回復する、征服しかえすという思想の根底にあるのはむろん、キリスト教かイスラームかというきわめて単純な宗教的・文化的な二分法である。「辺境」や「再征服＝再入植」はこうして、ラテン・ヨーロッパの歴史的な形成過程とはおよそ無関係に、互いに相容れない宗教的・文化的統一体の普遍的な対立の構図に回収され、大文字で表記されたままで、特異どころか、せいぜい特殊のカテゴリーにはめこまれてしまう。それらは結局、どこで生起したのか。ラテン・ヨーロッパの内か外か。わたしたちは早くもここで、答えに窮するなんともやっかいな問いに直面するのである。

それゆえ、わたしたちはまずもって、「辺境」がいかなる空間であったか、「再征服＝再入植」が実際にいかなるかたちで展開し、なにをもたらすものであったか、その概要をあくまでも実態にそくして多少なりとも理解しておかなくてはならない。となれば、大幅に遠回りとなるが、ひとまず宗教的・文化的な装いを全面的に排して、イベリア半島全体の「再征服＝再入植」ならぬ征服＝入植運動の展開過程をそれ自体独立したかたちで概観しておく必要がある。この序章はそれゆえ、本書でとりあげる問題を設定する純粋な序論というにはいささか長大で、ほぼ総説に近しい性格を帯びたものとなるので、その構成をあらかじめ整理しておこう。

まず第1節では、前述のようにイベリア半島全体の征服＝入植運動の展開過程を概観する。その際、従来のレコンキスタの歴史叙述からすればかなり異質ながら、つづく議論との関係で、とくに「辺境」と封建制との関係に焦点をあてて叙述する。(2) 第2節では、宗教的・文化的な外部との近接性を唯一の根拠にやや安易に用いられてきた大文字の「辺境」を実態にそくして解体することで、「辺境」を広くラテン・ヨーロッパ全体に適用可能な分析概念として定立するべく、研究史の整理と史料概念の分析に基づく基礎的な作業を試みる。ただ、本書でラテン・ヨーロッパ全体を網羅することは手に余るので、ここでは議論の射程を地中海南ヨーロッパに限定することにしたい。そして第3節では、そうした「辺境」の管理・掌握という観点から、封建制というすこぶる伝統的な概念を新たに空間編成論的に捉え直し、かつてのように封建制とその発展段階の様式的・構造的なモデル化をあらためて試みるのではなく、封建制の形成をよぎなくする空間編成がいかにして生成・展開するか、そのプロセスそのものをモデル化する。それゆえ、「辺境」をとりあげる第2節と、封建制をとりあつかう第3節は、一見すると無関係にみえながら、じつは理論レヴェルで分かちがたく結びついている。双方の検討をふまえたうえで、ようやく第4節において、概して否定的あるいは対立的に捉えられてきた征服＝入植運動と封建制、さらには封建制と商業との関係を問い直そうとする、本書の問題設定が具体的に抽出されることになろう。

1 「辺境」と征服＝入植運動

「辺境」の生成

「辺境」とはなにか。アンダルスと対峙する空間が当時の史料のなかでいかに言及されたかをごく簡単にふりかえっておこう。それ自体「辺境」を意味する史料概念の一つに、カタルーニャで九世紀以降断続的に言及されるマルカ（marca）がある。わが国では「ヒスパニア（スペイン）辺境領」の訳語で知られるマルカ・ヒスパニカ（Marca Hispanica）が最初の用例であり、これがイベリア半島のなかでも、とくにカロリング朝フランク王国に編入されたカタルーニャの主要部分を指すものと伝統的に理解されてきたのである。だが、その言及はカタルーニャの史料にはいっさいみられず、宮廷編纂の『王国年代記』（Annales regni Francorum）や『皇帝ルイ伝』（Vita Hludowici imperatoris）のなかでも王権が軍事遠征を再開させた八二〇年代の記述に限定されるうえに、フランク王国（Regnum Francorum）にもヒスパニア（Hispania 当時はアンダルス）にも厳密には含まれない空間として表現されている。その実態

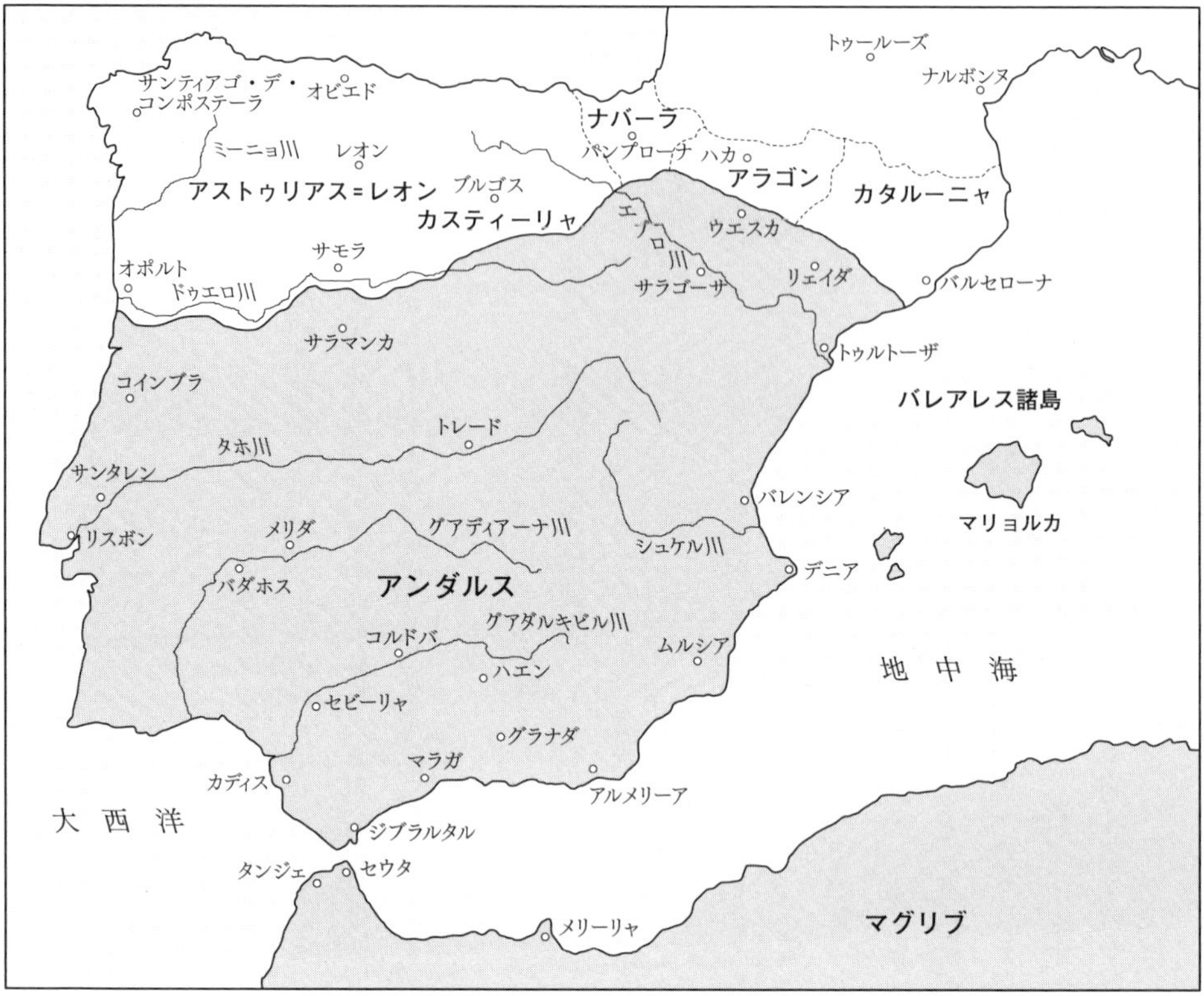

図 0-1　1000年頃のイベリア半島

は、バルセローナ伯領を筆頭に主要六伯領の集合体にすぎず、王権に公然と反旗を翻すフランク系の伯と、逆に王権に誠実を尽くす西ゴート系の伯がムワッラド（改宗ムスリム）と連携しながら、それら伯領を互いに争奪するという、王権からすればおよそ制御しがたい空間であった。したがって、それはあくまでも「中心」を自任する王権のまなざしからみた「辺境」にすぎないのであって、実態としては、王権に政治的に服属してはいるものの、空間的には当初からいずれの側にも属さない不安定かつなかば独立した空間であった。

この点で、ほぼ同時期にサラゴーサ、トレード、バダホスをそれぞれ核として編成された、アンダルスの上・中・下辺境領に用いられるアラビア語のサグル（tagr）という「辺境」概念にもふれておく必要がある。それら辺境領は本来、軍事遠征を念頭においた「中心」の政治的・軍事的なイデオロギーに由来するものではなかったから、マルカ・ヒスパニカのような一時的かつ限定的な概念ではない。けれども、その実態は前述の空間となに一つ変わるところがなかった。ことにアンダルス北部の上・中辺境領はムワッラド人口が際立って濃密な空間であり、エブロ川流域一帯で覇権を握った有力ムワッラドであるカスィー家や、度重なるムワッラド反乱の拠点となったトレードのように、自らの独立を維持するためならば、「中心」たる首都コルドバに反抗することを厭わず、キリスト教徒と政治的同盟を結ぶことにもいささかも躊躇しなかったのである。となれば、それぞれの「中心」からみた「辺境」が互いに境を接していたのではなく、それぞれの「中心」がいずれも「辺境」とみなす、厳密な境界画定の不可能な第三の空間が両者のあいだに横たわっていたと考える方がはるかによく理解できよう。

「辺境」と封建的支配関係

とはいえ、以上のような「辺境」のあり方は、「中心」の認識や動向次第でいかようにも変化する。事実、前述のマルカは、フランク王権そのものが解体の一途をたどる一方、バルセローナ伯が事実上の君主となった一〇世紀初頭から、むしろ現地の史料でさかんに言及されるようになる。とくにバルセローナを筆頭にアンダルスに近接した伯領には、それぞれ固有のマルカが、伯領とは厳密に区別された領域として付属した。それらはけっして無人地帯ではなかったが、自発的な入植をつうじて独立農民が広範に生み出されるような自由な空間であったわけではなく、むしろ聖俗貴族によって城塞の建設と組織的な入植が急速に進行し、本来は城塞そのものを意味するカストルム（castrum）という言葉をもって表された、無数の城塞領域にいち早く分節化された空間であった。なかでもバルセローナ副伯を筆頭とする従来の役人は一一世紀初頭から自らの政治的・経済的基盤をマルカにおける城塞領域の領有に求めるようになり、裁判・軍事・租税にかかわる伯権の一部を私的に濫用して農民に対する領主制的支配を強化する一方、私的に編成された騎士集団を動員して深刻な私戦を展開し、果ては互いに連携してバルセローナ伯に公然と反旗を翻したのである。一般に「危機」と表現されるこうした事態に直面した伯は、それら貴族と私的かつ封建的な紐帯を創出することにより、権力の再編と秩序の回復を図るほかなかった。「中心」にとってかくも制御しがたい「辺境」は、その掌握の唯一の手段として封建的支配関係を否応なしに生み出したのである。

他方、カタルーニャで「辺境」発の「危機」が乗り越えられつつあった一一世紀後半、すぐ西のアラゴン王国ではフロンテーラ（frontera）という新たな「辺境」概念が登場する。その最初の言及は国王ラミーロ一世の二通の遺言状（一〇五九年および六一年）においてであるが、その治世末期は、ピレネー山脈内部の狭小な王国の存亡をかけて、成果はともかくイスラームのサラゴーサ王国に対する軍事遠征がさかんに行われた時期であり、この場合の「辺境」は政治的・軍事的な色をひときわ濃厚に帯びている。この空間は、ピレネー山脈南斜面に東西に並べられた城塞群によって形成されていて、アンダルス随一の濃密な城塞分布を示すサラゴーサ王国北端の城塞群と、互いが完全に視認できる距離で対峙していた。とはいえ、こうした極端な近接性は、城塞領域に分節化された空間編成という点で、およそ判別のつきがたい共通性を両者にもたらした。もともとアラゴン王国では、「辺境」を中心に王権主導で城塞が組織的に建設され、王族、または王権にきわめて近しい少数の大貴族に、国王ホノール（honor regalis）という保有形態の下で複数の城塞領域の管理が世襲的に委ねられてきた。だが、一〇八〇年代以降、征服の本格化にともない城塞の総数が増加してくると、伝統的な城塞保有のあり方が、各地で興隆した新興貴族を「辺境」へと動員し、王権との封建的支配関係を系統的に創出する装置へと様変わりしてゆく。それゆえ、ここでもやはり「辺境」は典型的な城主支配圏と封建的支配関係の揺籃の地として現れてくるのである。

以上のように「辺境」の生成要因があくまでも権力の「中心」との政治的な関係によって説明されるとすれば、「中心」による政治空間全体の統合が多少なりとも進行しなくては、特定の空間が「辺境」と認識されること自体ありえない。伝統的に「辺境」の典型とみなされてきた半島北西部のドゥエロ川流域もやはり無人地帯ではなかったが、いかにも曖昧に「最果ての地」(extrematura) とは呼ばれても、前述のような特定の史料概念をもって表現されることはなかったし、「辺境」として実際に認識されるにいたったのはアストゥリアス＝レオン王権がこの空間を政治的に統合した一〇世紀中葉のことであった。もっとも、政治的統合は王権主導の入植の所産ではなく、王権が、既存の主要城塞を核とする城塞領域を拠点にもともと独立状態にあった在地の軍事的有力者と、交渉を介して封建的支配関係を取り結ぶことによってはじめて可能になったのである。その最たる例がまさしくカスティーリャ伯であり、一〇世紀後半の王国の政治的危機に乗じて、「辺境」の狭小な支配領域を次第に拡大しながら完全な独立状態をほしいままにしたことは、本来「辺境」が空間的になかば独立した状態にあり、封建的支配関係を構築するほかにつなぎとめる術のない空間であったことをあらためて示すものといえよう。

とはいえ、このように「辺境」が「中心」に強いる交渉は、王権と伯とのレヴェルにとどまらない。この点で、カスティーリャ伯によってはじめて発給された九七四年のカストロヘリスのフエロ (fuero, forum 特権状) の諸規定は意味深長である。そこでは、同地の住人が、馬と武具を自弁で装備できる民衆騎士 (caballeros villanos) と、歩兵 (peones) とに大別されていて、とくに民衆騎士が下級貴族であるインファンソン (infanzón) と同等の諸特権を享受しうるものとされている。このフエロはそれゆえ、入植をつうじて民衆騎士、ひいては下級貴族へと社会的に上昇を遂げうるカスティーリャ社会の自由な特性を示すものとみなされてきたのである。だが、カストロヘリスは本来、カスティーリャ伯の支配下になかった既存の集落である。それゆえ、むしろ共同体上層の民衆騎士の誠実を獲得しようとした伯と、その保護を受け入れつつも自らの既得権を維持・拡大しようとした民衆騎士との交渉がフエロに結実したものと考えなくてはならない(3)。

こうした論理は、カスティーリャ＝レオン王国成立後、一一世紀末に王権主導で組織的な入植が進展したと考えられてきたドゥエロ川南岸のシウダー・ロドリーゴ、サラマンカ、セゴビア、アビラといった防備都市群にもおおむねあてはまる。じつはこの空間の入植には王権はおろか貴族さえも積極的に関与しておらず、当初からそれを担ったのは、そうした権力の間隙にあったからこそ自由に闊歩しえた民衆騎士であった。その意味では、王権のフエロが民衆騎士の生成を促したのではなく、逆に民衆騎士こそが王領地に統合される代わりに自らに有利なフエロを引き出したのである(4)。それゆえ、少数の民衆騎士が独占的に掌握したコンセホ（concejo, concilium 都市共同体）の広範な自治、彼らが率いたミリシア（milicia 都市軍）の自立性、複数の定住地を内包する広大な裁判領域としての都市の属域で成立した集団的な領主制的支配といった、それらの防備都市が享受した共通の諸特性は、封建的支配関係の不在をものがたるものではなく、むしろ「辺境」というなかば独立した空間だからこそ生み出されたその一形態にほかならないのである(5)。

征服・分配・入植

さて、一〇八五年のトレード征服を皮切りに、一〇九六年のウエスカから一一一八年のサラゴーサにおよんだ一連の征服は、タホ川とエブロ川がそれぞれ貫通する空間全体の征服を本格化させるものであった。とはいえ、カスティーリャ＝レオン王権によるトレード王国の征服はムスリムの主要ターイファ（群小王国）の一つが政治的な解体をみたという点で重要な画期をなすものであったが、本来のトレード王国の領域的枠組みからすれば、完全に確保されたのはトレードやマドリーといったメセタ（中央台地）の数都市にすぎず、それらの周囲の城塞群も割譲されたのはその一部にとどまったうえ、タホ川南岸の城塞にいたっては北アフリカから進出したムラービト朝の攻勢によって一一〇〇年代にあえなく占領の憂き目に遭っている。かくも不安定な空間の内部では、ムデハル（キリスト教徒統治下のムスリム）が降伏協定に基づく王権の「寛容」な政策に後押しされるかたちで流出の一途をたどり、モサラベ（イスラーム統治下のキリスト教徒）もまた残留人口としてはごく小規模で、トレードのモサラベに賦与されたフエロは一二世紀初頭に本格化した南方からの人口流入の所産であった。

逆に北方からの人口流入は、都市を除けば遅々として進まず、農村の入植が本格化するのは一一五〇年以降のことである。たとえば、マドリー周辺では、定住地の三五％がローマ期以前にさかのぼるアラビア語化された地名をともなっていたが、ほぼ同時期を画期としてその半数以上が廃絶し、これに代わってロマンス語地名を冠した定住地が全体の半数以上に達している。一二を数えたかつての城塞は当初は貴族に、一一八一年以降はトレード大司教、サンティアゴ騎士団、さらにはセゴビアやマドリーのコンセホにそれぞれ賦与された。個々の城塞には「サラセン人の時代に帰属した」(quos habebat tempore sarracenorum) 領域がともなっていたが、いまや政治空間の分節化の中心となったマドリーの属域にとりこまれて、本来の領域中心としての機能を次第に喪失していった。また、都市近傍の灌漑地帯には、かつてのムスリム有力市民の私的所領と想定されるトゥーリス (turris「塔」の意) が広く分布し、一部は新たな定住地の核となったものの、同時期に入植・開発の中心となったのはむしろ非灌漑地帯であったから、その多くは全面的に放棄される傾向にあった。(6)

他方、アラゴン王国が対峙したエブロ川中流域では、北端の城塞アジェルベの征服（一〇八二年）、同じくナバルの自発的な降伏（一〇九五年）をもって、ようやくウエスカおよびバルバストロの本格的な征服が開始された。ウエスカを中心に三九、バルバストロでは二九を数える城塞群は総じて再占有され、都市と同様に貴族が国王ホノールとして保有するところとなった。また、ここではムスリム有力市民のアルムニア (almunia) と呼ばれる私的所領が都市近傍の肥沃な灌漑地帯に集中しており、こちらは征服直後に事実上の「封」として貴族や騎士に分配された。とはいえ、ムデハルは自発的に降伏したナバルを唯一の例外として全面的に流出したし、キリスト教徒の入植も都市を除けば円滑に進行したわけではなかった。それゆえ、王権は一一三〇年代に、成果はともかく非灌漑地帯で城塞の新設を試みる一方、既存の城塞についてはこれを保有する貴族の頭越しにフエロを発給しつつ、均等に区画された土地を割り当てて入植を図っている。さらに、城塞保有の世襲化が確立した一一七〇年代になると、城塞であれアルムニアであれ、聖俗貴族が自らフエロを発給して積極的に入植・開発に乗り出すようになった。その際、城塞周辺の既存の定住地は往々にして放棄され、城塞にいっそう近接した区画に新たな集住村落が創出された し、アルムニアにおいても従来の散居定住が卓越した状態から、しばしば塔を核として集村化が図られている。こうした傾向は、エブロ川南岸を中心にムデハル人口が比較的濃密に残存したサラゴーサ周辺でも、[7] 一一三七年のアラゴン連合王国成立後、やや遅れて征服されたトゥルトーザ[8]やリェイダ[9]の周辺でもまったく同様であった。

タホ川流域およびエブロ川流域のケースでは、いずれも征服・分配・入植をつうじてかつての空間編成がほぼ全面的な変容を遂げている。けれども、かたや広大な属域を有する防備都市を軸に空間が再編成されるなかで従来の城塞の機能が大幅に失われ、かたや城塞が緊縮した領域の中心として維持されつつ、その直近に領主主導で新たな集住村落が組織的に創出されてゆくといった具合に、征服後に生み出される空間編成については一見正反対の動向を示しているかのようである。だが、タホ川流域のトレードを含むメセタ一帯に城塞が少なかったわけではない。たとえば、トレード王国南端には主要街道沿いに多数の城塞が分布し、王権は当初、それらを大貴族の掌中に集中させ、複数の城塞領域をさも単一の政治空間であるかのように一挙に管理させようとした。その試みは結局頓挫し、一二世紀後半からサンティアゴ騎士団やカラトラーバ騎士団がそれらを全面的に継承して、広大な騎士団領(エンコミエンダ encomienda)を形成することになるが、本来散居定住が卓越したこの空間の集村化の動因となったのは、まぎれもなくそれらの城塞であった。[10] 興味深いことに、当時の書記は、防備都市についても城塞集落についても領域中心であるかぎり、いずれもカストルムという共通の呼称をもって表現しており、とりたてて区別していない。それゆえ、ここでは、防備都市か城塞集落かといった、地誌的に区別しがたい領域中心の差異ではなく、むしろそれらに帰属する領域全体がいかに政治的に自立的に編成されたかという点に注目しなくてはならないのである。

貴族不在の空間

バレンシアを眼前に控えるエブロ川以南のアラゴン南部は全体としてみれば、ナバーラ出身の貴族アサグラ家の下で独立状態を維持したアルバラシンを唯一の例外として、テンプル騎士団（アルファンブラ、カステリョーテ、カンタビエハ、ビジェル）、聖ヨハネ騎士団（アリアーガ）、カラトラーバ騎士団（アルカニス）、サンティアゴ騎士団（モンタルバン）がそれぞれ領有する騎士団領と、規模のうえでそれら全体をも凌駕する防備都市テルエルのきわめて広大な属域で編成された空間であった。なかでもほぼ完全な自治と広大な属域を有したテルエルは、王国の統一法として編纂された一二四七年の『アラゴン慣習法』（Fueros de Aragón）や一二八三年の「アラゴン総特権」（El Privilegio General de Aragón）で、アラゴン王国とは別の独立した空間ユニットとみなされており、その意味では、アルバラシンと同じく、わたしたちがこれまでにみてきた「辺境」の潜在的な独立性を極端なまでに具現化した空間編成の一つにほかならない。

本来ムスリム人口の希薄なイベリア山地のただなかの小定住地にすぎなかったテルエルは一一七一年に征服されたものの、一一七七年のフエロをもって入植が図られると同時に、四千㎢を優に超える属域の境界が画定されている。同じく自治的なコンセホが創設されたカラタユーやダローカのフエロと違い、テルエルのフエロは入植者に民衆騎士と歩兵という一定の格差を設けているが、全体を貫く平等主義的な色は前者のフエロと本質的に変わらない。けれども、一三世紀にはすぐさま民衆騎士がコンセホ要職を独占するようになり、都市軍の軍事遠征でも戦利品や捕虜の分配比率に歩兵とのあいだで明白な格差が設けられるなど、馬の所有という経済的な優位性が法的かつ

図 0-2　13 世紀中葉のイベリア半島

政治的な優位性に直に結びついていた。その属域は、まさしく都市が八〇を超える域内村落（アルデア〔aldea〕）を支配する巨大な裁判所領にほかならず、一二七七年には王権が、テルエルのフエロを共有する域内村落にかぎり、村落間の盟約団体（アルデア共同体〔Comunidad de aldeas〕）を結成する特権を賦与し、テルエルの領主制的支配に対する抵抗運動を後押ししたほどだったのである。[11]

以上のように騎士団領と防備都市にほぼ二分された空間編成のあり方は、半島中西部にある現在のエストレマドゥーラならびにカスティーリャ・ラ・マンチャに相当する空間においても顕著にみてとれる。わけても騎士団領の比重の高さは特筆すべきものであり、エストレマドゥーラでは全体として約一万八千㎢もの空間が、西側のアルカンタラ騎士団領（アルカンタラを中心としてタホ川北岸からグアディアーナ川流域まで）と、東側のサンティアゴ騎士団領（カセレス近傍のモンタンチェスからシエラ・モレーナ山脈北斜面のジェレーナまで）とに分かたれている。また、カスティーリャ・ラ・マンチャでは、約一万三五〇〇㎢にもおよぶ西南部のカラトラーバ騎士団領（カラトラーバ・ラ・ビエハを中心とするカンポ・デ・カラトラーバ）、中央部におおよそ四千㎢の聖ヨハネ騎士団領（コンスエグラを中心とするカンポ・デ・サン・フアン）、東部には約一万㎢ものサンティアゴ騎士団領（ウクレスを本拠地としてタホ川からセグーラ・デ・ラ・シエラまで）が、それぞれ南北に展開している。

それらはいずれも領域的な性格を帯びているが、アラルコスでの敗戦（一一九五年）でひとたび停滞をみたのち、ラス・ナバス・デ・トローサの戦勝（一二一二年）を経て、それぞれ域内に分布する多数の城塞を単位として入植が図られると同時に、かつてのムスリム定住地を母体に、コルティーホ（cortijo）と呼ばれる塔付属の防備定住地が域内各所に生み出された。[12] 興味深いことに、カスティーリャおよびレオン王国でははじめて、前述のフロンテーラが変化したフロンタリア（frontaria）という「辺境」概念が一二二〇年頃からこれらの空間を指して使用されるようになる。それはしばしば、騎士団が掲げる十字軍理念とあいまって、王国全体がキリスト教的一体性（christianitas）によって領域的に不可分かつ不可侵な性格を帯びたことを示すものと理解されている。[13] だが、その言及は例によって国王文書に限定され、現地ではいっさい使用されていない。そしてなにより、それら騎士団が王権に奉仕するのは、都市軍と同様に、王権が報償の賦与や特権の遵守を約束する、交渉と協定の下であったことを忘れてはならないのである。

封建的支配関係と商業

前述のいずれの空間においても、ことに主要都市の征服直後には、王権によって任命された「分配人」(partitores)がユガーダ(yugada 二頭立ての牛で一日に犂耕される面積)という単位を用いて、非灌漑地帯を中心とする一部の征服地を一律に査定・分配した形跡がみとめられる。もっとも、その活動全体が一般に「分配記録」(Libro del repartimiento)と呼ばれるある種の土地台帳に網羅的に記録されるようになるのは、一三世紀に入ってからのことである。現存する最も早期の例は一二二九年から一二三二年にかけて征服されたマリョルカの『分配記録』であるが、そこではアラゴン連合王国国王の掌中に留保された全島の二分の一を対象に、ムスリムの定住地(アルケリア〔alquería〕)や、やや規模の劣る私的所有地(ラハル〔rahal〕)がいずれも、前述のユガーダに相当するジョバーダ(jovada)という単位をもって縦横に分割され、自由な小土地所有を創出しようとする王権の政策的意思を反映して総じて均等に分配されている。残る二分の一についても王権と同様に貴族固有の「分配記録」が作成されたと想定されるが、唯一知られる傍系王族のサルダーニャ＝ルサリョ伯ヌノ・サンスの『ラメンブランサ』(Remenbrança)は、あくまでもヌノ・サンスに分配された土地財産のリストでしかない。それゆえ、『分配記録』は全島を網羅するものでないばかりか、従来の空間編成をいかに再編成するかという王権の政策的意思を示しはしても、現実にいかなる空間編成が発達をみたかを詳らかにするには欠けるところの多い史料である。王権はもとより最大の受益者となった貴族でさえついぞ定着することのなかったマリョルカでは、貴族の分配地が往々にして消滅し、本来の分配内容が急速に変化を被る傾向にあったからである。

こうしたなかで実質的な受益者となったのは、出自は騎士や商人とさまざまながら、常時不在の王権や貴族の所領を永代または期限つきで多数保有し、分配・入植を代行することで財をなした中間層の家族集団であった。たとえば、騎士の肩書きをもつピカニィ家はヌノ・サンスとともに遠征に参加したため、王権の『分配記録』にはいっさい登場しないが、同島南部のフェラニチをはじめとする定住地を当初はヌノ・サンス、のちに王権から保有する一方、肩書きとは裏腹にムスリム奴隷の売買やオリーヴの輸出におおいに精を出したことで知られる。同家の娘が嫁いだのが、著名な神学者となるラモン・リュイその人であるが、バルセローナ出身の同名の父もまたアルケリアやラハルの用益権を集積することでその富を築き、やはり奴隷売買にそれを注いでいる。他方、ビク出身のバルナット・エスパニョルは商人でありながら征服に加わったことにより、『分配記録』で三定住地とシウタット・ダ・マリョルカ（パルマ）の粉挽水車の一部を賦与されているが、そのほかにもカタルーニャ筆頭貴族のモンカーダ家の領主役人として所領の分配・入植につとめる一方、徴税権をはじめとする公的諸権利を購入してその収入源をさらに拡大させている。以上のように、彼らの富の源泉はあくまでも封建的支配関係に由来するものであったが、市域内の家屋や土地を購入することで、都市＝農村間の障壁をなんなく乗り越えたし、奴隷売買とならんで、征服以前には菜園の一作物にすぎなかった葡萄やオリーヴを輸出向けに増産すべく、葡萄畑やオリーヴ畑を広範に生み出した。それゆえ、ここでは、多かれ少なかれイベリア半島全体でみられる以上に、封建的支配関係と商業とがおよそ切り離しがたく結合していたのである。(14)

慣習法文書と領主制的支配

他方、ラス・ナバス・デ・トローサの戦闘後、三ターイファに分裂をみたバレンシアは、マリョルカ征服完了後の一二三三年から一二四五年にかけて、アラゴン連合王国による三回にわたる大規模な遠征をもって段階的に征服された。まず一二三三年にはブリアーナを中心とする北部一帯が征服され、ついで一二三七年から三八年にかけてバレンシアを筆頭にシュケル川までの中部一帯、最後に一二四四年から四五年までにシュケル川以南のデニア、シャティバから、カスティーリャ王権とのアルミーラ条約（一二四四年）で設定されたムルシア王国との境界にあたるビアル＝ブソット線までが領有されている。バレンシアは、一二七二年の段階で三万人のキリスト教徒に対してムデハルが二〇万人という概算人口がしばしば象徴的に引用されるように、半島では類をみない規模のムデハルが残留したと想定されてきた。だが、前述のように三段階におよんだ征服過程は必然的に分配・入植の時間的かつ空間的な差異をもたらさずにはいなかったし、これに大きなところで一二四七年と一二七六年のムデハルの反乱と追放が加わるのだから、全体を一様な空間として捉えるのは無理があるように思われる。この点は、王権の『分配記録』の不均質な性格からしてもそうである。確かにそれはバレンシア全体を記録範囲としているが、本来は出所も性格も異なる三つの写本の複合体であり、それぞれの内容も空間的かつ時間的に大きく異なっている。それゆえ、ここでは前述の各セクターを、順を追ってみておかなくてはならない。

まず、セニア川からミリャルス川を越えてパランシア川までの北部一帯（カステリョ）では、ペニスコラやブリアーナなど沿岸部の主要都市こそ王権の下にとめおかれたが、当初からアラゴン貴族が独自に進出していたこともあり、ムレーリャを自ら征服したアラゴン家や、テンプルおよび聖ヨハネ騎士団の城塞領域が内陸部を中心に多数生み出されている。ムデハルはほぼ流出をみたが、ミリャルス川以南の内陸部ではなお濃密に残留しており、反乱の中心地になることもあった。こうした傾向は全体としてみればパランシア川からシュケル川までの中部一帯でもほぼ同様であったが、とくに王権にとって最も重要な中央部のバレンシアとその管理下におかれたロルタ・ダ・バレンシアに関しては、一二四〇年に独自の『バレンシア慣習法』（Furs de València）が賦与される一方、『分配記録』によれば、家屋、菜園、葡萄畑、耕地からなる三ジョバーダ相当の小経営地が一千件以上にわたって分配され、小土地所有の卓越した空間が組織的に生み出された。また、定住地レヴェルの分配にあずかったのは、カタルーニャやアラゴンの諸都市共同体であり、騎士団がこれにつづいたが、貴族はそこから意図的に締め出された。さらにシュケル川以南については、征服そのものがムスリム地域権力との家士契約を介して達成されたから、ムデハルの定住地は手つかずのまま存続したし、キリスト教徒の入植は軍事的要衝に事実上限定され、領主所領や定住地そのものが、南下するにしたがって希薄になってゆくのである。

もっとも、ムデハルの大規模な流出を招いた一二七六年の反乱は、被支配マジョリティに依存した経営の限界を露呈させたのであり、分配にあずかった聖俗貴族や諸都市共同体は、入植許可状をさかんに発給して本格的にキリスト教徒の誘致を図ろうとした。そこでは通常、「悪しき」と形容される領主制的賦課租の全廃、教会十分の一税および初穂納入のみの負担、粉挽水車や竃などの使用強制の撤廃が約束され、入植者はおもに『アラゴン慣習法』か、普及途上の『バレンシア慣習法』によりその自由を法的に保証された。ところが、『バレンシア慣習法』の普及後、入植者が負担すべき領主制的賦課租はむしろ増大の一途をたどった。そもそも『バレンシア慣習法』自体、ローマ法理念にねざした、当時としては破格のフエロであったが、入植者はこれと並行して、やはりローマ法に由来する永代土地貸借契約（enfiteusis）を個別に取り結ぶよう強いられるようになり、証書を介して設定された多様な領主制的賦課租を拒むことができなくなったのである。『バレンシア慣習法』の普及過程自体もまた、それに拍車をかけている。『バレンシア慣習法』は一二六一年の議会（コルツ〔Corts〕）で王国の共通法となったが、とくに北部一帯の城塞領域では『アラゴン慣習法』がなお優勢であった。こうしたなかで王権は領主に対して、自動的に付帯する軽罪裁判権に加え、『バレンシア慣習法』の受け入れを条件に、重罪裁判権の行使をも容認するという戦略をとったのである。それゆえ、『バレンシア慣習法』の王国共通法としての普及は、慣習法文書の一般的イメージに反して、むしろ領主制的支配の全面的な確立を促したといえよう。[15]

貴族の復権

翻ってイベリア半島南西部でも、やはりラス・ナバス・デ・トローサの戦闘からほどなくして、ムワッヒド朝のイベリア半島支配が霧散し、ふたたびターイファの乱立状態に陥ったアンダルスの中核地帯であるグアダルキビル川流域への本格的な進出が図られた。王位継承のたびに分離統合を繰り返してきたカスティーリャ王国とレオン王国が一二三〇年に国王フェルナンド三世の下でついに恒久的な統合を実現したことも、それを強力に後押ししたことは疑いない。一二二四年から一二四六年にかけて、ハエンを中心とするグアダルキビル川上・中流域が次々と征服され、この間に西では往時の首都コルドバの領有（一二三六年）、東ではセグーラ山脈をも越えて、アルカラス協定（一二四三年）によりムルシア王国が保護国化されるなど、その進路に立ちはだかるものはもはや存在しないかのようであった。ここからグアダルキビル川を下って、ムワッヒド朝のイベリア半島支配の拠点セビーリャの攻囲が開始されたのは一二四六年、最終的に征服をみたのはその二年後のことである。もっとも、それと歩調を合わせるように、アルホーナのターイファが南下して成立したナスル朝グラナダ王国が、アンダルシアおよびムルシア全域におよんだ大規模なムデハル反乱を扇動し（一二六四〜六六年）、さらに一三世紀末にはマグリブのマリーン朝やアラゴン連合王国と連携してその版図を拡大させるなど、カスティーリャ王権に過重な貢納金と臣従を強いられるばかりではなかった。そうした姿勢は、ナスル朝でも前述のフロンタリアがアラビア語化したファランティラ(farantira)という「辺境」概念が生成したことに如実に反映されている。その意味では、アンダルシアおよびムルシアの征服は、「辺境」を消滅させたわけでもイベリア半島の外へと移動させたわけでもなく、むしろそれら自体を新たな「辺境」として編成することをよぎなくしたのである。

実際、この空間における分配と入植の展開過程もまた、「辺境」固有の特性を考慮に入れなくてはおよそ理解できない。まずハエンを中心とするグアダルキビル川上・中流域では、全体としては都市共同体（ハエン、アルホーナ、ホダル、アルカラ・ラ・レアル、ウベダ、バエサ、イスナトラフ）を空間編成の核とし、各属域の周囲には、南西部のマルトスを中心とするカラトラーバ騎士団領、北東部のセグーラ・デ・ラ・シエラを中心とするサンティアゴ騎士団領、南東部のトレード大司教領（ケサーダ、カソルラ）がそれぞれ配置される一方、新設された官職であるアデランタード（adelantado de la frontera 辺境総督）に登用された一部の大貴族が領有する南端の城塞領域を除けば、貴族の重要性は総じて低いレヴェルにとどめられた。同下流域においても事態はほぼ同様であり、なかでも『分配記録』の伝来するセビーリャでは、一二五一年から五三年にかけて七〇もの定住地を内包する広大な属域が、やはりその周囲の騎士団領（北部のサンティアゴならびにテンプル、東部の聖ヨハネ、南部のアルカンタラ各騎士団）、セビーリャ大司教座や王族（東部）、他都市の属域（北東部のコルドバ、南西部のニエブラ）とそれぞれ隣接するかたちで境界画定された。そこでは、複数の定住地を分配されたごく少数の大貴族を除くと、メセタ一帯と同様に民衆騎士と歩兵がそれぞれ異なる規模ながらいずれも小規模な土地を分配されており、やはり小土地所有を基礎とする空間編成が志向されている。もっとも、民衆騎士のなかには、貴族の末端に列せられる出生騎士またはイダルゴ騎士（caballeros hidalgos）が含まれており、その場合、通常の民衆騎士を超える土地の分配にあずかっている。

とはいえ、入植はけっして順調に進展しなかった。実際、入植の停滞による農業危機に直面したばかりか、前述のようにムデハル反乱やマリーン朝の侵攻（一二七五年）が重なって人口は激減し、それを埋め合わせることすらままならない状態であった。こうしたなかで空間編成の核をなした都市共同体に対しては、グアダルキビル川上流域ではクエンカのフエロ、同中・下流域ではトレードのフエロがそれぞれ賦与されて、入植の拡充が図られてきた。両者の決定的な差異は、民衆騎士が非貴族のまま政治的・社会的上昇を遂げうるような法的メカニズムを具えているか否かという点にあるが、「辺境」への動員がなににもまして優先されたため、いずれの場合にも民衆騎士が、下級貴族であるイダルゴと同等の諸特権を享受しえたのである。ところが、かくも不安定な「辺境」は、軍事・行政・裁判にわたる広範囲な権力を委ねられた、前述のアデランタード、アルミランテ（almirante）、カウディーリョ・マジョール（caudillo mayor）といった新たな官職を独占した少数の大貴族や、ナスル朝との境界地帯に分布する城塞領域を領有した強力な貴族の存在をも正当化せずにはいなかった。こうして大貴族の進出にさらされた都市共同体は当初こそその卓越した軍事的能力を生かして頑強に抵抗したものの、次第に同族意識が勝って大貴族との庇護関係に活路をみいだすようになり、それが結果として、王権強化をめざす国王アルフォンソ一〇世と王太子サンチョ（四世）との王位継承問題で、大貴族と大半の都市が連携して王太子に誠実を尽くすという事態を招いたのである。(16)

再生産される「辺境」

残るムルシア王国の場合、事態はさらに複雑である。一二五七年には王権がムルシアに都市共同体を創設し、例によって民衆騎士と歩兵にそれぞれ小規模な土地の分配が準備されている。けれども、アンダルシアと連動したムデハル反乱ではアラゴン連合王国の軍事的支援を仰ぐほかなく、分配が実際に行われたのは反乱が成功裡に鎮圧された一二六六年から一二七二年にかけてのことであった。総じて灌漑地帯からなる属域を対象としたムルシアの『分配記録』では、属域全体がセグーラ川を境にムデハルと二分され、まずはキリスト教徒に割り当てられた二分の一の分配が図られたが、精妙な灌漑技術・慣行に通じたムデハルの立ち退きは多数の定住地の廃絶を招いており、これが結果として従来の数定住地を統合したクアドリーリャ（cuadrilla）と呼ばれる行政単位の新設へとつながることになる。さらに一二七二年には、ムデハル側の割当分のさらに二分の一が、同じくキリスト教徒の入植に供されたが、マラガのムスリム地域権力に分与されていた残る四分の一についても王権によって接収され、新設された王権直属のサンタ・マリア・デ・エスパーニャ騎士団に寄進された。もっとも、父王との王位継承問題を勝ち抜いた国王サンチョ四世は従来の分配内容にことごとく修正を加えている。わけても同騎士団が、ナスル朝とのモクリンの戦闘（一二八〇年）で全滅したサンティアゴ騎士団を存続させるべくこれに統合されたため、父王が寄進した財産はあらためて、ムルシアの都市共同体、ムルシア司教座聖堂教会、さらには宮廷貴族に賦与されたのである。

だが、ムルシアのみならず王国全体の入植過程にきわめて大きな影響をおよぼしたのは、ナスル朝による西部境界地帯の征服（一二九一～九五年）と、これと連携してアルミーラ条約を破棄したアラゴン連合王国による東部全域の占領（一二九六～一三〇四年）であった。これにより、カスティーリャ王権が固守した西部のロルカ、アルカラ、ムラを除けば、一転してカタルーニャ人がこの空間の入植の主要な担い手となったのである。一三〇〇年にはわずかにロルカを残すのみとなり、王権が周辺の城塞を賦与して防衛を強化させるも功を奏さず、それも最終的にアラゴン連合王国に降っている。その際、降伏協定に名を連ねたロルカ側の代表者がアラゴンおよびナバーラの出身者であったことはじつに興味深い。それゆえ、一三〇四年のトレーリャスの和約によるアラゴン連合王国の撤退は、入植の主体となった同王国出身者を流出させずにはおかず、王権は敵方に降った諸都市に恩赦を与え、無主地の再占有を許可したものの、あとに残されたのは、同じくグラナダ王国と対峙しながらもアンダルシア以上に低い人口水準に喘ぐ空間であった。こうして本格的な入植は一四世紀前半にもちこされたが、ここでもやはり貴族の進出は避けられず、事実上の内戦の様相すら帯びることとなった。(17) 同時期にカスティーリャ王権は性急な王権強化策を断行して、不安定な「辺境」の完全な掌握をもくろんだが、「辺境」にはつねにそこから逃れようとする遠心力が作用したのである。

2 「辺境」とはなにか——史料概念・空間認知・実態

「辺境」と封建制

以上、イベリア半島全体の征服＝入植運動の展開過程を概観した。冒頭で従来のレコンキスタをめぐる歴史叙述と異なるといったのは、ここではほぼ全編にわたって「辺境」と封建制（封建的支配関係）という二つの概念が叙述の鍵となるようにしつらえてあるからである。逆にいえば、それらの関係が従来の歴史叙述ではほぼ等閑視されてきたということであるが、それには理由がある。どういうことか。それを述べるためにも、まずは地中海南ヨーロッパ研究が大きく飛躍を遂げる画期となった一九七〇年代まで遡上し、イベリア半島がそれ以来、研究史上のいかなる位置におかれてきたかをふりかえろう。

一九七八年のローマ国際研究集会（「地中海西欧における封建構造と封建制（一〇〜一三世紀）。研究の回顧と展望」）におけるピエール・ボナシィの「ローヌ川からガリシアまで。封建制度の生成と諸様式」と題された報告や[18]、それから二〇年後に公にされたジュゼップ・マリア・サルラクの「南欧型封建的支配関係。アルプスからガリシアまで」なる論考が[19]典型的に示すように、こと封建制の生成と発展の様式をめぐっては、イベリア半島はすでに地中海南ヨーロッパを構成する一地域として完全に認識されるにいたっている。中世スペイン史の偉大な先達クラウディオ・サンチェス・アルボルノスはかつて、イスラーム侵攻によって西ゴート期の「プロト封建化」の道が断たれ、その後の征服＝入植運動にともなう高い人的・社会的流動性によって純粋な封建制の不在、あるいは封建制の特殊イベリア半島的な性格がもたらされたと嘆いた[20]。それを思い起こすならば、文字どおり隔世の感があるというほかない。

この方面の問題系が伝統的に北西ヨーロッパの所見を軸に構築されてきたことに対するアンチテーゼが多分に含まれているとはいえ、地中海南ヨーロッパ研究のそうした「結束」は、一九六八年のトゥールーズ国際研究集会（「初期封建期のアキテーヌ、ラングドック、スペインの社会構造」[21]）を皮切りに、前述のローマ国際研究集会ではっきりと打ち出された[22]。それ以来、ローマのフランス学院とカサ・デ・ベラスケス（スペインのフランス学院）の主宰下で一時期ほぼ定期化された、「カストルム」と題される国際研究集会の多産な成果をつうじて[23]、伝統的な封建社会論に一九八〇年代以降急激に発達した定住史研究という考古学的な肉付けを加えながら、地中海南ヨーロッパ諸地域の特異性だけでなく共通性をも抽出する試みがきわめて活発に繰り広げられてきたのである。

だが、以上のような研究動向にあっても、イベリア半島は、他の諸地域との差異が取り沙汰される場合には、まさしく「辺境」であるとの一点において、他の諸地域と厳格に区別されるか、せいぜい他の諸地域で抽出された有力なモデルのヴァリアントとみなされるのを免れなかった。なかでも、ジョルジュ・デュビィのブルゴーニュ南部マコン研究以来、フランス学界を中心に封建制の政治的な基礎細胞をなすものとみなされてきた城主支配圏（châtellenie）（ならびにその発生現象としての「城主支配圏化」〔enchâtellenement〕）[24]、さらにピエール・トゥベールがイタリア中部ラティウム研究をつうじて抽出した、城主支配圏を物質的・地誌的に可視化・実体化するインカステラメント（incastellamento 領主主導下で推進された城塞を核とする高地防備集落の形成、すなわち定住地の「城塞化」[25]）こそ、まさしくそうしたモデルの最たるものである。実際、定住史研究の先駆というべきガブリエル・フルニエは、地中海南ヨーロッパ諸地域における城塞と定住形態との関係をめぐっておおよそ次のように総括している[26]。すなわち、インカステラメント・モデルは、それを参照軸とする多産な研究成果を生み出す契機となったが、全体としてイタリア＝フランス南部型のインカステラメントと、イベリア半島型のそれとの区別をよぎなくさせることとなった。それというのも、イタリアおよびフランス南部のように人口密度が比較的高い既存の定住空間で創出された城塞集落と、イベリア半島のように定住密度が低く周縁的な土地の占有によって創出された城塞集落とは、中核をなす城塞の機能がそれぞれ経済的・領主制的側面と軍事的・戦略的側面とに重点がおかれていて大きく異なるために、同列にあつかうことができないからだというのである[27]。

ここでいう周縁性がまさしくイスラームという外部との近接性から演繹されていて、占有と入植の必要性にともなう高い人的・社会的流動性によって強力な「城主＝領主」権力の確立が妨げられ、城塞の機能もまた恒常的な戦闘状態ゆえに必然的に軍事的・戦略的側面に重点がおかれなくてはならなかったと想定されていることは想像にかたくない。実際、ジャン・ゴーティエ＝ダルシェ、ホセ・アンヘル・ガルシア・デ・コルタサル、レイナ・パストール・デ・トグネリといったイベリア半島北西部研究の錚々たる面々もまた、まさしく同様の論理をもって半島全域における典型的なインカステラメント現象の不在を明確に主張してきたのである[28]。

けれども、わたしたちはここで「辺境」とはなにかを問い直してみなくてはならない。かりに以上に挙げた特性が「辺境」固有のものであったとして、それはイスラームと対峙するイベリア半島に固有の現象であったか。一九七八年のアビリオ・バルベロとマルセロ・ビヒルの共著[29]、さらにその構想をおおむね継承したホセ・マリア・ミンゲスの所説[30]は、史料的根拠の乏しさにもかかわらず、スペイン学界で広く受容され、現在でもとくに同北西部研究で依然として有力な理解の源泉となっている。彼らにとって「再征服＝再入植」は、ローマからイスラームにおよぶ外部からのあらゆる侵攻を免れた山岳地帯土着のプリミティヴな部族社会の封建化と、それにともなう山岳住人の平野への進出という、純粋に社会経済的な現象の所産とみなされていて、少なくともその初期段階においては、宗教的・イデオロギー的な装いが全面的にはぎとられている。だが、それがイスラームに対して繰り広げられたことを想起した瞬間、「聖戦」であれ、「十字軍」であれ、「ラテン＝ローマ枢軸」イデオロギーの伸張であれ、いずれにしてもイベリア半島の空間的枠組みをはるかに超える、それどころか、本来はイベリア半島固有のものですらない、宗教的・イデオロギー的要素が主要な説明原理の一つとしてあらためて入りこんでくる。こうした論理は、前述の「辺境」についてもまったく同様にみてとれる。すなわち、イスラームという外部と対峙することを「辺境」たることの根拠とするかぎり、先に概観したとおりいかに「敵の敵は味方」を地で行く世界であったにせよ、結局は「対立」か「共存」かという使い古された二項対立が濃淡を変えて繰り返されるばかりで、そもそも「辺境」そのものを俎上に載せる意味すら消失してしまうのである。

さいわいにして「辺境」そのものをめぐる問いは、一九九〇年前後からほぼ現在にいたるまで、大小さまざまな国際研究集会や共同研究をつうじて濃密に議論されてきている[31]。そこで次に、わたしたちもそうした研究動向をふまえて、「辺境」なるものが当時の人びとにいかに認識されていたかを、イスラームと対峙する空間に使用された史料概念の分析を出発点として可能なかぎり明らかにしておく必要があろう。そのうえで、それらの概念をもって表示された空間がいかに編成・管理されたかが、定住、空間編成、権力構造といった観点から具体的に検討されなくてはならない。もっとも、この作業は幾度となく言及されてきたイベリア半島の特殊性をあらためて強調すべく行われるわけではない。むしろ従来とは逆に、ここで抽出された所見をイベリア半島のみならず地中海南ヨーロッパ諸地域における空間編成とその管理・掌握の様態を理解するための有効なモデルとして練り上げられないか、まずもって模索しておきたいのである。

マルカ・ヒスパニカとマルカ

イスラームと対峙する空間に使用された概念や表現は多岐にわたっていて、ここでもれなく網羅することはなかなかむずかしい。実際、「サラセン人の」(sarracenorum)、「サラセン人に対する」(contra sarracenos)といった修飾語をともなえば、「境界」「端」「領域」を意味するフィネス(fines)、エクストレムム(extremum)、エクストレミタース(extremitas)、コンフィネス(confines)、リーメス(limes)、パルス(pars)、テルミヌス(terminus)といったごく一般的な概念がイベリア半島全域で広く使用されている。[32] だが、そうした修飾語をともなわずに、それ自体「辺境」という意味で使用されたのは、第1節でもふれたマルカ(marca)およびフロンテーラ(frontera のちフロンタリア〔frontaria〕)であった。両者はそれぞれ史料に登場しはじめる時期と、それらをもって表示される空間が大きく異なるので、以下ではそれぞれに関係する時間的・空間的コンテクストをふまえつつ個別に検討する必要があろう。

まず、時間的に先行するマルカの言及はもっぱらカタルーニャに限定される。前述のように、わが国でも一般に「ヒスパニア(スペイン)辺境領」の訳語をもって知られるマルカ・ヒスパニカ(Marca Hispanica)こそ、その最初の用例にほかならない。一七世紀中葉のトゥールーズ大司教ピエール・ド・マルカの大部の著作[33]以来、のちのカタルーニャに相当する地域は、八世紀後半から同地域へと進出したカロリング朝フランク王国の支配下に当該呼称をもって編入・統合され、「辺境伯」(marquis)を頂点とする「辺境」独自の統治体制が導入されたと伝統的に理解されてきた。だが、当該呼称の用例は八二一年から八五〇年までの限られた時期に叙述史料を中心にわずかに一五例を数えるのみであり、カピトゥラリアや国王証書にも現地のいかなる史料にもいっさい登場しない。[34] その大半は、宮廷編纂の『王国年代記』や『皇帝ルイ伝』の八二一年から八二九年までの記述に集中しているが、それらはまさしく、ルイ敬虔帝麾下のフランク王国軍による当該地域への軍事侵攻の再開にかかわるものである。そこでは、ヒスパニア（Hispania）はかつてのようにイベリア半島全体ではなくアンダルスのみを指しているが、[35] 軍事侵攻の矛先となっているのはヒスパニア（アンダルス）ではなく、あくまでもマルカ・ヒスパニカとなっている。それゆえ、マルカ・ヒスパニカは、フランク王国にとってもアンダルスにとっても外部の、王権にとって政治的・軍事的に服属させるべき空間とみなされているのである。となれば、当該呼称は、行政的な実体を欠いた、王権の政治的・軍事的な理念を表現したものにすぎなかったことになろう。

実際、同地域の実態は、複数の伯によって差配されるパーグス（pagus のちコミタートゥス〔comitatus〕、すなわち伯領）の集合体にすぎず、八二〇年代に限定するならば、バルセローナ＝ジローナ、アンプリアス＝ルサリョ、ウルジェイ＝サルダーニャの三つの主要パーグスのグループがそれぞれ一名の伯によって差配されている。このなかではバルセローナ伯が突出した権威を保持したが、同伯が「辺境伯」として、残る諸伯を制度的にしたがえた事実はない。それどころか、前述のように、政治的には、王権に繰り返し反旗を翻すフランク系の伯と、逆に王権に誠実を尽くす西ゴート系の伯がムワッラドと連携しながら互いに権力闘争を繰り広げるという、複雑きわまりないねじれ現象が一貫してみられた、[36] 王権からすればたいそう制御しがたい空間であった。

興味深いのは、政治的には形式上一貫して誠実が維持されるものの王権の実効支配そのものがもはや完全に消滅し、伯ギフレ一世の掌中に集積された大半のパーグスが次世代の子孫へと全面的に世襲化されるにいたった一〇世紀初頭から、逆に「辺境伯」の称号やマルカの言及が現地の史料のなかで頻出するようになることである。「辺境伯」の称号については、同時期からバルセローナ＝ウルジェイ＝ウゾーナ伯スニエやサルダーニャ＝バザルー伯ミロ二世を皮切りに、諸伯がこぞって「辺境伯」を名乗るようになる。むろん、この場合の称号はもはや王国の制度的な官職に相当するものではなく、同地域全体の伯の上級のカテゴリー、すなわち王権から独立を果たした事実上の支配者であることを誇示する、すぐれて政治的な称号となっている[37]。同じくこの段階から同地域の史料のなかでマルカが普通名詞として使用されるようになり、その意味内容は一〇世紀末から一一世紀をつうじて特定の領域を示す言葉になっている。たとえば、「パナデスのマルカにおいて」(in ipsa marchia de Penedes)といった表現がそれである[38]。

こうして、いまや事実上独立した諸伯の統治下で、マルカは純粋に地域的なコンテクストのなかで用いられるようになった。それは、諸伯の政治的支配に服属しながらも、空間編成のうえでは伯領の外にある領域であり、その拡延部分・付属部分でありながら、きわめて流動的で政治的にも領域的にも厳密な境界画定が不可能な空間である。実際、バルセローナを筆頭にアンダルスに近接したコミタートゥスには、しばしば複数形で表示されるそれぞれ固有のマルカが存在した。たとえば、「バルセローナ伯領とそのマルカにおいて」(in comitatu Barchinonensi in eius marchis)という表現がまさしくその典型である[39]。同時代の書記にとってそうしたマルカのイメージは「おおいに荒れ果てた恐るべき土地」(loco horrois et vaste solitudines)であったが[40]、そうした認識とは裏腹に、そこには史料で言及されるはるか以前、ボナシィの弁にしたがうならば、早くも九世紀初頭から無主地(すなわち国家領)の私的かつ自発的な占取を梃子とする入植運動が広範囲に進行していたとされる[41]。もっとも、近年では、入植運動をつうじて生み出された独立農民の共同体が大勢を占める、自由な「辺境」イメージを描き出したボナシィの所説は大きく後退するにいたっており[42]、むしろ聖俗貴族の大土地占有と城塞の建設(および諸伯による事後的承認)がこれと並行して急速に進行し、城塞とその付属領域(すなわちカストルム〔castrum〕)に分節化された固有の空間編成が生み出されたうえに、個々の城塞領域が一一世紀初頭には聖俗貴族の自有地に転化してゆくと想定されている[43]。

マルカは前述のように伯領とは明確に区別されているので[44]、そこに分布する城塞群は諸伯に政治的に服属しながらも、領域的には伯領の内部に所在するわけではない[45]。たとえば、ウレルドゥーラなる城塞はバルセローナ伯領にあるのではなく、「パナデスのマルカ」(marchia de Penedes) に所在するのである。同城塞領域は一一世紀になると、本来は都市を意味するキウィタース (civitas) と表現され、これを中心とする「パナデスと呼ばれる伯領」(chomitatu que dicunt Penitense) がバルセローナ伯領から独立したかたちで言及されるようになる。[46] ここに支配拠点をおくとともに複数の城塞を領有して同地域の城主層の頂点に立ったのは、一〇三〇年代から五〇年代にかけてバルセローナ伯ラモン・バランゲー一世にたびたび反旗を翻し、ボナシィがまさしく「封建変動」(mutation féodale) を体現する貴族の筆頭として挙げた、バルセローナ副伯家出身のミル・ジャリベルトその人であった。[47] 危機的な事態に直面したバルセローナ伯はこれに対処すべく、もはや機能不全に陥った従来の公的統治組織の維持を図ることを断念し、文書を介する封建的約定 (コンウェニエンティア〔convenientia〕) や誠実宣誓をもってそれら貴族集団との私的かつ個人的な紐帯を創出・強化する方向で権力の再編と秩序の回復を目指すことになる。[48] その意味で、封建的支配関係はまさしく、「中心」からみてまことに制御しがたい「辺境」の掌握と管理の手段として否応なしに生み出されたということができよう。

フロンテーラおよびフロンタリア

マルカの用例のなかには、アンダルスとの軍事的・イデオロギー的な対抗関係の高まりを示唆しているものもある。たとえば、「ヒスパニアに対抗するマルカの最果てにおいて」(in extremis finibus marchiarum contra Ispaniam) といった表現がそれである。[49] この場合のマルカは、「マルカにおいても山においても」(tam in marcha quam in montanea) といったように、キリスト教徒の従来の定住空間であった山岳地帯としばしば対置されている。[50] それはまさしく一一世紀に、もっぱら平野に展開するアンダルスに向けて、キリスト教徒が九世紀以来自然の「避難所」となってきたピレネー山脈およびプレ・ピレネー山系の南斜面へと進出し、両陣営が現実に視認できる距離でなかば入り乱れつつ角を突き合わせるようになったことと無関係ではない。ただ、前述のようにマルカはあくまでもカタルーニャ限定の史料概念であり、こうしたより軍事的・イデオロギー的な色の濃い「辺境」概念としてイベリア半島全域で使用されるようになるのはむしろ、「正面」を意味するロマンス語（fronte）がラテン語化されて生成したフロンテーラ（のちフロンタリア）であった。この概念は、一一世紀中葉にアラゴン王国で初出し、一一世紀をつうじてその言及は数えるほどながらやはりアラゴン王国において、[51] さらに一三世紀になるとカスティーリャ＝レオン王国においてもとくにフロンタリアの語形をもって登場することとなる。[52]

アラゴン王国、さらに同王国の母体をなした西のナバーラ王国では、一一世紀中葉にいたるまでエクストレマトゥーラ（extrematura）の用例が確認されるのみであり、この言葉もそれまでナバーラならびにアラゴンの南方の境界を意味したにすぎない。[53] だが、ナバーラ国王サンチョ三世統治下でプレ・ピレネー山系の南斜面に一連の城塞群が東西に並べられ、自然の要害に代わってアンダルス上辺境領の城塞群と互いに対峙するようになると、その意味内容が境界ではなく領域そのものに転化する。[54] さらに一〇三五年のサンチョ三世の死亡にともなう分割相続によって庶子ラミーロ一世の下でアラゴン王国が成立したのち、前述のようにそれまで史料上対置されてきた山岳地帯とヒスパニアとのあいだの領域が、従来のエクストレマトゥーラに代わって、新たにフロンテーラなる呼称をもって表現されることになるのである。それは、前述のようにラミーロ一世の二通の遺言状（一〇五九年および六一年）のなかではじめて言及される。国王はそれらの遺言状において、所有する動産の三分の一を捕虜の奪還、橋の敷設、そして「モーロ人のフロンテーラ」（fronteras de mauros）の城塞建設にあてるよう指示している。[55] 一〇六二年には、国王は奉仕に対する報償としてアギラなる人物にリバゴルサの城塞ファルセス近傍の自有地を賦与しており、その際アギラの法的身分を「フロンテーラに住む者と同じく騎士であり自由人であること」としている。[56]

フロンテーラという「辺境」概念がイベリア半島のなかでもとくにアラゴン王国においていち早く出現した理由は、おおよそ次のように説明されるであろう。すなわち、第一に、国王ラミーロ一世は即位当初からピレネー山脈とプレ・ピレネー山系に囲まれたきわめて狭小な王国を拡大するべく積極的な対外進出を図り、一〇四四年頃にはサンチョ三世の末子ゴンサーロが形式的に継承したリバゴルサ伯領の併合に成功したが、西に長子ガルシアが継承したナバーラ王国、東にはカタルーニャ諸伯が控えるという地政学的位置にあったため、王国の対外進出はもっぱらムスリム統治下のエブロ川流域への軍事侵攻というかたちをとることとなった。もっとも、一一世紀中葉と比較的早期に征服の進んだリバゴルサ南部では当初、その主導権はウルジェイ伯アルメンゴル三世と、その家士にして自ら征服したアジェを中心に事実上独立した副伯領を築くことに成功したアジェ副伯アルナウ・ミル・ダ・トスによって握られていたし[57]、さらに一〇五〇年代に入るとバルセローナ伯ラモン・バランゲー一世が同地域に進出し、パーリア（paria 軍事貢納金）供出と引き換えにリェイダおよびサラゴーサ王国を保護下においたため[58]、ラミーロ一世は一〇五五年からソブラルべの数城塞（アビサンダ、オルソン、サミティエル、トロンセード、スルタ、サルサ・デ・スルタ）を独力で掌握する一方[59]、一〇六二年からリバゴルサ南部の数城塞（ファルセス、ルサス、ラグアレス、ラスクアーレ、ビアカンプ、ベナバーレ）を、バルセローナ伯によって同じく進路を阻まれたウルジェイ伯ならびにアルナウ・ミルと連携しつつ征服するにとどまっている[60]。それゆえ、ラミーロ一世が前述の遺言状を作成した治世末期は、南方進出の道を閉ざされた西のナバーラ王国ですでに貴族反乱が頻発していたこともあり、同様の事態を未然に防ぎつつ王権を確固たるものにするべく、成果はともかく南方への軍事侵攻が繰り返され、サラゴーサ王国との政治的・軍事的緊張が極度に高まった時期にほかならないのである[61]。

第二に、アラゴン王国の「辺境」は、王国の東西の境界をなすガリェゴ川からシンカ川までの区間に比較的整然と並べられたプレ・ピレネー山系南斜面の城塞群によって形成されている。他地域にもまして顕著なその直線的な性格はさらに、山脈の壁に沿ってやはり東西に並べられたアンダルス上辺境領の城塞群によって物理的に可視化されることとなる。キリスト教徒の定住空間に最も近接した上辺境領のムスリムは、プレ・ピレネー山系の北方には歩を進めることなく、もっぱらその南に展開する平野にとどまったが、その際東西に伸びる山脈の壁に沿って城塞（ヒスン〔ḥiṣn〕）をほぼ一定の間隔で配置し、これが上辺境領の北端をなしていた。すなわち、西から都市ウエスカの管区（アマル〔ʻamal〕）に帰属するアジェルベ、ボレア、セン・イ・メン、サンタ・エウアリア、ラバータ[62]、ついでバルビターニヤ（Barbiṭāniya 都市バルバストロを中心とする管区）のアルケーサル、ナバル、パウル、セカスティーリャ、ムニョーネス、ルンベレス、グラウス、ラグアレス、ラスクアーレ、カスティルガレウ[63]、さらに都市リェイダの管区ではアジナリウ、ベナバーレ、アジェ、サン・リョレンス・ダ・モンガイ、サンタ・リーニャ[64]が最前線の防衛ラインを構成している。

注目すべきは、両陣営の城塞群を隔てる距離の短さであろう。たとえば、一一世紀のアラゴン王国随一の城塞ロアーレは、ボレアとわずか一〇㎞と互いが視認できる距離で対峙していたし、セン・イ・メンは、どちらかといえばキリスト教圏に属するプレ・ピレネー山系最南端の岩塊サルト・デ・ロルダンの頂上に所在した。また、リバゴルサ＝パリャース境界地帯のキリスト教徒城塞モンタニャーナにいたっては、リェイダの管区のなかにまるで飛び地のように位置していたのである。このようにアラゴン王国の「辺境」がその直線的性格とならんで、緩衝地帯すら存在しない極端な近接性という物理的な特徴を具えていたことも、フロンテーラという史料概念の出現という点でみすごすことはできない。

以上のような「辺境」は国王サンチョ・ラミーレス統治下の一〇八〇年代後半に本格的な征服活動が開始されるまでおよそ動くことはなかったが、それは「辺境」がある種の透過性をもっていたことを否定するものではない。たとえば、同国王統治期に作成されたハカおよびパンプローナの流通税表は、西方の商品（ブリュージュ産の毛織物〔trapo brugeso〕、鉄製武具など）と、アンダルスを経由して流入した可能性のある東方の商品（コンスタンティノープル製絹織物〔pallio de Constantinopoli〕、染料、リスの毛皮〔azingab〕、さらにアンダルスのディナール金貨など）が、ソンポール峠を越えるサンティアゴ巡礼路の一つに沿って行き来していたことを伝えている[65]。また、一〇四二年から四八年にかけて「辺境」の城塞アグエロとムリーリョを保有したオリオル・イニゲスの遺言状には、銀製や鉄製の武具・馬具とともに、アラビア語で表示された多数の動産が含まれている（白イタチの毛皮〔pelle de alfanek〕、リスの毛皮〔pelle de azingab〕、ダマスクス絹で織られたチュニック〔atorra gubeidi in panno de ciclaton〕、ダマスクス絹で覆われたリス毛皮のベルト〔strictura de azingab cooperta de ciclaton〕など[66]。さらに、前述のアジェ副伯アルナウ・ミル・ダ・トスは、「辺境」における征服活動に邁進するなかで、アンダルス経由で入手したものと考えられるチェスを所有していた[67]。むろん、これらの動産の出所が平和的な交易ばかりでなく、「辺境」に生きる人びとの日常的な略奪行為に由来するものであったことも十分に考えられる。

さらに、「辺境」の透過性という点でいうならば、いずれの空間においても城塞領域を基礎とする定住と空間編成が驚くほど似ていることをみすごしてはならない。そのうえ、城塞の建築様式にも相互の浸透性が看取される。たとえば、一〇〇〇年以前に言及されるナバーラ東部とアラゴン西部の「辺境」に分布するいくつかの城塞遺構では、岩塊の頂上部や側面に木材を差し込んだらしい孔穴が列をなしていることから高床式の貯水槽や木造のバルコニーが設営されたとして、岩塊と木造の建築物とが一体となった初期型城塞の存在が想定されている。こうした知見は、やや賛否があるとはいえ、切り立った岩塊の壁面に孔穴が列をなしているピラセスのようなムスリム城塞においても同様に看取されるのである[68]。

以上のような近接性、透過性、類似性は、フロンテーラが、両陣営が日常的に接触し、もはや宗教や文化の差異を超越して、どちらに帰属するか判別できないおよそ境界画定の不可能な空間であったことを示唆している。たとえば、国王ラミーロ一世は一〇四九年、サン・ビクトリアン修道院に、ソブラルベ南部のムスリム定住地群が負担した貢納〔almotexenas〕の一〇分の一を寄進しており、アンダルスの「辺境」の一部の定住地がサラゴーサ王権ではなくアラゴン王権に政治的に服属していたことを示している[69]。また、同国王は一〇五八年八月、サンチョなるモリスコ（改宗キリスト教徒）がボレア近郊のムスリム城塞プイボレアを支配する父親を殺害してまで自らに帰順したことに感じ入り、プイボレアにおける同人の財産の所有権を保証している（同年ムスリムによって奪回）[70]。ときにはこれと同様のケースが、事実上の征服となることもあった。なにしろ一〇九五年に征服された城塞ナバルは、一〇九九年に同地に賦与されたフエロによれば、ムスリムの「ナバルのバロンたち」(barones de Naval) によって自ら明け渡されたというのである。(71)

ただ、アラゴン王国のフロンテーラには、カタルーニャのマルカとはいささか異なる特徴があったことも指摘しておかなくてはならない。カタルーニャでは前述のように、私的な土地占取に基づく自発的な入植運動によって独立農民の個別自有地のみならず、聖俗貴族による城塞建設が組織的に行われ、これをバルセローナ伯が事後的に承認するというかたちで進行したため、いち早く城塞領域に分節化されたマルカが、おそらくはイベリア半島で最も早期に独立城主支配圏の形成の温床となりえた。これに対してアラゴン王国では、あらゆる城塞がいわば公権力の象徴として王権の主導下で組織的に建設されており、私有城塞が存在する余地がおよそなかった。それはまさしく、ピエール・トゥベールの言葉を借りていえば、「公権力の過剰投資」の空間にほかならなかったのである。(72)

それら城塞はほぼ例外なく、ナバーラ国王サンチョ三世以来のナバーラ゠アラゴン伝統の城塞保有の形式に組み込まれて、バロン (baron)、またはより一般的にセニョール (senior) と呼ばれる国王側近の大貴族の手に国王ホノール (honor regalis) として委ねられた。アラゴン王権は当初、城塞保有者の世襲化・在地化がもたらす帰結を未然に回避すべく、一方では王族ないし王権にきわめて近しいナバーラ王国以来の少数の大貴族家系に、散在する複数の重要拠点を世襲的に管理させ、他方では血縁関係のない複数のセニョールを同一の城塞に配したり、彼らを短期間ですげ替えたりするという方法をとっている。だが、のちに詳しく検討するように、一一世紀末から一二世紀初頭にかけてアンダルスの「辺境」の征服が一気に進行し、城塞の総数が急激に増加するにつれて、従来の城塞保有形式は、一一世紀後半に各地で勃興しつつあった新興貴族勢力を「辺境」における城塞領有へと向かわせるとともに、王権との私的かつ個人的な紐帯、すなわち封建的支配関係を系統的に創出する装置へと様変わりしてゆくことになる。それゆえ、カタルーニャのような政治的危機を経験しないまでも、ここでもやはり「辺境」は典型的な城主支配圏と封建的支配関係の揺籃の地として立ち現れてくるのである。

「辺境」の存在から「辺境」の生成へ

したがって、トゥベールの前述の言葉をあらためて援用するならば、「辺境」が「公権力の過剰投資」の空間であったのは、単に外部に対する防衛上の必要性からではなく、むしろそれ自体どちらに転ぶか予測がつきがたくきわめて不安定でなかば独立した空間、まさしく「国家」の安定性を突き崩しかねない遊牧的な流動性をつねにはらんだ空間であったからである。それゆえ、そうした「辺境」を「国家」の政治的枠組みにとどめようとするならば、公権力を過剰に投資しつづけなくてはならない。だが、それが機能不全に陥ったとき、程度や様式の差こそあれ、封建的な支配関係が否応なしに生成するのである。ただ、このように「辺境」の生成要因を外部との宗教的・文化的・イデオロギー的な差異にねざした軍事的諸関係によらず、あくまでも権力の「中心」との政治的な諸関係によって説明する、すなわち、「辺境」を外部との関係でもともと「ある」ものとみなさず、あくまでも「中心」との関係で「なる」ものとして把握する場合、多種多様な空間ユニットが無秩序に乱立するかぎり、「中心」／「辺境」という空間相互の政治的な差異は生ずるべくもない。「辺境」はその意味で、政治空間における「中心」の生成とそれによる空間全体の組織化の意思が芽生えてはじめて生成してくることになるであろう。

となれば、サンチェス・アルボルノス以来、スペイン学界で伝統的に、相対立する二大陣営のあいだの無人化した軍事的緩衝地帯とみなされ、まさしくそのことをもって「辺境」の典型とみなされてきた半島北西部のドゥエロ川流域をいかに理解すればよいであろうか[73]。前述のように、そもそも同河川流域は、いかにも曖昧に「地の果て」(extrematura) とは呼ばれても、マルカやフロンテーラといった「辺境」概念をもって表示されることはついぞなかった空間である。だが、それも近年では、まさしくわたしたちの考え方とほぼ同じように理解されるようになっている。たとえば、後述するように、「空間の社会的組織化」(organización social del espacio) という歴史地理学的な発展モデルをもってガリシア、アストゥリアス＝レオン、カスティーリャの封建化の道筋を整理してきたホセ・アンヘル・ガルシア・デ・コルターサルは、サンチェス・アルボルノスが「自由小土地所有者」(pequeños propietarios libres ボナシィの独立農民にひとしい）創出の源泉とみなしたドゥエロ川流域の無人化が考古学的・地名学的所見からみて事実にはそくさないことを強調する一方、[74]当該空間が「辺境」として認識されるようになったのは、あくまでもアストゥリアス＝レオン王権を頂点とする政治空間の構造化が進行した一〇世紀中葉のことであったとしている。また、これと並行して租税・裁判・軍事におよぶ公的諸権利が、行政的な委任を発端とするのであれ、既得権益の事後的承認によるのであれ、マンダティオ（mandatio）、マンダメントゥム（mandamentum）、コミッサ（comissa）といった呼称とともに貴族（伯またはセニョール）に分与され、すでに世襲化・私有化されるところとなっており、こうして「辺境」固有の独立性がむしろ強化され、一一世紀初頭から新たに封建的支配関係を介した権力の再編成が図られなくてはならなくなったとするのである。[75]

カルメン・ディエス・エレーラもまた、この点でガルシア・デ・コルターサルの理解をおおむね踏襲している。すなわち、一〇世紀以降の王権の伸張にともないドゥエロ川流域がはじめて「辺境」として構造化される一方、カストロヘリス、セレーソ、パンコルボ、ララ、グラニョン、アルコセーロ、カストロシエロ、オーニャといった従来の主要城塞を核として空間全体が個々の城塞に帰属するアルフォス（alfoz）という領域に分節化されると同時に、各アルフォスを領有する伯またはセニョールが急激に出現してくる。これらのなかには国王役人に近しい者もいたとはいえ、大半が従来から事実上の独立を享受してきた現地の軍事的有力者であり、王権は彼らを自らの支配下にとりこむべく、しばしば伯の称号を賦与して私的かつ個人的な紐帯を確保しようとしたのである。[76]前述のように、その最たる例がかのカスティーリャ伯であるが、なかでも伯フェルナン・ゴンサーレスが王国の政治的危機に乗じて、本来の狭小な支配領域を拡大しつつあらためて完全な独立状態をほしいままにしたことは、「辺境」が「中心」に政治的に服属しながらも空間的には独立した状態にあったこと、それゆえ封建的な支配関係を構築する以外につなぎとめる術のない空間であったことを典型的に示している。

これらの所説はもはや、「辺境」を意味する特定の史料概念を欠くにもかかわらず、もっぱら外部との関係をもってドゥエロ川流域を「辺境」の典型とみなしてきた伝統的な理解を全面的に放棄している。「辺境」は、わたしたちと同じように、「中心」による政治的な組織化の意思によって捕捉されてはじめて生成するものとみなされているばかりか、そうした空間を表象の有無に関係なく「辺境」という概念をもって理解するようになっている。それが可能な理由は、前述の「辺境」の性格規定そのものに由来する。すなわち、「辺境」はあくまでも「中心」との政治的な諸関係によって生成するものと説明されるから、もはや外部との近接性という空間的布置も外部との宗教的・文化的・イデオロギー的な差異も問題の核心にはない。逆に、フロンテーラ(フロンタリア)のようにもっぱら王権が掲げるすこぶる軍事的・イデオロギー的な色の濃い史料概念を「辺境」であることの唯一の指標にしてしまうと、「辺境」生成のあらゆる可能性、すなわちわたしたちがみてきた、封建的支配関係の生成をよぎなくする「辺境」の特性を潜在的に具えたすべての空間を捕捉しそこなってしまう。だからこそ、ここでは、「辺境」は最初から分析概念に転じているのである。

こうした論理をつきつめると、「辺境」は理論上、イベリア半島にかぎらずどこにでも、それどころか一般に「辺境」という概念とおよそ無縁でいられた空間でも生成する可能性があることになる。なにしろ「辺境」はいまや、唯一「中心」との政治的な諸関係によって生成するものと説明されるからである。そうはいってもなお、異教徒と対峙した空間と同列に語られることにある種の抵抗を覚えるのもわからなくはない。だが、私戦に明け暮れたキリスト教徒同士の対立が、キリスト教徒とムスリムとの対立よりも融和の精神に富むものだったと、誰がいえようか。なるほど、一九八〇年代以降、英米学界を中心に隆盛をみてきた機能人類学的な「紛争解決」研究ならば、「国家なき」中世ヨーロッパ社会では、私戦でさえもが逆説的に、当事者(むろんキリスト教徒)同士が帰属する広い意味での「共同体」の平和と秩序を維持するうえで一定の機能を果たしたということであろう。[77] けれども、すでにみたように、「辺境」は、自らの独立性(政治的な利害を同じくする広い意味での「共同体」)を維持するためならば、キリスト教徒とムスリムとが互いに連携して、キリスト教徒ともムスリムとも対立することをいささかも厭わなかった空間である。となれば、少なくともこの方面では、宗教的・文化的・イデオロギー的な差異やそれにねざした軍事的な対立をひとまず括弧に入れておく方がよいように思われる。

そもそも、これまでイベリア半島を「辺境」とみなす一方で、自らはそれと無縁でいられた空間は、わたしたちの理解にしたがえば、じつは自らを意図せずして「中心」とみなしているにひとしい。このように「中心」／「辺境」というア・プリオリな区分がどこまでも温存されるかぎり、地中海南ヨーロッパ研究を総合しようとするあらゆる試みは頓挫するにちがいない。それゆえ、以下では、とくに断りを入れないかぎり、宗教的・文化的・イデオロギー的な差異に関係なく、それゆえ、外部との近接性という空間的布置を第一義の要件とすることなく、あくまでも「中心」にとって封建的支配関係を構築する以外に制御困難な、なかば独立した流動的な空間を、「辺境」と総称することにしたい。

なお、一三世紀初頭に半島全域で使用されるようになるフロンテーラまたはフロンタリアという史料概念は、征服＝入植運動の進展にともない、言及される空間が次第に移動してゆく。その言及は、前述のようにアラゴンでは国王ラミーロ一世治世の三例を皮切りに、一二世紀前半の国王アルフォンソ一世治世にかつての「辺境」の記憶として三例、[78]一三世紀初頭には国王ペドロ二世治世にフロンタリアの語形を含めて六例と、[79]それぞれ当該概念でもって表示される空間は当初のプレ・ピレネー山系の南斜面からエブロ川を越えて最終的にテルエル近傍へとはるかに南下している。他方、カスティーリャ＝レオン王国では一三世紀に、とくにカラトラーバ、アルカンタラ、サンティアゴ騎士団が領有する王国南部の「辺境」において、やはりフロンタリアの語形でその言及がみられるようになる。ことに一三世紀は、キリスト教徒の諸王国が一二世紀後半以来、互いに数々の条約を締結して「国境」画定につとめているように、王国の領域的不可分性・不可侵性が謳われると同時に、騎士団が「辺境」を領有することで王国全土がキリスト教的一体性によって事実上統合されるようになった時期とみなされている。[80]だが、注目すべきは、それらの言及の大半が国王文書局で発給された文書に限定され、それらをもって表示される当の空間ではおよそ使用されていないという、カロリング朝期以来なに一つ変わらない事実である。それゆえ、それはあくまでも王権、すなわち「中心」の軍事的・イデオロギー的な理念にすぎず、そこからみた当の「辺境」は領有主体にかかわらず、あいかわらず形式上は政治的に服属しながらも、実態としてはなかば独立した不安定かつ流動的な空間でありつづけたと考えられるのである。このあたりは、本論であらためて仔細に検討することにしよう。

3 無数の「中心」、無数の「辺境」

政治空間の分節化と組織化

前述のように、「辺境」の潜在的な政治的独立性は、その管理・掌握の方法として封建的支配関係の生成をよぎなくする。もっとも、いまや「辺境」は、外部との関係ではなく、あくまでも「中心」との政治的な関係によって規定されるから、理論上は表象の有無に関係なくどこにでも生成する可能性がありうる。となれば、「中心」／「辺境」という空間の政治的な差異を分析の手立てとして、イベリア半島のみならず地中海南ヨーロッパにおける封建制の生成・展開プロセスを総合的に説明することができるのではないか。こうした試みの理論的基盤を固めるべく、まずは前述のホセ・アンヘル・ガルシア・デ・コルターサルの「空間の社会的組織化」という発展モデルを批判的に検討しよう。それは、無秩序に乱立する多元的な空間がいかに垂直的に組織化・構造化されてゆくかを、封建的ハイアラーキーの形成過程を説明するための鍵とする考え方である。[81] こうした考え方は、大幅な修正を施す必要があるものの、わたしたちにとっても以下の二点において重要である。

第一は、封建制の形成過程を作動させる前提条件はなにかという根本的な問題である。この場合に想定される封建制は、封主＝封臣関係（封・家士関係）に立脚した法的・制度的な意味での封建制（「封建制度」）であろうと、封建的生産様式の基礎をなす領主＝農民間の生産関係（領主制）であろうと、さらには社会の頂点から末端にいたるまでピラミッド状にはりめぐらされた封建的支配関係の連鎖によって成立するマルク・ブロック流の「封建社会」であろうと、いずれであってもかまわない。いずれの場合にも前提となっているのは、政治空間が極度に分節化され、それぞれが独立したかたちで領有されている状態である。だからこそ、いかなるレヴェルにおいても、それらを垂直的に組織・編成するのが領有主体間の私的かつ個人的紐帯となるのである。このように理解するならば、古典的な「封建制度」は分節化された空間を接合するための権力の組織化の様式あるいは秩序維持の手段として、領主＝農民関係は分節化されたもろもろの空間の内部で適用される権力の行使のあり方として（この場合、所領空間だけでなく、独立した経営主体である以上、支配される農民の生産ユニットも同じく空間の末端として理解される）、ブロック流の「封建社会」は封建的ハイアラーキーの頂点から末端におよぶまさしく空間の垂直的な組織化の論理として、それぞれ読み替えられる。

第二は、そうした封建制形成の前提条件をなす政治空間の分節化とその組織化がどのように進行するかという点である。ガルシア・デ・コルターサルのモデルはあくまでも、実体的な地理的枠組みをそれぞれ「中心」「半辺境」「辺境」といった具合にあらかじめ分類し、そこから政治空間が全体としていかにして垂直的に組織化・構造化されたかを検討するよう提唱する、ある意味で結果をふまえた目的論的な方法論である（彼にとって構造化とはまさしく、一〇五〇〜一一三〇年に確立をみる封建的な構造的統一体の結晶化・制度化にほかならない）。けれども、これまでにみてきたように、特定の空間を「辺境」とみなすのはあくまでも「中心」であって、「辺境」と名指しされた空間が自らをそう認識する理由はどこにもない。わたしたちが、「辺境」を不安定かつ流動的でなかば独立した空間といったのは、あくまでも「中心」からみたかぎりにおいてである。それゆえ、封建制の生成・展開を促す政治空間の分節化は、ひとり「中心」の生成と増殖をもって単線的に展開する空間の無秩序な分裂現象ではない。そもそも「中心」が無秩序に乱立するかぎりでは、およそ「中心」など存在しないというにひとしい（ジョルジュ・デュビィの「独立城主支配圏の時代」、ピエール・ボナシィの「危機の時代」、あるいは「封建的アナーキー」[82])。だから、「中心」が生成するということは、政治空間の分節化がそれ自体、「中心」による「辺境」の組織化をともなっているということである。政治空間の分節化はその意味で、「中心」とその「辺境」の生成と増殖というかたちをとるのである。

むろん、ここでいう「中心」／「辺境」はあくまでも政治的諸関係にねざした関係的な空間的布置であるから、両者の物理的な空間的布置はそのままに、政治的諸関係だけが逆転してしまうといった事態もありうる。また、政治空間の分節化の程度によっては、かつての「中心」も「辺境」もそれ自体が狭小な空間ユニットへと分節化され、その内部に同じくそれぞれ「中心」とその「辺境」を抱えて統廃合を繰り返し、複雑化の一途をたどってもおかしくない。こうなってくると、政治空間の分節化はガルシア・デ・コルタサルが構想したほど固定的かつ静態的に捉えられるものではなく、分裂と統合をたえず繰り返す、より流動的かつ動態的な、いわばプロセスそのものとして理解するほかないように思われる。

このように考えると、政治空間の分節化は、王権となかば独立した伯領や城塞領域、あるいは伯領とやはりなかば独立した城塞領域といったレヴェルにとどまるものではなく、政治的な再統合の可能性をはらみつつも、理論上は際限なく進行することになる。それゆえ、わたしたちがとるべき方法としては、ある時点の空間編成がいかなるものかを具体的に再構成する一方、それを起点として新たな「中心」とその「辺境」の生成と増殖にともなう政治空間の分節化の過程を動態的に把握すること、それと並行して編成された個々の空間ユニットが公的な行政区分として機能しているか、すでに封建的な支配関係を介して管理されるほかない大小さまざまな私的領有のユニットと化しているかを、系譜論的にではなく、あくまでも実態論的に検討することが求められるであろう。

むろん、こうした方法論は、地域研究の深化にともなって、ピレネー山脈以北と以南との地域差どころか、すべてをミクロ・レヴェルの地域差に回収する、ある種の相対主義に陥る可能性をつねにはらんでいる。実際、城主支配圏およびインカステラメントをめぐるフランス学界とスペイン学界との評価の懸隔も、もとはといえば、地域研究の深化の結果である。だが、あらためて前述の考え方に立ち返ってみよう。封建制は理論上、政治空間が極度に分節化された状態を前提とし、それら各空間ユニットを社会の頂点から末端にいたるまで垂直的に組織化する様式にほかならない。政治空間の分節化の過程や程度、その組織化の様式にはさまざまなかたちが考えられるが、封建制の形成過程において政治空間が分節化されてゆくという現象そのものは一般化されるであろうから、そこから一見相異なるさまざまな所見を単純に地域差に回収することなくいかに総合的に把握するか、その手立てを構築する必要があろう。さしあたり、以下の四点が政治空間の分節化を推進する要件として整理されるが、これらは、少なくとも現象面で把捉されるかぎりでは、通時的・継起的なものではなく共時的・同時的なものと理解されたい。

①農村の経済成長による政治空間の分節化。入植による無主地の征服、開墾による耕作領域の拡大、ただし放牧や森林利用に供せられる未耕地も人為的な空間の領有という意味でこの範疇に含められるべきである。分節化された個々の空間ユニットはそれ自体、所領空間とそれを構成する農民保有地であれ、独立農民の個別経営地であれ、いずれも自立的に管理・維持される個別化されたユニットでなくては、それらをつなぐものが私的かつ個人的な紐帯になりえない。

②「中心」の増殖と多様化。都市か農村かを問わず空間の一片を領有する定住地や所領、教会の増殖、とくに城塞が中心をなす場合には城主支配圏の形成となる。その場合、複数の定住地を内包する広義のインカステラメントと、城塞・城塞教会・高地防備集落の結合による典型的な「城塞化」現象としての狭義のインカステラメントとがこの範疇で一括りにされうる。

③空間の差異化と空間相互の関係性。城塞をはじめ、空間の領有中心の機能の差異に由来する空間そのものの機能の差異と、水平的または垂直的といった空間相互の関係性がそれである。前述のように「中心」か「辺境」

かという空間的な区別はそれ自体、水平的な関係から垂直的な関係への組織化が進行していることになる。④「辺境」の顕在化ならびに遍在化。もはやイスラームとキリスト教ヨーロッパとの大文字の「辺境」にとどまらず、政治空間の分節化と組織化の過程で必然的に生成してくる「中心」ありきの「辺境」として概念整理される。すなわち、第一に、分節化された空間相互の関係では、「中心」にとって政治的に周縁的な空間として、第二に、特定の空間においては、空間の領有中心にとって政治的に周縁的なセクターとして、「辺境」はもはや一般的な分析概念として理解されるべきである。それゆえ、政治空間が①で想定された過程において分節化され、組織化されてゆくとき、規模の大小を問わず「辺境」は「中心」とともに否応なしに生成するのであり、政治空間が極度に分節化された状態を前提とする「封建社会」においては、「中心」と同様に「辺境」はまさしく遍在することになる。

領域区分の系譜と実態

以上を念頭において、イベリア半島北部からフランス南部におよぶ広大な空間において政治空間の分節化と組織化がどのように進行したかをあらためて比較・総合してみよう。わたしたちが依拠する史料がまとまったかたちで伝来するのはおおよそ九世紀以降である。それらの史料の大半を占める土地の売却・贈与・交換を旨とする文書には、その対象となった土地の所在地を示すべく次のような書式が用いられるのが通例である。

某パーグス（コミタートゥス、テッラ）における、某テリトリウム（テルミヌス、ウィカリア、ミニステリア、アゲル、スブウルビウム、アルフォス、キウィタース、テッラ、ワッレ、パーグス、カストルム）の、某ウィラ（ロクス）に所在する（土地）（...in villa［loco］X, in territorio［termino, vicaria, ministeria, ager, suburbio, alfoce, civitate, terra, valle, pago, castro］Y, in pago［comitato, terra］Z）

ここには、三層からなる空間認知の様式をみることができる。これらの領域呼称を上層から順に整理すると次のようになる。

A　パーグス（pagus）、コミタートゥス（comitatus）、テッラ（terra）

B　テリトリウム（territorium）、テルミヌス（terminus）、ウィカリア（vicaria）、ミニステリア（ministeria）、アゲル（ager）、スブウルビウム（suburbium）、アルフォス（alfoz）、キウィタース（civitas）、テッラ（terra）、ワッレ（valle）、パーグス（pagus）、カストルム（castrum）

C　ウィラ（villa）、ロクス（locus）

これらの領域呼称の使用は、アラゴン以西とカタルーニャ以東とでいささか異なるので、この点を先に整理しておこう。まず、Aについては、パーグスおよびコミタートゥスと、テッラの用例がちょうどカタルーニャとアラゴンを境にはっきりと切り替わる。とくにパーグスはローマ期の租税管区に由来する領域区分であるが[83]、これは西ゴート王国においてもカロリング朝フランク王国においても、ローマ風に属州長官（praepositus）、あるいは大公（dux）や伯（comes）といった国王の下僚の差配する租税単位の基礎となり、王権が解体したのちには領邦君主となる大公や伯の支配領域の基礎単位として、枠組みそのものの記憶はきわめて強固にとどめられた[84]。たとえば、フランス南部のオーヴェルニュ＝ジェヴォーダンは六つのパーグス（Claromontensis, Tollornensis, Brivatensis, Teamitensis alias Talendensis, Vellavensis, Gebalitensis）で構成されていて、領域の呼称と枠組みは変化することなく、それぞれアキテーヌ大公、ポワティエ伯、トゥールーズ伯の支配下におかれ、これらが一〇世紀にはそのまま伯領（コミタートゥス）の枠組みとなる[85]。また、現在のカタルーニャ北部（旧カタルーニャ〔Catalunya Vella〕）はもともと、おおよそ一六のパーグス（Cerdanya, Conflent, Berga, Ripoll, Vallespir, Besalú, Fenouillèdes, Ampurias, Pelarada, Ausona, Manresa, Girona, Barcelona, Urgell, Pallars, Ribagorça）の集合体であり、これらが一〇世紀後半にそれぞれコミタートゥスと呼ばれるようになるまでは、その呼称も枠組みも一貫して伯支配の基礎単位として根強く存続した。これら一六のパーグスは統廃合を経ていくつかの伯家系によってまとめて差配されたが、それでも本来の領域区分そのものはけっして失われずに、伯が自らの支配領域を明示する場合にはそれぞれのパーグスの呼称を列挙するのがつねであった[86]。

これに対して、アラゴン以西でしばしば使用されたテッラは、王国そのものを指す、より一般的な呼称としても用いられたが、通常はある特定の領域を表示すべく使用されている。たとえば、アラゴン王国と一概にいっても、アラゴン国王の支配する「王国」は一一世紀中葉の段階でアラゴン、ソブラルベ、リバゴルサと呼ばれるテッラの集合体にほかならなかった。また、アストゥリアス王国についても、その故地であるアストゥリアスがテッラと称されているのを筆頭に（terra asturiense, terra asturiensium）、やはりいくつかのテッラの集合体であった[87]。

ただ、テッラの用例がアラゴン以西、とりわけピレネー山脈やカンタブリア山脈一帯に広く分布しているからといって、これを前述のバルベロおよびビヒルやミンゲスがいうような山岳地帯土着の部族社会固有の用語法であったと考える必要はまったくない。テッラの用例は、六世紀の西ゴート貴族家系の出身者によって作成された平野の文書のなかでも確認されるからである。すなわち、ウエスカ司教ビセンテが作成した二通の遺言状がそれである。一つは、彼が助祭であったときにアサン修道院に宛てたものであり（五五一年九月二九日）、いま一つは、彼がウエスカ司教となったのちに、遺言執行人である助祭エステバンに宛てたものである（五七六年頃）[88]。ビセンテは遺贈する財産を列挙する際に、それらが所在する土地を六つのテッラに分けて分類している（Terra Terrantonensi, Terra Barbotana, Terra Labetolosano, Terra Hilardensi, Terra Boletano, Terra Cesaraugusta）。それらのうち、テッラ・ヒラルデンシおよびテッラ・ケサラウグスタはそれぞれリェイダおよびサラゴーサという主要都市を中心とする平野の領域区分であり、これに同じく平野に展開するテッラ・テラントネンシ[89]、テッラ・バルボターナ[90]、テッラ・ラベトロサーノ[91]を付け加えることができる。

ついでパーグス／テッラの下位区分とみなされるBの領域呼称は、前掲のとおり多様であるうえに、この部分の書式が省略されたり、同一の対象に異なる呼称を用いたりすることもしばしばあるのでとりあつかいがややむずかしいが、各用例の地理的分布をさしあたりおさえておこう。まず、先の領域呼称の分布は、ピレネー山脈を境にしておおよそ次のように区分される。すなわち、ピレネー山脈以北で特徴的なのはとくにウィカリア、ミニステリア、アゲルであり、これに対してピレネー山脈以南ではアルフォス、キウィタース、テッラ、ワッレ、パーグス、カストルムが主流である。その他のテルミヌス、テリトリウム、スブウルビウムといったローマ的な語彙は、ピレネー山脈のいずれの側でも比較的広く確認される一般的な領域呼称といえるであろう。それゆえ、それらを除く領域呼称を地域ごとにさらに細かく分類してゆくと、次のようになる。

すなわち、ウィカリアやミニステリアは下ラングドック、ガスコーニュ、オーヴェルニュ、トゥールーズ＝ルエルグ、アゲルはオーヴェルニュの一部からブルゴーニュ南部までにそれぞれ確認される。他方、ピレネー山脈以南については、ナヘラ以西のカスティーリャ、アストゥリアス＝レオン、ガリシアにおいてアルフォス、テッラ、ワッレ、またアラゴン＝ナバーラではワッレのみ、とくにカタルーニャでは、キウィタースやパーグスが本来の用法から逸脱したかたちで特定の領域を指すために用いられ、とくにその中心に城塞がある場合にカストルムという領域呼称で表示されるようになる。なお、こうした城塞領域としてのカストルムの用例は、フランス南部とイベリア半島北部をつうじてカタルーニャで最も早期に史料に登場する。

これらは、単純な地理的枠組みではない。たとえば、イベリア半島北部に特徴的なワッレは本来「渓谷」を意味する言葉であり、ピレネー山脈やカンタブリア山脈を中心に山岳地帯に分布しているのは事実である。だが、渓谷の地形そのものを表現した一般的語彙ではなく、その範囲が境界標識によって厳密に画定され、複数の定住地を内包する、語の真の意味での領域区分である(92)。ただ、それが、租税・軍事・裁判を軸とするローマ＝西ゴート期以来の公的な行政単位であったか、あるいは前述のバルベロおよびビヒルやミンゲスによって典型的に打ち出されたような、ローマ期以前にさかのぼる土着的な部族社会の社会的結合の枠組みであったかは、議論が分かれるところである。実際、山岳地帯を中心に分布するワッレにかぎらず、一〇世紀の「辺境」にして初期カスティーリャ伯領の中心たるアルランサ＝ドゥエロ両河川間に分布する約二〇のアルフォスをめぐっても、これとまったく同じように容易に解消されない理解の対立がみられる。[93] それは結果として、封建制発展のクロノロジーに二〇〇年以上もの懸隔を生み出している。すなわち、エルネスト・パストールは、アルフォスを公的な行政区分とみなす立場を起点として、それらが私的に領有される一〇〇〇年頃に封建化が急激に進行したとしている。[94] これに対して、イグナシオ・アルバレス・ボルヘは、アルフォスを氏族的共同体の社会的結合の枠組みとみなし、すでに九世紀から土着的な有力貴族の権力基盤をなしていたと主張しているのである。[95]

じつはこれとよく似た問題が、ピレネー山脈以北についてもウィカリアの解釈をめぐって長らく議論の的となってきた。すなわち、ウィカリアという領域呼称は、フランク王権と、パーグス全体を差配する伯の下位で、裁判・軍事・警察を主要な権能とするウィカリウスという国家役人の管轄領域とみなされてきた。ウィカリウスの実態が史料に具体的に登場するのがカロリング朝期であることも関係して、この時期に伯とウィカリウスとのあいだで「重罪事件」(causae maiores)と「軽罪事件」(causae minores)という裁判管轄の分掌が果たされると同時に、ウィカリウスの管轄領域としてのウィカリアが設定されたと考えられたのである。けれども現在では、ウィカリウスの管轄領域としてのウィカリアという関係は逆転するにいたっている。ウィカリアは本来、ローマ期以前にさかのぼる土着的集落であるウィクス(vicus)を中心とし、その住人の社会的結合の枠組みをもとにした農村小領域の呼称であり、もともとローマ人によって「上から」設定されたパーグスに全面的に取り込まれないまま、その周縁部で従来の枠組みを強固にとどめたとされる。こうしたなかでウィカリウスは、そうしたパーグス周縁部のウィカリアを単位とする在地レヴェルの、つまり「下から」の裁判秩序の担い手であり、それがカロリング朝フランク王国の国制秩序に取り込まれることによって行政機構の末端に編成されてゆくというのである。[96]

もっとも、前述のようにウィカリアの用例が集中するフランス南部では、ローマ期以前にさかのぼるような土着的な農村小領域としてのウィカリアはおよそ史料に痕跡を残していない。しかもその言及はむしろ一〇世紀に増加してゆくのであり、ここからフランク王権の国制秩序の確立と並行するものとしてではなく、むしろ私有城塞を核とする城主支配圏の形成という文脈で説明されることになる。たとえば、下ラングドックでは、一〇世紀の私有城塞の増加という現象に対応して、ベジエのパーグスの北端に（史料の伝来状況に負うところが多分にあるため新設とはいわないまでも）一〇世紀後半にトゥレの塔、さらに一〇〇〇年以降には城塞ポピアンを核とする新たなウィカリア（またはミニステリア）の言及が出現する。[97]また、ウィカリアの言及が他地域にまして数多いリムーザンやルエルグの場合、領域的枠組みとしてのウィカリアは一〇〇〇年頃にバン領主権に立脚した私的な領域支配の枠組みとなる一方、城塞の増加によって領域のさらなる分節化をみるという道筋が比較的容易に追跡される。[98]さらにオーヴェルニュにおいても、ローマ期までさかのぼりうるウィカリアの所見はほとんどないため、これを古代のウィクス／ウィカリアとの系譜で把握することは事実上不可能とされており、ここでもやはりウィカリアの増加はもっぱら一〇世紀以降の城主支配圏の形成と結びつけられて理解されているのである。[99]

アマンシオ・イスラ・フレスのガリシア研究は、この点で非常にバランスのとれた議論を展開している。[100]イベリア半島北部の西端にあたるこの地域では、テリトリウム、ワッレ、テッラという領域呼称が一般に用いられ、とくに唯一の都市拠点というべきルゴのみがウルプス（urbs）と称せられる領域を具えていた。これらの領域には、ローマ期以前にさかのぼるきわめて古い氏族名がしばしば冠せられている。だが、一〇世紀からこれらの領域単位にが公的諸権利の一部ないし全体とともに聖俗貴族に賦与され、インムニタース（免属特権）領域へと転化してゆく。その際、聖俗貴族への領域そのものの賦与を内容とする国王文書ではそれらがコミタートゥス、コミッサ、マンダティオと表現され、個々の土地の寄進・売買を内容とする私文書においてはテリトリウム、ワッレ、テッラと表現されたという。国王文書では、アストゥリアス＝レオン王国成立後に設定された権力の関係に、私文書では、ローマ期以前にさかのぼる古い共同体的空間認知に、それぞれ力点がおかれているわけである。とくにガリシアでは、西ゴート期の租税制度の系譜をひくとされる公的な租税の所見が比較的豊富であり[101]、これらの領域が租税徴収の単位であったと想定されてきた。だが、イスラ・フレスは、これらが呼称のうえで西ゴート期の租税制度と顕著な連続性を示しているとしながらも、その実態はかならずしも同一ではなかったとし、系譜論と実態論を同一の水準であつかうべきではないと主張している。そして、こうした領域が公的諸権利の行使とともに聖俗貴族の領有するところとなってゆく過程にはすでに、潜在的な封建化と領主制形成の徴候がみてとれるとするのである。

入植運動とインカステラメント

以上のように、パーグスやテッラの下位区分に相当するそれらの領域は、一方で古代以来の農村小領域の系譜において捉えられながら、他方で城主支配圏形成の初期段階、または少なくとも封建制の形成過程における政治空間の分節化の初期段階を画するものとして理解されている。ここから、さらなる政治空間の分節化のありようを理解しようとするならば、カタルーニャの所見を多少なりとも詳しくみておかなくてはならない。なにしろカタルーニャは、フィリップ・アラグアスによれば、一三五〇年の段階で城塞の総数が八〇〇、そのほぼ半数が一一世紀末までに建設されたものであり、史料の例外的な豊富さともあいまって、城塞と空間編成の問題を考えるうえで恰好の素材となりうるからである[102]。イベリア半島北部の例にもれず、カタルーニャにおける領域呼称の起点をなすのは、やはりピレネー山脈一帯に登場するワッレである。その中心にはしばしば氏族名を冠したウィクスや、ローマ期の防備建築物の近傍に所在するウィクス（土着住人の集会所や市が所在）があったと想定される。だが、『皇帝ルイ伝』の七九八年の記述を最古の史料所見として[103]、九世紀から一〇世紀にかけて城塞の言及は加速度的に増加してゆくのであり、城塞の言及が増加する時期が比較的早期であること、その総数が例外的に多いことがフランス南部からイベリア半島北部をつうじてカタルーニャの特筆すべき点といえよう。かりにアンダルスの脅威に常時対峙しているという地政学的条件がこうした現象を説明するとすれば、アラゴン以西でカタルーニャほど城塞が増加しなかったことの説明がつかない。

こうしたなかで、八八〇年頃から次のような領域呼称が少しずつ史料のなかで増加してくる。すなわち、「某城塞の付属領域において」(in apendicio/adiacensias/territorio/suburbio de castro/castellum X)、あるいはより簡単に、「某カストルムにおいて」(in castro X) といった所見がそれである。それゆえ、九世紀後半から早くも城塞を中心とした領域によって政治空間が分節化されているばかりか、そうした領域を本来は城塞を意味するカストルムという言葉で表示する傾向がすでにみられるのである。もっとも、城塞を中心とした政治空間の分節化には明白な地域差があった。たとえば、一〇世紀の城塞ならびにより小規模な塔 (turris) の分布密度は、バジェスで最も高くおおよそ一〇〇km²に一つ、ついでマンレーザ南部やソルソネスで一〇六・六km²に一つ、バルセローナ南方のパナデスやバリェスでは一二三km²に一つ、ラ・ノゲーラでは三二〇km²に一つといった具合であるが、アンプリアスおよびジローナの沿岸部やピレネー山脈の渓谷地帯ではこうした数値は格段に低くなる。[104] いうまでもなく、城塞の分布密度が高い地域はソルソーナ、マンレーザ、バルセローナの南方、ちょうどリュブラガット川両岸に位置する一〇世紀段階の「辺境」である。こうした城塞分布の地域差は必然的に空間編成の地域差にも結びつく。マヌエル・リウによれば、前述のパーグス＝コミタートゥス、カストルム、ウィラからなる三層構成の空間編成のあり方はもともとバルセローナ以南の「辺境」から北へとフィードバックされてゆき、カタルーニャ諸伯領全体に浸透したのは一〇世紀前半になってからであったという。[105] たとえば、ウゾーナやサルダーニャでは九二〇年代にようやく前述の書式が系統的に使用されるようになったが、ピレネー山脈やプレ・ピレネー山系では渓谷ごとにわずか一つの城塞が建設されたにすぎず、従来のワッレの枠組みそのものを大きく変化させることは概してなかったのである。[106]

したがって、政治空間の城塞領域への分節化の初期段階は九世紀後半から一〇世紀にかけて加速してゆく「辺境」への入植運動ときわめて密接な関係があるのであって、従来占有された空間が城塞を中心に分節化されたわけではないことになる。この点に付け加えるならば、入植運動の進展によって続々と形成された城塞領域もけっして無から創出されたわけではなかった。たとえば、九世紀後半に伯ギフレ一世の下で入植が進められたビク周辺の城塞領域は、その大半が西ゴート期の行政区分を継承していたとされる[107]。とはいえ、前述のように一〇三〇年から一〇六〇年までの「危機」の時代になると、城塞領域内の副次的な防備拠点（グアルディア〔guardia〕や塔）の周囲に形成された貴族や富裕農民の自有地や、私有城塞とその周囲の入植地がそれ自体、固有の付属領域を具えてクアドラ（quadra）と呼ばれる個別空間ユニットとなり[108]、従来の城塞領域が分節化され、既存の領域中心としての城塞を頂点として空間がハイアラーキー化されてゆくことになる。

以上から、カタルーニャにおける城主支配圏の形成と発達については、次の二点を指摘しておかなくてはならない。第一に、九世紀後半の城主支配圏の形成は、西ヨーロッパ全体で最も早期というべき九世紀初頭以来の農村の経済発展と完全な並行関係にある。ボナシィが指摘したように、それはなによりも広大な無主地、とりわけ八二〇年代の内戦によって荒廃した旧カタルーニャ中部、そしてバルセローナ南方の「辺境」への大々的な入植運動というかたちをとった。城塞を核とする空間編成もまた、このような入植のリズムと一致しているのであって、概してアンダルスとの「辺境」がそうした空間編成の先進地帯であったということができる。ボナシィの立場からすれば、入植運動はもっぱら農民の自発的な土地占取に帰せられるが、実際には聖俗貴族による私的な大土地占有と城塞建設が往々にして行われており、これが諸伯によって事後的に承認されるのが通例であったようである[109]。第二に、以上のように空間編成の変化がなによりも北から南への入植運動の所産であったがゆえに、城塞を中心とする新たな空間編成は、同一のセクターにおける単線的な変化ではなく、異なるセクターのあいだの分節化の程度や組織化のあり方の差異というかたちで表れる。城塞領域の発達はまさしく「辺境」を中心としたものであり、ピレネー山脈やプレ・ピレネー山系の渓谷地帯でも一〇〇〇年以降に新たな空間編成がフィードバックされる傾向がみられるものの、依然として城塞を中心としない従来の空間編成が根強く残されたというわけである。

とくに第二の点については、アラゴン以西においても同様にみられる現象である。たとえば、アラゴンの場合、ピレネー山脈内部の各渓谷はそれぞれ明確な境界標識によって画定された固有の領域区分をなしていて、それぞれに所在する修道院に全体の管轄権が帰属していた。そこには城塞（カステッルム〔castellum〕）の言及がないわけではないが、それらは領域の中心ではなく、あくまでも領域全体の境界標識として登場するにすぎない(110)。それゆえ、定住と空間編成の核となったのはむしろ修道院とそれに帰属する小教会であった。実際、城塞はアンダルス上辺境領の城塞群と対峙するプレ・ピレネー山系の南斜面に東西にわたって一定の間隔をおいて配置され、全体が城塞領域に分節化された空間がここにはじめて生成する。定住と空間編成の核という意味でいえば、アラゴンの城塞の分布はこのように「辺境」に事実上限定されるのであり、しかもそうした城塞網の拡充は九・一〇世紀の人口増加と比較的緩慢な入植運動が進展したのち、一一世紀初頭のナバーラ国王サンチョ三世の治世にようやく達成されたにすぎない(111)。それゆえ、アラゴン王国の本来の支配領域と、一一世紀以降に編成され、さらに同世紀後半からの本格的な征服活動の進展とともに漸次支配領域に加えられていったセクターでは、空間編成の原理がまるで異なるのである(112)。

アストゥリアス、レオン、カスティーリャの場合はどうか。アストゥリアス・デ・サンティリャーナ、トラスミエラ、さらにカンタブリア山脈の南斜面にあたるカンタブリア地方一帯ではワッレ型の原初的な空間編成が少なくとも空間の編成原理としては九世紀をつうじて比較的根強く残存した(113)。だが、これに対してアストゥリアスとレオンのはざまに位置するティエラ・デ・カンポスは、個人名由来の地名をもつ定住地が全体の三割を占めるなど、九・一〇世紀の私的な大土地占有のメッカとなったとされる。それらは次第に入植者を抱え込み、核となる城塞こそ欠如する場合が多かったものの、国王の保護の下で防備の施された半都市ともいうべき姿をとるにいたった。これらの防備集落は通常はウィラと呼ばれるが、集落そのものが城塞を意味するカストルム、カステッルム、カステリーリョ（castelillo）と呼ばれることもあった(114)。また、前述のアルランサ＝ドゥエロ両河川間では、城塞や、パラティウム（palatium）またはボデーガ（bodega）と呼ばれる領域中心を核として、域内に複数のウィラを内包するアルフォス型の領域が編成されている。そこでは、ただでさえ城塞の比重はカタルーニャに比べて低かったが、一一世紀末以降、城塞に権力が集中する従来のあり方がますます後退し、村落住人による半都市型の集団支配体制が形成されてゆく(115)。これら最北の地と「辺境」とのあいだに位置するセクターでもっぱら空間編成の核をなしたのは、集住村落としてのウィラ（アルデア〔aldea〕）と、その住人によって共同で創建された農村小教会であった(116)。

内向きの「拡大」とインカステラメント

これに対してフランス南部は、イスラーム侵攻直後から大量のヒスパニア難民を受け入れたラングドック(117)や、ムスリムの海賊行為によって東部一帯が蹂躙されたプロヴァンス(118)のようにイスラーム侵攻の余波を受けることはあったものの、古代以来の定住と経営が概して廃絶しなかった地域である。そこには、スペイン北部のようなまとまった無主地は、沿岸地帯や河川流域の沖積平野といった古代末期以来の国家領が残存したセクターを除けばかならずしも存在しなかったし、空間編成も当初から比較的稠密に分節化されていたため、農村の経済成長はイベリア半島北部とはいささか異なったかたちをとることになった。かつてボナシィはカタルーニャとフランス南部とでは農村の経済発展のクロノロジーに明白な差異があると主張したが(119)、この点についてはもともとの定住と経営の密度が異なることを多少なりとも考慮に入れなくてはならない。フランス南部では、経済発展の徴候がヨーロッパ一般と大差なくおおよそ一〇世紀末から一一世紀にかけて、おもに域内の人口増加と開墾の進展にともなう土地経営の組織化・稠密化というかたちで表れることとなる。

なかでも従来の多角的な農民経営ユニットであるマンス（mansus）(120)の解体は、それを典型的にものがたる現象といえよう。すなわち、マンス内人口の増加によって二分の一や四分の一のいわゆる分数マンスが増加する一方、もとよりそうした枠組みにとらわれない小経営地の言及が開墾の進展とあいまって次第に増加し、一一世紀をつうじてついにはマンスの言及をしのぐようになる。たとえば、プロヴァンスでは、アペンダリア（apendaria）、カバナリア（cabanaria）、ブラキアリア（brachiaria）がまさしくそうした小経営地に相当するものであり、[121] 下ラングドックでも同様に、アペンダリアやボルダリア（bordaria）の言及の増加がこうした傾向を裏書きするものである。[122] また、フランス南部にかぎらず地中海南ヨーロッパ諸地域で葡萄畑の開発に広く利用された共同葡萄作付契約（ad complantatio, ad ruptura 土地を貸与し、葡萄畑造成の暁に当事者間で土地そのものを折半する契約）が増加してくるのもまさしくこの時期である。前述のように、下ラングドックでは地中海沿岸の沖積平野が入植・開墾の対象となったし、プロヴァンスの東部「辺境」でも一〇世紀後半から農民による自発的な入植運動が展開したのは確かである。ただ、イベリア半島北部と比較して一定の定住・経営密度が存続したフランス南部では、以上のように、どちらかといえば従来のウィラ領域内での未耕地の開墾と経営地の拡充というかたちをとることが多かったと想定される。

本来、マンスという生活空間と労働空間とが緊密に結合した多角的経営ユニットの集合体であるウィラは必然的に緩やかな散居定住という定住形態をとることが多かったが、前述のようにそうした枠組みそのものが次第に突き崩されてゆくと、生活空間と労働空間との分離を必要条件とする集村化の可能性が生じてくることになる。けれども、領主のイニシアティヴであれ、農民の自発性に帰せられるのであれ、それを具現化させる直接的な原動力となったのはやはり城塞であった。フランス南部における城塞の言及は、一〇三〇年頃から急速に増加してくる。たとえば、プロヴァンスでは同時期に私有の城塞がすでに一〇〇を超えていたし、[123] 下ラングドックのベジエおよびアグドを中心とする比較的狭小な二司教区においても二八を数えるなど、[124] そうした動向はとどまるところを知らない。もっとも、農村の経済成長のあり方が外部への拡大ではなくむしろ内部の拡充というかたちで進行したのと同様に、城塞を核とする政治空間の分節化もまた、当初より一定の分節化をみていた従来のウィラ領域にほぼ対応するかたちで進行したため、ここでは一城塞と一定住地が比較的結合しやすかった。ここから「城主＝領主」は領域支配を拡充し、逆に農民はその保護を求めるべく、領域の中心をなす城塞の周囲に農民家屋が集中するとともに、耕作地と未耕作地とがその周囲に同心円状に配置され、ひいては定住地そのものがウィラからカストルムという呼称に、ウィラ領域もまたカストルム領域（territorium castri）に編成替えされ、典型的なインカステラメントと呼びうる現象が展開するのである。

拡散型と稠密型

けれども、以上のような差異がみられるからといって、前述のフルニエの主張のように、城塞の機能の差異（すなわち経済的・領主制的か軍事的・戦略的か）をあまり強調しない方がよいように思われる。そもそも定住地の地誌的形態からすれば、典型的なインカステラメントとみなされうる所見はイベリア半島北部にもかなり存在する。たとえば、シャビエル・バラール・イ・アルテットは、カタルーニャには城塞を中核とする高地防備集落の例はけっして少なくなく、一〇世紀を出発点として典型的なインカステラメントが進行したと主張しているほどである。[125] また、集村化という意味では、「神の平和」「神の休戦」の一環として教会周囲の半径三〇〜六〇歩の範囲が聖域化されたことにより、農民の自発的な入植が喚起されて次第に形成された円形教会集落、すなわちサグレーラ（sagrera, sacraria）を想起しないわけにはいかない。[126] ラモン・マルティは教会と農民の自発性に帰せられるこうした現象を「サグレーラ化」（ensagrerament）と呼んだが、[127] それらがまさしく城塞が集中する「辺境」の背後の比較的近接したセクターに分布していること、[128] さらには司教の管理下でもともと霊的な防衛手段に訴えるしかなかった集落が次第に単一または複数の領主によって物理的な防備を施されて事実上「城塞化」してゆくことは、[129] 前述のように「辺境」でいち早く生成した定住と空間の編成原理が北へとフィードバックされてゆく過程の一環と理解することもできよう。また、アラゴンにおいても、城塞の立地する岩塊頂部のプラットフォームや、少なくともその斜面や底部に集落が展開しているケースは枚挙にいとまがない。[130] さらにカスティーリャでは、集落の中心に貴族の城塞をもたないこともあったとはいえ、その場合も集落そのものがカストルムと呼ばれ、形成当初から半都市的な高地防備集落としての性格を帯びていたことは前述のとおりである。

逆に、城塞の経済的・領主制的機能が重視されてきたフランス南部についても、少なくとも初期の城塞がその分布からみて本来軍事的・戦略的な拠点として組織的に配置されていたことは疑いようがない。たとえば、ベジエ地方では塔を具える防備ウィラ（villa cum turre）の言及が九三〇年代からエロー川流域、地中海沿岸地帯、ロデーヴのパーグスとの境界地帯を中心に増加してくるが、それらは全体の半数がベジエ＝アグド副伯、残る半数がロデーヴ、ベジエ、ナルボンヌ副伯に臣従する貴族に帰属しており、おもにトゥールーズ伯支配下のニーム方面の防衛を主眼においていたと想定されている。[131] また、ルエルグにおいても、少なくともウィカリアの核をなすような第一世代の城塞は、ベジエ、ルエルグ、アルビを結ぶタルン川支流の交通路が走るパーグスの南部「辺境」や、東のジェヴォーダンとの「辺境」を貫通する交通路の監視をおもな目的として建設されたと考えられている。[132] さらには、トゥールーズ伯とバルセローナ伯とのはざまで時機に応じてそのいずれにも誠実の意を表明しつつ、一一世紀後半には多いときで六伯領（アルビ、ベジエ、カルカソンヌ、ニーム、ラゼス、アグド）を領有し、下ラングドックに一大覇権を築いたトランカヴェル家の城塞群も、もっぱら街道や河川沿いの交通の要衝に分布していたことが、航空写真に基づく調査をつうじて比較的早い段階から知られるところとなっている。[133] モニク・ブーランはかつて、アルビジョワ十字軍期の叙述史料を遡及的に活用して、下ラングドックの城塞群の軍事的・戦略的価値と象徴的価値とを秤にかけたが、[134] たとえ権力の象徴としての側面がいかに強調されようとも、城塞が本来軍事的かつ戦略的な企図と縁なくして建設されるものではなかったことを、以上の所見は雄弁にものがたっているのである。

したがって、城塞・定住・空間編成という問題系をめぐってフランス南部とイベリア半島北部とを分かつものがあるとすれば、それは前述のように、城塞が管理する領域の編成様式にあるとみるのが妥当であろう。すなわち、一城塞が統べる領域が一集落の領域と一致するいわば「緊縮型」または「稠密型」と、複数の定住地を内包するより広大な領域を単一の城塞が管理するいわば「拡散型」という差異である。だが、こうした差異は前述のように、農村の経済成長、わけても入植・開墾の様式の差異に起因するところが大きい。一般にヨーロッパの拡大と称せられる外向きの一方向的なヴェクトルであれ、マルク・ブロックのいう「大開墾時代」[135]のような放射状ないしは内向きのヴェクトルであれ、それらはいずれも同質の経済成長の所産であって本質的に区別されるべきものではない。それどころか、それは、いずれの場合にも「中心」からみた「辺境」に向けて進行した。この点は、物理的な空間的布置のうえでも、フランス南部の諸伯領・副伯領の下位の行政区分にして城主支配圏生成の初期段階を画したとされる、ウィカリア、ミニステリア、アゲルといった領域区分が、もともとパーグスの周縁部に分布する在地共同体的な領域区分を起源としていたことを思い起こせば十分であろう。また、オーヴェルニュでもラングドックでも、そうしたパーグスの境界地帯が私有城塞とその領域によって分節化され、ウィカリアが新設されてゆく過程をみたはずである。[136]ここにもわたしたちがみてきたとおりの「辺境」の諸特性がみられるのであって、イベリア半島北部と異なるようにみえるとすれば、それは、フランス南部が古代以来の定住密度の高さも手伝って政治空間の分節化が相対的に先行していたからにすぎないのである。[137]

こうして、カロリング朝フランク王国の「辺境」、王国や伯領の「辺境」、主要な城塞領域の「辺境」といったように、「辺境」は「中心」の増殖とそれにともなう政治空間の分節化と並行して無限に増殖してゆく。そのプロセスはもはや、とどまるところを知らない。城主支配圏の形成、さらにインカステラメントとは、「中心」が増殖し、政治空間が分節化され、「辺境」がそれと同時に増殖してゆく長期的なプロセスの一局面を画する現象にほかならない。こうした「辺境」の遍在化の果てには、もはや「公権力の過剰投資」は望むべくもない。かくして新たな組織化の論理、すなわち人的紐帯を基礎とする封建的支配関係が「辺境」を組織化する唯一の手段として否応なしに生成してくるのである。以上をふまえていうならば、いかなる「公権力の過剰投資」によってもたやすく制御されえなかった、潜在的な独立性をはらむ第三の空間ともいうべきわたしたちの「辺境」こそ、封建制の発展過程を最も早期に、かつ典型的に内在させた空間であったということができよう。

4　封建的空間編成の展開モデルと征服＝入植運動

わたしたちは冒頭でおおよそ次のように述べた。すなわち、ラテン・ヨーロッパは中世盛期に、活発な征服＝入植運動によってその「辺境」をも政治的、社会経済的、文化的に統合し、急速に拡大を遂げつつ形成された。これを一読して疑問を抱く読者は、それほど多くないように思われる。だが、わたしたちはここまで、「辺境」が「中心」を措定しなくては成立しない概念であることを十分に理解してきたはずである。となれば、ラテン・ヨーロッパの「中心」とはなにか。同様にイベリア半島を含む周縁諸地域はなぜ「辺境」とみなされるのか。これらはいずれも問われないままになっている。それは、ラテン・ヨーロッパという一様かつ均質な空間が、形成途上にあるにもかかわらず、最初から大なり小なり存在することを暗黙裡に前提にしているからである。こうなると、「辺境」はもっぱらその外部とみなされるほかない。ラテン・ヨーロッパの「形成＝拡大」過程で「辺境」が政治的・軍事的・文化的に統合されたところで、その外部性・異質性・特殊性は解消されようがない。というのも、あらかじめ措定されたラテン・ヨーロッパ＝「中心」が即座にモデルと化してしまうからである。それはちょうど、フランソワ・ルイ・ガンスホーフ流の法的・制度的な封建制概念（「封建制度」）をもって地中海南ヨーロッパにあてがわれた、封建制の移植とか不完全封建制といった古典的な評価を想起させる。[138] このままの構図では、これまでにみてきた一九七〇年代以降の地中海南ヨーロッパ研究によるきわめて豊穣な成果がことによると無に帰してしまいかねない。

そこで、ここまでの議論をあらためて整理しよう。まずは、「辺境」についてである。

①「辺境」はつねに、線ではなく、一定の、しかし厳密な境界画定の不可能な領域として出現する。それがいつ

どこに生成するかは、それ自体いつどこに生成するか不明な「中心」の政治的意思に全面的に依存する。「辺境」が自らの王国・伯領ともヒスパニアとも呼ばれないのは、いずれの側からも政治的には内部とみなされながら、空間的には独立した第三の空間だからである。

②そうした第三の空間は、「中心」によって「辺境」と認識されるまで、それ自体別個の独立した「中心」でありうる。それゆえ、「辺境」はつねに「中心」にとって不安定で制御困難な、潜在的な独立性をはらむ空間として現れる。その管理・掌握は、公権力を過剰に投資するか、それが困難ならば、一定の自立性を保証しつつ、政治的に、すなわち封建的に服属させるほかない。

③「辺境」は、いち早く城塞群が林立した空間である。それら城塞群は、「中心」の管理から事実上免れた貴族の私有城塞であるか、逆に、「中心」が「辺境」をつなぎとめるために過剰に投資した公権力の象徴である。その意味では、それらはいずれかの「中心」にとっての対外的な軍事・防衛の要衝ではなく、潜在的な「中心」でありうる「辺境」そのものにとっての対外的な軍事・防衛の要衝である。

④いわゆる城主支配圏をヨーロッパ封建制の基礎細胞とみなすならば、「辺境」こそが、城塞を核とする領域にいち早く分節化された、その意味での先進地帯にほかならない。その帰結はいかなる地域でも同様である。すなわち、貴族の私有城塞を形式的に封に転換して、既存の権利はそのままに「中心」への服属をあらためて誓約させるか、あるいはむしろ、「上から」城塞を事実上の封として賦与して、「中心」への服属を保証させる装置に転換させるかである。それゆえ、封建的支配関係とは、法的・制度的な形式の差異はともかく、「中心」による「辺境」の管理・掌握の手段として否応なしに、あくまでも「辺境」を母体に生み出されたというべきである。

いまや「辺境」は、従来のように異民族・異教徒・異文化といった外部との関係ではなく、あくまでも「中心」

にとって不安定かつ流動的でなかば独立した空間というように、「中心」との政治的な関係によって規定される。だから、もはやこれをイスラームとキリスト教ヨーロッパとの大文字の「辺境」にとどめておく理由も必要もない。政治権力の極度の分散を特徴とする封建制は、空間編成論的には政治空間の極度の分節化を前提とするが、その展開過程も封建的支配関係の生成を強いる「辺境」の遍在という構想を用いれば、少なくとも地中海南ヨーロッパ全体に敷衍することができる。

⑤政治空間の分節化はつねに「中心」とその「辺境」の生成をもって展開する。マクロのレヴェルでいえば、汎地域的王権の解体から地域的王権の生成へ、ついで地域的王権から貴族権力の乱立へという動向がまさしくこれにあたる。いずれの段階においても、新たな「中心」はかつての「中心」が「辺境」とみなした空間で生成する。それゆえ、「中心」の増殖は、「中心」とその「辺境」の生成、「辺境」の「中心」への転化または再転化、さらにその「辺境」の生成……というプロセスを繰り返す。それは同時に、そのつど「中心」による「辺境」の管理・掌握手段としての封建的支配関係の生成をよぎなくする。

⑥ミクロのレヴェルでは、やはり既存の「中心」が「辺境」とみなす空間に、都市、城塞・塔、防備村落といった政治空間の一片を領有する新たな「中心」とその「辺境」を生み出し、そのつど⑤と同様のプロセスを繰り返す。こうして、政治空間は平面的にとめどなく分節化されてゆくことになるが、それと同時に、封建的支配関係を梃子にして政治空間の垂直的な階層秩序が生み出される。それゆえ、こうしたかたちで政治空間の分節化と組織化が進行するほど、封建的支配関係のネットはますます稠密化し、複層化することになる。

⑦そうした現象を支えた基盤はむろん、農村の急激な経済成長である。確かにイベリア半島の場合は総じて外向きかつ一方向的な文字どおりの拡大というかたちが顕著であったが、それはピレネー山脈以北で経験された「大開墾時代」と本質的に区別されるものではない。後者をあえて表現するとすれば、組織化・稠密化、ある

いは内向きの「拡大」ということになるであろう。それらはいずれも、同時期の経済成長の一側面であるうえに、つねに既存の「中心」からみた「辺境」で展開したのである。

こうして生成・展開する新たな空間編成をさしあたり封建的空間編成と呼ぼう。ただ、地中海南ヨーロッパ全体に敷衍できるとはいうものの、前述のように政治空間の分節化の程度や組織化の法的・制度的な様式は地域によって多種多様であってしかるべきである。だから、わたしたちは、封建的空間編成のなんたるかをむやみに狭く定義して、従来の一般／特殊の区分を転倒させて再生産するのではなく、あくまでも各地域の特異性はそのままに、封建的支配関係によって立つ空間編成の生成・展開のとめどないプロセスそのものをモデル化するにとどめよう。それゆえ、以上を「封建的空間編成の展開モデル」と呼ぶことにしたい。

本書は、このような封建的空間編成の展開モデルを作業仮説として、冒頭で概観したとおり一一世紀末から一三世紀にかけて大規模な軍事的征服をともないながら入植運動が一挙に展開した空間が、実際にいかなるかたちで分節化かつ組織化されたかを、イベリア半島の一地方をとりあげて具体的に検討しようとするものである。前述のようにそうした空間は、一般に「辺境」とみなされてきたイベリア半島のなかでも、その特殊性を一手に引き受けてきた空間である。それゆえ、この作業は必然的に、封建的空間編成の展開モデルそのものの妥当性と限界をみきわめると同時に、その拡張を図るものでもある。具体的な地理的枠組みとしては、とくに半島東部、ピレネー山脈の狭隘な空間にはじまり、まさしく一一世紀末より本格化する征服＝入植運動の展開に沿って一三世紀までに地中海沿岸のバレンシアを眼前に望むところまで南下しつつ形成されたアラゴンに注目しよう。だが、イベリア半島の一地方といえども、文書史料を筆頭に各種史資料にねざした綿密な検討をもって全体を網羅するには、アラゴンという地理的枠組みはあまりにも広すぎる。そこで、本書全体を二部に分け、征服＝入植運動の起点をなした空間と、征服＝入植運動の事実上の終着点をなした空間とをそれぞれ個別に検討しよう。両者のあいだには空間的にも時間的にも、それゆえ利用される史資料にも相当な隔たりがあり、同列に理解しようにも容易には消化しがたいさまざまな差異が検出されるものと予想されるからである。

第I部では、征服＝入植運動の起点をなした空間、すなわちエブロ川以北の上アラゴン（Alto Aragón）と呼ばれる空間をとりあげる。それは、アラゴン王国がはじめて征服したイスラーム都市（マディーナ［madīna］）であるウエスカ（一〇九六年征服）と、王国の東部「辺境」をなしたシンカ川中流域のモンソン（一〇八九年征服）およびバルバストロ（一一〇〇年征服）を主要都市とする空間である（現在のウエスカ県の平野部にほぼ相当）。前述のように、この空間はアンダルスの旧上辺境領のなかでも城塞の分布密度が最も高かった空間であり、イスラーム期の定住・空間編成との連続／断絶といううきわめて重要な問題をはらみつつ、城塞・定住・空間編成という問題系をめぐって検討するうえで、アラゴンどころか半島全域の征服＝入植運動が展開した地域のなかでも、これにまさるものはないほどの恰好の素材となることが期待される。ただ、わたしたちの掲げるモデルでは、とくにフランス学界が重視する領域中心としての貴族城塞の重要性はもはや相対化されている。城塞集落であれ都市であれ、単一の「城主＝領主」権力であれ共同体による集団的な領域支配であれ、重要なのは、封建的支配関係の生成をよぎなくする政治空間の分節化そのものである。そこで、都市ウエスカの定住と空間編成を従来の都市論とはやや異なるやり方、すなわち定住史的かつ空間編成論的に検討する章を加えることにしよう。

第II部は、征服＝入植運動の終着点となった空間をおもにとりあげる。すなわち、エブロ川以南、わけてもテルエル（一一七一年征服）を中心に一二世紀後半から一三世紀初頭にかけて征服されたアラゴン最南部である（現テルエル県にほぼ相当）。前述のように一三世紀初頭にあらためて登場するフロンテーラ（フロンタリア）という「辺境」概念の用例は、もっぱらこの空間に集中している。もっとも、この空間が注目に値するのは、あたかも封建的空間編成の展開モデルに抗うかのように、王権が、成果はともかく、それとは異質な空間編成を生み出すべく模索しているからである。その結果、冒頭で概観したように、テルエル（当初貴族保有の国王ウィラ［villa regis］、一三世紀中葉に王権直属、一三四七年に都市〔ciudad〕の巨大な属域と、やはり広域的な教会領、わけても騎士団領に事実上二分された空間が出現する。となれば当然、こうした現象がわたしたちのモデルに照らしていかに説明されるかが問題となる。だが、ここでの問いはそれにとどまらない。じつはこの空間は、中世アラゴン＝ナバーラ研究の先駆ホセ・マリア・ラカーラがかつて、テルエルを雛形にもっぱら特殊イベリア半島的な「辺境都市」が分布し、アンリ・ピレンヌ流の「商業都市」、ひいては市場の不在を主張したところの空間である。[139] そこで、一三世紀末から一四世紀初頭と、アラゴン全域でも最も早期の公証人登記簿が例外的に伝来する二つの教会領をとりあげ、わたしたちのモデルに商品・貨幣流通の問題系を接続するようつとめよう。誤解のないようにあらかじめ断っておけば、遍在する「辺境」固有の潜在的な政治的独立性は断じて、経済的な閉鎖性を意味するものではないからである。

なお、本編につづけて、三つの小編を補論1〜3として加えてある。そこではいずれも、各章でおもな材料となった文書史料をとりあげているが、各章冒頭で作業の前提として組み込まずあえて独立させたのは、それらが単なる史料紹介にとどまるものではなく、わたしたちの作業の材料となるアーカイヴズそのものがいかなるかたちで生成し、いかなる機能を果たすべく期待され、いかなるやり方で保管されたかを、テクスト生成論的かつ機能分化論的に検討しているからである。すなわち、単葉文書（オリジナルおよびコピー）とコピーの集成であるカルチュレールとの関係、カルチュレールと公証人の公正（fides publica）の物質的源泉である公証人登記簿との関係、公証人の用いる契約書式と実際の契約実践との関係がそれである。これらを連ねて配することで、あくまでも個別具体例にそくしてではあるが、ほぼ一一世紀から一四世紀前半までの文書史料そのものの発達史を一望することができるようになっている。だが、それは同時に、もとよりアーカイヴズが、作成レヴェルにおいても保管レヴェルにおいても、わたしたちが知りたい「現実」をあまさず表現するように組織されたものではないという、すぐれて今日的な問題を喚起することになるはずである。およそ自らの首を絞めるようなものであるが、それを不問に付したままとめおくのは、それこそ歴史を講ずる者の誠実にもとる行為であると考えるからである。

第Ⅰ部　アラゴン北部における封建的空間編成の展開

第1章　ウエスカ地方の城塞・定住・空間編成

1　城塞と国王ホノール

本章でとりあげるのは、アンダルス上辺境領（al-Ṯaġr al-Aʻlā, la Marca Superior）最北のイスラーム都市ウエスカ（ワシュカ〔Wašqa〕）を中心とする空間であり、征服後はちょうどウエスカ司教区として編成される領域である[1]。そのおおよその範囲は、西のガリェゴ川から東のアルカナードレ川までの空間に相当するものと考えてよい（図1-1）。ここではさしあたり、ウエスカを中核とする空間ということでウエスカ地方と呼ぶことにしよう。一〇六九年にはバルバストロ北方のムスリム城塞アルケーサルの征服[2]、一〇七六年には西のナバーラ王国の併合といったように、一一世紀後半のアラゴン王国の政治的・経済的発展はめざましいものであったが、眼前に控えるサラゴーサ国王フード家統治下のウエスカに対しては、本格的な征服活動は遅々として進んでいなかった。だが、一〇八三年、ウエスカ北西の城塞アジェルベが征服され、ウエスカ征服の道がようやく開かれることとなった。

同年、アラゴン国王サンチョ・ラミーレス（在位一〇六四～九四年）が、アジェルベの城塞領域の国王諸権利の二分の一をサン・フアン・デ・ラ・ペーニャ修道院に寄進したとき、そのなかにウエスカ地方に分布する一二のム

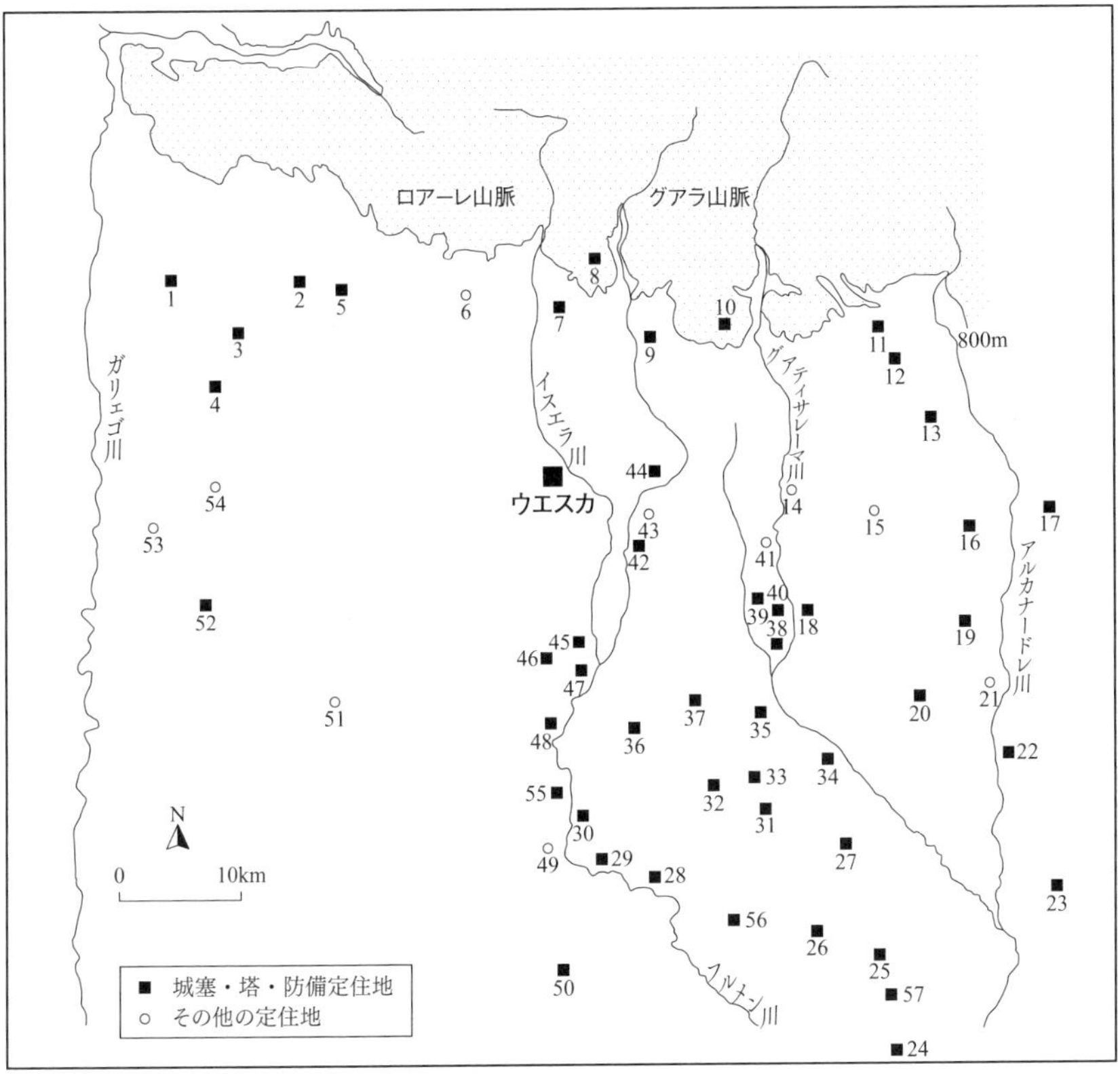

図 1-1 ウエスカ地方の城塞と定住地（12 世紀前半）

1 アジェルベ（Ayerbe） 2 ボレア（Bolea） 3 プラセンシア（Plasencia） 4 アルタソーナ（Artasona） 5 プイボレア（Puibolea） 6 アラスクエス（Arascués） 7 サバジェス（Sabayés） 8 セン・イ・メン（Sen y Men） 9 チブルコ（Chibluco） 10 サンタ・エウアリア（Santa Eualia） 11 パンサーノ（Panzano） 12 ラバータ（Labata） 13 シエソ（Sieso） 14 カステホン（Castejón） 15 ベリーリャス（Velillas） 16 アングエス（Angüés） 17 アビエゴ（Abiego） 18 プエージョ・デ・ファニャナス（Pueyo de Fañanás） 19 ベスペン（Bespén） 20 アンティリョン（Antillón） 21 リサーナ（Lizana） 22 ペルトゥーサ（Pertusa） 23 ペラルタ・デ・アルコフェア（Peralta de Alcofea） 24 サリニェーナ（Sariñena） 25 アルベルエラ・デ・トゥボ（Alberuela de Tubo） 26 マルセン（Marcén） 27 ウソン（Usón） 28 グラニェン（Granen） 29 アルムニエンテ（Almuniente） 30 バルブエス（Barbués） 31 トラマセー（Tramaced） 32 カリェン（Callén） 33 ピラセス（Piracés） 34 セサ（Sesa） 35 ノバレス（Novales） 36 アルベロ・バホ（Albero Bajo） 37 アルベロ・アルト（Albero Alto） 38 アルガビエソ（Algavieso） 39 アルカラ（Alcalá） 40 ファニャナス（Fañanás） 41 シエタモ（Siétamo） 42 ベリェスタル（Bellestar） 43 ティエルス（Tierz） 44 モンテアラゴン（Montearagón） 45 タベルナス（Tabernas） 46 ビシエン（Vicién） 47 ブニャレス（Buñales） 48 サンガレン（Sangarrén） 49 トーレス・デ・バルブエス（Torres de Barbués） 50 ロブレス（Robres） 51 アルムデバル（Almudévar） 52 トルモス（Tormos） 53 モンメサ（Montmesa） 54 アルボレット（Alboret） 55 ピティエーリャス（Pitiellas） 56 クルベ（Curbe） 57 バリェリアス（Ballerías）

スリム村落が負担する貢納（almudegana）が含まれているから、当該地域一帯に対するアラゴン王権のヘゲモニーはもとより無視できないものになっていたと考えられる。[3] 一〇八六年から翌年にかけては、ウエスカ近傍の残丘の頂上に堅牢なモンテアラゴン城が建設され、[4] ウエスカ征服への準備が着々と整えられた。また、もともとムスリムの人口密度が低かった当該地域の西部では、ガリーサの塔の建設（一〇八四年）、[5] アルタソーナ城の建設（一〇八七年）、[6] トルモスならびにビオータの塔の再建（一〇九一年）[7] といったように、比較的スムーズに地歩が確保されている。もっとも、征服自体はそれから一〇年近くのちの一〇九六年のことであり、途中、ウエスカ都市領域のアルコラスの戦闘で国王サンチョ・ラミーレスが命を落とすものの（一〇九四年）、[8] 後継の国王ペドロ一世（在位一〇九四〜一一〇四年）の指揮下でついにイスラーム都市ウエスカを征服するのに成功したのである。

アンダルス上辺境領のなかでもキリスト教徒の支配領域に最も近接したこの空間は、[9] アンダルス全体でも城塞が最も数多く分布する地域であり、ウエスカ征服後も、いくつかの城塞拠点は依然として抵抗をつづけている。[10] 他方、掌握された城塞拠点は、教会や修道院に寄進されたものを除けば、ほぼ例外なくナバーラ国王サンチョ三世以来のナバーラ＝アラゴン伝統の城塞保有の形式をもって分配されている。すなわち、国王ホノール（honor regalis）と呼ばれる保有形式がそれである。一一世紀初頭、国王サンチョ三世は、プレ・ピレネー山系の南斜面に複数の城塞拠点を配し、東西にのびる前線を構築した。このときそれらの城塞は、バロン（baron）、また通例はより一般的な呼称でセニョール（senior）と呼ばれる国王側近の大貴族[11]の手に国王ホノールとして委ねられ、それらの軍事的かつ経済的な管理が一任されたのである。[12] その後、アラゴン王国の分離・独立（一〇三五年）、アラゴン王国によるリバゴルサ伯領の併合（一〇四四年頃）、ナバーラ王国の併合（一〇七六年）を経て、ウエスカ方面への進出が本格化するまでに、ナバーラで二三、[13] アラゴンで三五、[14] リバゴルサで一一[15]の城塞拠点が、ナバーラ王国に端を発するこの形式の下、大貴族の掌中でそれぞれ保有されたことが知られている。

もっとも、城塞保有者の世襲化・在地化がもたらす帰結を恐れたか、アラゴン王権はそれら城塞を大きく分けて二つの方法で掌握した。すなわち、第一に、王族、または王権にきわめて近しいナバーラ王国以来の少数の大貴族家系に、各所に分散する複数の重要拠点を一挙に委ねて世襲的に管理させ、第二に、都市や征服直後の城塞拠点には血縁関係のない複数の保有者を配したり、彼らを数年周期ですげ替えたりするというものである。そうした大貴族家系は、多く見積もってもせいぜい五家系を数えるにすぎない。このなかで最も権勢を誇ったのが、ナバーラ国王サンチョ三世に仕え、アラゴン王国の分離・独立後に初代国王ラミーロ一世の下に参じたヒメノ・ガルセスの家系である。ヒメノ・ガルセスは一〇世紀後半のナバーラ国王サンチョ・ガルセス二世(在位九七〇~九九四年)の実弟ラミーロ・ガルセスの孫と想定されていて、アラゴン国王の下に帰順すると、国王ラミーロ一世の「養育長」(アイタン〔aitan〕。バスク語で「父」の意)の称号を得て、アタレス、ボルターニャ、ソスほか七城塞を確保しつづけた。ついで同人の実子にして一一世紀中葉のアラゴン王国最有力の貴族であったサンチョ・ガリンデスもやはり第二代国王サンチョ・ラミーレスの「養育長」をつとめ、ボルターニャ、ソス、アタレスほか七城塞を継承している。さらにその子ペドロ・サンチェスは、第三代国王ペドロ一世の「乳兄弟」(colactaneus)と称し、ボルターニャほか七城塞を保有し、ウエスカ征服後には同都市を五名のバロンとともに共同で保有している[16]。

こうした方法は一一世紀後半になっても依然として本質的な変化を被っておらず、長らくアラゴン王権の例外的な強固さをものがたるものとみなされてきた。ただ、じつをいうと、このシステムの実態はアジェルベが征服される一〇八三年頃まで闇に包まれたままであった。カタルーニャの封建的約定(convenientia)のように、文書を介して城塞保有を個別に契約化し、権利・義務の内容が明記されるようなケースはおよそみあたらない[17]。彼らがある城塞拠点を保有したことは、国王証書の年代記載部分に列挙された、城塞名を冠する人名のリストから窺われるにすぎない[18]。それゆえ、彼らがいかなる義務を履行し、いかなる権利を確保していたかは、正確にはほとんど知られていなかったのである。

だが、ウエスカ地方の征服と並行して、少しずつバロンの義務と権利の内容がかいまみえるようになってくる。

彼らは、国王の助言者にして国王法廷の主要な構成メンバーであり、自らが保有する城塞の近隣で生じた紛争に際しては、国王の命令を受けて独自の法廷を主宰することもあった[19]。また、新たに征服された城塞の付属領域の境界画定では、国王の命令を受けた複数のバロンが共同で実地検分を行ったり[20]、奉仕の報償として国王から土地が分与される者に対して、国王に代わってそれを履行したりしている[21]。さらに、一一三四年にアラゴン貴族が起草し、当時サラゴーサの領有権を主張して同都市に駐屯中のカスティーリャ＝レオン国王アルフォンソ七世の承認を得て発給された、一般に「国王ペドロ一世治世の慣習法文書」と呼ばれる王権＝貴族間の協定文書では、国王ホノールを保有するバロンは年間三ヶ月間の軍事奉仕を供出する義務があったことが明記されている[22]。

他方、前述のように、アジェルベ城塞領域の国王諸権利の二分の一をサン・フアン・デ・ラ・ペーニャ修道院に寄進するとした王権は、領域全体からあがる九分の一の定率貢租収入、一二のムスリム村落の貢納、さらに裁判収入と、折半される諸権利の内容を具体的に説明したうえで、自らの意志次第で二分の一までセニョールに分与することがあり、その場合には、全体の四分の一に相当する国王留保分の二分の一を修道院に寄進すると付帯条項を設けている。この条項は要するに、王権がアジェルベを国王ホノールとしてセニョールに賦与する可能性があるということであり、現にアジェルベは以後セニョール保有の国王ホノールとなっている。となれば、国王ホノール保有者は、自らの保有する城塞領域の国王諸権利を王権と折半するのが通例であったことになるであろう[23]。

だが、本来文書を介さない保有形式が、次第に文書に痕跡をとどめるようになったこと自体、従来の保有形式になんらかの変化が生じたことを示唆している。この地域の征服が一二世紀初頭までにおおよそ完了すると、国王ホノールとして編成される城塞は大幅に増加することとなった。ナバーラからリバゴルサまでで六九を数えた国王ホノール城塞が、ガリェゴ川からアルカナードレ川までの比較的狭隘な空間だけで、なんと三九拠点を加えることになるのである。すなわち、ウエスカを筆頭に、アジェルベ、ボレア、プラセンシア、アルタソーナ、プイボレア、サバジェス、サンタ・エウアリア、ラバータ、シエソ、アングエス、アビエゴ、プエージョ・デ・ファニャナス、ベスペン、アンティリョン、ペルトゥーサ、サリニェーナ、アルベルエラ・デ・トゥボ、マルセン、ウソン、グラニェン、アルムニエンテ、トラマセー、カリェン、ピラセス、ノバレス、アルベロ・バホ、アルベロ・アルト、アルガビエソ、アルカラ、ファニャナス、ベリェスタル、モンテアラゴン、ビシエン、サンガレン、ロブレス、ピティエーリャス、クルベ、バリエリアスがそれである。[24]

こうなってくると、従来のバロン家系に属さない人びとが、征服活動に参与して功をなしたり、国王に重用されたりすることで、新たに征服された城塞拠点の保有者として続々と加わってくることになる。たとえば、国王ペドロ一世治世の最有力貴族オルティ・オルティスはその最たる事例である。彼はそれまでのバロン家系に根をもつ人物ではないにもかかわらず、この地域だけでも一〇九六年から一一〇五年までに、ウエスカ、モンテアラゴン（いずれも複数のバロンによる共同管理）、ラバータ、ピラセス、サンタ・エウアリアの保有者として登場する。[25] さらに彼の子フェリスは、父親からウエスカ、モンテアラゴン、サンタ・エウアリアを継承し、これらのほかにもペルトゥーサ、さらには一時的ながら地中海沿岸のオルタ・ダ・トゥルトーザ（いずれも共同保有）をも保有しているのである。

こうした保有者のなかで興味深いのは、次のような人びとである。すなわち、フォルトゥン・ガルセス・デ・ビエル（ウエスカ、ビエル、プエージョ・デ・ハカ、プイボレア、サルビセ、テナを保有[26]）、サンチョ・ガルセス・デ・セラスバス（アルカラならびにファニャナスを保有）、フォルトゥン・ガルセス・デ・バリェ（プエージョ・デ・ファニャナス、アルガビエソ、ノバレス、サバジェス、ウソンを保有）、サンチョ・イニゲス・デ・オルナ（オルナ、クルベ、グラニェンを保有）がそれである。彼らはつねに、新たに保有することになったウエスカ地方の城塞名の前に（in X）、自らの出身地または本来の王国の故地ピレネー山脈で保有していた国王ホノールの地名（それぞれビエル、セラスバス、バリェ、オルナ）を冠しており（de Y）、彼らがもともとはそうした土地の有力な新興貴族家系の出身者であったことをものがたっている。

もっとも、新たな土地にひとたび定着すると、次の世代にはその土地こそが自分の出身地と認識されたのであろうか、人名に冠せられる地名が新たに賦与された城塞名に次々と変化してゆくケースもみられる。たとえば、前述のサンチョ・ガルセス・デ・セラスバスの子で、一一一九年にエブロ川南方のベルチーテを賦与されるガリンド・サンチェスは、セラスバスではなく父親が保有したアルカラの地名を冠しており、さらにガリンド・サンチェスの弟ロペ・サンチェスは、兄が賦与されたベルチーテの地名を自ら冠するようになってゆくのである。(27) このあたりからは、新たに賦与される国王ホノールに急速に定着し、家族の故地をそこに移しかえながらも、そうかといって完全に腰を落ち着けるのではなく、王国の征服活動の進展にあわせて自らが根を張る土地を次々に移しかえてゆく、家系と地所に対する一種独特の意識がみてとれる。地名を人名に冠する慣行は、一般に貴族の在地化の証とみなされているが、在地化どころか移動性の高さをけっして排除するものではなかったわけである。あるいはむしろ、移動性が高かったからこそ、自らがよって立つ拠点の名をそのつどあえて言明する必要に迫られたのかもしれない。

こうした新興の貴族家系による同一国王ホノールの世襲という傾向は、依然として保有者の高い流動性（周期的な交代、複数名による同時保有、複数の保有ホノールを一地域に集中させない）という伝統的な傾向をはらみながらも、国王ペドロ一世の治世からアルフォンソ一世（在位一一〇四～三四年）の治世にかけてますます顕著になっていった。実際、前述のオルティ・オルティスから子フェリス、(28) ファン・ガリンデスから子サンチョ・ファネス、(29) ペラ・ペティットから子ペドロ(30)といったように、この地域の複数の城塞拠点が父から子へと継承されてゆくのが確認される。また、アルベロ・アルトならびにアルベロ・バホの保有者家族については、フォルトゥン・サンチェス・デ・ラサオーサ（アラ、バイロ、オルソン、ペーニャを保有）の妻ロパが、一〇九七年から一一〇三年までアルベロ・バホ、少しとんで一一三六年にはアルベロ・アルトの保有者として国王証書に名を連ねており、(31) その子ロペ・フォルトゥニョーネス・デ・アルベロはもはや自らアルベロの地名を冠しながら、アルベロ・アルトおよびアルベロ・バホ以外にも、オルタ・ダ・トゥルトーザ、ロアーレ、ペーニャ、ペルトゥーサ、(32) ポーラ、シエソ、トレシウダーを保有し、当該地域の南部一帯を中心に強い影響力を誇るようになってゆくのである。

国王ペドロ一世の跡を継ぎ、サラゴーサを筆頭にエブロ川流域からアラゴン南部の一部までを驚異的なスピードで征服したアルフォンソ一世の治世はしばしば、以上のような傾向と一線を画するものと理解されている。わけてもピレネー山脈以北の貴族を重用する姿勢は、十字軍思想に深く傾倒したこととならんで、その最たるものと認識されてきた[33]。けれども、クレイ・ストールズは、アルフォンソ一世のそうした姿勢を従来とはやや異なるやり方で説明しようとしている。すなわち、ペルシュ伯ルトゥルー、ベアルン副伯ガストン、その実弟にしてビゴール伯サンテュルといったフランス貴族の重用は、十字軍思想の流入とか、先進的な軍事技術の導入といった企図とはあまり関係がなく、むしろ前述のとおり緩やかに進行しつつあったアラゴン貴族の社会的上昇と国王ホノールの世襲化・在地化という傾向と密接な関係があるという。というのも、彼らフランス貴族はもともとアラゴン王国に根を張る大土地所有者ではないから、サラゴーサやトゥデラといったエブロ川流域の最重要都市を任せたからといって、その土地に持続的なヘゲモニーを打ち立てられるとはかぎらない。それに、彼らはなによりもアルフォンソ一世と姻戚関係にあったから、その意味ではむしろ、新興のアラゴン貴族による世襲化・在地化の進む国王ホノール保有を、複数の重要拠点を王族に集中させたかつてのそれへと回帰させようとするものであったと主張するのである[34]。

ただ、だからといって、国王ホノールの世襲化・在地化といった傾向が王権そのものの根幹を揺るがすような事態にならなかったことも付け加えておかなくてはならない。たとえば、前述のサンチョ・ガルセス・デ・セラスバスは、一〇九七年からファニャナスならびにアルカラを保有しているが、ファニャナスは同年に、アルカラは一二世紀初頭にいずれも国王によってウエスカ司教に寄進されている[35]。ところが、彼は、一〇九七年以降もファニャナスのバロンとして一一〇三年まで国王証書に名を連ねているし[36]、アルカラの場合にも、子ガリンド・サンチェスがアルカラの地名を冠して同城塞との密接な関係を一貫して維持したことは前述のとおりである。それゆえ、城塞の上級領主権が国王から司教に移り、原則として城主が誠実と奉仕を果たすべき相手が司教に代わっても、依然としてその城主は国王のバロンとして認識されていたことになる。[37] また、国王ホノールとして編成されることなく、一一〇三年に同じくウエスカ司教に寄進されたセサでは、まさしく寄進に際して、それまで当該城塞を保有していたバロンに、国王が新たに征服された城塞を賦与して補償するまで、ウエスカ司教に対して誠実に奉仕するよう命じられている。[38] このように代替地による補償の可能性がつねに念頭におかれているあたり、征服＝入植運動による領域拡張は、新興貴族の社会的上昇をもたらす一方で、王権の国王ホノールの分配能力を増強し、彼らを政治的につなぎとめるための手段をも保証したのである。

国王アルフォンソ一世がリェイダ近郊のフラーガの戦いで戦死し、西のナバーラ王国がかつての王族出身者ガルシア・ラミーレス[39]を国王に推戴して独立、南方への領域拡張もストップすると、アラゴン貴族は先王ペドロ一世の治世の慣習にあからさまに立ち戻ろうとすることになる。こうして発給されたのが、前述の「国王ペドロ一世治世の慣習法文書」である。[40] ここでは、以下の条文をかいつまんで挙げておけば十分であろう。すなわち、バロンは保有する、またはかねて獲得した自らの国王ホノールの諸特権および慣習を保持することができ、三つの大罪（バロンの死亡、その妻の姦通、国王ホノールをもって国王以外の主君の下に追従すること）以外では没収されない（第六条）。[41] 国王ホノールを保有する者は年間三ヶ月の軍事奉仕を履行すること（第一〇条）。[42] 国王がホノール保有者やその子孫を罷免するとき、次に賦与される者は別の親族に属する者であること。国王はそれをほかの国の者に賦与してはならない（第一二条）。[43] これこそ、アルフォンソ一世の反動的な政策によって既得権を侵されたアラゴン貴族が自らの手で王権に突きつけた、王権＝貴族間の集団的な封建的約定にほかならない。そこには、すでに先王治世の段階で、国王ホノールがもはや両者の双務的な契約を創出する装置に全面的に転化していたことがみてとれるのである。[44]

もっとも、半島内外の強国に囲まれ、もはや領域拡張の道も閉ざされたアルフォンソ亡きあとのアラゴン王国にあって、跡を継いだ王弟ラミーロ二世（在位一一三四〜三七年）は、聖俗貴族の誠実を確保する際にもはや新たな国王ホノールを賦与することができなかったか、すでに事実上世襲化・在地化していたバロンに対して、国王ホノールを自有地として領有することを追認するという措置をとるほかなくなっていたようである。たとえば、一一二八年から三四年までアングエスの保有者であったペドロ・オルティス・デ・リサーナは、一一二八年に当該国王ホノールを保有する際に、家屋建設と入植推進を条件として領域内のアルムニア（almunia 後述）の一部を自有地として分与され、その後、アルムニア全体を獲得、さらに一一三四年にはアングエスのウィラ全体がその領域とともに彼の自有地と化すにいたっている[45]。ペドロ一世の治世から、アルフォンソ一世の治世を経て、ラミーロ二世の治世にいたるまで、約五〇年という歳月をかけて、アラゴン貴族による城塞の世襲化・在地化は、紆余曲折を経ながらきわめて緩やかに、しかし着実に進行していったことになる。ただ、それが、暴力に満ちた政治的・社会的危機をおよそ表面化させることのないまま、安定的に達成されたのは、まさしく高い空間的・社会的流動性を内在させた政治空間の急速な拡張の渦中であったことはみすごされてはならないのである。

2　征服＝入植運動と城塞集落の形成

前述のように、征服されたムスリムの城塞や村落は総じて国王ホノールとして編成され、バロンの掌中に委ねられた。ムスリムの人口密度が低かったウエスカ地方西部では、ウエスカ征服以前からいくつかの城塞や塔が国王との契約を介して建設または再占有され、俗人貴族（ただし、ほかの国王ホノールを保有するバロン）の自有地となっているが[46]、こうしたケースはムスリムの定住地が密集するウエスカ周辺ではむしろ例外的である。事実、ウエスカ地方の三九の国王ホノールは、ほぼすべてがかつてのムスリムの城塞や防備集落の所在地に編成されている。征服直後の段階で、ムスリムの城塞や集落が全体として賦与されたケースは、ベリーリャス[47]、セサおよびタベルナス[48]、そして前述のアルカラならびにファニャナスくらいであり[49]、俗人貴族個人の自有地として賦与される例はいっさいみられない。アラビア語史料に登場するムスリムの城塞（ヒスン〔ḥiṣn〕）は、アジェルベ、ボレア、セン・イ・メン、サンタ・エウアリア、ラバータ、ピラセス、ガバルダ、アンティリョン、ノバレスの九ヶ所であるが、そのうちキリスト教徒によって再占有されずに廃絶したガバルダを除いて、みな国王ホノールとして編成されている。他方、これら以外ではラテン語史料に登場するカストルム（castrum）、カステッルム（castellum）、塔（turris）、囲壁（murus）といったことばを手がかりに追跡してゆくほかないが、イスラーム統治下で建設されたものか、征服後にキリスト教徒によって建設されたものかをさしあたり度外視すれば、アルカラ、ファニャナス、クルベ、カリェン、サンガレン、ビシエン、サリニェーナ、シエソ、アルタソーナ（以上カストルム）、アルベロ・バホ、サリニェーナ（以上カステッルム）、ウソン（ラ・イグレシエタの塔）、ボレア、アルムニエンテ（囲壁）といったところが挙げられる。また、このほかにも、アラビア語ならびにラテン語史料からはほとんどうかがい知ることはできないものの、大部分の集落が岩塊の頂上に塔、貯水槽、穀物貯蔵庫、ときには囲壁を具え、その下方に定住区を擁するといったように、多少なりとも防備の施された集落形態を示していたことを、フィリップ・セナックやカルロス・エスコによる考古学研究が教えてくれている[50]。

だが、城塞にしろ、塔にしろ、防備集落にしろ、アラゴン人はムスリムのそれを再占有し、それをそのままのかたちで継承したわけではない。確かに、この地域はアンダルスのほかの地域にもましてムスリムの城塞や防備建築物が数多く分布したところではあるが、城塞にしろ、城塞集落にしろ、現在までその姿をとどめているものの多くはむしろ征服後に建設されたものばかりであり、イスラームとの「辺境」がはるか南方に移動して、かつてほどの軍事的・戦略的投資が不要になってから形成されたものが大半を占めているのである。セナックはこの点で、次のように指摘している。すなわち、ムスリム城塞や防備集落は総じて、大規模な岩塊上に貯水槽や貯蔵庫を擁し、ときには塔や囲壁などの防備建築物を具えていて、岩塊の斜面から底部にかけて定住区が展開しているのが通例である。それぞれ上方と下方とで出土する遺物の性質に大きな差異がみられないことから、概してムスリムの城塞はカルヤ（qarya）と呼ばれる農村共同体の避難所としての機能を果たすものにすぎなかった。そうしたいわば共同体的な性格にねざした城塞集落は、封建化の進展しつつあった社会に生きる征服者たちにはとうてい適合すべくもないものであったから、それらが単純に再占有されることはむしろまれで、その近傍に征服者によって新たな城塞集落が形成されるのが一般的な傾向であったというのである。(51) ここで暗に示唆されているのは、当該地域の城塞が、もとより軍事的・戦略的な機能に重点をおいたものではなく、むしろ緊縮した政治空間の一円的かつ領主制的な支配の装置として、征服後に系統的に創出されたということである。ただ、その道のりはどうやらなかなか険しいものであったようである。

ウエスカ地方全域が征服される直前に、国王との契約を介して建設された前述のガリーサの塔やアルタソーナ、また廃絶した塔を再占有して形成されたトルモスは、入植事業の推進によるカストルムならびにウィラの創出を条件に、いずれもバロンに自有地として賦与されている。ところが、ガリーサの塔はその後の経緯はいっさい知られていないし、アルタソーナならびにトルモスは、ウィラとカストルムという言葉がみられることからいちおうの努力の形跡はみられるものの、入植は遅々として進まなかったようである。いずれもバロンに自有地として賦与されたにもかかわらず、どうやら廃絶してしまって王領地に復帰し、アルタソーナはアルフォンソ一世治世の一一三〇年ならびに一一三四年に、(52) トルモスは一一二七年に、(53) それぞれ入植許可状の発給を梃子に再度の入植が図られている。そもそもアルタソーナでは、一〇八七年にカストルム建設が企図されて以来、一貫して教会の存在が確認される。だが、王領地復帰と同時に国王ホノールとして再編成され、すでに一一二六年からペラ・ロメウなる保有者がいたにもかかわらず、それ以降も入植は依然として進んでいなかった。実際、一一三〇年の入植許可状によれば、その付属領域は、「五年間ずっと荒蕪地のままであった」（toto illo ermo qui ibi est de V. annos in suso）というのである。

ここでは、教会十分の一税以外のあらゆる貢租、流通税、放牧税の免除と、裁判特権の賦与をもって入植者の誘致が図られているが、それも満足な成果を生まず、結局のところ一一三四年にあらためて入植許可状が発給されるという事態となっているのである[54]。

大半が国王ホノールとして編成され、またその一部が教会や修道院に寄進されたかつてのムスリム城塞や集落にしてみても、そうした紆余曲折と無縁であったわけではない。国王ホノールの賦与は一般に文書をともなわないから、賦与に際しての条件がいかなるものであったかはほとんど知るところがないが、少なくとも保有者のイニシアティヴで入植が進められるよう望まれたことは想像にかたくない。また、それらが教会に寄進されるような場合には、文書のなかではっきりと入植事業に対する配慮が示されている。たとえば、前述のように、アルカラは一二世紀初頭にウエスカ司教座に寄進されながら、一貫して国王のバロンが保有する城塞であったが、寄進時に国王の隷属農民（メスキーヌス〔mesquinus〕）に対して同地への入植命令が下っている。この段階においてもなお、付属領域の境界画定が行われていなかったようであり、マンシオ・ヒメネス（マルセン保有者）ならびにルアール・イニゲス（サングエサ保有者）に命じて実地検分が行われている[55]。

実際のところ、国王証書にそれらの地名を冠したバロンがすでに出てきているからといって、城塞や集落の内部が入植者で着々と満たされてゆくといった光景を単純に想像しない方がよさそうである。たとえば、クルベには一〇九七年以来、サンチョ・イニゲス・デ・オルナなるバロンが存在し、一一〇五年頃の同人の遺言状でも彼が所有する複数の家屋や家畜が登場するが[56]、一一三三年に国王留保分と想定されるクルベのカストルムの二分の一がモンテアラゴン修道院に寄進されたおりには、その従物に放牧地、水流、森林、叢林以外みあたらず、国王もまた、「入植を進め、キリスト教徒全体の名誉のためによき防備建築物（bonam forçam）を建設すること」と命じている[57]。そこでは、入植そのものの遅滞、ことによると早くも廃村現象のような事態が生じていたことがみてとれるのである。

実際、そうしたバロンが、保有する国王ホノール全体の入植を自ら系統的かつ組織的に推進した形跡はみられない。彼らはむしろ、国王とともに遠征を繰り返し、その先々で獲得される戦利品や新たな国王ホノールを集積することや、より南方のエブロ川沿いの重要拠点を確保することに専心し、本来の国王ホノールを組織的に経営・維持することに気がまわらなかったのかもしれない。家屋建設、入植促進、城塞集落の建設といった活動はむしろ、当の国王ホノールを保有するバロンではなく、むしろほかの国王ホノールを保有するバロンや、国王へのよき奉仕を報いられたバロン以外の人びと（教会や修道院を含む）に対して、国王がその内部のかつてのムスリム財産や家屋建設用地を自有地として個別に賦与する際に明確に表れてくるのである。もしかしたら、それは、当該国王ホノールの保有者と、その内部で自有地を所有する者とをあえて複雑に錯綜させることによって、国王ホノールの保有者が全面的に在地化しないようにするための国王なりの戦略であったかもしれない。いずれにせよ、入植を企図した文言は、征服よりもかなり遅れて、ペドロ一世晩年の一一〇四年あたりと、アルフォンソ一世治世も後半にさしかかった一一二〇年代という二つの波をともなって現れることになる。

興味深いのは、国王ホノールであれ、教会や修道院に寄進された集落であれ、城塞や防備建築物の所在するほとんどの定住地で、かつてのムスリムの家屋や土地財産がそのまま分配されるケースよりも、家屋の建設と入植の推進を条件として、ユガーダ（yugada）という面積単位（二頭立ての牛で一日に犂耕される面積）で表示される新たな土地区画が分与されるケースの方が多いという事実である。表1-1に掲げた一覧のなかでも、アジェルベ[58]、ラバータ[59]、カリエン、ビシエン[60]、サンガレン[61]、アルベロ・バホ[62]、サリニェーナ[63]、プエージョ・デ・ファニャナス[64]、クルベ[65]、マルセン[66]、アルムニエンテ[67]、アングエスでは[68]、イスラーム統治下でムスリムの定住地が存在しながら、それらはほとんど再占有されることなく、むしろ征服後しばらく経ってから、城塞直近の一定規模の家屋新設用地（solar, casal, locus）が分配され、城塞を中心に密集した新たな定住区の創出が志向されている。それら家屋新設用地はまさしく「城塞の高台に」（in illa corona de illo castello）、「城塞に」（in castris, in illo castello）、「城塞のそばに」（prope

表 1-1　ムスリム定住地から城塞集落へ（＊は城塞集落の新設）

定住地	城塞・塔・囲壁	国王ホノール保有者	城塞集落の形成過程
アジェルベ Ayerbe ＊	castrum	Lope Garcés de Estella (1098, III-1105) Fortún López de Ayerbe (1122, V-1134, II) Martín Galíndez (1134, IX-1135, VIII) Cecodín de Navasa (1134, VII) Bernardo Gómez (1135, VII-1154, III)	1083 年，サン・フアン・デ・ラ・ペーニャ修道院に城塞の立地する高台の一区画が寄進され，家屋群の新規建設を要請 (DSRI, 21)。1122 年，城塞ブールの建設を目的として国王アルフォンソ 1 世によって入植許可状が発給（DERRVE, 81)。1125 年，同城塞ブール内に複数の家屋群が所在（DERRVE, 113)。
ラバータ Labata ＊	castrum	Galindo Dat (1097, XII-1101, IX) Ortí Ortiz (1097, XII-1098, II) Fortún Sánchez (1101, IX) Juan Galíndez (1114-1134, II) Galindo Jiménez de Pozán (1126, III) Sancho Juanes (1134-1148, V)	1101 年，García Iñíguez に，カストルム囲壁内の家屋建設用地を騎士封（cavallarizas）として賦与（CDPI, 102)。
アルカラ Alcalá ＊	castrum	Sancho Garcés de Cerasvas (1097, XII-1103, VII) Galindo Jiménez de Pozán (1135, VII-1161, VII ; 1169)	1101 年から 1104 年までのあいだに，Mancio Jiménez（Marcén の保有者）および Loar Iñíguez（Sangüesa の保有者）による付属領域の境界画定，内部には《almunia nova》所在，国王隷属農民（mesquinus）に入植命令（CDCH, 92)。
カリェン Callén ＊	castrum	Pedro Sánchez (1105)	1100 年，サン・フアン・デ・ラ・ペーニャ修道院に対して，ムスリム定住区とは別のカストルム区画のなかに家屋の新規建設要請，新たな防備施設を建設すべく各家屋から 1 名の守備兵の徴発（CDPI, 80)。
ビシエン Vicién ＊	castrum	Lope Garcés de Estella (1105)	同上。
サンガレン Sangarrén ＊	castrum	Fortún López [1] (1103, I-1105 ; 1107) Iñigo Fortuñones (1105)	1105 年，Iñigo Banzones に，廃絶したムスリム家屋と荒蕪地の賦与（CDPI, 149)。1140 年，カストルム領域内の放棄されたムスリム家屋と土地，さらには城塞（カステッルム）に近接した家屋新設用地が García Garcés に賦与（DERRVE, 298)。
アルベロ・バホ Albero Bajo ＊	castellum	Lopa [mujer de Fortún Sánchez de Lasaosa] (1097, XII-1103, III) Jimeno Garcés de Albero (1130, XI-1134, IX) Lope (1158, XI)	1103 年，城塞そばの一画が家屋建設用地として Ortí Ortiz に賦与，家屋建設および開墾が義務。また，各家屋に常時，武装したキリスト教徒の兵士を配備すること（CDCH, 87)。
サリニェーナ Sariñena ＊	castellum	Fortún Sánchez (1101, XI-1105, IV) Lope Sánchez de Foces (1160, IV-1164)	1102 年頃，ムスリム家屋とともに，城塞周囲の一画が Galindo Dat に賦与。自らそこに駐屯するか，各家屋によく武装したキリスト教徒の兵士を各 1 名常駐させるよう命じられている (CDPI, 112)。
ボレア Bolea	murus	Fortún López [2] (1102, IV-1116) Pere Petit (1110, X-1113, XII ; 1116, III-1133, I) García Ramírez [el Restaurador] (1132) Pedro [hijo de Pere Petit] (1134, II) Sancho Juanes (1134, VII) Cecodín de Navasa (1134, IX-1134, X) Ermengol de Urgell (1134, X-1135, I) Beltrán de Larbasa (1135, II-1135, VII) Bernardo Gómez (1135, VIII-1154, III)	ムスリム城塞集落の再占有。1104 年，国王造幣人 Burfange に，囲壁に隣接した家屋とムスリムの土地財産が賦与（CDPI, 139)。
プエージョ・デ・ファニャナス Pueyo de Fañanás ＊		Fortún Garcés de Valle (1097, XII-1116, III) Raimundo de Lauras (1139-1158, X)	1129 年，Oriol Garcés de Castro に，同地における 2 ユガーダの土地を賦与，家屋の建設要請（DERRVE, 176)。
ノバレス Novales		Fortún Garcés de Valle (1097, XII-1102, XI) Galindo Jiménez de Pozán (1158, XI-1174)	1107 年，García Garcés に，同地から逃亡したムスリムの家屋が賦与（DERRVE, 33)。
クルベ Curbe ＊	castrum	Sancho Iñíguez de Orna (1097, XII-1105) Bernardo Gómez (1149, IV-1154)	1097 年以来，保有者存在。1103 年頃には教会（DMH, 2), 1105 年頃には Sancho Iñíguez de Orna の購入家屋が所在 (CDCH, 12)。それにもかかわらず，1133 年，モンテアラゴン修道院に入植促進と防衛を目的として 2 分の 1 が寄進 (DERRVE, 218)。入植の遅滞または廃絶を示唆。
アルガビエソ Argavieso		Fortún Garcés de Valle (1097, XII) Galindo Jiménez (1158, XI)	1129 年，Oriol Garcés de Castro に，ムスリムの家屋と荒蕪地 2 ユガーダが賦与（DERRVE, 176)。
サバジェス Sabayés		Guillem Sánchez (1097, XII-1101) Fortún Garcés de Valle (1110-1113, IV ; 1116) Lope (1158, XI)	1098 年，ウエスカにモスクを所有したムスリム都市貴族 Iben Abtalib（CDPI, 42）の家屋，同人に帰属した Banastás, Yéqueda, Chimillas, Nueno, Sabayés の土地財産をサンティアゴ・デ・コンポステーラ司教座聖堂教会に寄進（CDPI, 48)。

マルセン Marcén ＊		Mancio Jiménez (1102, XI)	1102 年，同地の家屋建設用地とムスリムの土地財産（家屋なし）が Lope Iñíguez に賦与（CDPI, 116）。新規定住区が形成されたことが考古学的にも確認。
ピラセス Piracés ＊		Ortí Ortiz (1103, X-1116) Ato Garcés (1114-1115, XII) Fortún Dat [hijo de Ato] (1134, V-1161)	1107 年，Songer Ramón にムスリム家屋の賦与（DERRVE, 31）。イスラーム期の岩塊（貯水槽・貯蔵庫・階段の遺構あり）の放棄。
アルムニエンテ Almuni-ente ＊	murus	Don Ramiro (1106, I-V)	領域内に《almunia de Iben Cebale》ほか灌漑地が多数所在（CDCH, 88, 104, 128）。1104 年，ムスリム家屋と非灌漑地の取得・開墾権が Galindo Blasquez mayordomo に賦与（CDPI, 138）。1106 年，囲壁内の家屋群と囲壁外の家屋建設用地が Jimeno Anaiz および Galindo Aznárez，さらに Galindo Dat に賦与，家屋の建設と武装したキリスト教徒歩兵の常駐が義務（CDAI, 13；DERRVE, 27）。
ペルトゥーサ Pertusa ＊		Lope Fortuñones de Albero (1135, VI) Ferriz de Santa Eualia (1135, VI) Juan Galíndez (1135, VI)	1128 年，Lope Fortuñones de Albero, Juan Galíndez, Ferriz de Santa Eualia が同地で自発的に入植事業（DERRVE, 172）。同 3 名が保有者として国王証書に登場（DERRVE, 221）。
アングエス Angüés ＊		Pedro Ortiz de Lizana (1128, III-1134, X)	1128 年，同領域内の《almunia de Masones》の一画が家屋建設と入植促進を条件として Pedro Ortiz de Lizana に賦与（DERRVE, 155）。ついで全体がやはり入植を目的として同人に賦与（DERRVE, 157）。1134 年，ウィラ全体が同人に賦与，国王ホノールの自有地化（DRII, 29）。
パンサーノ Panzano	castellum		1093 年から教会の存在（DERRVE, 14）。1135 年，Gil de Lascellas に《villa... cum ipso castello》が賦与（DERRVE, 58）。
バスクエス Bascués ＊	castellum		1124 年，国王の家屋，国王のムデハル隷属農民（exaricos）保有の土地財産が，Guillem Sánchez de Tena に賦与され，開墾要請（DERRVE, 98）。1141 年，サラゴーサほかを保有する Lope López に《castellum... cum sua villa》が賦与（DERRVE, 309）。
バルブエス Barbués ＊	castellum		1083 年，サン・フアン・デ・ラ・ペーニャ修道院に 4 分の 1 が寄進（DSRI, 21）。1100 年，城塞のそばに家屋建設と 1 名の守備兵の配備が要請（CDPI, 80）。1101 年，交換によって王領地に復帰（CDPI, 98）。1128 年，入植事業を推進させるべく俗人貴族にウィラの 2 分の 1 が賦与，カステッルム周囲の家屋建設用地があてがわれ，騎士（cavalleros）に灌漑地 2 ユガーダ，歩兵（peones）に非灌漑地 2 ユガーダの分配が行われた（DERRVE, 159）。
ブニャレス Buñales ＊	castrum		1099 年に開墾用地，1103 年にウィラ全体がサンタ・マリア・デ・アルケーサル修道院に寄進（CDCH, 74, 86）。1100 年，同ウィラのカストルム周囲に家屋建設要請（CDPI, 80）。
ベリーリャス Velillas	castrum		1093 年，サン・ポン・ド・トミエール修道院に征服後の寄進が約束されたカストルム。征服以前からカストルムの呼称がみられる（DERRVE, 14）。
セサ Sesa	castellum		1103 年，ウエスカ司教座聖堂教会に寄進（CDPI, 132）。ムスリムの土地財産多数，またムデハルも残存（CDCH, 99, 103）。城塞保有者として Blasco Fortuñones de Azlor（Azlor の国王ホノール保有者）がいたが，同人は司教座聖堂教会に不正行為を行い，1114 年にこれを放棄（CDCH, 116）。1133 年，キリスト教徒にもムデハルにも同地に入植することを司教自ら要請。キリスト教徒は教会十分の一税のみ，ムデハルは 9 分の 1 の定率貢租のみを負担するとした入植許可状の発給（CDCH, 135）。
タベルナス Tabernas ＊	castrum		1097 年，ウエスカ司教座聖堂教会にカストルムおよびウィラ寄進，従来のバロン Fortún López とその子孫が以後も保有し続けることと明記（CDCH, 64）。1101 年，全体の 4 分の 1 がサン・フアン・デ・ラ・ペーニャ修道院に寄進（前年，カストルムそばに家屋建設の要請）（CDPI, 80, 98）。1139 年，Alcalá ならびに Fañanás の城塞保有者との紛争の結果，和解のために同人らに嫡出子があるかぎりで当該城塞の領有を許可（CDCH, 153）。
チブルコ Chibluco	turris		1093 年以来，教会の存在。1135 年，《villa... cum sua torre》が Lope Garcés eitan に賦与（CDCH, 142）。
ラ・イグレシエタ La Igle-sieta	turris		現 Usón 村域。1103 年，俗人に《turrem de Alcait Almelch》を賦与（Gabarda のムスリム領主 Azube の甥の塔とおぼしい），領域内には竈などがみられる。受益者に対して家畜の通行自由，放牧税の徴収許可，粉挽水車の建設許可（CDPI, 130）。ムスリム城塞の Gabarda 自体は廃絶しながら，その領域内の別の防備集落が再占有。

illo castello)、「城塞の内郭に」(in illo alluzem de illo castello)、「囲壁のなかに」(intus illo muro) 設定されていて、「よき家屋」(bonas casas) の建設と、各家屋に「よく武装したキリスト教徒の歩兵」(uno pedone christiano bene armato) の配備が望まれているのである。

したがって、セナックが明らかにしたように、従来のムスリム定住地が、塔などの防備建築物の有無にかかわらず、岩塊を背後にその下方に形成されていたとすれば、キリスト教徒のそれはむしろ、城塞が立地する同じ高台の頂部やその直近に密集形態の定住地が上から組織的に編成される傾向にあったわけである。ただ、政治権力という観点からいえば、本来のインカステラメント・モデルよりもはるかに複雑である。前述のように、国王ホノールとして城塞を賦与されたバロンが実際にそうした活動に精を出した形跡はおよそみられない。これに代わって、王権が明らかに入植を目的として家屋建設用地を、別の国王ホノール保有者や教会・修道院に分与し、そうした活動を推進している。そこでは、王権、当該国王ホノール保有者、そして別の国王ホノール保有者や教会・修道院の利害が入り乱れた、じつに錯綜した権力構造を背景に、整然とした密集型の城塞集落が組織的に生み出されようとしていたのである。

もっとも、史料に表れているのは、そうした新たな城塞集落を創出しようとする意志にすぎない。たとえば、一〇八三年に征服されたアジェルベですら、その段階でサン・フアン・デ・ラ・ペーニャ修道院に城塞の立地する高台の一区画が分与され、家屋の新設が要請されてから、およそ四〇年のちの一一二二年頃に入植者の誘致を目的として城塞周囲の土地の開墾特権が賦与され、一一二五年にようやく城塞集落が一定の形成をみたのである。(69) 実際、前述のクルベのように、入植が進まずになかば廃絶してしまったかのような例もある。セサにいたっては、一一〇三年にウエスカ司教に寄進されたのち、一一一四年までアスロールのバロンがこれを保有していたにもかかわらず、入植事業そのものが入植許可状を発給して実際に着手されるのは一一三三年になってからであり、その際にはなりふりかまわず、教会十分の一税および初穂納入のみの負担のキリスト教徒に加えて、九分の一の定率貢租のみの負担でムデハル（sarracenis）をも迎え入れようとしているほどであった。[70] この時期の文字史料と一七・一八世紀の集落プランを対照しながら、いくつかの集落（アングエス、アンティリョン、ベルベガル、カスバス、ファニャナス、ペラルタ・デ・アルコフェア、サンタ・エウアリア）の形成過程を形態生成論的に検討したカルロス・ラリエナ・コルベーラとフアン・フェルナンド・ウトリーリャは、ほとんどの集落が征服からはるかのちの一二世紀後半になってようやく、明らかに系統的・組織的に創出されたと結論しているほどである。[71]

他方、ラテン語史料には、別途一考を要するアルムニア（almunia）という言葉がしばしば登場する。アラビア語のムンヤ（munya 原義は「庭園」）に由来するこの史料概念は、菜園とか果樹園を意味する言葉として現代カスティーリャ語にも継承されているが、わたしたちの地域でこれをそのまま適用することはできない。アラビア語史料に登場するムンヤは本来、都市近郊の貴族居館を意味したが、ラテン語史料に登場するアルムニアは総じて、都市近郊の灌漑地帯に分布するムスリムの都市貴族や役人の固有の所領であり、居館と菜園を中心とした農業経営地で構成されていたと想定される。[72] ウエスカ地方に登場するおもなアルムニアを、次の表1-2にまとめておこう。

じつをいうと、アルムニアが最も多く言及されるのは、次章で詳しく検討するように、アルカナードレ川よりも東のバルバストロ近郊や、多くのアラビア語著作家がイベリア半島きっての肥沃地帯と称賛したシンカ川流域であり、それらはもっぱら灌漑地帯に分布していたことが知られている。[73] これらの地域に比べればずっと言及が少ないものの、ウエスカ地方の場合にも基本的な特徴はほとんど変わるところがなかったように思われる。すなわち、ムスリムの人名がしばしば冠せられていること、とくにウエスカ近郊に分布していること、ウエスカから多少隔絶していても堰や水車など灌漑施設が展開した場所に所在していることである。たとえば、表中の①にあるように、「イブン・アルガルベの」（de Iben Algarbe）、「イブン・ザバラの」（de Abin Zavala）、「イブン・テニアの」（de Ibentenia）、「イブン・アブデラの」（de Abinnabdera）、「イブン・セロンの」（de Abinceron）アルムニアは、まさしくムスリムの人名を冠する典型例である。[74] これらのうち、イブン・ザバラは、ウエスカ近郊のアラスクエスに家屋、耕地、

表 1-2　ウエスカ地方の主要なアルムニア

主要アルムニア	分配・開発の経緯
①ムスリム人名を冠するアルムニア	
almunia de Iben Algarbe	1105 年頃，Sancho Iñíguez de Orna の遺言状に，同人が購入した複数の家屋が所在（CDCH, 121)。
almunia de Abin Zavala (Almuniente)	Fruila de Gállego ならびに Sancho Iñíguez de Orna によって，それぞれ 2 分の 1 ずつがウエスカ司教座聖堂教会に寄進(CDCH, 88, 121)。Abin Zavala は，ウエスカ近傍の Arascués の自有地（家屋，耕地，葡萄畑，オリーヴ畑，粉挽水車）のかつての所有者（CDCH, 65)。
almunia de Ibentenia (Huesca)	ウエスカ都市領域内，Tierz のそば。12 世紀初頭，García Pepínez がその 2 分の 1 を国王サンチョ・ラミーレスから終身で保有，保有分は almunia de Garcia Pepinez と呼ばれる(DMH, 2)。1126 年，同人の子か甥である Barbatuerta によって，サン・ペドロ・エル・ビエホ修道院に寄進，粉挽水車あり（DERRVE, 135)。
Almunia de Abinnabdera	DMH, 2 (1103-04).
Almunia de Abinceron	DMH, 2 (1103-04).
②地名を冠するアルムニア	
almunia de Septimo (Siétamo)	Sabayés そば，turris de Aguilar と Arasucués のあいだに所在(ウエスカ近郊)。モサラベ教会，粉挽水車，司教ならびに国王役人の面前で境界画定された領域がこれに付属。当該アルムニアは，ユダヤ人 Zavaxorda（Igriés にも土地財産を所有）が所有するところとなっていたが，ユダヤ人による教会所有が問題視され，国王が接収，ウエスカ司教座聖堂教会に寄進(CDCH, 73)。同司教座がモサラベ Pedro de Almería に終身保有の条件でこれを賦与，このとき修道院，サン・ペドロ教会，固有の領域，粉挽水車が所在（CDCH, 91)。
almunia de Florén	ウエスカ近郊フルメン川沿い，Tierz と Chibluco とのあいだに所在。征服前の 1093 年には《campo》と表現（DERRVE, 14)。1097 年に，居住するムスリムとともにサン・ペドロ・エル・ビエホ修道院に寄進（CDPI, 34)。1111 年，固有の領域（DERRVE, 44)。
almunia de Alcoraz	ウエスカ近郊。国王サンチョ・ラミーレスが戦死したアルムニア，葡萄畑あり（CDPI, 34)。当該アルムニアは「サラセンの国王たちが所有した」ものであり，固有の領域と《al-hobces》で構成（CDCH, 67)。
almunia nomine Montsur	1103 年頃，Iñigo Sánchez de Biniés ならびに Ortí de Bral に賦与（DMH, 2)。
③キリスト教徒人名を冠するアルムニア	
almunia de Pedro Sánchez nomine Forniello	Pedro Sánchez は国王ペドロ 1 世の「乳兄弟」で，11 世紀中葉の王国有力貴族サンチョ・ガリンデスの子，ウエスカほかを保有。Iñigo Sánchez de Biniés に賦与（DMH, 2)。

almunia de García Fortuñones de Burgasé	DMH, 2 (1103-04).
almunia de Ato Aznárez	DMH, 2 (1103-04).
almunia de García Pepínez	García Pepínez が《almunia de Ibentenia》の 2 分の 1 を国王サンチョ・ラミーレスから終身で保有，その保有分が同人の人名をもって呼称（DMH, 2）。
④アルムニア＝城塞，アルムニア＝塔	
almunia de Robres	征服前の 1093 年，villa および castrum 所在か（CDCH, 55）。
Alboret	ウエスカ西方のラ・ソトネラに所在，ウエスカから隔絶。国王サンチョ・ラミーレス期に分割され，一部が騎士封にあてられた。1100 年にウエスカ司教座聖堂教会に帰属，Montmesa と Tormos とのあいだ，ソト川流域，ムスリムの堰（zud）あり（CDCH, 77）。1121 年までサン・アドリアン・デ・ササウ修道院（ウエスカ司教座に帰属）に帰属したが，放置されたままで入植が果たされず，ウエスカ司教が領主役人に入植を目的として賦与（CDCH, 127），1139 年の段階で《villa... cum suo castello》存在，しかし荒蕪地のまま放置されていたのでふたたび入植命令（CDCH, 152）。1154 年の段階でも進展しておらず，司教座からふたたび入植を推進すべく解放特許状の発給（CDCH, 216）。
Aiera	サンチョ・ラミーレスにより，Sancho de la Guardia（Ipiés 保有），Sancho Garcés de Cerasvas（Alcalá および Fañanás 保有），Iñigo Sánchez de Laves に賦与（DMH, 2）。1118 年には，Iñigo Sánchez de Laves が捕虜の身請け金確保のために分与された部分を国王の許可を得て売却，このとき城塞，家屋，耕地，葡萄畑，放牧地，採草地といった従物がみえる（DERRVE, 53）。
almunia iuxta de Saragena	Sariñena 近傍。1101 年，塔と付属領域とともにモンテアラゴン修道院に寄進。採草地，水流，放牧地，森林，叢林があるのみで経営地不在（CDPI, 79）。
almunia de Montmesa	1101 年，塔および付属領域とともにモンテアラゴン修道院に寄進。採草地や水流がみられる程度（CDPI, 99）。
almunia de Masones	1128 年，Angüés 領域内の同アルムニアの一画が家屋建設と入植促進を条件として Pedro Ortiz de Lizana に賦与（DERRVE, 155）。ついで全体がやはり入植を目的として賦与（DERRVE, 157）。

葡萄畑、オリーヴ畑、粉挽水車を所有した人物である。それらの財産はキリスト教徒による征服後、国王ペドロ一世に奉仕したモサラベのペドロ・デ・アルメリーアに報償として分与され、のちに彼はそれらをウエスカ市内のサン・ペドロ・エル・ビエホ修道院に寄進している(75)。

ウエスカ近郊に分布するものとしては、表中①のウエスカ都市域内のイブン・テニアのアルムニア、表中②のうちウエスカ近郊のサバジェスそばのシエタモ、フルメン川沿いのフロレン、さらに一〇九四年のウエスカ攻囲戦で国王サンチョ・ラミーレスが命を落としたところのアルコラスのアルムニアが挙げられる(76)。なかでもアルコラスのアルムニアは、「サラセンの国王たちがそこに所有した」(sarracenorum reges ibi habuerunt) ものと明記されている(77)。また、シエタモのアルムニアにはモサラベ教会と粉挽水車が所在したが、イスラーム統治下でザバショルダ (Zavaxorda) なるウエスカの富裕ユダヤ人が所有するところとなっていた。この人物はイグリエスの大土地所有者でもあった。国王ペドロ一世はユダヤ人によるモサラベ教会領有を問題視し、これを接収、一〇九八年にウエスカ司教座聖堂教会に寄進している。ウエスカ司教は前述のペドロ・デ・アルメリーアに終身保有を条件としてこれを賦与したが、このときには、モサラベ修道院とサン・ペドロ教会、粉挽水車が所在している(78)。これらはいずれもウエスカ近郊の灌漑地帯に分布するが、ウエスカからやや隔絶した西方の乾燥地帯に所在するアルボレットのアルムニアにもやはりソト川からの引水利用を目的としてムスリムが建設した堰 (zud) の言及がみられる(79)。

以上から判断して、アルムニアは本来、ムスリムの都市貴族や役人に帰属する灌漑の施された一円的所領であったと考えられる。もっとも、アルムニアには、ムスリム居住者やその家屋にかかわる記述が圧倒的に少ない。たとえ荒廃していても、農業経営地に家屋がいっさい不在ということは考えがたいから、定住形態という観点からすれば、せいぜい散居定住が関の山であったにちがいない。

国王はこれらアルムニアをそのまま、あるいは分割して、バロンや騎士 (caballeros) に賦与していたことが、のちにそれらが教会や修道院に寄進される際に作成された文書のなかで語られている。この場合、それらは、表中の

③のようにキリスト教徒の人名を冠していて、終身保有というかたちをしばしばとっており、事実上の封としてあつかわれていた印象を与える。たとえば、「フォルニエーリョという名の」(nomine Forniello) アルムニアは、国王ペドロ一世の「乳兄弟」ペドロ・サンチェスの名前をともなっている。このほかにも、ガルシア・フォルトゥニョーネス・デ・ブルガセやアト・アスナレスのアルムニアが挙げられる。また、前述のイブン・テニアのアルムニアは、かつて国王サンチョ・ラミーレスによって分割され、二分の一をガルシア・ペピネスが終身で保有したことで、「ガルシア・ペピネスのアルムニア」と呼ばれるようになっている。これはのちに、同人の子か甥のバルバトゥエルタによって、サン・ペドロ・エル・ビエホ修道院に寄進されている。[80]

他方、アルカラの領域内には「新しいアルムニア」(almunia nova) なるものがみられるが、これはむしろ、征服後に境界画定が行われて新たに創出されたものであろうか。[81] また、サリニェーナ近傍の「王妃の」(de illa regina) アルムニアやモンメサのアルムニアには塔がみられる。[82] それらがムスリムによって建設されたものか、征服後にキリスト教徒によって建設されたものかはおよそ判然としないが、このあたりからは、アルムニアが散居定住地といえども城塞に準ずるような一定の防備を施されていた様子がみてとれる。ただ、これらのアルムニアにもやはり、従物のなかに家屋も耕作地もみあたらず、あくまでも採草地、水流、放牧地、森林、叢林がみられるばかりである。ことによると、入植対象となった荒蕪地を意味するパルディーナ (pardina) とほぼ同じ意味であつかわれていたかもしれない。実際、はるか西方のラス・シンコ・ビリャスの所見ながら、実際にパルディーナとアルムニアとが事実上同一のものを指しているケースがある。すなわち、国王アルフォンソ一世は一一一七年、王国最有力貴族の一人ロペ・ガルセス・ペレグリーノにエヘア近傍のアニエスのパルディーナ (pardina de Aniesa) を賦与した。それから三〇年後の一一四七年、ロペ・ガルセスの親族ペラ・ロメウがこれをテンプル騎士団に寄進したおりには、まさしくアニエスのアルムニア (almunia de Anniesse) と表現されているのである。[83]

以上の所見をふまえると、アルムニアという言葉は、キリスト教徒が征服直後に知るにいたったムスリムのアルムニア本来のあり方を超えて、より一般的に、比較的広大ながら組織的な入植と経営の欠如した散居定住地一般を意味するようになり、城塞集落としてのカストルムに対置される概念として、場合によっては、そうした城塞集落の建設が望まれる入植対象地として認識されるようになったと想定されるのである。

こうした散居定住地は、表中④のアルボレット、アイエラ、マソーネスのように、聖俗領主のイニシアティヴの下で開発され、まさしく城塞集落の創出が試みられたものもあった。だが、それも容易な道のりではなかった。なかでも一一〇〇年にウエスカ司教に寄進された前述のアルボレットは、堰を擁する灌漑施設によって潤された典型的なアルムニアであったが[84]、一一二一年の段階で、それまでこれを領有していたウエスカ司教座聖堂教会帰属のサン・アドリアン・デ・ササウ修道院が放置していたため入植がまったく進んでおらず、司教の領主役人ガルシア・サンチェスに賦与されている[85]。その後、一一三九年には、同地は城塞を具えたウィラと表示されているが、あいかわらず荒廃したまま放置されており、入植事業の推進を目的としてロペ・ガルセス・デ・ボラスと全収入を折半する保有契約が結ばれている[86]。同人はその後もこれを保有したが、一一五四年、ウエスカ司教ドドンはついに業を煮やしたか、同人と連名で自ら同地への入植許可状を発給するにいたったのである。そこでは、入植者に一定規模の土地区画が賦与され、同地住人のあいだではそれらの売買・抵当・贈与が可能となること、教会十分の一税ならびに初穂納入以外の「悪しき貢租」(malo censu)は全面的に免除されること、裁判権(justicia)および領主権(directum)はウエスカ司教に留保されるとしたうえで、入植者が遵守すべき同地のフエロ諸規定がことこまかに設定されている[87]。

むすび

アンダルス全域でも有数の城塞分布地帯であるウエスカ地方の軍事的征服は、プレ・ピレネー山系の南斜面に東西に並ぶ城塞網をもつにすぎなかった従来のアラゴン王国に、城塞領域を編成原理とする新たな政治空間をもたらした。それは、少数の王族によって立つ従来の城塞保有の形式を、隣接するカタルーニャ諸伯領やナバーラ王国のような政治的危機をおよそ現出させることなく、興隆しつつあった新興貴族を「辺境」へと動員し、王権への軍事奉仕を供出させるための封建的な装置へと変貌させるものであった。それゆえ、それら城塞を国王ホノールとして領有した貴族の世襲化・在地化はもはやとどまるところを知らなかった。

ムスリムの城塞は総じて再占有され、その城塞領域こそが政治空間の編成原理をなしたが、本来共同体的な性格の色濃い定住地そのものは再占有されずに、城塞直近の区画が新たな入植の対象となって、いわゆる城塞集落の形成が広く企図されている。だが、入植事業そのものは幾度となく実行されながらも、一朝一夕にはなかなか進まず、ごく軽微な負担のみで入植者の誘致を図るほかなかったし、地誌的に整然とした新集落が形成された場合にも、当の城塞保有者ではなく、むしろ王権が他の城塞の保有者や教会・修道院に一定区画を分配し、入植・開発を進めようとしている。その結果、王権、当の城塞保有者、別の城塞保有者、教会・修道院の利害が複雑に入り乱れて、単一の「城主＝領主」権力が確立をみるにはかならずしも容易な道のりではなかった。あるいはそれは、バロンが特定の城塞を一円的な領域支配拠点として全面的に在地化するのを防ぐための王権の戦略の一端であったかもしれない。

それゆえ、軍事的征服による政治空間の急激な拡張は、城塞を核とする新たな空間の編成原理を生み出す一方で、強力な城主権力と、それを地誌的に実体化した新たな定住形態が生まれてくる道のりを阻害していたようにみえる。すなわち、軍事的征服なくして城主支配圏の生成も封建的支配関係の全面的な普及もなかったはずなのに、それが同時に、それらの確立を阻んでしまうという関係にあったようにみえるのである。だが、一見アンビヴァレントなこうした関係は、わたしたちの地域のような、ラテン・ヨーロッパの「辺境」に固有のものではけっしてない。

実際、順調なインカステラメントが進行したとされる諸地域でも、一城塞と一集落が対応するような城主支配の緊縮した空間ユニットが成立する過程で、つねに無主地の征服という現象が広範に生じている。それが、わたしたちの地域のように一つの方向に集中する傾きがみられないのは、もともと人口密度が比較的高い地域で繰り広げられたからにすぎない。その意味では、ピレネー山脈以北が経済成長の組織化あるいは稠密化というように、いわば内向きの「拡大」をとるのに対して、ピレネー山脈以南が文字どおり外向きの拡大をとったという違いがあるにすぎない。いずれの場合にも、まさしく空間的・社会的な流動性というファクターがそこには内包されているのである。

だから、征服＝入植運動の展開した地域では、封建制の成立を攪乱する要因がほかにもまして際立っていたというのは妥当ではない。そうではなくて、なかば独立状態の緊縮した空間ユニットが個人的紐帯によって結びあう封建制そのものが、不断の経済成長と、それに必然的にともなう空間的・社会的流動性なくしては、そもそも安定的に維持されえないのではないかということである。それが、ラテン・ヨーロッパの拡大と表現されるように外向きのヴェクトルをとるか、マルク・ブロックの「大開墾時代」のように内向きのヴェクトルをとるかで差異があるようにみえても、封建制はそうした不断の拡大という現象がもたらす不安定性に依拠してはじめて安定的に維持されうる、それ自体動的なシステムであり、まさしく征服＝入植運動はそうしたシステムの作動を保証する典型的なプロセスにほかならないのではないか、ここではそれをさしあたりの見通しとして掲げておきたい。

第2章　シンカ川中流域の城塞・定住・空間編成

1　城塞と国王ホノール

エブロ川の支流シンカ川の中流域は、アラゴン王国による征服後、王国の東部「辺境」をなすことになる空間である。ウエスカ地方の東に位置するこの空間は、イスラーム期には、バルバストロを核としておもにシンカ川西岸に展開したバルビターニヤ（Barbiṭāniya）管区と、東はセーグラ川を越えモンサン山脈に達する広大なリェイダ管区のほぼ西端からなっている（図2-1）。イスラーム期の定住はおもに河川流域に沿って展開する傾向があったから(1)、アラビア語著作家が、葡萄、オリーヴ、果樹が生い茂るその様子から「オリーヴの川」（ワーディー・アッザイトゥーン〔Wādī al-Zaytūn〕）と呼び、その肥沃さを高く称賛したシンカ川中流域に(2)、ムスリムの城塞（ヒスン〔ḥiṣn〕）(3)や定住地、さらには一円的な私的所領（アルムニア〔almunia〕）が広く分布したのも当然であったであろう(4)。この地域はしかし、農業経営に適した自然環境や交通の利便性もさることながら、イベリア半島北東部の諸勢力の境界地帯というその地政学的位置ゆえに一一世紀中葉以降、ムスリムとキリスト教徒とが互いに入り乱れて争奪を繰り広げる典型的な「辺境」となったのである。

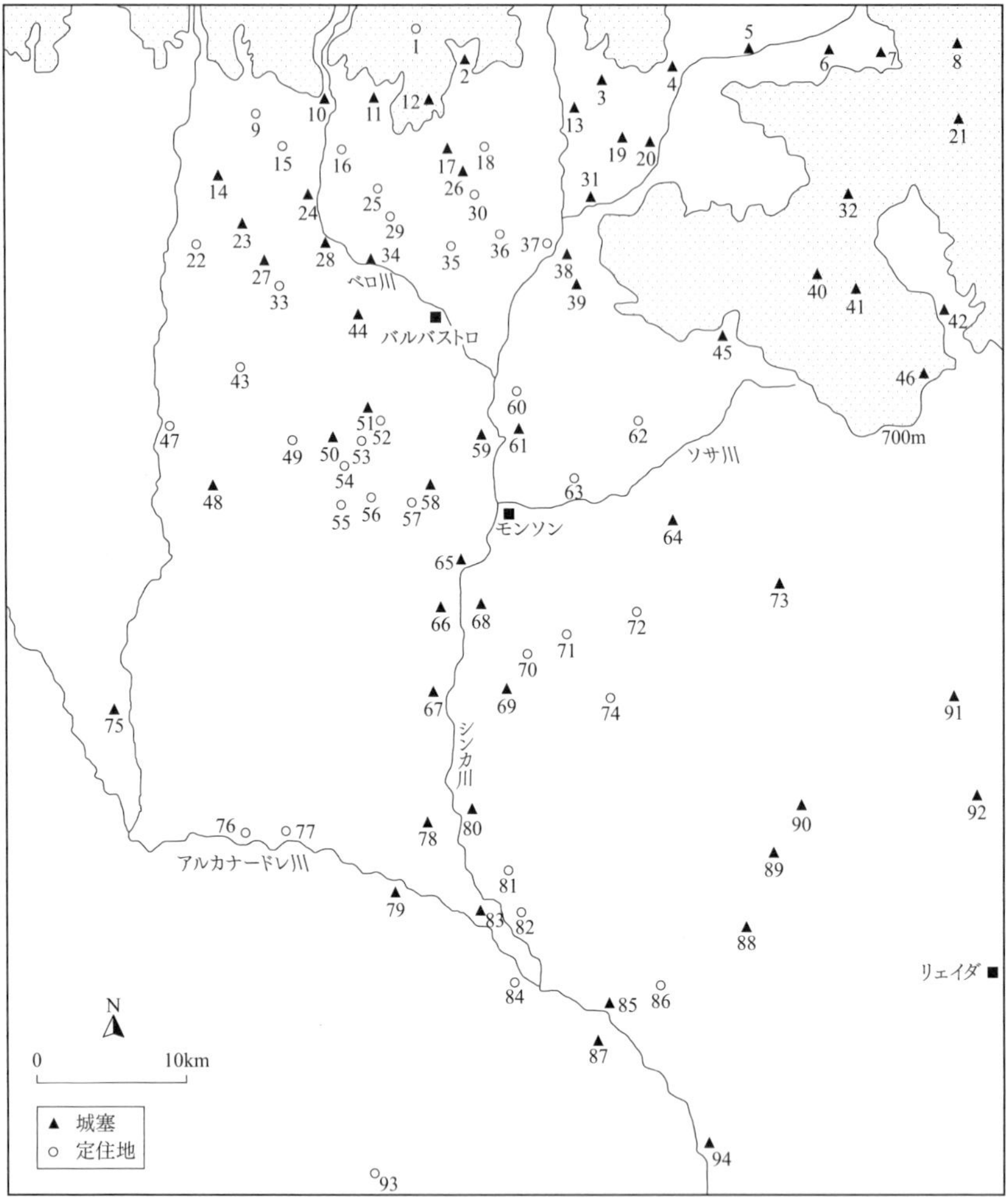

図 2-1　シンカ川中流域の城塞と定住地（12 世紀後半）

1 スエルベス（Suelves） 2 ナバル（Naval） 3 ムニョーネス（Muñones） 4 グラウス（Graus） 5 カペーリャ（Capella） 6 ラグアレス（Laguarres） 7 ラスクアーレ（Lascuarre） 8 カスティルガレウ（Castilgaleu） 9 アルベルエラ・デ・ラ・リエナ（Alberuela de la Liena） 10 アルケーサル（Alquézar） 11 コルンゴ（Colungo） 12 サリーナス（Salinas） 13 シウダー（Ciudad） 14 アビエゴ（Abiego） 15 アダウエスカ（Adahuesca） 16 ブエラ（Buera） 17 オス・デ・バルバストロ（Hoz de Barbastro） 18 コスコフエラ・デ・ファントーバ（Coscojuela de Fantova） 19 カストロ（Castro） 20 ルンベーレス（Lumberres） 21 ルサス（Luzás） 22 ラスセーリャス（Lascellas） 23 アスロール（Azlor） 24 ウエルタ・デ・ベロ（Huerta de Vero） 25 サラス・アルタス（Salas Altas） 26 シーリャス（Cillas） 27 アサーラ（Azara） 28 ポサン・デ・ベロ（Pozán de Vero） 29 サラス・バハス

(Salas Bajas) 30 グアルディア (Guardia) 31 オルベーナ (Olvena) 32 ベナバーレ (Benabarre) 33 ペラルティーリャ (Peraltilla) 34 カスティリャスエロ (Castillazuelo) 35 クレヘンサン (Cregenzán) 36 コステアン (Costeán) 37 エナーテ (Enate) 38 エスターダ (Estada) 39 エスタディーリャ (Estadilla) 40 プロイ (Purroy) 41 ピルサン (Pilzán) 42 カセーラス (Caserras) 43 アルメルヘ (Almerge) 44 プエージョ・デ・バルバストロ (Pueyo de Barbastro) 45 カラサンス (Calasanz) 46 エストピニャン (Estopiñán) 47 トーレス・デ・アルムニエンテ (Torres de Almuniente) 48 ペラルタ・デ・アルコフェア (Peralta de Alcofea) 49 ベルベガル (Berbegal) 50 モンロージョ (Monroyo) 51 フォルニーリョス (Fornillos) 52 ペルミサン (Permisán) 53 イルチェ (Ilche) 54 モリーリャ (Morilla) 55 オディーナ (Odina) 56 モネスマ (Monesma) 57 ヒル (Gil) 58 セルグア (Selgua) 59 カステホン・デル・プエンテ (Castejón del Puente) 60 コフィータ (Cofita) 61 アリエストラス (Ariéstolas) 62 アサヌイ (Azanuy) 63 アルムニア・デ・サン・フアン (Almunia de San Juan) 64 サン・エステバン・デ・リテラ (San Esteban de Litera) 65 コンチェル (Conchel) 66 ポマール (Pomar) 67 リポル (Ripol) 68 プエージョ・デ・サンタ・クルス (Pueyo de Santa Cruz) 69 カルボネラス (Carboneras) 70 ビナセー (Binaced) 71 バルカルカ (Valcarca) 72 ビネファール (Binéfar) 73 タマリーテ (Tamarite) 74 エスプルス (Esplús) 75 サリニェーナ (Sariñena) 76 セナ (Sena) 77 シヘナ (Sigena) 78 アルコレア (Alcolea) 79 オンティニェーナ (Ontiñena) 80 アルバラーテ (Albalate) 81 カラベーラ (Calavera) 82 オソ (Osso) 83 チャラメーラ (Chalamera) 84 バリョバール (Ballobar) 85 サイディン (Zaidín) 86 ビンカメット (Vincamet) 87 ベリーリャ (Velilla) 88 ジマネイス (Gimenells) 89 スクス (Sucs) 90 アルマセーリャス (Almacelles) 91 アルメナール (Almenar) 92 アルグアイレ (Alguaire) 93 カンダスノス (Candasnos) 94 フラーガ (Fraga)

そのなかで最も後れをとったのは、一〇四四年頃にリバゴルサを併合し、シンカ川上流域を領有する当のアラゴン王国であった。征服活動の主導権は当初、ウルジェイ伯アルメンゴル三世と、その家士であり、自ら征服したアジェを中心に事実上独立した支配領域を築いたアジェ副伯アルナウ・ミル・ダ・トスによって担われたし、[5] 一〇五〇年代にはここにバルセローナ伯ラモン・バランゲー一世が進出し、パーリア (paria 軍事貢納金) 供出と引き換えにリェイダおよびサラゴーサ王国を保護下においたため、[6] アラゴン王国がなしえたことといえば、一〇五五年よりソブラルベのアビサンダ、オルソン、サミティエル、トロンセード、スルタ、サルサ・デ・スルタを独力で掌握する一方、[7] リバゴルサ南部では一〇六二年からファルセス、ルサス、ラグアレス、ラスクアーレ、ビアカンプ、ベナバーレを、同じくバルセローナ伯によって進路を阻まれたウルジェイ伯およびアルナウ・ミルと連携しつつ征服したにすぎなかった。[8] その延長線上で展開された一〇六三年のグラウス攻囲戦は、結果的に国王ラミーロ一世の戦死をもって頓挫するにいたっている。[9]

グラウスでの敗戦、ピレネー山脈以北の軍勢が主力となったバルバストロ占領とサラゴーサ王国による奪還(一〇六四

〜六五年)[10]を経て、アラゴン王国は国王サンチョ・ラミーレス統治下でかつてない政治的・社会経済的飛躍を遂げつつあったが[11]、バルビターニャの前線拠点アルケーサル(一〇六七年)[12]やムニョーネス(一〇八一年)[13]の征服を除けば、バレンシア北部まで勢力圏を拡大した国王ムクタディル統治下のサラゴーサ王国を眼前に控え、征服活動は依然として停滞したままであった。ムクタディルの死没(一〇八二年)はその突破口となるかにみえたが、分割相続により広大な版図を二分したサラゴーサ国王ムータミンとリェイダ国王ムンジルが両王国の境界地帯にあたるシンカ川流域を舞台に紛争を繰り広げたため、父王と同じくロドリーゴ・ディアス・デ・ビバール、すなわちかのエル・シッドを傭兵隊長に擁するムータミンがモンソンを攻略すべくリェイダ近郊のアルメナールに進軍したおりには、ムンジルを支援するカタルーニャ諸伯とともに一敗地にまみれてしまうのである[14]。翌年にはグラウスやカストロの征服に成功するものの、アラゴン王国によるシンカ川中流域の征服は結局、エル・シッドがサラゴーサを離れた一〇八〇年代後半を待ってようやく本格的に開始されることになった。かくして一〇八九年のモンソン征服以降、全体が「モンソン王国」として王太子ペドロに分与された同中流域東岸の征服はフラーガ北方のサイディンまで比較的短い期間に進展し[15]、これに対して同西岸を中心とするバルビターニャの征服はペドロの国王即位後、ナバルの無血開城(一〇九五年)を起点として一〇九〇年代後半にもちこされ、最終的にバルバストロが征服されるにいたったのは一一〇〇年のことであった[16]。

征服された都市、城塞、おもな防備定住地はウエスカ地方と同様に、わずかに教会に寄進されたものを除けば、総じて国王ホノールとして貴族の保有するところとなった。バロン、またはより一般的な呼称でセニョールと呼ばれる貴族集団への国王ホノールの賦与はもともと文書をともなわないのが通例であったから、両者の権利・義務関係を筆頭にその制度的な内実を正確に把握するのはなかなか困難ではあるものの、全般的な傾向として、王族、または王権にきわめて近しい少数の大貴族家系の出身者に複数の重要拠点を世襲的に管理させるというのが、その本来の姿であったといってよい。事実、国王サンチョ・ラミーレス統治下の一一世紀後半においてすら、国王ホノールを保有する貴族集団の半数近くを占めたのは、もともとはかつてのナバーラ王家の傍系に属する当時の最有力貴族サンチョ・ガリンデス（同国王の「父」〔aitan〕、すなわち養育長）とその兄弟ガルシア・ヒメネスの息子たちである。[17]だが、ナバーラからリバゴルサにおよぶ従来の統治領域で全体として六九を数えるにすぎなかった国王ホノール城塞は、征服活動の本格的な始動によって一〇八〇年代から一二世紀初頭までに、ウエスカ地方で三九、さらにシンカ川中流域だけで二九を一気に加えることになったのであり、[18]戦闘規模の拡大による軍役需要の高まりとあいまって、城塞管理と辺境防衛をおもな目的とした従来の国王側近の少数の有力貴族家系による国王ホノールの寡占という状態は必然的に揺らぐことになった。

その変容過程は、ほかならぬシンカ川中流域における国王ホノールの領有状態にも表れている。確かにこの空間においても最も重要な地位を占めたのは、前述のガルシア・ヒメネスの子ヒメノ・ガルセスであった。ペドロ一世の国王文書の年代記載部分で最多の五七回にわたって筆頭に掲げられるこの人物は、先代国王治世の一〇八五年よりアルケーサルおよびブイルのバロンとして登場すると、一〇八七年に自らの家臣団（companeros）を率いてエスタータを攻略、[19]その後はほぼつねにペドロに随行し、一〇八九年の征服直後からモンソン、さらに一一〇〇年にはポマールを委ねられている。このなかでヒメノ・ガルセスが、国制上、また地政学的にもきわめて枢要な位置にあるモンソンの差配を委ねられていることに注目すべきであろう。モンソンはペドロが国王即位以前に分与された「モンソン王国」の中心であり、その領域は一〇九二年の同カストルム領域の境界画定文書にしたがうならば、シンカ川下流域のほぼ全体、すなわち北はアリエストラス、東はサン・エステバン・デ・リテラ、南は現リェイダ県のアルメナールからアルマセーリャス、スクス、ジマネイスを経てサイディンまでを含み、西はシンカ川西岸のベルベガルの村域にまで達するきわめて広大な領域を覆っている。[20]それは従来のリェイダ管区の空間編成とはまったく異なるうえに、アラゴン王国によって征服されたエブロ川以北ではほかに例がなく、モンソンがリェイダ王国のみならずカタルーニャ諸勢力の進出にも対処しなくてはならない王国東部の事実上の「辺境」の中核となったことと無関係ではなかったであろう。そうした重要拠点を、共同管理とはいえつねにその先頭に立って差配したヒメノ・ガルセスは、カルロス・ラリエナ・コルベーラが指摘したように、まさしくその「副王」にほかならなかったのである。[21]

だが、それは裏を返せば、「モンソン王国」が国王の側近中の側近をその頂点に配置しなくてはならない領域であったことをも示唆している。事実、征服の展開過程でこの「王国」はすぐさま複数の城塞領域に分節化されてゆき、それらの大半は、アラゴン王国に併合されて四〇年以上経つものの、隣接するカタルーニャのパリャースとの結びつきが歴史的に強固で、ひときわ自立性の高いリバゴルサ出身の貴族、さらには王国外部のカタルーニャ貴族にそれぞれ賦与されている。たとえば、ムスリムの所有者が自らキリスト教徒に放棄したアリエストラスは、一〇九三年にリバゴルサ貴族ミル・グンバウ（ラグアレス保有）が領有するところとなっているし、[22]一〇九八年にサンタ・マリア・デ・モンソン教会（ロダ司教座聖堂教会に帰属）に寄進されたコンチェルは、それまでガルシア・ヒメネス（グロスタン保有）とともに、バランゲー・グンバウ（カストロ、のちカペーリャ保有）というリバゴルサ貴族によって保有されていた。[23]また、アルメナールにも同様に、リバゴルサ出身のペラ・ベルトラン（ラグアレス保有）が一〇九九年にバロンとして現れている。[24]他方、サイディンについては一〇九二年の征服直後に、パリャース・スビラ伯領の有力城主エリイ家のペラ・ラモンに賦与されており、国王に対する誠実と来訪時の開城義務を条件として同城塞に関係するあらゆる権利と収入が折半されている。[25]

だが、「モンソン王国」にかぎらずシンカ川中流域全体に視野を広げると、一二世紀以降、同東岸を中心にそうした傾向がさらに色濃くなっていったことが理解される。たとえば、国王ペドロ一世とウルジェイ伯アルメンゴル五世とのあいだで締結されたモンメガストレをめぐる一一〇一年の協定は、それまで両者のあいだで大小さまざまな規模の紛争がつづいていたことを示唆しており、それを終息させるべく、当該国王ホノールの賦与によってウルジェイ伯が国王の誠実の徒となることが、カタルーニャ型の封建的約定（コンウェニエンティア）形式をもって誓約されている。[26] もっとも、その内容は明らかに双務契約的なものとなっていて、両者が同城塞をめぐって互いに損害を与えないこと、[27] ウルジェイ伯とその子孫が罪を犯して国王がこれを没収する場合は双方三名ずつ、計六名の「よき人びと」を任命し、その判断を仰がなくてはならないこと、[28] さらにはウルジェイ伯が国王による没収にしたがわずとも当該協定を破棄する場合、カセーラスを国王ホノールとして保有するジローナ副伯ゲラウ・ポンス（アルナウ・ミル・ダ・トスの娘婿）が国王に与してこれを奪還し、以後保有することと規定されている。[29] それゆえ、ここでは国王ホノールが、王権に敵対的な外部の勢力を封臣としてとりこみ、その誠実を確保するための手段と化しているのである。それはのちにエスターダやカストロを保有したパリャース・ジュッサ伯ペラ・ラモン一世や、カラサンスやカペーリャを保有し、一時的ながらパリャース・ジュッサ伯をも称したエリイ家のラモン二世についても同様であったにちがいない。

当該空間ではさらに、国王ラミーロ一世およびサンチョ・ラミーレスの治世に信を得たソブラルベの新興貴族家系の出身者が国王ホノール保有者として広く進出している。まず、国王ラミーロ一世の治世以来、ソブラルベ南部の数城塞を保有したアト（アビサンダ保有）およびガリンド・ガリンデス（サルサ・デ・スルタ保有）兄弟の子、すなわちアト・ガリンデスの子ガリンドおよびフォルトゥン・ダット、さらにつねに渾名で呼ばれたカルベット（「禿頭」）と、ガリンド・ガリンデスの子ヒメノ・ガリンデスがその筆頭である。当該空間に限定すれば、とくにフォルトゥン・ダットがアルバラーテ、バルバストロ、カラサンス、ナバル、プエージョ・デ・サンタ・クルス、ベリーリャを、カルベットがバルバストロ、オス・デ・バルバストロ、サリーナス、さらにヒメノ・ガリンデスがアルケーサル（共同保有）、ウエルタをそれぞれ保有している。[30] 他方、ソブラルベ北部ビエスカスを故地とし、国王サンチョ・ラミーレス統治下で国王の主馬長（caballerizo）をつとめたペピーノ（本名はおそらくフォルトゥン）、サンチョ、アスナール・アスナレス兄弟と各人の子孫はいくつもの城塞を世襲的に管理し、いま一つの有力貴族家門にのし上がっている。なかでもペピーノがアルケーサル（共同保有）、その子バルバトゥエルタがアルケーサル

（共同保有）、アサーラ、カスティリャスエロ、同じく子ブラスコ・フォルトゥニョーネスがアルケーサル（共同保有）、アスロール、さらにサンチョの子イニゴ・サンチェスがアルバラーテ、カラサンス、エスターダ、モンソン（共同保有）をそれぞれ保有している。[31] したがって、アルケーサルならびにバルバストロを筆頭にシンカ川西岸の城塞群は、上記の二家系によってほぼ独占的に世襲されていったのである。[32]

もっとも、以上のような王国内外の貴族勢力の進出という事態を前にしても王権の基盤がかならずしも揺らがなかった理由の一端が、教会への城塞の寄進の際にはっきりとみてとれる。たとえば、一〇九九年に「国王礼拝堂」（capella regis）のサンタ・マリア・デ・アルケーサル修道院に寄進されたウエルタの場合、国王ホノールとして当該城塞を保有した前述のヒメノ・ガリンデスは、「主が彼に賦与しうる土地をお恵み下さるまで」修道院長ガリンドの下で放棄することなく保有しつづけることとされている。[33] 一一〇一年にロダ＝バルバストロ司教座聖堂教会に寄進されたフォルニーリョスの場合も同様に、当該城塞を保有したヒメノ・サンチェスは国王またはその後継者が別のホノールをもって補償するまでこれを保有し、同司教座に奉仕することとされている。[34] つねに新たな国王ホノール分与による補償の可能性が前提となっているあたり、貴族権力の伸張をもたらした軍事的征服の進展は、土地・権利の分配能力を強化することで王権の卓越性を持続させる効果をも生んだといえよう。

他方、一〇九八年にロダ司教座傘下のサンタ・マリア・デ・モンソン教会に寄進された前述のコンチェルの場合には、国王による補償の規定がなく、それまで同城塞を保有したガルシア・ヒメネスとバランゲー・グンバウとその子孫が同司教座の下で代々保有することとなっている。だが、両人はほかに国王ホノールとしてそれぞれグロスタンとカストロを保有しているから、その後も国王の誠実者でもありつづけることになったにちがいない。[35] 事実、ジローナ副伯ゲラウ・ポンスはカステホン・デル・プエンテのムスリム城塞を自有地として領有し、これを一〇九三年にロダ司教座聖堂教会に寄進すると同時にその二分の一を封として請け戻しているが、[36] 同人がその後もカセーラスを保有して国王ペドロ一世の封臣でありつづけたことは先にもみたとおりである。また、イニゴ・ガリンデス

（サンチョ・ガリンデスの孫）は、一一〇三年から一一〇五年まで保有したペラルタ・デ・アルコノェアを国王アルフォンソ一世により例外的に自有地として賦与されているが、同人は歴代国王の養育長をつとめた家系の出身者であるばかりか、当時、アビエゴ、アルコレアほか七ヶ所の国王ホノール城塞を依然として保有しており[37]、国王に対する誠実に疑うべきところはなかったはずである。それゆえ、各所に散在する複数の城塞を国王ホノールとして賦与する伝統的な措置は、一見貴族権力の発達を助長するかにみえるが、国王に対する誠実を確保する複数の手段を保証するものでもあったのである。

2　アルムニア

だが、以上のようにもっぱら国王ホノールとして編成された城塞の分布や領有の状態を検討するだけでは、当該空間における貴族権力の伸張という現象を完全に理解したことにはならない。実際、この地域には、それを可能にする素地がウエスカ地方にもましてあったと考えられる。征服後に発給されたラテン語史料にはイスラーム期のいま一つの土地領有の単位であるアルムニアが都市や城塞の周辺にしばしば登場するが、シンカ川中流域、なかでもモンソン南東の平野部（ラ・リテラ）には数十ものアルムニアの言及があり、その密度は群を抜いている。それらは通常、ムスリムの個人名や、アミール（amīr）[38]、サルメディーナ（zalmedina 都督サーヒブ・アルマディーナ〔ṣāḥib al-madīna〕）[39]、アルファキー（alfachi 法学者ファキーフ〔faqīh〕）[40]といった官職名称を冠していることから、都市に居住する有力貴族の一円的な私的所領であったと想定される。

たとえば、モンソンの領域の境界画定に際して、国王に留保された複数の自有地のなかには、一一世紀後半の同地のカーディー、アブド・アルアズィズ・ブン・ウマル・ブン・ハブヌーンとおぼしき人名を冠するアルムニアが含まれている。[41] また、シプリアンなるモサラベに自有地を売却したホトマンという名のムスリムは、モンソン陥落時に自らキリスト教徒に明け渡したアリエストラスのアルムニアの所有者であった。[42] さらにタマリーテには、イブン・アルファキーフなる人物が複数の家屋を所有したが、その人名が付されたアルムニアが同城塞の近郊に所在している。[43] 他方、バルバストロ周辺についても、市内に複数の家屋を所有したイブン・バルビクラなる人物が、同都市領域に自らの人名を冠するアルムニアを所有しており、さらにウエルタ領域にも同一人名の付された塔（torrelgone）が境界標識として登場する。[44] この空間がひときわ水利条件に恵まれていたことが、そうした大土地所有の発達を可能にする基盤であったにしろ、それはあくまでも一一世紀に固有の社会変動の所産であり、それによるイスラーム社会の内部分裂こそがキリスト教徒による征服を容易にしたと想定される。[45]

国王は、戦功のあった俗人貴族を中心にこれらのアルムニアを広く分配している。とりわけ征服直後にモンソンの領域に所在するあらゆる土地の教会十分の一税をロダ司教座聖堂教会傘下のサンタ・マリア・デ・モンソン教会に帰属せしめるとした一〇八九年八月の協定文書には、おおよそ七五ものアルムニアのリストが含まれている。[46] ここでは、同教会に負担すべき教会十分の一税の賦課対象地が問題となっているため、各アルムニアはかつてのムスリム所有者の人名ではなく、国王によってそれを賦与された新たなキリスト教徒所有者の人名をもって表示されている。これらのうち二五はすでに国王ホノールを保有する、またはその後保有することになる貴族であり、そのほかに、国王ホノールを保有した形跡のない、もしくは正確に特定できない中小貴族とおぼしき人びとが三二（人名から判断して半数近くがリバゴルサ貴族、また貴族寡婦らしき女性が二）、国王役人が三、教会が三、[47] その他（ムスリムの人名や官職、地名とおぼしき呼称）が一二となっている。[48]

シャビエル・アリッジャ・シウロは、リェイダ近郊のアルムニアが総じて下級貴族や騎士に賦与される事実上の封に相当するものであったとした。[49] だが、以上のように全体の約三割を国王ホノールの保有者が占めていることを考慮するならば、アルムニアは、大貴族にほぼ独占されたカストルムとは異なり、中小貴族や騎士とおぼしき人びとにも分配されうる比較的該当範囲の広い分与財産のカテゴリーであったというべきであろう。また、国王ホノール保有者の人名が付された二五のアルムニアのうち、前述のソブラルベ貴族（フォルトゥン・ダットおよびカルベット兄弟、サンチョおよびアスナール・アスナレス兄弟、ブラスコ・フォルトゥニョーネス、またガルシア・ヒメネス・デ・グロスタン、ロペ・フォルトゥニョーネス・デ・カステホン）とリバゴルサ＝パリャース貴族（ラモン・ギリェム、ラモン・グンバウ、バランゲー・グンバウ、ペラ・ガウスベルト、ペラ・ラモン・デリイ）に帰属するものが一二にのぼるうえ、前述のイニゴ・ガリンデスや、一〇八三年から九三年にかけてリバゴルサ全体を継承し、一〇九〇年にはモンソンの共同管理の任にあたった伯サンチョ・ラミーレス（国王ラミーロ一世の庶子）など、シンカ川中流域に国王ホノールを保有する貴族が全体のほぼ半数を占めている。したがって、この地域におけるアルムニアの領有は、国王ホノールを保有する有力貴族による土地・権利の寡占状態を強化する方向にも作用したといえよう[50]。

ついで一〇九二年に発給されたモンソン領域の境界画定文書には、ムスリムの人名や地名が付された多数のアルムニアがやはり広大な領域の各所にわたって登場するが、ここでは逆に、境界標識として言及されるラス・アルカス、イブン・フェルズ、リポルのアルムニアを除き、すべてが国王に留保される自有地のなかに含まれている[51]。なかでもビネファアール、ビナセー、バルカルカなどではのちに集落が形成されることから、相対的に恵まれた経営規模・環境が国王をして自有地として留保させたと考えたくなるところである。けれども、国王はそれらにさして固執していたわけではなかったようである。たとえば、国王自有地に含まれるラ・ピティエーリャ、ビナセー、ラ・ファライオン（ベニファラゴン）の三アルムニアの場合は、のちの一一六九年にイニゴ・アスナレス・デ・エスポーサの寡婦マリアと三人の息子たちによって入植許可状が発給されているが、これらはいずれもかつて国王ペドロ一世によって賦与されたものと明記されているから、一〇九二年からさほど時をおかずして俗人貴族に分与されていたことになるであろう[52]。また、ピノス・マタスのアルムニアは一一〇六年の段階ですでにアスエロ・ファフィラスなる俗人に帰属しているし[53]、一一〇八年にはタマリーテを保有するガリンドとフォルトゥン・ファネス兄弟が、国王アルフォンソ一世によってビンカメットなるアルムニアを賦与されている。[54] さらに、ラ・モサなるアルムニアは、一二世紀前半のサン・フアン・デ・ラ・ペーニャ修道院の財産目録のなかに同名の塔とともに登場する。[55] それゆえ、国王ホノールとして編成されるのがつねであったカストルムと違い、アルムニアは国王自有地として留保されようとも、時機に応じて比較的容易に分配されうるものであったのである。[56]

もっとも、前掲の二文書を除けば、アルムニアの言及はそれ自体の分与を内容とする贈与文書に由来するのが通例であるから、受益者についてはなかば必然的に、史料伝来の主力をなす教会や修道院がその大半を占めることになる。モンソンのカストルム領域ではほかにも、イブン・フェルダルとラクないしレウのアルムニアがサン・ビクトリアン修道院に、[57] バナソーナがロダ司教座聖堂教会に、[58] イブン・ザフーダのアルムニアが同じくロダ司教座に帰属するガラニェーラの教会奉献に際してそれぞれ寄進されている。[59] こうした傾向はバルバストロを中心とするシンカ川西岸でさらに顕著であり、ラ・リテラほど濃密なアルムニアの分布を確認することができないばかりか、[60] その受益者ももっぱら王国内外の教会や修道院となっている。たとえば、一〇九三年、ジローナ副伯ゲラウ・ポンスによってカステホン・デル・プエンテ領域内のアルバという人名ないし地名を冠するアルムニアが、かつてのムスリム城塞とともにロダ司教座聖堂教会に寄進されている。[61] また、バルバストロの都市領域にはやはり多数のアルムニアが集中したようであり、征服の前年にあたる一〇九九年には国王ペドロ一世によりサンティアゴ・デ・コンポステーラ司教座聖堂教会にイブン・バルビクラのアルムニアが、[62] サント・フォワ・ド・コンク修道院にイブン・シピエーリョのアルムニアがそれぞれ寄進されているし、[63] 征服直後の一一〇〇年にバルバストロに発給されたフエロには、国王に留保されるトーレ・レドンド（「円筒形の塔」の意）のアルムニアとならんで、サンタ・マリア・デ・アルケーサル修道院に寄進される「オルベの塔の傍らの」アルムニアが登場する。[64] さらに、シンカ川から若干隔絶してはいるものの、国王ペドロ一世から分与されたベルベガルとモンロージョとのあいだのアルムニアが一一〇五年頃、王妃ベルタによって付属領域ともどもサンタ・マリア・デ・アラオン修道院に寄進されている。[65] だが、征服を控えた一〇九九年に新司教座設置を目的として境界画定されたバルバストロの都市領域の東の境界には、征服後に同都市を保有することになる、前述のカルベットの名を冠した複数のアルムニアが早くも登場している。[66] モンソン征服直後の一〇八九年に発給された前述の文書がすでに俗人貴族に分与されたアルムニアを列挙していながら、作成されたはずの贈与文書がごくまれにしか伝来していないことを考慮に入れるならば、この場合にも、ラ・リテラほどではないにせよ、各所に点在したアルムニアが征服に先だって俗人貴族に広く分配されていたことは十分に考えられる。

アルムニアにかかわる情報は通常、所有者の人名と固有の付属領域をともなっているという事実のみであり、その面積・規模や経営様態がいかなるものであったかを正確に知ることはおよそ不可能である。教会・修道院への寄進文書においても、ヘレディタース（hereditas）といった言葉で表示される通常の土地財産に付されるような従物の記述はともなわないのが通例であり、たとえそれが付されていたとしても、耕地や葡萄畑といった一定の経営の形跡が認められる従物はほとんど登場しない。だが、アルムニアの重要性はむしろ、シンカ川中流域における政治空間の分節化という観点から理解されなくてはならない。それというのも、アルムニアは、単一の所有者に帰属することがまれなカストルムやウィラと同じように多かれ少なかれ一円的な固有の領域を備えながら、それらとは違って単一の所有者によって比較的容易に領有されうるものであったからである。その意味で、聖俗貴族によって独立したかたちで領有されえた大小さまざまな下位の領域単位がいまや、シンカ川中流域では都市やカストルムの領域内部、あるいはそれらの領域の間隙に無数に分布したということになる。このようにアルムニアを領域単位として理解した場合、カタルーニャとは違ってアラゴンでは唯一の事例であるサイディンとシンカ川とのあいだのクアドラ（quadra ペラ・ラモン・デリイが領有）[67] のように、異なる史料概念さえもが空間編成上は同一の範疇として理解できることになろう。また、アルムニアには塔の言及が散見されるが、[68] それとは逆に、少なくとも一二世紀後半以降、塔を意味するトゥーリス（turris）が所有者の人名と固有の領域をともないつつ、あるいはそれ自体が領域単位として、アルムニアとほぼ同一の書式で描写される事例もみられるようになる。[69] この場合、アルムニア＝トゥーリスはその中心に塔や防備定住地を擁し、カストルムよりはるかに緊縮した定住と支配の枠組みへと転化したと考えることができよう。

だが、そうしたアルムニアの潜在的な重要性が一二世紀初頭の段階でいかに認識されていたかは判然としない。前述のように、それらの大半はあくまでも分与・寄進の対象となったときに言及されるにすぎないから、政治的諸関係の構築・維持の道具としては確実に機能していたということはできても、受益者自らの手で入植・経営・支配を推進するほど積極的な社会経済的価値があるものと認識されていたかといえば、判断の材料に事欠くのが実情である。事実、前述のように、ジローナ副伯ゲラウ・ポンスはおそらく領有してからわずか四年ほどでカステホン・デル・プエンテ領域内のアルムニアを、[70] ラモン・ギリェム（カストロ保有）もまた一〇年後にはモンソン領域内のアルムニアをそれぞれロダ司教座聖堂教会に寄進している。[71] となれば、彼らのように国王ホノールを領有する有力貴族からすれば、アルムニアに対する関心はあくまでも副次的なものにとどまったかもしれない。

むろん、この点では、征服による急速な領域拡張にともない土地分配能力の大幅な強化をみた王権の態度にも大差はなく、一〇九二年のモンソン領域の境界画定に際して多数のアルムニアが国王自有地として留保されていながら、国王ペドロ一世の治世にすぐさま主要なものが聖俗貴族に順次分与されていったことはすでにみたとおりである。こうした傾向はつづく国王アルフォンソ一世の治世に入っても同様に確認される。ことに同国王により一一〇七年に征服されたタマリーテでは、征服直後に、ウエスカ司教座聖堂教会、[72] 同城塞に最初に入城を果したというエステバン・デ・エスタディーリャ、[73] さらに同地を国王ホノールとして保有するガリンドとフォルトゥン・フアネス兄弟におもなアルムニアがそれぞれ分与されている。[74] そこでは王権への奉仕に対する報償という色合いが濃いものの、征服活動の広域化にともない、国王ホノール保有者にかぎらず貴族層全体から軍事奉仕を幅広く供出させなくてはならなかった王権にとって、アルムニアほど好都合な媒体はなかったといえよう。

ただ、国王アルフォンソ一世の治世には、アルムニアに対する王権の姿勢にいくばくかの変化がみいだされる。ことに王権の下に留めおかれたアルムニアのなかには、入植の進展にともない、いち早くなんらかの地誌的変化を被ったのであろうか、従来の呼称までもが変化したケースがみられる。たとえば、前述のモンソン領域の境界画定文書で境界標識の一つとして挙げられたリポルのアルムニアは一一三一年、国王アルフォンソ一世によりモンソンの入植活動への参画を条件としてペドロ・デ・リバーソに賦与されたおりには、アルムニアではなくすでに「ウィラおよびカステッルム」(villa et castello)と表示されている[75]。後述するように、先王と違って同国王が聖俗貴族に財産を賦与すべく発給した文書には、ほぼつねに荒蕪地の入植・開発と防備の拡充を義務づけるなかば定型化された文言が付されているから、こうしたケースはまさしく王権の主導下で推進されたアルムニアの城塞集落への再編成をものがたる典型例として理解されうるかもしれない。

とはいえ、そうしたアルムニアの潜在的な重要性に対する王権と貴族の認識には、この段階においてもなおかなりの隔たりがあったことが、リポルとは正反対の次のような事例から窺われる。すなわち、一一二八年にアルフォンソ一世がアリエストラスの北に位置するコフィータをサンチョ・アスナレスに賦与したとき、同地は典型的な従物書式とともにウィラと表示されている[76]。ところが、アラゴン連合王国成立後の一一四六年に、フォルトゥン・アスナレス・デ・タラソーナ以下四名のバロンによってコフィータがテンプル騎士団に寄進されたおりには、「コフィータと呼ばれるアルムニア」と一見後退したかのような表現がなされているのである[77]。前述のように、王権が貴族の誠実と軍事奉仕を確保すべく城塞をなかば義務的に賦与しなくてはならないというのが国王ホノールの制度的変容の核心であったとすれば、アルムニアのような都市や城塞の下位の領域単位を自らの手で、あるいは自らの意にかなった貴族の掌中に委ねることで入植と防備を推進することは、王権の側からすれば、貴族権力の伸張という本格的な征服の開始以来もはや後戻りの効かなくなった趨勢にあっても、そのイニシアティヴがなお強力に発揮されうる有効な手段の一つであった。その意味で、王権主導の入植事業は、王国全体の防衛という軍事的意図より、伸張著しい貴族権力に対抗するためにいかなる政治空間を創出するべきかという内向きの政治的意図にねざしていたと考えられるのである。

3　王権とインカステラメント

シンカ川中流域における城塞（カストルムやカステッルム）やそれに準ずる防備施設（グアルディア〔guardia〕やトゥーリス）の言及は、エブロ川以南にまで征服の手がおよび、前線がはるか南方に移動しつつあったにもかかわらず、一二世紀を通じて明らかに増加している。むろん、それはあくまでも言及数の増加であって、実数そのものの増加とまではいえないであろう。バルバストロ征服を目的としてその近傍に建設されたプエージョ・デ・バルバストロのように、入植許可状の発給により城塞建設の時点がおおよそわかるごくわずかなケースを除けば(78)、それらがイスラーム期にさかのぼるものか、征服後に新たに建設されたものかを史料から判断するのはきわめてむずかしい。また、前述のように、アルムニアは一二世紀後半になると、塔そのものとそれに付属する領域全体を同時に意味するトゥーリスという言葉でも表示されるようになるが、その従物には当初から塔が散見されることを勘案するならば(79)、アルムニアからトゥーリスへの転換が防備施設の新設をかならずしも意味しないことはいうまでもない。

だが、城塞が新たに建設されずとも、従来の副次的な防備施設が物的かつ地誌的に拡充されて固有の領域の核をなし、内部の農村人口に対して一定の凝集作用をおよぼすようになったとすれば、結果として城塞領域の稠密化が進行し、実数の増加と同様の効果がもたらされることになったであろう。実際、国王ホノールとして編成された、またはときに自有地として聖俗貴族に賦与された主要城塞以外にも、多数の城塞や塔がしばしば都市や主要城塞の領域の境界標識として間接的に言及されている。たとえば、コルンゴは、一〇六九年にアルケーサル領域の境界標識として言及されたおりにグアルディアと表示されながら、一〇九二年にはカストルムという表示とともに登場する[80]。また、一〇九二年にモンソン領域の境界標識として登場するリポルというアルムニアが、一一三一年には「ウィラおよびカステッルム」と表示されるようになったことは前述のとおりである。

他方、征服直後に分配の対象とならなかったために、地名以外におよそ知るところのなかった定住地が、のちに発給された贈与文書や入植許可状で城塞が建設されていた、あるいはもともと城塞の所在地であったことがわかるようなケースも少なくない。たとえば、一〇九五年のナバル征服時に二九の貢納負担地の一つとして挙げられたシーリャスは一一四七年、サンタ・マリア・デ・アルケーサル修道院長ガリンドの子ペドロ・ガリンデスが兄弟間で父祖の財産を分割した際にアルカーテフとともに城塞所在地として言及されている[81]。また、一〇九二年のモンソン領域の境界画定時に国王自有地の一つとして列挙されたセルグアは一一六九年、ギリェルモ・デ・ベナベンテによって発給された入植許可状のなかで「カストルムおよびウィラ」と表示されている[82]。さらに、一一〇五年にサンタ・マリア・デ・アラオン修道院に寄進されたアルムニアの所在地を示すべくベルベガルとともに言及されたモンロージョは、一一七〇年に国王アルフォンソ二世によってリェイダ司教に寄進されたおりに、やはり「カストルムおよびウィラ」として登場するのである[83]。

ただ、城塞を核とする政治空間の分節化が傾向的に動かしがたい事実であったとしても、俗人貴族が城塞を擁する定住地を世襲財産として兄弟間で分割したり、自前で入植事業を組織的に展開したりするようになるまでには、かなりの曲折があったと考えなくてはならない。前述のように、主要城塞の大半は国王ホノールとして編成されるのがつねであったし、それらを保有した当のバロンが城塞とその領域の入植・経営を積極的に推進しようとした形跡はなく、それを主導したのはむしろ、王権と、城塞直近の一区画を自有地として賦与され、その条件として家屋の建設と騎士（カウァレルス cavallerus）および歩兵（ペドン pedon）の常時配備を個人的に請け負った別のバロンや教会・修道院であった。こうした手法はペドロ一世以来、ウエスカ地方で広く用いられたが、アルカナードレ川以東においても、ごく少数ながら同様の所見を挙げることができる。たとえば、一一一六年、アルフォンソ一世がその奉仕に報いて、ヒメノ・ロペスに、サン・エステバン・デ・リテラ領域におけるイブン・アネザールなるムスリムの家屋とその付属財産に加えて、当該城塞の内郭（alhizem）の一区画を家屋建設用地として賦与している[84]。また、王権の関与という意味では、征服早々に俗人貴族の自有地となった例外的なケースにおいても事態は同様である。たとえば、ジローナ副伯ゲラウ・ポンスの自有地として登場するカステホン・デル・プエンテはすぐさまロダ司教座聖堂教会に寄進され、封として請け戻されたものの、積極的な入植・経営の対象とならなかったばかりか、王権によって国王ホノールとして再編成され[85]、後述するようについには地誌的にも従来の城塞とは異なる防備定住中心が創出されるのである。

こうした定住中心の再編成という現象に王権がいかに介入したかを正確に把握するためには、ウエスカ地方に比べれば多少なりとも数多く伝来する、シンカ川中流域で発給された入植許可状やフエロの内容にふみこんで検討する必要がある。文書形式のうえでは、入植許可状が諸特権（foros, fueros）の贈与証書（carta donationis）、フエロが解放特許状（carta franquitatis et ingenuitatis）と互いに異なる形式をとるものの、いずれの場合も受益者はつねに既存の住人と将来入植するすべての住人とされており、かならずしも厳密に区別されえない。前述のようにアルフォンソ一世が伝統的にエブロ河谷平野における入植・開発事業の主導者とみなされてきたのは、村落レヴェルの入植許可状やフエロを数多く発給して入植の拡充を組織的に推進するなど、この方面での配慮が先王以上に際立っていたようにみえるからである[86]。これに対してクレイ・ストールズは、すでに征服されていたにもかかわらず、約二〇年を待って入植許可状やフエロが発給されているのは、アルフォンソ一世によってエブロ川流域がほぼ征服されて前線がはるか南方に移動し、入植・開発を進めるうえで充分な安全性が確保されたからであるとし、私的な入植・開発の先行性を理由に王権はあくまでも事後的に入植・開発を許可するだけの存在であったとしている[87]。だが、そもそも入植許可状もフエロも無人地帯を対象としたものではないのであるから、私的な入植・開発が多少なりとも展開し、城塞を核とする政治空間の分節化がすでに進行しつつあるなかで、王権がそれらをあえて発給することの意味をあらためて問うてみる必要があろう。[88]

アルフォンソ一世によって発給された一連の入植許可状やフエロは、一一一八年の征服翌年に発給されたサラゴーサのフエロを除けば、[89]あくまでも入植者一般を意味するポプラトール（populator）に宛てられていて、これが通常は自弁での武装能力に応じて、馬上での戦闘能力を有するカウァレルスと、歩兵を意味するペドン（まれにウィラーヌス〔villanus〕）とに区分されている。こうした軍事的機能を軸とした区分のあり方は、エブロ川以北では、ナバーラのカパローソ、[90]王国西部のエヘアから、[91]ウエスカ地方のトルモス、[92]バルブエス、[93]アルタソーナ、[94]シンカ川中流域のモンソン[95]およびカステホン・デル・プエンテ、[96]さらにはエブロ川流域のマリア・デル・ウエルバ[97]に賦与されたものに広く確認される。法的には、両者はいずれもいかなる賦課租からも「自由」（francos et ingenuos）であるが、その根拠は、カウァレルスが「王国の慣習」「アラゴンの慣習」[98]に基づくのに対して、ペドンは、バルブエスやトルモスならばエヘアのフエロ、[99]モンソン、カステホン・デル・プエンテ、アルタソーナならばボロビア（ソリア）のフエロといったように、[100]既存のフエロをモデルとしてその「自由」の内容が規定されている。軍役については、唯一カパローソにおいてインファンソンと同じく年三日の軍役か、召集のない年には代納との規定がみられるのみで、そのほかではいかなる内容であったかを判断する材料に事欠いている。また、経済面では、入植時に分与される土地の面積に大きな格差が設けられており、前者が土地二ユガーダ、後者が一ユガーダと規定されるのが通例である（トルモス、バルブエス、マリア・デル・ウエルバ）。[101]

少なくともカウァレルスについては、「アラゴンの慣習」どおりに「自由」な存在とされているから、インファンソンと同じく「自由人」という包括的なカテゴリーに加えてよさそうである。一一〇五年にアルフォンソ一世がペラルタ・デ・アルコフェアをイニゴ・ガリンデスに賦与したとき、先王と同国王が先だって複数のカウァレルスに賦与していた土地財産が賦与の対象から除外されているから、[102]その土地財産もまた、王権による保護の対象となるものであったと考えられる。もっとも、その法的身分規定がいかなるものであれ、彼らが国王ではなく貴族の家臣団に加えられるといったケースもありえたはずである。たとえば、一一〇一年、ペドロ一世がガルシア・イニゲスにラバータの囲壁内の土地家屋を賦与したとき、そのなかから付属財産なしの家屋群が、ガルシア・イニゲスに随行したと想定されるカウァレルスの封地（カウァラリア〔cavallaria〕）として割り当てられている。[103] また、一一一四年、アルフォンソ一世が国王役人バンソ・アソーニスにエヘアにおける一名のムデハル隷属農民（exaricus）と城郭内外の複数の家屋を賦与したときには、そこに「一名のよく武装したカウァレルス」（uno cavallero bene armato）を常時駐屯させるよう義務づけられているが、それが従属するのはむろん国王ではなくバンソ・アソーニスということになったであろう。[104]

これに対してペドンの場合はいささか事情が異なる。彼らは前述のように、カウァレルスと違って特定の村落に発給された個別のフエロが適用されることではじめて「自由」とされているにすぎず、エヘアやボロビアのフエロが複数の村落で共有されているとはいえ、理論上「自由」の内容も含めて、その存在形態は多様でありえたはずである。それゆえ、一一〇〇年代に複数の貴族にアルベロ・バホ、サリニェーナ、アルムニエンテにおける城塞直近や囲壁内外の土地区画が家屋建設を条件として自有地として賦与されたとき、彼らに常時配備するよう義務づけられた「よく武装したキリスト教徒のペドン」（uno pedone christiano bene armato）の処遇は当然ながら貴族の裁量に任され、場合によっては一介の領民と同じくなんらかの賦課租を負担したと考えるべきであろう。[105]

となれば、以下の二点を問うてみなくてはならない。すなわち、第一は、カウァレルスやペドンという明らかに軍事的機能に基づく呼称が一貫して使用されたのは、王権のいかなる戦略的意思によったかという問いである。カウァレルスはともかくとして、まれにウィラーヌスと表示されることもあったペドンの場合は、前述のように理論上は王権や貴族の裁量によってさまざまな存在形態をとりえたであろうから、この呼称の根拠は唯一、歩兵として従軍する機能にあったと考えるほかない。たとえば、エヘアのフエロでは、戦闘時には両者ともにそれぞれの地位に見合った武装を施して参戦するよう義務づけられているが、前線がはるか南方に移動して危急の事態を免れていたとなれば、こうした規定の背後にあったのはいかなる戦闘であったか。第二に、カウァレルスとペドンとの法的格差を温存する村落のフエロは従来の理解とは正反対に、多様な住人一般を全面的に「解放」しようとした都市のフエロとは根本的に異質なものである。なかでもペドンはそれらと違って、王国全土に通用する「自由人」という属性を本来具えていないから、王権の指示下で貴族によって遂行された前述のような入植・開発事業では、彼らの処遇はフエロが発給されないかぎり貴族の他の領民とかわらなかったであろう。それゆえ、王権が、当初採用した入植・開発事業の個人的委託という手法に代え、国王ホノール保有者さえをも飛び越えて直接村落に対するフエロ発給を選択するにいたったのは、単純な「解放」による入植の拡充でも入植・開発の事後的な承認でもなく、むしろ入植を介して「わがカウァレルスとわがペドン」(meos cavalleros et... meos pedones)[106]、すなわち武装能力を有する王権直属の住人を組織的に入植させるためではなかったか。

以上を念頭におきながら、カウァレルスに二ユガーダ、ペドンに一ユガーダというように、入植に際して面積表示のみの土地が集団的に割り当てられることの意味をあらためて理解しなくてはならない。そもそもアルフォンソ一世の治世には、個人への土地の分配に際して、かつてのムスリム所有者の人名をともなう家屋とその付属財産とともに、面積表示のみで家屋などの従物や隣接物の記述をいっさいともなわない土地が対象となることがしばしばある[107]。両者が併存していることから判断して、面責表示のみの土地は荒蕪地とはいわないまでも、征服前後に占有されていなかったか、あるいは少なくとも個人の家屋を核とする独立した経営ユニットをなしていなかったと考えるのが自然であろう。前述のフエロではそうした土地がまさしく集団的に分与されるのであるから、これは私的な入植や土地の分配によりすでに進行していたはずの既存のムスリム定住地の再占有をあらためて進めようとするものではなく、むしろその近郊に新たな定住核、それこそ前述の武装能力を有する王権直属の住人を集中的に居住させるための特別な定住核の創出があえてもくろまれた可能性があるように思われる。

この点で一一三〇年にシンカ川中流域で発給された一連のフエロはじつに示唆に富んでいる。まず、モンソンに発給されたフエロは、「王国の慣習」によって「自由」であるカウァレルスと、ボロビアのフエロに基づいて「自由」とされるそのほかのポプラトールの法的格差が明確に設けられており、都市に賦与されるフエロとしてはいかにも異例なものとなっている。しかも、ここではモンソンを表現する呼称として都市（キウィタース〔civitas〕）という言葉は使用されておらず、唯一当該フエロの発給地として「モンソンとモンテガウディオの直近の定住地」(illo asentamento de Monssone et de initio de Montegaudio) との文言がみられるのみである。(108) また、同年発給された別の国王文書では、「目下入植中のモンソンと呼ばれるウィラ」(villa que dicitur Montsone, in illa populacione) がその発給地となっており、(109) これをみるかぎりでは一〇九〇年以来キウィタースと呼ばれてきた都市モンソンの姿はどこにも窺われない。

アントニオ・ウビエト・アルテータはこの点について、一一二七年から三〇年まで国王文書の年代記載部分にモンソンを保有するバロンが登場しないことから、この期間に同都市がひとたびムスリムによって征服されて一一三〇年に奪回されたとし、先のフエロの発給とともにメキネンサおよびフラーガに対する前線拠点としてあらためて入植が図られたと主張している。(110) 確かに一連の表示の仕方は、征服にともないモンソンが都市と呼ぶにはふさわしくない水準に堕してしまったかのような印象を与えるものである。けれども、たとえば一一六九年に俗人貴族によって発給されたラ・ピティエーリャ、ビナセー、ベニファラゴンの三アルムニアに対する入植許可状によると、入植者はモンソン住人が享受するものと同一の諸特権によって「自由」とされているが、それら諸特権は目下検討中のアルフォンソ一世のフエロによるものではなく、先王ペドロ一世によって賦与されたものと明記されているのである。(111) それゆえ、ひとたび廃絶した単一の定住核があらためて入植・開発の対象となったと考えるよりも、従来の定住区とは別に、異なる諸特権が適用された新たな定住核の形成が志向されたと考える方がより蓋然性が高いように思われる。事実、同年に発給されたカステホン・デル・プエンテのフエロでは、「モンソンの新定住区」(populacio nova de Montsone）がその発給地となっており、前述の一連の表現はまさしくこの「新定住区」を指しているものと想定されるのである。[112]

だが、王権が志向したのは、単に従来の都市的定住地に付随する郊外区の創出にはとどまらなかったはずである。先のフエロは、すべてのポプラトールに対して入植や土地の占取・購入の自由、教会十分の一税以外のあらゆる賦課租（peyta）、流通諸税、放牧税の免除、王国全土の山での木材伐採・放牧の自由を認めるばかりか、メキネンサ、リェイダ、カラサンスに囲まれた、事実上モンソンの都市領域に相当するシンカ川下流域の広大な領域を賦与し、山、放牧地、水流の自由な使用権を与えている。同年には、国王ホノール保有者ではないペドロ・デ・リバーソに近郊のリポルの「ウィラとカストルム」が賦与されているが、その動機は「モンソンの定住地創出に尽力するように」（propter quod inaromices de illa populacione facere de Monssone）というものであった。[113] 前述の「モンソンとモンテガウディオの直近の定住地」という表現は、モンソンおよびモンテガウディオが一一四三年にテンプル騎士団に寄進されたおりにいずれもカストルムと表示されているから、[114] それ自体城塞のそばに形成された新集落の様相を呈していたとも考えられる。それゆえ、王権の意図は、成果はともかく、新定住区を従来のものと並ぶ、それどころかそれに代わるモンソンの中心に編成し、国王直属のウィラに転じせしめようとするものであったと考えられるのである。

モンソンの新定住区と同一のフエロが賦与された前述のカステホン・デル・プエンテの場合は、そうした措置が最も明白な成果を生んだケースといってよいであろう。そもそも同地は前述のように、一〇九三年にジローナ副伯ゲラウ・ポンスによってロダ司教座聖堂教会に寄進され、その二分の一が同人の封地として請け戻されたムスリムの城塞（ヒスン）の所在地であった。だが、フエロの発給により入植が進められるなかで、高台に現在もその遺構をとどめる城塞は囲壁や従来の定住地ともども廃絶し、そこから約一㎞隔絶したいま一つの高台を背に新たな定住核が生成するとともに、おおよそ三〇年にわたって不在であった国王ホノール保有者（マルティン・オリオル）が

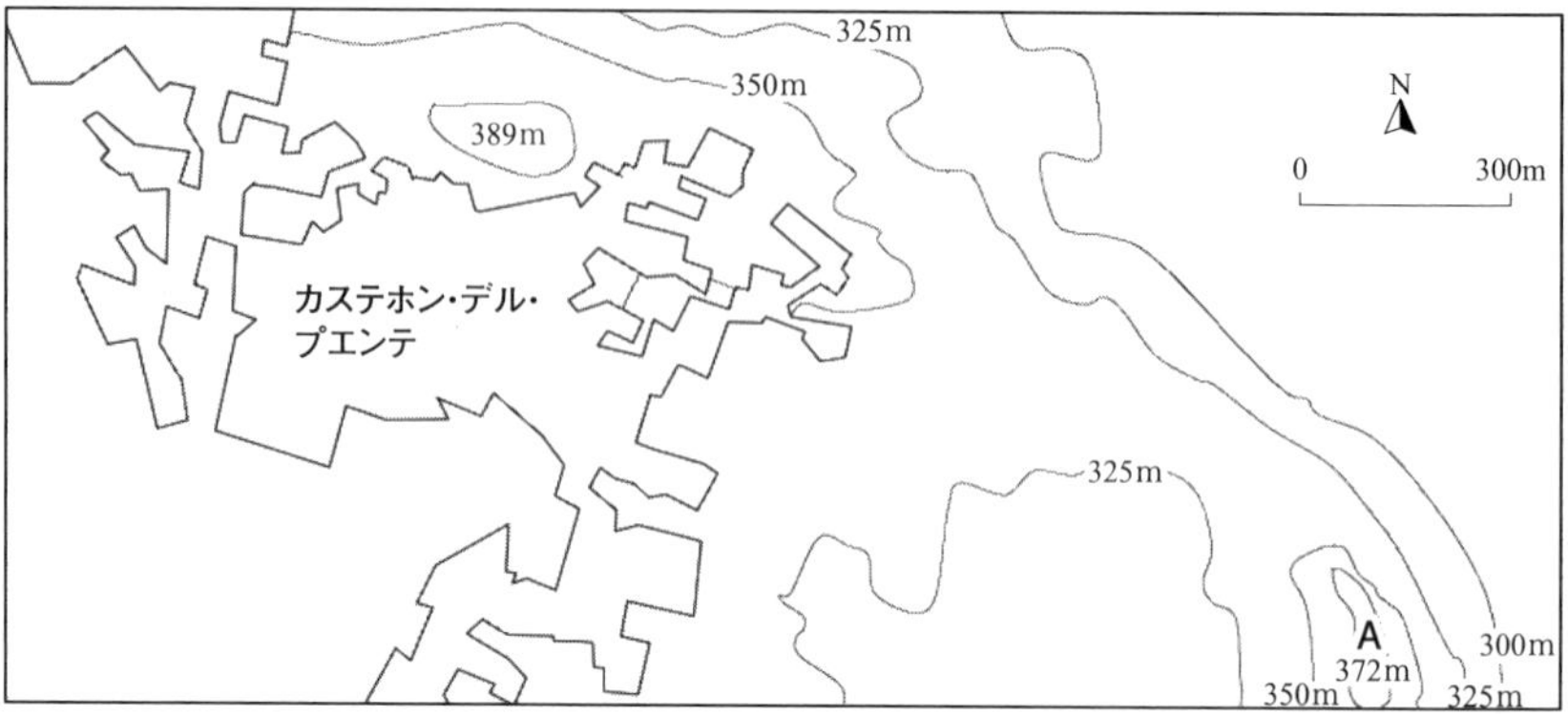

図 2-2 カステホン・デル・プエンテ

A イスラーム期のヒスン（現ヌエストラ・セニョーラ・ラ・ベーリャ礼拝堂所在）

一一三〇年からあらためて登場するにいたっているのである（図2-2）。フィリップ・セナックは、同地の定住地再編の動きをエブロ川以北で広く確認されるイスラーム期定住との断絶を示す典型例の一つとみなしており、その要因として周辺住人の避難所という共同体的な性格を帯びたヒスンはもはや封建化されたキリスト教社会には適合的ではなかったと説明している[115]。けれども、それは果たして、ムスリムとキリスト教徒の社会の構造的な差異のみに帰せられるべきものであろうか。

十字軍思想に傾倒し、ピレネー山脈以北の貴族・騎士を積極的に登用したアルフォンソ一世の治世はよくも悪くもアラゴン王国の政治史において例をみない特異な時代として長らく認識されてきたが、近年ではむしろその反動的な性格がつとに強調されるようになっている。すなわち、ベアルン副伯ガストンやその実弟のビゴール伯サンテュルを筆頭とするピレネー山脈以北の貴族は確かにアラゴン貴族をさしおいてエブロ川流域の複数の最重要拠点を国王ホノールとして賦与されるなど重用されたが、それは、もともと同国王と姻戚関係を結ぶ彼らを投入することで、アラゴン貴族による世襲化・在地化の進む国王ホノールを、複数の重要拠点を少数の王族に差配させたかつての姿へと回帰させようとするものであったというのである[116]。だが、前述のようにアラゴン貴族のみならず、パリャースやウルジェイといったカタルーニャ貴族の進出と定着の度合いが高いシンカ川中流域では、わずかにベアルン副伯ガストンが一一一三年にバルバストロの保有者として言及されるのみであり[117]、そうした措置がどこまで成功裡に展開されえたかはやや疑わしいものがある。

これに対して、当該空間ではむしろ、対外的な防衛を目的として人的資源の拡充を企図したものと理解されてきた入植許可状やフエロを用いて、貴族権力の伸張という、あくまでも王国内部の政治的・社会的趨勢に対処すべく、世襲化・在地化の著しい国王ホノール城塞や私有城塞を頂点として編成された領域の内部に、従来の定住地とは法的にも地誌的にも区別される新たな定住核を創出することにより、なかば自立化しつつあった城塞領域そのものをあらためて王権の直接的な支配の下に統合する方策がとられたと考えられる。そこでは領域編成の中心はむしろ、同時期に西ヨーロッパ全域で広く確認される軍事的な階層分化という傾向に抗うかのように、常時武装する能力を維持するよう義務づけられた王権直属の住人が集団的に管理する新たな定住核によって担われることが期待されたのである。もっとも、それは、少なくとも当該空間においては、征服期以来急速に進行した城塞を核とする政治空間の分節化とその私的な領有に抗する王権の最後の抵抗であったというべきであろう。それがいかなるものとして認識されていたかは、一一三四年のフラーガ戦でのアルフォンソ一世の戦死にともない、あたかも同王権が存在しなかったかのように、前述の「国王ペドロ一世治世の慣習法文書」を起草して、国王ホノールの領有を筆頭に、自らの世襲的な権利が先王の治世の慣習に基づくことを声高に主張したアラゴン貴族の態度に如実に表現されているのである[118]。

4　競合する入植運動

前述のようにアルフォンソ一世の戦死によって生じた王権の空白状態は、ガルシア・ラミーレスを国王に推戴したナバーラ王国の独立と、カスティーリャ国王アルフォンソ七世によるサラゴーサ王国の割譲要求ともあいまって、きわめて深刻な政治的危機を招来せしめ、アラゴン王国の征服＝入植運動を否応なしに停滞させることとなった。それは、王弟ラミーロの国王即位による王国の存続、さらにはバルセローナ伯ラモン・バランゲー四世と王女ペトロニーラとの結婚によるアラゴン連合王国の成立（一一三七年）をもってしても容易には解消されなかった。この点ではとくに、アラゴン王国全体をイェルサレムの聖墳墓教会、聖ヨハネ騎士団、テンプル騎士団に継承させるとしたアルフォンソ一世の遺言状（一一三一年および三四年）が、ローマ教皇の介入を背景に依然として法的拘束力を維持していたため、同君連合の事実上の頂点に立ったラモン・バランゲー四世はそれら三者の相続権を放棄させるべく教皇使節を交えた交渉をよぎなくされ、最終的にテンプル騎士団との合意が成立する一一四三年にいたるまでそれに忙殺されたのである[19]。

それゆえ、停滞した征服活動が本格的に再開されるのは一一四〇年代後半のことであり、まず一一四八年にジェノヴァ艦隊との共同作戦でトゥルトーザが征服され、さらに翌年にはウルジェイ伯アルメンゴル六世と結んでアルフォンソ一世がなしえなかったフラーガおよびリェイダの征服が果たされたことにより、カタルーニャ＝アラゴン間のエブロ川交通路がようやく完全に掌握されることとなった。ところが、伝来する入植許可状の年代分布から判断するかぎり、そのほぼ全体が確保されたエブロ川に合流するシンカ川流域の入植・開発事業の次なる波が押し寄せるのは、それからさらに三〇年後、すなわちアルフォンソ二世統治下でアラゴン南部のテルエルが征服され、バレンシアとの境界地帯にまで「辺境」が南進するにいたった一一七〇年代のことであった。この段階ではとくに、教会・修道院領や俗人所領、さらには前述のようにアラゴンに広く進出するにいたった騎士団領において比較的多数の入植許可状が発給されており、ペドロ一世在位期以来の土地分配の段階がようやく入植・開発の段階へと本格的に移行したとの印象が与えられるのである。

まず、教会・修道院のなかでは、伝来する文書の総数が他を圧倒していることもあって、定住地単位の入植許可状においても、個別的な農地契約のレヴェルにおいても、ウエスカ司教座聖堂教会による入植・開発事業の積極性がことのほか際立っている。(120) そこでおもに対象となったのは、前述のように当該空間の征服以来、王権によって手広く分配されていた都市や主要城塞の近郊に分布するアルムニアであった。たとえば、一一七六年頃、カステホン・デル・プエンテ領域内のラ・アローバなるアルムニアが同地の四名の入植者に賦与され、彼らはウエスカ司教座の「誠実な家士」(fideles vassalli) として一一分の一の定率貢租と教会十分の一税のみを負担することとされている。(121) また、これとは逆に、バルバストロ近郊では一一七三年、ペドロ・デ・クレスパンなる俗人が所有するアルムニアが入植・開発と教会の創建を条件としてウエスカ司教座に委ねられ、教会創建のあかつきにはペドロ側が教会十分の一税の徴収にあたりその四分の一を同司教座に帰属せしめるとの契約が取り結ばれている。(122) それゆえ、この段階にあっても当該アルムニアが依然として教区組織に完全に統合されておらず、同司教座が教会の創建のみならず入植・開発の直接的な推進主体としても認識されていたことになろう。

また、モンソンでは、一一七二年に前述の新定住区 (Villa Nova) におけるウエスカ司教座帰属の一区画 (plaza) が組織的な入植の対象となっている。そこでは二四名の住人の名前が挙げられているが、同区画は全体として二六に分割され、入植と家屋の建設を行うこととなっており、各人は貢租として毎年聖ヒラリウスの祝日に七デナリウスないしは蠟一リブラのみを司教座に直接、またはその役人 (baiulus) に納付することとなっている。(123) また、入植者のうちペドロ・デ・トルヌーダなる人物は一一七六年頃に、モンソン領域内のアダラントというアルムニアの入植・開発を一一分の一の定率貢租と教会十分の一税の納付を条件として委託され、(124) さらに一一八二年頃には、同人と先の新定住区の数名の住人を含む一七名が同じくモンソンの別のアルムニア領域内の一区画で葡萄畑を造成し、五年経過後に収穫量の一一分の一のみをモンソンの司教座帰属の葡萄搾汁機まで納付することとされている。[125] こうしたモンソンのアルムニア密集地帯の組織的な入植・開発が一一七〇年代に展開されたのは、なにもウエスカ司教座の事業にかぎったことではない。たとえば、一一〇二年にペドロ一世によってサン・ビクトリアン修道院に寄進されていたモンソン領域のラス・イエサスに所在するアルムニアの場合、その開発は一一八九年にようやく二名の入植者に委ねられており、そこでは穀物、ワイン、オリーヴ油からなる九分の一の定率貢租と、羊一頭ないしは二デナリウスの納付が義務づけられている。[126]

以上のようなアルムニアの入植・開発は、同時期の俗人所領においても同様に展開される傾向にあったようである。たとえば、イニゴ・アスナレス・デ・エスポーサの寡婦マリアとその息子たちは一一六九年、かつてペドロ一世によって賦与されたモンソン近郊のラ・ピティエーリャ、ビナセー、ベニファアラゴンの三アルムニアの入植を図るべく、自らの領主権(dominicatura)、土地財産、竈の独占権を留保しながら、既存および将来の住人に対して、彼らへの誠実を保証する以外にいかなる賦課租をも負担させず、かつてペドロ一世によってモンソン住人が享受した諸特権の賦与を旨とする入植許可状を発給している。ただ、入植を図るとはいっても、これら三アルムニアを全体として一つの村落領域へと再編成するとか、各アルムニアに個別の定住地を創出しようとする意図はどうやらなかったらしく、入植者はそれらでは家屋の言及のない土地財産(hereditas)のみを領有して経営にあたり、定住地そのものについてはテンプル騎士団に帰属する近隣のビネファアールに自らの家屋(statica)を建設するよう指定されている。[127]

さらに、伝来総数がきわめて少ない俗人領主の入植許可状のなかでも前述のセルグアの「カストルムおよびウィラ」の例は、入植・開発の進展という意味でも一二世紀後半の政治権力構造と領主制的支配のあり方からみてもきわめて重要なものである。すなわち、一一六九年、ギリェルモ・デ・ベナベンテは実弟の大助祭ラモン、ゴンバルド、フロンティン、ベルナルドとともに同地の入植・開発を進めるべく、入植者に「モンソンのよき慣習」(bonos usaticos de Montson) を賦与し、一年と一日の継続的な定住を条件として、各人が同地で占有した土地財産の世襲的な領有を容認している(ただし売却・抵当は不可)。兄弟はここで「カストルムおよびウィラの領主権と当該ウィラのすべての竈の独占権、さらにわれわれの裁判権」(dominium castri et ville et omnes furnos ipsius ville et nostras iusticias) を留保して自らの領主制的支配の根幹を維持しているが、入植者には同ウィラの教会に教会十分の一税と初穂納入を義務づけるのみで、自らに対する誠実以外にいかなる負担をも賦課していない[128]。ただ、ウエスカ司教エステバンと同人らとの一一八五年の合意文書によれば、彼らは臣従礼 (hominium) を捧げてウエスカ司教の誠実者となり、同地教会の十分の一税収入からあがる司教四分の一を筆頭とする司教諸権利と、自らの土地財産からあがる十分の一税を納付することを約束しているから[129]、同地教会とその付属財産はもともと同人らによって領有されていたことになるであろう。兄弟のなかでもとくにゴンバルドは、自らの名前に冠するベナベンテに加えて、バルバストロおよびビエルのバロンとして言及されるなど傑出した存在であったようである。彼はまた一一七七年にセルグアのバロンとしても言及されており[130]、その意味では、この段階の国王ホノールが王権に対する誠実以外にいかなる法的制約をもともなわない、事実上の城主支配圏に全面的に転化していたことを示唆している。

他方、一二世紀後半の入植運動で特筆すべき役割を担ったのが、アルフォンソ一世の遺言状の履行をめぐってラモン・バランゲー四世と合意に達して以来、アラゴン王国を中心に各地で急速に所領を発展させつつあった東方の二大騎士団であった。なかでもテンプル騎士団は、同王国に対する相続権を放棄する見返りとして一一四三年にモンソンやチャラメーラなど複数の城塞を獲得しており、シンカ川流域においてもはや無視しえない大土地所有者と化していた。こうしたなかで一一五八年、モンソン近郊のビネファアールというアルムニアを隣接する二アルムニアとともに入植許可状発給の対象とし、一五名の入植者が家屋と土地財産 (casas et hereditates) を造成して、毎年貢租としてモンソンの単位で小麦、大麦、燕麦を各五カイース、教会十分の一税と初穂納入、「モンソンにおける慣習どおり」（sicut est consuetudo in Montso）羊、豚、雌鶏、その他の家畜を納付するよう義務づけている。これまでにみた入植許可状が総じて教会十分の一税および初穂納入以外のいかなる負担をも課していないことを想起すれば、ここで規定されている貢租は質・量ともにやや過重であるように感じられるが、騎士団の優先買戻権を留保しつつ、騎士団がこれを行使しない場合は「汝らの隣人」（vicinibus vestris）にかぎって保有地の売却が認められるうえ、旱害や霧害で収穫不足の年には教会十分の一税と初穂納入を負担するのみで貢租納付を回避できると規定されている。[131]

ついで一一七〇年代以降、アルカナードレ＝シンカ両河川間南部のロス・モネグロスを中心に最も積極的な入植活動を展開したのが聖ヨハネ騎士団である。同騎士団の場合、セルグア近傍のモネスマ[132]やアルカナードレ川にほど近いトーレス・デ・アルカナードレ[133]の入植・開発を図る一方、一一七四年にはアルフォンソ二世によって寄進されたモネグロス山脈（illam serram de Monte Nigro）をセナおよびシヘナの住人に賦与して入植にあたらせている。[134]さらに一一七六年には、シンカ川下流域のトレンテ・デ・シンカに入植許可状を賦与するとともに、これを前線拠点として依然として定住の希薄な同地域に騎士団帰属の教会を創建し、入植・開発を漸次展開するよう命じている。[135]こうした活動が成功裡に展開されたのは、王権、わけても王妃サンチャの強力な庇護によるところが大きい。同王妃は一一八四年に交換によってテンプル騎士団からシヘナおよびセナの教会を獲得すると[136]、一一八七年には修道院を創建してそれ自体を聖ヨハネ騎士団に帰属せしめるべく、シヘナ、セナ、ウルヘリートを聖ヨハネ騎士団の手から譲り受け[137]、その翌年、王国の霊的中心の一つとなるサンタ・マリア・デ・シヘナ女子修道院が創建されて、聖ヨハネ騎士団は修道院集落となったシヘナを中心にロス・モネグロス一帯で傑出した政治的影響力を確立するにいたったのである。もっとも、経済的には、降水量の乏しい乾燥地帯だけに灌漑設備が必要不可欠であり、集落の境界を越えて張り巡らされる水路の整備は多大な投資を強いたばかりか、その使用権をめぐる紛争に騎士団を否応なしに巻き込むことになった。なかでもサリニェーナ領域内に「王妃の」（de la Regina）と呼ばれるアルムニアを領有したモンテアラゴン修道院とは一一八六年、騎士団ならびにシヘナ、カチコルバ、フビエーレ、プレシニェーナ、セナの住人が同アルムニアの領域内で許可なく水路を造成し、自らの菜園まで引水したとの理由で紛争となり、最終的に騎士団側が同修道院の粉挽水車の排水を利用して堰と水路を整備し、水流が滞らないように常時管理するとの合意に達している。[138]

以上のように、この段階ではもはや都市や主要なカストルムの付属領域が聖俗領主によって事実上独立したかたちで支配される下位の領域単位へと極度に細分化されるにいたっており、入植許可状はそれらを経済的に拡充するのみならず、領主制的支配の正当性を保証する装置になりかわっている。これに対して、かつては入植許可状やフエロの発給を一手に担っていた王権はもはや、地域全体の入植・開発という経済的な目的においても、前述のように事実上私的に領有されつつあったそれぞれの領域を王権直轄の定住地に復帰させるという政治的な目的においても、およそ目立った活動を展開していない。[139] 実際、この段階で王権による入植許可状が伝来しているのは唯一、王領地にしてベルナルド・デ・エストピニャンにより約半世紀にわたって国王ホノールとして保有されてきたタマリーテのみである。[140] そこでは、既存の住人と将来の入植者がサラゴーサのフエロを享受し、王権に対する誠実と、教会十分の一税および初穂納入以外にいかなる負担も賦課されないという条件の下、同地に帰属するあらゆる領域が賦与され、城塞の立地した高台頂部（ipso capiello）[141]、さらには囲壁内外のあらゆる場所に家屋の建設が許可されている。

とはいえ、実際のところは、城塞の眼下に展開する既存の定住地を単純に拡充するのではなく、むしろその政治的・経済的機能そのものを刷新する目的があったように思われる。それはおおよそ以下の二点から窺うことができよう。第一に、タマリーテで土地財産を所有する騎士やそのほかの住人は、自らの財産が歴代王権によって賦与されたものである旨を申告する場合、それを証明する贈与証書を提出することができなくてはならないと言明されている。[142] この規定は、証書を介さずに私的に占有された土地財産とともに、王権以外の領有主体から賦与された、つまり王権以外の領主に誠実を誓った可能性のある住人の土地財産を排除しようとするものと理解されるであろう。そのうえで、タマリーテの全領域はあらためて分割・整理され、そこから各人が自らの経営地（sors）を獲得するよう許可されているのである。第二に、ここで住人が受領することになる経営地は家屋、葡萄畑、菜園で構成されており、穀物耕地が含まれていない[143]。労働集約的な管理を必要とする地目を除いて農地を家屋から分離させるのは、集住村落の形成に際してしばしばみられる典型的な農地編成のあり方であり、ここでは単に定住区の外にあるものとして耕地が言及されていないだけかもしれない。ただ、当該文書ではさらに、毎週火曜日の週市開設特権が賦与され、当該市場への来訪者と商品の保全が保証されるなど、地域の流通中心としての機能を組織ないしは強化しようとする強い意志が看取されるから[144]、実際に経営地を葡萄畑や菜園といった商品作物向けの地目に特化しようとした可能性もあるものと考えられる。

王権のみならず聖俗領主が入植許可状の発給を介して積極的に展開した一一七〇年代の入植運動はそれゆえ、前述のように王権主導のきわめて政治的な色の濃い一一三〇年代の入植運動と本質的に異なるものであった。この段階の入植・開発はむろん無人地帯を対象としたものでも、複数の定住地をその領域内に内包する従来の主要な都市やカストルムそのものを対象としたものでもなく、むしろそれらに付属する比較的広大な領域の内部またはその間隙に分布する聖俗領主の防備施設を核とした下位の領域やそこに点在する従来の定住地そのものをおもな対象としている。なかでも前述のように同時期に最も集中的に開発が進められたアルムニアがその典型であり、それらがほぼ時期を同じくして、国王ホノールとして領有された従来の主要城塞と同じくカストルムまたはカステッルムおよびウィラと呼ばれたり、塔の存在を想起させるトゥーリスといった呼称で表示されたりしているのはみすごせない。前者ではたとえば、シンカ川西岸に分布するアルムニア群のなかから「カストルムおよびウィラ」と表示されるにいたったモンロージョがその典型であり[145]、後者については、同東岸のアルムニア密集地帯であったソサ川流域において、アビナルベスのトゥーリスを筆頭にこれと隣接するほぼすべての領域がアルムニアではなくトゥーリス

と表示されている例を挙げることができる。(146)

征服期以来の政治空間の分節化が、既存の、または新設された城塞や塔を核として漸次進行した結果、一つの定住地に対応するより緊縮した領域が独立したかたちで領有されたことがそうした傾向の背景にあるのはいうまでもない。ただ、入植許可状がつねに既存の住人の存在を前提とし、前述のように住人の個人名を逐一列挙することさえあったように、イスラーム期以来の灌漑地帯を中心に分布するそれらアルムニアに、同時期にいたるまで定住や経営がまったく欠如していたとは考えがたい。それゆえ、この段階における入植・開発とは、それまで粗放的な経営に任されてかならずしも組織的に整備されてこなかった従来の定住と経営のあり方を、入植許可状を介して全面的に再編成しようとするものであったと考えるべきであろう。

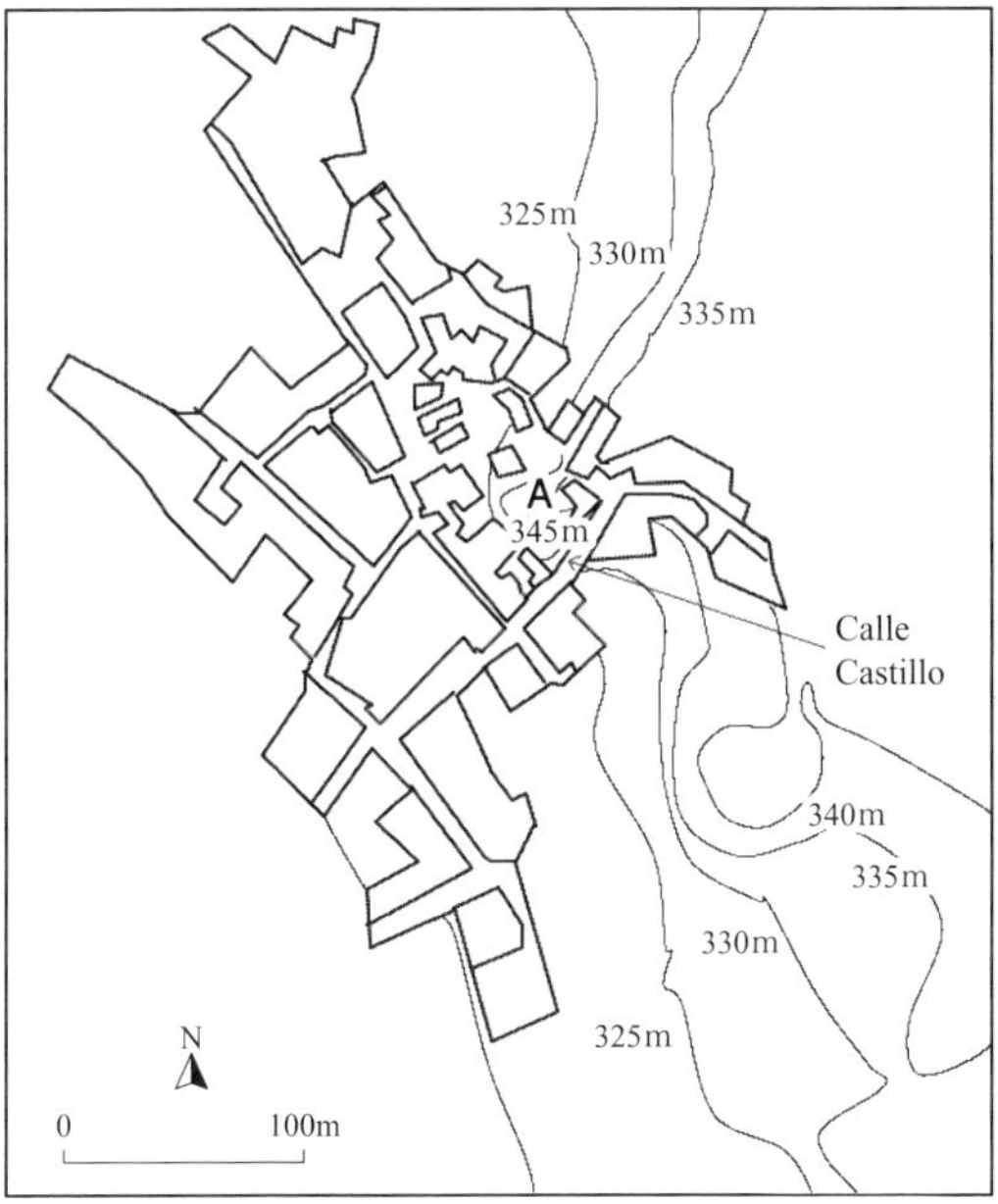

図 2-3　バルカルカ

A 岩塊（roca）・城塞遺構

そうした動向は全体としてみれば、やはり集村化というほぼ同一の結果を生んだようである。わけてもラ・リテラのようなアルムニアの密集地帯は、城塞の立地する岩塊や高台の周囲に少なからず家屋の密集した定住区を発達させたイスラーム期のヒスンやキリスト教徒のカストルムとは対照的に、もともと散居定住が卓越していたと考えられるから、前述のビネファールやビナセーといったアルムニアが、それぞれ現在の集落の北端ならびに中央部にその痕跡を留めているように、同時期の入植・開発事業を

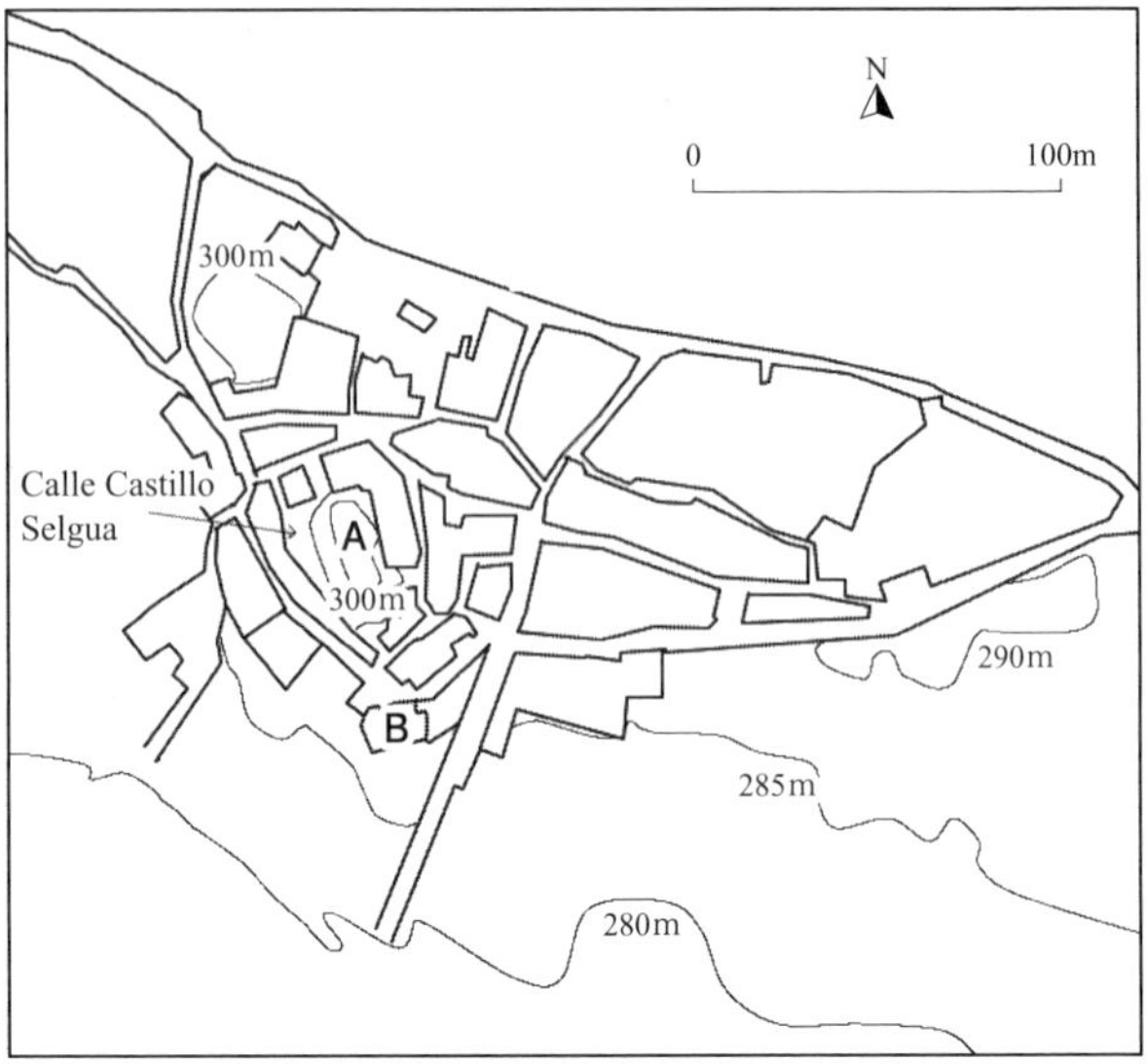

図 2-4　セルグア

A 岩塊　B ヌエストラ・セニョーラ・デル・ロメラル教会

起点として前者が教会を中心にほぼ方形、後者が同じく教会を半円形の外周に擁する家屋密集型の定住地に編成替えされたことは、従来の農村景観に大きな変化を与えるものであったにちがいない。また、現在ビナセー村域に統合されているが、やはりかつてのアルムニアであるバルカルカの凝集核をなしたのはどうやら教会ではなく、現在もごくわずかに城塞遺構を留める巨大な岩塊とおぼしい(147)（図2-3）。セルグアのような後発のカストルムの場合も、シンカ川西岸の平野部に展開する現在の集落の南端に周囲で最も高く、そのまわりをカスティーリョ（「城塞」）通りが取り巻く方形の岩塊があり、それを取り囲むように家屋群が配置されていて、教会は岩塊のそばではなく、むしろ家屋群が形成した輪の外に布置している(148)（図2-4）。

入植許可状を媒介とする組織的な定住形態の再編が総じて集村化を志向していたことは疑うべくもないが、家屋群の凝集作用をおよぼしたのはなにも領主に帰属する城塞や塔といった防備施設ばかりではなかった。それどころか、とくに同時期の定住形態の組織化に強力な作用をおよぼしたのがむしろ教会であったことを示す集落もしばしばみられる。その典型例が、前述のようにかつては国王ホノールとしてイニゴ・ガリンデスによって保有されたシンカ川西岸の城塞集落ペラルタ・デ・アルコフェアである。同地のカステッルムは一一〇五年にアルフォンソ一世によって同人に賦与されているが(149)、その後の経緯はいっさい不明であり、一一七八年頃にようやくパリャース女伯オリアが実娘バレンシアに向けた遺贈財産のなかでウィラとして言及されている。(150)だが、その翌年、アルフォンソ二世は、同女伯が創建し、ウエスカ司教座聖堂教会傘下におかれたサンタ・マリア・デ・カスバス女子修道院にカストルムとウィラと表示された同地全体を寄進し、(151)一一八二年にはウエスカ司教が同地の教会を同修道院に帰属せしめている。(152)

カルロス・ラリエナ・コルベーラとフアン・フェルナンド・ウトリーリャによれば、とくにウエスカ司教とサンタ・マリア・デ・カスバス女子修道院（ならびにパリャース女伯）が絡んだ一一七〇年代から八〇年代にかけての動向が、集落そのものの再編過程において凝集作用をおよぼす核を城塞から同修道院に帰属する教会へと移行させたという。(153)すなわち、城塞が立地したとおぼしい周囲で最も高い区域はその周囲に数家屋の凝集を促したのみで、現在の集落中心の南東に隣接してはいるものの、地誌的にはその外周を取り巻く街路によって明らかに区別されている。(154)これに対して標高にして五mほど低い北西の区域の核には教会が布置し、これを中心としてその周囲に街路が放射状に延びるほぼ完全な円形プランの集落中心が形成されているのである（図2-5）。

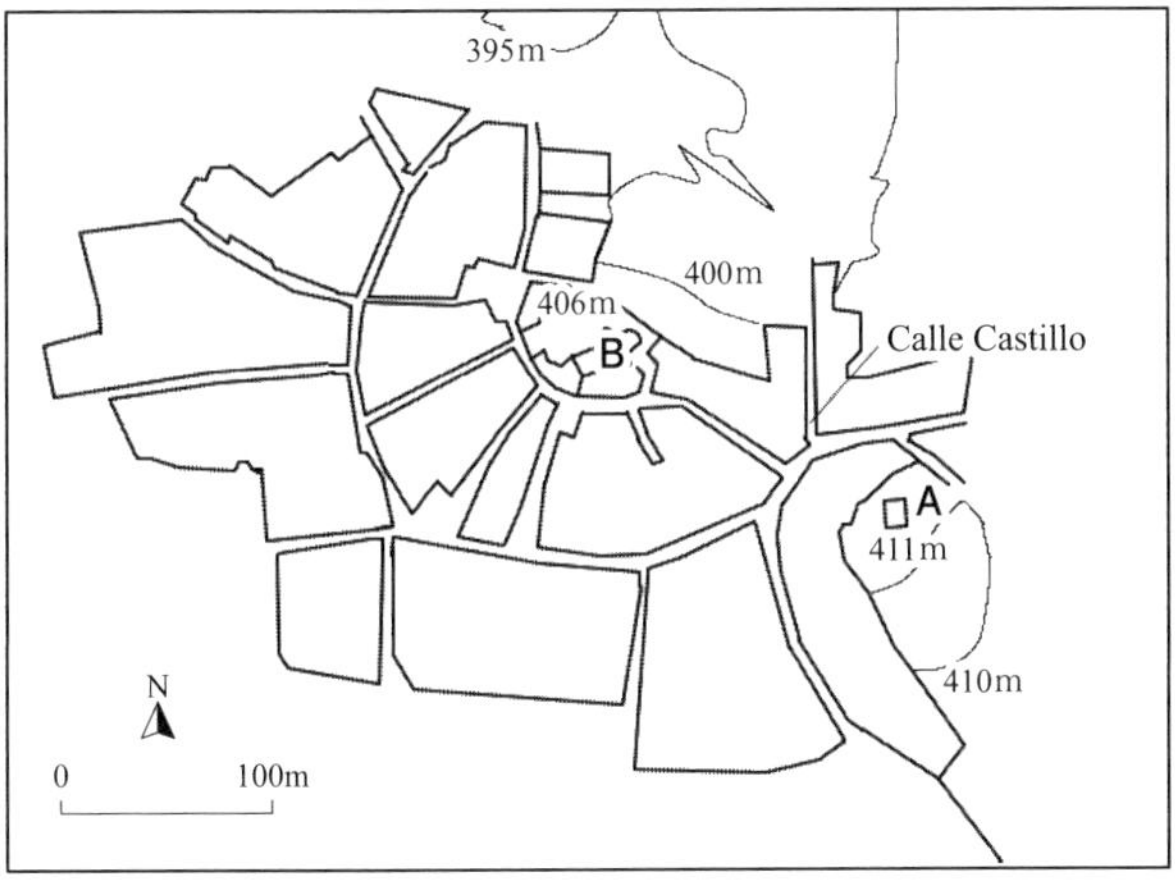

図 2-5　ペラルタ・デ・アルコフェア

A 城塞　B ヌエストラ・セニョーラ・デ・ロス・ドローレス教会

このように従来のカストルム集落の地誌的構造を大きく変容させた、教会を核とする組織的な定住区の再編は、同時期にウエスカ司教がこの地域一帯で精力的に繰り広げた教区組織の整理・統合の動きと明らかに並行している。ウエスカ司教は、一二世紀中葉にロダ＝バルバストロ司教の主張をひとたび退けて、一一世紀末にローマ教皇によって確認された、東端をシンカ川までとするウエスカ司教区の正当性をあらためて確立させたのち、[155]前述のように一一七三年にはペドロ・デ・クレスパンのアルムニアに自ら教会を創建して、そこでの司教諸権利を確保するとの合意を同人と結ぶ一方、一一八五年にはギリェルモ・デ・ベナベンテの家族によって城塞ともども領有されていたセルグアの教会の司教諸権利を、同人らの誠実とともにわがものとするにいたっている。

こうした積極的な統合の動きはまた、教会の領有だけでなく、城塞集落そのものの領有にも差し向けられている。たとえば、バルバストロ近郊のフォルニーリョスというカストルムおよびウィラをめぐってサンチョ・デ・ウエルタと繰り広げた一一八七年の紛争はその典型というべきものであろう。同カストルムは前述のように、もともと一二世紀初頭にヒメノ・サンチェス・デ・ウエルタがまさしくその名に冠するウエルタとともに保有した国王ホノールであったが、一一〇一年にロダ＝バルバストロ司教に寄進されたことにより、王権によって代替ホノールが賦与されるまで同司教の下で保有を続行することとなっていた。[156]だが、この状況はその後も変わらぬまま、同人が保有しつづけたようであり、一二世紀中葉にリェイダと統合されたロダ司教座からバルバストロ教会の管轄権がウエスカ司教座に移管されたところ、司教区組織の再編に乗じてヒメノの実子とおぼしいサンチョ・デ・ウエルタが教会諸権利も含めてこれを事実上領有しつづけたというのが事の真相であろう。サンチョは自らの父祖が同ウィラの入植・開発を進め、ウエスカ司教の手からこれを保有することになっていたと主張したが、司教は事実無根としてこれを受け入れず、結果として同地の教会が司教の管理下におかれる一方、教会十分の一税収入、罰金収入、プレカリア保有地収入の四分の一が司教に帰すとともに、サンチョが臣従礼と誠実をもって終身で同カストルムを保有するとの合意が結ばれたのである。[157]このケースは、俗人貴族によるカストルム領有が聖俗諸権利の全般にわたっていかように進行したか、同時にこれに対抗するウエスカ司教の戦略がやはり聖俗諸権利のあらゆる領域にわたっていかに強力に推進されたかを示すものである。

最後に、核となる城塞や塔といった従来の防備施設による凝集作用をおよそ媒介とせず、当初からある一貫したプランのもと、短期間のうちにきわめて組織的かつ系統的に創出された半都市的集落であるベルベガルの例を挙げておこう。同集落に関する最も早い段階の史料所見は、一一〇二年頃に王権によってサン・タントナン・ド・フレデラス修道院に寄進された同領域内に所在するモヘブのアルムニアや、[158] 一一〇五年頃に王妃ベルタによってサンタ・マリア・デ・アラオン修道院に寄進されたベルベガルとモンロージョとのあいだに所在するアルムニアなど、[159] もっぱらアルムニアに関係するものである。それゆえ、同地を含む周辺地域ではおそらく、イスラーム期以来、定住形態としては散居定住が卓越していたものと考えられる。次に同地が史料に登場するのは、この地域一帯の集落の例にもれずやはり一一七〇年代のことである。このときは、一一七四年にアルフォンソ二世によってウエスカ司教に同地の教会が寄進され、[160] 一一七六年にはウエスカ司教傘下のバルバストロおよびアルケーサルの教区司祭長がフレデラス修道院長から前述のモヘブのアルムニアを購入するなど、[161] これまでの例と同じく同司教による教会諸権利と土地財産の確保が着実に進行しているとの印象が与えられる。

他方、ベルベガルそのものは時期を同じくして、国王の軍司令官（alferiz regis）であるペドロ・デ・サン・ビセンテによって国王ホノールとして管理されるところとなっており、[162] それまで同地がアルムニアの所在地を示す地理的標識としてあつかわれていたにすぎないことを勘案するならば、その政治的かつ経済的な重要性がこの時期にことのほか増していたことは疑いない。実際、俗人貴族が同地近傍のオディーナに発給した一二〇六年の入植許可状によると、その住人は「ベルベガルが有するよき最上のフエロ」（talles fueros bonos et optimos quales habet Berbegal）を賦与されて教会十分の一税および一一分の一の定率貢租のみを負担することとなっている。[163] ここからラリエナ・コルベーラとウトリーリャは、テクストは伝来しないものの、まさしく同地の教会がウエスカ司教に寄進された一一七四年頃に周辺住人を誘致すべく入植許可状が発給されて、新集落の建設と教会組織への統合がほぼ同時に成し遂げられるにいたったと想定している。[164]

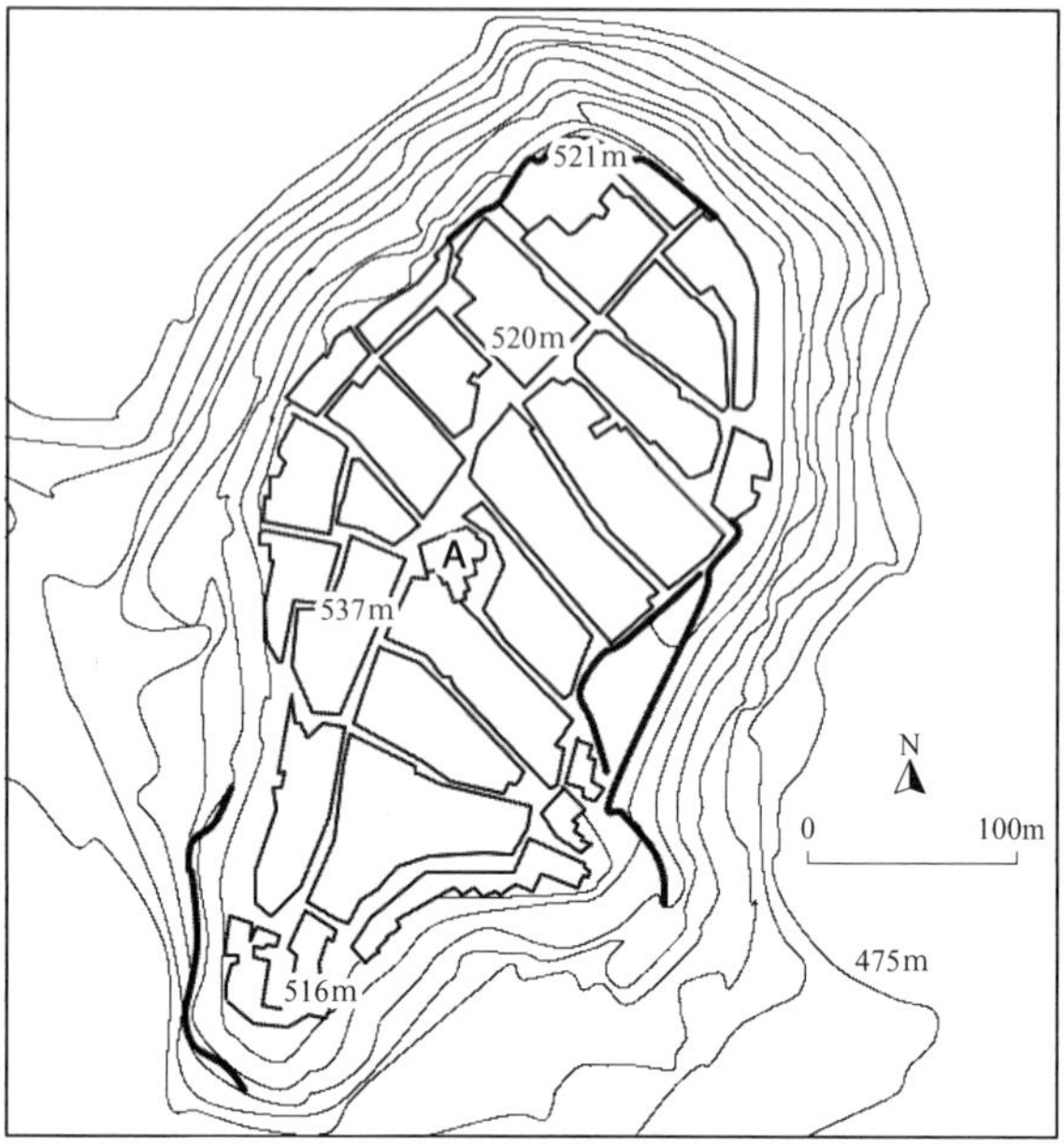

図2-6　ベルベガル

A サンタ・マリア・ラ・ブランカ教会　　太線：囲壁遺構

こうして新設された定住地は、南北の長さが約四七五m、東西が約二一五m、周囲との高低差が約五〇mにもおよぶプラットフォームの頂部全体に家屋群が整然と配置された八角形プランの典型的な高地防備集落であった（図2-6）。全体は北から南の城門まで途切れることなくのびる大通りによって東西にほぼ二分されていて、街路のちょうど中間には前述の教会が立地し、まさしく集落全体の地誌的中心をなしている。また、城塞や塔などの防備施設は存在せず、屹立したプラットフォームそのものと、集落の外縁に立ち並ぶ家屋群の壁と同化した囲壁が集落そのものを完全に要塞化している[165]。興味深いことに、ここではすべての家屋が同一の平面上にほぼ隙間なく配置されており、特定の建築物や区画を他の家屋群から可視的に区別させるような高低差や地誌的布置、人工的な囲壁や生垣の類はおよそみられない。しいていえばウエスカ司教に帰属する教会がそれにあたるが、城塞や塔のように差異や支配を可視化することに本来の目的があったわけではないであろう。住人間の法的・経済的差異はフエロによっても完全には解消されなかったであろうが、集落そのものは王権の庇護下で貴族権力の介入を受けることなく、いわば集団的に防衛・管理されることが期待されたはずである。

以上のように、入植許可状の発給を媒介として推進された一一七〇年代の入植運動は全体としてみれば、おそらくはイスラーム期以来すでに一定の集村化が進行していた従来の主要カストルムの拡大と再編を進行させる一方、比較的広大なその領域の内部の各所に散在し、定住形態としてはどちらかといえば散居定住が卓越していた個々の小定住地の集村化を組織的に推し進めようとするものであった。ここではその過程で生成した集落群を推進主体や地誌的形態を分類項として系統立てて議論することはあえて避けたが、それは、それらが容易に分類を許さないほど多様であるだけでなく、なによりも集村化を城主すなわち領主による領民支配という一様な図式に収斂させてしまうにはあまりにも複雑な諸権力の相互関係がさまざまな局面で作用しているからである。

それゆえ、ここでできることは以下のような変数をもとに、この時期の集村化という動向のありうるべき形態をいくつかのパターンに分類して提示することにかぎられる。

①集村化の最初の動因はほぼつねに城塞や塔といった防備施設である。それは、集村形態をつねとしたイスラーム期のヒスンや征服期の主要カストルムをモデルとしながら、それらの管理する付属領域の分節化を次第に促し、結果として集村化の起点をなす緊縮した空間ユニットを生成させる最も強力な要因をなしている。だが、それらは領主の支配の象徴となってゆく一方で、王権の象徴であることをも依然としてやめなかったから、城塞を軸として考えた場合、王権と貴族という領有主体の区別は集落の地誌的形態にいかなる差異をもたらさなかった。

②この時期に特徴的なのは教会が発揮する家屋群の凝集作用である。これは教区組織の整理・統合という動向と密接な関係にあったが、教会の領有主体と城塞の領有主体が一致する場合とそうでない場合とでは集落の形態に大きな差異が生まれることがままあり、ことに城塞と教会の布置が隔絶しているような場合、集落の核が城塞から教会に全面的に移行して、城塞が定住中心から排除されることさえあった。

③この時期には城塞をもたない半都市的防備集落がきわめて整然としたプランに基づき形成されることもあった。イベリア半島北西部で比較的よくみられたのがこのタイプであるが、わたしたちの地域ではいささかまれであるというだけでなく、城塞を完全に排除していかなる差異や支配をも可視化させないプランをかなり意識的に採用しているあたり、むしろ主流である城塞集落とはあえて一線を画そうとする意思がそこかしこに窺われるように思われる。そもそも王権もまた城塞集落の最大の領有主体であるという事実はけっしてみすごされてはならない。

むすび

シンカ川中流域は、イスラーム期の城塞であるヒスンと、やはり塔などの防備施設を擁した一円的所領であるアルムニアを軸として征服当初から一定の分節化がすでに進行していた地域である。これらのうち主要城塞はとくに国王ホノールとして編成されたが、同地域には征服当初から新興のソブラルベおよびリバゴルサ貴族やカタルーニャ貴族が数多く進出していたうえ、征服活動の広域化にともなう軍役需要の高まりに呼応して国王ホノールの分与がなかば王権の義務と化したこともあって、それら城塞の世襲化・在地化の進展には歯止めがかからなかった。それは都市や城塞領域の下位の領域をなしたアルムニアについても同様であり、教会・修道院とならんで国王ホノールを領有するバロンにかなりの部分が自有地として賦与されたため、王国でも貴族権力の伸張がひときわ顕著にみられた地域であった。

征服・分配の次は入植とくるのが従来の議論の手順であるが、ことにその根拠となる入植許可状やフエロをめぐっては、山岳地帯から平野部への入植運動とか、防衛と開発を目的とする人的資源の拡充といった伝統的な解釈をひとたび排して、発給の動機として以上のような貴族権力の伸張という趨勢をつねに考慮に入れなくてはならない。それらは全体としてみれば、アルフォンソ一世治下の一一三〇年代と、同君連合成立後の一一七〇年代におもに分布しているが、異なる論理ながらいずれの場合にもそうした趨勢こそが発給の背景をなしていたと考えられるのである。

第一の波は、征服=入植運動の最大の推進主体とみなされてきたアルフォンソ一世の手に帰せられる。けれども、それは、世襲化・在地化に歯止めがかからなかった主要城塞に対する王権の支配をあらためて確立させるべく、王権直属の住人を集中的に入植させて新たな定住核を擁する城塞集落を生み出そうとするものであった。ついで第二の波は、すでに城塞や塔といった防備施設を核として政治空間が極度に分節化され、緊縮した領域が聖俗貴族によってほぼ独立したかたちで領有された段階で押し寄せてくる。そこでは、主要な発給主体である聖俗貴族が自らの効率的な支配と経営を確立させるべく、従来の城塞集落の拡大・再編だけでなく、とりわけアルムニアを筆頭に散居定住が卓越していた空間において集住村落を創出しようとしているのである。その際、再編の核をなしたのはやはり城塞や塔であったが、事態はそれほど単純ではなく、集落におよぼされる複雑な政治力学によって教会などがこれを引き継ぐこともあった。王権もこの点では大差なく、城塞を欠いた半都市的集落を創出することもあったとはいえ、それはあくまでも城塞集落が主流であるなかで、貴族権力の定着を抑制すべく意図的に試行された結果であったといえるであろう。

城塞の機能をめぐる理解に象徴的に示されているように、征服=入植運動はピレネー山脈を境に地中海南ヨーロッパを分断し、比較と総合をやや困難なものにしている。だが、その背後では、しばしば城塞を核とした政治空間の分節化と、一城塞に一定住地が対応するのを可能にするような緊縮した空間ユニットの生成が疑いなく進行している。ひときわ重要なのは、そこに王権、聖俗貴族、入植者が選択するさまざまな戦略が変数となって複雑なかたちで作用するために、城塞の有無、「城塞化」の達成度、さらには地誌的形態にきわめて多様なパターンが生じてくるということであって、その基礎をなす政治空間の分節化というプロセスそのものをピレネー山脈の南北とかイベリア半島北部の東西といった広域的なブロックをもって互いに区別する必要はないし、逆に一地域の内部でさえきわめて多様でありうるさまざまなパターンをミクロ・レヴェルの地域差に回収して総合に向かう道筋そのものを閉ざしてはならないのである。

第3章　都市ウエスカの定住と空間編成

わたしたちは前章までで、アラゴン王国ではじめて本格的な軍事的征服が展開した二つの空間をみてきた。そこでは、征服＝入植運動は、ラテン・ヨーロッパの拡大と端的に表現されるような単純な拡大・膨張過程ではなく、空間ユニットの中核をなす城塞の増殖と、それにともなう政治空間の不断の分節化をつうじて展開した。となれば、征服＝入植運動は従来の認識に反して、封建的支配関係の基礎をなす典型的な定住・空間編成の展開過程そのものとみなしうるであろう。

もっとも、中世盛期の政治空間全体の編成過程に視野を拡大すると、そこには明確に組み込まれていない空間ユニットが依然として残されている。なかでも都市は、わが国でも都市＝農村関係論や市場史研究の豊かな成果を受けて、それ自体領主の支配拠点として、それゆえ地域の政治的・経済的中心地として、封建制の不可欠な構成要素の一つとみなされるようになって久しい(1)。だが、ひとたび都市的中心の生成（あるいは征服）がひとしきり完了してしまうと、それが本来城塞集落と同じく定住地の一類型であると同時に、政治的に自立的な空間ユニットであるという事実は脇におかれ、定住史的かつ空間編成論的なまなざしは都市史固有の伝統的な問題系に道を譲ってしまうことになる。

ピエール・トゥベールは、インカステラメントを「村落の都市化」といいかえたが、それは、集住形態や囲壁の敷設といった定住の地誌的・物理的側面だけでなく、定住核そのものが空間の編成過程におよぼす作用を含めてのことである。[2] となれば、そこで想定されている「都市」そのものの空間編成が具体的に問われなくてはならない。そこで本章では、ふたたびウエスカ地方、ただし都市ウエスカに注目し、[3] 都市的集落が征服・分配・入植を起点に、城塞集落と同様に空間ユニットの領有中心として、いかなるかたちで政治空間の分節化に作用したかを検討しよう。

1 史料の時間的・空間的ギャップ

一〇九六年と比較的早期に征服されたウエスカには、一三世紀に征服されたイベリア半島南部およびバレアレス諸島にみられるような、いわゆる「分配記録」は伝来しない。もっとも、「分配記録」自体、聖俗貴族に抗して小土地所有を系統的に創出しようとした王権の理念を反映するものにすぎず、分配・入植後に変化をよぎなくされる空間編成の実態を知るには、欠けるところの多い史料である。こうした事情は、征服直後に発給されたフエロや入植許可状に設けられた入植者の法的身分規定や社会的地位、市域の境界画定にかかわる諸条項についてもまったく同様である。[4] それゆえ、わたしたちが依拠する具体的な材料は、一二・一三世紀の段階では、やはり土地財産の譲渡を内容とする私的な証書群、しかも教会の文書庫に由来するものに事実上限定される。まずは、以下で使用される主要な史料群とおおよその総数を整理しておこう。

まず、同時期のウエスカ最多の伝来文書数を誇るのが、ウエスカ司教座聖堂教会である。その文書庫には、オリジナルを中心とする単葉形式の羊皮紙が全体として一一のアルマリオ（armario「聖具棚」の意）に分類され、それぞれ約一千点、合計一万点を優に超える文書が収められている。また、全体が一三世紀末から一四世紀初頭にかけて成立したカルチュレール（文書のコピーの集成）『錠前の書』（Libro de la cadena）が編纂されており、そこには一二七四年の文書を最後に一〇九五点の文書が筆写・集成されている。以上のうち、とくにアルマリオの二番は、土地売却文書を中心とする俗人文書で構成される。他方、『錠前の書』では、ルブリック（朱書・題辞）の付されていない五〇三〜六六二番、都市近郊のさまざまな土地財産の譲渡を内容とする八八七〜九六四番、一貫してウエスカに居を定めた貴族マサ＝ベルグア家文書がまとめられた九六五〜九八八番の各セクションに、やはり土地売却文書を中心に俗人文書が相当数含まれている。なお、オリジナルを中心とする単葉文書群とカルチュレールに筆写・集成された文書群にはおよそ重複がみられないので、市域に関係する文書群は双方併せておおよそ七六〇点におよぶ。(5)

数量的にこれに次ぐ文書群を擁するのが、イスラーム期のモサラベ教会を起源にもつサン・ペドロ・エル・ビエホ修道院である。ここには、一二八七〜九〇年に編纂されたカルチュレール（Liber instrumentoru m Sancti Petri veteris Osce）が伝来しており、ウエスカ市域に関連する文書は全体として二八二点を数える。(6) ついでウエスカ征服を前にして、その近郊の同名の城塞に創建されたモンテアラゴン修道院の場合、もっぱら単葉形式の文書が国立歴史文書館に収蔵されており、市域に関連する文書は全体として一五八点にのぼる。(7) また、征服後に市壁内に設立されたテンプル騎士団のバイリア（bailía）ないしエンコミエンダ（encomienda）については、一一四八〜一二七三年の文書群が筆写・集成されたバイリア・カルチュレールと、騎士団解体にともない国王文書登録簿（レヒストロ registro）に加えられた、アラゴン＝カタルーニャ支部のカルチュレール（Privilegia Templariorum）が知られており、市域に関係する文書は前者の一一七点と後者の六点を併せて一二三点が数えられる。(8)

以上のほかには、国王サンチョ・ラミーレスの妹にあたる女伯サンチャがプレ・ピレネー山中に創建したサンタ・クルス・デ・ラ・セロス女子修道院の単葉文書三五点、(9) ごくわずかながら、サン・ビクトリアン修道院（三点）(10) やサン・ビセンテ・デ・ウエスカ教会（二点）(11) の文書を挙げることができる。さらに一三世紀に入ると、サンタ・マリア・デ・カスバス女子修道院（一二点）(12) や聖ヨハネ騎士団傘下のサンタ・マリア・デ・シヘナ女子修道院

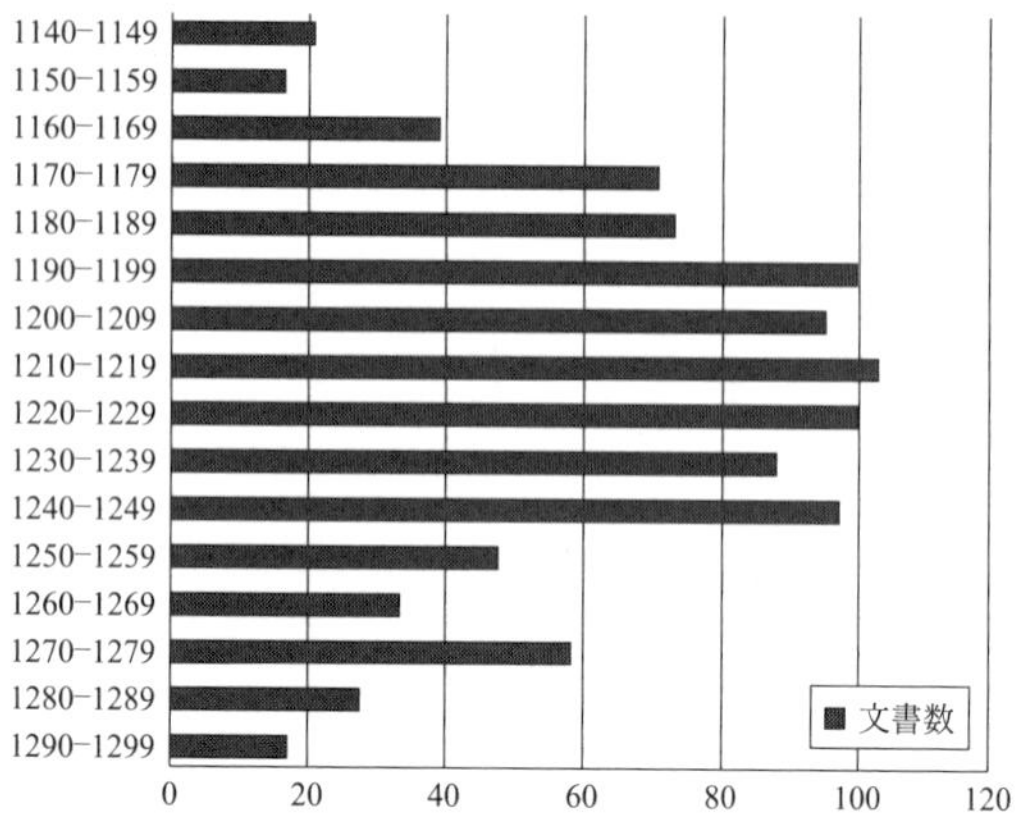

図 3-1　ウエスカ市壁外に関連する文書分布

（九点[13]）、サント・ドミンゴ・デ・ウエスカ教会（一三点[14]）やサンタ・クララ・デ・ウエスカ女子修道院（一五点[15]）の文書が、やはりわずかながら加えられる。なお、ウエスカ市文書館に伝来する市当局そのものの羊皮紙群やカルチュレール（Libro de privilegios）は歴代王権により発給された一連の都市法や命令状、一三世紀末以降市当局が制定した多数の市条例で構成されているが、わたしたちの関心の下ではやや付随的に用いられるにすぎない[16]。したがって、以上のとおり教会・修道院に伝来する文書群を中心に、併せて一四〇〇点余りが以下の作業のおもな材料となろう。

さて、ウエスカは、石造の市壁と、イスラーム期のブール（郊外定住地）を母体に成長した新街区を取り囲む土造の囲壁（radam）という、二重の市壁を具えた都市である。市壁外の空間に関連する文書群の年代分布は、おおよそ一一四〇年代を画期としておおよそ次のように分布する。すなわち、それらは、征服直前（王権による征服後の分与の約束）から一一三九年までの五〇年間ではわずか四五点を数えるにすぎない。だが、一一四〇年から一〇年ごとの文書数の増減を示した図3-1をみれば、一一四〇年代を画期とする全般的な増加、ことに一一九〇年代から一二四〇年代までがそれぞれ約一〇〇点と、急激な増加傾向を示していることがみてとれる。

こうした一一四〇年代を画期とする史料上の「断絶」は単に量的なものではなく、文書の種別や当事者の種別に対応した質的なものでもある。すなわち、まず一一〇〇年代までは、王権による聖俗貴族への分与や、王権により分配された教会の帰属をめぐる司教座聖堂教会とモンテアラゴン修道院との協定など、征服直後の分配とその調整にかかわるもので占められている。そこから一一三〇年代までは、分配をつうじて受益者となった貴族による教会・修道院への寄進・交換文書が中心である。これに対して、前述のように教会・修道院に伝来する文書が中心でありながら、一一四〇年代以降の伝来文書群の中核を占めるのは、俗人間で交わされた狭小地片の売却文書であり、当事者にも売却地片にも一一三〇年代以前の文書群に連なる部分はおよそみられない。この段階では、当事者はすでにウエスカに定着したキリスト教徒の住人同士となっており、売却地片にはムスリムの旧所有者名も明記されなくなっている。ここでは、一一四〇年以前にさかのぼって来歴を追跡することができない住人が、征服からおよそ一～二世代を経て突如土地所有者として登場し、自らの財産をやはり一一四〇年以前にはいかなる痕跡もみられない住人に売却していることになる。

以上のような史料上の「断絶」はまた、空間的にもみとめられる。すなわち、一一四〇年までに王権から聖俗貴族に分配、さらに貴族から教会・修道院に寄進された財産の大半は、境界画定途上の市域周縁部または外縁部に分布している。とくに王権による聖俗領主への分与が中心となる一一〇〇年代までは、フロレン[17]や、モリーノス、ラスカサス、コニリェーナ[18]、ミケーラ、ロレート、シーリャス、アレーレ、アルボルへ[19]といった、のちの史料所見からみてもほぼ確実に市域から切断されたものと想定される、ムスリムの私的所領に由来するアルムニア（almunia）、ウィラ（villa）、また世襲財産一般を意味するのみでその構成内容は判然としないヘレディタース（hereditas）が言及されるにとどまる。また、市域を構成する各領域呼称に痕跡を残すアルムニアとして、バルバルボル（南端[20]）、バルデカマラス（北端[21]）、モンス（北東端）、プジャスエロス（南端[22]）が挙げられるが、これらもやはり市域の端に位置している（図3-2）。こうした傾向は、貴族による教会・修道院への寄進が中心となる一一一〇年代以降においても同様にみとめられる。たとえば、ポンピエン・デ・セニョール・アト・ガリンデス・デ・テナ（ポンピエン・ムソ[23]）、ロレート[24]、アルボルへ[25]といった市域外縁部のアルムニアがまさしくそうである。

以上の所見を単純に理解すると、いち早く史料で言及される市域周縁部または外縁部に聖俗貴族の分与財産が広

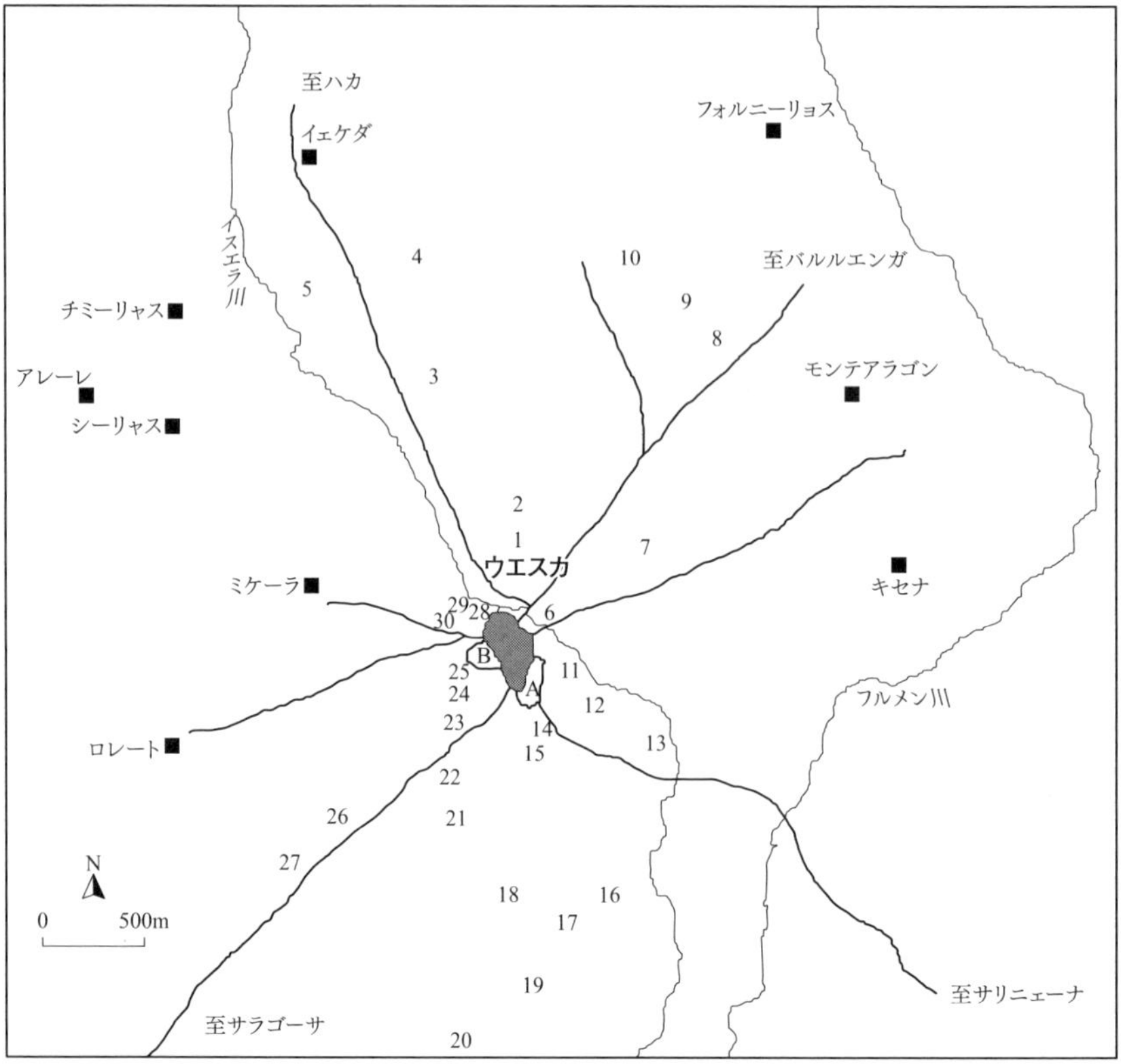

図 3-2　12・13 世紀のウエスカ市域

A ムデハル街区（Morería） B ユダヤ人街区（Judería） ■ 市域外集落

北部：1 ロス・コランドラレス（Los Colandrares） 2 ラ・マガンティナ（La Magantina） 3 ハラ（Jara） 4 バルデカマラス（Valdecamaras） 5 コニリェネク（Conillenec）

東部：6 フォルカス（Forcas） 7 モンス（Monzú） 8 アルバラック（Albarrach） 9 バルバダグーリャ（Barbadagulla） 10 アビンカラス（Avincaraz）

南部：11 サラス（Salas） 12 アルメリス（Almeriz） 13 バルセンコス（Balcencos） 14 アルキブラ（Alquibla, termino） 15 フエンテ・デ・クアドリエーリョス（Fuente de Cuadriellos） 16 パウル・デ・アルメルヘ（Paúl de Almerge） 17 ビリャベトレ（Villavetre） 18 アルコラス（Alcoraz） 19 プジャスエロス（Puyasuelos） 20 アルカラミエル（Alcaramiel）

西部：21 アルガスカル（Algascar） 22 グアタテン・アルト（Guatatén Alto） 23 グアタテン・バホ（Guatatén Bajo） 24 プエージョ・デ・サンチョ（Pueyo de Sancho） 25 モリリョン（Morillón） 26 バルメディアーナ（Valmediana） 27 ポブレット（Poblet） 28 フエンテ・デル・モリーノ・デ・アルカイデ（Fuente del Molino de Alcaide） 29 ラ・リベラ・デ・ラ・アセキア・デル・パルモ（La Ribera de la Acequia del Palmo） 30 アルゲルディア（Alguerdia） 31 ラ・メサ（La Mesa）

く分布し、定住核により近接した市域中心部には、本格的に伝来する一一四〇年代以降の文書群でむしろ顕著な、都市住人の小土地所有がもっぱら分布するといったように、一定の棲み分けをともなう財産分布が系統的に創出されたかのような印象を与えてしまうかもしれない。だが、この段階には、一一四〇年代以降に続々と言及されるようになる前述の土壁内のブールや、土壁外でも定住核に比較的近接した、西側のアルゲルディア(26)、プエージョ・デ・サンチョ(27)、アルガスカル(28)、南側のアルコラス(29)、ビリャベトレ(30)にも、聖俗貴族が所有する狭小地片の言及が次第に散見されるようになる。また、この段階ではなお、財産がムスリムの旧所有者名をもって表示され、市域の特定領域を明記しないケースが多いため、ことによるとそうした聖俗貴族の小土地所有の所見は、はるかに多数にのぼる可能性もある。それゆえ、ここでいう空間的なギャップはやはり史料の伝来状況に負うところが大であり、前述のような棲み分けは所有者そのものの種別に由来するものではなく、あくまでも大土地所有か小土地所有かという所有形態の差異に帰せられるものと解釈すべきであろう。

2 市域の系譜論

ウエスカ市域に分布する土地財産を表示する際、一点の文書で複数の家屋・地片が列挙される場合や、ヘレディタースという概念を用いて集合的に表現される場合には、「ウエスカとその諸領域において」(in Osca et in suis terminis)という表現が用いられる。それゆえ、ウエスカの市域はもともと複数の「領域」(テルミヌス〔terminus〕)の集合体として認識されていたことになる。実際、個別地片の所在地は、次のような書式をもって表示されるのが通例である。すなわち、「ウエスカの領域YにおけるX沿いの/X近くの」(ad/circa X in termino de Y in Osca)がそれである。かりにそれらテルミヌスが家屋群の造成により居住区となった場合には、まさしく街区を意味するバリオ

(barrio) に転ずることになる。そのうえで個々の地片は、一三世紀初頭までは東西南北の四肢(北は「山」〔mons〕とも表示)をもって、それ以降は東西南北が明記されず、ただ順次その隣接物が列挙されて、さらなる特定が図られていたのである。

そうした市域を構成する複数の領域の起源を系譜論的に追跡することは、前述の史料の時間的・空間的ギャップが災いしてなかなかむずかしい。ただ、その一部については、厳密な領域範囲はともかく、少なくとも呼称のうえでは、イスラーム期の土地所有の単位の一つであるアルムニアに由来していることはほぼ間違いなさそうである。たとえば、ウエスカ征服を前にして国王サンチョ・ラミーレスが戦死した場所として名高いアルコラスは、「サラセンの国王たちが所有したアルムニア領域」であった[31]。また、バルデカマラスは、一一〇七年に国王アルフォンソ一世が宮廷役人ロペ・ガルセスに賦与したカマラスなるアルムニアに由来するものと想定される[32]。モンスにいたっては、一一〇四年頃に国王ペドロ一世がモンテアラゴン修道院に寄進したアルムニアと同一の呼称を帯びており[33]、本来は同一のアルムニアが分割されたのであろうか、ウエスカ市域とモンテアラゴン村域の双方に互いに隣接する同名の領域が存在する。こうした征服後のラテン語史料で言及されるアルムニアは、もともとアラビア語のムンヤ(munya) に由来する史料概念である。それらはしばしば都市近郊の灌漑地帯に分布し、ムスリムの個人名や官職名を冠したことから、貴族や役人の居館を核とした一円的な私的所領であったと想定される。となれば、アルムニアとしては言及されず、その由来が不明である領域についても、ムスリムの個人名に由来するアビンカラスやアビンゴルデル、また官職名を想起させるアラタルコメス (ḥārat al-qūmis「伯街区」) などは、同一の系譜上で理解してよさそうである。

以上のように、市域を構成する各領域の少なくともその一部が本来アルムニアを母体としていたとすると、その空間的な編成プロセスは大きく分けて二つの経路をとったものと想定される。すなわち、一つには、本来単一の所有者に帰属したアルムニアが分配・入植、分割相続、個別譲渡などさまざまな要因によって地片レヴェルまで全面的に解体をみて、きわめて多様な所有者の財産が混在するようになるなかで、従来の呼称はそのままながら所有単位としての記憶そのものが霧消してゆくというものである。いま一つは、本来の個別所領としての枠組みが多少の変動こそあれ、一貫して維持されるか、あるいは所有単位としては同じく全面的な解体をみながらも入植が進み個別定住地へと発達を遂げて、市域の空間的枠組みそのものから事実上離脱してしまうというものである。ことに後者はそれ自体、市域の境界画定を否応なしに促したという点で重要なプロセスというべきであろう。実際、市域西方のミケーラやシーリャス、南方のアルボルへといったアルムニアは当初は市域の一部をなすものと認識されていたが、一一〇四年には市域から切断されたのち、「ウエスカ近傍」(prope Osca) という表現をもって言及されるようになっている。[34]

それはむろん市域の縮小に相当するものの、ウエスカの政治的・経済的な中心地機能がおよぶ圏域そのものの縮小を意味するわけではない。実際、市当局の裁判権がおよんだ厳密な範囲は判然としないものの、フスティシア (justicia 原義は裁判官、共同体当局の頂点に立つ原則王権任命の都市役人) は市域外の個別所領で生じた紛争を自らの法廷であつかうこともままあったようである。たとえば、アルボルへにおけるサンタ・クルス・デ・ラ・セロス女子修道院の水路をめぐる一二二八年の紛争は、フスティシアのペドロ・デ・サルビセ主宰の法廷で審理されている。[35]また、経済的には、貢租・地代が現物で納付される場合に、「ウエスカの単位」(mensura Osci) で納付するよう求められるケースが注目されよう。そうした記述は、アルボルへ、アビンテマ、モリーノス、ラスカサス、コニリェーナ、モンフロリテといった南部のサンタ・クルス・デ・ラ・セロス女子修道院所領、[36]サンタ・マリア・デ・シヘナ女子修道院に帰属した城塞ピエドラ、[37]また前述のポンピエン、アレーレ、ロレート[38]といった、市域外の個別所領でこそ典型的にみられるのである。

前述のプロセスがいずれの経路をとったにしろ、その背後で生じていたのは、征服直後の分配により各所に生成した貴族の大土地所有が市域から全面的に後退してゆくという現象である。前述の第一の経路にそくしていえば、市域北端の領域バルデカマラスの母体をなしたとおぼしいカマラスなるアルムニアの行く末がその最たる例である。すなわち、一一〇七年に王権により宮廷役人ロペ・ガルセスに賦与された当該アルムニアは、一一八三年までに貴族フォルトゥン・デ・テナに嫁いだロペの娘エルビラが分割相続により三分の一のみを継承するところとなっていた。エルビラが一一八三年にそれをウエスカ司教座聖堂教会に寄進する際には、国王ペドロ二世の国王役人(メリノ〔merino〕)にして、同国王の乳母を娶った有力市民ウーゴ・マルティンと、その友人ペドロ・バチェールから借り入れた一〇〇マラベディの担保となっていたため、これを弁済して償還するよう求めている[39]。

他方、第二の経路としては、興味深いケースがいくつか挙げられる。たとえば、一貫して貴族マサ家に帰属した市域西方のシーリャスは、一一九四年にペドロ・マサ一世の子ペドロ・マサ二世とその妹サンチャとのあいだで分割されたが[40]、一二〇九年のペドロ・マサ二世の遺言によりその妻コンスタンサがこれを相続すると[41]、一二一二年には義妹サンチャを筆頭とする売主から一連の購入をつうじて分裂した財産の再統合を図っている[42]。これに対して、むしろ一般的であったのは、貴族財産が分割相続の果てに教会・修道院に寄進されるケースである。すなわち、王国筆頭貴族のウレア家に帰属したミケーラは、ロペ・ロペスの子らのあいだで分割され、とくに娘ブラスキータが相続したウィラの二分の一が一一八六年にテンプル騎士団に寄進されている[43]。また、ロレートの場合は、アニエスを国王ホノールとして保有したイニゴ・フォルトゥニョーネスの娘たちにより、早くも一一一五年に当該アルムニアの二分の一がサン・ペドロ・エル・ビエホ修道院に[44]、一一六〇年には同地のヘレディタースがテンプル騎士団にそれぞれ寄進されている[45]。

とくに第二の経路をつうじて、市域から事実上切断されながら結果的に教会・修道院に帰属するところとなった個別所領は、全体とはいわないまでもその主要な部分が、それら教会・修道院と懇意の有力な市民に貸与されるのがつねであった。事実、前述のロレートの大半を獲得したサン・ペドロ・エル・ビエホ修道院は一一八二年、ペドロ・ティソンに当該ウィラ内のヘレディタースを毎年四ソリドゥスの貢租納付を条件に貸与している[46]。この点で最も印象的なケースは、市近傍の城塞ピエドラであろう。同城塞はもともと、マサ家と縁続きのベルグア家に帰属したが、一二一六年にロドリーゴ・デ・リサーナがその二分の一の権利をサンタ・マリア・デ・シヘナ女子修道院に寄進し、[47]その翌年にはバリェス・デ・ベルグアが残る二分の一をやはり同修道院に売却している。[48]こうして全体を掌中に収めた同修道院は一二三一年、有力市民筆頭格のラモン・カリョルとペドロ・ソラに同城塞を、小麦と大麦それぞれ年間三〇カイースの納付を条件に貸与している。[49]それゆえ、市域から離脱した貴族の大土地所有が分裂をみながら教会・修道院の財産に吸収されただけでなく、市政に進出した有力市民にその管理が委ねられているのである。前述のように、市域の縮小が政治的・経済的影響力のおよぶ圏域そのものの縮小を意味しないとすれば、それはまさしく、市域外の土地所有において、市民自らが教会・修道院との社会関係を介して貴族に取って代わったことと無縁ではないであろう。

3 都市的定住空間の形態生成

前述のようにウエスカは、石造の市壁とその周囲を取り巻く土造の囲壁という二重の囲壁を擁する都市である（図3-3）。前者の市壁は、主要な市門として北から時計回りに、シルカータまたはサン・ミゲル門（北）、モンテアラゴン門（東）、アルキブラ門（南）、レミアン門（西）から土壁に囲まれた空間につうじている。そこには、イスラーム期からいくつかのブールが点在したが、入植の進展にともないそれらを母体に、あるいはそれらの再編をつうじて多数のバリオが形成されている。まず、ハカ街道が抜ける北のシルカータまたはサン・ミゲル門の外は、北端をかすめて流れるイスエラ川に遮られやや狭い空間となっている。ここにはもともとユダヤ人の居住区画と、そのそばにモサラベの墓地があり、一二世紀初頭にその界隈に司教座聖堂教会によってサン・ミゲル救貧院が創建

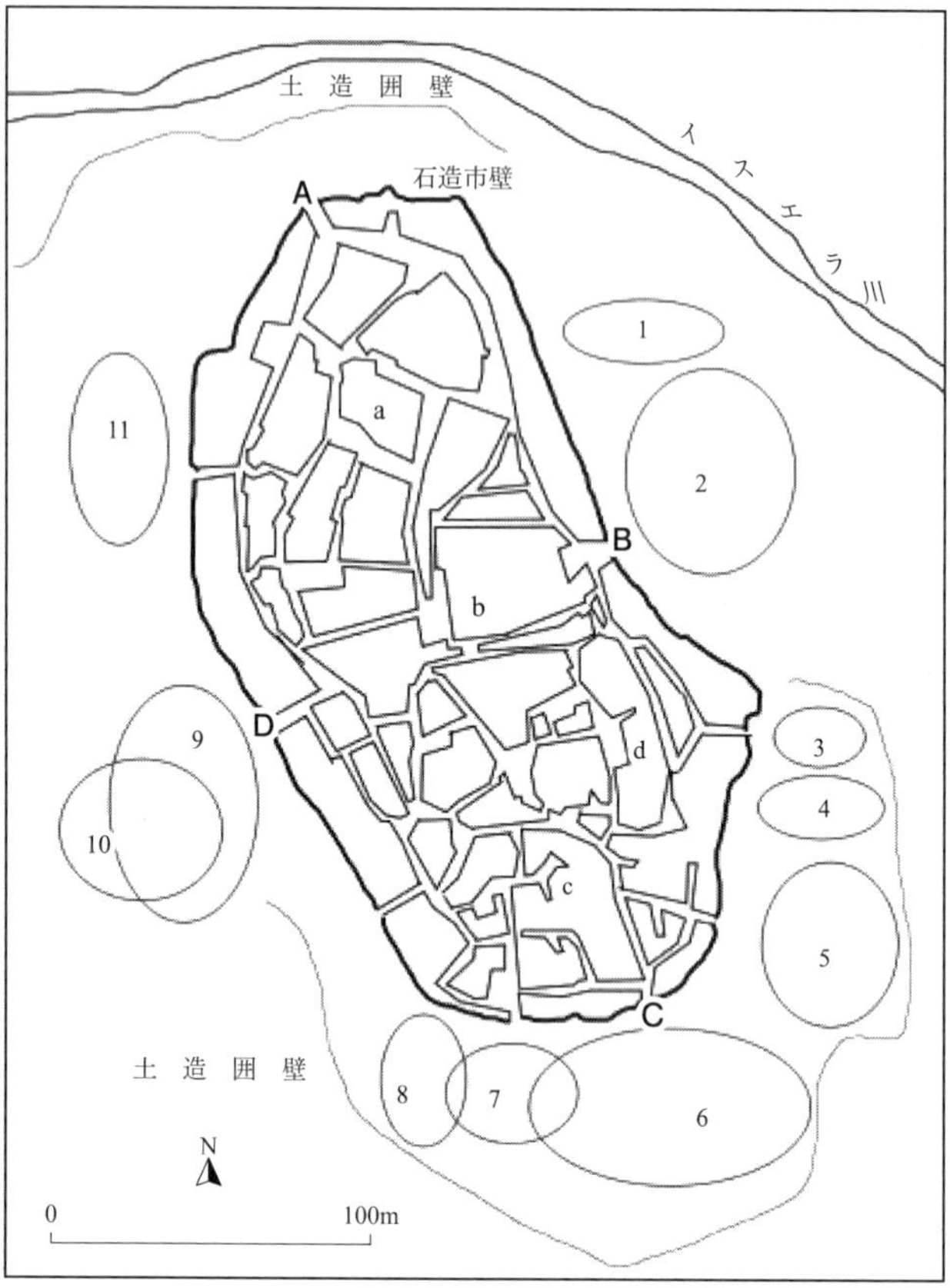

図 3-3　12・13 世紀ウエスカと新街区

A シルカータ（サン・ミゲル）門（Puerta de Sircata［San Miguel］）B モンテアラゴン門（Puerta de Montearagón）C アルキブラ門（Puerta de Alquibla）D レミアン門（Puerta de Remián）

a 王宮　b ウエスカ司教座聖堂教会　c サン・ペドロ・エル・ビエホ修道院　d テンプル騎士団

1 サンタ・マリア・インフォリス街区（Barrio de Santa María Inforis）2 アルゴリ（Algorri）3 陶工街区（Barrio de los Cantereros）4 サント・ドミンゴ街区（Barrio de Santo Domingo）5 ベナアイヨン（Benahaiyon）6 アルキブラ（Alquibla）7 金属工街区（Barrio de las Ferreras）8 ババルヘリット（Babalgerit）9 バリオ・ヌエボ（Barrio Nuevo）10 アルガルビ（Algarbí）11 アラタルコメス（Haratalcomez）

されている。(50) また、一二世紀末にレプラ患者を収容したサン・ラサロ施療院が設立されたのもこの区域である。(51) このあたりでは、家屋建設の意思は多少なりとも感じられるものの、居住区画としての展開はごく一部にとどまり、水車や竈が散見されるほかはおよそ菜園で占められた空間であった。

ついでモンテアラゴン門を主要門とする市壁の東側は、もともとアルゴリというイスラーム期のブールが所在した地区であり、モスクやムデハルの墓地（almecora de moros）が頻繁に言及される。とはいえ、当初は、皮なめし池（balneum, tanaria）[52]、ムデハル墓地そばの耕地やイスエラ川沿いの菜園、外来者の運搬・商品家畜の繋留地とおぼしい囲い場（corral）や採草地（ferreginal）が卓越した空間であった。一二世紀末には、モンテアラゴン門そばに設けられた市場（merchadal）を中心に、アルゴリまたはプエルタ・デ・モンテアラゴン街区が拡張される一方、その北にはサンタ・マリア・インフォリス教会を中心とする同名の街区[53]、南には陶工街区と、その近傍に一三世紀後半に創建されたサント・ドミンゴ教会を中心とする街区がそれぞれ形成されて[54]、市壁東側全体を新たな居住区画が取り巻く格好となっている。

ウエスカでは、宗教的マイノリティのゲットー化はおよそみられなかったが[55]、それでも南のアルキブラ門外と西のレミアン門外の空間はそれぞれモレリア（morería ムデハル街区）とフデリア（judería ユダヤ人街区）とも呼ばれていて、両者の人口がことのほか濃密な空間であった。前者の核をなしたのは、市門の名を冠するアルキブラ街区である。ここにもムスリムのプールが所在したが、一二世紀前半にはなお耕地が分布しており、同後半になって次第に家屋群が占めるようになると、一一八〇年代以降は急激に店舗が進出してくる。ときほぼ同じくして、一二世紀中葉に穀物市場（mercado de cevada/frumento）[56]、一一九二年には国王市場（mercatum regis）[57]が当該地区で開設されており、そのそばにはとくにムデハルの金属工の居住区（Las Ferreras）が発達をみている。また、その東にはやはりイスラーム期プールを母体とするベナアイヨン、西にはアルキブラから延長するムデハルの金属工地区そばに一一八〇年代より家畜市場（mercado de bestias）[58]が開設されたババルヘリットといった、やはりムデハル人口の濃密な地区が隣接している。

他方、レミアン門外には、征服直後に少なくとも二軒のモスクがみられたアルガルビなるムスリムのプールが所在したが[59]、一三世紀には大シナゴーグ（sinagoga mayor）を中心にユダヤ人口の濃密な、文字どおり新街区を意味するバリオ・ヌエボ（Barrio Nuevo）が形成され、ユダヤ人独自の靴工街区もここに生まれている[60]。ここにはまた、サンタ・マリア・デ・シヘナ女子修道院に帰属する教会が創建されていて、とくにその周囲はシヘナ街区と呼ばれた[61]。この一帯は、一三世紀の有力市民の邸宅が集中した市壁そばのレミアン街区と同様に、とくに同修道院と縁の深い前述のラモン・カリョルやペドロ・ソラを筆頭に、有力市民の家屋が分布した地区でもあった。その北には、やはりモスクを擁するイスラーム期のブールであったアラタルコメスが位置するが、ユダヤ人地区の拡大にともない、ユダヤ人独自の救貧院がここに創建された模様である[62]。

4　領域の空間的布置と土地利用

東西南北に大きく分けて概観した土壁内の空間と同様に、以下では便宜上、市域を構成する主要な領域群を大きく東西南北の四つのブロックに分類して検討しよう。各領域にかかわる文書数と土地利用の内訳を表3-1にまとめた。まず、イスエラ川沿いに展開する北部セクターには、都市核から同河川を遡行するかたちで順に、ロス・コランドラレス、ラ・マガンティナ、ハラ、バルデカマラス、コニリェネクといった領域が互いに隣接しながら分布している。これらのうち都市の定住核に近いロス・コランドラレスとラ・マガンティナの二領域ではもともと耕地と菜園が卓越し、ラ・マガンティナのみ一二世紀末から一部葡萄畑の開発がみられる。これに対して、やや隔絶した残る北の三領域では、本格的な文書伝来の起点をなす一二世紀中葉以降に共同葡萄作付（ad complantatio）契約や新規葡萄作付地（majuelo）の言及が少ないにもかかわらず、いずれもほぼ葡萄畑のみが分布することから、市域全体でも一二世紀前半と最も早期に葡萄畑の造成が進められた領域であったと考えられる。

たとえば、イスエラ川とその支流モラーノ川の合流地点に位置するハラの場合、関連文書は一一四六年から一二四六年にかけて四五点を数える。その内訳は、売却文書一一点のうち一〇点が一二二七年までのものであり、これ

表 3-1　ウエスカ主要領域の土地利用

領域	贈与	売却	交換	貸借	作付	抵当	分割	遺言	放棄	目録	合計	期間	耕地	葡萄畑	菜園
ロス・コランドラレス Los Colandrares	2			1					1		4	1209-1235	1		3
ラ・マガンティナ La Magantina	3	3	1								7	1149-1214	6	1	
ハラ Jara	3	11	6	9	2		2	11	1		45	1146-1246	1	47	
バルデカマラス Valdecamaras	4	4		1	1	1	1	1			13	1107-1237	2	16	
コニリェネク Conillenec	6	5	5	1	1		1	3			22	1129-1237	2	22	
フォルカス Forcas	11	12	3		1	1	4	3	1	1	37	1098-1235	25	4	
モンス Monzú	4	1	1	4	2						12	1168-1242	5	6	
アルバラック Albarrach	3	4	1				1			1	10	1157-1232	5	4	
バルバダグーリャ Barbadagulla	2	4	1	5				1			13	1182-1255	4	7	
アビンカラス Avincaraz	1	2		1			2	3			9	1176-1246		10	
サラス Salas	5	2	2	1			1	1	1		13	1199-1243	11		1
アルメリス Almeriz	26	36	11	18	3	3	7	12		1	117	1140-1289	65	2	4
バルセンコス Balcencos	5	3		4			1	2			15	1108-1270	14	1	
アルキブラ Alquibla (termino)	14	17	5	4	1	2	1	2			46	1115-1294	40	1	1
フエンテ・デ・クアドリエーリョス Fuente de Cuadriellos	4	2		1			1	1			9	1158-1268	8	1	
パウル・デ・アルメルヘ Paúl de Almerge	3	2		2							7	1174-1248	7		
ビリャベトレ Villavetre	3	2		3	2						10	1128-1242	10		
アルコラス Alcoraz	7	3	2	3	1				1		17	1117-1287	15	3	
プジャスエロス Puyasuclos		3					1	1			5	1103-1204	6		
アルカラミエル Alcaramiel	1		1		2						4	1222-1243	4		
アルガスカル Algascar	5	5	6	7				3		1	27	1124-1238	7	19	2
グアタテン・アルト Guatatén Alto	5	9	1	4	1		1	2			23	1154-1244	2	21	

グアタテン・バホ Guatatén Bajo	18	27	8	22	8	1	5	10			99	1136-1258	14	44	
プエージョ・デ・サンチョ Pueyo de Sancho	6	8	6	5	1	2		7			35	1103-1255	7	25	2
モリリョン Morillón	3	3	1	4	2		1	3			17	1174-1237	3	15	
バルメディアーナ Valmediana	2	2		2							6	1196-1243	5	1	
ポブレット Poblet	2	1	1	5	1						10	1196-1266		10	
フエンテ・デル・モリーノ・デ・アルカイデ Fuente del Molino de Alcaide	3	6									9	1160-1176	9		
ラ・リベラ・デ・ラ・アセキア・デル・パルモ La Ribera de la Acequia del Palmo			1								1	1219			1
アルゲルディア Alguerdia	2	6	6	2	1			1		1	19	1148-1244	15	3	
ラ・メサ La Mesa	5	2	2	6		1	1	2		1	20	1150-1238	1	16	2

注）表中の「作付」は葡萄畑の造成を目的とする共同葡萄作付契約。

に一二世紀末からそれぞれ遺言状一一、貸借九、交換六、贈与三、分割二、共同葡萄作付二、権利放棄一と連なっている。すべての文書類型で時間的に先行する一連の売却文書は一二四六年に司教座聖堂参事会長が耕地を購入した一件を除き、すべて葡萄畑を対象とする俗人間の売却文書である（一一地片）。以下同様に、一一点の遺言状では全体として葡萄畑一四（新規葡萄作付地一）、九点の貸借では葡萄畑九、六点の交換では葡萄畑五、贈与三点では葡萄畑五となっていて、共同葡萄作付二点はいわずもがな、権利放棄一点もむろん葡萄畑にかかわるものである。しかも、これら各地片の四肢に言及される隣接物は取付道路や自然の境界標識を除けば、やはり葡萄畑であるのが通例であるから、当該領域は史料に登場する一一四〇年代からすでに葡萄畑に事実上特化されていたと考えてよいであろう。

　以上のような売却文書の先行と貸借文書の後継という文書分布は、時系列に沿って、土地市場の活性と地価の高騰、領主制的な土地の集積、土地市場の不活性と地価の下落（地代市場への移行）という動向を典型的に反映するものとみなされてきた[63]。だが、ウエスカを含むアラゴン史料では一般に地片の面積が明記されないので、王国伝統のハカ貨とならんで一二世紀中葉から金貨が使用されるようになったとか[64]、概して葡萄畑が耕地より高い価格で売買されているといった表面的な印象を除けば、代価の所見からわかることはほとんどない。ただ、貸借文書一般に付されるなかば形式的な付帯条項では、保有地片の売却は貸与者による優先買戻か、地代納付を保証できる者であれば原則容認されているから[65]、理論上は土地市場そのものが停滞してしまうとは考えにくい。実際、ハラでは、法行為の当事者にも隣接地片の所有者にも貴族はほとんどみられない。これに対して、市民の所有地片が幅広く分布するが、一家族あたり一〜二地片を数えるのみで特定の家族が購入をつうじて多数の地片を集積するといった現象はおよそ確認されない[66]。教会・修道院では、司教座聖堂教会（隣接地片を含めて最大で一一地片）やサンタ・マリア・マグダレーナ教会（同じく最大で七地片）がやや目立つものの、他を排除するほどの集積行為に走った形跡はまったくみられないのである。

ついで市域東部には、やはり都市核に近接する順に、フォルカス、モンス、アルバラック、その北のバルバグーリャ、アビンカラスという領域が布置する。フォルカスとアルバラックでは耕地と葡萄畑が混在していて、葡萄畑はそれぞれラ・ハレアとビニャス・デ・ラス・アウスタルダスという各領域内の特定の区画に集中的に分布する。これに対して、モンスとバルバグーリャではやや混在傾向がみられるものの一二世紀末からおおむね葡萄畑にシフトしつつあり[67]、アビンカラスは一一七〇年代にはすでに葡萄畑に特化されている。全体としてみれば、葡萄畑の造成に向かう傾向がみられるものの、北部一帯に比してなお耕地と葡萄畑の混在状態が維持されているといったところであろうか。これらのうち、とくにフォルカスにかかわる文書の総数は三七点である。その内訳は、売却一二点、以下同様に贈与一一、交換三、共同葡萄作付一、抵当権設定一、分割四、権利放棄一、財産目録一、遺言状三となっている。全体としては耕地が分布するが、とくにその一角をなすラ・ハレアでは、一一七〇年代以降の一連の文書で葡萄畑が隣接物も含めて頻出することから、遅くともその年代以前には葡萄畑の開発が進んでいたと考えられる。

フォルカスで売買の対象となった土地は地片数にして耕地一八に対して葡萄畑一となっており、葡萄畑より耕地の流動性がことのほか高かったことになる。ここでは、貴族所有の耕地が多数検出されるとともに、その財産を継承した寡婦や娘によって市民や教会に売却されるというケースが相次いでいる。[68] 貴族のなかには逆に、前述のペドロ・マサ二世の寡婦コンスタンサが自ら三地片を購入するなど、分割相続や個別譲渡をつうじて分裂した財産を逆に回復しようとする動きさえみられる。[69] 主要な市民では、国王アルフォンソ一世治世の有力市民の皮革工ファン・デ・モンペリエを母方の祖とするボクロン家のボネータとその子アケルメスが貴族から五耕地を購入している。[70] また、おもに土地の購入をつうじて富裕市民に成り上がったハカ出身のコンベルソ（改宗キリスト教徒）の靴工ホフレ・イサークが第二夫人オロペサの親族から耕地を購入する一方、[71] その財産の大半を相続したホフレの子ラモン・アステルは自らの従兄弟で国王役人メリノを歴任したファン・ピクタビンに三耕地を売却するなど、[72] もっぱら親族集団の枠組みのなかで売買を繰り広げている。これに対して、市政に本格的に進出した一三世紀の有力市民は、隣接耕地の所有者として言及されるごく少数の例を除けば、[73] ここではほとんど目立たない。それゆえ、葡萄畑に特化されたラ・ハレアなる小領域が開発されたにもかかわらず、貴族や主要市民の関心はもっぱら耕地の取得に向けられていたことになる。教会は全体としてみれば葡萄畑に対する関心が相対的に高かったが、最も多くの地片を所有した司教座聖堂教会もまた、じつは二〇にもおよぶ地片のうち葡萄畑はわずか一筆を数えるのみであった。

他方、市域南部では、前述のアルキブラ街区からつづく同名の領域を起点に、南東方面にサンタ・マリア・デ・サラス教会近隣のサラス、アルメリス、バルセンコス、南方面ではフエンテ・デ・クアドリエーリョス、パウル・デ・アルメルへ、ビリャベトレ、アルコラス、プジャスエロス、アルカラミエルといった領域が分布する。これらの領域ではいずれも耕地が卓越しており、一部では葡萄畑の造成がみられるものの、それも一三世紀後半とやや遅れてのことであった。なかでもアルメリスは、市域全体をつうじて最も重要な穀物供給源であったようであり、ごく一部に菜園、一三世紀末にようやく葡萄畑がみられるほかは、ほぼ完全に耕地で埋めつくされた空間である。当該領域はまた、アルキブラ門まで到達する水路と、サラス方面につうずる水路（Acequia de Vico）の結節点となっており、[74]あらゆる耕地には共同水路（acequia vecinal）がもれなく隣接している。伝来する文書の総数は市域全体をつうじて最多の一一七点を数える。その内訳は、売却三六、贈与二六、交換一一、貸借一八、共同葡萄作付三、抵当権設定三、分割七、遺言状一二、財産目録一である。以上のように売却文書が全体の三〇％以上を占めるが、およそ耕地に特化された空間でかくのごとく流動性が高いことは特筆すべき点であろう。ただ、注意しなくてならないのは、三六点の売却文書のうち、九点の買主が前述のホフレ・イサーク、六点がテンプル騎士団といったように、ここではやや少数の土地所有者が集中的に購入をつうじて土地を集積するという、前述の北部や東部ではあまりみられなかった現象が明確に表れていることである。

ホフレ・イサークはもともと、ユム・トブなるハカ出身のユダヤ人の子でキリスト教徒に改宗した靴工イサークの甥であり、その生涯で知られるかぎり三人の妻を娶っている。彼は市域の各領域で耕地を中心に土地購入に励んだが、その最大の転機となったのが第二の妻にオロペサを迎えたことであった。オロペサは、ハカの富裕土地所有者で征服後のウエスカでも多数の土地を集積したギリェルモ・デ・ハカの娘である。ホフレ・イサークが市域各所で土地購入を円滑に行うことができたのは、妻が携えたコネクションに負うところが大であった。すなわち、一一四六年にアルメリスの六耕地を彼に売却したのはオロペサの妹ポンサ夫婦であるし、[75]一一四七年に父から継承した財産をホフレに売却したボネータはいま一人の妹、[76]一一五一年にすでにオロペサの姪ボネータから購入していた耕地に隣接する耕地を売却したのはボネータの妹のフランディーナ、[77]さらに以上の購入地片にはギリェルモ・デ・ハカの兄弟ボレルの地片がつねに隣接するといった具合である。

となると、本章冒頭で指摘した史料の時間的な空白の最中に、征服後に占有された財産がギリェルモとボレルの世代で分割され、次なる世代でさらなる分割をみたところ、そのうちの一人オロペサが夫ホフレとともに自らの家族の財産の回復を図ったことになる。ホフレからすれば、それを足がかりにオロペサの親族の範囲を超えてアルメリスの耕地の購入にいそしみ、一一七二年までに合計一六九〇ソリドゥスを費やして、菜園一、耕地一二以上を獲得するにいたっている。だが、彼が家督相続人に指名したのは、第三夫人マリアとの子ラモン・アステルであった。[78] 一二二〇年に作成されたラモン・アステルの二通の遺言状、さらにそれらの内容を全面的に覆し、全財産を従兄弟フアン・ピクタビンに売却するとした一二二二年の売却文書では、父が集積した地片数からはやや目減りしているものの、それでもアルメリスに九耕地を確保している。[79] したがって、購入による土地の集積という行為は、分割相続を繰り返すことで世代ごとに分裂した財産を、家族内の特定の系統がいかに回復するかという意思にねざしていたと考えた方がよさそうである。

アルメリスで六件の購入を行ったテンプル騎士団の活動は、さらに寄進による取得四件と、耕地取得をめざした四件の交換によって補完されている。合計九四五ソリドゥスを費やした購入は一一六九～八一年の約一〇年間に集中していて、その対象はむろんすべて耕地である。寄進もまたほぼ同時期の一一六〇～九九年に分布する。これに対して、交換はやや遅れて一二四〇年代に集中している。この点で興味深いのは、アルメリスにおけるテンプル騎士団の購入地片の大半が、イサーク家やボクロン家と姻戚関係にあったベカイレ家の成員に由来するものであったことである。すなわち、一一六九年にギリェルモ・ベカイレの寡婦マリアから耕地の二分の一を購入すると、[80] マリアの子らに分割されたこれと隣接する耕地のうち、一一七一年にペレグリーノ・ベカイレの耕地の三分の一、[81] 一一七二年にはラモン・ベカイレとその妻プラスマ（ボクロン家のアケルメスの妹）の三分の二の耕地をそれぞれ購入している。[82] さらに分割された隣接地片には兄弟ギリェルモ・ベカイレとその妻セシリアのものもみられるが、これについては購入されていない。こうしたケースは単純に、経営規模の拡大をめざした隣接地片群の系統的な集積とみなされてしまいがちである。だが、前述のホフレ・イサークがある家族の成員間で分割された地片を妻の親族関係に立脚することではじめて円滑に取得できたように、テンプル騎士団もまた、寄進を契機にするのであれ、購入を契機にするのであれ、土地の集積におよぶためにはそうした既存の親族関係に依拠するほかなかったものと考えられる。

アルメリスには、国王を筆頭に、貴族、市民、教会・修道院と、主要な土地所有者が満遍なく登場するし、ムデハルやモスク帰属の地片もその例にもれない。全般的な傾向としては、貴族の所有地片が教会・修道院への寄進をつうじて減少し、狭小地片の所有というフィールドからも次第に後退する一方、これと時期を同じくして、分裂した家族財産の回復という意味での主要市民による複数地片の集積が一三世紀初頭までにピークに達する。ところが、それ以降、アルメリスにおける各家族の所有地片数は目にみえて減少し、なかでも耕地の集積をめざす、ある種貴族的な土地所有への志向が失われてゆくのである。実際、ラモン・アステルのように一領域に耕地だけで九地片を所有するようなケースは、都市共同体の代表者たる誓約人（jurati, jurados）歴任者を筆頭とする一三世紀中葉の有力市民のなかにはもはやみられない。

たとえば、一一六四年のサラゴーサ平和・休戦会議に都市代表として臨席したペドロ・シエール[83]を筆頭とする肉屋のシエール家の場合、ペドロの弟フォルトゥンがグアタテン・バホに新規葡萄作付地、その子ドミンゴはポブレットに葡萄畑を所有し、これをサン・ペドロ・エル・ビエホ修道院から請け戻して保有している。また、同じくフォルトゥンの子バルトロメはアルメリスの耕地をペドロ・ソラとともにサン・ペドロ・エル・ビエホ修道院から請け戻して保有する一方、グアタテン・バホとバルデカマラスにそれぞれ隣接葡萄畑の所有者として現れる。もっとも、グアタテン・バホの地片は厳密には同修道院に対する賃租納付義務を負っていた。バルトロメは一二四九年に遺言状を作成し、同修道院に私設礼拝堂（capellanía）を設置している。バルトロメの子ペドロもまたグアタテン・バホに葡萄畑を所有していて、祖父と同名のペドロの子バルトロメは、祖父の私設礼拝堂を維持するべく同修道院にグアタテン・アルトのやはり葡萄畑を寄進している[84]。

また、一二〇七年に誓約人をつとめた商人のラモン・ドニャ・ブランカと、一二二六年に「よき人びと」の一席を占めたその甥ギリェルモは[85]、そのほとんどが隣接葡萄畑の所有者として言及されるにすぎないが、ラモンはグアタテン・バホに二葡萄畑、ギリェルモとその兄弟バルトロメはコニリェネクに隣接する葡萄畑をそれぞれ所有するばかりである。(86) 靴工のヒル家の場合は、一二〇七年に誓約人をつとめたペドロ・ヒル、その弟ラモン・ヒル、おそらくは甥のドミンゴ・ヒルと彼らの子孫は、やや珍しく北部・東部セクターを中心に所有地片を分布させている。ラモンとドミンゴには耕地の所見がわずかにみられるものの、全体としては、コニリェネク、ラ・ハレア（フォルカス内）、ハラ、ポブレット、アルゲルディアにそれぞれ一～二地片の葡萄畑を所有している。(87) シエール家と同じく肉屋とおぼしいペドロ・ボナナットは、一二二六～二七年、一二三六年、一二五四年に、少なくとも三度にわたって誓約人をつとめた人物である。(88) 彼の兄弟エステバンおよびギラルド、ギラルドの子のペドロはもっぱらグアタテン・アルトやグアタテン・バホにおいて隣接葡萄畑の所有者として言及される。(89)

一二二六～二七年に「よき人びと」の一員として登場する肉屋ドミンゴ・フェレールの場合、(90) もともと彼の所有地片はけっして少なくなく、葡萄畑に偏っていたわけではない。葡萄畑はグアタテン・バホ、コニリェネク、アラタルコメス、ラ・メサに分布する一方、アルメリス、アラタルコメス、アルキブラにも耕地を所有している。ところが、一二二八年からアラタルコメスなどの耕地を次第にサン・ペドロ・エル・ビエホ修道院に寄進し、一二三三年には同修道院からフエンテ・デ・クアドリエーリョスとアルメリスの耕地を貸与されるなど、いくつかの耕地のみを残して保有地片にほぼ転換させてゆく。こうして一二三七年の遺言状では、耕地が三地片、葡萄畑はモリリョン、コニリェネク、グアタテン・バホ、アビンカラスに分布する五地片を数えるのみとなっている。(91)

しばしば共同で活動した前述のラモン・カリョルやペドロ・ソラもまた、以上の例にもれない。ラモン・カリョル自身は誓約人にも「よき人びと」にも名を連ねていないが、子ペドロ・ラモン・カリョルが一二四八年に誓約人代表（prior de juratis）をつとめている。(92) ラモン・カリョルの市域内財産として言及されるのは、ペドロ・ソラと共同で所有したプエージョ・デ・サンチョの葡萄畑とハラの葡萄畑のみである。前者の葡萄畑は彼の子らによって一二三八年に「よき人びと」の一員ペドロ・デ・ラ・サクリスタニアに売却され、ペドロの手で司教座聖堂教会に寄進されている。[93] 他方、ペドロ・ソラは、一二二六～三六年に「よき人びと」、一二四〇年には誓約人として登場する。[94] 同人については、一二五〇年の遺言状の作成までに、プエージョ・デ・サンチョの共同所有の葡萄畑、アルメリスの耕地（前述のシエール家のバルトロメとともにサン・ペドロ・エル・ビエホ修道院より共同保有）、アラタルコメスの二耕地、アルガスカルの葡萄畑（妻フアナの母がサン・ペドロ・エル・ビエホ修道院に寄進したものを請け戻し保有）が挙げられるにすぎず、遺言状で列挙された財産は全体でも五耕地・七葡萄畑（それぞれグアタテン・バホ一、ポブレット一、モリリョン二、コニリェネク三）を数えるのみである。[95]

以上のように、一三世紀中葉の市政に携わる有力市民は、所有地片の総数が明らかに減少すると同時に、とくに比較的少数の葡萄畑の所有ないし保有に力点をおく所有形態に全面的にシフトしているようである。その意味で、彼らの経済基盤は、耕地の集積にねざした一二世紀の富裕市民とは異なるところにあったというべきであろう。それは、貴族と同様の大土地所有が有力市民となる唯一の方法であった時代の終焉を暗に意味するものである。そして、そうした所有形態の焦点となったセクターこそ、まさしく最後に検討する市域西部の諸領域にほかならない。

市域西部の諸領域の大半は、都市核に比較的近接した空間に集中している。すなわち、南西部ではサラゴーサ街道沿いに分布するアルガスカル、グアタテン・アルト、グアタテン・バホ、プエージョ・デ・サンチョ、モリリョンがそうであり、これにやや離れたバルメディアーナ、ポブレットが付け加えられる。他方、北西部ではミケーラならびにロレート街道沿いに、フエンテ・デル・モリーノ・デ・アルカイデ、ラ・リベラ・デ・ラ・アセキア・デル・パルモ、アルゲルディア、ラ・メサが分布する。以上のうち、北西部の諸領域には、ウエスカ西側を南下する水路の分岐点が所在することもあって、[96] 水車、菜園、耕地が広く分布し、一二世紀末から一三世紀前半にかけて葡萄畑の造成が進んだアルゲルディアやラ・メサでさえ、それらが一貫して混在する状態であった。これに対して、南西部の都市核に近接する諸領域では、各領域内の特定の小領域を中心に一一七〇年代から菜園や耕地が葡萄畑に転用され、事実上葡萄畑に特化された空間が急激に生み出されている。

ここでは、とくに代表的な領域としてグアタテン・バホをとりあげよう。その内部には、ビニャス・デ・ボカなる域内小領域が生成し、一一六八年頃から共同葡萄作付契約やそれにともなう新規葡萄作付地の増加をつうじて急激に葡萄畑に特化されている。また、当初は境界標識として言及されるにすぎないプジャル・デ・ドニャ・ミティエラ、ロス・アルマタス、パピエーリョも、やはり葡萄畑で埋めつくされた小領域として次第に形成されていった。グアタテン・バホには、全体として九九点と比較的多数の関連文書が伝来しており、その内訳は、贈与一八、売却二七、交換八、貸与二二、共同葡萄作付八、抵当権設定一、分割五、遺言状一〇となっている。

じつはそれら伝来文書の約半数にあたる四八点は、すべてサン・ペドロ・エル・ビエホ修道院の文書である。これはむろん、同修道院が地片の取得や開発・経営に積極的に関与したことを示すものであるが、それにもまして重要なことは次の点である。すなわち、前述のように一三世紀中葉の有力市民はもはや、既存の親族関係を基礎に分裂一方の家族財産、わけても耕地を集積するという行為に社会経済的かつ政治的な価値をみいだしていない。彼らは、前述のように貴族財産の後退の結果として増大した教会財産をおもに保有というかたちで取得する一方、教会内部に私設礼拝堂を設置し、その維持のために財産の一部を割り当てて、専任の礼拝堂付司祭の選任と管理をその手に委ねているのである。興味深いことに、同時期の主要な有力市民、なかでも前述のドミンゴ・フェレール、ペドロ・ソラ、シエール家のバルトロメ、ホルダン・デ・アビサンダ[97]などが同修道院にそれを設置しているのであり、その際に指定された財産にも、むろん同修道院との契約を介して個別に貸与された財産にも、グアタテン・バホの葡萄畑がほぼつねに含まれている。それゆえ、同修道院文書がこの領域にかかわる文書の半数を占めるという事実は、一三世紀中葉の有力市民の多くがここに葡萄畑を所有または保有したことを意味するのである。

売却額に注目すると、耕地が一地片あたり四〇ソリドゥス（一一八四年）から二一〇ソリドゥス（一二四三年）であるのに対して、葡萄畑は一地片あたり一〇ソリドゥス（一二二六年）から二〇〇マラベディ（一二一八年、同時期には約二二〇〇ソリドゥス）とかなりの価格幅がみられるものの、平均的には五〇〇ソリドゥスから七〇〇ソリドゥスまでの価格帯に分布しており、[98] 耕地より高額であるのはもちろん、同時期のほかの領域における葡萄畑の価格からみてもかなり高額という印象である。また、サン・ペドロ・エル・ビエホ修道院が比較的目立つほかは、特定の土地所有者による集中的な購入の事例はあまりみられない。翻って貸借の所見に目を転ずると、二三件中一五件を占める同修道院の文書が示唆するところは意味深長である。というのも、耕地に対する葡萄畑の高額さと葡萄畑の価格そのものの多様性をふまえるならば、いずれの場合にも年間一二デナリウス（一ソリドゥス）の倍数を基礎とするあまりにも画一的な賃租体系になっているばかりか、一地片あたりの賃租が一二デナリウスを超えることはまずないからである。[99] 一二世紀後半からの葡萄畑の開発、比較的高額な葡萄畑の売買、一三世紀中葉の有力市民による葡萄畑所有・保有、これらはいずれも市場との距離摩擦によって説明されてきた。[100] だが、同修道院と有力市民との、寄進、売買、貸借、私設礼拝堂の設置をつうじて創出・維持された一定の政治的かつ社会的関係を考慮に入れずに、以上の所見の意味を十分に説明することは不可能であろう。

以上のように一三世紀の有力市民、わけても誓約人歴任者の家族は、従来の貴族や一二世紀の富裕市民と異なり、耕地よりも葡萄畑の所有・保有に力を注いでおり、一二世紀後半から急激に葡萄畑への転用が進んだグアタテン・バホは、そうした所有形態の根幹をなす領域であった。そうした葡萄畑開発の努力はまた、プエージョ・デ・サンチョやモリリョンでも同様に展開しており、その一帯はわたしたちが検討する時間的枠組みにおいて最も急激かつ系統的に葡萄畑への転用が図られたセクターとなっている。国王ハイメ一世は一二六九年、市当局に対して、ウエスカで販売されるワインをすべて同市域で生産されたものに限定するとし、これに違反して外部からワインを搬入した者に対してハカ貨で六〇ソリドゥスの罰金を課すとする特権を賦与している。[101] それはまさしく、市当局の運営を担った有力市民の土地所有そのものが、従来にもまして葡萄畑を中心とするものにシフトしたこととリンクしているのである。

最後に付け加えておくべきは、ユダヤ人所有者、または教会との賃貸借契約をつうじて当該セクターで葡萄畑を保有したユダヤ人の多さであろう。(102) これはむろん、土壁内のユダヤ人街区との近接性に帰せられるところも大きいものと考えられる。だが、そうした要因に加えて、耕地主体の集積を中心とする伝統的な所有形態に縛られた貴族やそうした意識を共有した一二世紀的な富裕市民ではなく、そこから解放されつつあった市政を担う有力市民と同様に、おそらくは征服直後からそうした伝統的な土地所有から解き放たれていた、正確にいえばそうならざるをえなかったユダヤ人がおもな役割の一端を担っていたことはみすごされてはならないのである。

むすび

ウエスカ市域は複数の領域で構成されたわけであるが、系譜論的には少なくともその一部がイスラーム期の個別所領であるアルムニアに由来することはほぼ疑いない。当初、貴族が分配に与るところとなったそうした大土地所有の枠組みは、一つには分割相続や個別譲渡による分裂と枠組みそのものの霧消、いま一つには市域周縁部・外縁部における維持・再編と市域からの切断という二つのプロセスをつうじて、市域から全面的に後退していった。とくに後者は結果として市域の縮小をともなうものであったが、それら財産が教会・修道院に寄進されたうえ、最終的に市政を担う有力市民が保有するところとなったので、市域の縮小とは裏腹に市民の政治的・経済的影響圏はむしろ拡大したといってよいかもしれない。

これに対して、市域に統合された各領域では、地片単位の小土地所有が貴族、教会、市民を問わずあらゆる土地所有者に共通の所有形態であり、ここでは売却をおもな手段として所有権が日常的に移転を繰り返していた。ことにその頻度が高かったのは、じつは耕地がおもに分布する領域であったが、それは、われわれが史料の時間的ギャップと呼んだ一二世紀前半までにまとまった土地が占有されながらも分割相続や個別譲渡により分裂一途であった財産を、特定の系統の家族成員が親族関係に依拠して回収しようとしたことによるものである。だから、一二世紀の富裕市民は総じて耕地の分布する領域で購入による地片の集積にいそしんだし、それがまさしく市民の有力さの経済的かつ政治的な源泉であった。こうした志向は、市域で次第に後退しつつあった貴族の大土地所有と本質的に変わらないように思われる。

だが、一三世紀の誓約人を輩出した有力市民はもはや、親族関係に依拠した耕地の集積という従来の市民のふるまいを踏襲していない。彼らはむしろ、懇意の教会・修道院がとりわけ関心を寄せた、都市核の西側に生成した新たな葡萄栽培地帯に数地片を所有、または教会・修道院の手から保有することに力点をおいていたのである。これが王権によるウエスカ産ワインの保護特権につながっていることは明白である。だからといってこうした現象を、従来のようにもっぱら経済的側面から説明しようとしたり、単純な「ブルジョワの勝利[103]」の発露とみなしたりするわけにはいかない。彼らはいまや、教会・修道院を軸に据えた新たな土地所有のネットワークそのものに自らの政治的かつ経済的な基盤をおくようになっているのであり、市域周縁部・外縁部の城塞やアルムニアの一部が市民の手で管理されるようになってゆくのも、まさしくこうしたコンテクストの下で理解されなくてはならないのである。

なにをおいても重要なことは、市政制度の発達だけでなく、土地利用、土地所有、社会関係にまたがって相互に連動した以上の動向そのものが、市民による都市の制度的自治を支えると同時に、それがおよぶ空間を市域というかたちで分出させ、その外にさえ一定の政治的・経済的影響力がおよぶのを可能にしたことである。それが、貴族の土地所有と、市民による貴族的な土地所有の後退の果てに、結局のところ聖俗貴族と都市エリートとの封建的支配関係に大きく依存しているとしたら、わたしたちはもはや都市と村落を分かつことはできないし、「村落の都市化」といった表現を使いつづける理由もない。分かつべきはあくまでも、政治的に自立的な個々の空間ユニットそのものであって、都市か農村かでも、市民か聖俗貴族かといった領有主体の差異でもないのである。

第II部　アラゴン南部における封建的空間編成の展開

第4章　一三世紀の「辺境」と封建的空間編成の展開

　第II部では、一一世紀後半に開始された征服＝入植運動の事実上の終着点というべきアラゴン南部が俎上に載せられる。序章で述べたように、アラゴン南部に注目する意義は次のように整理される。すなわち、第一に、フロンテーラ（フロンタリア）という史料概念の用例が、一三世紀初頭の国王ペドロ二世の治世（在位一一九六～一二一三年）を中心に、まさしく征服＝入植運動の進展著しいアラゴン南部（ことに現テルエル県）であらためて現れることである。第二に、当該空間では、あたかもわたしたちの掲げるモデルに抗するかのように、王権がそれとは異なる空間編成を意図的に創出すべく模索していることである。すなわち、その核をなすべきものと志向されたのが、従来のような貴族城塞ではないうえに、緊縮した城塞領域とは正反対の比較的広域的な空間ユニットの生成をあえて許すことで、政治空間の分節化を抑制しようとつとめているようにみえるのがそれである。

　ことに第二の点については、その雛形というべき空間編成が、一一二〇年に征服されたカラタユーやダローカといったエブロ川以南の国王ウィラ（villa regis）で先だって創出されている。カラタユーは一一三一年[1]、ダローカは一一二九年以前、ついで一一四二年に[2]、それぞれ王権によってフエロを賦与されている（それぞれ一三六八年と六六年に「都市」〔ciudad〕）。アンリ・ピレンヌ流の「商業都市」＝「中世都市」と対比して「辺境都市」（ホセ・マリア・ラカーラ）の典型とみなされてきたこれら国王ウィラの共通の特徴は、①貴族ならざる民衆騎士（caballeros villanos）

と歩兵（pedones）からなる入植者、②略奪遠征と移動放牧をもっぱらとする生業形態、③民衆騎士がその要職を事実上独占した自治的な共同体（コンセホ〔concejo, concilium〕）による固有の都市軍（milicia）の編成と、裁判権の独占に立脚した、多数の城塞・村落（アルデア〔aldea〕）群を包含する広大な属域全体の集団的支配である。そうした空間編成の筆頭格こそ、まさしくわたしたちが注目するアラゴン南部において、八〇余の域内村落を擁するきわめて広大な属域を誇ったテルエルにほかならない（一一七一年征服、七七年フエロ賦与。一三四七年に「都市」）[3]。

第Ⅰ部でみたように、封建的空間編成の展開は、征服＝入植運動によって阻害されるどころか、むしろ一挙に促進されている。となれば、同じく征服＝入植運動の所産であるテルエルのような空間編成は、わたしたちの想定するモデルに照らして、あくまでも特殊なケースとみなされるべきものであろうか。あるいはむしろ、わたしたちのモデルそのものに大幅な見直しを迫るものであろうか。だが、テルエルに結実するそうした空間編成は、当該空間全体でみればかならずしも全面的に成功したわけではなかったのである。

1　理念と現実

（1）ベルチーテ

ベルチーテは一一一九年の征服直後に、ウエスカ地方のアルカラを保有したサンチョ・ガルセス・デ・セラスバスの子ガリンド・サンチェスが国王ホノールとして保有するところとなった。国王アルフォンソ一世は同時に、迅速な入植を図るべく入植許可状を発給している。そこでは、殺人や窃盗を筆頭にいかなる悪事を犯した者にも入植が許可されていて、入植者は以後いかなる賦課租をも負担せず、サラゴーサのフエロを享受するものと規定されている[4]。その属域はおそらくイスラーム期とおよそ変わることなく、アルモナシッド・デ・ラ・クバ、ウエサ・デ

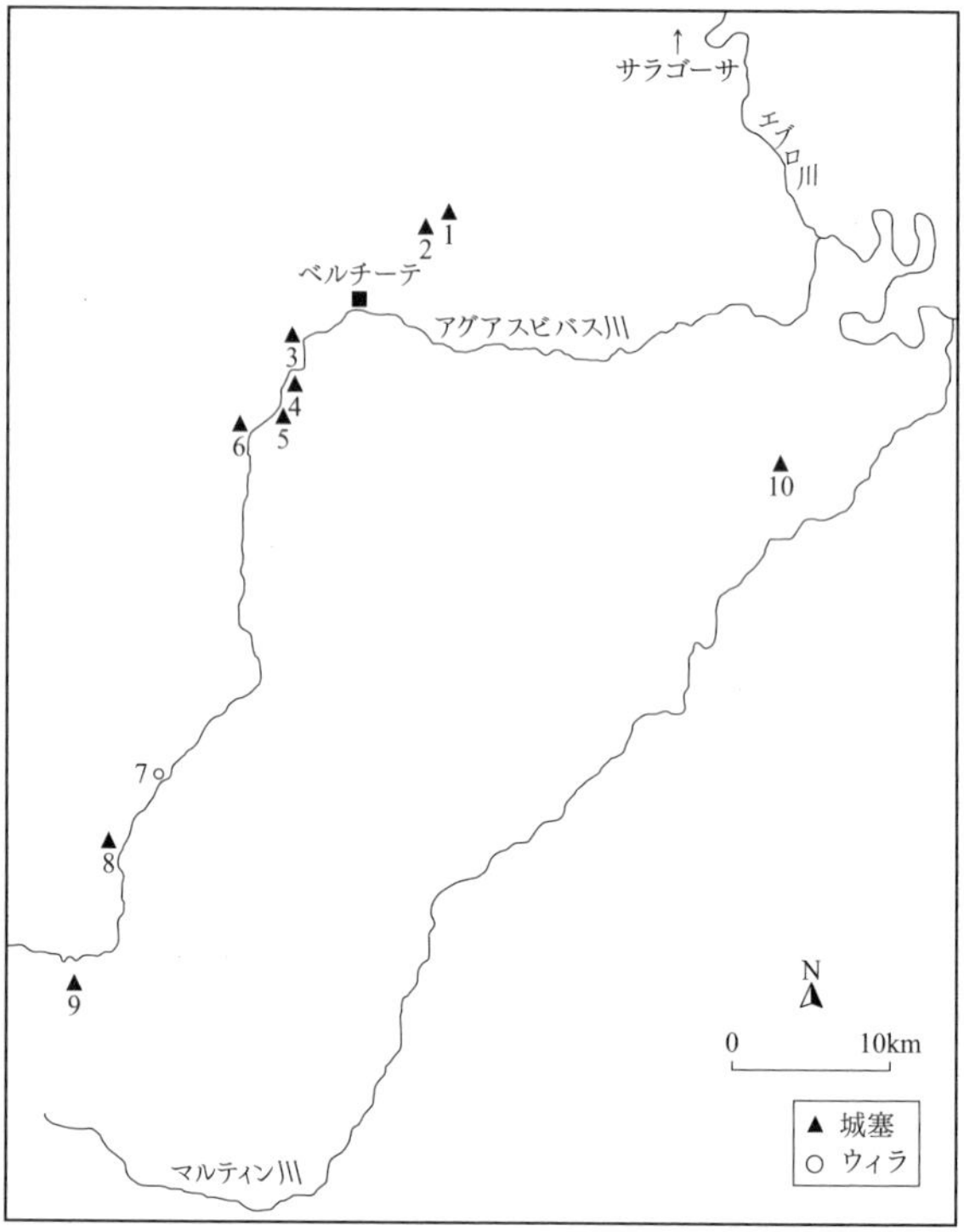

図 4-1　ベルチーテ属域

1 セニャ（Ceña）　2 コド（Codo）　3 アルモナシッド・デ・ラ・クバ（Almonacid de la Cuba）　4 レトゥス（Letux）　5 ラガータ（Lagata）　6 サンペル・デ・ラガータ（Samper de Lagata）　7 ブレサ（Blesa）　8 ウエサ・デル・コムン（Huesa del Común）　9 セグーラ・デ・ロス・バニョス（Segura de los Baños）　10 ロマーナ（Romana）

ル・コムンを内包しつつ、エブロ川支流のアグアスビバス川流域全体に相当する約一五〇〇km^{2}もの空間におよんでいたと考えられる[5]（図4-1）。それゆえ、本来はカラタユーやダローカと同様に、ベルチーテを核として広大な属域を擁する国王ウィラ＝コンセホ型の空間編成の創出が志向されたはずである。

一一二二年には、ガリンド・サンチェスの国王ホノールの二分の一が、いかにもアルフォンソ一世のやり口らしく、一時的にビゴール伯サンテュルに賦与されている。だが、その後も当該国王ホノールは、ガリンド・サンチェスの弟ロペ・サンチェス・デ・ベルチーテ（一一二八～四八年）とその子ガリンド・ヒメネス（一一四八～七四年）へと安定的に継承されている。ただ、ガリンド・ヒメネスは一一五四年にベルチーテおよびその域内のウエサ・デル・コムンのバロンとして言及されているから、この時期には本来の国王ホノール全体が、両地を各々の中心として空間的に分節化されていたことになるであろう。[6] ガリンド・ヒメネスの死後、男系の相続者が途絶えたことにより、同人の孫と結婚したミゲル・デ・ルエシア（一一九二年より国王軍司令官〔alferiz〕、宮宰〔mayordomo〕）がこれを継承したが、以後一時的に同家を離れ、一二〇二年にガリンド・ヒメネスの曾孫と結婚したベレンゲール・デ・エンテンサ（サラゴーサおよびカラタユー保有）をつうじて同家の下に回帰している。だが、この間に域内のサンペル・デ・ラガータ（一一五一年）およびラガータ（一一五四年）がいずれもアラゴン連合王国成立後、バルセローナ伯ラモン・バランゲー四世によってサンタ・マリア・デ・ルエダ修道院に寄進されてしまう。[7] そのうえ、一二一二年には国王ペドロ二世によって、アルモナシッド・デ・ラ・クバがヒメノ・コルネルに賦与されている。[8] したがって、本来のベルチーテに賦与された属域は事実上、主要な城塞を核として三つの領域に分裂したことになる。

けれども、事態はこれにとどまらない。一二〇二年には、ガリンド・ヒメネスの寡婦サンチャがサンタ・マリア・デ・ルエダ修道院に、城塞ロマーナ（ラ・プエブラ・デ・イハル）を寄進している。[9] また、一二一二年のミゲル・デ・ルエシアの遺言状によれば、ベルチーテ属域内の同人の財産として、セグーラ・デ・ロス・バニョスおよびロマーナのカストルムおよびウィラ（castrum et villa）、ブレサのウィラ、レトゥスのカストルムおよびウィラが挙げられており、各集落が擁する城塞を核として、本来の属域が極度に分節化されていたことを示している。[10] 前述のサンタ・マリア・デ・ルエダ修道院は、一二二〇年に城塞ラガータに入植許可状を発給する一方、[11] 一二二九年にヒメノ・デ・ウレアによりベルチーテ属域内のコド近傍の城塞集落セニャを寄進されたうえ、[12] 一二三三年には同じくヒメノ・デ・ウレアから城塞コドそのものを寄進されている。[13] こうなると、もともと国王ウィラ＝コンセホ型の空間編成が志向されたベルチーテの属域は、入植の進展、相続による貴族財産の分裂、修道院への寄進といった動向をつうじて、じつは三分割どころか、各定住地に事実上もれなく所在する城塞を核に全面的に分節化したことになるのである。

（2）アルカニス

アラゴン連合王国成立後、やや遅れて一一五七年に征服されたエブロ川南岸の城塞アルカニスもまた、王国筆頭貴族アラゴン家が国王ホノールとして保有するところとなった。征服直後にバルセローナ伯ラモン・バランゲー四世が発給した入植許可状では、前述の国王ウィラと同じように、ほぼ確実に自治的なコンセホの創設が志向されていて、依然として未征服のバレンシア王国のムレーリャ一帯を含むきわめて広大な属域の境界が画定されている。[14]すなわち、北はエブロ川、西はアンドーラ、アリョーサ、エステルクエルからマルティン川流域、南はグアダローペ川の水源、東は南東のコルボンス、ラ・モラ・ダレスからバリボーナ、ベル、バニファッサ、ベセイテを経てアルガルス川におよぶ、約六千km²におよぶ属域がそれである（図4-2）。だが、コンセホの創設・維持はともかく、机上の領域を含むその広大な属域はけっして維持されなかった。

まず、属域の南部では、城塞カステリョーテを中心とする領域がいち早く切断されてしまう。国王アルフォンソ二世が一一八〇年にエスパニョル・デ・カステリョーテと締結した封建的約定（convenientia）によれば、エスパニョルが前述のベルチーテを領有したガリンド・ヒメネスとの分割のうえでカステリョーテを独自に領有していたので、王権とのあいだで度重なる紛争が繰り広げられていたとある。王権は結局、これをいったん召し上げて取戻封としてエスパニョルにあらためて下封しているが、同人に義務づけられたのは臣従礼のみで、軍役・騎行義務は免除、反逆罪による以外没収されないという典型的なカタルーニャ型の領有形態が認められている。[15]王権は遅くとも一一八八年までには、後述のサンタ・マリア・デ・モンテガウディオ騎士団にこれを寄進しているが、[16]一一九六年に同騎士団（当時はサント・レデントール騎士団）財産がテンプル騎士団に統合される直前まで、エスパニョルの

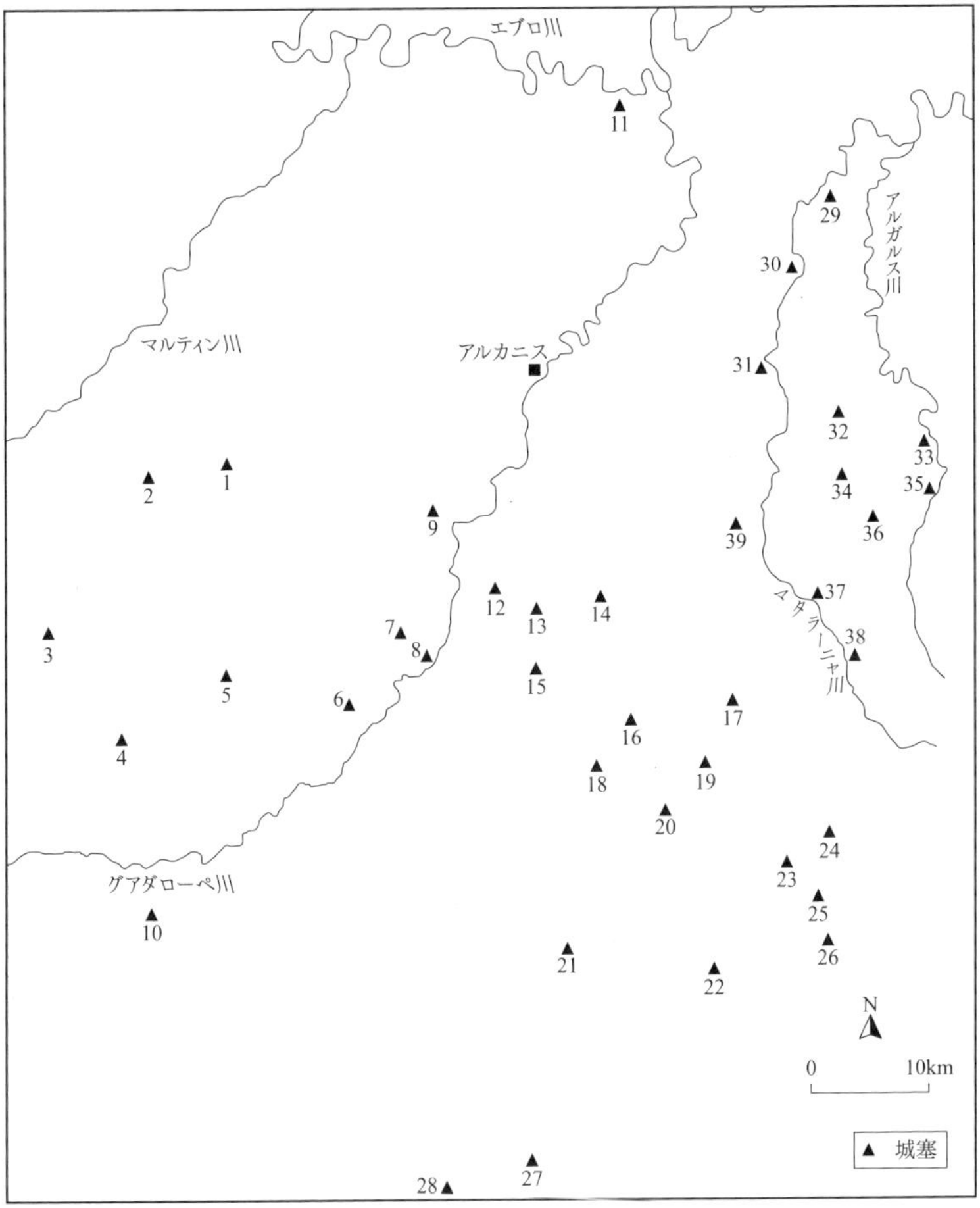

図 4-2　アルカニス属域

1 アンドーラ（Andorra） 2 アリョーサ（Alloza） 3 エステルクエル（Estercuel） 4 エフルベ（Ejulve） 5 モリーノス（Molinos） 6 カステリョーテ（Castellote） 7 カマロン（Camarón） 8 マス・デ・ラス・マタス（Mas de las Matas） 9 カランダ（Calanda） 10 ビジャルエンゴ（Villarluengo） 11 カスペ（Caspe） 12 アビンシデル（Abincidel） 13 ラ・ヒネブローサ（La Ginebrosa） 14 メスキン（Mezquín） 15 ブニョル（Buñol） 16 モンロージョ（Monroyo） 17 フエンテスパルダ（Fuentespalda） 18 トーレ・デ・アルカス（Torre de Arcas） 19 ペニャロージャ・デ・タスタビンス（Peñarroya de Tastavins） 20 エルベス（Herbés） 21 ムレーリャ（Morella） 22 バリボーナ（Vallibona） 23 ボシャール（Boixar） 24 フレダス（Fredes） 25 バニファッサ（Benifassà） 26 ベル（Bel） 27 ラ・モラ・ダレス（La Mora d'Ares） 28 コルボンス（Corbons） 29 ファバーラ（Favara） 30 マエーリャ（Maella） 31 マサレオン（Mazaleón） 32 カラセイテ（Calaceite） 33 アレンス・デ・リェド（Arens de Lledó） 34 カラパター（Calapatá） 35 リェド（Lledó） 36 クレタス（Cretas） 37 バルデロブレス（Valderrobres） 38 ベセイテ（Beceite） 39 ラ・フレスネーダ（La Fresneda）

子ガスコンによる領有は続行している。[17]

ついで、エブロ川の支流グアダローペ川からマタラーニャ川およびその支流アルガルス川流域におよぶ、属域の北東部一帯については、王権による一連の寄進によって、サラゴーサ司教ならびにタラゴーナ大司教に帰属するところとなっている。まず、一一七五年には、属域東端の城塞ラ・ペーニャ・デ・アスナールがバルデロブレス、フエンテスパルダ、メスキンとともにサラゴーサ司教に寄進されており、[18]司教ペドロはすぐさまこれらと城塞マサレオンを、入植を目的として司教座聖堂参事会員フォルトゥン・ロベルトに賦与し、教会諸権利と軍役賦課（exercitum）を除いて世襲的な領有を認めている。[19]他方、その南の城塞モンロージョは一一八五年、王権によってタラゴーナ大司教に、近傍のペニャロージャ・デ・タスタビンス、トーレ・デ・アルカス、エルベス、ボシャール、フレダス、さらには城塞カマロンを加えて寄進され、城塞建設・土地分配・入植にかかわる全事業が一任されている。[20]

この間、王権はアラゴン南部のいま一つの特徴をなす騎士団の重用という方向へと大きく舵を切ることになる。すなわち、本体のアルカニスが一一七九年にカラトラーバ騎士団に寄進されたのである。[21]その際にも前述の広大な属域の境界が踏襲されてはいるものの、実際には東部境界が大きく後退したことは前述のとおりであるし、北部では一一八二年にカスペが聖ヨハネ騎士団に交換を介して賦与され、[22]南部のビジャルエンゴは一一九四年に前述のサンタ・マリア・デ・モンテガウディオ騎士団（当時はサント・レデントール騎士団）に寄進されている。[23]こうして当初境界画定されたアルカニスの属域は一二世紀末までに、大きく分けてカラトラーバ騎士団領、南のサント・レデントール騎士団領（一一九六年以降はテンプル騎士団領）、東のサラゴーサ司教領とタラゴーナ大司教領という四つのブロックに分裂をみたことになる。

もっとも、王権はその後も入植の推進を名目に前述の属域に度重なる介入をつづけている。たとえば、一一八〇年頃にはカラトラーバ騎士団に賦与された属域内のマエーリャ、[24]一一九四年にはカマロンにもそれぞれ入植許可状を発給している。[25] とくにカマロンの境界画定された属域は、ムレーリャ周辺のマス・デ・ラス・マタス、ラ・モラ・ダレス、バリボーナ、ベルなど、依然として未征服の領域を含む広大なものとなっており、成果はともかく王権は国王ウィラ＝コンセホ型の空間編成の創出に依然として固執していたようである。また、以上のような王権の一連の政策を前にしながらも、貴族権力の進出が完全に抑制されたわけではなかった。ことに当初アルカニスを国王ホノールとして保有したアラゴン家は、おそらくカラトラーバ騎士団へのアルカニス寄進の補償として、カランダ、カマロン、ファバーラといった属域北東部の城塞群を領有している。[26]

征服直後に志向された広大な属域が以上のように分裂したこともさることながら、それがあくまでも城塞を単位として展開していることをみすごしてはならない。しかも、各ブロックにおける実際の入植・開発もまたつねに城塞単位で遂行されており、各々の上級領主権の下、中小貴族がそれらを世襲的かつ自立的に領有するという、封建的な形態がとられるのが通例であった。たとえば、サラゴーサ司教領の城塞フエンテスパルダは一一八八年、司教座聖堂参事会員フォルトゥン・ロベルトを介してアルナルド・ブレトン兄弟に城塞建設と入植事業の遂行を条件として下封されている。[27] 実際に一二三二年に発給されたフエンテスパルダの入植許可状は、アルナルド・デ・フエンテスパルダ以下、「バルデロブレスの領主」(seniores de Valderrobres)を名乗る中小貴族の手になるものであり、彼らがサラゴーサ司教の下でそれら城塞を保有しながらいかに自立的にふるまったかをものがたっている。[28]

また、カラトラーバ騎士団領となったアルカニスの属域に含まれるカラセイテ、アレンス・デ・リエド、リエド、クレタス、カラパターといった城塞は、ロトラン・ダ・カンブリルスとダルマウ・ダ・カネーリャスという二人のカタルーニャ貴族によって、騎士団の上級領主権を受け入れつつ領有されている。一一九〇年頃の騎士団との約定では、カラセイテとそれに付属するアレンス・デ・リエドおよびリエドは、騎士団に留保されるクレタスを除き、裁判、貢租、殺人、市場収入の五分の一の納付と、竈、粉挽水車、狩猟権の領主留保を約束するかぎり、自由かつ完全な領有が認められており、残るは騎士団要請時に三〇日以内の開城義務がともなうのみという、『バルセローナ慣習法』(Usatges de Barcelona) にそくした典型的なカタルーニャ型の領有形態となっている。[29]

一二〇六年、ダルマウ・デ・カネーリャスと、ロトランの二人の娘とそれぞれ結婚したロドリーゴ・デ・ボレアおよびサンチョ・デ・サリニェーナはカラセイテの領域を独自に分割し、領域の二分の一とアレンス・デ・リェドおよびリェドの城塞はダルマウ、残る二分の一とカラヤイテの城塞は後者にそれぞれ帰属することとなっている。[30]こうしてロドリーゴ・デ・ボレアとサンチョ・デ・サリニェーナは、「カラセイテの領主」(seniores de Calaceite) を名乗り、一二〇七年に同地の入植許可状を独自に発給したのである。[31]

他方、リェドならびにアレンス・デ・リェドは一二〇六年、ダルマウ・デ・カネーリャスによってロトランの子バランゲー・ダ・カンブリルスに売却されている。[32]一二〇九年には、騎士団とバランゲーとがこれらの城塞の領有権をめぐって紛争となっており、これを嫌った総長マルティン・マルティネスが、モンロージョ、モリーノス、エフルベと交換で両城塞を国王ペドロ二世に贈与、[33]王権はわずか数日後にそれらをトゥルトーザ司教グンバウに寄進した。[34]同司教は即座にアレンス・デ・リェドをバランゲーにあらためて下封したが、[35]リェドについては翌一二一〇年に自ら入植許可状を発給している。[36]また、一二一〇年には、ヒメノ・ロペス・デ・サン・ペドロが兄弟とともに、騎士団から城塞ラ・フレスネーダの二分の一を賦与されていて、[37]一二二四年には、その弟パルドおよびゴンサーロ・デ・サン・ペドロが当該城塞に三二名限定の入植許可状を発給しているが、これなどもまさしく同様の例である。[38]

2　騎士団の進出

以上のように、国王ウィラ＝コンセホを核とする広大な属域管理という、当初志向された空間編成は結局のところ、自立的な貴族城塞を核とする政治空間の分節化と、封建的支配関係の伸張という事態をけっして免れえなかった。それに直面した王権が、一一七〇年代から模索したいま一つの方法が、前述のカラトラーバ騎士団のように、それ自体比較的広大な属域を擁する主要な城塞群を単一の騎士団に一挙に帰属せしめるというものである。その典型が、レオン王国出身でサンティアゴ騎士団創設メンバーの一人であった、サリア伯ロドリーゴ・アルバレス率いるサンタ・マリア・デ・モンテガウディオ騎士団（またはアルファンブラ騎士団、一一八八年からサント・レデントール騎士団）である。

王権は一一七四年、「全能の神への奉仕、すべてのキリスト教徒の信仰、そして異教徒の排除のため」テルエル北部の城塞アルファンブラとその属域（東のエスコリウエラ、南のペラレホス、北のミラベテ、西のセラーダスまで）を寄進すると、[39] 翌年にはその近傍のフエンテス・デ・アルファンブラ（西北のカマーニャス、北のペラレス・デ・アルファンブラのあいだ）、[40] 一一八二年には城塞オリオスをそれぞれ寄進している。[41] 一一八七年には一転、テルエル南部の城塞ビジェルが域内村落（トラマカスティエルおよびクエバス・デ・エバ）ともども寄進されている。[42] 伯ロドリーゴ・アルバレスが聖地で戦死し、騎士団が一一八八年に、王権主導でテルエルに創設された、救貧と捕虜の身請けを主たる事業とするサント・レデントール救貧院に再編成されたのち、[43] 一一九四年には東部のビジャルエンゴ、[44] おそらくほぼ同時期にカンタビエハがそれぞれ寄進されており、[45] その空間的布置はテルエルの広大な属域を挟んでアラゴン最南部一帯に広くまたがるものとなった。

とはいえ、王権主導の騎士団の再編成をよしとしない大半の構成員が本国に帰還、または同じシトー会のカラトラーバ騎士団に合流し、救貧院を残して事実上の解体をみたため、一一九六年には結局、同君連合成立前後からすでにアラゴン王国に進出を果たしていたテンプル騎士団にその全財産が統合された。その際、主要な城塞として、北部のアルファンブラおよびオリオス、南部のビジェル、ラ・ペーニャ・デ・ロドリーゴ・ディアス、リブロス、さらに前述のエスパニョル・デ・カステリョーテの子ガスコンにより放棄された東部のカステリョーテが列挙されている。[46] ただ、当該空間への騎士団の進出はこればかりにはとどまらない。一一六三年には早くも、城塞アリアーガを領有したサンチョ・デ・タラソーナが聖ヨハネ騎士団への入団を目的に、同城塞とその域内村落を寄進している。[47] 王権もまた、前述のように一一七九年にアルカニスをカラトラーバ騎士団に寄進しているし、[48] 一二一〇年にはモンタルバンとその域内村落をサンティアゴ騎士団に寄進している。[49] こうして、当該空間は、テルエルのきわめて広大な属域と、教会領、わけても騎士団領の領域支配に事実上二分されることとなったのである。

それら騎士団はいずれも、主要城塞集落を中心に複数の城塞・村落群を含む一定の領域、すなわち一三世紀中葉から王領地の行政管区に倣ってバイリア（bailia 一般にエンコミエンダ）を、それぞれ固有のプレケプトル（preceptor）またはコメンダドール（comendador 分団長）の差配に委ねる一方、核をなす城塞集落に自治的なコンセホを創設し、自立的に属域全体を管理させるという支配の形式を継承・踏襲している。典型的な国王ヴィラ＝コンセホ型の空間編成をとった近隣のテルエルの人的求心力に対抗するためとはよくいわれることであるが、[50] ここで注目すべきはむしろ、貴族権力の介入の余地が極力抑えられていて、空間的にも「中心」の不断の増殖と政治空間の分節化という動向が明らかに抑制されているようにみえることであろう。

（1）テンプル騎士団領（アルファンブラ、カステリョーテ、カンタビエハ、ビジェル）

前述のようにサント・レデントール騎士団の全財産を継承した当該空間のテンプル騎士団領では、それぞれアルファンブラ、カステリョーテ、カンタビエハ、ビジェルを中心とする四つのバイリアが編成された（図4-3）。とくにアルファンブラ以外のバイリアでは、それぞれ独自のカルチュレールが編纂されており、[51] プロヴァンス＝ヒスパニア（ついでアラゴン＝カタルーニャ）支部のなかに統合されているものの、いずれも固有のコメンダドールの差配の下で事実上独立した領域支配の単位をなしている。以下では、各バイリアの形成過程を具体的に検討しよう。

まず、アルファンブラ本体には、伯ロドリーゴ・アルバレスによって一一七四年から七六年にかけてすでに入植

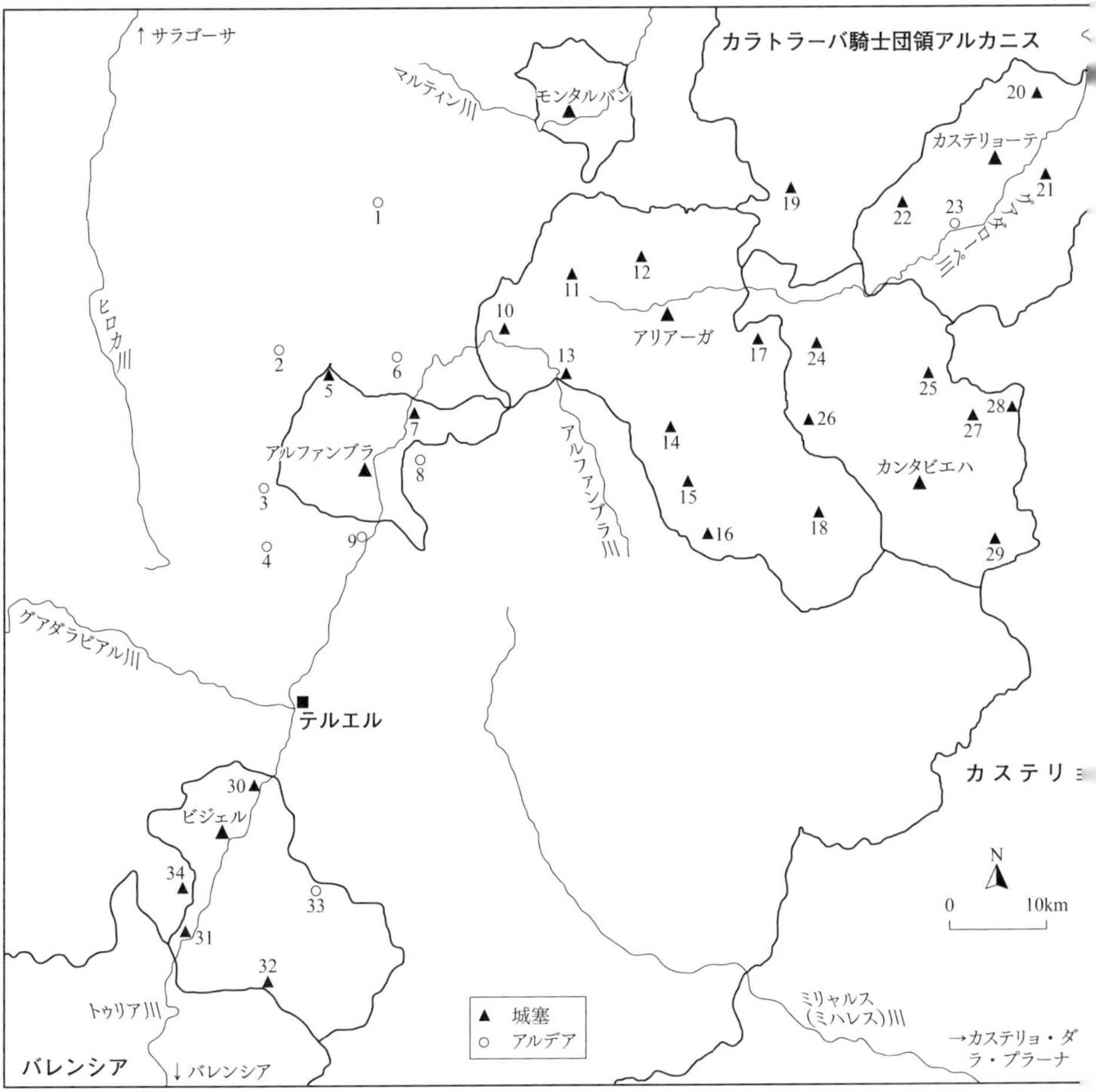

図 4-3　騎士団バイリア

1 ミラベテ（Miravete） 2 カマーニャス（Camañas） 3 アルカストリエル（Alcastriel） 4 セラーダス（Celadas） 5 フエンテス・デ・アルファンブラ（Fuentes de Alfambra） 6 ペラレス・デ・アルファンブラ（Perales de Alfambra） 7 オリオス（Orrios） 8 エスコリウエラ（Escorihuela） 9 ペラレホス（Peralejos） 10 ガルベ（Galve） 11 ハルケ（Jarque） 12 カンポス（Campos） 13 アベーリャ（Abella） 14 ミラベテ・デ・ラ・シエラ（Miravete de la Sierra） 15 ビリャロージャ・デ・ロス・ピナレス（Villarroya de los Pinares） 16 ソリャビエントス（Sollavientos） 17 ピタルケ（Pitarque） 18 フォルタネテ（Fortanete） 19 エフルベ（Ejulve） 20 カマロン（Camarón） 21 ハンタ（Jaganta） 22 クエバス・デ・カニャルト（Cuevas de Cañart） 23 サントレア（Santorea） 24 ビジャルエンゴ（Villarluengo） 25 トロンチョン（Tronchón） 26 カニャーダ・デ・ベナタンドゥス（Cañada de Benatanduz） 27 ミランベル（Mirambel） 28 ラ・クバ（La Cuba） 29 イグレスエラ・デル・シッド（Iglesuela del Cid） 30 ビジャスタル（Villastar） 31 リブロス（Libros） 32 リオデバ（Riodeva） 33 バラクローチェ（Valacroche） 34 トラマカスティエル（Tramacastiel）

許可状が発給されている。同地の入植者に賦与されたその属域は、一一七四年の寄進文書と大差なく、アルファンブラ川流域を中心に、東のエスコリウエラ、北のミラベテ、フエンテス・デ・アルファンブラ、ペラレス・デ・アルファンブラ、西のカマーニャス、南のアルカストリエル、セラーダス、ペラレホスに隣接している。[52] 一一八二年に同伯に寄進された城塞オリオスもまたこの属域に含まれることから、アルファンブラのコメンダドールの差配するところとなったと考えられる。[53] もっとも、一一九七年にベルナルド・デ・クラレットなるコメンダドール（comendador frontarie Alfambre）が登場する一方、[54] 同年にベルナルド・デ・セグニョルスがアルファンブラ、ビジェル、カステリョーテのコメンダドール、[55] 一二〇一年の段階にもなおG・デ・カサルが「アルファンブラとビジェルとフロンタリアのプレケプトル」（preceptor in Alfambra et in Villel et in illa frontaria）として言及されており、[56] 当初は各バイリア間の管轄に多少の流動性があったようである。

ついでカステリョーテでは、一一九六年のテンプル騎士団統合直後にミゲル・デ・ルナなるコメンダドールが登場する。[57] その翌年には、騎士団と入植者との約定という形式で、同地の入植許可状が発給されている。[58] 入植者は、教会十分の一税・初穂納入、聖マルティヌスの祝日に三〇〇ソリドゥスの集団的貢租、略奪品の五分の一を負担し、竈および裁判権は騎士団に留保されている。同時に境界画定された属域は、言及される地名から察するにグアダローペ川中流両岸、北はカマロン、東はハガンタ、南はサントレア、西はクエバス・デ・カニャルトを含むものとなっている。カステリョーテそのものには、フスティシア（justicia 裁判官）、誓約人（jurados）、「よき人びと」（probi homines）からなる自治的なコンセホが遅くとも一二一八年までには確立していたようである。同年、コンセホがコメンダドールの判断を仰ぐことなく殺人事案を裁いたことが国王法廷で審理の対象となっており、以後コメンダドールの同意なしの裁定が禁止されていることがこれを裏づけている。[59] また、一二六三年には、国王ハイメ一世（在位一二一三～七六年）により、カステリョーテに土曜日の週市開設特権が賦与されている。[60]

当該バイリアでは、クエバス・デ・カニャルトにも同じくコンセホが創設されている。同地住人はすでに一二一二一年、カラトラーバ騎士団のアルカニスに帰属するエフルベの住人と、放牧地の利用権をめぐり境界紛争を引き起こしている。[61] だが、同地にフエロが発給されたのは一二四四年のことであり、このときカステリョーテのコンセホの立ち会いとともに、カステリョーテ属域全体の境界画定が併せて執り行われている。[62] こうして一二四五年には、カステリョーテおよびクエバス・デ・カニャルトの両コンセホが、往時と同じく総長の命令によりいかなるときも軍役 (exercitum sive ost) を負担すること、軍役忌避の場合一千マラベディを支払うことを約束している。[63] また、一二六〇年には、両コンセホは前任コメンダドールから購入した両地のフスティシアの自由選出権を騎士団に放棄し、これに対して騎士団側は住人のなかからフスティシアを任命することに合意している。[64] 一二六八年にはさらに、両地の教会の整備費用に充てるべく、初穂納入を全面的に騎士団に寄進している。[65]

他方、当該空間のテンプル騎士団領で最大のカンタビエハのバイリアは、当初ビジャルエンゴに重心があったようであり、一二五五年においてもなお、カンタビエハのコメンダドールとならんで、ペドロ・コスケリアなるビジャルエンゴのコメンダドールが登場する。[66] 一一九四年にビジャルエンゴがサント・レデントール騎士団に寄進された際、その属域にはラ・クバ、ラ・クグリャーダ、イグレスエラ・デル・シッド、カニャーダ・デ・ベナタンドゥス、エフルベといった地名が現れており、おおよそグアダローペ川上流域一帯におよんでいたと考えられる。[67] テンプル騎士団への統合直後の一一九七年には、知られるかぎり騎士団初の入植許可状がビジャルエンゴに対して発給されている。[68] ついで一一九八年頃に前述のカニャーダ・デ・ベナタンドゥスに入植許可状が発給されたおりには、ミゲル・デ・ルナがビジャルエンゴおよびカニャーダ・デ・ベナタンドゥスのコメンダドールとして言及される。この入植許可状はダローカのフエロに倣った非常に詳細な内容をもつものであり、入植者には教会十分の一税・初穂納入の納付と竈・水車の使用強制、軍役・騎行義務の履行、略奪品の五分の一の納付、裁判権の領主留保、さらに財産規模に応じて馬所有の義務づけ、騎行義務・軍役忌避者の罰金額などが事細かに規定されるとともに、フエス (iudex 裁判官) およびアルカルデ (alcalde 参審人) の選出権を有するコンセホが創設されるなど、当該バイリア全体の入植許可状の雛形となっている。[69]

カンタビエハはといえば、一二一二年の国王ペドロ二世による確認文書において、すでに父王アルフォンソ二世の治世にサント・レデントール騎士団に寄進されていた事実が明記されるとともに、その属域のなかに前述のビジャルエンゴの属域に属しているはずのイグレスエラ・デル・シッドなどが含まれている。[70] 一二二五年に発給されたカンタビエハのフエロには、ラモン・デ・セラが同地のコメンダドールとして登場する一方、その属域にやはり前述のラ・クグリャーダが含まれており、このあたりにはバイリアの重心がビジャルエンゴからカンタビエハに移行しつつあったようである。このフエロでは、同地のコメンダドールとコンセホの下で住人が従うべき一連の諸規定が詳細に記されている。すなわち、教会・竈・水車、市場税・流通税、裁判権・罰金徴収権、軍役・騎行義務(遠征召集〔apellido〕はそれぞれ総長とコメンダドールの召集による年間二度のみ)の領主帰属、財産に応じた教会十分の一税・初穂納入規定、相続税・死亡税の免除、ムスリム捕虜の領主引き渡し、ムスリム支配領域での家畜群の放牧・売却禁止(ただし年間一頭のみ売却可)、騎士の場合は馬・武具の装備義務、フエスおよび誓約人によるサラゴーサのフエロにそくした裁判特権といったところである。[71]

一二四一年に発給された域内村落のラ・クバの入植許可状では、カンタビエハ住人から三〇名の入植者が徴募されるとともに、前述のカンタビエハのフエロが賦与されている。[72] おそらく同時に発給されたイグレスエラ・デル・シッドの入植許可状では、カンタビエハのコメンダドールが、ビジャルエンゴのコメンダドールの同意を得て、六〇名限定で入植者を募るとともに、カンタビエハと同内容のフエロが賦与されたうえ、とくに騎士として馬・武具を装備すべき住人はコメンダドールとカンタビエハのコンセホによる財産評価にそくして判断されるものと規定されている。[73] これはさらに、四〇名の入植者を募った一二四三年のミランベルの入植許可状でもほぼ全面的に踏襲されている。[74] いずれもカンタビエハ同様、裁判に際して誓約人による聴聞・審理にかかわる同一の条項が設けられていることから、これらの域内村落にも固有のコンセホの創出がみこまれていたものと考えられる。

一二五五年、カンタビエハのコメンダドールとコンセホは共同体要職の選出をめぐり次のような合意に達している。すなわち、コンセホは毎年一〇名の住人を推挙し、ここからコメンダドールがそれぞれ一名をフスティシア、二名を誓約人、一名を市場監督人（almudaçafius）、残る六名を評議員（consiliarios）に任命するというものであり、前年の一〇名が翌年の候補者一〇名を選出してその職務をまっとうすることとされている[75]。こうした自治的コンセホは一二七二年にフエロが発給されたトロンチョンでも同様に創設されており、一名のフスティシア、二名の誓約人、さらに五名の「われら（騎士団）のホミネス」（homines nostris）がフエロの受益者となっている。このフエロには、相対的な近接性ゆえか、カンタビエハのフエロではなく、ビジャルエンゴのフエロが採用されており、後者の住人と同様に軍役・騎行義務を果たすよう規定されている。だが、集落内財産の処分は同一集落の住人に対してのみならず、カンタビエハのバイリアのすべての「住人」（vicini）または「家士」（vasallos）に対して認可されることとされている[76]。それゆえ、遅くともこの段階までには、当該バイリアの中心がカンタビエハに全面的に移行していたものと考えられる。

最後に、ビジェルではすでに一一八〇年の段階で、国王アルフォンソ二世により、国王ホノール保有者マルティン・ペレスを介して騎士（caballeros）と歩兵（peones）に対する入植許可状が発給されている。その属域には、北から西にかけてカンピージョ、ルビアレス、トルモン、グアダラビアル川、東のバラクローチェの地名が挙げられており、トゥリア川（テルエル以南のグアダラビアル川の別称）とその両岸の小渓谷群にまたがっている[77]。一一八七年にサンタ・マリア・デ・モンテガウディオ騎士団に寄進されたおりには、前述のように当該城塞に帰属する域内村落（aldea）として、トラマカスティエルとクエバス・デ・エバが付属している[78]。また、一一九六年に同騎士団財産がテンプル騎士団に統合されたときには、ビジェルのほかに、域内村落としてリブロスおよびラ・ペーニャ・デ・ロドリーゴ・ディアスが挙げられている[79]。同年の土地売却文書には、ビジェルのコメンダドールとしてベルトラン・ナバーロがはじめて登場する一方、その証人には同地のフスティシアとサジョン（sayón 執行吏）がすでに名を連ねており、少なくともビジェルにはテンプル騎士団統合を待たずしてコンセホが存在したことが窺われる。[80]

一二〇二年から一二二六年にかけて、前述の国王ホノール保有者マルティン・ペレスの家族（「親族」〔consanguineo〕マルティン・ヒル・デ・トラマカスティエル、妻ホルダーナ、子ペドロ・タレーサ）が、属域内の世襲財産を順次騎士団に放棄している。[81] この間、一二一二年には、リブロスおよびラ・ペーニャ・デ・ロドリーゴ・ディアスに対する入植許可状が発給されており、[82] いずれの場合にも入植者は、竈・水車の使用強制、教会十分の一税・初穂納入、軍役・騎行義務に服するのみで、各村域内の土地の自由占取権を与えられる一方、同地に居住する義務を負うものと規定されている。このように順調にみえた属域支配の拡充であるが、問題はむしろ外からたびたび生じている。たとえば、一二二一年にはサラゴーサ司教と教会十分の一税の帰属をめぐる紛争が生じているが、その焦点となったのはビジェル属域北端のビジャスタルの教会であった。すなわち、騎士団はこれがビジェルの属域に含まれると主張したが、司教はむしろテルエルの属域村落ビジャエスペサに帰属するとして、テルエルの教会と同様に自らが司教権を有するものと主張したのである。[83] ビジャスタルはまた、世俗的な境界紛争においても同様の紛争の対象となっている。すなわち、一二四七年に同地住人は、テルエルのコンセホおよびビジャエスペサ住人と、放牧地の境界をめぐって国王法廷の審理を仰ぐことになったのである。[84]

一二六〇年には、コメンダドールにより属域南端のリオデバの入植許可状が二〇名の入植者限定で発給されている。入植者には、領主権、教会諸権利、水車・竈・堰を除き、村域の全面的な利用を認められているが、例によって教会十分の一税・初穂納入、軍役・騎行義務、小麦・ライ麦各一〇カイース、同地への居住義務に加えて、国王・王太子・国王代理（procurador）に対する宿泊地の提供義務ないしはその代納税（cena）、さらには王権がビジェル住人に要求するあらゆる租税を共同で負担するよう要求されている。[85] ついで一二六四年には、前述のビジャスタルにも二〇名限定の入植許可状が発給されている。ここでも入植者は、塔・領主居館・竈などを除き、村域内の全面利用が認可される一方、教会十分の一税・初穂納入、七分の一の定率貢租、軍役・騎行義務、さらには国王および司教に対する宿泊地の提供義務の負担が要求されている。[86] 同地についてはまた、一二六七年に二〇名のムデハルに限定された入植許可状が発給されていて、教会十分の一税・初穂納入、穀物は四分の一の定率貢租、葡萄畑は灌漑地で四分の一、非灌漑地で七分の一の定率貢租、さらには各世帯につき毎月歩兵一名を供出するよう規定されている。[87] つづく一二七一年には、キリスト教徒一七名に向けて再度同地の入植許可状が発給されており、居住義務、教会十分の一税・初穂納入はもちろんながら、ここでは従来の小麦およびワインの七分の一の定率貢租が二〇〇ソリドゥスの集団的な賃租に変更されている。[88] 当初よりコンセホが創設されたものと考えられるビジェルに対して、これら属域内の諸村落には自治的な共同体が創設された形跡はみられない。[89]

(2) 聖ヨハネ騎士団領(アリアーガ)

アリアーガはもともと、全面的な征服にはいたらなかったにせよ、早くも一一一八年の段階で、国王アルフォンソ一世によって貴族ロペ・フアネス・デ・タラソーナに、ピタルケ、ハルケ、アベーリャ、ガルベ、アルカラとともに賦与されている。[90] ここから一一六三年に、おそらく同人の子であるサンチョ・デ・タラソーナが、聖ヨハネ騎士団への入団に際して、アリアーガの城塞集落および教会(castello et villa et ecclesia)を、ピタルケ、アベーリャ、ハルケ、サンタ、サンティーリャ、ラス・クエバス・デル・ロシン、カンポスともども寄進したのである。[91] 一一八一年にはサラゴーサ司教ペドロが、司教四分の一および宿泊地の提供義務を留保しつつも、アリアーガ、カンポス、ラス・クエバス・デル・ロシンの教会の騎士団帰属を認めている。[92]

王権については、一一七〇年代以降、アリアーガにかぎらず聖ヨハネ騎士団に対して一連の重要な諸特権を賦与しているが、[93] バイリアそのものの領域的な拡大という文脈では、一一九〇年のアリアーガ南方のビリャロージャ・デ・ロス・ピナレスの寄進にはじまり、[94] とくに国王ペドロ二世によって、一二〇二年に南東の城塞フォルタネテが、サラセンの地への領域拡大を容認されつつ、[95] 一二〇五年には「キリスト教徒の共通の利益のために」南の城塞集落ソリャビエントスが軍役・騎行義務や遠征召集ほかあらゆる国王諸権利とともに、[96] さらには一二一一年にアルファンブラ北西の飛び地エンビディア[97]がそれぞれ寄進されている。

一二一四年、騎士団はその奉仕を称えて、アラゴン家のアルナルド・パラシンにピタルケの城塞集落を終身で貸与している。[98] けれども、貴族への属域内城塞の貸与という、封建的支配関係にねざした措置はむしろ例外的であった。実際、一二一六年にアリアーガのコメンダドールが同地の「バロンと入植者」(barones et populatores) に賦与したフエロでは、やはり騎士団支配下で自治的なコンセホが創設され、それを中心として属域全体が差配されるという空間編成が志向されている。そもそも各規定の大半は、いずれもダローカのフエロに由来することもあって、前述のカンタビエハのバイリアに帰属するカニャーダ・デ・ベナタンドゥスの入植許可状とほぼ共通である。すなわち、教会十分の一税・初穂納入、騎士・歩兵が取得した捕虜・家畜・戦利品の五分の一の納付、財産に応じた馬の所有義務、軍役忌避に対する罰金 (騎士五ソリドゥス、歩兵二ソリドゥス六デナリウス) など、個々の住人にかかわる諸規定と、フエスとその助役たるアルカルデはコメンダドールとコンセホの手で任命されること、住人は領主役人であるメリノ (merino) には任命されないことといった、共同体にかかわる諸規定で構成されている。[99]

とはいえ、アリアーガとビリャロージャ・デ・ロス・ピナレスとのあいだに位置する城塞ミラベテ・デ・ラ・シエラについてはやや事情が異なるようである。当該城塞はアリアーガ属域内にありながら、貴族ギリェルモ・デ・メンドーサが領有するところとなっており、一二一七年には騎士団とのあいだで紛争が繰り広げられている。[100] ギリェルモは結局のところ一二二〇年に、騎士団から四〇〇マラベディを融通してもらうべく一年の期限つきで城塞とそのウィラ (castello, insimul cum illa villa quod habemus en la frontera) を担保に設定しているが、[101] 四〇〇マラベディが弁済されて城塞が償還されたとする内容の文書はいっさい伝来していない。

（3）カラトラーバ騎士団領（アルカニス）

征服当初に境界画定されたアルカニスの属域の分裂過程は前述のとおりである。それでも、カラトラーバ騎士団領となったアルカニスの属域は、西はカランダ[102]、アンドーラ、アリョーサ、モリーノス、エフルバから、東はベルモンテ・デル・メスキン、ラ・フレスネーダ、モンロージョまでと、依然として東西にまたがる一大領域をなしている。一二二四年、国王ハイメ一世は騎士団に対して、その中心をなすアルカニスとその属域ならびに域内村落群の領有を確認している[103]。ここでもやはり、アルカニスそのものには騎士団支配下で自治的なコンセホが創設されているが、王権が一二五八年にコメンダドールではなく、コンセホそのものに賦与した特権の内容は意味深長である。すなわち、コメンダドールが自らの防衛のためでなく、キリスト教徒に向けて遠征軍を召集する場合には、住人はこれに参集する必要も代納に応ずる必要もなしとし、軍役負担をムスリムに対抗する場合のみに限定しているのである[104]。その後もコンセホそのものに向けた王権の介入はつづき、一二六九年には流通税・通行税の免除に加え[105]、いかなる貴族や騎士（ricohombres et caballeros）の保護下にも入ってはならないとする警告[106]、さらに一二七〇年には国王塩田の使用強制の免除[107]がそれぞれ賦与されている。

これら一連の措置がいかなる意味をもつかは、コメンダドールの陳情に応えて発給された一一七六年の国王の確認文書が示唆的である。ここでは、コメンダドールとコンセホとのあいだで紛争が生じたとき、先王以来の特権に基づき、コメンダドールが自らフエスを任命し、国王法廷の審理を仰ぐことなく審理・裁定し、総長の承認を得るという手続きの正当性が確認されている。一見すると、王権は明らかにコメンダドール寄りの立場で、その裁判権を尊重すると言明しているようである。だが、コメンダドールによって共同体に暴力・不正がおよぼされた場合には、国王法廷の審理・裁定に委ねられるという留保条件が設定されており、これが事実上、王権によるコンセホの保護規定となっているのである[108]。このあたりについては、のちにあらためて検討する必要があろう。

（4）サンティアゴ騎士団領（モンタルバン）

一二〇八年、国王ペドロ二世は城塞モンタルバンとその域内村落に対する入植許可状を発給しており、ここでもカラタユー、ダローカ、テルエルと同様に国王ウィラ＝コンセホ型の空間編成が志向されたのは明らかである。すなわち、王権が毎年一月にモンタルバンより六名、域内村落より各二名の「よき人々」(bonos homines) を誓約人に任命し、誓約人は国王のフスティシアとともに属域全体の裁判を執行すると規定されている。さらに、同じく毎年一月に、モンタルバンと域内村落全体で三千ソリドゥスを王権に納付する義務を負うこととなっているが、それ以外のあらゆる奉仕、賦課租、宿泊税は免除されることとなっている。[109]

ところが、王権は一二一〇年、サンティアゴ騎士団総長フェルナンド・ゴンサーレスにモンタルバンを域内村落ともども寄進し、これをもって同騎士団のバイリアが形成された。[110] 前述のように国王直属のフスティシアを任ぜられていたバレーロは、一二四一年には騎士団員となっている。[111] つづく国王ハイメ一世は、一連の諸特権の賦与をつうじて騎士団の権利を拡充している。ことに一二二八年には、アラゴン連合王国のなかでもとくにアラゴン王国で賦課された租税であるモネダティクム (monedaticum, monedaje) を全面的に免除するばかりか、モンタルバン属域の徴収権そのものを賦与している。[112] 一二七〇年にも、王権がアラゴン王国で当該租税を徴収する際には、モンタルバンの属域全体におけるその徴収をあらためて許可しているのである。[113] 前述のアルカニスに対する王権の姿勢とやや対照的にみえるが、このあたりの対応の違いは結局のところ、当該バイリアの形成そのものが後発であったことや、一二七一年に当時のコメンダドールであったゴンサーロ・ロドリゲスが王権の負債四千ソリドゥスを肩代わりしていることなど、[114] 王権と騎士団との、本来制度的というよりすぐれて政治的な関係に起因するものかもしれない。

3 「辺境」の生成と封建的空間編成の展開

以上をふまえて、あらためてフロンテーラないしフロンタリアの問題に立ち戻ろう。国王アルフォンソ二世の治世以来、アラゴン南部に関する国王文書では宗教的・イデオロギー的な色の濃い文言が多用されている。すなわち、城塞などの贈与・寄進時に「神とよきキリスト教徒の栄誉とサラセンの破壊のために（領有すること）」[115]とか、ほぼ完全に定式化した「（某城塞より）平和とサラセンとの戦争をなすこと」[116]といった文言がそれである。すでに一二〇四年には国王アルフォンソ一世の文書でモンレアル・デル・カンポあたりにフロンテーラを領有していたとする文言がみられるものの[117]、けっして数の多くないフロンテーラまたはフロンタリアの用例がアラゴン南部にかかわる一三世紀初頭の国王ペドロ二世の文書に集中することは、以上のような傾向と無関係ではあるまい。

たとえば、一二〇二年にサラゴーサ司教ライムンドに寄進された城塞リナレス・デ・モラおよびプエルトミンガルボは「サラセンのフロンタリアに」あったし[118]、同年マンサレーナを賦与されたベレンゲール・デ・エンテンサは「サラセンのフロンタリアで」果たした奉仕を称えられている[119]。また、一二〇九年にカラトラーバ騎士団に城塞モンロージョ、モリーノス、城塞エフルベが寄進されたおりには、「全キリスト教徒の偉大かつ共通の幸福のために、上記城塞がしごく強靭かつ防衛に足るものであること、もし入植が果たされればサラセンのフロンタリアの住人を、それに帰属するすべてとともに（与える）」とある[120]。さらに、一二一二年にテンプル騎士団に発給されたカンタビエハの確認文書では、「わが王国、わけてもサラセンのフロンタリアにあるわが土地を入植させんと欲する」との意志があらわにされているのである[121]。

この時期がまさしく、前述の騎士団に対して「サラセンのフロンタリアにおける」財産の寄進が頻繁に行われ、各バイリアの輪郭がほぼ確立しつつあった時期であることは容易に理解されるであろう。かつてはもっぱら王権に限定された史料概念が、ここではごくまれながら騎士団やそれらと関係のある貴族によっても使用されるようになっている。たとえば、一二〇一年のテンプル騎士団の売却文書では、G・デ・カサルが「アルファンブラ、ビジェル、フロンタリアのプレケプトル」として登場するし、[122] 一二二〇年に前述のギリェルモ・デ・メンドーサが聖ヨハネ騎士団に対して抵当として設定した城塞ミラベテ・デ・ラ・シエラは「われわれがフロンテーラで領有するウィラ」をともなっている。[123] これらフロンテーラまたはフロンタリアがいまや王権のみならず、現地の聖俗貴族によっても使用され、その地がまさしく「辺境」と認識されていたとすれば、彼らもまた政治的に単一の王権を戴くだけでなく、空間的にも均質かつ不可分な王国に帰属しているという認識をもつにいたったということであろうか。

じつは、こうしたフロンタリアの用例と騎士団領の成立との並行関係は、もともと一二二〇年頃まで当該史料概念が使用されなかったカスティーリャ＝レオン王国でも、まさしく騎士団領が卓越したタホ川以南、すなわちエストレマドゥーラ（アルカンタラ、サンティアゴ騎士団領）およびカスティーリャ・ラ・マンチャ（カラトラーバ、聖ヨハネ、サンティアゴ騎士団領）において同様にみてとれる。こうして一三世紀には、ことに騎士団が「辺境」を領有したことで、「キリスト教的一体性」（christianitas）をつうじて王国全土が領域的な不可分性・不可侵性を帯びるようになったといわれるのである。それ自体潜在的な「中心」にほかならない「辺境」はこの段階におよんでついに、二つの相対する社会の間の「境界」として、すなわち内部と外部とを厳格に分かつ事実上の線と化したというわけである。[124] それにしても、それらが依然として王国そのものとは別の領域としてあつかわれているのはなぜか。王権が自ら発給した文書のなかでたびたびいっているように、イスラームを破壊せしめなければいつまた征服されてしまうかもしれない、あくまでもその意味で不安定な領域であったからであろうか。

前述のように王権による騎士団の重用は、自治的な国王ウィラ＝コンセホ型の空間編成とならんで、政治的には封建的支配関係に依拠するほかない貴族権力の進出を抑制し、空間的には分配・入植による貴族城塞の増殖とそれにともなう政治空間の極度の分節化を抑制しようとするものであった。なるほど、各バイリアでは、アルフォンソ二世およびペドロ二世の治世をつうじて、当時考えられるかぎりあらゆる諸特権を賦与された騎士団支配下の主要城塞に自治的なコンセホが創設され、それをつうじて比較的広大な属域内の複数の城塞・村落群を管理するという形式がとられている。そこにはおよそ貴族権力が介入する余地はないし、空間的にも入植による「中心」の不断の増殖と政治空間の分節化という動向が明らかに抑制されているようにみえる。それはちょうど、きわめて広大な属域を、自治的なコンセホを介して集団的に支配したテルエルと結果としては同一の空間編成であり、属域住人が騎行義務・軍役を負担する貴族ならざる民衆騎士と歩兵からなり、自ら防衛にあたるばかりか略奪遠征に繰り出す点もまるで同じである。違うのは、その上に立つ王権がここでは騎士団であるということだけである。

けれども、それは、だからこそ「国家」にとって重大な問題をはらんでいるというべきであろう。それは、「国家」のなかに、あるいは政治的には内部ながら空間的にはその外部に、けっして小さくはない事実上独立した複数の「国家」、しかも域内住人がすべて騎士と歩兵からなる「国家」が存立することを認めるようなものである。「中心」がまさしく「辺境」とみなした空間に、それ自体領域性を帯びた自立的な「中心」が法的かつ制度的に生み出されたわけである。この点で、騎士団領形成期のペドロ二世による諸特権と、父王を継いだハイメ一世による諸特権の内容は対照的である。たとえば、一二〇九年にペドロ二世がテンプル騎士団に賦与した、その全領民に対するあらゆる国王賦課租および裁判権の免除特権は、[125] 一二三三年にハイメ一世によって確認されたおりには、とくに全領民が獲得した略奪品の五分の一が王権に帰属するものとあらためられている。[126] それはまた、騎士団が自ら発給した入植許可状のなかにも入り込んでいる。たとえば、ビジェルのコメンダドールによって発給された前述の一二六〇年のリオデバの入植許可状では、入植者が国王・王太子・国王代理巡行時の宿泊税を負担するよう規定されているし、[127] 一二六四年のビジャスタルの入植許可状でも、同じく入植者は国王宿泊税の負担を要求されている。[128]

この点ではまた、カラトラーバ騎士団の軍役・騎行義務にかかわる所見がじつに興味深い。たとえば、一二三二年にアルカニスのコメンダドールによって発給された城塞ベルモンテ・デル・メスキンの入植許可状では、入植者に年間三度の軍役・騎行義務を果たすよう要求されていて、もし騎士団が国王軍の遠征に加わる場合、または自ら遠征軍を召集する場合には、年間二度の召集とされている。(129) だが、召集された遠征軍の矛先はつねにイスラームに向かったわけではなかったようである。前述のように一二五八年にハイメ一世がコメンダドールではなく、コンセホそのものに直接賦与した特権では、コメンダドールが自らの防衛のためでなく、キリスト教徒に対抗するべく遠征軍を召集する場合にはこれに参集する必要も代納する必要もなしとし、軍役負担をムスリムに対抗する場合のみに限定しているのである。(130) なお、アルカニスのコンセホに対して王権の直接的な介入がその後もつづいたことはすでに述べたとおりである。

じつは以上のような王権の介入は、アラゴン南部における自らの政治的・経済的支柱というべきカラタユー、ダローカ、テルエルといった国王ウィラそのものにもおよんでいる。それぞれ当時の王権によって発給されたフエロは、広範な自治を認められた各コンセホが広大な属域全体を事実上の裁判所領として支配することを可能にするものであった。むろん、いずれも王領地にはちがいない。だが、そうした広範な自治にねざした属域支配もまた、「国家」のなかに文字どおり自立的な都市国家が存在するようなものといえよう。それゆえ、ハイメ一世は、各属域内の村落（アルデア〔aldea〕）群に、それ自体独自に選出された誓約人からなる自治的な代表者組織を具えたアルデア共同体（universis hominibus omnium et singularum aldearum, comunidad de aldeas）の結成を促し、各コンセホによる属域支配に政治的に対抗させようとしたのである（ダローカのそれは一二四八年、カラタユーでは一二五四年、テルエルでは一二七七年にそれぞれ創設）。(131)

とくにテルエルのアルデア共同体の制度的な確立の契機となったのが、一二七八年二月にテルエルの属域村落エスコリウエラ、ついでペラレスに招集された仲裁法廷で締結された、テルエルのコンセホとアルデア共同体との合意である。両者はそれまで属域の開墾・放牧利用をめぐって鋭く対立してきたが、同年二月中旬に招集されたエスコリウエラの仲裁法廷で合意に達し、テルエルのコンセホが合意案をもちかえって確認、二月末にペラレスにあらためて招集された仲裁法廷で、両者立ち会いの下、全一一条からなる一連の合意内容が開示されている。その半数は、使節団の派遣費用や租税（ペチャ〔pecha〕、宿泊税〔cena〕、塩の強制購買〔la saquen de las saliras〕）の負担比率（いずれもテルエルが四分の一、アルデア共同体が四分の三）にかかわるものであるが、残る半数は、アルデア共同体そのものの組織編成と、テルエルに対する政治的な自立性を保証するものとなっているのである[132]。

それゆえ、貴族の進出を牽制しながら成功裡に征服＝入植運動を進めるべく選択されたあらゆる措置が、わたしたちのいう意味での「辺境」を消滅させたわけでも、それを領域から線へと質的に変化させたわけでもなかったことは、国王ウィラにしろ、騎士団領にしろ、それらにたびたび介入を試みた王権そのものの姿勢に如実に反映されている。征服＝入植運動はその意味で、「辺境」を消滅させるのではなく、むしろ「辺境」を生み出すのである。

むすび

王権がアラゴン南部で征服直後に志向したのは総じて、国王ウィラ＝コンセホ型の空間編成の創出であったことはもはや疑いようがない。それは、征服＝入植運動の遅滞に起因するものではなく、わたしたちがアラゴン北部でみてきたように、征服＝入植運動がもたらしてしまう、貴族城塞を核とする政治空間の急激な分節化を未然に抑制しようとするものであった。だが、ベルチーテやアルカニスがまさしくそうであったように、当初それぞれに設定された広大な属域は否応なしに域内の城塞を核とする城塞領域へと分節化してしまう傾向にあったから、王権の志向がいちおうの成果をみたのは事実上、テルエルを数えるのみであった。

こうした事態に対処するべく王権が次なる手として選択したのが、王国内外の騎士団に主要城塞を核とする分節化途上の広大な属域を一挙に委ねてしまうというものである。各騎士団のバイリアは、おおよそテルエルと同じく国王ウィラ＝コンセホ型の空間編成を踏襲したから、一見すると、貴族城塞の増殖による政治空間の分節化に歯止めをかけようとする王権の企図は成功をおさめたかのようにみえる。けれども、それは本来王権があるべき位置を騎士団が占めるということであり、王権自らが政治的に独立した広域的な領域支配の枠組みの生成を容認せざるをえなかったということである。これは、国王ウィラの典型というべきテルエルにもあてはまる。たとえ王権を戴くにせよ、テルエルがほしいままにした広範な自治はまさしく政治的に独立した広域的な領域支配を支えるものにほかならなかったからである。

それゆえ、貴族の不在を背景に展開したアラゴン南部の征服＝入植運動は、けっしてわたしたちがいう意味での「辺境」を消滅させなかったし、ましてやそれを領域から線へと質的に変化させたわけでもない。それどころか、「中心」が「辺境」として自らに組み込もうとした空間そのものの本質的な自立性・独立性、それが潜在的にはらむ遠心力は、曲折を経ながら結果的に生成した空間編成、すなわち広域的で分節化の度合いが低く、一見弛緩したかのような空間編成であったからこそ、「中心」による管理・掌握という意味ではむしろ困難の度を増したとさえいうことができよう。逆にいえば、そうした空間編成は、「辺境」の自立性・独立性を極端なまでに具現化したものであり、だからこそ、王権は一二三八年にバレンシアが征服され、イスラームの脅威がもはや彼方に遠のいていたにもかかわらず、その管理・掌握に本格的に乗り出さざるをえなかったのである。それを「公権力の過剰投資」と呼ぶことはむろん可能である。だが、それは、なんたるパラドックスか、王権が自ら政治空間を分節化することでしか果たしようのないものであったのである。

さて、わたしたちは、征服＝入植運動をつうじてアラゴン南部における封建的空間編成がいかに展開したかを大枠において理解したはずである。次章以下では、当該空間における特定の城塞集落を核とする所領をいくつかとりあげて、その中身により具体的にふみこんでみよう。実際、それらがあらわにする政治的な自立性は、いかなる経済的な基盤によって支えられたか。序章であらかじめ断っておいたように、わたしたちのモデルにいう政治的な自立性は、経済的な自立性、ましてや閉鎖性を意味するものではまったくない。となれば、それら所領の空間編成を、領域支配の枠組みというだけでなく、財貨の流通回路という観点から綿密に検討することが、そうした構想の妥当性をみきわめる必要不可欠な作業となるにちがいない。

第5章　テンプル騎士団領の定住・流通・空間編成

第3章で述べたように、ピエール・トゥベールはインカステラメントを「村落の都市化」といいかえている。そこでは、集住型の城塞集落の形成が、村域全体の土地利用を組織的に再編するとともに、城主＝領主開設の市場を介して空間編成そのものに大きな影響をおよぼしたとする点で、もとより市場史・流通史的な問題系が組み込まれていたのである。だが、それはあくまでも理屈のレヴェルにとどまっていて、実際に城塞集落と市場がいかなる関係にあったかが具体的に検討されることは久しくなかった。

この点を念頭において、アラゴン南部に目を移すと、事態はさらに深刻である。中世アラゴン＝ナバーラ研究の先駆ホセ・マリア・ラカーラはかつて、アンリ・ピレンヌの学説に立脚しつつイベリア半島の都市を二つの類型に区分した。すなわち、「巡礼路都市」と「辺境都市」がそれである。「巡礼路都市」は、文字どおりサンティアゴ巡礼路に沿って発達した都市群をモデルとする類型であり、その成立には巡礼路を介して流入したピレネー山脈以北の商人・職人の定着がことのほか重視されている。(1) これに対して、「辺境都市」は、イスラームと対峙する「辺境」の軍事的・戦略的要請ゆえに商人・職人は事実上不在で、貴族ならざる民衆騎士と牧羊業者が住人の主力をなし、その生業はもっぱら略奪遠征と移動放牧に立脚するものと構想されたのである。(2)
「巡礼路都市」はまさしく自由な遍歴商人の定着をもって成立ないし「復活」したピレンヌ流の「商業都市」＝

「中世都市」の典型ともいうべき類型であったから、都市＝自由＝遠隔地商業／農村＝隷属＝封建制という典型的な二分法を掲げたピレンヌ学説の批判と並行していち早く全面的な見直しが図られている。(3)だが、「辺境都市」はもとよりピレンヌ流の「中世都市」とは異質なものとして打ち出された特殊イベリア半島的なモデルであったから、ピレンヌ学説批判と並行して見直しが図られるはずもなかった。それどころか、スペイン学界の内外を問わず、イベリア半島が大文字の「辺境」とみなされるかぎり、当該モデルはその特殊性を一手に引き受けるものとして、たえず再生産されてしまう。まさしくバレンシアを眼前に望むアラゴン南部は、モデルそのものの雛形となったテルエルを筆頭に典型的な「辺境都市」が分布する、「商業都市」の不在、ひいては市場不在の空間とみなされたのである。

だが、そうした傾向は、二〇〇〇年代後半になってようやく大きな変化を遂げつつある。なかでも中世後期アラゴン内陸商業をめぐるサラゴーサ大学のアラゴン中世研究センター（Grupo de Excelencia de Investigación CEMA）による一連の論文集（『中世アラゴンにおける経済発展と市場の形成（一二〇〇～一三五〇年）』、『ある統合経済。アラゴンにおける商業・制度・市場、一三〇〇～一五〇〇年』、『中世後期の消費・商業・文化変容。一四・一五世紀アラゴン』）は、アラゴンとバレンシアとをまたぐ地域間商業がアラゴン南部そのものの在地商業の内発的な発達を基礎とするものであったことを強力に主張するいくつかの論考を含んでいるのである。(4)

本章では、前章でとりあげたテンプル騎士団領、なかでも城塞集落ビジェルを中心とするバイリアにあらためて注目しよう。じつはアラゴン南部のテンプル／聖ヨハネ騎士団領は依然として大部の専門研究がとりあげるところとなっておらず、(5)ビジェルのバイリアにいたっては、わずかにその成立期に注目したマリア・ルイサ・レデスマ・ルビオの小部の論考（一九八六年）を数えるのみである。(6)だが、当該バイリアは、他のバイリアに比して史料に事欠くわけではない。それどころか、テンプル騎士団解体後、全バイリアが聖ヨハネ騎士団アンポスタ管区に統合されたのち一三四九年に編纂された、『ビジェル緑書』（Libro verde de Villel）と呼ばれるバイリア固有のカルチュレールと、時間的枠組みとしてはアラゴン全域で最も早期の公証人登記簿『一二七七年から一三〇二年までのビジェル（テルエル）の公証人マニュアル』（El manual de la escribanía pública de Villel (Teruel) de 1277–1302）が伝来している。(7) それらを用いて、当該バイリアの定住・空間編成を財貨の流通回路という観点から捉え直し、冒頭で掲げたように封建的空間編成の展開モデルに商品・貨幣流通という問題系を接続する一助としたい。

1　城塞ビジェルとその属域

前述のようにアラゴン南部は、テルエルのきわめて広大な属域と、教会領、わけても騎士団領の領域支配に事実上二分された空間である。(8) もっとも、一三世紀初頭の国王ペドロ二世の治世にフロンテーラないしフロンタリアと名指しされた当該空間にあって、王権が伸張著しい貴族権力の進出を抑制するべく当初志向したのは、もっぱらテルエルに代表される国王ウィラとその広大な属域を基礎とする空間編成であった。テルエルから遅れること三年、一一八〇年に城塞（castrum）ビジェルに発給された入植許可状もまた、本来はそれを国王ウィラとして編成しようとするものであったと考えられる。(9)

それは、「ビジェルのすべての入植者、騎士、歩兵、そして入植者たらんとし、そこに入植しようとするすべての人びと」（a todos los pobladores de Villel a caualleros et a peones et a todos los hombres qui seredes pobladores ni alli vernedes poblar）と、城塞を国王ホノールとして保有することとなるマルティン・ペレスの双方に宛てられた贈与文書の形式をとっており、両者にビジェルとその属域内で取得されるあらゆる財産の自由処分権が賦与される一方、城塞建築物（la fuerça del castiello）、粉挽水車・竃、教会は王権に留保され、マルティン・ペレスがそれらを保有するところとなっている。住人（vezino）は自ら粉挽水車・竃を作ることを禁止されているが、王権に対する誠実が求められているほかは、サラゴーサのフエロにそくして財産の自由処分権が認められているうえに、いかなる賦課租をも負担していない。

同時に境界画定された城塞の属域は、もっぱら自然の要害が境界標識となっていて同定がむずかしいものの、おおよそ図5-1のようにグアダラビアル川に沿って南北に伸びた一円的な領域をなしている。すなわち、グアダラビアル川を起点に、ビジャスタル北の支流バランコ・デル・モリーノに沿って西岸に向かい、エル・カンピーリョ山に達すると南下してラ・チャルテーラ山へ、そこからテルエルの属域村落ルビアレス村域を迂回するように再び西進して、ルビアレス=トルモン街道に達したところから一気に南下、ラ・ピニーリャ山、現バレンシアのエル・バル・セコ渓谷を経て、モラス川（おそらく現エブロン川）との合流地点でグアダラビアル川を渡河する。そのまま東進してフエンテ・デ・ラ・クアドラレハ水源まで達すると、北に進路を変えてエスカルエラ山地、バラクローチェ水源を経てバランコ・デ・ラ・オスまで一気に北進、そこから北西に舵を切り、最終的に起点をなしたビジャスタルの北でグアダラビアル川に立ち戻るのである。(10)

もっとも、前章でみたように、征服=入植運動ただなかの不安定な領有状態は当初の理念が貫かれることを許さず、王権は、ビジェルを筆頭にいずれも比較的広大な属域を具える一連の城塞群を、まずはサンタ・マリア・デ・モンテガウディオ騎士団、ついでその解体にともない一一九六年にテンプル騎士団に一挙に帰属せしめるという方策に転じた。こうしてビジェルの属域は、アルファンブラ、カンタビエハ、カステリョーテとともに、それぞれ固有のコメンダドールによって差配されるテンプル騎士団四大バイリアの一つとして編成されることとなった。(11)その際、中核をなす城塞集落ビジェルでは、他のバイリアと同様に、自治的なコンセホが継承ないしは創設され、コメンダドールの支配下にありながら、国王ウィラに倣って属域全体の自立的な管理が委ねられている。

だが、属域の一円的性格は当初の境界画定そのままに維持されたわけではない。ビジェルとその属域はテンプル騎士団による統合に先立つ一一八七年に、サンタ・マリア・デ・モンテガウディオ騎士団に粉挽水車・竈とともに

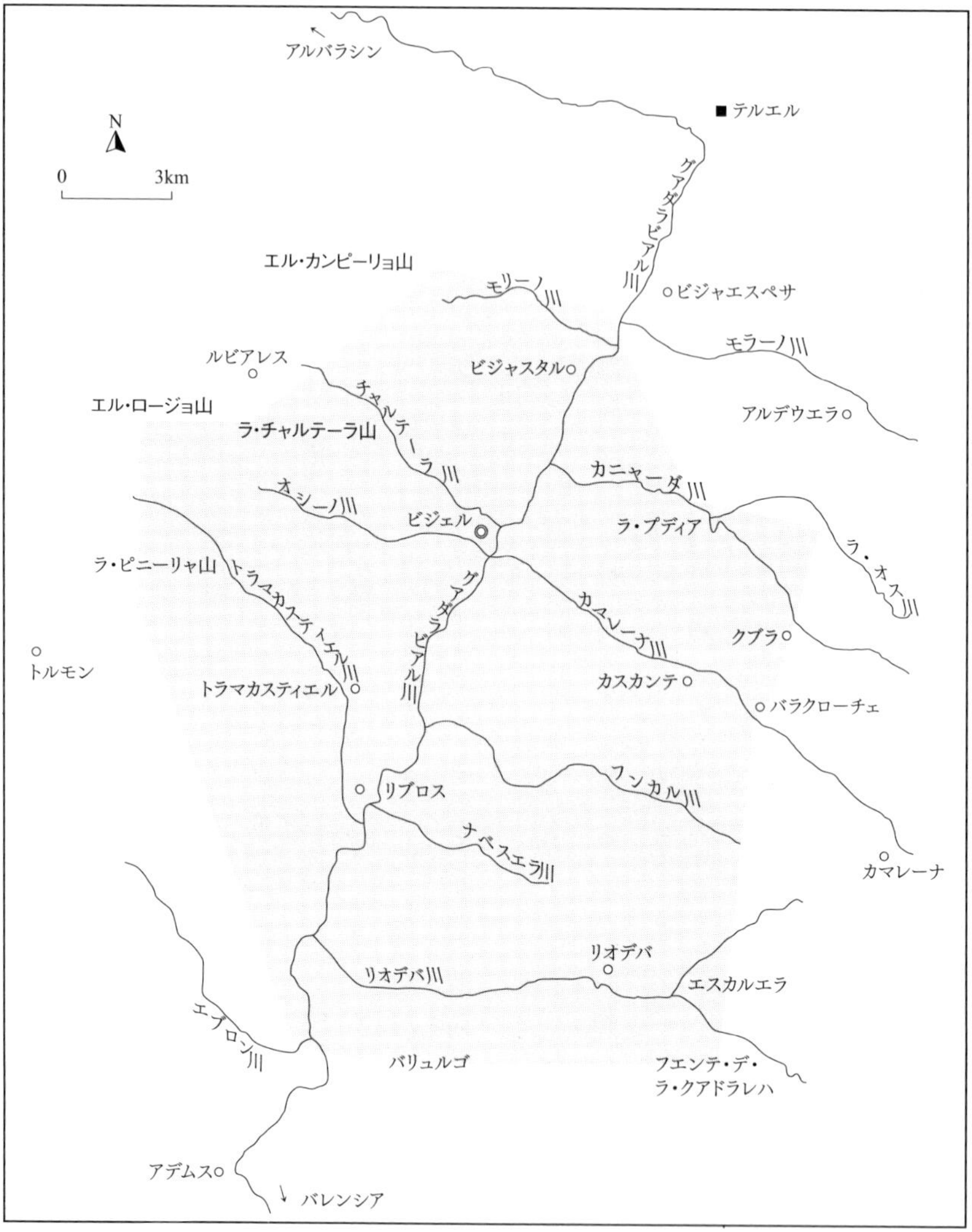
アルバラシン
テルエル
N
0
3km
グアダラビアル川
エル・カンピーリョ山
モリーノ川
ビジャエスペサ
モラーノ川
ルビアレス
ビジャスタル
エル・ロージョ山
チャルテーラ川
ラ・チャルテーラ山
アルデウエラ
カニャーダ川
オシーノ川
ビジェル
ラ・プディア
ラ・オス川
ラ・ピニーリャ山
トラマカスティエル川
グアダラビアル川
カマレーナ川
クブラ
トルモン
トラマカスティエル
カスカンテ
バラクローチェ
フンカル川
リブロス
ナベスエラ川
カマレーナ
リオデバ
リオデバ川
エスカルエラ
エブロン川
バリュルゴ
フエンテ・デ・
ラ・クアドラレハ
アデムス
バレンシア

図 5-1　ビジェル属域

寄進されているが、その際には前述の属域の記述は繰り返されておらず、その域内村落（aldea）としてトラマカスティエルおよびクエバス・デ・エバが挙げられているばかりである。[12]だが、そもそもグアダラビアル川西岸のトラマカスティエルは、一二〇〇年の段階で俗人領主ルイス・デ・カステルブランクが領有しており、一二二九年にもなお騎士サンチョ・デ・トビアがその城塞の領主（senyor）を名乗っている。[13]逆にクエバス・デ・エバについては、サラゴーサ司教との一二〇四年の合意において、同地の教会がテンプル騎士団に帰属するものと認められているが、その地名からグアダラビアル川東岸の支流リオデバ川流域と目されるほかにおよそ情報がなく、一三世紀中葉にはもはや域内村落の一つとして数えられていない。[14]また、やはり当初の境界画定にしたがえば、確実に属域内に位置するグアダラビアル川東岸のカスカンテもまた一三世紀をつうじて俗人領主が領有した集落であり、[15]一三世紀末には騎士ゴンブラントなる人物が同地の領主を名乗っている。[16]それゆえ、属域の東西の境界は当初のそれから確実に後退したことになるであろう。

他方、属域の南北の境界は、域外との度重なる紛争にさらされ、一三世紀をつうじて不安定な状態を免れなかった。一二二一年にはサラゴーサ司教との教会十分の一税の帰属をめぐる紛争が生じているが、その焦点の一つとなったのが属域北端のビジャスタルの教会である。すなわち、サラゴーサ司教は世俗の境界紛争をふまえ、ビジャスタルがテルエルの域内村落ビジャエスペサの村域に含まれるとして、テルエルの教会と同様にその教会十分の一税が自らに帰属するものと主張したのである。[17]こうして一二四七年、ビジェルのコメンダドールおよび住人と、テルエルのコンセホおよびビジャエスペサを筆頭とする域内村落の住人は国王ハイメ一世の裁定を仰ぐこととなり、両者の代表者が双方の境界をあらためて画定することになった。そこでは、グアダラビアル川を起点に西岸に広がる北部の境界がより詳細ながら前述の属域の記述とほぼ変わらず踏襲されており、双方の住人は以後、当該境界を侵害しないこと、すでに境界を越えて土地を占有する者は土地を返還するか移住するか選択することと裁定されている。[18]

翻って属域南端の境界については、最南端の域内村落リオデバの村域が、一二六〇年の入植許可状受給以前からバレンシア王国の集落アデムスのコンセホと度重なる紛争の対象となっている。[19] アデムスのコンセホは一二五九年、その村域の境界をめぐって騎士団に陳情し、テルエルおよびアルポンの代表者各四名とともに実地検分を行った。かくしてフエンテ・デ・ラ・クアドラレハからグアダラビアル川までのびる東岸の境界はおおむね当初の境界画定どおり、リオデバに所在する塔（turris）もまた騎士団に全面的に帰属することが承認されたが、グアダラビアル川付近一帯にかぎりアデムスの村域に帰属することになっている。[20] だが、一二七一年には、王権の委任状を受領したテルエルのフエス（juez コンセホ選出の裁判官）があらためて実地検分を行う旨を通達するもアデムスのコンセホがこれに応じず、コメンダドール以下騎士団員をともなうのみであらためて実地検分が行われている。コメンダドールはその際、グアダラビアル川東岸の境界をアデムス住人が二〇年来侵害していると主張し、裁判費用込みで二五〇〇ソリドゥスの損害賠償を要求している。アデムスのコンセホがいかなる召喚にも応じなかったため、騎士団からの賠償請求が全面的に認められたが、ここであらためて画定された境界は、一二五九年のアデムス側の要求が反映されたか、グアダラビアル川東岸の起点が当初より北の支流リオデバ川との合流地点まで後退している。[21]

2　コンセホと属域管理

以上に挙げた一連の境界紛争のいかなる局面においても、バイリア側の当事者はもっぱらコメンダドール以下騎士団員となっていて、ビジェルのコンセホの存在はおよそ窺われない。実際、一二五九年のアデムスのコンセホとの紛争でも、証人欄にビジェルの代表者として、フスティシアのミゲル・カルベットの名がみられるのみである。同じく一二七一年の紛争では、フスティシアのドミンゴ・ロレンソ以下一三名が境界画定の立会人として名を連ねているが、彼らはあくまでも「ビジェル住人」(vecinos de Villel)と総称されているにすぎない。とはいえ、テンプル騎士団統合以前の一一九〇年代から少なくとも一三世紀前半までの文書では、年代記載部分に当時の総長や各バイリアのコメンダドールに加えて、コンセホ要職のフスティシアおよびサジョン(sayón 執行吏)の歴任者が列挙されるのが通例であった[22]。他方、一二一三年の土地交換文書では、「ビジェルとその城塞のコンセホ」(totum concilium de Villel et de illo castello)が証人欄に掲げられているが[23]、それがいかなる役職・人物によって差配・運営されたかは、コンセホ要職の選出・任命にかかわるいかなる規範文書も伝来しないので、結局のところ文書の証人欄に名を連ねる人びとの肩書きを具体的に追跡するほかに方法がない。

まず、コンセホ要職の筆頭としてつねに先頭に掲げられるフスティシアについては、バイリアへの編成後、一三世紀をつうじて表5-1のような人物によって歴任されている。ここでは、他のバイリアの史料所見も参考に同職の輪郭だけでも再構成しておこう。フスティシアは、任命権そのものは一貫して領主に留保された要職である。たとえば、カンタビエハのバイリアでは、一二五五年九月一一日にコメンダドールとカンタビエハのコンセホとの要職選出・任命にかかわる協定が結ばれていて、そこではコンセホ側が住人のなかから一〇名の候補者を選出し、コメンダドールが一名をフスティシア、二名を誓約人(juratos)、一名を市場監督人(almudaçafius)、残る六名を評議員(consiliarios)に任命するとの規定がある(聖ヨハネの祝日を起点にいずれも一年任期で、前年の一〇名が翌年の一〇名を選出[24])。同年一一月二二日に締結されたカンタビエハの域内村落ミランベルの協定でも、同地のコンセホ側が六名の候補者を選出し、フスティシア一名、誓約人二名、市場監督人一名、評議員二名が任命されることとなっている[25]。また、カステリョーテのバイリアに帰属する域内村落クエバス・デ・カニャルトの一二四四年のフエロにおいても、フスティシア任命権(la nomina de justicias)はコメンダドールの権利として竃と並んで留保されている[26]。

ビジェルの場合、フスティシアの言及そのものが断片的であるため、確たることはいいがたいが、少なくとも一三世紀前半はほぼ一年周期で歴任者が交代しており、一二一四~一五年と一二一八年に同職をつとめたペドロ・エ

表 5-1　フスティシア

フスティシア	在任期間	備　考
サンチョ・デ・アルマサン Sancho de Almazán	1196 年 10 月	
ドミンゴ・ラ・バルバ Domingo la Barba	1198 年 1 月 25 日～1199 年 2 月 6 日	
フアン・カマレラ Juan Camarera	1199 年 5 月 8 日／1200 年 10 月 6 日	
フアン・カルベット Juan Calvet	1200 年 9 月 14 日	
ベネデット・ラ・バルバ Benedet la Barba	1206 年 1 月	
フアン・デ・ウラータ Juan de Urrata	1207 年 9 月	
ドミンゴ・フォルトゥン Domingo Fortún	1210 年 8 月～1211 年 1 月	
ペドロ・エスクデロ Pedro Escudero	1214 年 1 月～1215 年 3 月／1218 年 12 月	
ペドロ・モリーナ Pedro Molina	1225 年 12 月 8 日／1228 年 3～8 月	メリノ（1210 年 8 月～1218 年 12 月）
ロレンソ・カルボネル Lorenzo Carbonel	1236 年 6 月／1240 年 7 月 30 日／1241 年 9 月 20 日／1243 年 2 月 23 日～1250 年 6 月	
ミゲル・カルベット Miguel Calvet	1259 年 2 月 19 日～12 月 11 日	
ドミンゴ・ペロ・ラドレ Domingo Pero Ladre	1259 年 12 月 11 日／1261 年 4 月 17 日	フスティシア代理・誓約人（1259 年 2 月 19 日）
ドミンゴ・ロレンソ Domingo Lorenzo	1271 年 12 月 4 日／1272 年 7 月 10 日／1282 年 4 月 12 日／1285 年 9 月 23 日／1287 年 9 月／1289 年 4 月 26 日／1290 年 10 月 1 日／1293 年 5 月 21 日／1301 年 10 月 9 日／1302 年 4 月	
ドミンゴ・ベルナベ Domingo Bernabé	1294 年 2 月 23 日	

スクデロや、同じく一二二五年と二八年に同職を歴任したペドロ・モリーナ（一二一〇～一八年に断続的に領主の所領管理人メリノを歴任）のように年をまたいで再任される例はあるものの、同職は原則として一年任期、翌年再任は避けられていたことが窺われる。なかでも一二五九年のミゲル・カルベットのフスティシア在任時に、その代理（lugarteniente）をつとめた誓約人の一人ドミンゴ・ペロ・ラドレは一二六一年には自らフスティシアをつとめているから、誓約人に選出されるような同地住人のプールからフスティシアが任命されていたことは確かである。とはいえ、ラ・バルバやカルベットといった特定の家系の出身者とおぼしい人名が繰り返し登場すること、さらに一三世紀後半にかけて、やや断続的ながら、一二三六年、一二四〇～四一年、一二四三～五〇年にフスティシアをつとめたロレンソ・カルボネル、その人名系統からみておそらく子であろう、同様に一二七一年からほぼ一四世紀初頭まで繰り返し同職を担ったドミンゴ・ロレンソの例をみるかぎり、原則とは裏腹に特定家系の出身者が同職を事実上独占する傾向にあったとみてよいであろう。

他方、前述の一三世紀前半の記載形式でフスティシアに次いで列挙されるサジョンは、しばしば領主の所領管理人メリノと兼任されており、これまた領主によって任命された役職と考えられる。メリノについては、カンタビエハの域内村落カニャーダ・デ・ベナタンドゥス（一一九八年頃）や聖ヨハネ騎士団領アリアーガ（一二一六年）の入植許可状・フエロでは明確に、「住人はメリノになるべからず」との規定があるが[27]、ビジェルの場合、前述のフスティシアのなかにペドロ・モリーナのようにメリノ歴任者もいるので、いずれも住人のなかから選出・任命されたものと考えてよいように思われる。サジョンの言及はメリノと同じく一三世紀前半の記載形式に限定され、一二四九年を最後にいかなる史料にも現れなくなるが、それ以降はおそらくコレドール（corredor）にその職務が継承されたものと考えられる[28]（表5-2）。実際の職務の例はごくわずかながら、フスティシアのドミンゴ・ベルナベが一二九四年、領主帰属の貸借地の売買の正当性をめぐる裁判でコメンダドールの優先買戻権の有効性を認めた際に、ビジェルのコレドール・プブリコ（corredor pùblico de Villel）の肩書きを有するヤケ・ラ・トーレが、当該貸借地が売

表 5-2　サジョン＝コレドール

サジョン＝コレドール	在任期間	備　考
フアン・カパフリーダ Juan Capafrida	1196年10月～1199年2月6日	
ドミンゴ・バルベーリャ Domingo Barbella	1199年2月6日／1200年10月6日／1206年1月	
ミゲル・モリネロ Miguel Molinero	1200年9月14日／1207年9月	
ギリェム・デ・アルカラ Guillem de Alcalá	1210年8月～1211年3月／1214年8～9月／1218年12月	
ロルダン Rordán	1214年1月／1215年3月／1243年5月4日	
マルティン・デ・アルファンブラ Martín de Alfambra	1243年2月23日／1244年9月6日～1245年3月13日	merino et sayón merino et corredor
ペドロ・フアネス・サンチョ Pedro Juanes Sancho	1243年5月3日／1243年6月22日／1244年2月	
ドミンゴ・ルビオ Domingo Rubio	1246年4月3日／1249年3月20日	merino et sayón
マルティン・デ・アティエンサ Martín de Atienza	1247年7月11日～1248年3月25日	merino et sayón
ハイメ Jayme	1287年11月10日	corredor
ヤケ・ラ・トーレ Yaque la Torre	1294年2月23日	corredor público
ゴンサルボ Gonçalvo	1302年3月4日	corredor

却可能となる三〇日の占有日数に達していたかをフスティシアの命令により調査している。[29]

後述するように、ビジェルには市場開設にかかわるいかなる文書も伝来しないが、一二四〇年代にはごくわずかながら市場監督人（アルモタサフ〔almotazaf〕ないしアルモタセン〔almotacén〕、アラビア語のムフタスィブ〔muḥtasib〕に由来する呼称）の例がみられる。すなわち、ヒル・サンチョ（一二四〇年七月三〇日。四一年一〇月一〇日にはコレドール）およびドミンゴ・モラット（一二四一年九〜一〇月。一二四三年五月〜四四年二月にメリノ歴任）がそれである。[30] たとえ住人であれ、領主によって直接任命されることからして本来領主役人としての色の濃いフスティシアとコレドールに対して、市場監督人は字義どおりのコンセホ役人であったと考えられる。ただ、案件によっては、ことに市場での取引にかかわる案件が生ずると、コレドールと市場監督人との職権が衝突する場合があったようである。実際、カンタビエハのバイリアでは次のような例がある。すなわち、本来はカンタビエハのバイリアながらビジャルエンゴが独自のコメンダドールによって差配されていた一二九六年当時、域内村落トロンチョンのコンセホは、ビジャルエンゴのコレドールと市場監督人とが行使する職権（usança）の内容を書面で規定するようビジャルエンゴのコメンダドールとコンセホに請願しているのである。[31]

前述の記載形式が失われる一三世紀後半に、フスティシアについで前面に登場してくるのが誓約人（jurati, jurados）である。むろんこれはあくまでも形式の問題であって、それ自体がコンセホの組織形態や領主権力の介入度が実際に変化したことを意味するものではないが、一三世紀前半に誓約人の所見がまったくみられないこと、また前述のようにバイリアこそ異なるもののカンタビエハのコンセホ要職の選出・任命にかかわるコメンダドール＝コンセホ間の協定文書が一二五五年とほぼ同時期に発給されていることを考慮に入れると、当該コンセホの自治の度合いもまた一三世紀後半に大きく向上したことを反映するものかもしれない。やはりかなり断片的ではあるが、誓約人として言及されるのは表5-3のとおりである。なお、とくに一二七一年一二月四日の一二名、一三〇二年四月の一一名は、いずれも明記こそされていないものの、そのうちの数名が誓約人の在任者であった可能性が高いの

表 5-3　誓約人と「よき人びと」

誓約人と「よき人びと」	在任期間	備　考
ドミンゴ・ペロ・ラドレ（Domingo Pero Ladre）	1259 年 12 月 11 日	フスティシア代理
ヒル・サンチョ（Gil Sancho） サンチョ・デ・ヒゴ（Sancho de Gigo）	1264 年 3 月 17 日	
ラモン・ロレンソ（Ramon hermano de Domingo Lorenzo justicia） フアン・カルベット（Juan Calvet） パスカシオ・カルベット（Pascasio Calvet） マルティン・デ・ラ・プラサ（Martín de la Plaza） エステバン・デ・ソリア（Esteban de Soria） ミゲル・デ・バジェステロ（Miguel de Ballestero） ラサロ・ラ・バルバ（Lázaro la Barba） フアン・テヒドール（Juan hijo de Domingo Texidor） ドミンゴ・ペロ（Domingo Pero hijo de Domingo de Conçut） ドミンゴ・フェレール（Domingo Ferrer） ペロ・デ・カラタユー（Pero de Calatayud） ペロ・サリナリオ（Pero Salinario）	1271 年 12 月 4 日	フスティシアのドミンゴ・ロレンソとともにリオデバの境界画定。このうち少なくとも 2 名は誓約人か。
ロレンソ・デ・ベルナベ（Lorenzo de Bernabé） ドミンゴ・ラ・バルバ（Domingo la Barba）	1282 年 4 月 12 日	
マルティン・ロレント（Martín Lorent）	1287 年 11 月	
マルティン・カルボ（Martín Calvo）	1291 年	
ハイメ・テヒドール（Jayme Texidor） ドミンゴ・プロス（Domingo Pros） ブラスコ（Blasco） ドミンゴ・ブラスコ（Domingo Blasco）	1292 年	
ドミンゴ・ブラスコ（Domingo Blasco）	1293 年 5 月 21 日	
ペロ・ヒラルト（Pero Giralt） ビセント（Vicent） ペロ・カルベット（Pero Calvet） フアン・デ・ラサロ（Juan de Lazaro） ドミンゴ・フアネス（Domingo Juanes） ペロ・ガルセス（Pero Garcés） ミゲル・エステバン（Miguel Esteban） フアン・カルベット（Juan Calvet） ドミンゴ・エステバン（Domingo Esteban） 「および誓約人」（e los jurados）	1295 年 1〜2 月	コンセホ当局（toda la uniuersidat et concejo de Villel）の構成員。人名明記されずに「誓約人」（los jurados）が付加（2 名か）。
マルティン・ルビオ（Martín Rubio） ベルナベ（Bernabé）	1295 年 2〜3 月	
フアン・デ・ラサロ（Juan de Lázaro）	1298 年 8 月	
ブラスコ・ペレス（Blasco Pereç）	1300 年 3 月	
ペロ・ヒラルト（Pero Giralt） ドミンゴ・フアネス（Domingo Juanes） フアン・カルベット（Juan Calvet） ビセント（Vicent） マルティン・クレスポ（Martín Crespo） ペロ・ラ・クエスタ（Pero la Cuesta） ベルナベ（Bernabé） ラモン・ロレンソ（Ramon Lorenço） ドミンゴ・エステバン（Domingo Esteban） フアン・デ・ペロ・カルベット（Juan de Pero Calvet） ブラスコ・ペレス（Blasco Pereç）	1302 年 4 月	フスティシアのドミンゴ・ロレンソに続けて，コンセホの構成員として言及。うち少なくとも 2 名は誓約人か。
ペロ・ヒラルト（Pero Giralt）	1302 年 6 月	

で、それぞれ当該時期に誓約人に選任されうる住人集団、すなわち「よき人びと」のプールを示す重要な所見として併せて掲げてある。また、前述の『ビジェルの公証人マニュアル』には、一二九五年一〜二月初旬に相当する箇所にビジェルのコンセホ当局（toda la universidat e concejo de Villel）の構成員のリストが挿入されている。[32] そこでは、コンセホ当局そのものが「わたし」（yo）と表現されてそれ自体法人格に相当するものとみなされており、それにつづけて九名の人名と、ちょうど交代時期にあたり次期誓約人の選任におよんでいなかったか、人名がとくに明記されないまま、複数形で「および誓約人」（e los jurados）という文言が連ねられている。これも先と同様の理由により、表中に加えることにした。

ここから、制度的には次のように想定することが許されよう。すなわち、第一に、コンセホ当局成員は、数名の誓約人と、誓約人の肩書をともなわない九名の住人からなっている。前述のようにフスティシアもまた住人のなかから任命され、その歴任者はほぼつねにコンセホの筆頭に掲げられるが、役職そのものは制度上、コンセホ当局には含まれないものと認識されていたようである。第二に、誓約人の人数は年間一名から多くとも四名となっており、単純に加算すれば、コンセホ当局の構成員の人数は一〇名から多くて一三名ということになる。もっとも、一二九五年一〜二月初旬には人数が不明であった誓約人が、その直後の同年二〜三月にマルティン・ルビオおよびベルナベの二名を数えているから、コンセホ当局は、一三〇二年四月の所見が示すように、原則一一名の「よき人びと」で構成されていて、そのうち少なくとも二名が誓約人に選任されることになっていたと想定してよいように思われる。

表中の人名に注目すると、一二九五年のリストに挙げられた九名ならびにその直後に選任されたとおぼしい二名の誓約人と、一三〇二年四月にコンセホがフスティシアのドミンゴ・ロレンソとともにコメンダドールから小麦一〇〇ファネーガ・ライ麦二〇〇ファネーガを購入した際に登場する一一名とでは、七年におよぶ歳月を経ていながらも、その半数以上がまったく交代していない点がじつに興味深い（ペロ・ヒラルト、ビセント、ドミンゴ・ファアネス、ファン・カルベット、ドミンゴ・エステバン、ベルナベ)。また、一二七一年のラサロ・ラ・バルバの席は、一二九五年にその子とおぼしいファン・デ・ラサロに継承され、ファンは一二九八年に誓約人に任ぜられているし、一二九五年に兄弟ファン・カルベットとともに名を連ねるペロ・カルベットの席は、一三〇二年にその子と目されるファン・デ・ペロ・カルベットによって占められている。実際、ラ・バルバ称やカルベット称をもつ人びとは、前述のフスティシアの歴任者と同様に、ここにもほぼ間断なく現れている。さらに、一三〇二年にみられるラモン・ロレンソは、一二七一年にフスティシアのドミンゴ・ロレンソの直後に列挙される「彼の兄弟ラモン」(Raymundo frere suo) その人であろう。[33] それゆえ、いまや法人格と化したコンセホ当局を構成する「よき人びと」の席は、少数の有力家族の出身者によってなかば独占的に占有される傾向にあったことになる。このように誓約人選出の母体となるコンセホ当局成員そのものが事実上の寡占状態であったとなれば、かりに誓約人が一年任期でほぼ毎年改選されていても、わずかばかりの有力家族の出身者が、あたかもローテーションを行うかのように、順次その任を務めることになったにちがいない (ベルナベ、ファン・デ・ラサロ、ブラスコ・ペレス)。

あくまでも領主側の文書の集成である『ビジェル緑書』とは違い[34]、『ビジェルの公証人マニュアル』には、コンセホがフスティシアとともに事実上当事者として単独で発給した文書がごくわずかながら含まれている (表5-4)。それらは全体としてみれば、大きく三つのカテゴリーに分かたれる。すなわち、コンセホに帰属する放牧地 (dehesa) の個人への期限つき貸与 (用益権の売却)、コメンダドールとの交渉 (特定の財産に対するコメンダドールの領主権の保証、コメンダドールからの穀物の購買)、そして域外との法的交渉・合意 (他のコンセホとの協定、属域侵害者からの誠実宣誓、裁判に備えたコンセホ代理人の任命) がそれである。なかでも域外との法的交渉・合意に際しては、コメンダドールの臨席、または事前ないし事後の承諾を得ているとはいえ、あくまでもビジェルのコンセホ (la universidat del concejo de Villel) そのものが当事者として法行為に臨んでおり、その管轄範囲がビジェルの村域ばかりか、バイリア全体におよんでいる。この点で、コンセホ運営を担う人びとが、そのつどフスティシアや誓約人

表 5-4　コンセホ発給文書

フォリオ番号	年代・期日	内　容	コンセホ代表者
64 [3] v	1278 年	エステバン・モンソンにコンセホ帰属の放牧地（la defesa de los Conejos）の用益権を売却。代価 100 ソリドゥス。	
62 [1]	1287 年 2 月 17 日	テルエルのコンセホと合意。ビジェル住人との紛争に際しては，アラゴンのフエロ（Fuero de Aragón）と両者の兄弟盟約の慣習にそくして解決。	Esteban Monzón, Martín Lorent, Pero Garcés, Domingo la Barba, Lázaro la Barba, Domingo Lorenzo justicia de Villel
67 [6] v	1290 年 5 月 3 日	フアン・ペレス・デ・グアダラハラ，当時不在のコメンダドールとビジェルのコンセホにいかなる悪行をも行わないとして誠実宣誓。	Domingo Lorenzo, Jayme vecino de Villel, Pero Garcés, Pero Vidal, muchos otros omnes que auie en el conceyo de Villel
70 [9] v– 71 [10]	1291 年 4 月 4 日	フスティシアのドミンゴ・ロレンソが，ビジェルのサン・マルティン教会の門前，コンセホの「よき人びと」（bonos hombres）の面前で，ビジェル村域エル・アンゴスト所在の耕地に対するコメンダドールの権利を保全すると誓約。	Domingo Lorenzo justicia, Esteban Monzón, Domingo Yuanes, Pero Giralt, Vicent, Pero Garcés
84 [20]	1296 年 1 月 7 日	セガディエーリョ住人のサンチョ・デ・イネスの子ヒルが，ビジェルの属域にいかなる悪行・損害をおよぼさないことをコンセホに誓約。	Domingo Lorenzo justicia, Juan Calvet, Pero Calvet, Vicent, Domingo Esteban, Miguel Esteban
96 [32]	1300 年 2 月 10 日	コンセホ（la universidat del concejo de Villel）が，ミゲル・マルコに，ビジェル域内の放牧地（la defesa de Conejos）の用益権を売却（サン・マルティンの祝日から 3ヶ月間）。代価 95 ソリドゥス。	
94 [30] v	1300 年 3 月 11 日	コンセホ（la universidat del concejo de Villel）が，ドミンゴ・エステバンにビジェル域内の放牧地（la defesa de Conejos）の用益権を 3ヶ月間売却。代価 70 ソリドゥス。	
102 [38]– 102 [38] v	1302 年 3 月 17 日	ビジェルのコンセホ（el concejo de Villel），コメンダドールの面前で，アデムスの住人セバスティアン・デ・ミエレスによる属域侵害に対して争うべく，ビセンテ・デ・クタンダとフアン・デ・ラサロを代理人に任命。	
104 [40]	1302 年 4 月 13 日	フスティシアおよびコンセホ当局がコメンダドールから小麦 100 ファネーガ・ライ麦 200 ファネーガを購入。代価 408 ソリドゥス 4 デナリウス。	Domingo Lorenzo, Pero Giralt, Domingo Yuanes, Juan Calvet, Vicent, Martín Crespo, Pero la Cuesta, Bernabé, Ramón Lorenzo, Domingo Esteban, Juan de Pero Calvet, Blasco Pérez
106 [42] v	1302 年 6 月 18 日	誓約人ペロ・ヒラルトとコンセホ（todo el concejo del dicho lugar），慣習にそくしてビジェルの教会の門前，コメンダドールならびに国王フエスのベルナルト・ボネットの面前で，アデムス住人セバスティアン・デ・ミエレスによる属域侵害に対して争うべく，フアン・カルベットを代理人に任命。	

といった肩書きをともなうことがなくとも、コメンダドールによる土地の給付に際してほぼつねに二〜三名からなる証人として名を連ねていることを付け加えておこう。それは、ビジェル本体における土地貸借契約はむろんのこと、リブロス、ビジャスタル、リオデバと、すべての域内村落におよんでいるのである。

3　組織的集村化と域内集住村落の形成

前述の属域は、城塞集落ビジェルを中心に、一三世紀をつうじてリブロス、リオデバ、ビジャスタルの三域内集住村落で構成されることとなる。だが、それは、当該空間における征服＝入植運動そのものが必然的にそうした集住村落を生み出すものであったということではなく、領主が自らの政治的・経済的な都合にそくして人為的に入植運動を組織化し、それら限定された総数の集落に住人を定着させるべくつとめた結果である。実際、前述の一二四七年の境界紛争をつうじてあらためて画定された属域北端（グアダラビアル川西岸）には、境界標識のなかに一一八〇年の入植許可状ではみられなかったコルメナールおよびラ・メカと呼ばれる二つのウィラール（villar）が現れている。同様に属域南端（グアダラビアル川東岸）では、前述のようにアデムスのコンセホとの紛争をつうじて一二七一年に境界が再画定されたとき、かつての入植許可状でも登場したバリュルゴがフンドゥス（fundus）の呼称をもって表現されている。

これらウィラールとフンドゥスは、正確なところは不明ながら、その呼称から判断して、数家屋程度の定着をみた小経営地または散居型の小定住地であったと考えられる。となれば、入植運動そのものは本来、そうした自発的な入植を排除するものではなかったのであって、全体としてみれば、かたや領主主導の集住村落の形成、かたや自発的な入植による散居型の小定住地の形成というように、両者が並行して展開する現象であったと考えるべきであろう。この点を考慮に入れておけば、すでに一定数の入植者の存在が窺われ、場合によっては教会さえ所在した定住地に、領主があらためて入植許可状を賦与したのはなぜかが自ずと理解されるはずである。

(1) リブロス

テンプル騎士団統合後、最も早期に発給された入植許可状が一二一二年の城塞(castello)リブロスのそれである。[35] ここではまずもって、騎士団のリブロスにおける財産(hereditas)とラ・ペーニャ[36]の財産の二分の一、さらに菜園が入植者に分配され、取得した財産は騎士団の優先買戻権を尊重するかぎり聖職者・騎士を除いて誰にでも譲渡可能とされる一方、教会、竃および粉挽水車、城塞周囲の三耕地、さらに裁判権については領主に留保されることとなっている。入植者の負担については、サラゴーサのフエロにそくして教会十分の一税および初穂納入のみとされ、軍役・騎行義務(in hoste et in cavalgada)を履行するよう求められている。また、その村域は北のビジェル本体、南のアデムス、西のトラマカスティエルの各村域と東のグアダラビアル川に隣接するとされていて、村域内での土地占有・開墾が全面的に認可されているが、あくまでも同地に居住することが欠かすべからざる条件となっている。[37]

ここには入植者が負担する貢租(cens, tributum)の記述がみられないが、それはどうやらこの種の規範文書にありがちな理念を示すものにすぎず、彼らが現実にいかなる貢租も負担しなかったことを意味しないようである。事実、早くも一二三四年には、同地の自らの一耕地と引き換えにコメンダドールから二耕地片を貸与されたロペなる住人が、ロウ二リブラと竃使用料として金一マスムディーナを納付することとなっている。[38] 一三世紀をつうじて数えられる一三点の土地貸借文書および二点の貸借地売却文書では、家屋または家屋用地(solarium de casa)、耕地、葡萄畑、菜園、さらに村域内に分布する個別経営地とおぼしい「ヘレディタースおよび家屋」(hereditatem et domos)が個別に貸与の対象となっていて、わずか三件で現物納(ロウ二リブラ〔一二三四年〕、雄鶏二羽〔一二四五年[39]〕、雄鶏二羽（一二八七年）[40]がみられるほかは、貸借物件の地目にかかわらずすべて貨幣納となっている。[41]

（2）リオデバ

ややとんで一二六〇年には、コメンダドール以下バイリア役職者によって、リオデバに二〇名限定の入植者を募るきわめて興味深い入植許可状が発給されている。もともと「エバ川」（Rio d'Eva）を意味する村落呼称から、一一八七年に城塞ビジェルがサンタ・マリア・デ・モンテガウディオ騎士団に寄進される際に域内村落の一つとして挙げられた前述のクエバス・デ・エバを想起したくなるところであるが、同じくリオデバ川流域に所在したとしても、両者が同一の定住地であったかは判然としない。とはいえ、遅くとも一三世紀中葉には、リオデバ付近の入植・開発そのものはある程度進行していたものと想定される。コメンダドールは一二四二年、エバなる領域にある騎士団の土地を、ミゲル・カルベット（一二五九年にビジェルのフスティシアを歴任）、ファン・カルベット、その義理の息子ラサロ、マルティン・デ・ラ・バルバとそれぞれの妻に賦与し、四世帯でそれぞれ均等に分割させている。[42]ついで一二五七年には、B・デル・バジェステロとその妻がリオデバ村域の耕地を、小麦一ファネーガの貢租納付を条件に貸与されている。[43]当該入植許可状の発給を翌年に控えた前述のアデムスのコンセホとの境界紛争（一二五九年）もまた、リオデバ一帯の入植がすでに進行し、双方の住人が直接角を突き合わせるようになったことに起因するものであろう。以上をふまえて、リオデバの入植許可状の中身を、順を追って整理しよう。[44]

まず、それは、「リオデバの既存の、ならびに将来の入植者、二〇名のみに」（a los pobladores de Riodeva presentes et devenidores, a XX pobladores tan solament）全村域ならびに騎士団に帰属する財産ともどもリオデバの村落（puebla）を賦与するという、通常の従物書式に則った贈与文書の形式ではじまる。ただし、その贈与対象から次のものが除外されている。すなわち、領主権（sennoria）、教会と十分の一税・初穂納入、竈ならびに粉挽水車とその水路・堰、軍役・騎行義務、国王・王太子・国王代理に納付すべき宿泊税（cena）、王権がビジェル住人に要求するあらゆる賦課租をビジェルのバイリアの住人として分担することがそれである。[45] ついで塔（torre）とそこに附設された居館および教会が領主に留保されるとあり、村域内で入植者自ら教会、竈、粉挽水車を設けることは禁止されている。入植者はさらに、八月の聖母被昇天の祝日に集団的な貢租（cens, tributo）として、テルエル市場の単位で穀物二〇カイース（小麦・ライ麦各一〇カイース。ライ麦が不足する場合は大麦で代替）を納付することとなっている。取得財産については、騎士、修道院、インファンソン（「自由人」）、聖職者を除き、自らと同等の隣人に譲渡可能ながら、コメンダドール以外の領主（seniores）や庇護者（padrones）の下に服した場合、その相続権を没収される。入植者の法的身分はサラゴーサのフエロに準ずるが、同地に自身の住居（personal residencia）を設けることが必須条件とされている。[46]

入植許可状の末尾では、発給時に立ち会ったドミンゴ・ペロ・ラドレ、マルティン・デ・ラ・バルバ、ヒメノ・バジェステロ、フアネス・デ・ペロと、その他の入植者ならびにそこに臨席していない彼らの子孫が一人称で、以上の各条項を遵守することを騎士団に誓約するという文言が付されている。ドミンゴ・ペロ・ラドレは、一二五九年にビジェルのコンセホの誓約人ならびにフスティシア代理をつとめ、同年末と一二六一年にもフスティシアを歴任した人物であり、ビジェル本体のみならずコメンダドールの下で属域全体を管理するコンセホの代表者として誓約の主体となっているものと推測されるが、一三世紀後半から一四世紀初頭にかけてリオデバの住人（vecino）を称する同名の人物がたびたび現れることから、実際に入植の旗頭となったか、同名の子孫を残したかのいずれかであろう。また、マルティン・デ・ラ・バルバについては、一二四二年にエバの領域における騎士団財産の一部の分割にあずかった前述の人物と同一と想定される。いずれにせよ、このように既存の住人の存在が窺われるにもかかわらず、あえて二〇名と制限された入植者を誘致しようとしたのは、領主のいかなる思惑によるものであろうか。

前述のリブロスの入植許可状では、一連の諸規定を享受するにはなによりもその地に居住することが必須の条件であった。この種の居住義務は、冒頭で紹介したホセ・マリア・ラカーラの「辺境都市」モデル以来、それら城塞や塔を擁する入植地がまずもって「辺境」の軍事的・戦略的拠点であり、それ自体自立的な防衛が必要不可欠であることを前提とする規定と考えられてきた。けれども、リオデバの入植許可状は、バイリア南端に位置するとはいえ、一二三八年のバレンシア征服からすでに二〇年以上を経過し、軍事的な脅威に直面することがもはやなくなった段階で発給されているのである。

ここではあくまでも住居を設けるよう求められていることに注目しよう。この点で、バイリアこそ異なるものの、一二五五年のカンタビエハのコメンダドール＝コンセホ協定文書に設けられた一規定はおおいに参考になる。すなわち、カンタビエハ住人は、竈使用料を納付するかぎり、自らの経営地（mansio）に住まうことが許されるが、カンタビエハ内の家屋を放棄してはならないという規定がそれである。[47] この規定はおそらく、同地の住人（vecino）のなかに、現実にはのちにマス（mas）ないしマサーダ（masada）と呼ばれることになる自前の孤住型経営地に居住する者が数多くいたことを反映している。それがここでは、実際に住まないにせよ、集落内の家屋を維持するという一定の条件の下で認められているのである。となれば、こうした規定はそこに実際に居住することではなく、あくまでもその住人の一員として数えられることを受け入れるよう要求するものと理解すべきであろう。

その意味は、入植者の負担をめぐる前述の規定のなかにありありと表現されている。すなわち、彼らは、リブロス住人と同じく教会十分の一税・初穂納入、竈・粉挽水車の使用強制、軍役・騎行義務に服するばかりか、全体として二〇カイースの集団的な穀物貢租（それゆえ理論上は一世帯あたり一カイース）を共同で負担しなくてはならない。そもそも各バイリアは財産規模に応じて騎士団総本部に対してレスポンシオン（responsión）と呼ばれるある種の納税義務をもれなく負ったが、[48] いずれにしてもバイリアそのものの家政にかかわる直接収入を確保しようとするものであったことは疑いない。さらに注目すべきは、国王・王太子・国王代理に対して負担する宿泊税を筆頭に、王権がビジェル住人に要求するあらゆる負担を、ビジェルのバイリアの住人として分担するよう求められていることである。軍事出費の増大に起因する財政難を克服すべく王権が一三世紀をつうじて導入を図った租税のなかでも、同世紀中葉に定着した宿泊税（滞在時には宿泊地提供義務、不在時には貨幣納）は騎士団領を含む教会領もその負担を免れえず、とくに国王ペドロ三世の治世には全面的に貨幣納化されたうえ、増額の一途をたどっている。(49)

ところが、前述のようにバイリアにおける入植運動そのものは自発的な入植を排除するものではなかったから、リオデバの一帯でも入植許可状発給以前からそうした現象が進行していた形跡がみられるように、属域の各所に小定住地、さらには後述するように、その統廃合の果てに生まれた孤住型の経営地（ヘレディタース、エレダミエント〔heredamiento〕、のちにマスないしマサーダ）が散在したと考えられる（散居定住の並行）。問題は、事実上領主による直接的な管理を免れた、そうした小定住地や経営地の人的かつ物的資源をいかにして効率的に貢租収奪のメカニズムに組み込むか、同時に従来のレスポンシオンや増大一途の租税の分担にかかわらせるかである。ここに、入植許可状の賦与による集住村落と、二〇名と人数をあえて指定したその「住人」の人為的かつ組織的な創出の最大の根拠があったと考えられる。

当該入植許可状では個々の入植者に分配される土地についてはいかなる記述もみられないが、共同で穀物貢租を負担する以上、原則として均等に設定された保有単位、すなわちキニオン（quinion）が割り当てられたはずである。その枠組みは比較的強固に保たれたようであり、一二九〇年代においてもなお、二分の一に分数化されたキニオンの言及が散見される。(50) このように分数化されて表現されること自体、従来の保有単位の記憶が維持されたことを示すものであるが、それが世帯数の増加による分割の所産か、新規割当地の設定の所産かは判断のむずかしいところである。キニオンに賦課されたのは前述のように共同負担の穀物貢租であり、一二九一年のコメンダドールによる貸与に際しては、「他の入植者がわれわれ（騎士団）のために履行し、納付しなくてはならないものすべて」（todas aquellas cosas que los otros pobladores deben fer e dar a nos）を同じく負担することとなっている。(51) ところが、一二九二年に住人のあいだで二分の一キニオンが売却されたおりには、明確に小麦・ライ麦半分ずつ、あわせて二・五ファネーガをコメンダドールに納付することになっており、(52) キニオンあたりでは理論上五ファネーガの穀物を納付することになる。前述の二〇名が全体として小麦・ライ麦半分ずつで二〇カイースを均等に分担したとすれば、一名あたり一カイースを納付することになったはずである。当時の容量単位の中身はアラゴン南部のなかでさえ地域差があるのであくまでも推測のレヴェルにとどまるが、この一カイース＝五ファネーガ（二〇カイース＝一〇〇ファネーガ）という対応関係は、テルエル市場の単位で納付するよう求められていることを考慮に入れると、けっして突拍子もないものではないように思われる。(53)

この想定が正しければ、当初設定された二〇のキニオンは世帯数の増加にみまわれても、もっぱら二分の一に分割されるばかりで、二分の一キニオンが別途新設されることはなかったことになるであろう。もとより同時期にはコメンダドールがキニオンではなく村域内の個別地片を貸与するケースもあり、その場合には一二デナリウス（一ソリドゥス）の賃租が賦課されているのである。(54)となれば、次のように考えられるであろう。すなわち、二〇名と指定された入植者、すなわち二〇のキニオンは本来、全体として穀物二〇カイースを安定的に納付させるためにあえて設定された保有単位の集合体であり、それらを保有する世帯数が増加したところでキニオンの総数自体は変化しないし、それらにかぎっては本来の目的からして、同時期にむしろ一般的な貨幣納に移行することもありえなかったということである。いずれにせよ、それは領主にとってきわめて重要な施策であったにちがいないが、リオデバの形成過程全体からみれば、あくまでもその一部を占めたにすぎないのである。

（3）ビジャスタル

属域の北端に位置するビジャスタルには、都合三度にわたって入植許可状が発給されている（一二六四、六七、七一年）。その一帯もまた、入植許可状の発給以前から不安定ながら一定の入植運動は展開していたものと考えられる。テンプル騎士団統合直前の一一九五年には、王権が、テルエルの属域村落ビジャエスペサとビジェルの属域のはざまに所在するエスコンディーリャなる放牧地（serna 現ビジャスタルのグアダラビアル川対岸に支流ラ・エスコンディーリャ川がある）を、アルマサン出身のミゲル・フアンに賦与し、同人の親族と同じくアルマサン出身の隣人（vicinos）とで自由に分割することを許可している。[55] また、一二〇〇年には、騎士団が交換によって獲得した土地のなかに、ビジャスタルにおける耕地がみられる。[56] テルエルのコンセホおよびビジャエスペサの住人との一二四七年の紛争であらためて境界画定された属域北端では、自発的な入植を経て生成したとおぼしいウィラールが現ビジャスタルの西方に散見されることはすでに述べたとおりである。そもそもビジャスタルは、前述の一二二一年のサラゴーサ司教との紛争ですでに教会の所在地として紛争の対象となっているのであり、そうしたレヴェルの定住地にあえて入植許可状を賦与することの意義があらためて問われなくてはならない。

まず、一二六四年の入植許可状は、ベルナルド・ガスク、G・デ・マルス、ギリェム・ミゲル、ペラ・デスピン以下、二〇名の入植者に宛てた贈与文書の形式をとっており、ここではアラビア語の村落共同体カルヤ（qarya）に由来するアルケリア（alquería）という呼称を用いて、「ビジャスタルのわれわれのアルケリア」を、同地に帰属する全財産と、ビジェル村域内のエル・アンゴストの耕地とともに賦与するとされている。[57] 比較的詳細に記された従物の中身は入植地どころか既存の集落を想起させるものであり、その呼称のとおりかつてのムスリム定住地ないしは村域内のムデハル定住区であったろうか。

領主は上記の贈与から、次のものを除外している。すなわち、塔とその内郭の全家屋、厩舎、それら家屋内のワイン樽、教会、竈・粉挽水車、軍役および騎行義務、国王・王太子・国王代理向けの宿泊税および司教宿泊税、領主権、ポプラおよびキヌヤナギの林（堰の維持に利用される以外、いかなる場合も売却は不可）がそれである。財産（la heredat toda de pan）の分配を受ける入植者は、例によって教会十分の一税・初穂納入に加えて、穀物耕作地を想起させるその呼称（de pan）とは裏腹に、亜麻、麻、玉葱、大蒜、蕪、葱、人参などが播種された菜園の収穫の七分の一、ならびに葡萄畑の収穫の四分の一の貢租（cens）を負担することとなっている。

以下、次のとおりである。曰く、収穫期には領主の脱穀場を利用し、ワインは内郭の家屋で樽詰めされること。

灌漑地（la heredat del rego）ではいかなる場合にも葡萄を作付けしてはならず、非灌漑地（el secano）では教会十分の一税・初穂納入免除のうえで自由に作付けしてもよいこと。もし灌漑地で他の住人から購入した財産に葡萄畑などを造成した場合、教会十分の一税・初穂納入を負担するのみであるが、当初の三年間は譲渡禁止であり、三年経過後は同地住人で継続的に居住する（住居を設けた）者に、一〇日以内に領主に通達のうえ（fadiga de X dias）、五ソリドゥスの認可料（entrada et firmamiento）を支払ったうえで譲渡できること。いかなる財産も司祭、修道院、その他聖職者に譲渡してはならないこと。もし領主が同地に粉挽水車を建設しない場合、住人はビジェルのそれを利用し、もし領主の粉挽水車を利用しない者は一〇ソリドゥスの罰金を支払わなければならないこと。住人にはビジェルの住人と同じくサラゴーサのフエロが適用されるが、いかなる場合にも騎士団以外の庇護者や領主に追従してはならないこと。もし上記に違反した場合、あらゆる財産は没収され、領主の判断で別の住人（heredero）に分与されること。住人はビジャスタルとラ・エスコンディーリャ川とのあいだに自弁で堰と水路を建設し、それらの視察に来訪するコメンダドールに宿泊税または宿泊地提供義務（recepcion）を履行すること。かくして住人は、生来の領主（seniores naturales）に対する家士（vasallos）として以上の合意を誠実に遵守しなくてはならないというのである。

まずもって注目すべきは、ここでの入植対象があえてアルケリアと呼称されていることである。正確なところは不明ながら、すでに教会を擁する定住地が形成されていたようであるから、それ自体をあえてアルケリアと呼ぶのは、征服・占有直後ならばともかく、いかにも時代錯誤の感が否めない。ビジャスタルの村域には当時、互いに近接する複数の定住核が存在したと考えたらどうであろうか。すなわち、征服以前にさかのぼるムスリム定住地がもとより存在し、その住人がそのまま残留したか、あるいは流出したにもかかわらず定住地そのものは再占有されずに、その近傍に新たな定住核が次第に形成されていたというようにである。その場合、ここで入植対象となったアルケリアはむろんかつてのムスリム定住地ということになるが、塔を中心とする内郭や灌漑地の編成などの描写はとても廃絶した定住地にかかわるものとは思われないし、後述するように三年後の一二六七年に三〇名のムデハルを対象とした入植許可状があらためて発給されているので、一定のムデハル人口が少なくともその時期まで居住していた可能性もありそうである。

前述のリオデバの入植許可状と同様に、ここでも入植者は、教会十分の一税・初穂納入、竈・粉挽水車の使用強制、軍役・騎行義務に服するとともに、やはり国王・王太子・国王代理への宿泊税の分担を求められている。とくに司教宿泊税ないし宿泊地提供義務が加えられているのは、同地の教会だけは前述のサラゴーサ司教との紛争をつうじてテルエルの教会と同様に司教の管轄下におかれたからであろう。興味深いのは分与された財産に賦課される貢租の内容である。財産そのものは穀物耕作地を想起させる呼称をもって表現されているが、領主に納付されるのは、灌漑地に特別な注意が払われているように、とくに菜園の収穫の七分の一と、葡萄畑の収穫の四分の一の定率貢租となっている。この点は、ほぼ同時期にリオデバの二〇名の入植者が負担した穀物の定量貢租とは鋭く対立するものである。ここには、あくまでも領主が、同アルケリアの入植に際していかなる意向をもったかが色濃く反映されているように思われる。すなわち、領主は、バイリア全体の生産物収入と同アルケリア固有の土地利用をふまえて、あくまでもビジャスタルのこのセクターからはもっぱら菜園からあがる生産物とワインの確保を志向したのではないかということである。コメンダドールがそこには粉挽水車を建設しない可能性をほのめかしていることも、このことを裏打ちしているように思われる。となれば、当該入植許可状は、リオデバのそれとならんで、バイリア全体で模索された貢租収奪システムの域内分業の一端を担うものであったとみなすことができよう。

ついで一二六七年の入植許可状では、先の入植許可状と同じく「ビジェルの属域にあるわれわれのロクスにしてビジャスタルという名のアルケリア」が、個人名を挙げられた四名を含む三〇名のムデハル（populatoribus sarracenis qui modo sunt vel in antea erunt ad polulandum locum nostrum et alqueriam）の入植に供せられており、同アルケリアの全ヘレディタースが均等に分割、割り当てられることになっている。[58] ただし、先の入植許可状をふまえたものであろうか、キリスト教徒に割り当てられたという四つのヘレディタース、領主の居館とその上方の塔、領主の葡萄畑および放牧地（deffensa）はそこから除外されている。また、竈・粉挽水車、居館に付属する同様の施設、裁判権および領主権、労役（zofra）、その他共有地はすべて領主に留保されるとある。

以下、入植者に賦課される多様な負担の説明にほぼ費やされる。すなわち、穀物、ワイン、麻、亜麻、果実、野菜、その他あらゆる生産物の四分の一の定率貢租、教会十分の一税・初穂納入、各世帯につき毎月一週間の労役に一名の歩兵を供出すること（領主が一日あたり五つのパンを支給）、クリスマスに各世帯から二羽の雌鶏、家畜一頭あたりに賦課される賃租（羊・山羊一デナリウス、馬・騾馬一二デナリウス、驢馬四デナリウス、牛六デナリウス）、家畜飼料（四分の一および教会十分の一税・初穂納入と同じ比率で納付）がそれである。分与された財産の譲渡は、領主の許可の下、そこに住み、四分の一の定率貢租を誠実に納付できる同じムデハルに対してのみ認められている。ここでも葡萄畑の収穫物については特別な注意が払われていて、灌漑地で作付けされた葡萄畑では収穫物の四分の一および教会十分の一税・初穂納入を領主の貯蔵庫に自弁で運搬し、乾地の葡萄畑では収穫物の七分の一および教会十分の一税・初穂納入を納付するよう求められている。

これに対して、モンソンで開催されたアラゴン＝カタルーニャ支部の全体評議会で発給された一二七一年の入植許可状では、同一の対象をあつかっているとは思えないほどにその表現が大きく変わっている(59)。すなわち、ビジャスタルはもはやカストルム（castrum）、すなわち城塞集落と呼ばれていて、そのロクスとカストルムの領域（dicti loci et termini castri de Bellestar）のあらゆる土地と財産があらためて当該カストルムの入植者（populatoribus castri de Bellestar）に賦与されている。属域全体の代表者であるフスティシアのドミンゴ・ロレンソが筆頭に掲げられているものの、一二六四年の入植許可状でも登場したベルナルド・ガスクの名がみられることから、受益者はそれと基本的に同一とみてよいであろう(60)。となれば、あらゆる土地と財産の賦与とはいうものの、ここでは、一二六七年のムデハル向けの入植許可状にみられたように、キリスト教徒の入植に供せられたという四つのヘレディタースがあらためて問題となっているものと考えられる。

実際、文言の大半が割かれているのは、一二六四年の入植許可状で規定された貢租の貨幣納への変更である。すなわち、それまで負担したという全収穫の七分の一の定率貢租は以後、入植者全体で共同負担するハカ貨二〇〇ソリドゥスの貢租に置き換えられるというのである。退去を望む者が出た場合には、入植者はその者の住居や財産を放棄させたり、退去そのものを自由に制限したりすることができるが、いずれにしても二〇〇ソリドゥスの納付自体は毎年履行されなくてはならないとされている。また、一二六四年には二〇名に分割された割当地は、ここではあらためて一七のキニオンに均等に分割されることとなっており、それらが二〇〇ソリドゥスの貢租を均等に共同負担することとなったであろう。

こうした定率の現物納から貨幣納への変更は、同時期の賃納化の一般的傾向と軌を一にしているかのようにみえるが、むしろ前述の貢租収奪システムの域内分業という観点からあらためて説明されるべきものと思われる。実際、それが、バイリアのレヴェルではなくアラゴン゠カタルーニャ支部の全体評議会で決定されていることは意味深長である。前述のようにビジェルにかぎらず同支部全体が従来のレスポンシオンに加えて、一三世紀中葉に恒常化した国王による宿泊税収奪に対処しなくてはならず、おそらくそこではさらなる貨幣収入の拡充の必要性が強く叫ばれたと考えられるからである。だが、もともとアルケリア周囲の灌漑地の利用に長けていたと思われる三〇名のムデハルの入植または再入植が成功したとすれば、現物納をもっぱらとするムデハルの負担の内容をみるかぎり、菜園の生産物およびワインの確保という点では、賃納化によるキリスト教徒からの現物収入の欠損を補って余りあったであろう。

入植許可状発給以降のビジャスタルにかかわる史料所見はごくわずかであり、ムデハル定住区にかかわるものにいたってはいっさいみられない。とはいえ、ここでもやはり、前述のとおり分割されたキニオンの枠組みは維持されたようである。たとえば、一二九〇年には、騎士団が旧保有者から買い戻したキニオンがペドロ・デ・モンソンにあらためて貸与されているが、ビジャスタルの入植許可状（la carta de la donacion）にそくして、他のキニオンが履行するとおりの貢租（sens）を納付することとなっていて、貢租の具体的な中身は明記されていない。[61] むろん、前述の二〇〇ソリドゥスを共同で負担することになったからであろう。ペドロ・デ・モンソンは前年に、これとは別に同地の家屋を貸与されているが、そこでは雌鶏一羽を負担するのみであり、[62] 二〇〇ソリドゥスを分担するキニオンとそれ以外の財産は厳格に区別されていたことが窺われる。

だが、それは、一三三二年に「住人」を二分するほどの大きな紛争の種となっている。すなわち、一方の当事者は文字どおりの同地住人（herederos que son en el dito lugar de Bellestar）の一部であり、彼らは同地における財産すべてが貢租を分担するべきものと主張した。だが、彼ら以外の住人と、村域に土地、財産、開墾地をもつ者（todos otros herederos que son en el dito lugar de Bellestar e detenedores e possedidores de las piezas e heredades e roturas sitiados en el termino del dito lugar）は自らが領有する土地がそもそもキニオンに分割されたものではないから、各キニオンに割り当てられたいかなる貢租をも負担しないと主張したのである。両者はコメンダドールの判断に一任することで合意に達し、結果として、村域内にあるすべての土地、財産、開墾地は二〇〇ソリドゥスの賃租を分担しなくてはならないと裁定され、以後それらは「よき人びと」の財産評価によって貢租の分担に組み込まれることとなっている。[63] キニオン分与にあずかったことで二〇〇ソリドゥスを共同負担しなくてはならない住人からすれば、村域内の各所にキニオンあつかいではない土地をもつ他の住人や、同じくそうした土地を取得した住人にあらざる人びとがそれを免れていることに我慢がならなかったのであろうか。あるいはより単純に、分担者が増えれば自らの分担額も減るとの判断だったかもしれない。

もっとも、領主にとっては、かたちはどうあれ、とにかく二〇〇ソリドゥスが確保されればよかったはずであり、おそらくその裁定の根拠は住人のそれとは別のところにあったように思われる。すなわち、コメンダドールが下した判断は、あくまでもキリスト教徒に限定されるとはいえ、キニオンと非キニオン、さらには住人と非住人との区別を取り払い、村域内に含まれるあらゆる財産の規模に応じて二〇〇ソリドゥスを分担させる収奪システムを作り出すものとなっている。当然それは、自発的な入植運動を介して形成された小定住地やその統廃合の末に生成した孤住型の経営地も、村域内に含まれるかぎりにおいてその対象となるということである。こうして、それまで属域内にありながら厳密には捕捉されえなかった人的・物的資源は、たとえ呼称のうえで住人とは呼ばれずとも、入植許可状の発給を介して組織的に生み出された、属域を構成する四つの集住村落のいずれかに所属する「住人」となることを迫られていったのである。

4　域内分業と散居定住

入植許可状は、各所に分散した既存の域内人口を次第に形成されつつあった特定の定住拠点に入植させ、そこに組織的かつ系統的に集住村落を生み出そうとするものであった。むろん、その最大の目的は、それら分散した域内人口を、あらためて領主の厳格な捕捉・掌握下におき、レスポンシオンや租税をともに分担させると同時に、貢租収奪の網の目に全面的に組み込むことであったと考えられる。すなわち、貨幣納のリブロス、もっぱら穀物のリオデバ、貨幣納（キリスト教徒）とワインを筆頭とする現物納（ムデハル）のビジャスタルといった具合である。それは、バイリア全体で必要とされる現物・貨幣収入と、自然環境や既存のインフラにねざした個々の集落の土地利用、すなわち生産そのものの域内分業との兼ね合いによって個別に決定されたであろう。

もっとも、わたしたちは肝心のビジェル本体をなお検討していない。そこでは、領主に負担すべき貢租の記述を含む入植許可状が伝来していないが、その不在を埋めて余りある土地の貸借文書や売却文書が比較的多数伝来しており、その対象となった地片群の分布から生産レヴェルの域内分業の一端をみてとることができる。表5-5には、

表 5-5　ビジェル村域地片分布

村域内区域	年　代	耕地	葡萄畑	備　考	貢租目録（14 世紀前半）
Río Serriella	1200-1331	10	5	14 世紀前半に葡萄畑増加	定住区（Barrio de Serriella）
El Castellejo	1277-1302	1	3	13 世紀末に葡萄畑作付け	
San Cristobal	1228-1332	0	10	当初より葡萄畑に特化	葡萄畑（vinya）
El Salobrar	1211-1302	7	6	13 世紀末に葡萄畑増加	菜園（horta）
La Torreciella	1207-1329	1	11	13 世紀中葉から葡萄畑増加	葡萄畑（vinya）
El Angosto	1216-1334	4	13	当初より葡萄畑卓越	
Rueda	1243-1334	4	4	13 世紀末に葡萄畑増加	
La Canyada	1207-1252	2	0	もっぱら耕地	キニオン（quinion），家屋（casa）
La Vega de Cascante	1252-1302	3	6	13 世紀中葉から葡萄畑増加	葡萄畑（parral）
Penaroya	1207-1302	3	1	13 世紀末に葡萄畑作付け	
El Hosino	1277-1302	0	1	13 世紀末に葡萄畑作付け	葡萄畑（vinya）
La Chartera	1330	0	1	14 世紀前半に葡萄畑作付け	新規葡萄作付地（quincha）
La Val de García	1297-1329	1	5	14 世紀前半に葡萄畑作付け	葡萄畑（vinya）
合　計		36	66		

地片単位で譲渡の対象となった耕地と葡萄畑を、それらが所在する村域内の代表的なセクターごとにまとめてある。少なくともそのうちのいくつかは、『ビジェル緑書』末尾のビジェルおよびビジャスタルの貢租目録（一四世紀前半）においても、貢租負担地の分布する重要なセクターとして列挙されている。

むろん各セクターの地片群の言及は時間的にも空間的にもまちまちなので、直接比較するのはややむずかしいが、少なくとも言及数にかぎっていえば、葡萄畑の総数が耕地の二倍近くに達していることがみてとれる。それらのうち、当初から葡萄畑に事実上特化または卓越していたのが、グアダラビアル川沿いで定住区にごく近接したサン・クリストバル地区（El Pago de San Cristobal）と、ビジャスタルとビジェルとのあいだに位置するエル・アンゴスト（El Angosto）である。また、グアダラビアル川対岸のラ・トレシエーリャ（La Torreciella）でも一三世紀中葉から葡萄畑が急激に増加し、事実上葡萄畑に特化されたセクターとなっている。全体としてみれば、本来耕地が優勢であったセクターも含め、あらゆるセクターで一三世紀中葉から同末にかけて葡萄畑への農地転用が展開されている。

一四世紀前半には、もともと耕地の卓越した定住地北西直近のセリエーリャ川流域でも葡萄の作付けが進んでおり、人口増加にともないセクターの一部が街区化したこともあり、耕地の比重はますます減少したであろう。さらにその北西のラ・チャルテーラ（La Chartera）一帯では、『ビジェル緑書』末尾の貢租目録によれば、コメンダドールの指示の下、荒蕪地が系統的に葡萄畑の開発に供せられたことが窺われる。[64] 同じことは、ラ・バル・デ・ガルシア（La Val de García）でも少々先んじて展開されており、同じく貢租目録では最も濃密な葡萄畑分布セクターとなって登場する。こうした葡萄畑造成の傾向はまた、貢租の貨幣納化とも密接な関係があったようである。事実、葡萄畑の貸借では、ワインなどの現物ではなく、つねに賃租の納付が義務づけられており、それが事実上、『ビジェルの公証人マニュアル』の時間的枠組みに相当する一二七七～一三〇二年のコメンダドールによる貸与四〇件中二七件、すなわち全体の約七二・五％が賃租負担という、比較的高い比率を支えているのである。

これに対して、すでにリブロス、リオデバ、ビジャスタルの形成過程をそれぞれ検討したが、そこではあくまでも領主の貢租収奪システムとの関係が重要であって、それら三集落の土地利用そのものはかならずしも明らかではなかった。リブロスについては、『ビジェル緑書』の該当セクションに地片レヴェルの貸借・売却文書が多少なりとも含まれており、それらにそくして判断するならば、一二二六～一三三五年の二四件中、葡萄畑の言及はわずかに四件（一二五六～六四年）のみで、家屋、耕地、菜園、なかでも耕地が一際卓越した印象を受ける。[65] リオデバでは個別証書そのものが少なく、一四世紀前半まで視野に入れてもおよそ耕地ばかりで葡萄畑の言及はまったくない。[66] ビジャスタルもまた個別証書に事欠き、もっぱら家屋かキニオンを目にするのみであるが、[67] ここではむしろ、結果としてムデハルが事実上担うことになったものの、一連の入植許可状にみられる菜園生産物や、葡萄畑とワイン生産にかかわる例外的な描写を思い起こせば事足りるであろう。

それゆえ、ビジェルを筆頭とする四集落は、地片分布から推測するに、生産のレヴェルで北と南とで大きく二分されることになる。すなわち、北はワイン生産のビジャスタルとビジェル、南は穀物、わけても小麦生産のリブロスならびにリオデバである。ビジェルを頂点に全体が一つのバイリアに編成されているとはいえ、それぞれ固有の村域をともなう集落の集合体としては、北半分、ことにビジェル村域における葡萄畑開発・転用はかなりおもいきったもののようにみえる。それが高じたか、各バイリアがレスポンシオン負担額の計算のために自らの財産を申告した一二八九年の目録によれば、アラゴン南部のテンプル騎士団四大バイリアのなかで唯一その家産に牧羊をもたず、またカンタビエハのレスポンシオン負担額を下回る穀物収入しかもたないビジェルのバイリアは逆に、アルファンブラ、カンタビエハ、カステリョーテの三バイリアの目録では言及すらされないワイン収入一四〇〇アスンブレを擁したことになっているのである[68]。

他方、バイリアが賦課したもののうち、ビジャスタルのムデハル三〇名（ワインほか）とリオデバの二〇のキニオン（小麦・ライ麦）を除くと、現物納は個別の土地貸借契約でもはや三割にも満たない状態なので、いかなる生産物であろうとも基本的に生産物の換金が必須となる。ビジェルのバイリアには市場開設にかかわるいかなる文書も伝来していないが、ここに北のワインと南の穀物とが否応なしに域内を流通するメカニズムが作り出される。それは同時に、領主自身もまた域内のワインおよび穀物市場を介して、必要とされる生産物を調達しなくてはならないことを意味する。あるいはそこに、前述のようにあえて現物納を指定した入植許可状を既存の集落に発給したことの理由の一端があったかもしれない。

ただ、こうした地片レヴェルの域内分業と生産物流通のおおまかな構図は依然として不完全なものである。前述のように一連の入植許可状の発給は、単純な無主地の入植・開発ではなく、各所に分散する既存の域内人口を限定された数の定住地に凝集させることによって系統的に集住村落を生み出そうとするものであった。その最大の目的の一つは、当初より領主の監督を免れて自発的に生成していた小定住地や、その廃絶の過程で、あるいは同じく自発的な土地占取により形成された家族単位の多角的経営地を各村域に組み込むと同時に、それらに居住ないし領有する人びとを各集落の「住人」として編成することにあったと考えられる。となれば、領主主導で組織的に形成された集住村落にまさしく対立する、散居定住の担い手ともいうべきそうした経営地が、そうした構図にいかにして組み込まれるかが問われなくてはならない。すなわち、現在の地名にもその痕跡を残すマスないしマサーダの原型ともいうべき経営地がそれである。一三世紀後半には、本来は世襲財産を意味する一般的な表現ながらヘレディタースまたはエレダミエントという呼称をもって、いくつかの文書のなかで売買・貸借・抵当の対象となっている。

表5-6は、一三世紀中葉以降に言及されるヘレディタース/エレダミエントの一覧である。それらは、固有の地名を冠するか、あるいは単純に旧所有者の人名をともなうばかりで、帰属することとなった村域が明示されないことが多いので、なかにはそれが厳密に同定できないものも含まれるが、文書が筆写された『ビジェル緑書』のセクション区分、現在の地名、所有者ないし保有者の所属する集落を手がかりに、できるかぎりその村域を示してある。

そうした経営地は、ビジェル（同一のものを含み、なおかつ村域ではカスカンテに属する可能性もあるので実質三件）、リブロス（場合によっては隣接するトラマカスティエル二件を含む六件）、リオデバ（八件）というように、ビジェル以南の属域南部に集中している。史料全体に占めるビジェル関係文書の比重の高さを考慮に入れるならば、リブロス、わけてもリオデバの村域に一際多数分布していることになるであろう。一二八〇年代までがコメンダドールによる貸与が中心で、一二九〇年代以降は一転して私人間の売買・貸借が増加しているのは、前者がもっぱら『ビジェル緑書』集成の文書群、後者が『ビジェルの公証人マニュアル』に含まれる文書群に依拠しているからであり、かならずしも時期によってそれらの経営地のあつかいが大きく変化したことを意味するものではない。

それらの所有者・保有者にも売主・買主にも、兄弟と各々の家族または複数家族による共同ないし分割所有・保有という形式が顕著にみられる。逆に個人レヴェルの所有者のなかには、領主役人やコンセホ要職の歴任者の名前

表 5-6　孤住型多角的経営地

	法行為	期日	行為主体	受益者	財　産	村　域	生産物取引	典　拠
1	贈与	1242, IX	comendador	Miguel Calvet, Juan Calvet, su yerno Lázaro, Martín la Barba	una nostra terra... in termino de Eua Palomareios usque in hereditatem de don R. Ortiz	Riodeva		AHN, Códice 648, no. 247, p. 242
2	贈与	1251, X, 10	Pedro Molina	comendador	illam hereditatem Olmete quam ego habeo iuxta azut de Valle de Sursum; aliam medietatem Olmete de Valle de Juso	Villel	小麦売主	Ibid., no. 38, pp. 36-37
3	貸借	1253, I, 4	comendador	Domingo de Conta	illam hereditatem et domos quas habemus in villa de Libros quos domos et hereditates fuerunt de Martin del Caluo（貢租 10 ss.）	Libros	木材売主・買主	Ibid., no. 115, p. 153
4	貸借	1253, I, 12	comendador	Juan Monio	iIllam hereditatem... in villa de Libros que fuit de Lazaro del Calvo（貢租 10 ss.）	Libros	小麦売主	Ibid., no. 123, p. 157
5	貸借	1253, II, 27	comendador	Florent Monio	illam hereditatem... in termino de Rio d'Eua（貢租小麦 2 fs.）	Riodeva		Ibid., no. 460, p. 389
6	売却	1264, III, 17	comendador	Domingo Calvet	el eredat de Garcia Ceria que fue de Andres d'India	Villel		Ibid., no. 272, p. 258
7	売却	1266, II, 10	Domingo del Riodeva	Adán la Torre	toda la heredat mia de la Talaya del Tormagal la qual fue de don Martin de Luna（代価 50 ss.）	Riodeva		Ibid., no. 463, p. 388
8	貸借	1271, VIII, 8	comendador	Pedro Ortiz	illum locum nostrum qui dicitur Cabroncyllo cum hereditatibus quo sufficiatis ad duo paria bonam ad laborandum（終身）	Riodeva	木材売主	AHN, OM, carp. 694, no. 5
9	貸借	1274, V, 3	comendador	Mateo de Pedro Escudero vecino de Villel	[heredat] ...en la Vega de [Cascante] que fue de don Rodrigo Ortiz la qual dicta heredat（代価 50 ss.）	Villel Cascante		AHN, Códice 648, no. 277, pp. 260-261
0	貸借	1280, X, 19	comendador	Juan Texedor, Lorenzo, Nicolas	同上。代価 50 ss.。10 年保有	Villel Cascante	小麦・木材売主	Ibid., no. 290, pp. 267-268
1	貸借	1281, III, 23	comendador	Juan Texedor, Lorenzo, Nicolas	同上。代価 50 ss.。年限なし	Villel Cascante	小麦・木材売主	Ibid., no. 251, p. 244
2	売却	1291, IV, 28	Domingo la Barba	Lázaro la Barba	toda la eredat que nos auemos en el barneo de la Cueua Foradada（代価 150 ss.）	Riodeva Libros		ACA, RC, VC, no. 5, fol. 71 [10] v
3	抵当	1292, X, 30	Polo de Rilgos	Gomblant senyor de Cascante	toda la eredas e casas los bueyes de Rilgos	Libros Tramacastiel	小麦・木材売主	Ibid., no. 5, fol. 74 [13] v
4	売却	1293	Pascual y Pascuala, Martín, Sancha, Marta, Vicente	Gil hijo de Martín de Alcalá	toda quanta eredat en Rodayuellas（代価 100 ms.）	?		Ibid., no. 5, fol. 78 [-] v
5	貸借	1298, II, 6	Pero Calvet hijo de Domingo Calvet	Polo de Rilgos	toda la eredat que yo compre de uos Derilgos con las casas e la eredat de Bonediella（貢租小麦 15 fs.・ライ麦 15 fs.）	Libros Tramacastiel	小麦・木材売主・買主	Ibid., no. 5, fol. 88 [25]
5	売却	1300, I, 18	Martín de Joana y Sancha Redal	Pascual la Barba y Sancha; Domingo Joana y Teresa; García	toda nostra part que a nos cayo de nostros padres en la Foya del Pumas e la del eredat del Plano del Tormagal（代価 46 ss.）	Riodeva	小麦・木材売主・買主	Ibid., no. 5, fol. 92 [28]

17	貸借	1300, I, 22	Vicente Cutanda	Pero Ydecastiel y María	toda la eredat con las casas que yo e en Riodeua（貢租小麦 26 fs.・ライ麦 22 fs.；代価 27.5 ss. 相当の牡牛；3 年保有）	Riodeva	木材買主・ワイン売主	Ibid., no. 5, fol. 95 [31] v
18	貸借	1300, II, 13	comendador	Miguel Pere, Juan Monio y Domingo Soria	aquela eredat que nos auemos a Lacusa que fue de Gil de Adeua e una casa（貢租 30 ss.；10 年保有）	?	小麦売主	Ibid., no. 5, fol. 96 [32]
19	貸借	1302, II, 7	Pero Domingo de la Puerta	Pero Just	toda la eredat que yo e en Villanueua seu esta de ella termino de Villel（貢租 20 ss.；8 年保有；代価 50 ss. 相当の牡牛）	Villel	小麦売主	Ibid., no. 5, fol. 101 [37]
20	抵当	1302, IV, 30	Blasco Romeyo hijo de García Romeyo	Martín Pascual	el eredamiento que yo e en termino de P[ ]lla	?		Ibid., no. 5, fol. 105 [41]
21	売却	1319, VI, 12	Bartolomé del Castellar vecino de Morvedre	Pascasio Marques vecino de Teruel	domos et totum heredamentum in valle de Rio de Eua（代価ラル貨 1100 ss.）	Riodeva		AHN, Códice 648, no. 467 pp. 369-397
22	売却 貸借	1334, X, 3	Domingo Calvet hijo de Juan Calvet	comendador	la qual dicha casa e heredamiento que de don Pero Calvet e es sitiado en fondon de Libros termino de Libros	Libros		Ibid., no. 404, p. 346

が散見される。たとえば、一二五二年にラ・オルメダのヘレディタースを寄進したペドロ・モリーナは、一二一〇年から一八年にかけてメリノ、(69) 一二二五年から二八年にかけてフスティシアを歴任した人物であろう(70)（表5-6の2）。

また、一二六四年にドミンゴ・カルベットは、コンセホ立会いの下、コメンダドールから「ガルシア・セリアの」ヘレディタースを購入している（同6）。その子の一人が、前述のように一二九五年にコンセホ当局の一席を占めたペロ・カルベットである。彼は一二九八年、ポロ・デ・リルゴスから購入した経営地を自らの経営地と併せて同人に再貸与している（同15）(71)。彼はこの段階ではなおビジェル住人（abitant en Villel）として現れるものの、コンセホの職位からは次第に退いていたようであり、それまでに培った政治的・経済的な地位を活かしてこの種の経営地の集積と運用に全面的に傾斜していったものと想定される。というのも、後述するように、彼は域内でそうした活動を続行どころか拡大しながらも、一三〇〇年には一転してアルバラシン住人（veçino de Albaraçin）を名乗りはじめるのである(72)。これに対して彼の兄弟フアン・カルベットは一二九五年から一三〇二年にかけて一貫してコンセホ当局成員として名を連ねている。一三三四年には、その子ドミンゴ・カルベットが、リブロスにおける叔父ペロ・カルベットのエレダミエントを騎士団に売却し、そのまま請け戻して保有することとなっている（同22）。

他方、ペロ・カルベットがアルバラシン住人となってからも域内でその活動を拡大させたように、こうした経営地の所有者のなかには、もとより域外の住人もいたようである。前述のポロ・デ・リルゴスは一二九二年にも、自らが冠する地名の由来となったリルゴスのヘレディタースを担保に、カスカンテ領主ゴンブラントから三〇〇ソリドゥスを借り入れているが（同13）、彼はそもそもアルバラシンの住人であった[73]。また、一三一九年には、リオデバに所在するエレダミエントが、ムルベドラ（バレンシアの現サグント）の住人によって、テルエルの住人に売却されている（同21）。

コメンダドールによって貸与されたものはしばしば旧所有者の名をともなっており、本来は寄進ないし購入により取得されたものと思われる。コメンダドールは一二五三年の三件（同3、4、5）、かなりとんで一三〇〇年の一件（同18）では貢租納付を条件としており、そのうち三件では貨幣納となっている。他方、一二七一年のエル・カブロンシーリョは貢租なしの終身貸与（同8）、一二七四年から八一年にかけて三度にわたり契約・更新されている旧ロドリーゴ・オルティスのヘレディタースは年限つきの用益権の売却という形をとっており（同9、10、11）、毎年の貢租は賦課されていない。それゆえ、こうした経営地の運用は、そこからあがる生産物ではなく、あくまでも貨幣収入をあてにするものだったことになる。それは必然的に、それら経営地からあがる生産物の換金を強いることになろう。

これに対して私人間の貸借では、現物納、わけても穀物が中心となっている。それはちょうど、属域南部のリブロスおよびリオデバが穀物生産の比重が高いという前述の域内分業の実態とも合致するものである。すなわち、一二九八年にペロ・カルベットがポロ・デ・リルゴスから購入した経営地と自らのボネディエーリャの経営地を併せてポロにあらためて貸与したとき、小麦一五ファネーガ、ライ麦一五ファネーガの貢租納付が約束されている（同15）。一三〇〇年にビジェル住人ビセンテ・クタンダが三年間の年限つきで貸与したリオデバのヘレディタースでは、小麦二六ファネーガ、ライ麦二二ファネーガの貢租が義務づけられている（同17）。後述するように、ペロ・カルベットはおもに小麦および木材の取引で、アルバラシンの住人となってからも域内で買主としておおいに活躍するし、ビセンテ・クタンダはとくに木材およびワインの売主・買主として登場する人物である。[73] 両人からすれば、自らが貨幣をはたいて生産物を購入するのだから、経営地の貸与に際して貨幣納ではなく現物納を志向することは少しも不思議ではないように思われる。[74]

それゆえ、貨幣納を志向する領主と現物納を求める私人という構図は、ある一点、すなわち生産物市場で互いに結びつく。市場を介してこれら経営地には貨幣がもたらされ、その一部が領主への賃租にあてられる。その生産物は、ペロ・カルベットのような現物納を指定する所有者にして購買者を介して、域内、場合によっては域外の市場にも供給される。領主もまた生産物を十分に取得するには、もはや貨幣納が進む貢租収奪そのものではなく市場での購買に依存するほかない。だからこそ、この種の経営地の所有者ないし保有者のなかには、小麦および木材の売主・買主がしばしば現れるのである。

5 生産物取引

ビジェルには、その域内村落を含めて市場開設にかかわるいかなる文書も伝来しない。前述のように、一二四〇年代にわずかに市場監督人の例がみられるのみである。テンプル騎士団のバイリアでは、アルファアンブラもまた同様に、一二三〇年に市場監督人の例が知られるばかりである。[76] これに対して、カステリョーテのバイリアでは、一二六八年に国王ハイメ一世によって、カステリョーテに毎週土曜日の週市（mercatum）の開設が認可されている。[77] また、カンタビエハのバイリアでは、一二七二年に同国王によって、従来火曜日に開設されたカンタビエハの週市を土曜日開設に変更することが認可されている。[78] この場合、当該国王文書の発給をもってはじめて市場が開設されたわけではないことは明白である。実際、一二二五年に騎士団が賦与したカンタビエハの入植許可状では、市場税(mercata)は、流通税、裁判権、罰金徴収権、軍役および騎行義務と並んで領主に留保されるとの文言がみられる。[79] また、一二五五年に締結されたコメンダドールとコンセホとの協定では、コンセホ当局に市場監督人(almudaçafus)の選出権が与えられている。[80] 一二五六年には王権がカンタビエハの住人から流通税・通行税を徴収しないよう自らの役人に通達しているが、商人(mercatores)についてはその限りではないとしており、[81] 専業商人が同地を往来または定着していたことを窺わせる。当該バイリアについてはさらに、騎士団の管区長からの請願に応えて、国王ハイメ二世(在位一二九一～一三二七年)が一二九二年、域内村落の一つであるミランベルにも毎週土曜日の週市(mercatum seu forum)の開設特権を賦与している。[82]

市場開設特権の賦与を旨とする国王文書の発給はむろん、それをもってはじめて開設市場が設置されたことを意味するものではない。そもそも騎士団領の各バイリア自体が王領地から独立しているのだから、それら市場そのものは本来王権による制度的認可をかならずしも必要とせず、自生的に生成、あるいは少なくとも領主ないしはコンセホの主導下で自立的に組織されえたはずである。それゆえ、騎士団側からの請願に応えて王権がこの種の特権を賦与したことの意味は、純粋に無からの開設市場の設置とはやや違うところにあったと考えるべきであろう。ことに当該空間は、王権の側からすれば、騎士団領が卓越する、一際独立性の高い「辺境」であり、むしろ自らの権力が相対的に脆弱な空間であったからこそ、その権威を特権賦与というかたちで表現するほかなかったのである。逆に騎士団側からすれば、近隣の域外市場との競合を避けるべく、あるいはそうしたなかで自らの市場の優位性を確保するべく、王権による制度的認可を恃みにしたとも考えられる。となれば、王権による市場開設特権はむしろ特定の政治的・経済的条件に対応した両者の合意の産物であり、この種の文書の不在はじつは伝来の問題ではなく、むしろ市場は本来、主要城塞集落を核に自生的に生成してくるものだから、請願の必要性自体がなかったということかもしれない[83]。いずれにせよ、わたしたちは本章冒頭で掲げた既存の史料を用いてこの方面の問題を検討するほかないであろう。

この点でとりわけ注目すべきは、『ビジェルの公証人マニュアル』に含まれる一部の文書群である。合計八三一点の文書群のうち、主要な文書の内訳は多いところで上から順に、金銭貸借（deuda）三六八件、土地売却（venta）二二四件、土地貸借（treudo）五三件、保証人契約（fiancería）四八件、財産分割（partición）四六件、代理人契約（procuración）二六件、金銭委託契約（comanda）二三件となっている[84]。以上のうち最多の金銭貸借は全体の約四四・三%を占めているが、保証人契約は通常金銭の借り手が債務の弁済を保証するべく保証人を任命する際に締結されるものであるし、金銭委託契約もまた書式上の差異はともかく、委託された金銭の用途は不明ながら金銭貸借と同じく金銭の借り手の債務を内容とするものである。さらに一一件の抵当権設定をここに加えれば、八三一件中四五〇件、すなわち、全体の半数以上が金銭の貸し借りにかかわるものということになる。

典型的な金銭貸借としては、単純に契約締結日（「本日」〔oy〕）から一年後に借り入れた金銭を弁済するよう指定したものや、指定された弁済期日を超過した場合に一ヶ月ごとに超過金を課したもの（その人名からみて貸し手は明らかにユダヤ人であり、通常一リブラあたり四デナリウスが「国王の国庫に」〔al coto del senyor rey〕納付される）が挙げられる。だが、なかには、債務を金銭ではなく現物で特定の期日に弁済することが約束されているものや、逆に受領済みないし受領される現物の対価に相当する金銭を特定の期日までに支払うことを約束するものが、合計一七一件含まれている（金銭貸借全体の約四六%）。史料の性格上、きわめて簡素な記述に終始するケースが多いうえに、通常の金銭貸借と同様に、いずれも金銭または現物を「何某に負う」（devo/devemos a X）とする、いわば「債務弁済書式」（fórmula de deuda）が用いられるので区別がややむずかしいが、さしあたり現物での弁済が約束される場合は現物の先物取引、逆に金銭の弁済が約束される場合は代金後払いの現物の事前引き渡しとみなされるであろう。それらの対象となった現物とその内訳は、小麦を中心とする穀物が八三件、以下、木材六七件、ワイン九件、家畜一二件となっている。

まず、穀物、わけても小麦は総じて、事実上の先物取引を介して取引されたようである。たとえば、次のような例がある。

わたしパスクアル・ロメオとわたしフアン・ドミンゲスは、あなたフアン・カルベットに小麦三ファネーガを、八月の聖母マリアの祝日まで負う。証人はペロ・ラ・プラサおよびB・デ・ラ・バルバ。四月一四日作成。(85)

あくまでも証書の措置部の要旨なので文言があまりにも簡素なものとなっており、これだけでは具体的なところはわかりづらいが、きたる八月の聖母被昇天の祝日（八月一五日）に小麦三ファネーガを弁済する（納品する）ことが約束されていることは明白である。次の例はいま少しわかりやすい。

わたしマルティン・エル・テヒドール、わたしニコラス、わたしマルティンは、あなたアダンに三一ソリドゥスを八月の聖母マリアの祝日まで負い、あなたに同日の価格どおりに小麦を与える。証人はラサロ・デ・サンチョ・フアナおよびB・デ・ラ・バルバ。四月一五日作成。(86)

こちらは逆に、貸し付けられる（事前に支払われる）金額が明示されており、先と同じく八月の聖母被昇天の祝日に、同日の価格で換算して三一ソリドゥス相当の小麦（pan）が弁済される（納品される）こととなっている。このように小麦の納品は八月の聖母被昇天の祝日と指定されるのがつねであり、これは同日が小麦の収穫期にあたるからである（同じく貢租納付期日に指定されることが多いのもそれが理由である）。となると、小麦の代金はどの時点で支払われるのであろうか。

わたしペロ・エステバンは、あなたファン・オリベルと妻マリアに、小麦五ファネーガを負い、あなたに与え、支払うことを約束する。当該代金は聖ヨハネの祝日前後の木曜日の間の小麦価格に準ずるものとし、八月の聖母マリアの祝日に同月の価格にそくしてあなたに小麦を与える。三月二日。(87)

この場合、ペロ・エステバンは、ファン・オリベルとその妻マリアに対して小麦五ファネーガを納品することを約束しているが、もともとは六月の聖ヨハネの祝日前後の木曜日の間の小麦価格で五ファネーガ相当の金銭が事前にファン・オリベル夫妻からペロ・エステバンに貸し付けられる（支払われる）ことになっており、ペロ・エステバンは聖母被昇天の祝日に八月の価格で換算した分量の小麦を納品するという内容である。もともと小麦五ファネーガと総量が指定されたうえ、六月の小麦価格で五ファネーガ分の貨幣の貸付（支払い）が済んでいるのだから、あらためて「八月の小麦価格で換算して」納品するという表現はやや奇異な印象を与えるかもしれない。とはいえ、小麦五ファネーガはあくまでも六月の貸付（支払い）額の基準となっているだけで、八月の納品時には、その時期の小麦価格で受領済みの貨幣の総額に相当する分量の小麦を納品すると理解すればしっくりくる。この点については、省略されることが多くつねに付されるわけではないものの、次のようなケースにみられる付加条項を考慮に入れるとさらに容易に理解される。

わたしマルティン・カルベットの子ペロ・カルベットは、あなたペロ・カルベットの掌中に、小麦八ファネーガを与えることを承諾し、聖ヨハネの祝日までの価格にそくした代金でこれを与えることを約束する。当該代金で八月の価格にそくしてあなたに小麦を与えるものとし、もし八月の聖母マリアの祝日に価格が下がった場合、ファネーガあたり二〇デナリウスから下げない。証人はB・ペレスおよびドミンゴ・ベルナット。二月二四日。(88)

冒頭の書式がやや異なるものの、聖ヨハネの祝日までの小麦価格で換算して金銭が貸し付けられ（事前に支払われ）、一定量の小麦を八月の聖母被昇天の祝日に弁済する（納品する）という点で基本的に同一の内容である。すなわち、マルティン・カルベットの子ペロ・カルベットが、従兄弟にあたる同名のペロ・カルベットに対して小麦八ファネーガの予約販売に応じ、六月の聖ヨハネの祝日の小麦価格換算で貨幣を受領、八月の小麦価格で換算して納品するというものである。だが、ここには、「八月の聖母被昇天の祝日に、もし価格が下がった場合、ファネーガあたり二〇デナリウスから下げない」との文言が付されている。六月の小麦価格で小麦八ファネーガ分の代価が支払われたのち、聖母被昇天の祝日に現物が納品されることになるが、八月はまさしく収穫期にあたるので、普通に考えて小麦価格は下がることになり、納品量は増えることになる。だが、逆に不作の場合には、価格が高騰することになり、納品量は少なくなる。それゆえ、買い手はその年の収穫量を事前に予想して、貨幣を供出しなくてはならない。だが、ファネーガあたりの価格が下がるに任せると納品量は増える一方なので、売り手を保護するべく、あるいは売り手のリスクを最小限に抑えて契約そのものを成立させるべく、ファネーガあたり二〇デナリウスの最低価格が保証されているのである。

ついで木材が弁済手段となっている例には次のようなものがある。

わたしペロ・テヒドールおよびペロ・ラ・クエスタは、あなたペロ・カルベットに、次の木材運搬隊列までに（納品すべき）ドブレロ一三本を負っている。もしわたしたちがこれに違反した場合、聖ミカエルの祝日までにラル貨で二〇ソリドゥス（を支払う）。証人はビセンテおよびB・ペレス。三月二七日。[89]

これまた省略が多くわかりづらいが、ここでも前述の小麦と同様のメカニズムにそくして取引が行われているものと考えられる。すなわち、ペロ・テヒドールとペロ・ラ・クエスタは、ペロ・カルベットに対して、ドブレロ規格（通常は、長さ二四パルモ、幅一・五パルモ、厚さ一パルモとそのつど明記）の角材一三本を次の木材運搬隊列に納品する義務があり、それを逸した場合にはバレンシア王国の貨幣であるラル（レアル）貨で二〇ソリドゥスを聖ミカエルの祝日までに弁済するというものである。さらに詳しく、納品地や納品時期を逸した場合の措置が規定されているのが以下である。

わたしリオデバ住人ペロ・ラドレの子ドミンゴ・ペロ・ラドレは、あなたビジェル住人バルトロメ・ペレスに、良質でまっすぐで丈夫、バレンシアの単位で長さ二四パルモ、幅一・五パルモ、厚さ一パルモのドブレロ一〇〇本を与え、かつ支払うことを承諾する。支払いは、きたる九月の聖ミカエルの祝日までに、グアダラビアル河畔、リオデバ川下流のゴンサルボ・ルイスの塔の袂に、あなたの手数料なしで与え、かつ支払うことに同意し、約束する。もし当該期間に上記ドブレロを支払えない場合、わたしはバレンシア行きの木材運搬隊列に赴き、ランブラ・ダ・バレンシアの木材価格にそくして貨幣を弁済する。上記をわたしの全財産で保証する。証人はフアン・デ・ラサロおよびイニゴ・デ・ロシオン。七月二〇日。(90)

すなわち、リオデバ住人のドミンゴ・ペロ・ラドレは、ビジェル住人バルトロメ・ペレスに、ドブレロ規格の角材一〇〇本を九月の聖ミカエルの祝日までに、グアダラビアル川と支流リオデバ川との合流地点に所在したらしいゴンサルボ・ルイスの塔の袂に、自弁で納品することとなっている。だが、この期日を超過した場合、自らバレンシア行きの運搬隊列に赴き、ランブラ・ダ・バレンシア（バレンシア市におけるアラゴン木材の搬出先）の木材価格にそくして換金したうえで、貨幣で弁済しなくてはならないというわけである。

ワインについては、ほぼ同一の書式ながら先物取引の場合と代金後払いの場合の双方があったようである。以下は先物取引とおぼしい例である。ここでは、ハカ貨で三八ソリドゥス四デナリウスの代金が、きたる八月の聖バルトロメウスの祝日に、ワインで弁済されることが約束されている。

わたしテルエル住人ミゲル・ファルコは、あなたエステバン・デ・モンソンに、きたる八月の聖バルトロメウスの祝日にあなたに与えるワインのために、ハカ貨で三八ソリドゥス四デナリウスを負う。上記はわたしの全財産で保証される。証人はサンチョ・アデレーチョおよびドミンゴ・フォルティ。二月一二日作成。[91]

これに対して、家畜は全体をつうじて、代金後払いの事前購入という手段がとられていたようである。たとえば、次のような例である。

わたしペロ・ラ・クエスタは、あなたマルティン・イニゲスに、騾馬一頭を理由として三五ソリドゥスをクリスマスまで負う。九月四日。[92]

ここでは、騾馬一頭の購入代金三五ソリドゥスをクリスマスまでに支払うことが約束されているものと考えられる。なお、アラゴン南部のおもな生業が略奪遠征と移動放牧であるとした前述の「辺境都市」モデルとは裏腹に、少なくともこの段階では、家畜の取引件数が比較的少ないこと、さらに取引対象が牛二件、驢馬五件、騾馬三件、仔羊一件と、役畜がもっぱらで牧羊の占める割合がきわめて低いことを指摘しておこう。

なお、現物での弁済が指定された事実上の生産物取引を内容とするもの以外にも、弁済手段こそとくに明記されていないものの、同様に聖母被昇天の祝日や聖ミカエルの祝日を弁済期日にしているものが多数ある（純粋な金銭貸借では聖ミカエルの祝日が四〇件、聖母被昇天の祝日が二一件。金銭委託契約では聖ミカエルの祝日が一二件、聖母被昇天の祝日は一件のみ）。それは、宗教的な祭事暦が人びとの日常生活にいかに深く浸透していたかを示すものであるが、ことによるとそれらのなかには明記されていないだけで、同じく生産物取引のカテゴリーに含まれうるものがあるかもしれない。たとえそうでなくとも、それは、金銭貸借であれ、金銭委託契約であれ、単に現物の受け取り手が金銭の貸し手ではないというだけのことであって、その背後で借り手が生産物取引をつうじて換金におよんだことを否定するものではない。実際、当該バイリアでは、双方の祝日が最もよくみられる貢租納付期日となっており、前述のように領主によって賦課された貢租はもはや約七〇％以上が貨幣納となっているから、貸し付けられた貨幣にいっさい手をつけずにそのまま弁済するにしても、弁済期日＝貢租納付期日に合わせて自らの生産物の換金を強いられたはずである。いずれにせよ、以下では、生産物取引であることが明らかなもののみを材料として、主要な財ごとに具体的に検討してみよう。

6　食糧の域内流通・域外輸出

前述のように事実上の生産物取引は全体で一七一件を数えるが、そのうちほぼ半数に相当する八三件が穀物取引となっている（表5-7）。穀物とはいうものの、その中心をなすのはもっぱら小麦であり、ライ麦は一〇件、大麦はわずかに一件を数えるのみで、それらとて単独ではなく、あくまでも小麦とともに取引されている。それゆえ、ここでいう穀物取引は総じて基本的な食糧、すなわち小麦の購買を内容とするものといってよいであろう。先に一部の書式を掲げたとおり、『ビジェルの公証人マニュアル』自体の断片的な性格に加えて、文書によっては相当程度の省略が施されているようであり、すべてが同一の規定を含んでいるわけではないが、基本的な取引の方法はおおむね次のとおりとなっている。

まず、契約時に小麦の総量とその代価がいずれも確定されている、あるいは小麦一ファネーガあたりの価格が固定されているケースはまれである（六件のみ。うち四件が一二八七〜九二年に集中するうえ、コメンダドールが売主となった代金後払いの取引が三件と半数を占める）。それゆえ、契約時には、買主が売主に事前に支払う代価の総額か、買主が希望する小麦の総量のいずれかのみが確定されるケースが通例である。代価が確定されている場合には、通

表 5-7　穀物取引

	Fol.	年代・期日	売　主	買　主	穀　物	代価（ハカ貨）	支払い期日(月)	納品期日（月）	その他
1	64 [3] v	1278/02/27	Pero Garçés	Domingo Texedor	小麦 17 f.		San Juan (6)	Santa María (8)	
2	62 [1] v	1287/02/02	Franca de Ladrón	Jayme Gay	小麦	16 ss. 3 ds.		買主判断	
3	62 [1] v	1287/02/02	Domingo Perral vecino de Azanca Casdel/ Berta mujer de Domingo Miguel	Mahomat Fornero (moro del Temple)	小麦 7 f.			Santa María (8)	
4	62 [1] v	1287/02/19	Martín Lorent/Urraca	Mahomat Fornero	小麦 7 f.	12 ss.		San Miguel (9)	(1.7 ss./f.)
5	63 [2]	1287/02/24	Miguel Péreç	Gil Esteban	穀物 4 f. (小麦 5 q., 大麦 3 f.)				小麦 5 q.，大麦 5 q.，大麦 2 f. を分割納品，それぞれ教会十分の一税を差し引き
6	63 [2]	1287/02/28	Pero Esteban/María	Abrahim Fero	小麦 5 f.			San Bartolomé (8)	
7	63 [2] v	1287/03/03	Pero Esteban/ Pero Domingo la Puerta	Pero Asenta Façon	小麦 3 f.			San Bartolomé (8)	
8	61v	1287/12/04	Juan hijo de doña Milia	Pero Miguel hijo de Pero Miguel de Castiel	(小麦 30 f.)	180 ss.		1 月 1 日	6 ss./f. 指定
9	66 [5]	1290/01/10	Domingo Calamocha vecino de Cascante	Domingo Péreç de Ebas	小麦 8 f.			Santa María (8)	
10	66 [5]	1290/01/15	Pero Aneuas	Pero Calvet	小麦 8 f.			Santa María (8)	他人に売却する時の価格と同額／公証人文書作成の費用込みで支払い
11	67 [6]	1290/04/07	Aparicio Barrachina	Pero Aneuas	小麦 4 f.			Santa María (8)	
12	67 [6]	1290/04/10	Pero Esteban/María Péreç mujer	Pero Aneuas	小麦 4.5 f.			Santa María (8)	
13	70 [9] v	1291/03/04	Pero Esteban/Juan hijo de Pero Sancho	Juan Calvet	小麦 3 f.			Santa María (8)	
14	71 [10]	1291/04/14	Juan Munio/Valero Grimalt/Domingo Meyno/ Pero Martín de Masegaso/ Martín Péreç (vecinos de Libros)	Adán del Frau (vecino de Tramacastiel)		50 ss.		Santa María (8)	保証人 Esteban Monzón, Martín Crespo

15	71 [10]	1291/04/14	Miguel de Aldehuela	Adán del Frau	(小麦 6.3 f.)	31.5 ss.		Santa María (8)	5 ss./f. 指定
16	71 [10]	1291/04/14	Pascual Romeyo/Juan Domíngueç	Juan Calvet	小麦 3 f.			Santa María (8)	
17	71 [10]	1291/04/15	Martín Texedor/Nicolas/Martín	Adán del Frau		31 ss.		Santa María (8)	
18	71 [10]	1291/04/21	Doña Mayor/Mateyo Péreç	Juan Calvet	小麦 20 f.			San Miguel (9)	
19	71 [10] v	1291/04/25	Pero Criment/Domingo Yuanes de Santer/Yaque	Guillem de Blavia/Martín Lorent/ Adán del Frau		33 ss.		Santa María (8)	
20	71 [10] v	1291/04/25–28	Domingo Gonçalvo/Domingo Péreç Pelayo	Adán del Frau		30 ss.		Santa María (8)	
21	71 [10] v	1291/04–05	Pero Calvo de Alpont	Juan Calvet	小麦 3 f.			Santa María (8)	ビジェルで納品
22	71 [10] v	1291/05/06	Çegalvo	Juan Calvet	小麦 3 f.			Santa María (8)	期限内ならば罰金なし
23	72 [11]	1291/05/21	María Villaroya de Villastar/Pero Domingo la Puerta	Adán del Frau		24 ss.		Santa María (8)	8 月のビジェル価格
24	72 [11]	1291/06/13	Domingo la Barba/Pelegrino de Riodeva	Pero Calvet		30 ss.		Santa María (8)	
25	72 [11]	1291/06–08	Juan Ballestero/Martín de Johana/Gil	Adán del Frau		30 ss.		Santa María (8)	
26	72 [11] v	1291/08/27	Bernalt hijo de Bernalt	Guillem de Blavia				8 月 1 日	支払いは売主が買主から購入した牛 1 頭の代価から 35 ss. 差し引いた分
27	73 [12] v	1292/04/20	Pero de Pomar comendador Alfambra	Martin Domingo/Yaque	小麦 50 f.	116 ss. 8 ds.		San Miguel (9)	(2 ss. 4 ds./f.) ／保証人 Esteban Monzón/Vicente Cutanda が代金肩代わり
28	75 [14]	1292/04/24	Bartolomeya hija de Pero Adán	Aya el Gerir	小麦 3 f.			Santa María (8)	
29	74 [13] v	1292/10/13	Juan Texedor	Martín Domingo	小麦 10 f. (+ 12 ss.)			San Miguel (9)	
30	76 [–]	1292/10/13	Pero Albert/María Esteban mujer	Juan Holiver	小麦 2.5 f. (+ 13 ss.)			Pascua Florida	13 ds./f. 指定
31	76 [–] v	1292/11/03	Miguel de la Cuesta/Mateya	Juan Holiver	小麦 8 f.		San Juan (6)	Santa María (8)	

32	79 [15]	1294/05/25	Miguel de Aldehuela/A. Pastor/Juan Calvet	Bartolomé Escolano		48 ss.		San Bartolomé (8)	
33	80 [16]	1295/02/24	Pero Calvet hijo de Martín Calvet	Pero Calvet	小麦 8 f.		San Juan (6)	Santa María (8)	最低価格 20 ds./f.
34	80 [16]	1295/02/24	Juan Holiver	Doña Menga	小麦 18 f.			Santa María (8)	3 年間で均等割納品
35	80 [16] v	1295/03/16	Andrés Murciano	Pero Calvet hijo de Domingo Calvet	小麦 4 f.		San Juan (6)	Santa María (8)	最低価格 20 ds./f.
36	82 [18] v	1295/02–04	Juan Domingo Yuanes/Pero Calvet hijo de Martín Calvet	Gomblant senyor de Cascante	小麦 15 f.			Santa María (8)	保証人 Martín Fero
37	81 [17]	1295/05/25	Juan Gera vecino de Saldón aldea de Albarracín	Pero Calvet	小麦 10 f.			Santa María (8)	売主のビジェル家屋で納品
38	84 [20] v	1296/01	Quilez Munio/Sancho Pérez/Domingo Ferrer	Pero Calvet	小麦 5 f., ライ麦 2 f.		San Juan (6)	Santa María (8)	売主の前二者と後者の保証人契約
39	82 [18]	1296/04/01	Galbert Urbano comendador de Villel	Pascual de Monteagudo/Domingo Vevar/Yuanes Domingo/Pero Criment/Pero de Monzón (vecinos de Villastar)	小麦 100 f.			Santa María (8)	最低価格 17 ds./f.／納付期限超過の場合，貨幣で弁済
40	86 [22]	1297/04/15–19	Martín Castelot/Sancha muger (vecinos de Tramacastiel)	Domingo Esteban	小麦 5 f.（+木材）			San Juan (6)	グアダラビアル河畔で納品
41	87 [-]	1297/05/07–09	Gonçalvo Borrel	Pero Calvet	小麦 5 f.			San Juan (6)	最低価格 20 ds./f.
42	87 [-]	1297/05/12	Pero Albert/María Esteban mujer	Martín Albert	小麦 14 f., ライ麦 1.5 f.（+ 3 ss.）		San Juan (6)	Santa María (8)	
43	87 [-]	1297/05/13	Valero hijo de Valero de Jabalayas/ María Yeua	?	小麦 3 f.		San Juan (6)	Santa María (8)	最低価格 20 ds./f.
44	87 [-] v	1297/06/02	Quilez Munio/Sancho Pérez	Mahomat de Ali Exalaui cativo	小麦 3 f.			Santa María (8)	
45	89 [25]	1298/02	Gil Munio/Juan Munio/Rodrigo hijo de Domingo Julián	Pero Calvet hijo de Domingo Calvet	小麦 20 f., ライ麦 9 f.		San Juan (6)	Santa María (8)	最低価格 18 ds./f.

46	89 [25]	1298/02/02	Martín Marco/Domingo hijo de Marco/ Ramón	Pero Calvet	小麦 15 f., ライ麦 2 f.		San Juan (6)	Santa María (8)	
47	89 [25]	1298/02/02	Pascual Romeyo	Pero Calvet	小麦 3 f., ライ麦 2 f.		San Juan (6)	Santa María (8)	最低価格小麦 18 ds./f., ライ麦 12 ds./f.
48	89 [25]	1298/02/06	Polo de Rilgos	Pero Calvet habitante en Villel	小麦 200 f.			San Miguel (9)	
49	92 [28] v	1300/01/24	Domingo la Barba/María Domingo mujer	Mahomat Catalan		24 ss.		Santa María (8)	
50	93 [29]	1300/02	Çesalbo/Pascual Gálego/ Domingo Bernalt	Pero Calvet hijo de Domingo Calvet vecino de Albarracín	小麦 9 f.				
51	93 [29]	1300/02/03	Martín Agasan/Valero zapatero/Lop	Pero Calvet hijo de Domingo Calvet vecino de Albarracín	小麦 9 f.				
52	93 [29]	1300/02/03	Pero Esteban/Domingo Bernalt	Pero Calvet hijo de Domingo Calvet vecino de Albarracín	小麦 3 f.			Santa María (8)	売主の納品約束状
53	93 [29]	1300/02/04	Sancho Mazón/Mateyo Bacarizo	Pero Calvet	小麦 4 f.			Santa María (8)	
54	93 [29]	1300/02/04	Julián Plegejo	Pero Calvet	小麦 8 f.			Santa María (8)	
55	93 [29]	1300/02/07	Pero Just/Miguel de Pero Mazón/Pero Munoz	Pero Calvet hijo de Domingo Calvet	小麦 4 f.			Santa María (8)	売主の前二者と後者の保証人契約
56	93 [29]	1300/02/07	Pascual del Alcayde/ Domingo Meyno	Pero Calvet vecino de Albarracín	小麦 4 f.			Santa María (8)	
57	93 [29] v	1300/02/14	Domingo Aparicio/Juan de Lario	Pero Calvet vecino de Albarracín	小麦 11 f.			Santa María (8)	
58	93 [29] v	1300/02/14	Juan de Lario	Pero Calvet vecino	小麦 8.5 f.			Santa María (8)	
59	93 [29] v	1300/02/14	Martín de la Plaza/Juan Texedor	Pero Calvet vecino de Albarracín	小麦 14 f., ライ麦 4 f.			Santa María (8)	
60	93 [29] v	1300/02/14	Pero Molina	Pero Calvet	小麦 7.5 f., ライ麦 3 f.			Santa María (8)	
61	97 [33]	1300/03/23–26	Pascual Lorent	Pero hijo de Domingo Calvet	小麦 7 f.			Santa María (8)	

62	97 [33]	1300/03/31	Pero Sángez/Marta muger/Esteban Monzón	Pero Calvet hijo de Domingo Calvet	?				
63	97 [33]	1300/03/31	Martín Belido/Pero Albert	Pero Calvet	小麦 4 f.			Santa María (8)	
64	97 [33]	1300/03/31	Domingo Utiellas	Pero Calvet	小麦 6 f.			Santa María (8)	
65	100 [36]	1302/01/15	Pascual Domingo el Fardero/Toda mujer	Vicent hijo de Pascual Domingo		11 ss.	San Juan (6)	Santa María (8)	
66	101 [37] v	1302/03/02	Pero Esteban	Juan Holiver/María mujer	小麦 5 f.		San Juan (6)	Santa María (8)	
67	101 [37] v	1302/03/04	Gonçalvo corredor/Pascual del Alcayde	Pero Calvet hijo de Domingo Calvet	小麦 4 f., ライ麦 2 f.	公定価格		8 月	公定価格で支払い
68	101 [37] v	1302/03/12	Miguel Pérez	Pero Calvet		50 ss. -1 d.		Santa María (8)	
69	102 [38]	1302/03/13	Martín Gil	Mahomat Mahomat	小麦 8 f.			Santa María (8)	テルエル市場の単位で納品
70	103 [39]	1302/03/07	María Pero Adán/Marteta hija de Pero Adán	Juan Holiver	小麦 4.5 f.		San Juan (6)	Santa María (8)	
71	103 [39]	1302/03/17	Toda viuda de Guillem Texedor/Agostín	Mahomat Maçmodi	小麦 [ ]. 5 f.			Santa María (8)	
72	103 [39]	1302/03/17	Pascual del Alcayde/Agostín	Mahomat de Segura	小麦 6 f. 1 q.			Santa María (8)	
73	102 [38] v	1302/03/27	Pascual del Alcayde	Martín Pérez	小麦 5 f.	(12.5 ss.)		Santa María (8)	2.5 ss./f.（8 月納品時にこれを下回る場合は小麦を増量）
74	104 [40]	1302/04/01	Urraca [Quar]teta	Pero Calvet vecino de Albarracín	小麦 6 f. - [ ] q.			Santa María (8)	納付期限超過の場合，抵当の売却可
75	104 [40] v	1302/04/11	Enego Pérez hijo de Per Yenegez	Jayme de Agramont	小麦 4 f.	(8 ss.)		Santa María (8)	最低価格 2 ss./f.
76	104 [40] v	1302/04/13	Belenguer Dolmos comendador de Villel	Domingo Lorenzo/Pero Giralt/Domingo Yuanes/Juan Calvet/Viçent/Martín Crespo/Pero la Cuesta/Bernabé/Ramón Lorenzo/Domingo Esteban/Juan de Pero Calvet/B. Péreç	小麦 100 f., ライ麦 200 f.	(408 ss. 4 ds.)		Santa María (8)	小麦 20 ds./f., ライ麦 14 ds./f. コメンダドールからコンセホへの売却

77	104 [40] v	1302/04/17	Gonçalvo Borrel/ Martín Lorent	Pero Calvet vecino de Albarracín	小麦 14 f. 1 q.	公定価格		Santa María (8)	8 月納品時に価格下がれば小麦増量
78	105 [41]	1302/04/19	Juan Paris	Pero Garcés	小麦 10 f.	10 ss.		Santa María (8)	1 s./f.（8 月の小麦価格が高くなれば支払い増額，安くなれば小麦増量）
79	105 [41] v	1302/05/05	Martín Lop/María mujer	Pero Calvet	小麦 10 f.	公定価格		Santa María (8)	公定価格で支払い
80	105 [41] v	1302/05/05	Miguel de Aldehuela/Pero Garcés	Pero Calvet	小麦 15 f.	公定価格		Santa María (8)	8 月納品時に価格下がれば小麦増量
81	106 [42]	1302/05/30	Martín de la Plaza/ Domingo Alcalá	Pero Calvet	ライ麦 4 f.	公定価格		Santa María (8)	公定価格で支払い
82	106 [42]	1302/05/30	Nicolas de Pero Ladre/ Urraca mujer	Pascual la Barba	小麦 16 f.	公定価格		Santa María (8)	8 月納品時に価格下がれば小麦増量
83	106 [42] v	1302/06/11	Blasco Pérez/ Domingo Pérez	Mahomat de Segura	小麦 4.5 f.			Santa María (8)	

常の納品期日となる八月の聖母被昇天の祝日（一部同じく八月の聖バルトロメウスの祝日。また一例のみ納品日が買主判断とされるケースもある）の小麦価格にそくして納品量が変動することになる（一一件）。納品期日となる八月は収穫期に相当するため、極端な不作にみまわれないかぎり、おそらく小麦価格は下がることとなり、売主が納品すべき小麦の総量は変動とはいうものの単純に増加することになるであろう。

だからこそというべきであろうか、これに対して最も数が多いのが契約段階で小麦の総量のみが確定されているケースであり、この場合にはやや複雑な措置が講じられている。すなわち、買主は通常、自らが希望する総量の小麦を六月の聖ヨハネの祝日直前の木曜日から直後の木曜日までの一週間の小麦価格で換算し、その代価を同日に売主に支払う。契約段階では代価が確定されないので、その総額は当然書かれない。売主はこれを受領したのち、通常八月の聖母被昇天の祝日（一部はしばしば領主貢租の納付日に相当する九月の聖ミカエルの祝日）に小麦を納品することになるが、事前に指定された小麦の総量はあくまでも買主による支払いの基準となるのみで、受領済みの代価を八月の小麦価格で換算して現物を納品することとなる。この場合もやはり収穫期にあたるため、納品に際して小麦価格が下がる、すなわち売主が納品すべき小麦の総量が当初の指定量より増加することがみこまれるが、そうした事態から売主を一定程度保護し、契約に対する最低限のインセンティヴとなるように、少なくとも一二九五年から単位量あたりの最低価格が設定されるようになっている。すなわち、小麦一ファネーガあたり一七～三〇デナリウス、同じくライ麦一二～一四デナリウスであるが、逆にいえば、この種の規定はそれよりも穀物価格が下がりうることを前提とするものであろう。むろん、逆に価格が上がれば納品量が減るので、見通し次第では買主の損失リスクが増加することになる。

少なくとも一三〇二年三月以降は、以上のような手続きに若干の変化がみられる。すなわち、コメンダドールおよびコンセホが穀物の単位量あたりの公定価格（dineros segunt que ordenaran el comendador jel conceyo ; el precio que caxare el comendador jel concejo ; segunt el ordenamiento del comendador y del concejo）を制定するようになった、あるいは先物の取引に際して両者の制定した公定価格が適用されるようになったのである。こうして、買主は自らが希望する小麦の総量と売主に支払う代価を公定価格にそくして事前に決定する一方、売主は従来と同じく通常八月の聖母被昇天の祝日に納品するが、その際の小麦価格が公定価格より高ければ納品量は当初の指定どおり変わらず代価のみが増額、逆に低ければ代価はそのままで納品量が増量といった具合に、公定価格を基準に調整が行われることとなっている。とくに一三〇二年三～四月には、従来どおり最低価格が設定される場合、二一～二二・五ソリドゥス（二四～三〇デナリウス）と、それ以前に比べて若干高値がつけられており（一二九八年まで二〇デナリウスを超えず）、公定価格の導入はそうした小麦価格の上昇に対処して、小麦の安定的な域内供給を図ろうとするものであったにちがいない。

公定価格の具体的な内容は基本的に書かれないが、一三〇二年四月一九日の売主フアン・パリスと買主ペロ・ガルセスとの契約では、ファネーガあたり一ソリドゥスで小麦一〇ファネーガの取引を内容とするものとなっており、文言全体がかなり簡素化されていて公定価格を意味する上記のような表現こそないものの、一ソリドゥスを基準に納品時に代価または納品量の調整が行われるとする、公定価格を適用する場合と同様の規定を含んでいる（表中の78）。これがまさしく公定価格に相当するものであったとすれば、同時期に設定された最低価格をも大幅に下回るものであったことになるであろう。

以下では、表5-7にそくして具体的に検討しよう。まず、売主は全体としてみれば大きく二つの系統に分かれる。すなわち、第一は個人ないし夫婦単位で売主となるケース（四六件）、第二に親族関係の有無はともかく複数の個人ないし世帯が共同で売主となっているケース（三八件）である。後者の場合にはとくに、共同売主が互いに分担して納品することを約束する保証人契約が付されることもある（二件）。それら売主がどの集落に帰属する住人（vecino, habitante）であったかはつねに明記されるわけではないので当然不完全な分布にならざるをえないが、『ビジェル緑書』収録の文書群も材料に含めて可能なかぎり特定すると、域内のビジェル（一五件）、リブロス（二件）、ビジャスタル（二件）、リオデバ（四件）はともかくとして、域外では隣接するカスカンテ（一件）とトラマカスティエル（一件）ばかりか、グアダラビアル川上流のアルバラシン（一件）とその域内村落ハバロジャス（二件）およびサルドン（一件）さえもが加えられる。

もっとも、アルバラシンは一二八四年のアラゴン連合王国併合直後に深刻な小麦不足にみまわれ[93]、以後一三一六年まで数次にわたって租税（pecha）の免除が更新されるほどであったから[94]、アルバラシンの方面から小麦が納品されたとはさすがに考えにくい。後述するように、事態はおそらく逆であったであろう。たとえば、一二九八年、小麦二〇〇ファネーガをペロ・カルベットに売却する契約を取り結んだポロ・デ・リルゴスは（表中の48）、一二八七年にはアルバラシン住人（veçino de Albaraçin）を名乗り、「わたしはテンプル騎士団にもビジェルの住人にもテンプル騎士団の友人にも家士にもいかなる要求を行わない」（yo al Temple ni a uecinos de Villel ni amigos vasallos del Temple ninguna demanda no faga）として、ラモン・デ・モンソンに対してビジェルの財産をめぐるあらゆる要求を取り下げている[95]。同人がその名に冠するリルゴスという地名は、おそらくトラマカスティエル川流域に所在する同人の多角的経営地に由来し、後述するようにそれを基盤に木材の売主としてもたびたび登場する人物である。一二九二年には同地の家屋・経営地・家畜をカスカンテ領主ゴンブラントから借り入れた三〇〇ソリドゥスの担保に設定しつつも[96]、一二九八年にはリルゴスの全財産をペロ・カルベットに売却したうえで、同じく多角的経営地とおぼしいペロ・カルベットのボネディエーリャの経営地とともに、そのまま請け戻して保有している[97]。リルゴスという地名を冠する人物はほかにもトラマカスティエル方面からの木材の搬出でしばしば登場するが（すなわち、マルティン・デ・リルゴスの子パスクアル、ヒル・デ・リルゴスとその子マルコ、パスクアル・デ・リルゴス）、なかでもパスクアル・デ・リルゴスははっきりとトラマカスティエルの住人として言及されている[98]。それゆえ、もともとアルバラシンの住人でありながらトラマカスティエルに自らの経営地を領有し、それを活動拠点とする人物が、ビジェルのコンセホ当局の一席を占めた人物に小麦（さらに木材）を売却していることになる。となれば、売主がどこにいかなる財産を所有ないし保有したかを考慮に入れなくてはならない。

売主のうち、『ビジェルの公証人マニュアル』および『ビジェル緑書』に集成された文書群から、所有・保有財産を中心とするその経歴が多少なりともわかる六一例を分析してみると、おおよそ次のような所見が得られる。第一に、ビジェル住人または同村域になんらかの財産を領有する者が六一例中四〇例と最多を占めており、以下同様にリブロス六例、ビジャスタル二例、リブロス四例、トラマカスティエル二例、カスカンテ二例となっている。とくにリブロス、ビジャスタル、リオデバの住人はおよそ親族関係が窺われない二～五名が共同で売主となっている（それぞれ三、二、二件）。これら三集落を含め、ビジェル以外の住人は、ビジェル住人を保証人に任命したり（二件）、ビジェル住人とともに共同で売主に名を連ねるケースがみられる（リブロス住人ドミンゴ・メイノとビジェル住人パスクアル・デル・アルカイデ〔表中の56〕、域外ではハバロジャス住人ドミンゴ・アルカラとビジェル住人マルティン・デ・ラ・プラサ〔同81〕など）。

もっとも、それらにまたがってなんらかの財産を領有する売主もいる。たとえば、フアン・テヒドール〔同29および59）を筆頭に、「織物工」（texedor）を名乗る人びとがそれである（兄弟とおぼしいドミンゴ・テヒドール〔同1〕[99]、マルティン・テヒドールおよびドミンゴの子ニコラス・テヒドール〔同17〕）。ことにファン・テヒドールは後述するように木材の売主としても登場するが、コメンダドールからビジェルないしカスカンテの騎士ロドリーゴ・オルティスの財産を保有（一二八一年）[100]、リブロスの家屋を購入（一二九〇年）[101]、ビジェルの財産を売却（一二九〇年）[102]、ビジェルの葡萄畑を領有（一二九二年）[103]、さらにビジェルの家屋用地を保有（一二九九年）[104]と、ビジェルを中心に域内の各所にその財産を分布させている。また、一二七七年から一三〇二年にかけてビジェルの財産の購入・売却、金銭借入・貸付、リオデバの放牧地（dehesa）の売却をそれぞれ行ったキレス・ムニオ（同38および44）[105]や、一二九〇〜一三〇〇年に騎士団の塩田を保有し、木材の売主としても登場するビジェル住人ドミンゴ・フェレール（同38）[106]も同様の例である。さらに、ビジェル以外の小麦売主の保証人をつとめ、ワインの買主ともなっているビジェル住人エステバン・モンソン（同62）[107]や、後述するようにビジェルのコンセホ当局成員にして（一二九五年および一三〇二年）、小麦、ワイン、家畜の買主としてもたびたび言及されるファン・カルベット（同32）、さらにはコレドールをつとめたゴンサルボ（同67）をここに加えてもよいであろう。

となれば、ここでいう売主の相当数は、債務に喘ぐ零細な農民世帯とはとても考えられず、むしろ域内の各所に財産を領有し、場合によってはコンセホ要職を歴任するような人びとであったことになる。この点で、彼らのなかに、後述するように木材の売主としても登場する者が一四件含まれることは興味深い（同5、15、16、17、29、32、38、40、47、59、68、80、81。内訳は同一人物を含むもビジェル七、トラマカスティエル三、リオデバ三、リブロス一）。それはまさしく彼らの財産の多角的な性格を示唆するものであり、売主のなかには、組織的かつ系統的な集村化の動向に逆行するかのように、多角的な経営地をその経済基盤とする者が確実に存在したことをものがたっているのである。

他方、買主の多様性は売主のそれに比べてはるかに低い。そもそも八三件中三四件は、ペロ・カルベットという同一の人物によるものである（一二九〇～一三〇二年）。とくに一三〇〇年以降に二三件）。これに、彼と父ドミンゴ・カルベットを同じくする兄弟ファン・カルベット五件（一二九一年）、トラマカスティエル住人とおぼしいアダン・デル・フラウ七件（一二九一年）、ファン・オリベル四件（一二九二～一三〇二年）と、同様に複数の購入を行っている者を加えると八三件中五〇件、全体の約六〇％がわずか四人の買主によって占められることになる。

これらのうち、いずれもビジェルのコンセホ当局成員を構成したペロ・カルベットの経歴と兄弟ファン・カルベットのそれはまさしく対照的というべきものである。[108] ペロ・カルベットは一二八七年に父ドミンゴ・カルベットとともに言及されて以降、[109] 一二九〇年から小麦、木材（一四件）、ワイン（一件）、家畜（一件）、合計五〇件の取引で買主となっているが、担保つき金銭貸付三件[110]を数えるほかは、わずか三件の土地の取得（購入・貸借）にかかわる文書が知られるのみであり、[111] 自らの富の源泉を土地の集積に求めようとする意志があまり感じられない。ただ、少なくともその経済基盤は、孤住型の多角的経営地の領有とそこからあがる生産物そのものの運用にあったように思われる。

ペロ・カルベットは一二九八年、前述のようにポロ・デ・リルゴスからその全財産を購入し、自らのボネディエーリャの経営地（la heredat de Bonediella）と併せてすぐさま彼に貸与しているが、同時期の傾向に逆行するかのように小麦・ライ麦それぞれ一五ファネーガの現物貢租を要求している。[112] また、ややとんで一三三四年、兄弟ファン・カルベットの子ドミンゴ・カルベットがコメンダドールに二〇〇ソリドゥスで売却した同じく多角的経営地（la qual dicha casa e heredamiento）は、もとは叔父にあたるペロ・カルベットのものであり、リブロス村域に所在したとされている。[113] この段階には死亡していたか、それともビジェルを完全に離れたか、というのも、ペロ・カルベットはコンセホ当局成員でありながら、一三〇〇年初頭以降、アルバラシンの住人となることを選択し、[114] 若干の変化を示しながらも基本的に生産物の購買を中心とする活動を域内で続行しているのである。変化というのはすなわち、一三〇〇年を画期とする小麦取引へのほぼ全面的な専業化がそれであるが（一二九〇～一三〇〇年に一一件、一三〇〇～一三〇二年に二三件。逆に木材は一二九五～一三〇〇年に一二件、一三〇〇～一三〇二年にわずか二件)、このあたりの動機とその意味についてはのちにあらためてふりかえることにしよう。

このようにコンセホ要職を退き、多角的経営地の運用に注力しつつ、生産物取引に邁進した兄弟に対して、ファン・カルベットはむしろ、ビジェル村域の土地を購入によって多少なりとも集積する一方[115]、コンセホ当局成員の列に名を連ね(一二九五、一三〇二年)、比較的オーソドックスに共同体支配層の地位を確保しつづけている。ファン・カルベットが生産物取引を行ったのはじつはごくわずかな期間であり、小麦が一二九一年に五件(同13、16、18、21、22)、ワイン二件(一二九〇～九二年)[116]、家畜一件(一二九〇年)[117]と、すべて一二九五年にコンセホ当局に名を連ねる前のわずか二年ほどのことにすぎず、それ以降、コンセホ要職をつとめるにあたっておよそ生産物取引に手を出していないのは、これとはまったく逆の方向に走った兄弟の経歴と比較してじつに興味深いところである。

これまた一二九一年と特定の時期に七件(うち共同で一件)で小麦を購入したアダン・デル・フラウ(同14、15、17、19、20、23、25)は、おそらく本来はトラマカスティエルの住人であり、一二九〇年に子ロペの身請けのために二二〇マラベディを借り入れたトラマカスティエル住人のアダン(Adan vecino de Tramacastiel)[118]と同一人物と想定される。金銭借入に際して証人となったマルティン・デ・リルゴスはアダン・デル・フラウによる一二九一年の小麦購入に際しても証人となっているし(同23)、マルティン・デ・リルゴスの子パスクアルと、自身の子とおぼしいロペ・デ・アダンはいずれもトラマカスティエル住人として、後述するように木材の売主として登場する[119]。一二九二年になると、アダンは妻のドノリアからビジェルにおける家屋や葡萄畑を贈与されており[120]、一二九七年にはそれらの財産の一部を妻とともに騎士団に売却している[121]。となれば、トラマカスティエルの出身者がビジェル出身の妻を娶り、嫁資として同地の財産を獲得してのちは、域内住人との小麦取引には手を出していないということになろうか。

残るファン・オリベルはやや単発的で、一二九二年一〇～一一月に二件、一三〇二年三月に二件の購入を行っているほか（同30、31、66、70）、一二九五年二月に自ら売主として三年分割で小麦を納品する契約を結んでいる（同34）。一二九二年にビジェルの耕地を購入、[122]一二九七年にはビジェルの家屋をコメンダドールに売却しているから、[123]おそらくビジェルの人とは思われるが、ほかには一三〇二年に二度の金銭貸付を行っているくらいなので正確にはわからない。[124]ただ、小麦取引に際しての売主の人選はもっぱらビジェルの住人で、本来距離の近しい隣人に限定されたようである。

すなわち、ファン・オリベルは一三〇二年三月七日、ペロ・アダンとドミンゴ・マロに七・五ソリドゥスを貸し付ける一方、[125]ペロ・アダンの妻マリアおよび娘マルテタとは小麦四・五ファネーガの予約購入をとりつけている（同70）。一二九七年二月九日にファン・オリベルがコメンダドールに売却した、ビジェルの竈街区（el Barrio del Forno）の家屋の隣には、まさしくペロ・アダンの家屋があり、[126]しかも売却に際して証人として名を連ねたペロ・アルベルトとは、一二九二年にファン・オリベルが小麦を購入した間柄である（同30）。それゆえ、彼の取引では、自らの隣人関係そのものが取引の基盤をなしていたようである。それは、ビジェルの支配層の地位を捨ててまで小麦取引に走った、あるいはそうしなくては小麦取引そのものを生業の核に据えることができなかった、前述のペロ・カルベットの姿勢とは対極をなすものであろう。

そうかといって、それがつねにうまくいくとはかぎらなかったようである。ファン・オリベルは一二九五年、メンガなる女性に小麦一八ファネーガを三年分割で、毎年聖母被昇天の祝日に六ファネーガずつ納品する契約を結んでいるが（同34）、実際に履行できなかったのであろうか、一二九七年四月には早くもメンガからの訴えに対処するべく、賠償費用三〇ソリドゥスをアデムス司祭アルナルド・デ・モンレアルから借り入れるはめになっている。[127]

また、興味深いところでは、ムデハルの買主の例が八件数えられる。なかでも「騎士団のモーロ人」（moro del Temple）と呼ばれるマホメット・フォルネロ（同3、4）、マホメット・カタラン（同49）、マホメット・デ・セグーラ（同72、83）、「捕虜」（cativo）マホメット・アリー・エシャラウィー（同44）は、キリスト教徒住人に対する金銭貸付をたびたび行っており、とくにマホメット・フォルネロは一二七八〜九〇年に六件[128]、マホメット・カタランにいたっては一二九〇〜一三〇二年に一四件[129]と、この方面で際立った活動を行っている。ムデハルによる小麦取引自体はあくまでも散発的であるから、もともとそれらは小麦の取得に主たる目的があったわけではなく、むしろ小麦で弁済するという借主側の要請に応えた、一連の金銭貸付のなかの例外的な事例とみなした方がよいかもしれない。いずれにせよ、これらの事例は、文字どおり共生しながらも、キリスト教徒の「共同体」に帰属しない、あるいはそうした「共同体」のはざまに立つムデハルがいかなる活動に活路を見出したかを示すものといえよう。

他方、全体からみればやはり特殊な例ではあるが、コメンダドールが事実上の売主となっている三例については、領主と住人との貢租収奪に限定されない関係の一端を窺わせる点で一考の価値があるように思われる（同27、39、76）。まず、一二九二年、マルティン・ドミンゴとヤケは、ロペ・アルバレスに納品すべき小麦五〇ファネーガを調達するべくアルファンブラのコメンダドールからファネーガあたり二ソリドゥス四デナリウスで小麦を購入したが、同時に保証人契約を結んだエステバン・モンソンとビセンテ・クタンダが両人に代わって代金一一六ソリドゥス八デナリウスを聖ミカエルの祝日までに支払うとの契約を結び直している（同27）。ついで一二九六年には、ビジャスタルの五名の住人がビジェルのコメンダドールから事前に小麦一〇〇ファネーガを購入し、八月の聖母被昇天の祝日に、コメンダドールの意向次第でファネーガあたり一七デナリウスで換算した代金または同量の小麦を支払うとの契約を結んでいる（同39）。前述のように属域の南北で相当程度の域内分業が進行していたことを勘案するならば、ワイン生産の比重の高いビジャスタルの住人が小麦の収穫期を前にして相当量の小麦を調達しようとしたことも十分に理解されるというものである。

最後に一三〇二年には、フスティシアのドミンゴ・ロレンソと一一名のコンセホ当局成員が事実上コンセホ名義で、ビジェルのコメンダドールから小麦一〇〇ファネーガおよびライ麦二〇〇ファネーガを、それぞれファネーガあたり二〇デナリウスならびに一四デナリウスで購入し、八月の聖母被昇天の祝日に総額四〇八ソリドゥス四デナ

表 5-8 小麦価格
（単位量ファネーガ）

年代・期日	小麦価格
1287/02/19	1 s. 8 d.
1287/12/14	6 s.
1291/04/14	5 s.
1292/04/20	2 s. 4 d.
1292/10/13	1 s. 1 d.
1295/02/24	1 s. 8 d.
1296/04/01	1 s. 5 d.
1297/05/07-09	1 s. 8 d.
1297/05/13	1 s. 8 d.
1298/02	1 s. 6 d.
1298/02/02	1 s. 6 d.
1302/03/27	2 s. 6 d.
1302/04/11	2 s.
1302/04/13	1 s. 8 d.
1302/04/19	1 s.

注）s. ソリドゥス　d. デナリウス。

リウスを支払うと約束している（同76）。これはコンセホが自ら小麦を調達しようとした最初の例であるが、前述のように同時期にコメンダドールおよびコンセホが穀物の公定価格を設定していることもふまえると、貢租名目で、ないしは貢租の貨幣納化が進行していることから市場を介して、ひとたび領主の家政に吸い上げられた穀物を、域内の安定的な供給を図るべくあらためて流通局面に戻すことに両者が合意した結果と想定される。

さて、代価にかかわる記述から小麦価格の動向を可能なかぎり抽出し、以上の所見と突き合わせてみよう。前述のように、全体の傾向としては、当初単位量あたりの価格が固定されていたのが、最低価格を設定した変動型に変化し、最終的に公定価格を基準に調整されるようになるというものであった。最低価格そのものは、八月の納品時にそれ以上価格が下がっても売主の納品量が一定以上には増えないようにする配慮であり、実際の価格は最低価格よりも下がることがありえたことを示唆するものである。とはいえ、この点を考慮に入れておけば、単位量あたりの価格の変動を示す十分な指標になりうるであろう。むろん断片的なものにならざるをえないが、小麦の価格の変遷は表5-8のようになる。

一二八七年初頭にファネーガあたり約一ソリドゥス八デナリウス（七ファネーガで一二ソリドゥス）であった小麦の価格は、同年末には六ソリドゥスと急激に高騰し、一二九一年の上旬にもなお明らかに高止まりのままとなっている[130]。これが一年後の一二九二年四月にはおおよそ半値に下がり、同年秋にはさらに半値に下がっている。以降、三年の間隙はあるものの、一二九五年初頭から九八年初頭まで、一ソリドゥス五デナリウス～一ソリドゥス八デナリウスで安定している。ここから四年間の所見はないが、一三〇二年前半の所見はそれまで価格がやや高いところにあったのが、そこから次第に低下しつつあった局面を示すものかもしれない。あるいはちょうど一三〇二年三月からコメンダドールおよびコンセホによって制定された公定価格の言及がみられるようになることから、価格の安定化を図り、域内の小麦流通を拡充する措置が一定の成果をみつつあったとも考えられる。カルロス・ラリエナ・コルベーラによれば、王国全体が穀物不足による価格高騰にみまわれた時期は一二八〇～八四年、一三一一～一四年、一三一八年、一三三三～三六年であったというが[131]、当該バイリアでは一二八七～九一年にそれに相当する事態に直面したようである。

小麦価格の高騰時から価格が半減する一二九二年四月までに複数回購入を行っているのは、前述のファン・カルベットとアダン・デル・フラウであり、ペロ・カルベットはわずかに二件のみである。ファン・オリベルによる小麦取引はもっぱら価格低下時の一二九二年秋以降であるが、やや単発的なのであまり参考にはならない。これに対して、ペロ・カルベットがまさしく価格の安定期に入る一二九五年から一三〇二年にいたるまで継続的かつ集中的に小麦取引を展開しているのがじつに印象的である（三四件中三二件）。これに、前述のように同人が一三〇〇年二月二日以降、ビジェルの支配層の地位を放棄してアルバラシンの住人となり、ほぼ同時に小麦取引に専業化したことを重ね合わせよう（小麦は一二九〇～一三〇〇年に一一件、一三〇〇～一三〇二年に二三件。これに対して木材は一二九五～一三〇〇年に一二件、一三〇〇～一三〇二年にわずか二件）。すなわち、ペロ・カルベットの活動は、もはや自らがあとにしたビジェル域内の小麦（および木材）の安定的な流通（と売主への貨幣供給）にかかわるものではなく、むしろ域内外の比較的安価な小麦をそれまでに培った人脈を縦横に活用して自らの手元に集積し、これを小麦不足に直面する域外の各所に向けて輸出したのではないかということである。

ほぼ同時期の近隣諸地域の小麦の供給状況は次のとおりである。まず、テルエルでは、一二八三年からコンセホによる継続的な小麦の域外輸出禁止条例が出されており、王権は域外輸出を許可するようテルエル当局にたびたび命令している。[132] 域外輸出禁止条例そのものは、征服直前のアルバラシンとの戦争によるセーリャ川流域の収穫物の壊滅、域内村落のみならず軍隊への食糧供給の必要性による需要の高まりが直接の要因であり、ついで一二九〇年代にはカスティーリャ王国とのムルシア領有をめぐる戦争と、歴代王権の強権的な政策に耐えかねてウニオン(Unión 盟約)に結集したアラゴン貴族や都市による全国的な蜂起がこれに拍車をかけた。[133] とはいえ、アントニオ・J・ガルガーリョ・モジャによれば、テルエルの場合は純粋な不作によるものではなく、総じて持続的な人口増加と小麦生産の流動性とのバランスの悪さに起因するものであるという。[134]

他方、アルバラシンでは、一二九七年、一三〇一年、一三〇三年に深刻な食糧不足にみまわれており、王権がテルエルやダローカ当局にアルバラシンとその域内村落に向けて小麦の輸出を許可するよう命令している。[135] 同じく一三〇二年にはバレンシアが深刻な小麦不足に苛まれており、テルエル当局の域外小麦輸出禁止条例を王権が撤廃させているのである。[136] となると、ちょうどビジェル域内で小麦価格が安定をみていた時期に、近隣諸都市は大なり小なり小麦の供給に意を注がなくてはならない事態に直面していたことになる。

小麦取引では、納品された小麦がいかに利用されたかはまったくわからない。わずかに一三〇二年三月一三日のマルティン・ヒルとムデハルのマホメット・マホメットとの契約で、八ファネーガの小麦が「テルエル市場の単位で」(de la medida del mercado de Teruel) 納品されるよう指定されているが、こうした文言は現実に小麦がテルエル市場に搬入されることをかならずしも意味しない。いずれにせよ、小麦の取引で支払われる貨幣がつねにアラゴン王国伝統のハカ貨であることから、その流通圏は越えなかったと考えられる。となれば、ここではアルバラシンの小麦不足が深刻であったことをふまえて、次のように理解するのが最も妥当に思われる。

すなわち、取引そのものは一二八七年から継続的に見られるが、とくに価格高騰期に集中的に購入を行った人びとと、価格下落・安定期に集中的に購入を行った人びとはその論理がまったく異なる。とくに後者のなかでも、ペロ・カルベットが、アルバラシン住人として登場する一三〇〇年以降に小麦取引に事実上集中するのは、近隣諸都市、ことにアルバラシンの小麦不足をみすえたものと考えられる。それ以前に比べればやや高値をつけているようにみえる一三〇二年にも、まさしく同人が買主となった同年三月四日の取引から言及される公定価格の制定やコンセホ主導の穀物調達が域内小麦の価格を安定させることにつながったとすれば、むしろ結果的に同人による域内小麦の調達とその域外輸出に有利に働いたことであろう。より安価なバイリア域内小麦を集積して、不足に直面したアルバラシンや近隣諸都市で売却することから生ずる差益を追求してのことであったか、あるいは、いまや自らの帰属先となったアルバラシンへのある種の公共奉仕を目的としたものであったか[137]、アルバラシン側の史料の不足ともあいまって、その意図の確かなところは容易には判別しがたい。だが、なににもまして重要なことは、バイリア域内と域外諸地域には、互いの政治的自立性そのままに小麦の厳然たる価格差が存在したということであり、域内の安定的供給を目指して政治的に生み出されたそうした価値の差異そのものが、自ら共同体の外またはそのはざまに身をおいたペロ・カルベットのような人びとの活動の機会を拡大させ、域内から域外におよぶ小麦の流通回路を否応なしに作動させているということである。

前述のように生産物取引のなかには、九件ばかりながらワインの取引にかかわる文書が含まれる（表5-9）。先物の場合にはやはりワインの納品量か代金のいずれかが契約段階で決められていて、納品期日は総じて葡萄の収穫期にあたる八～九月となっている（八月の聖バルトロメウスの祝日〔三件〕か九月の聖ミカエル祝日〔一件〕、ほかに二例で六月の聖ヨハネの祝日）。代金後払いの場合には、ワインの総量と代金の双方が契約段階で合意されているが、代金の支払い期限はやはり八～九月となっている（聖母被昇天の祝日〔二件〕、一一月の聖マルティヌスの祝日〔一件〕）。それらは、一二八七～九二年のわずか五年間に限定されていて一二九二年一一月三日を最後に途絶えることになるが、興味深いことにそれは、小麦価格が最安値を記録した一二九二年一〇月の直後のことである。

売主は、その居住地が判断できる者だけを数えると、ビジェル（六件）、テルエル（一件）、リルゴス（おそらくトラマカスティエル、一件）であり、大半はビジェル住人である。これに対して買主は、エステバン・モンソン三件、

表 5-9　ワイン取引

	Fol.	年代・期日	売　主	買　主	ワイン	代価（ハカ貨）	納品期日（月）	その他
1	62 [1] v	1287/01/16	Domingo Molinero	Alaçur de Vidales judio de Teruel	cuba (70 az.)		San Juan (6)	先物／テルエルの売主家屋で納品／納品期限超過の場合，1日あたり 14 ss.
2	62 [1]	1287/02/12	Miguel de Falcón vecino de Teruel	Esteban Monzón		38 ss. 4 ds.	San Bartolomé (8)	先物
3	63 [2]	1287/02/24	Yuanes Miguel	Criment/Mateo (vecinos de Teruel), Martín de Becabansta/Aparicio Pastor/ Esteban Monzón (vecinos de Villel)	60 az.	22 ss.	Santa María (8)	代金後払い
4	63 [2] v	1287/03/07	Gil/Miguel de Latore/Polo	Esteban Monzón		42 ss.	San Bartolomé (8)	先物
5	67 [6]	1290/03/05	Vicente Cutanda	Juan de Fusat/Sancho Nunez/Lorenzo hijo de Silvestre/ [ ] /Miguel de Monterde (vecinos de Cubla aldea de Teruel)	100 az.	50 ss.	Santa María (8)	代金後払い 代金払い期限超過も罰金なし
6	68 [7] v	1290/10/14	Martín Barrachina	Juan Calvet	110 az.	13 ss./cuba	San Juan (6)	家畜取引ともに
7	70 [9] v	1291/03/19	Doña Miguela habitante en Villel	Martín Bonet clérigo de Camarena/Martín de Maruecos/Domingo Aznar (vecinos de Camarena)	80 az.	40 ss. 4 ds.	San Martin (9)	代金後払い
8	92 [11]	1291/06-08	Martín Barrachina/María Barrachina	Pero Calvet	90 az.		San Miguel (9)	先物
9	76 [-] v	1292/11/03	Pascual de don Just/ Martín Calvet de Aldehuela	Juan Calvet		50 ss.	San Bartolomé (8)	先物

フアン・カルベット二件、ペロ・カルベット一件というように、前述のようにビジェルの共同体上層を占めた、またはは占めることになる人びとが名を連ねているが、それらと並んで域外住人、すなわちテルエル（二件）、クブラ（テルエルの域内村落、一件）、カマレーナ（同じくテルエルの域内村落、一件）の住人の存在が際立っている。となれば、ワインは、ビジェル住人間で取引される一方、テルエルを筆頭とする域外の住人にも売却されたということになろう。その象徴的な事例が、一二八七年の取引である（表中の3）。そこでは、ビジェル住人とおぼしいフアネス・ミゲルから、二名のテルエル住人と、エステバン・モンソンを含む三名のビジェル住人がワイン六〇アスンブレを購入している。後者のビジェル住人はあるいは、テルエル住人によるワイン購買の仲介者のような役割を果たしていたかもしれない。

前述のように、ビジェル村域における葡萄畑の開発はめざましく、単純に言及の対象となった葡萄畑だけでもその総数は耕地の二倍に達するほどであった。本来耕地が優勢であったセクターも含め村域内のあらゆるセクターで、一三世紀中葉から葡萄の作付けが急速に展開している。こうしてバイリア全体が、ワイン生産のビジェルとビジャスタル、小麦生産のリブロスとリオデバとに大きく分かたれるほどに、前者での農地開発・転用が進んだのではないかと想定したのである。そもそも葡萄畑に賦課された貢租は貨幣納が通例なので市場での生産物の換金が必須となるし、バイリア域内である程度分業が進んでいたとすれば、ビジェルのワインが域内全域を流通した、またはそうなるよう配慮されたと考えるのがごく自然であろう。となれば、ワイン取引がわずか九件で、一二九二年を最後に消滅してしまうことは、何を意味するであろうか。

先の所見をふまえると、一二九二年を画期として次の三つが、少なくとも個別取引のレヴェルでは行われなくなったことになるであろう。すなわち、第一に、ごく一部ながら売主にテルエル住人が含まれることから、域外ワインの輸入、第二に、買主にテルエルおよびその域内村落の住人が散見されることから、域内ワインの域外輸出、第三に、ビジェルの特定住人による域内ワインの集積と域外輸出またはその仲介である。これらと域内の葡萄生産の拡大という動向を突き合わせると、自前のワインが域内の需要を満たすようになったことにより、域外ワインの流入を統制すると同時に、[138] 域内ワインが供給不足にならないように域外への流出を防ぐという、域内ワイン生産の保護政策がコメンダドールおよびコンセホによってとられたことを想定させるのである。となれば、ワイン取引の消滅は逆説的に、域内ワイン市場の確立を示唆するものといえよう。

こうした域内ワインの保護政策があったとすれば、少なくとも域内の小麦流通にかかわる公定価格の制定または導入が行われていることからして、その域外流出を阻止するための措置がとられていてもおかしくはない。だからこそ、ペロ・カルベットは共同体の自らの地位を放棄し、その外、あるいはそのはざまに立つことで、自らの活動を維持ないし拡大させたものと考えられる。逆にいえば、そうしなくては、一三〇〇年以降、全体で三五件の小麦取引のうち二二件がペロ・カルベットによるもの（六二・八％）という事態にはなりえなかったはずである。

7　木材の域外輸出

前述のとおり、事実上の生産物取引一七一件のうち六七件が木材の取引である（約四〇％、一二九一～一三〇二年）。契約の基本的な形式では、契約段階で代価も支払期日もおよそ明記されず、買主が希望する木材の総数を、特定の期日に特定の場所で納品するよう指定するばかりである。表5-10のとおり、代価が明記される場合は例によって木材の総数が明記されない。たとえば、65番では、一八〇ソリドゥスの代金に対して、木材の総数は納品時のバレンシア木材市場（ランブラ・ダ・バレンシア［la Rambla de Valencia］）の価格にそくして決定されるとある。[139] また、唯一19番では、木材の総数、代金の総額、支払期日が明記されている。代価はもっぱらバレンシア王国のラル（ral）またはレアル（real）貨が用いられており、木材取引は基本的にバレンシアを最終的な搬出先とする域外輸出

表 5-10　木材取引

	Fol.	年代・期日	売主	買主	木材	代価（ral）	納品期日（月）	納品場所	その他
1	71 [10]	1291/04/14-15	Tomás/Domingo Barba	Bartolomé Escolano	75 dobleros		San Bartolomé (8)	Fondan de Riodeva en Guadalaviar	
2	71 [10]	1291/04/25	Tomás/Domingo hijo de Pero Ladre	Bartolomé Escolano	11 dobleros 14 maderos				
3	72 [11]	1291/05/23	Doña Marta el Parido/Domingo Aparicio	Bartolomé Escolano	100 maderos		San Bartolomé (8)		
4	73 [12]	1292/03	Pelegrino vecino de Riodeva	Vicente Cutanda habitante en Villel	32 dobleros 34 maderos		San Bartolomé (8)	en la torre de Gorçalvo Royz en el río	納付期限超過時はバレンシア市場の木材価格で貨幣を弁済
5	73 [12]	1292/04/03	Tomás/Domingo Cortamine/ Domingo Meyno (yernos de Elvira la Rambla)	Vicente Cutanda habitante en Villel	68 dobleros 70.5 maderos		San Bartolomé (8)	en la torre de Gonçalvo Royz en el río	納付期限超過時はバレンシア市場の木材価格で貨幣を弁済
6	73 [12] v	1292/04/09	Domingo la Barba de Riodeva	Miguel Esteban	30 dobleros 20 maderos		San Bartolomé (8)	en la torre de Gonçalvo Royz	納付期限超過時はバレンシア市場の木材価格で貨幣を弁済
7	73 [12] v	1292/04/09	Miguel yerno de Sancha Pérez	Vicente Cutanda habitante en Villel	8 dobleros 10 maderos		San Bartolomé (8)	orella el río	
8	73 [12] v	1292/04/13	Marta el Parido	Vicente Cutanda habitante en Villel	36 dobleros 57 maderos		San Bartolomé (8)		
9	73 [12]	1292/04/20	Miguel yerno de Sancha Pérez	[　]ucayo hijo de Domingo Esteban	25 dobleros 52 maderos		San Miguel (9)	en la torre de Gonçalvo Royz	納付期限超過時はバレンシア市場の木材価格で貨幣を弁済
10	76 [-]	1292/09/24	Pascual hijo de Martín de Rilgos/Guillem de Rilgos/Guillem del Alegude	Domingo Pérez Pelayo	40 dobleros		1ヶ月以内	en fondan de Tramacastiel en el río	
11	74 [13] v	1292/10/26	Miguel Giralt	Asensio de Prina vecino de Morvedre (Sagunto)		120 ss.	1ヶ月以内		
12	80 [16]	1295	Juan Ballestero	Pero Calvet	31 dobleros		最初の運搬隊列		
13	80 [16] v	1295/03/14-16	Jayme Cornera/Martín de Castelot	Domingo Esteban	30 dobleros 70 maderos		聖ヨハネ祝日後の最初の運搬隊列		

14	81 [17]	1295/03–04	Polo de Rilgos/ [ ] Yuanes/ Sancho Mofret	Pero Calvet	160 dobleros		San Miguel (9)	Regayo de Tramacastiel oriella del río	Polo が 100, Sancho Mofret が 60
15	81 [17]	1295/04/24	Domingo B./ Domingo Pérez de Ebas	Miguel Esteban	104 dobleros		San Miguel (9)	oriella del río	
16	81 [17]	1295/05	Gil/Polo de Rilgos	Pero Calvet	112 dobleros		San Miguel (9)	oriella del regayo de Tramacastiel	
17	84 [20] v	1296/01/09	Gil de Rilgos/hijo Marco	Pero Calvet hijo de Domingo Calvet	60 dobleros		四旬節・復活祭	fondan del Rego de Tramacastiel	
18	84 [20] v	1296/01/15–19	Lázaro Lázaro de Maruecos vecino de Teruel/ Gil de Rilgos	Pero Calvet	20 dobleros		四旬節・復活祭		
19	82 [18]	1296/03/27	Pero Texedor/ Pero la Cuesta	Pero Calvet	13 dobleros	20 ss.	最初の運搬隊列		聖ミカエル祝日までに支払い
20	75 [14]	1296/12/30	Martín Castelot/Sancho de Veças (vecinos de Tramacastiel), Pascual Romeyo/ Martín Marco (vecinos de Villel)	Domingo hijo de Pero Ladre	160 maderos		花の復活祭または5月の復活祭		
21	86 [22] v	1297/04/03	Sancho Mofret/Polo/ Miguel de Calafora	Pero Calvet	64 dobleros		Santa María (8) (バレンシア行きの運搬隊列まで)	Orella Guadalaviar a fondan del Regayo	納付期限超過時はバレンシア市場の木材価格で貨幣を弁済
22	86 [22]	1297/04/07	Domingo/Pascual hijo de Martín Deylar	Domingo Cortar	53 maderos		聖ヨハネ祝日後の最初の運搬隊列	Orella de Guadalaviar en la tore de Jayme Pérez	
23	86 [22]	1297/04/15–19	Martín Castelot/Sancha muger (vecinos de Tramacastiel)	Domingo Esteban	30 maderos (+5 f. trigo)		San Juan (6)	oriella de Guadalaviar	小麦とともに
24	86 [22] v	1297/04/28	Jayme Cornera/María muger	Esteban	30 dobleros 120 maderos		San Juan (6)	el Regajo de Tramacastiel	
25	88 [24]	1297/12/01	Sancho Mofret	Martín Marco vecino de Villel/ Gil de Velbienes hijo de Domingo Pérez el tiço de Valencia	50 dobleros	13 ss. 8ds. (2回分割払い)	?		
26	89 [25]	1298/02/06	Miguel de Castelot	Martín Marco	8 dobleros		花の復活祭		

27	89 [25] v	1298/02/12	Martín Castelot/Sancho de Veças (vecinos de Tramacastiel)	Domingo Esteban	24 dobleros		四旬節・花の復活祭	la oriella de Guadalaviar	
28	83 [19]	1298/07/20	Domingo Pero Ladre hijo de Pero Ladre (vecino de Riodeva)	Bartolomé Pérez vecino de Villel	100 dobleros		San Miguel (9)	al fondan de Riodeva en somo de la tore de don Gonçalvo Roy orella del río de Guadalaviar	買主手数料なし／納付期限超過時はバレンシア市場の木材価格で貨幣を弁済
29	83 [19] v	1298/08/01	Gil de Rilgos/Marco hijo de Gil/Beltran hijo de Lázaro de Maruecos	Pero Calvet	42 dobleros		Santa María (8)	al fondan del río de Muelas	
30	83 [19] v	1298/08/12	Gil de Rilgos	Pero Calvet hijo de Domingo Calvet	23 maderos 1 doblero		9月1日	orella de yuablarsas al fondan del regayo	前契約を遂行する際に，買主の驢馬1頭を利用した分
31	83 [19] v	1298/08/23	Gil de Rilgos/ Domingo Calafora	Pero Calvet hijo de Domingo Calvet	46 dobleros		San Bartolomé (8)	oriella de Guadalaviar al fondan de Tramacastiel	
32	91 [27]	1299/01/03	Pero Ortiz	Pascual de la Barba	100 prenos	13 ss. js. 2 ss. rs.			非先物
33	90 [26]	1299/07/20	Domingo hijo de Pero vecino de Riodeva	Bartolomé Pérez	100 dobleros		San Miguel (9)	en fondan de Riodeua oriella de Guadalauiar	納付期限超過時はバレンシア市場の木材価格で貨幣を弁済
34	90 [26]	1299/08/01	Gil de Riglos/Marco/ Beltran hijo de Lázaro de Maruecos	Pero Calvet hijo de Domingo Calvet	40 dobleros		San Miguel (9)	en fondan de regayo de Tramacastiel	納付期限超過時はバレンシア市場の木材価格で貨幣を弁済
35	90 [26]	1299/08/12	Gil de Rilgos	Pero Calvet hijo de Domingo Calvet	23 maderos 1 doblero		9月1日	en fondan del Regajo de Tramacastiel	30と同一か
36	91 [27]	1300/01/05	Pelegrino yerno de Bartolomé Valero vecino de Riodeva	Lázaro Esteban	100 dobleros		花の復活祭	oriella del río de Guadalaviar	納付期限超過時はバレンシア市場の木材価格で貨幣を弁済
37	91 [27]	1300/01	Miguel Lecuas	Lázaro Esteban	100 dobleros		花の復活祭		
38	91 [27]	1300/01	Domingo Castriel	Lázaro Esteban	100 dobleros		花の復活祭		納付期限超過時はバレンシア市場の木材価格で貨幣を弁済

39	91 [27]	1300/01	Domingo Esteban	Lázaro (Esteban)	100 dobleros		花の復活祭		納付期限超過時はバレンシア市場の木材価格で貨幣を弁済
40	91 [27] v	1300/01	Domingo Baroch	Lázaro Esteban	100 dobleros 40 maderos		Santa María (8)	la tore Gonçalvo Royç	納付期限超過時はバレンシア市場の木材価格で貨幣を弁済
41	91 [27] v	1300/01	Martín de Montagude	Lázaro Esteban	24 dobleros		Santa María (8)	sobre Gonçalvo Royç	納付期限超過時はバレンシア市場の木材価格で貨幣を弁済
42	91 [27] v	1300/01/16–17	Miguel Pérez/ Menga María	Vicente Cutanda de Villel	50 dobleros 50 maderos		Santa María (8)		納付期限超過時はバレンシア市場の木材価格で貨幣を弁済
43	92 [28]	1300/01/18	Bartolomé/ Domingo Barcelo	Vicente Cutanda	20 dobleros 20 maderos		San Miguel (9)		納付期限超過時はバレンシア市場の木材価格で貨幣を弁済
44	92 [28]	1300/01/18	Nicolas Texedor/ Martín Texedor	Pero Anzurez	100 dobleros 100 maderos		四旬節・復活祭またはビジェル発の運搬隊列		納付期限超過時はバレンシア市場の木材価格で貨幣を弁済
45	95 [31] v	1300/01/20	Gil hijo de Jimeno vecino de Riodeva	Domingo la Barba hijo de Nicolas de Johana habitante en Vallacroche	90 dobleros		San Juan (6): 50 dobleros San Miguel (9): 40 dobleros	sobre la tore Gonçalvo Royç por par de bueyes	納付期限超過時はバレンシア市場の木材価格で貨幣を弁済
46	92 [28]	1300/01/23	Benedito de Cubla vecino de Camarena de la Sierra	Ramón de don Pedro Vidal	4 dobleros		ビジェル発の次の運搬隊列	oriella de Guadalaviar	納付期限超過時はバレンシア市場の木材価格で貨幣を弁済
47	92 [28] v	1300/02/02	Pero vecino de Riodeva/ Pero la Cuesta/ Ramón Lorenzo	Pero Calvet hijo de Domingo Calvet vecino de Albarracín	? dobleros				納品受領証
48	93 [29]	1300/02/11	Pascual de Rilgos/ Domingo Calafora (vecinos de Tramacastiel)	Pero Trerar	80 dobleros (Domingo Castriel/Bertlan/Domingo Ramónが加工)		Santa María (8) または同時期最初の運搬隊列		納付期限超過時はバレンシア市場の木材価格で貨幣を弁済
49	93 [29] v	1300/02/15	Domingo Ferrer/ Tania mujer	Bernalt Calvet	100 dobleros		Santa María (8) または同時期最初のバレンシア行き運搬隊列	lusella o salue la tore Gonçalvo Royç	

50	94 [30]	1300/02	Lop hijo de Adán	Benedito de Adoues	11 dobleros		San Juan (6) または同時期最初のバレンシア行き運搬隊列	al fondan de Regajo de Tramacastiel oriella de Guadalaviar	
51	94 [30]	1300/02/19	Marco hijo de Gil (de Rilgos)	Benedito de Adoues	11 dobleros		San Juanl (6) または同時期最初のバレンシア行き運搬隊列	al fondan de Regajo de Tramacastiel oriella de Guadalaviar	
52	94 [30]	1300/02/28	Miguel de Aldehuela/María mujer	Domingo Gil	100 dobleros		直近のバレンシア行き運搬隊列	al fondan de Iuiella	
53	96 [32] v	1300/02/28	Domingo B./Marta el Parido	Domingo Pérez de Ebas	24 dobleros		San Juan (6)	sobre la tore	納付期限超過時はバレンシア市場の木材価格で貨幣を弁済
54	94 [30] v	1300/03/08	Nicolas hijo de Domingo Texedor	Arnalt Zafranqua vecino de Valencia (absent)	29 dobleros 13 maderos				非先物／売主印章付き
55	94 [30] v	1300/03/11	Miguel de Aldehuela/María Sancho mujer	Nicolas hijo de Domingo Texedor	50 dobleros 50 maderos		Santa María (8) または同時期最初の同時期最初の運搬隊列	en Yusella oriella del río	納付期限超過時はバレンシア市場の木材価格で貨幣を弁済
56	97 [33] v	1300/03/28	Domingo Ferrer vecino de Villel	Pedrot Sángez de Mora vecino de Teruel	100 dobleros 100 maderos				納品受領証
57	97 [33] v	1300/03/28	Miguel García	Pedrot Sángez de Mora	madera			la tore de Jayme Pereç	売主印章付き
58	97 [33] v	1300/03/30	Domingo Aparicio/María Giralt mujer	Bartolomé Pérez	30 dobleros 100 maderos		San Juan (6) またはその直後の運搬隊列	al fondan de Iuiella	納付期限超過時はバレンシア市場の木材価格で貨幣を弁済
59	97 [33] v	1300/03/31	Lop hijo de Adán de Tramacastiel	Johan Garcés y Domingo Pérez de Cubas de Villel	10 dobleros 7 maderos		花の復活祭	al fondan del Regajo Tramacastiel	
60	98 [34]	1300–1301	Gil de Rilgos	Pero Calvet	21 maderos		San Miguel (9)	en fondan del Regago de Tramacastiel oriella de Guadalauiar	
61	99 [35] v	1302/01/08	Miguel hijo de Pedro Ladre vecino de Riodeva	Domingo Esteban	100 maderos		San Juan (6) またはその直後の運搬隊列	al fondan de Riodeva oriella de Guadalauiar	納付期限超過時はバレンシア市場の木材価格で貨幣を弁済

62	99 [35] v	1302/01/09	Domingo hijo de Pero Ladre vecino de Riodeva	Domingo Esteban	100 dobleros				
63	104 [40]	1302/04/08	Miguel de Aldehuella/Juan Texedor	Domingo Yaque/Martín Andrés	100 dobleros		San Juan (6)	al fondan de Yusella	
64	105 [41]	1302/05/01	Miguel Giralt/Juan Texedor	Pedrot Sángez (de Mora)	60 dobleras 60 maderos		San Bartolomé (8)	al fondan de Yusella	買主に何らかの損害や手数料を発生させた場合，売主が保証
65	105 [41]	1302/05/05	Lazaro Esteban	Bartolomé Pérez	バレンシア市場の価格で換算	180 ss.	直近の運搬隊列		
66	105 [41] v	1302/05/14	Miguel hijo de Pero Ladre	Domingo Esteban	110 dobleros		San Miguel (9) または直後の運搬隊列	en fondan de Riodeva oriella de Guadalaviar	納付期限超過時はバレンシア市場の木材価格で貨幣を弁済
67	105 [41] v	1302/05/14	Pascual de la Barba	Bartolomé Pérez	25 dobleros		San Miguel (9)	al fondan de Riodeva	納付期限超過時はバレンシア市場の木材価格で貨幣を弁済

事業にほかならなかった。

木材の素材はもっぱらロデナル（rodenal, rodenos）、すなわちマツ（フランスカイガンショウ）であるが、大きく分けて二つの規格のいずれかに処理済みの角材で納品されるよう指定されている。すなわち、ドブレロ（doblero）とマデロ（madero）がそれである。ドブレロは、長さ二四パルモ（一パルモ＝一九二・二三七㎜、約四・六m）、幅一・五パルモ（約二八㎝）、厚さ一パルモ（約一九㎝）、マデロは、長さ二四パルモ、幅一パルモ二デド（一デド＝一二分の一パルモ＝一六・〇一九㎜、約二〇㎝）、厚さ一エシェム（不明）とそれぞれ規定されている。[140] 長さはいずれも同じながら、前者の方がやや幅広かつ厚めの規格となっている。

納品期日は、復活祭（一一件）、六月の聖ヨハネの祝日（九件）、八月の聖バルトロメウスの祝日（九件）か聖母被昇天の祝日（八件）、九月の聖ミカエルの祝日（一二件）、またはそれぞれの祝日直後のバレンシア行きの木材運搬隊列（cabanya de madera）に間に合わせるようにとある。カバーニャ（cabanya）は移動放牧の家畜群に用いられる言葉としてよく知られているが、この場合の隊列はもっぱらバレンシア方面に南下するものであり、時期によってはそれと重なった可能性もあるものの、移動放牧は基本的に夏に北上、冬に南下という形をとるので同一とは考えがたい。それゆえ、グアダラビアル川に沿った交通路を介して、バレンシアに木材を供給するための家畜の運搬隊列が定期的に往来していたのである。それはもとをただせば、グアダラビアル川最上流域のシエラ・デ・アルバラシンの木材を、テルエルの属域、ビジェルのバイリアを経由して、バレンシアまで輸送する経路である[141]。

国王ハイメ一世は一二六八年、バレンシア市に木材を供給する者に、バレンシア王国の望みの場所で木材を伐採し、グアダラビアル川、シュケル川、その他の経路を利用して流通税や通行税なしに輸送することを許可する特権状を賦与している[142]。とはいえ、現実に私人が手ずからそれを行うことはきわめて困難であったにちがいない。ムルシア領有問題に起因する一二九六年から一三〇四年までの対カスティーリャ戦争のさなかには、グアダラビアル川を下りバレンシアに向かう木材がたびたび没収されたとされるが[143]、少なくとも『ビジェルの公証人マニュアル』をみるかぎり、同河川のバイリアの展開するセクターでは一二九五年から一三〇二年にかけて木材の買取・納品は滞りなく行われていたようであり、その影響はおよそ窺われない。

納品期限に間に合わない場合には、約束された木材の総数をバレンシア木材市場の価格で換算して、貨幣で弁済するようにとの但し書きがしばしば付されている。納品場所は基本的にバレンシア方面に通ずる主要交通路となるグアダラビアル川沿いになるが、そこには売主の居住地や木材の伐採・加工地との兼ね合いでいくつかの納品地が設定されている。主要なところは大きく分けて三つあり、グアダラビアル川東岸の支流リオデバ川との合流地点（表中の28の文言にしたがえば、「ゴンサルボ・ルイスの塔」もこの付近であろう）、同西岸のトラマカスティエル川との合流地点、さらにおそらくはリブロスにほど近いフシエーリャ川（現ナベスエラ川かやや北のフンカル川と想定される）との合流地点がそれである。

売主はそれらの納品地まで、自らの、あるいは買主の家畜を借り上げて木材を運搬したようである。たとえば、

図 5-2　木材搬出ルート

一二九八年八月一日、ヒル・デ・リルゴスはテルエルの住人と共同でペロ・カルベットにドブレロ四二本を売却する契約を結んだが、その際にトラマカスティエル川とグアダラビアル川との合流地点まで木材を運ぶために買主のペロ・カルベットから驢馬一頭を借り上げており、その賃借料としてさらにマデロ二三本とドブレロ一本を納品する約束を交わしている（表中の29および30）。また、一三〇〇年一月二〇日、リオデバ住人ヒル・デ・ヒメノが木材を納品する際には、二頭立ての牛で（por par de bueyes）ゴンサルボ・ルイスの塔まで運搬するよう指定されている（同45）。ここではさしあたり、木材がグアダラビアル川沿いの拠点に納品されるまでの経路を、それぞれリオデバ川ルート、トラマカスティエル川ルート、そしてフシエーリャ（ナベスエラまたはフンカル）川ルートと呼んでおこう。各ルートの所見は、納品地そのものの記述や売主の居住地から明らかなものだけを数えると、それぞれ二五件（一二九一～一三〇二年）、二三件（一二九二～一三〇〇年）、六件（一三〇〇～一三〇二年）となっている。

まず、最も早期かつ恒常的に利用されたリオデバ川ルートでは、売主はほぼリオデバ住人で構成されており、ビジェルおよびリブロスの住人はそれらリオデバ住人と共同で売主として名を連ねている。当該ルートを用いた契約二五件のうち八件で小麦取引の売主となっている者が含まれており、彼ら売主が多角的な経営地を経済基盤としていたことをものがたっている（同1、3、4、5、7、12、49、53）。買主は、総じてビジェルの住人であり、バルトロメ・エスコラノ（同1、2、3）、ビセンテ・クタンダ（同4、5、7、8、42、43）、ミゲル・エステバン（同

6、15）、ドミンゴ・エステバン（同13、23、27、61、62、66。うち三件はトラマカスティエル川ルート）、バルトロメ・ペレス（同28、58、65、67。うち一件はフシエーリャ川ルート）といった買主は、一部を除いて、特定のリオデバ住人との人脈を介して当該ルートからバレンシアへの木材域外輸出を行っている。たとえば、ミゲル・エステバンが行った二件の買取はいずれもリオデバ住人ドミンゴ・ラ・バルバを売主としている。また、一三〇〇年一月に六件の木材買取契約を結んだラサロ・エステバンは自らがリオデバ住人であり、この場合は同地住人が自ら、同地で伐採・加工された木材輸出の仲介をしていたことになる（同36、37、38、39、40、41）。

これに対して、一二九二年以降と若干後発のトラマカスティエル川ルートは、基本的にバイリア域外のトラマカスティエル住人からビジェルの住人が木材を買い取り、バレンシア向けの域外輸出に回すという形式になっている。二三件の売主は比較的少数のトラマカスティエル住人がいずれも共同で担っており、なかでも前述のリルゴスの地名を人名に冠する者が際立っている。すなわち、マルティン・デ・リルゴスの子パスクアル（同10、48）、ギリェム・デ・リルゴス（同10）、ポロ・デ・リルゴス（同14、16、21）、ヒル・デ・リルゴス（同16、17、18、29、30、31、34、35、60）とその子マルコ（同17、29、34、51）がそれである。サンチョ・モフレットはしばしばこれらの売主とともに現れる（同14、21、25）。同様にたびたび共同で木材の納品にあたったいま一つのグループが、ハイメ・コルネラ（同13、24）、マルティン・カステリョーテ（同13、20、23、27）、サンチョ・デ・ベサス（同20、27）である。さらに、小麦の買取を行った前述のアダン・デル・フラウの子ロペが単独で二件の売却を行っている（同50、59）。これらのうち、小麦の売主としても現れるのは前述のポロ・デ・リルゴスとマルティン・カステリョーテのみであり、バイリアの域内住人にとっては、トラマカスティエル川ルートはもっぱら木材の供給に利用されたことになるであろう。

ただ、当該ルートを活用した買主に注目すると、じつは二三件中一二件で前述のペロ・カルベットが買主となっている。同人が行った木材の取引は全体でも一四件であるから、そのほとんどが当該ルートに集中していることになる。同人は当初、リオデバ川ルートを利用したが（同12。そもそも同人がリオデバ川ルートを利用したのは全体でもわずか二件にすぎない）、一二九五年三月に前述のポロ・デ・リルゴスほかとドブレロ一六〇本の買取契約を結ぶと（同14）、ここから一三〇〇年までトラマカスティエル川ルートを介した木材買取は同人によってほぼ独占的に行われるようになる（同16、17、18、19、21、29、30、31、34、35、60）。その際、同人はポロ・デ・リルゴスを筆頭にもっぱらリルゴスの地名を冠する人びとと事実上独占的な顧客関係を取り結んでいる。そうした顧客関係が高じて、前述のようにペロ・カルベットは一二九八年、ポロ・デ・リルゴスの全経営地を購入し、彼にそれを再貸与することで、その関係を単なる顧客関係を超えたものにすることができたのであろう。同様の例としては、マルティン・カステリョーテが、小麦と同じく木材もビジェル住人のドミンゴ・エステバンに納品する契約をたびたび結んでいる（同13、23。また前掲表5-7の40）。

とはいえ、前述のように、一三〇〇年二月二日に（ポロ・デ・リルゴスと同じく）アルバラシン住人となったペロ・カルベットはそれ以降、上記の二つのルートでそれぞれ一件の木材買取を行ったにすぎない（同47、60）。小麦の買取に活路をみいだして全面的にシフトしたせいか、それとも、後述するように、ビジェルのバイリアの住人であることをやめたことでバイリアを経由する木材取引にアクセスする術を失ったか、確かなところは不明である。ただ、同人が木材取引から事実上手を引いたことで、トラマカスティエル川ルートそのものがもはや利用されなくなってしまう。逆にいえば、当該ルートは、同人が自らの共同体の外、すなわちリルゴスの地名を冠する人びとや一部のトラマカスティエル住人との個人的な顧客関係を開拓することではじめて成立したものであったことになるであろう。

最後にその経路がかならずしも正確に同定できないフシエーリャ川ルートであるが、これは一三〇〇年二月にはじめて言及される最も後発の木材搬出経路である。同年二月一五日にベルナルド・カルベットが購入したドブレロ一〇〇本は、フシエーリャ川か「ゴンサルボ・ルイスの塔」（リオデバ川ルートの拠点の一つ）のいずれかに納品されるように指定されており（同49）、これが初出であることを考慮に入れると、当該集散地はこの時期にようやく定着しはじめたものと考えられる。売主はミゲル・デ・アルデウエラ（同52、55、63）、ドミンゴ・アパリシオ（同58）、ファン・テヒドール（同63、64）、ミゲル・ヒラルト（同64）であるが、これらはほぼすべて小麦の売主ともなっている、ビジェルの住人ないしは同地に主要な財産を領有しつつ域内各所にも一定の多角的経営地を領有する人びとである。前述のファン・テヒドールは、まさしくその典型である。となれば、当該ルートはこれまでとは違って、とくに多角的な経営地を各所に領有するビジェルの住人が自らの木材を搬出するべく、域内最南部のリオデバ川ルートに代わり利用されるようになった、ビジェル住人にとってより利便性の高いルートということができようか。

前述のように、国王ハイメ一世は一二六八年、バレンシア市に木材を供給する者には、バレンシア王国の望みの場所で木材を伐採し、グアダラビアル川、シュケル川、王国のその他の経路を利用して、流通税や通行税なしに自由に輸送することを許可するという旨の特権状を賦与している[144]。だが、たとえその適用範囲がバレンシア王国内と限定されているとはいえ、木材を供給しようとする人びとがこうした特権を現実に利用できたとは考えにくいし、イベリア山地の木材を求めるならば必然的に購入という手立てをとるほかなかったであろう。ただ、当該バイリアでは、バレンシア王国の住人が直接自ら買主となっている事例はわずかに二例を数えるのみである。すなわち、ムルベドラ（現サグント）住人のアセンシオ・デ・プリナ（同11）と、ビジェルの住人マルティン・マルコと共同で購入したバレンシア住人のヒル・デ・ベルビエネス（同25）がそれである。前者はビジェル住人のミゲル・ヒラルト（誓約人ペロ・ヒラルトと共同で活動するケースが多いことから兄弟とおぼしい）から一二〇ソリドゥスで相当量の木材を、後者はサンチョ・モフレットからトラマカスティエル川ルートを介してドブレロ五〇本を、それぞれ購入している。

他方、当該バイリアで木材を購入した買主のなかには、ペドロット・サンチェス・デ・モラというテルエル住人が一名のみ含まれていて、一三〇〇～一三〇二年に三件の購入を行っている（同56、57、64）。『テルエルのフエスの年代記』（Crónicas de los jueces de Teruel）によれば、同人は一三〇〇年にテルエルのフエスを歴任した人物である[145]。そもそもテルエルはバレンシア向けのグアダラビアル川木材輸送路の重要拠点の一つであり、その住人もまた木材の伐採・輸送をめぐる問題に深く関与していたことは間違いない。たとえば、一三〇〇年には、テルエルとその域内村落カマレーナとが木材の伐採・輸送をめぐり紛争となっている。すなわち、カマレーナ住人は、テルエルとその他の域内村落の住人がカマレーナ山地一帯でバレンシア向けの木材を伐採していて、多大な損害を被っているとして王権に介入を要請したのである[146]。逆にテルエルは一三〇二年、テンプル騎士団から終身でエル・カブロンシーリョを貸与されていたペドロ・オルティス[147]が木材の伐採、家畜の放牧、水流利用、通行にかかわる慣習的な権利を侵害したとして、王権にその旨を訴えている[148]。さらに一三〇六年、テルエルとその域内村落の住人がバレンシア向けの木材をグアダラビアル河岸で奪われたと王権に陳情し、これにより王権は木材運搬者を自らの保護下におくという措置をとっている[149]。

だが、王権の諸特権によっていかに保護されていたにせよ、テルエルとその域内村落の住人や前述のバレンシア住人は、現実には自らの手でバイリア域内どころかその近傍の木材供給地にさえ直接アクセスすることはできなかったし、既存の顧客関係や買取ルートを利用するにしてもビジェル住人と共同でそれを行うほかないなど、購入すら容易に行うことはできなかったようである。バイリア域内の木材は、あくまでもビジェル住人によってリオデバ川ルートまたはフシエーリャ川ルートを介して買い取られ、グアダラビアル川の木材輸送経路に搬出された。ここにはさらに、域外から合流するトラマカスティエル川ルートがいま一つの主要な搬出ルートとして加えられるが、それは、やはりビジェルのコンセホ当局成員であったペロ・カルベットが自らの利益を追求するべく、既存のルートに代えて、トラマカスティエル住人または同村域の多角的経営地の所有者と個人的な顧客関係を構築することで成立したものであったから、同人が小麦取引に専念するようになると次第にわたしたちの視界から外れてゆく。いずれにせよ、バイリア域内の木材は、域内、わけてもビジェルの住人が事実上独占的に買取・搬出するところとなっていたのである。

むすび

ビジェルのバイリアは、その成立に先行して、自治的なコンセホが創設されたビジェルを頂点に、リブロス、リオデバ、ビジャスタルと、全体として四城塞集落を内包する一円的な領域支配の枠組みである。だが、それら限定された数の集落で編成されたこと自体が、領主による系統的かつ組織的な空間編成の創出の結果である。領主発給の入植許可状を介した集村化ならびに「城塞化」は、自発的な入植運動をつうじてバイリア域内の各所に散在し、領主によって十全に掌握されなかった小定住地の人口を、ほぼ完全に貨幣納化された領主の貢租収奪と租税の担税義務の体系に組み込むことを最大の目的としたと考えられる。

それと並行して、葡萄畑の開発ないし農地転用が急速に進んだビジェルとビジャスタルのワイン生産と、穀物、わけても小麦生産に相当程度特化されたリブロスおよびリオデバというように、バイリア全体を北と南に事実上二分する域内分業が進展している。それは、貢租がほぼ貨幣納化されたこととあいまって、北のワインと南の穀物とがなかば強制的に域内を流通するメカニズムを生み出した。そこではもはや、領主自らも生産物を調達するべく、域内市場に依存するほかなかったものと考えられる。

他方、集村化と域内分業が進展をみながら、従来の散居定住は失われなかったどころか、かっての小定住地の統廃合過程で生成した孤住型の多角的経営地が生成または温存された。それらの多くは小麦生産のセクターであるバイリア南部のリブロス、わけてもリオデバの村域に一際多数分布しており、バイリア全体でみればそれ自体域内分業の一端を担うものであった。各集落の「住人」でありながら実際にはそれらに居住した住人は、貢租および租税の負担に組み込まれることで否応なしに高まった貨幣需要に迫られ、その生産物、とりわけ穀物と木材を換金したのである。

穀物、わけても小麦の価格は一二八〇年代にひとたび高騰するも、それ以降一三〇二年まで比較的安値で安定しており、近隣のテルエルや、ことにアルバラシンのそれとは際立った対照を示している。なかでもそうした価格の安定期に取引を集中的に展開したペロ・カルベットは、域内で調達した比較的安価な小麦を域外、ことに自ら誓約人に選任されうる「よき人びと」の地位を捨ててその住人に転じた、深刻な小麦不足に直面するアルバラシンに輸出したものと考えられる。コメンダドールおよびコンセホは価格の安定化をはかるべく公定価格を制定したし、域内ワインの保護政策もこれに先行してすでに施行されていたはずである。バイリアにかぎらず各空間ユニットの政治的自立性に由来するこうした施策はそれ自体、地域間の価格差を解消させるどころかむしろ増長させるのであり、ここに同人が共同体のはざまに立ってでも小麦の購買と域外輸出に注力した最大の根拠があるといえよう。

古くからイベリア山地の木材の搬出経路であったグアダラビアル川に沿って展開するビジェルのバイリアは、もっぱらバレンシアを搬出先とする木材の域外輸出を主力事業の一つとしていた。ことに属域南部のリオデバおよびリブロスの村域に分布する多角的経営地が主要な供給源となっており、もっぱらビジェル住人を介して、域内ではリオデバ川およびフシエーリャ川に沿った二つの搬出ルート、さらに域外のトラマカスティエル木材を調達する、ペロ・カルベットが事実上独力で構築したトラマカスティエル川ルートが利用されている。もっとも、トラマカスティエル川ルートはペロ・カルベットが一三〇〇年以降小麦の域外輸出に全面的に傾斜したため、バイリア経由では利用されなくなったのであるが。いずれにせよ、この部門では域内住人がほぼ独占的に木材を伐採・加工・搬出するところとなっており、域外の住人は王権の諸特権に保護されながらも、そこにアクセスすることさえ容易ではなかった。

以上の所見からみえてくるのは、領主主導の集村化と並行した域内分業の進展と、属域南部を中心とする多角的経営地の広範な分布という、バイリアそのものの空間編成と相互に作用し、まさしくその生成・展開を促しながら、あくまでも自生的に組織化された独自の流通回路にほかならない。わたしたちは冒頭で、征服＝入植運動による政治空間の分節化と個々の空間ユニットの政治的自立性こそが封建的支配関係の生成を促す基盤となったという見通しを示したが、そうした政治的自立性は、経済的な自立性、ましてやその閉鎖性を意味するものではけっしてない。おそらく事態はむしろ逆である。そもそも自然環境はそれ自体否応なしに分業を強いるが、緊縮した空間ユニットになるほどそれを免れえず、交換を媒介とする経済的な相互依存を不可避にするからである。その意味で、いかにも逆説的ながら、政治的に閉鎖的であるからこそ経済的に開放的でなくてはならないのである。

ビジェルのバイリアは、それをあくまでも共同体そのものの安寧のために供するべく、すなわち自らの空間ユニットにおける基本財の安定的供給を図るべく、まさしくその政治的自立性にまかせて一連の施策を打ち出している。だからこそ、ペロ・カルベットは自らが志向する活動を十分に展開するために、共同体内の政治的地位を棄てることをよぎなくされたのである。けれども、ここには、基本財の安定的供給が図られるほど空間ユニット内外の価格差が生じて、ペロ・カルベットのような人びとの活動を引き寄せてしまうというパラドックスが潜んでいる。一連の措置を講じたところで、従来の顧客関係を駆使したペロ・カルベットの活動も、あいかわらず同人との取引をつうじて自らの生産物を換金しようとする住人の活動も完全に統制できなかったことが、それを如実にものがたっているのである。

第6章　サラゴーサ司教領の定住・流通・空間編成

第5章冒頭で述べたように、アラゴン南部はかつて、テルエルを筆頭に典型的な「辺境都市」が分布し、アンリ・ピレンヌ流の「中世都市」＝「商業都市」が不在の空間とみなされていた。都市のレヴェルですらそうみなされたとすれば、聖俗領主、この空間ではとくに聖界領主支配下の城塞集落が市場と縁遠いものとみなされても仕方がないかもしれない。だが、わたしたちは、テンプル騎士団領のビジェルのバイリアが、城塞集落ビジェルを核とする領域支配の枠組みというだけでなく、属域内外にまたがる独自の財貨の流通回路でもあったことをすでにみたはずである。

本章では、ビジェルから直線距離で約六〇km、標高差にして約五五〇mと少々隔絶しながらも同じくバレンシア王国との境界地帯に位置する、いま一つの城塞集落をとりあげよう。すなわち、現アラゴン自治州最南端、テルエル県内のコマルカ（郡）でいえば、グダル＝ハバランブレの一集落、当時はサラゴーサ司教領（一三一八年よりサラゴーサ大司教領）のプエルトミンガルボがそれである。それは、イベリア山系の一部をなすグダル山地からカステリョに向かって緩やかに高度を下げつつも険しく打ちつづく起伏に満ちた景観のただなか、標高一四四九mの山塊頂部に立地する小集落である（図6-1）。

この集落は、アラゴン最南端、イベリア山地ただなかの小集落ゆえか、領主であるサラゴーサ大司教座聖堂教会

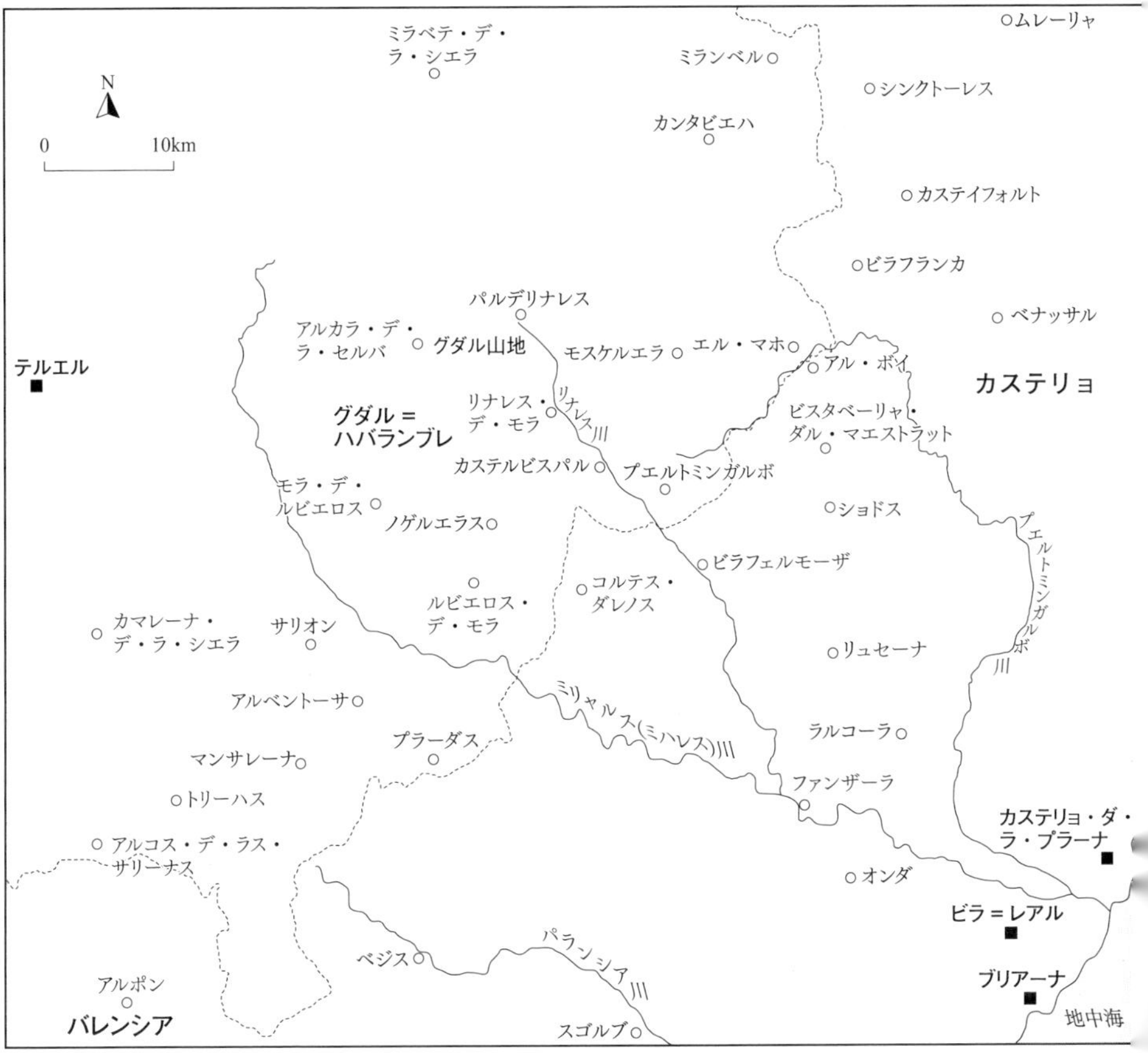

図 6-1　プエルトミンガルボとその周辺

注）点線：アラゴン＝バレンシア自治州境界。

の文書からはあまり知られるところがない。だが、その代わりに、前述のビジェルの公証人登記簿に時間的にほぼ連なる一四世紀初頭から、公証人登記簿（protocolo）ならびにフスティシア法廷記録（judiciario）からなる自前の公証人文書が大きな欠落もなくほぼ継続的なかたちで伝来している。公証人登記簿をいかように分析すれば、定住と空間編成の問題系に市場論を接続することができるか、その作業の一端は前章で試みたとおりであるので、本章でも同様に、しかし可能なかぎり対比的に、はるかに豊富な公証人登記簿を用いて、一四世紀前半のプエルトミンガルボが生み出した財貨の流通回路を具体的に復元してみよう。

1　土地分配・入植・集村化

プエルトミンガルボの史料初出は一二〇二年、国王ペドロ二世がサラゴーサ司教に寄進した「サラセン人のフロンタリアに」（in frontaria sarracenorum）所在する、近接する二つの城塞（castrum）、すなわちリナレス（・デ・モラ）およびアビンガルボンのうちの後者にさかのぼる。(1) そこでは、二つの城塞に帰属する領域（terminos）の境界画定が行われており、およそ自然の要害、わけても山（penna）をもっぱらとする境界標識のなかに、城塞アビンガルボンと同名の峠道ポルトゥス・デ・アビンガルボン（portus de Avingalbon）がみられる。当該城塞はおそらく、山塊の頂部からカステリョにつうずる山間の交通路を監視するための要衝であったものと考えられる。王権はサラゴーサ司教ライムンドに、「キリスト教の拡大、わが王国の防衛、サラセン人の駆逐のために」（ad incrementum Christianitatis et ad defensionem regni mei et sarracenorum confusionem）両城塞への入植と建設を要請している。その領有には一定の条件が付されており、王権に対する奉仕と誠実を約束すること、各城塞の国王大権（dominicaturam）は留保されること、毎年王権が自ら選別した場所・領域に二〇ユガーダ（二頭立ての牛で一日に犂耕される面積）の土地が留保されることと規定されている。

一二〇〇年代には、国王ペドロ二世により、グダル＝ハバランブレの一連の城塞が入植・開発・防衛を目的として、アラゴン南部全体でみればやや例外的に俗人貴族を中心に賦与されている。「サラセン人のフロンタリア」と呼称されているとおり、王権のまなざしからすれば、イスラーム治下のバレンシアを眼前に望む最前線ともいうべき地域であったからであろうか。リナレスおよびアビンガルボンの寄進とほぼ同時期に、王権は、サラゴーサおよびカラタユーを保有した王国有力貴族ベレンゲール・デ・エンテンサに、彼が「サラセン人のフロンタリアにおいて王権に果たしてきた多大な奉仕に報いて」（in frontaria sarracenorum propter multa grata servicia que m hi contulisti et cotidie confers）マンサレーナなる場所（locus）を賦与すると同時に、アラゴンのサリオン、アルベントーサ、カマレーナ・デ・ラ・シエラ、バレンシアのアルポン、リリア、ベジスの各領域と隣接する領域の境界を画定している。その際、「王国の防衛とサラセン人の駆逐のために」（ad deffensionem regni et sarracenorum confusionem）同地の入植を遂行し、そこに防備施設（fortitudinem）を建設し、同地の城塞およびウィラ（castrorum et villarum que in predicto loco et in terminis suis）をカタルーニャの慣習にそくして（ad forum et consuetudinem Catalonie）世襲的に領有することが認められている。(2)

翌一二〇三年、同国王は王国最有力貴族アラゴン家のアルナルド・パラシンに、「キリスト教徒によればボス、サラセン人によればバリェ・ウルセーラと呼ばれる城塞および場所」（castrum et locum qui vocatur secundum christianos Bos et secundum sarracenos Vallis Ursera）、すなわちアル・ボイを賦与し、同地の入植・建設を進め、そこから王権の命令に応じて王国の平和と全人に対する戦闘を誠実に遂行するよう要請している。(3) その地名はカステリョのビスタベーリャ・ダル・マエストラット村域に含まれるアル・ボイ山脈およびウゼーラ渓谷に残されており、おそらく同村域内の廃絶した城塞遺構がそれに相当するものと思われる。(4)

ついで一二〇四年には、同国王がガスコン・デ・カステリョーテにエル・マホなる城塞を、「キリスト教徒の安寧と防衛のために入植を進めること」(ut illud populetis ad bonum et deffensionem christianorum) を条件に賦与している。その所在地の同定は困難をきわめるが、同時に境界画定された付属領域の境界標識にモスケルエラからの街道や同名の水源がみられることから、少なくともモスケルエラの近傍に所在したことは確かである。現在のモスケルエラ村域の南東端には、エル・マホの地名を冠する山、川、水源がみられるので、このあたりに所在したものと考えられる。ここでは、先と同様に王権の命令に応じて「サラセン人、キリスト教徒、全人に抗して平和と戦闘を遂行すること」(pacem et guerram perpetuo contra sarracenos et christianos et contra omnem personam faciatis) が要請される一方、とくに王権に対する不正・不義・反逆におよんだ場合、当該城塞を没収されること、これを誠実に領有するよう誠実宣誓および臣従礼を捧げなくてはならないものと規定されている(5)。

ガスコン・デ・カステリョーテの父は、ベルチーテを領有した貴族ガリンド・ヒメネスとともにカステリョーテを独自に分割・領有し、国王アルフォンソ二世と度重なる紛争を展開した前述のエスパニョル・デ・カステリョーテその人である。一一八〇年には両者のあいだで封建的約定 (convenientia) が締結され、王権がカステリョーテを取戻封としてあらためて下封する一方(6)、同地の全住人を王権の保護下においている(7)。同国王が一一八八年にサンタ・マリア・デ・モンテガウディオ騎士団を救貧と捕虜の身請けを主たる事業とするサント・レデントール救貧院へと再編成したとき、カステリョーテはその財産の一部として列挙されているから、先だって同騎士団に寄進されていたことは間違いない(8)。だが、一一九六年四月に同騎士団財産がテンプル騎士団に全面的に統合される直前まで(9)、その子ガスコンが事実上世襲的に領有するところとなっていたようである。というのも、ガスコンは同年三月にようやく同城塞を王権に放棄するにいたっているからである(10)。おそらく城塞エル・マホはその補償の一部として彼に賦与されたものであろう。なお、一二二一年のアルナルド・パラシンの遺言状によると、ガスコン・デ・カステリョーテはアルナルドの親族 (consanguineo) であり、アルナルドからカマロンおよびブニョルの六年間の年限つきの領有権と、いずれもサラゴーサ北方エブロ川流域のピンセケ、アルカラ・デ・エブロ、ペドローラ、アラゴンの財産を遺贈され、その負債を完済するよう指示されている[11]。

一二〇八年には、ラ・ソーヴ・マジュール修道院傘下のサン・サルバドール・デ・エヘア教会が一一七四年に城塞アルカラ・デ・ラ・セルバを受贈したのち、そこに一一八四年から九四年までのあいだに創設されたアルカラ・デ・ラ・セルバ騎士団が[12]、やはり国王ペドロ二世によって、城塞の言及こそないもののラス・クエバス・デ・ドミンゴ・アルケーロなる場所（locus）を寄進されている[13]。同時に境界画定された領域の境界標識には、モスケルエラの城塞（castelli de la Moschorola）に発する河川、リナレス川、ポルトゥス・デ・アビンガルボンが列挙されているから、その所在地は、今日ではリナレス・デ・モラ村域に編入されているカステルビスパルにほぼ一致するものと考えてよさそうである[14]。実際、サラゴーサ司教が一二六一年にプエルトミンガルボに賦与した後述の入植許可状によれば、同司教の放牧地の範囲が、河川に沿って、司教の粉挽水車の所在するラス・クエバス・デ・ドミンゴ・アルケーロからカステルビスパルの橋までと規定されており、少なくとも両者が近接していたことは確実である[15]。

とはいえ、以上の城塞群、ことに貴族に賦与されたものはけっして安定的に領有されなかった。実際、アル・ボイは一二二一年のアルナルド・パラシンの遺言状をみるかぎり、アラゴン家の枠内にはとどめられたにせよ、少なくとも同人の財産のなかにはもはや含まれていない[16]。また、エル・マホは一二一七年、聖ヨハネ騎士団のアリアーガのバイリアと、城塞ミラベテ・デ・ラ・シエラを領有するギリェルモ・デ・メンドーサとの紛争で焦点の一つとなっており、和解に際してギリェルモ・デ・メンドーサがエル・マホに対する要求を取り下げていることから、すでに聖ヨハネ騎士団が領有するところとなっていたのであろう[17]。なお、ギリェルモ・デ・メンドーサの領有するミラベテ・デ・ラ・シエラもまた一二二〇年、アリアーガのコメンダドールから四〇〇マラベディの貸付を受けるべく一年の年限つきで城塞およびそのウィラ（castello, insimul cum illa villa quod habemus en la frontera）そのものが担保に設定されている[18]。さらに、前述のようにラス・クエバス・デ・ドミンゴ・アルケーロがカステルビスパルにほぼ一致するとすれば、「司教の城塞」（Castelbispal）に由来するその地名からも窺われるように、遅くとも一二六一年まではリナレスおよびアビンガルボンと同じくサラゴーサ司教が領有するところとなっていたにちがいない。カステルビスパルが初出する同年のプエルトミンガルボの入植許可状のなかで、ラス・クエバス・デ・ドミンゴ・アルケーロにサラゴーサ司教の粉挽水車が所在するのは先にみたとおりである[19]。

このような不安定な領有状態もあってか、領主自らが入植許可状の発給をつうじて本格的な入植事業に乗り出したのは、ようやく一二六〇年代になってからのことである。一二三八年のバレンシア征服からすでに二〇年以上経過しており、イスラームの直接的な脅威はもはや霧散していたのだから、それはもはや、一二〇〇年代に王権が掲げたように、「サラセン人の駆逐」のために喫緊に入植を要するような性格のものではなかったはずである。前述のように、そもそも入植運動そのものは自発的な入植を排除するものではないし、以下で掲げる入植許可状をみるかぎり、既存の住人の存在を前提としているものもみられるから、ここでいう領主主導の入植事業は少なくとも軍事的・戦略的な目的で定住地を創設しようとするものではなかったように思われる。

一二六一年、サラゴーサ司教アルナルド・デ・ペラルタはポルトゥス・デ・アビンガルボンの城塞およびウィラ(castri seu ville)の既存ならびに将来の住人に入植許可状を発給しており、このとき城塞およびウィラそのものがポルトゥス・デ・アビンガルボン、すなわちプエルトミンガルボの由来となった呼称で呼ばれている[20]。それ以降、単にエル・プエルトと呼ばれることになる同地の入植者は、同司教およびその前任司教からの贈与によって家屋・土地財産(domos, hereditates et omnia alia)を給付され、サラゴーサにおいて納付されるのと同様に穀物、ワイン、羊、山羊、家畜ほかの教会十分の一税および初穂納入を負担するのみで、それを永劫に保有することを認められている。城塞の領域は、テルエルのよき慣習(bonam consuetudinem ville Turolii)にそくして、入植者共同の放牧利用に供せられるだけでなく、入植者個人の財力に応じて私的な放牧地(defesas et boalares)を作ることも許されている。ただし、前述のように司教の粉挽水車の所在するラス・クエバス・デ・ドミンゴ・アルケーロからカステルビスパルの橋までの放牧地は司教に留保されることとなっている。領主に留保されるものとしてはほかに、竃、粉挽水車、皮なめし池（balnea）、市場（mercatum）が、アラゴンの慣習（forum Aragonum）どおり領主権に帰属するものとされている。なお、裁判諸特権については、のちにあらためてとりあげることにしよう。

翌一二六二年には、国王ハイメ一世がテルエルのコンセホに、住人のなかから六または七名の「よき人びと」（probos homines）を選任し、属域南端のモスケルエラ、バルデリナレス、ペーニャ・カルバ、アトレーリャ、アルマンサ、トリーハス、カマリーリャスと呼ばれる場所で村域をそれぞれ分割、入植事業を推進する許可を与えている。(21) こうして、テルエルのコンセホ（フエス〔juez 裁判官〕、誓約人、アルカルデ〔alcaldes 参審人〕、コンセホ財産管理人〔mayordomos〕）および国王の命によって選出された七名の「よき人びと」（buenos hombres）は同年九月、八名の分配人（quinoneros）を任命し、彼らにペーニャ・カルバで土地分配・入植事業を遂行するよう命じている。当該村域の境界画定はすでに先王アルフォンソ二世およびペドロ二世の諸特権によって行われていて、国王ハイメ一世がこれを確認しているとある。その地名は現ノゲルエラス村域とリナレス・デ・モラ村域との境界にみられるが、領域そのものは、エル・プエルト（プエルトミンガルボ）、リナレス・デ・モラ、アルカラ・デ・ラ・セルバ、ルビエロス・デ・モラ、モラ・デ・ルビエロスの各領域と隣接するものとされているから、ほぼ現ノゲルエラス村域におよんだものと考えられる。八名の分配人はそこで、王権への奉仕、テルエルのコンセホの栄誉、入植者の利益のために、一つないし複数の定住地を創出するにふさわしい場所を選定し、土地分配と入植を図る権能を賦与されている。(22)

ついで一二六五年、テルエルのコンセホは、国王の命により選出された財産勘定人（ordinatores stabiliti）とともに、テルエルの住人から三名の分配人（quinoneros popule de Mosqueruela）を任命し、彼らをして、前述のように城塞の所在地であるモスケルエラの入植と、家屋、菜園、耕地の分配を遂行させている。(23) 当該文書は断片のかたちでのみ伝来しており、領域の具体的な境界については知る由もない。ただ、国王ハイメ一世は五年後の一二七〇年、一二六五年のモスケルエラ入植に際して画定されたというその領域を、テルエルのアルデアたるモスケルエラの住人

(universis habitatoribus de Mosuqeruela, aldea Turolii) に対して賦与、かつ確認している。(24)

一二六〇年代後半には、一一七七年のテルエル入植許可状発給当時の境界画定ではその属域に含まれるものの、(25) 一三世紀初頭の決定的な征服を前に王権によって個別に聖俗貴族に賦与された同地域西部の一連の城塞群が、激しい紛争と数次にわたる調停を経て次第にテルエルの属域に組み込まれるとともに、やはりコンセホの主導下で村域の分割・土地分配・入植が図られている。たとえば、一二六七年には、アルベントーサほかの領有権をめぐってテルエルと一二六三年以来紛争を繰り広げた貴族ヒメノ・ペレス・デ・アレノスの子ブラスコ・ヒメネス・デ・アレノスとの最終的な和解によって回復された土地財産を対象として、コンセホ当局が六名の有力住人に、それにふさわしい分配人 (quinoneros) を任命し、村域分割・入植を進めるよう命じている。(26)

翌一二六八年早々には、同じくブラスコ・ヒメネス・デ・アレノスから返還された土地財産の一部を、王権がプラーダス (現サン・アグスティン村域の廃村) に賦与すると同時に、プラーダスそのものをテルエルの属域村落の一つに加えている。(27) 同年九月には、例によってコンセホと七人の「よき人びと」が六人の分配人を任命し、トリーハスの村域の境界画定と土地分配・入植が図られている。(28) ついで一二六九年は、ルビエロス・デ・モラの帰属をめぐるペドロ・アスナール・デ・ソロンとの紛争をもって幕を開けている。もともと同地の城塞は一二〇三年の征服に先立つ一一九四年、国王アルフォンソ二世によってタラソーナ司教に寄進されており、(29) ペドロ・アスナール・デ・ソロンに授封されるところとなっていた。彼は、テルエルのコンセホが同地で行う侵害行為をやめないかぎり調停に応じず、証拠も提出しないとして徹底抗戦の構えを示しており、(30) 以降三度にわたる調停ののちテルエルの諸権利が全面的に認められたのは翌年三月のことであった。(31) また、一二六九年六月、国王ハイメ一世は、アルコス・デ・ラス・サリーナスのウィラを、同地の国王塩田と一〇分の一の国王賦課租を除いてテルエルの属域村落の一つに加えることを認めている。(32)

以上のように、一二六〇年代には同地域全体で領主主導の入植運動が広く展開しているのであるが、なかでも注目すべきは、プエルトミンガルボおよびリナレス・デ・モラの領域を挟んで東西に広がるテルエルの属域で新たな域内村落を系統的に創出するべく、同時期に組織的な入植運動が展開していることである。一二八四年には、勢い余ったテルエルの属域住人がサラゴーサ司教領で不正、冒瀆、犯罪、侵入を繰り広げているとして、サラゴーサ司教がアラゴン大法官マルティン・ペレスの仲裁裁定を仰ぎ、あらためて厳密な境界画定が行われたほどであった[33]。それゆえ、プエルトミンガルボの入植許可状はアラゴン南部の集落の例にもれず、国王ウィラであるテルエルとその域内村落の人的求心力に対抗しながら成功裡に入植を進めるべく、サラゴーサ司教領であるにもかかわらず裁判諸特権を中心にテルエルのフエロを採用すると同時に、自治的な国王ウィラ＝コンセホ型の空間編成という点でもテルエルのそれに全面的に倣っているのである。全体を整理するとおおよそ次のようになる[34]。

まず、テルエルと同じく裁判官たるフスティシア（justicia）またはフエス（judex）と、アルカルデ（alcaldes 参審人）および誓約人（juratos）からなるコンセホが創設される[35]。あらゆる案件は、フスティシアと誓約人によって、テルエルとその域内村落のフエロにそくして裁定され、もしテルエルのフエロが変更された場合には、やはりその変更内容にそくして裁定される[36]。ただし、領主所領ならではの留保条件が下記である。すなわち、罰令権、ことに罰金徴収権は三分され、そのうち三分の二は領主であるサラゴーサ司教、残る三分の一がコンセホに帰属する[37]。また、コンセホによる罰令権の行使は、領主と、城塞の差配を委ねられたアルカイデ（alcayde「軍司令官」を意味するアラビア語のカーイド〔qā'id〕に由来）の許可なしには行うことができないこととなっている[38]。

ただ、前述のような不安定な領有状態は、これをもってしても全面的に解消されたわけではなかったようである。一二八九年には、国王アルフォンソ三世（在位一二八五～九一年）が、サラゴーサ司教ウーゴ・デ・マタプラーナの陳情に応えて、リナレスおよびポルトゥス・デ・アビンガルボンの城塞およびウィラを司教に明け渡すよう、貴族ペドロ・ホルダン・デ・ペーニャに命じている[39]。どうやら直前の司教空位期（一二八〇～八九年）に、同人が、アルカイデの肩書きの有無は不明ながら、両地を不正に領有するところとなっていた模様である。また、このようにリナレスとプエルトミンガルボがいずれもサラゴーサ司教領で、つねに併せて領有の対象となってきたからといって、それぞれ固有のコンセホによって差配される政治的に自立的な空間ユニットであったことを忘れてはならない。事実、いずれもフスティシア、誓約人、「よき人びと」からなる両地のコンセホは、それぞれ固有のアルカイデによって差配されるようになった一三一七年、とくに放牧利用にかかわる互いの村域の境界をめぐって激しく衝突しており、[40] 実際に両者の代表者の立会いの下で村域の境界画定が果たされたのはようやく一三三三年のことだったのである。[41]

2　プエルトミンガルボのコンセホ

前述のように、ちょうどリナレスとプエルトミンガルボのコンセホが境界紛争におよんだ一三一七年には、両地はそれぞれ固有のアルカイデによって差配されるところとなっており、このときプエルトミンガルボのアルカイデを任ぜられていたのはフォルトゥン・ロペス・デ・ビスカーラである。だが、その翌年には、その地位は騎士（cavalero）サンチョ・ラミーレス・デ・ルナに継承されている。サンチョ・ラミーレス・デ・ルナは、少なくとも史料が許すかぎりでは、一三一八年から三二年までプエルトミンガルボのアルカイデとしてさまざまな局面で登場する。公証人文書のなかでもフスティシア法廷記録のなかには、フスティシアによる審理の顚末だけでなく、村落条例（もっぱら禁令〔vedamiento〕）が一部記録されているものがあるが、それら村落条例はつねに、アルカイデとコンセホの名の下に制定されている。[42] もっとも、アルカイデは日常的にプエルトミンガルボに常駐したわけではなかったようであり、同地の住人のなかからたびたびアルカイデ代理（tenient lugar del alcayde）が任命されている（表6-1）。

表 6-1　アルカイデ

アルカイデ	在任期間	アルカイデ代理
Bernat d'Artes alcayde del Puerto e Linares	1312-1313	
Fortún López de Biscarra alcayde del Puerto	1317	
Sancho Ramírez de Luna cavalero alcayde del Puerto	1318-1332	Rodrigo d'Asin (1318) Pedro Ortiç d'Olleta escudero (1319, 1320) Domingo Sanpol (1320) Juan Montanyes (1331)
Jimeno López de Luna alcayde del Puerto	1343	
Arnalt de Francia savio en dreyto alcayde del Puerto	1347-	Domingo Ejulve (1347) Berto de Francia (1347)

　だが、公証人登記簿が主力をなす史料の性格もあってか、サンチョ・ラミーレス・デ・ルナの姿で際立っているのはむしろ、プエルトミンガルボ住人との金銭貸付、穀物購買、家畜の売却による債権者としてのそれである。なかでも一三二六〜二九年に同定される公証人登記簿六番（全一八葉）は事実上、同人の債権にかかわる証書群のみの集成となっているほどである[43]。やや間隙があるものの、次なるアルカイデとして一三四三年のわずかな期間のみ登場するヒメノ・ロペス・デ・ルナもこの点ではかわらない。彼の場合はむしろ、すでに次なるアルカイデが登場する一三四七年に、同地住人との七件の穀物購買と一件の金銭貸付を行っている[44]。アルカイデを退いたのちも同地に腰を落ち着けたか、それとも同地住人との顧客関係だけは維持していたのであろうか。

　先のサンチョ・ラミーレス・デ・ルナが騎士の肩書きを帯びたように、アルカイデが領主の城塞の保有者であったことを勘案するならば、一三四七年に登場するアルカイデ、アルナルド・デ・フランシアはやや毛並みが異なっていたようである。というのも、彼は「法に通暁する人」(savio en dreyto) の肩書きを帯びているからである。一三四七年六月一八日、彼もまた不在 (absent) のままで、三名のカバーニャス住人に、プエルトミンガルボ村域内の放牧地を一年間利用する分の放牧料 (herbaje) 四〇〇ソリドゥスと、家畜群 (cabanya) あたり牡仔羊一頭を支払うことを約束させている[45]。また、彼は同年六月二三日、やはり不在であったのであろう、アルカイデ代理にドミン

表 6-2　現地司教代理

プエルトミンガルボ司教代理（vicario）	在任期間	備　考
Pero d'Anaçet vicario	1312	
Domingo Cosida vicario	1312–1320；1347	bayle del senyor vispe； aministrador de las rendas del senyor vispe en la villa del Puerto (1315–1316)

ゴ・エフルベをたてて、四名のプエルトミンガルボ住人に牡仔羊二四三頭を、バレンシアのラル貨で総額九四七ソリドゥス六デナリウスで売却している。(46) なお、じつは彼が同地をはじめて訪れたのは、はるかに遅れて一三六二年のことである。同年のコンセホの会計記録によれば、はじめて同地を訪れた彼を饗応するべく六〇ソリドゥス弱が費やされると同時に、フスティシアの命によって彼に四〇〇ソリドゥスが支払われている。(47)

アルカイデと同じく本来は領主の側に立つという意味では、教会所領だけに現地司教代理（vicario）の存在を忘れるわけにはいかない。一四世紀前半の史料では、一三一二年のペロ・ダナセットと、一三一二年から四七年まで断続的に登場するドミンゴ・コシーダのわずか二名を数えるのみである（表6-2）。一三一六年にはペロ・ダナセットの遺言管理人（marmesores del testamento）である同地住人の司祭（clérigo）マルティン・カステリャールとフアン・モリネロが遺言内容を執行しているので、(48) 一三一二年のドミンゴ・コシーダへの交代は、ペロ・ダナセットが老齢であったか、死亡したかによるものと考えられる。

ドミンゴ・コシーダは、少なくとも一三一五〜一六年にはほぼつねに、プエルトミンガルボにおける司教の貢租のバイレにして管理人（bayle e aministrador de las rendas del senyor vispe en la villa del Puerto）の肩書きをともなっている。(49) もっとも、彼がこの肩書きをともなうときにかぎって、同地住人から小麦を買い付けているのはたいへん興味深い。領主の貢租徴収人の肩書きを帯びた人物が一三一五年一〇月から一三一六年四月までの約半年間で一八件、総額四一四ソリドゥスを費やして個人消費向けとはいささか考えがたい合計二七カイースもの小麦をわざわざ購入しているあたり、(50) 彼が同地住人から徴収する貢租が全面的に貨幣納化されていて、現物の取得にはもはや購買という手段をとらなくてはならなかったことを示唆しているからである。

とはいえ、ドミンゴ・コシーダは領主役人に任ぜられながら、あくまでも同地の住人の一人に数えられたようである。一三一一年から一二年にかけてアルカイデのベルナット・ダルテスが、都合四回にわたってそれぞれ三八、一〇、一一名、合計三二名の同地住人からライ麦を集中的に買い付けたとき、売主のなかに彼の名前が含まれている。[51]また、かなり時間は下って一三四七年、彼は初穂監督人（vistadores de la primicia）をともなって、エル・プエルト川にかける橋梁の建設を請け負った人物に、初穂収入から三〇〇ソリドゥスを供出する契約を交わしている。[52]同じく一三四七年には、元アルカイデのヒメノ・ロペス・デ・ルナや司祭マルティン・カステリャールらとともに、同地の兄弟団（la cofradía de corporaxión）の運営上必要な負債の保証人にアントン・ナバーロを任ずる契約を取り結んでいるから、彼は同地の兄弟団の制度上の責任者でもあったようである。[53]

さて、わたしたちはいよいよ同地のコンセホそのものに目を移そう。前述のように、原則的にテルエルのコンセホに倣うことをうたった一二六一年の入植許可状では、フスティシアないしフエス、アルカルデ、誓約人からなるコンセホが創設されるとあったが、テルエルに比して人口規模が格段に小さいせいか、少なくとも一四世紀前半をつうじて、アルカルデはみられず、一名のフスティシアと二名の誓約人を中核とし、これにコルドール、市場監督人（アルモタサフ〔almotaçaf〕）、公証人が連なるという形態が基本であったようである。一三三五〜四二年の公証人文書が事実上欠落しているうえに、公証人登記簿とフスティシア法廷記録の年代分布がまちまちであるため、やや不完全なものにならざるをえないが、各要職の歴任者のおおよそのリストが表6-3である。

フスティシアと誓約人を中核とするコンセホの全体会議は慣習的に、プエルトミンガルボのサンタ・マリア・ラ・マジョール教会の墓地において開催された。[54]それは、少なくとも史料が許す範囲でいえば、形式上アルカイデの名をもって制定された村落条例の公布と、同じくアルカイデとコンセホとのあいだで締結された合意[55]に際して招集されている。

表 6-3　コンセホ当局

年代	フスティシア	誓約人	コレドール	市場監督人	公証人
1313	Domingo Pascual	Bernat Moreta, Blasco Vivel			Sancho Navarro
1314		Berenguer Solsona, Pero de Belloch			
1315		Pero Lop, Juan Moreta			
1316	Miguel Solsona	Berenguer d'Arenys, Aparicio Mora			
1317	Domingo Sanpol	Berenguer Solsona, Navarro Ejulve			
1318	Domingo Sanpol	Bernat Salla, A Granel	Miguel Antolino		
1319	Juan Molinero				
1320	Juan Folch	Bartolomé Ejulve, Domingo Tronchón	Miguel Antolino	Pero de Belloch	
1322	Andreu Nou	Juan d'Ovon, Berenguer Solsona			
1325	Berenguer Solsona	Pero Cavero			
1330	Juan Sanç	Bernat Sanpol, Juan Moreta			
1332		Guillem Monçon, Lorent de Alfaro			
1333	Bernat Sanpol	Domingo Ysert			
1334	Jimeno Sanpol	Juan Segura, Berto Gasch			
1343	Anton Navarro	Pero de Belloch, Bernat Gasch			Domingo Ejulve
ca.1344	Pero Espills	Just Bonet de Alfaro, Guillem Nou			Domingo Ejulve
1346	Francés Fores	Ramón Poma, Guillem Sanpol	Miguel Aramengot, Juan Montanyes		Domingo Ejulve
1347		Jimeno Sanpol, Juan Segura			Domingo Ejulve, Bernat Solsona
1348	Juan Sanç	Bartolomé Ejulve, Arnau Ysert, Andreu Tortosa			Domingo Ejulve
1349	Rodrigo Sanpol	Bernat Poma, Pero Espills			

フスティシアの職権は文字どおり裁判官のそれであり、執行吏に相当するコレドール、結審までの顛末を仔細に記録する公証人とともに、常設のフスティシア法廷を主宰した。当のフスティシアが不在の場合は、そのつどフスティシア代理（tenient lugar de justicia）がその職務を代行している。フスティシアは、「エル・プエルトの法廷記録」（el liuro de la cort del Puerto）を参照しながら、「その職権によって」（por su oficio）、コレドールに実地調査や財産の差し押さえを命じたり、最終的な判決を下したりした。その産物である「エル・プエルトの法廷記録」こそ、まさしく法廷書記として活動した公証人の手になるフスティシア法廷記録にほかならない。それは、日付・曜日にはじまり、フスティシアの面前で行われた審理の内容が、結審にいたるまで開廷日ごとに克明に描写されている(56)。

二人の誓約人が担った職責は、じつに多

岐にわたったようである。たとえば、誓約人はしばしばフスティシアをともなわずに、「コンセホの支出と経費のために」(por ahuebos e necesitat del concello)、集落内外の住人から金銭借入を行っている。[57] また、村外住人による多量の穀物買付に際して、コンセホを代表してプエルトミンガルボ住人の窓口となったのもやはり誓約人である。[58] 誓約人によって調達された財源は、集落のインフラ整備などに投下された。たとえば、集落の城壁に穿たれた孔穴部の補修事業がそれである。[59]

むろん、コンセホの財源が、誓約人によってそのつど借り入れられた金銭のみに依存したはずもない。遅くとも一四世紀中葉までには、同地住人から納付される租税、すなわち「ソリドゥスおよびリブラで」(per solidum et libram, por sueldo y por libra) 査定された財産規模に比例して賦課される、直接税 (peyta, pecha)(ないしはその一部) を主たる財源とする自立的なコンセホ財政が成立していたものと考えられる。[60] たとえば、一三四七年八月、誓約人のヒメノ・サンポルとフアン・セグーラはコンセホの名において、公証人ドミンゴ・エフルベとハイメ・ビダルを租税徴収人 (collidores, peytores) に任命し、総額二万一七三ソリドゥスの徴収権を折半、うち一万八六ソリドゥスのほぼ三分の一に相当する三三九七ソリドゥスをきたる一一月の聖マルティヌスの祝日までに徴収するよう命じている。[61] 二人の徴収人は実際に同年一〇月と一二月、それぞれ四〇〇ソリドゥスと八二七ソリドゥスを徴収し、本来の徴収総額に満たないとはいえ、誓約人からそれぞれ領収証 (albarán) を受けとっている。[62]

これに対して市場監督人にかかわる史料所見は、その歴任者を含めてごくわずかである。一三一〇年、アルカイデ代理ペロ・オルティス・ドレータは、サンタ・マリア・ラ・マジョール教会の墓地に集ったフスティシアおよび誓約人の面前で、市場監督人ペロ・デ・ベリョックに次のような職務を与えている。すなわち、市場監督人は、同地の竈と粉挽水車を巡回し、穀物ないし穀粒の重量ならびに容量を計量すること、同様にすべての粉挽水車で重量・容量を統一するべく、碾臼の高さは一パルモ、碾臼の刃は二デドまでとし、違反者に対しては五ソリドゥスの罰金を科し、サラゴーサ大司教、コンセホ、市場監督人で三分することというのがそれである。[63] また、一三三〇年、アルカイデ代理ファン・モンタニェスがフスティシアと誓約人の面前でペロ・サンスおよびドミンゴ・カステリャーノにプエルトミンガルボの肉屋を一年間の年限つきで貸与した際、曜日ごとに売却可能な食肉の種類とその大きさおよび価格を細かく定めているが、それらに違反した場合の罰金は誓約人と市場監督人に支払われることとなっている。(64)

先の表をみるかぎり、どうやらフスティシアと誓約人はほぼ毎年改選されており、少なくとも翌年の再任は禁じられていたようである。とはいえ、そのわりには歴任者の人名にかなりの重複がみられる。一三一七、一八年と二年つづけてフスティシアを歴任したドミンゴ・サンポルはやや例外としても、ベレンゲール・ソルソーナは一三一四、一七、二二年に誓約人、二五年にフスティシアを歴任している。ペロ・デ・ベリョックは一三一四、四三年に誓約人、二〇年には市場監督人を歴任している。これらに、一三三〇年に誓約人、三三年にフスティシアを歴任したベルナット・サンポル、一三四四年頃にフスティシア、四九年に誓約人を歴任したペロ・エスピルス、フスティシアを一三三〇年および四八年に歴任したファン・サンス、誓約人を二度にわたって歴任したファン・モレータ、バルトロメ・エフルベ、ファン・セグーラを付け加えることができよう。

さらに各人の家族名に注目すると、それら要職が、少数の家族の出身者によって事実上独占に近いかたちで担われていたことが実感される。すなわち、モレータ（ベルナット・モレータ、ファン・モレータ）、ソルソーナ（ベレンゲール・ソルソーナ、ミゲル・ソルソーナ）、エフルベ（ナバーロ・エフルベ、バルトロメ・エフルベ、ドミンゴ・エフルベ）、サンポル（ドミンゴ・サンポル、ベルナット・サンポル、ギリェム・サンポル、ヒメノ・サンポル、ロドリーゴ・サンポル）、ノウ（アンドレウ・ノウ、ギリェム・ノウ）、ポマ（ラモン・ポマ、ベルナット・ポマ）、ダルファロ（ロレンソ・ダルファロ、フスト・ボネット・ダルファロ）といった具合である。以上の家族名は、一五世紀のコンセホ要職者のリストにもほぼそのまま登場する。(65) これは、これらの家族による持続的なコンセホ要職の独占という意味できわめて興味深い所見である。

3　市場開設特権

前章で述べたように、王権は一三世紀をつうじてさまざまな名目で租税を導入している。一二八三年一〇月の「アラゴン総特権」(El Privilegio General de Aragón) によれば、国王ハイメ一世治世末期の租税は、ペイタ (peytas)、カバリェリア (cavallerías)、宿泊税 (senas)、アセンブラ (acemblas)、罰金 (calonias)、国王諸権利賃借料 (tributos)、軍役 (huest)、モネダティクム (monedage) と多岐にわたっている。(66) つづく国王ペドロ三世は、度重なる戦争による軍事費の枯渇を補うべく、既存の通常租税 (ペイタおよび宿泊税) の賦課範囲を拡大かつ増強する一方、先例のない数々の新税をも導入している。すなわち、塩税 (gabela de la sal 塩田の国王独占と国王塩田からの強制購買)、家畜キンタ (quinta del ganado 所有家畜の頭数に応じた租税)、軍役代納税 (fonsadera 本来は軍役忌避に対する罰金ながら王国全土に軍役忌避が拡大するなかで、事実上臨時租税の中核をなした)、臨時の援助金 (subsidios) がそれである。(67)

王権は、以上のような租税の導入・増強と並行して、穀物を筆頭とする基本財の王国統一市場を創出するべく、都市および準都市的集落の交通網の整備、国家および都市による市場の整備と制度化 (すなわち年市・週市巡回システムの構築)、さらに国家による流通税システムの拡充を推し進めている。(68) 国王ハイメ一世はすでに一二五七年、王国内商業の麻痺と穀物価格の高騰という事態をうけ、穀物の対外輸出の許可制を敷いていた。(69) これを継承した国王ペドロ三世はさらに、次のような施策を矢継ぎ早に打ち出している。すなわち、①国王裁判の有料化と、証書の有料発給 (公証人およびコレドールの任命権の独占)、②国王指定の商品取引所 (alhóndiga) に商人の滞在義務づけ、③都市の特権を大幅に縮減し、基本財に独自の商業的な制限をかけることを禁止、④穀物、馬、油の対外輸出は原則禁止、対外輸出にはすべて王権の許可を必要とし、それらの取引は国王の商品取引所 (almudí, alfóndiga) に限定、輸出許可状の有償取得を要する、以上の政策がそれである。(70) これら一連の政策は、穀物を筆頭とする基本財の対外輸出の管理と王国内商業の自由化による安定的流通をもくろむものであった。だが、それは租税の導入・拡大と明らかに連動しており、けっして無償ではなかった。すなわち、王国統一市場の創出と商業活動の円滑化による最大の受益者が国家そのものとなるように、伝統的な流通税免除特権の大幅な縮小と、新たな通行税（peages nuevos）の導入[71]という措置がともなったのである。

以上のような政策は、伝統的な特権を享受する貴族・教会・都市の組織的な抵抗を呼び起こさずにはいなかった。こうして、最終的に一二八三年一〇月三日、王権と聖俗貴族・都市の代表者とのあいだで合意・締結されたのが、前述の「アラゴン総特権」である。そこでは、以上の政策がことごとく撤回されている。かいつまんでいえば、次のとおりである。すなわち、①王権はアラゴン王国、バレンシア王国、リバゴルサ伯領、テルエルの既存のフエロと特権を遵守・確認すること、[72]②アラゴン王国の全臣民は自らが望む量の塩を従来どおり利用できること（塩税〔塩の強制購買〕の廃止）、[73]③家畜キンタの廃止、[74]④国王ハイメ一世治世末期の租税制度に立ちもどること、[75]⑤国王文書局による証書作成料を適正額にもどすこと、[76]⑥都市およびウィラの公証人とコレドールの任命権を旧来どおりそれぞれの誓約人に帰すること、[77]⑦商人の国王商品取引所滞在義務を緩和すること、[78]⑧新たな通行税は廃止され、旧来の通行税と徴収網に回帰し、全臣民があらゆる街道を使って自由に往来できること、[79]といった具合である。両者の対立は結局、伝統的な特権を掲げる聖俗貴族・都市の意向に沿ったかたちでいちおうの解決をみたわけである。

さて、バレンシア王国と境を接するアラゴン南部最南端の二つのコマルカ、すなわち東からテンプル騎士団領（一三一七年から聖ヨハネ騎士団領アンポスタ管区）のカンタビエハおよびカステリョーテを擁するマエストラスゴと、プエルトミンガルボの所在するグダル＝ハバランブレでは、マエストラスゴで先行して開設市場に関する所見がみられる。ことにカンタビエハでは、早くも一二二五年の同城塞集落の入植許可状のなかで、市場税（mercata）が流通税、裁判権、罰金徴収権、軍役および騎行義務と並んで領主に留保されるとの文言がある。[80]一二五五年には、コメンダドールとカンタビエハのコンセホとの協定に際して、コンセホ当局に市場監督人（almudaçafius）の選出権が賦与されている。[81] 翌一二五六年には、国王ハイメ一世がカンタビエハ住人から流通税・通行税を徴収しないよう自らの役人に命令しているが、商人（mercatores）についてはその限りではないとしており、専業商人が同地を往来またはそこに定着したことが窺われる。[82] 一二七二年には、やはり同国王によって、従来火曜日に開設された週市を土曜日の開設に変更することが認可されているが、これは、以上の所見からみてもカンタビエハの市場が一三世紀前半から開設されていたことをうけてのものであることはいうまでもない。[83] 他方、カステリョーテでは、一二六八年に国王ハイメ一世によって、毎週土曜日の週市（mercatum）の開設が認可されている。[84] また、カンタビエハのバイリアでは、国王ハイメ二世が一二九二年、域内村落の一つであるミランベルにも、テンプル騎士団の管区長からの請願に応えて、毎週土曜日の週市（mercatum seu forum）の開設特権を賦与している。[85]

翻ってグダル＝ハバランブレでは、以上のような動向はやや遅れをとったようである。前述のように一二六一年のプエルトミンガルボの入植許可状のなかで、アラゴンのフエロにそくして領主権に留保されるもののうちに竃、粉挽水車、皮なめし池などと並んで市場（mercatum）が挙げられているのが最初の所見である。[86] 市場開設特権そのものの例はさらに遅れて一二八一年、国王ペドロ三世が、テルエルの域内村落の一つであるサリオンに毎週火曜日の週市の開設特権を賦与している。ここでは、テルエル市場に損害をおよぼさないことが特権賦与の条件となっていて、同年の聖ミカエルの祝日までにテルエル市場になんらかの損害を与えたことが確認された場合、当該特権は無効との但し書きが付されている。一見すると、サリオン住人からの請願に応えて王権が受動的に特権賦与におよんだかのようにみえるが、この場合には、前述のように租税の導入・拡大にいそしんだ王権からすれば、むしろ積極的に市場の開設を認可する理由があったようである。というのも、サリオン市場の流通税全般（lezdam, pedagium, almudinum, pensum, portaticum, mensuraticum）と、商品取引所（alfondicum）、店舗（tendas）、工房（operatoria）、肉屋（carnicerias）などからあがる収入はすべて王権に帰属することとなっているからである。[87] ついで前述のミランベルに週市開設特権が賦与された一二九二年、当時王太子ハイメ（二世）・デ・ヘリカの領有下にあったテルエルの域内村落モラ・デ・ルビエロスに、ここでは毎週月曜日の週市に加えて、五月最終週から一〇日間の年市の開設特権が賦与されている。(88)

ここからやや間が空いて、一三二三年、国王ハイメ二世がプエルトミンガルボおよびリナレス・デ・モラの全住人に、王国全土における流通諸税・家畜通行税（lezda, pedatica, penso, mesuratico, portatico, passatico, atque ribatico）を全面的に免除している。(89)だが、年市を含む一連の市場開設特権がグダル＝ハバランブレ各地に賦与されるのは、わたしたちの検討する時間的枠組みを越えた一四世紀後半の国王ペドロ四世（在位一三三六〜八七年）の治世を待たなくてはならない。まず一三五四年には、プエルトミンガルボに火曜日の週市と、聖マルティヌスの祝日（一一月一一日）から一五日間の年市（nundina）の開設が認められている。(90)ついで一三六六年には、カスティーリャ王国との戦争（「二人のペドロ」戦争）で降伏したテルエルの域内村落モスケルエラ、サリオン、ルビエロス・デ・モラ、さらに唯一当該コマルカには含まれないラ・オス・デ・ラ・ビエハに対して、王権に対する政治的・軍事的誠実の保証を対価に週市・年市の開設特権が賦与されている。すなわち、それぞれモスケルエラは月曜日の週市と八月の聖母被昇天の祝日から一〇日間の年市、サリオンは前述のとおり火曜日の週市と九月の聖母マリアの祝日から一〇日間の年市、ルビエロス・デ・モラは土曜日の週市と一一月の諸聖人の祝日から一〇日間の年市という内容である。(91)さらに一四〇六〜一四〇七年、プエルトミンガルボと同じくサラゴーサ大司教領（一三一八年より大司教座）にもかかわらず、リナレス・デ・モラでもまた、国王マルティン一世が、王権に対する政治的・軍事的誠実を保証することを条件に、コンセホ主導の週市・年市の開設（厳密には再編）の請願に応えている。(92)

とくにグダル＝ハバランブレで、一四世紀後半に市場開設特権、わけても年市の開設特権が相次いでいるのはなぜか、政治的かつ経済的な説明が必要であろう。前述のカンタビエハの例にみられるように、王権による市場開設特権は、それをもってはじめて市場が開設されることを意味するものではない。そもそもカンタビエハもカステリョーテも王領地ではなくテンプル騎士団領なのだから、市場開設特権の請願の主眼は、いかに王権の介入を免れつつ（市場参加者に対する流通税・通行税免除の保証）、その保護を享受して（近隣市場との競合の回避）、自前の市場の活性を自立的に維持・強化することにあったものと考えられる。逆に王権の立場からすれば、これに応えることはそれ自体、本質的に自立的な領主所領に対する権力の誇示と誠実の確保というすこぶる政治的かつ封建的な意味をもつ行為であったと想定される。こうした論理はむろん、当時サラゴーサ大司教領のプエルトミンガルボやリナレス・デ・モラにもあてはまるはずである。ただ、一四世紀後半のグダル＝ハバランブレの一連の市場開設特権を説明するには、それにもまして複雑な政治的・経済的条件を考慮に入れなくてはならない。

すなわち、第一に、それらがしばしば領主をさしおいてコンセホ主導で請願され、王権がこれに応じていることである。事実、テルエルの域内村落モスケルエラ、サリオン、ルビエロス・デ・モラ、ラ・オス・デ・ラ・ビエハに対する市場開設特権の賦与は、もともとカスティーリャ王権に降伏したテルエルに対する懲罰の意味を含んでおり、事実上の領主の立場にあるテルエルをさしおいて、それら域内村落が王権に政治的かつ軍事的に服属することを条件とするものであった。その意味では、やはりコンセホ主導で請願を行ったリナレス・デ・モラについても、懲罰云々はともかく、同様に理解されなくてはならない。

第二に、一三六四年のサラゴーサ議会でその導入が協賛されたヘネラル（el General）またはヘネラリダデス（generalidades）と呼ばれる王国輸出入関税の徴収網の一つが、モラ・デ・ルビエロスを筆頭にバレンシア王国と境を接するグダル＝ハバランブレに設置されることである。一三六二〜六三年以来、アラゴン連合王国の共通議会で、農業生産物の国外流出と国外毛織物の国内流入を禁止するべく協議が重ねられたものの実現せず、その結果、各王国の議会で王国を出入りする商品に（商品によっては）一律五％の関税を課す措置がとられることとなった。[93]それはとりもなおさず、同地域が両王国をまたがる商品交換の舞台となっていたことを示唆するものである。

実際、同地域には、急峻なグダル＝ハバランブレ山地のただなかにありながら、アラゴン＝バレンシア内陸交通の主要な経路が貫通している。すなわち、テルエルからサリオンで分岐して、北のミリャルス（ミハレス）川沿いにオンダ経由でカステリョ・ダ・ラ・プラーナに向かうルート、いま一つは南のパランシア川を介してスゴルブ経由でムルベドラ（現サグント）にいたるルートである。[94] なかでもサリオンは、東西に分布する同地域の諸集落をこれら二つのルートに結びつける結節点となっていたものと想定される。一二八二年には、サリオンに、一二七七年に先んじて年市開設特権を取得したテルエル[95]と同じく国王の商品取引所（alfondicus）が所在したことが知られる。[96] となれば、サリオンは年市開設特権を取得する一三六六年を待たずして、週市ばかりか、テルエルに準ずる年市開設地としての機能の一部をすでに具えていた可能性がある。ましてやサラゴーサ大司教領のプエルトミンガルボとなれば、王権の政治的意志はともかく、そうしたポテンシャルを事前に具えていなければ、一三五四年の年市開設特権の取得も意味をなさなくなるであろう。むろん問題は、わたしたちの検討する一四世紀前半の段階で、それがいかなるかたちで表れるかである。

4　小麦取引

一四世紀前半の公証人文書全体で、商品交換にかかわる証書群は約一五〇〇点を数える。取引の対象となった主要な財の内訳は、穀物九四二件（もっぱら小麦、これにときおりライ麦、大麦、燕麦）、家畜二〇九件（牛、駄馬、騾馬、驢馬、羊、山羊）、毛織物（panno）五〇件、羊毛（lana e anino）四三件、ピッチ（alquitrán, pegunta）六件、染料（tint）六件、皮革・毛皮（piel, cerda, gardacho）五件、外衣（capa, manto）五件となっている。

なかでも九四二件と最多を誇る穀物、わけても小麦の取引件数をみるかぎり、少なくともこの段階のプエルトミンガルボ住人の生業の基礎があくまでも穀物耕作にあったことは疑いようがない。実際、家畜もまた、一四世紀前半をつうじて牛・駄馬・騾馬・驢馬といった犁耕・運搬用の役畜が中心であり、これに対して羊は取引件数も一回あたりの取引数も一三二〇年代後半に増加してくるにすぎず、羊毛取引にいたっては、四三件のうち三六件は一三二〇年代以降、とくに四〇年代に集中している。となれば、これだけをとってみても、移動放牧を基幹的な生業とするという前述の「辺境都市」モデルはまったくあてはまらないことになる。

あらゆる財の代金はバレンシア王国のラル貨で支払うよう指定されており、小麦にいたっては容量単位もバレンシアのそれに準ずるものとされている。むろん、それはあらゆる財がバレンシア向けの商品であったことを意味するものではないが、使用貨幣がアラゴン王国伝統のハカ貨で、容量単位もテルエルのそれに準じていることから、事実上テルエルの市場圏に包含されたものと想定されるテンプル騎士団領ビジェルとは異なり、プエルトミンガルボが広い意味でのバレンシアの市場圏に組み込まれていたことは疑いない。

さて、以上に挙げた財の取引はいずれも、一三四〇年代から本格化する羊毛取引を除いて、ビジェルの公証人登記簿と同じく、借主＝売主、貸主＝買主となる債務弁済書式をもって契約がとりむすばれている。小麦を筆頭とする穀物取引一般で広く用いられたのが、次のような書式である。

わたしラモン・ヘネルは、あなたビラフェルモーザ住人にしてベルトラン・アセンシオの寡婦メンガ、あなたの親族、あなたからわたしに要求するすべての人びとに、あなたが貸与するバレンシアの容量単位で小麦三・五カイースを負うことを認める。わたしはいかなる不正も放棄し、きたる聖霊降臨祭のエル・プエルト価格に応じて、きたる八月の聖母被昇天の祝日に支払うことを約束する。(97)

これは、借主＝売主ラモン・ヘネルが一三一一年三月一七日、貸主＝買主メンガから五月下旬～六月上旬の聖霊降臨祭の価格で小麦三・五カイース分の代金を受領し、収穫期にあたる八月の価格にそくして事前に取得した代金分の現物を納品する小麦の先物取引である。三月の契約の段階では、代金が支払われる聖霊降臨祭の小麦価格はわからないので、ここには当然小麦三・五カイース分の代金は書かれない。この書式は、公証人文書伝来の起点をなす一三〇五年からすでにみられるが、一三一〇年代後半にはほぼ確立をみて、小麦取引の契約書式の主流をなすようになる。それでもなお、内容のうえではおそらく同一でありながら、取引される小麦の総量と総額がいずれも明記される証書が一部にみられる（このあたりの書式の差異をめぐっては補論3で詳しく検討する）。そうした証書は時代を下るほど少数になるのでかなり穴のあるものになることは避けられないが、さしあたりここから、単位量あたりの小麦価格を表6-4にまとめておこう。ごくわずかな所見ながら、そのほかの穀物についてもわかる範囲で掲げてある。

第5章でとりあげたテンプル騎士団領ビジェルでは穀物の単位量はもっぱらファネーガが用いられたが、プエルトミンガルボではファネーガは比較的まれで、通常はカイースが用いられている（とくに小麦についてはファネーガあたりの価格も併せて表示してある）。一瞥すると、一四世紀前半には、小麦価格の三つのピークがあったことがみてとれる。すなわち、いずれも全体をつうじて最高額のカイースあたり四〇ソリドゥスを記録した、一三一一年、一三二〇年代後半、一三三三年がそれである。逆に、底値を記録したのは、カイースあたり一二ソリドゥス六デナリウスの一三一八年中葉である。

ここから、おぼろげながらも次のような曲線が描かれるであろう。すなわち、まず一三一一年三月に四〇ソリドゥスと小麦価格の高騰にみまわれるも、翌一三一二年四～六月には二〇ソリドゥスと半値まで急激に下がり、ここから一三一八年にかけて、わずかな上下動はあるものの基本的に下落局面となっていて、一三一五～二〇年は一二ソリドゥス六デナリウス～一六ソリドゥスと比較的安値を維持している。だが、こうした状態は、一三二二年の二六ソリドゥスを起点に上昇局面に転じていて、一三二〇年代後半にふたたび四〇ソリドゥスと次なるピークに達している。一三三〇年の小麦価格は不明であるが、大麦の価格が、小麦が安値を維持した一三一六年と同水準の一二ソリドゥスなので、このあたりでいったん下降し、最後のピークをなす一三三三年に向けて上昇したものと考え

表 6-4　穀物価格

期　間	小麦（カイース）	小麦（ファネーガ）	ライ麦（カイース）	大麦（カイース）	登記簿
1311/03/18	40 s.	6 s. 8 d.			1
1311/03/24			36 s.		1
1312/04/17	20 s.	3 s. 4 d.			2
1312/04/18			15 s.		2
1312/06/12	20 s.	3 s. 4 d.			35
1314/02/26-27	21 s. 8 d.	3 s. 7 d.			39
1315/04/20-10/17	18 s.	3 s.			34
1315/11/24-1316/04/05	14 s.	2 s. 4 d.			34
1316/02/11-15				12 s.	34
1316/04/19-05/12	16 s.	2 s. 8 d.			34
1318/07/31	12 s. 6 d.	2 s. 1 d.			41
1320/05/19-11/10	14 s.	2 s. 4 d.	12 s.		43
1322/04/25	26 s.	4 s. 4 d.			48
1322/04/27	28 s.	4 s. 8 d.			48
1325/05/02	34 s.	5 s. 8 d.			49
1325/05/25-08/18	36 s.	6 s.			49
1326-1329/05/23	40 s.	6 s. 8 d.			6
1330/04/29				12 s.	7
1333/01	40 s.	6 s. 8 d.			8
1347/08/09	34 s.	5 s. 8 d.			15

注）s. ソリドゥス，d. デナリウス。1 カイース＝6 ファネーガ。

られる。以降一三四七年までは小麦価格に関するいかなる所見もないので、ひとたび下降してあらためて上昇に転じたか、一四年もの時間的懸隔があるのでやや考えがたいものの、高止まりのまま三四ソリドゥスまで緩やかに下降したかは判然としない。

カルロス・ラリエナ・コルベーラは、アラゴンおよびナバーラにおける一三〇〇年前後の穀物不足の時期を、一二八〇〜八四年、一三一一〜一四年、一三三三〜三六年としており、ハビエル・メドラーノ・アダンは、これを追認するかのように、プエルトミンガルボもまた一三一一〜一四年に深刻な穀物不足にみまわれたとしている(98)。だが、穀物不足は不作に起因するばかりではないから、王国の各地で同時期にひとしくそれに直面したとはかぎらない。事実、以上の所見をみるかぎり、いま少し早く、すでに一三一二年にはそうした状態が次第に解消されつつあったと想定してよいように思われる。

同時期のテルエルでは、『テルエルのフエスの年代記』の一三一三年四月から一三一四年四月までの記述に、ファネーガあたり八ソリドゥスと小麦が例をみない価格に高騰したとするくだりがある(99)。これは、つづく一三一四年四月から一三一五年三月においても同額のままであったようである(100)。むろん、容量単位の内実がテルエルと、プエルトミンガルボが準ずるところのバレンシアとで同一であったかは不明であるが、さしあたりそれには目をつぶって試みに比較してみよう。まずは、以上の所見をファネーガあたりに換算してみると、カイースあたり二〇ソリドゥスの時期に九ファネーガで三〇ソリドゥスの所見があるので(101)、プエルトミンガルボでは一カイース＝六ファネーガの対応関係であったことになる。さらに同時期には六クアルタルで五ソリドゥスの所見もあるので(102)、四分の一カイース＝六クアルタル、したがって一カイース＝六ファネーガ＝二四クアルタルの対応関係になる。これをふまえて計算したものが、先の表中のファネーガあたりの小麦価格である。

小麦取引に関しては、それぞれテルエルはアラゴン王国伝統のハカ貨、プエルトミンガルボは前述のようにバレンシア王国のラル貨が用いられるので、双方の貨幣の交換レートを加味しなくてはならない。ハカ貨は一二世紀中葉から一三世紀初頭にかけて品位四デナリウスであったが、国王ハイメ一世が繰り返し品位の切り下げを試みて議会と激しく対立した。これに対して、ハイメ一世がバレンシアの征服後、一二四七年に造幣したのがバレンシア王国固有のラル貨であり、これは品位三デナリウスのいわゆるテルノ（テルン）貨である。[103]その際、四〇日間でラル貨への全面移行を促すべく他貨幣との交換レートが設定されており、そこではハカ貨一五デナリウス＝ラル貨一二デナリウスという比価が規定されている。[104]これにそくして単純に計算すると、もともと品位四デナリウスのハカ貨の当時の品位は理論上、二デナリウス一八グラヌムまで下げられていたことになる。ハイメ一世は一二六〇年、アラゴン王国ならびにリェイダを筆頭とするハカ貨の流通する都市・ウィラに対して、ラル貨と同様に品位三デナリウスのハカ貨を造幣したが、以後約五〇年にわたって新たな造幣が行われることはなかった。[105]

だが、国王ハイメ二世は一三〇七年、アラゴンに招集した議会において、久々に新たなハカ貨の造幣に踏み切っている。そこでは、モネダティクム（モラベディ）の課税を条件にかつてと同様に品位が四デナリウスに引き上げられ、直近の聖ミカエルの祝日から三年間の品位維持が約束されている。[106]こうして翌一三〇八年六月から、ハカからサリニェーナに移設された造幣所で造幣が開始されると同時に、ハカ貨ソリドゥス（一二デナリウス）＝テルノ貨一八デナリウスの交換レートが設定されたのである。[107]したがって、一三世紀初頭のハカ貨とラル貨との比価は理論上、二対三の関係にあったことになる。

これをふまえて、先の所見をハカ貨ソリドゥスに換算してみると、テルエルがファネーガあたり八ソリドゥスと例をみない小麦価格の高騰に直面していたまさしく一三一三〜一五年に、プエルトミンガルボでは、底値とはいわないまでも、約二ソリドゥス二デナリウス（一三一四年二月）、約二ソリドゥス（一三一五年四〜一〇月）とおおよそ四分の一の低価格で推移していたことになる。一四世紀前半をつうじて最も高額の一三一一年、一三二〇年代後半、一三三三年ですら、プエルトミンガルボでは、ハカ貨換算で約四ソリドゥス五デナリウスとその半額強でしかない。だが、一三四〇年代には逆に、プエルトミンガルボがハカ貨換算で三ソリドゥス八デナリウスであったのに対して、テルエルでは二ソリドゥスと、こちらはテルエルの方がはるかに低額となっている[108]。いずれもアラゴン南部でありながら、各市場の穀物価格の動向はこれほどに似るところがないのである。

むろん、都市化の進むテルエルの所見を比較の対象にすることの妥当性を問う向きもあるかもしれない。だが、アントニオ・J・ガルガーリョ・モジャがいうように、テルエルの穀物不足が単純な不作によるものではなく、同時期の人口増加と戦争・天候・土壌に左右される穀物生産の流動性とのバランスの欠如に起因するものであるとすれば[109]、それ自体は農村にも違和感なくあてはまる説明である。もとより穀物不足は、もっぱら不作によって規定されるわけではなく、往々にして人為的な、広い意味での供給不足によって引き起こされるのだから、この点で都市と農村とを分かつ理由はないはずである。分かつべきはあくまでも政治的に自立した個々の空間ユニットであって、もはや都市か農村かではないのである。

この点で、一三二五年八月一八日にアルカイデとコンセホの名で制定された、穀物禁輸を主旨とする村落条例はきわめて興味深いものとなっている[110]。それはちょうど、一三二二年からカイースあたりの小麦価格が上昇一途で、一三二五年五月二日に三四ソリドゥス、五月末に三六ソリドゥスとさらなる上昇の気配を示した段階で制定されている。かいつまんで説明すると、以下のとおりである。

すなわち、①プエルトミンガルボ住人も域外住人も、当該ウィラとその領域から穀物ならびに穀物の喪失をもたらすあらゆるものを持ち出してはならない[111]、②域外住人は穀物を自らの宿に運び入れてはならない[112]、③プエルトミンガルボ住人は、証人とともに穀物を運び、証人とともに穀物を持ち出すこと[113]、④プエルトミンガルボ住人が自らの債務の弁済に穀物を与えた場合、アルカイデ、フスティシア、よき人びとにそれを申告すること[114]、というのがそれである。以上の諸規定に違反した内外の住人を取り締まるべく六名の同地住人が監督人（guardadores）に任命され[115]、もし違反した場合は、問題の穀物は没収され、サラゴーサ大司教、コンセホ、監督人で三分されることとなっている。

以上の諸規定は明らかに、内外の住人、わけても域外の住人による穀物の持ち出しを禁止し、価格の高騰を抑えて同地住人に安定的に穀物を供給することを志向するものである。結局のところ、翌年以降に四〇ソリドゥスとふたたび最高値を記録することになるので、効果のほどは芳しいものではなかったようである。だが、それは、当該条例が十分に適用されなかったというだけでなく、いささか逆説的ながら、当該条例を制定したこと自体によって原理的に生じうる事態でもある。いかなるかたちであれ、穀物の域外流出に歯止めをかければ域内の穀物価格を抑えられるというのは、なるほどわかりやすい道理である。けれども、もとより近隣の各市場の穀物価格が極端に異なる空間では、穀物の安定的な域内供給を目指して穀物価格を下げるあらゆる政治的措置そのもの、あるいは前述のように王権への抵抗の果てに温存された、それを可能にする個々の空間ユニットの政治的な自立性そのものが、内外の相対的な価格差をそのつど増大させ、そこから生じうる利潤を追求する行為を呼び寄せてしまう。その意味で、内外の住人による穀物持ち出しは、当該条例制定の原因であり結果でもある。となれば、そこで名指しされた、穀物の持ち出しを図るプエルトミンガルボ住人と域外住人はいかなる人びとか、彼らによる買付に応じたプエルトミンガルボ住人はいかなる人びとかが、次なる問いとなるであろう。

5　小麦売主・買主の動態分析

登記簿の年代分布が不均等であるうえに、登記簿そのものの規模や内容が互いに大きく異なるので、小麦の取引件数の正確な年代分布を抽出することは事実上不可能である。三月二五日の受胎告知の祝日を起点として、ほぼ年間つうじて証書群を網羅しているようにみえるのは、わずかに一三一二〜一三年（二、三五番）、一三一五〜一六年（三四番）、一三一八年（三番）の登記簿に限定される。さしあたり商品交換にかかわる証書群を含む登記簿ごとに、小麦の取引件数と、あらゆる財の取引件数に占めるその割合をそれぞれ示したのが表6-5である。

全体の取引件数一四七四件に占める小麦取引の割合は、過半数を大きく超える六三・九%となっている。この数値を超えるもののうち、母数が十分に確保されているものはおおよそ一三一八年までの登記簿に集中しており、ここでもやはり前述の一三一二～一三年、一三一五～一六年、一三一八年の登記簿が際立っている。一三一九年以降の登記簿は総じて母数が小さいが、それに目をつむっても、この数値を超える年はわずかであり、小麦取引の割合は一三一八年以前に比べれば、やや減少傾向にあったということができるかもしれない。この所見に先の小麦価格の動向を突き合わせると、一三一八年のカイースあたり一二ソリドゥス六デナリウスを底値に、小麦価格が下落傾向にあり、比較的安値で安定していた一三一二～二〇年には小麦取引の割合が大きく、急激に上昇局面に転ずる一

表6-5　小麦取引件数

年代	登記簿	小麦取引	%	取引総数
1305	28, 30	10	55.6	18
1311-12	1	17	80.9	21
1312-13	2	163	65.7	248
	35	108	83.1	130
	39	94	71.8	131
1314	33	5	100	5
1315-16	34	107	65.6	163
1316	36	11	50	22
1317	47	11	73.3	15
1318	41	3	20	15
	3	137	80.1	171
	40	14	73.7	19
1319	4	5	62.5	8
	5	12	54.5	22
1319-20	43	22	61.1	36
1320	44	4	28.6	14
1322	48	32	74.4	43
1325	49	22	52.4	42
1326-29	6	4	100	4
1330	7	29	46	63
1333-34	8	31	64.6	48
1338-40	10	14	40	35
1342-43	13	29	47.5	61
ca.1344	31	26	50	52
1347	15	32	36.4	88
計		942	63.9	1474

三二二年からは小麦の取引件数にごくわずかながら翳りがみられるようになるといったところであろうか。

とはいえ、こうした説明はいささか単純にすぎるかもしれない。というのも、小麦価格が額面上安値で安定している時期に小麦の取引件数が増加するというならば、一三一一年の四〇ソリドゥスからすれば急激な下落傾向にあったとはいえ、二〇ソリドゥスから二一ソリドゥス八デナリウスで推移した一三一二〜一四年に、より安価な一三一五〜一六年（一四〜一六ソリドゥス）、一三一八年（一二ソリドゥス六デナリウス）とかわらぬ水準で小麦取引が行われていることの理由がうまく説明できないからである。そこで、以上三つの時期の小麦の売主・買主の動向をそれぞれ動態的に分析してみよう。

まず、一三一二〜一三年の登記簿（二、三五、三九番）では、小麦取引が総計三六五件を数える[116]。売主は総じて、プエルトミンガルボ住人で占められている。域外では同じくサラゴーサ司教領のカステルビスパルおよびリナレス・デ・モラの住人が若干際立っていて、近隣のモスケルエラ、ルビエロス、カステリョからビスタベーリャ・ダル・マエストラット、ファンザーラの住人がごくわずかにみとめられるばかりである。域外の住人も基本的にプエルトミンガルボ住人と共同で、または同地住人を仲介者として取引におよんでおり[117]、その意味では、同地住人が主力であることにかわりはない。

三六五件の売主は、共同で事に臨んだケースも含めて全体で一九八人にのぼるので、一人あたりの平均取引数は約一・八四回ということになる。だが、実際には、表6-6のとおりいま少し複雑な分布を示している。

表 6-6　売主の取引件数

取引件数	人数
1	93
2	38
3	23
4	11
5	12
6	4
7	7
8	4
9	2
10	1
11	1
12	0
13	0
14	2

単独であれ共同であれ、一件のみの売主が最も多くなっているが、全体からみれば半数にも満たない。過半数はむしろ二件以上の取引を行っており、売主の多くは二〜五件と複数回の取引を行うのが通例であったようである（八四人）。なかには、一四

件もの取引におよんでいる売主（サンチョ・エフルベおよびペロ・デル・プラス）が二人いるが、このあたりになってくるとやや例外というべきであろうか。複数回の取引を行った売主は通常、それぞれ異なる買主と契約を結んでいる。たとえば、売主ロレンソ・ペリセロは、フアン・ドミンゴ・デ・モンソン、ベレンゲール・ソルソーナおよびミゲル・ソルソーナ、アルバロ・エステバン、ベレンゲール・サパテロ、フアン・フォルクという異なる買主に小麦を売却することを約束している。売主が納品を約束した小麦の総量は個人で〇・五カイース（三ファネーガ）から共同で九カイースまできわめて多様であるが、個人であれ共同であれ、一件あたり一カイース、多くとも五カイースが通例であったようである。

前述のように証書がもっぱら債務弁済書式で書かれているだけに、一見すると、売主は、年間つうじて複数回にわたって各所から借財を負い、小麦の収穫を待ってどうにか現物で弁済するほかないような、一際零細な農民であったかのような印象を与えかねない。だが、以上の取引はプエルトミンガルボの下層住人に限定されたわけではなく、それどころか明らかに上層住人をも含んでおり、住人全体が幅広く参加するものであったと考えなくてはならない。実際、売主のなかには、同時期のフスティシアであるドミンゴ・パスクアル、誓約人ブラスコ・ビベルがいる。さらに翌年以降も視野に入れれば、一三一四、一七年の誓約人ベレンゲール・ソルソーナ（二件）[118]、一三一五年の誓約人ペロ・ロップ（三件）、一三一六年の誓約人アパリシオ・モラ（三件）、一三一九年のフスティシアに選任されたフアン・モリネロ、一三二〇年の誓約人バルトロメ・エフルベ（七件）およびドミンゴ・トロンチョン（一〇件）、一三二二年のフスティシアであるアンドレウ・ノウ（二件）……と、枚挙にいとまがない。

また、売主となったプエルトミンガルボ住人は自らが買主となることも少なくなかった。たとえば、ラモン・ホルバは、他の住人と同様に、域外の不在の買主ミゲル・ソルソーナおよびベレンゲール・ソルソーナに小麦を売却する一方、自ら買主として一一件の小麦購入を行っている。一三一五〜一六年には一件のみの購入にとどまるが、彼の寡婦マリアがそれを引き継ぎ、一六件の購入を行っている。ドミンゴ・エフルベにいたっては、売主として四

表 6-7　小麦買主（1312-13 年）

買主（1312-13 年）	件数	小麦総量 (cahices, fanegas, quartales)	代金総額 (solidos, dineros)	備　考
Juan Domingo de Monzón (Cantavieja)	54	127 c. 4 f.	2680 s.	
Miguel Solsona y/o Berenguer Solsona (?)	32	55 c. 2 q. [c] 1 c.	1101 s. 9 d. [c] 15 s.	共同で 23 件，前者単独で 5 件，後者単独で 4 件
Martín López de Bolea (Alcañiz)	22	49 c. 3 f.	990 s.	
Domingo Tarba (Rubielos)	8	55 c.	1100 s.	
Beltran Asencio (Vilafermosa)	6	13 c. 3 f.	270 s.	
Huguet Pelligero (Onda)	5	16 c.	320 s.	
Domingo Ejulve (Puertomingalvo)	34	71 c. 4 f.	1434 s.	
Bernat Nebot (Puertomingalvo?)	19	21 c. 2 f.	427 s.	
Ramón Jorba (Puertomingalvo)	11	20 c. 3 f.	410 s.	
García Aznar (Puertomingalvo)	11	28 c.	560 s.	
Juan Folch (Puertomingalvo)	9	17 c. 3 f.	350 s.	

件を数える一方（買主はそれぞれ、フアン・ドミンゴ・デ・モンソン、二件でベレンゲール・ソルソーナおよびミゲル・ソルソーナ、マルティン・ロペス・デ・ボレア）、三四件で自ら買主となっている。こうした人びとは、自らの隣人から小麦を購入するかたわら、自らが売主となる場合には、他の隣人がまさしくそうであったように、もっぱら域外の住人に小麦を売却している。こうなってくると、彼ら自身が直接生産者であったかさえも疑わしいように思われる。

さて、買主に目を転じよう。各売主の複数回の取引は、前述のようにほぼすべて異なる買主とのあいだで取り結ばれている。それらは、表6-7〜表6-9のように比較的限定された総数の買主の組み合わせとなっている。なお、二番と三五番には、契約内容に重なるところがある証書が含まれており、この場合には、契約内容の見直しが行われたものと想定し、時間的にあとに同定される証書の内容から、小麦の総量を合算した。ごくわずかながらライ麦や大麦が含まれる場合には、それも併せて表示してある（ライ麦［c］、大麦［o］）。また、代金総額については、代金がつねに書かれるわけではないので、前述のように一三一二～一三年の小麦価格がカイースあたり二〇ソリドゥス、ライ麦価格がカイースあたり一五ソリドゥスであったことをふまえて計算している。大麦については、同時期のカイースあたりの価格は不明である。

上段は域外の住人であり、下段がプエルトミンガルボの住人となっている。前者のうち兄弟と想定されるミゲル・ソルソーナおよびベレンゲール・ソルソーナは、ソルソーナ姓が示すようにそのルーツはカタルーニャと考えられるものの、どこの住人かを特定するに足る情報がない。とはいえ、ほぼつねに両人ともに「不在」(absentes)のまま契約を取り結んでいるので、少なくともこの段階では域外住人とみなしてよいはずである。逆にプエルトミンガルボ住人のなかでは、ベルナット・ネボットが同様に不明であるが、こちらは「不在」表示がまったくないうえに、一三一一年の段階で自身の親族とおぼしいハイメ・ネボットの寡婦に小麦を売っていることから[119]、同地住人のカテゴリーに加えてある。

複数回の小麦購入を行ったこれら買主の取引件数が合計二一一件、そのうち約六〇%を占める一二七件は、アラゴン王国ではカンタビエハ、やや隔絶したアルカニス、隣接するモスケルエラ、バレンシア王国では隣接するビラフェルモーザ、若干離れたオンダに住む域外住人によるものである。なかでも突出しているのがカンタビエハ住人のファン・ドミンゴ・デ・モンソンの五四件であるが、これにミゲル・ソルソーナおよびベレンゲール・ソルソーナの三二件とアルカニス在住のマルティン・ロペス・デ・ボレアの二二件を加えると一〇八件となり、これら三者のみで全体の五〇%強が占められていることになる。逆にプエルトミンガルボ住人では、前述のドミンゴ・エフルベの三四件が突出しているから、域外の三者に同人を加えた四者が事実上、この時期の主要な買主ということになるであろう。

以上の域外住人の三者はいずれも一件あたり平均二カイース(それぞれ二・四、一・七、二・二カイース)を集中的に買い付け、自家消費に供せられるとはとても思われない量の小麦の集積を図っている。前述のように、一般に一三一一～一四年が小麦不足の時期であったとすれば、前年から小麦価格が一気にカイースあたり二〇ソリドゥスに半減したプエルトミンガルボは、同時期のテルエルの小麦価格をあらためてもちだすまでもなく、域外住人にとって相対的に安価に小麦を買い付けられる場所とみなされたはずである。むろん、彼らが集積した小麦をいかに運用したかは具体的に知るところがない。だが、プエルトミンガルボ住人のドミンゴ・エフルベが隣人と共同で彼ら域外住人に小麦を売る一方、彼らと同様に、ファン・ドミンゴ・デ・モンソンに次ぐ量の小麦を自ら集積していることを考慮に入れなくてはならない。となれば、同地の小麦は域外住人と一部の同地住人の手を介してもっぱら域外に輸出されたのであり、同地住人は前年から半減したとはいえ、その後を見通せば依然として高めの水準の価格で換金に応ずるべく、自らの小麦の少なくとも一部を域外住人に売ることにいささかも躊躇しなかったのである。

ついで、一三一五～一六年（三四、三六番）の取引件数は、登記簿の規模のせいもあって、ぐっと少なく総計一一八件となっている。売主の総数は八六人で、このうち五〇人は単独であれ共同であれ、それぞれ一件の取引を行うのみである（約五八％）。これに対して、複数回の取引を行った残る三六人は、前述の一三一二～一三年と重なるところが多いものの、せいぜい二～三回が主流となっていて（それぞれ一八人、一〇人。四件が五人、五件が二人、最高八件が一人）、一人あたりの取引件数に顕著な減少傾向がみてとれる。

この時期は、一三一二～一三年に比べて小麦価格がさらなる低下をみている。前述のとおり、四月二〇日～一〇月二七日にはカイースあたり一八ソリドゥス（ファネーガあたり三ソリドゥス）、さらに一一月二四日から翌一三一六年四月五日までカイースあたり一四ソリドゥス（ファネーガあたり二ソリドゥス四デナリウス）、一三一六年四月一九日～五月一二日にはふたたび上昇をみるもカイースあたり一六ソリドゥス（ファネーガあたり二ソリドゥス八デナリウス）となっている。となれば、先の理屈からいえば、域外住人であれ、同地住人であれ、同地小麦の集積と域外持ち出しにはより有利に働いたはずであるが、どうやら実際にはそうはなっていないようである。

一三一五～一六年の主要な買主は表6-8のとおりである。ここでも上段と下段とで、域外住人とプエルトミン

表6-8　小麦買主（1315-16年）

買主（1315-16年）	件数	小麦総量 (cahices, fanegas, quartales)	代金 (solidos, dineros)	備　考
Juan Domingo de Monzón (Cantavieja > Vilafranca)	18	52 c. 4 f.	882 s. 4 d.	1316年3月から Vilafranca の住人。
Domingo Navarro (Mosqueruela)	17	63 c.	1134 s.	
Alvaro Esteban (Vilafermosa)	4	8 c. 2.5 f. [a] 4 c.	134 s. 8 d. [a] ?	
Menga viuda de Beltran Asencio (Vilafermosa)	3	4 c. 2 f.	68 s. 8 d.	Beltran Asencio の母。孫の後見人 Domingo Zapatero (Llucena) および Juan Asencio (Vilafermosa) による購入含む。
Martín López de Bolea (Alcañiz)	1	1 c.	18 s.	
Domingo Cosida vicario (Puertomingalvo)	18	27 c.	414 s.	司教の貢租徴収人 (vicario e bayle e aministrador de las rendas del senyor vispe en la villa del Puerto)。
Ramón Jorba ; María viuda de Ramón Jorba (Puertomingalvo)	17	39 c. 4 f. [c] 1 c. 3 f.	599 s. 4 d. [c] ?	Ramón Jorba は1件のみ。
Berenguer Solsona fillo de Berenguer Solsona (Puertomingalvo, jurado)	5	11 c 3 f. [o] 2 c.	194 s. [o] 12 s.	妻 Guillerma の1件含む。父のプエルトミンガルボ定着後，誓約人歴任。
Domingo Ejulve (Puertomingalvo)	4	10 c. 3 f.	183 s.	
Clariment piquero (Puertomingalvo)	3	4 c.	64 s.	
Pero de Belloch (Puertomingalvo, jurado)	3	5 c. 3 f.	77 s.	

ガルボ住人とを分けて列挙してある。代金については、一三一五年から一六年までにカイースあたり一八、一四、一六ソリドゥスと価格が変動しているので、各契約期日の小麦価格を考慮に入れて計算を試みてある。なお、同年のライ麦（［c］）および燕麦（［a］）の価格は不明である。

一三一二〜一三年の所見とのおもな相違点は、なによりも域外住人の参加が全体として低調となっていることである。フアン・ドミンゴ・デ・モンソンはあいかわらずみられるものの、取引件数が一八件と大幅に減少している。ソルソーナ兄弟はもはやみられず、とくにベレンゲールの子ベレンゲールは同地に定着し（下段参照）、以前のような小麦の集積にはおよんでいない。ビラフェルモーザ住人ベルトラン・アセンシオ本人はもはやみられず、同人の母で同名の父の寡婦メンガと同人の子の後見人（tudor）によるものがわずかに数えられるのみである。マルティン・ロペス・デ・ボレアにいたってはわずかに一件を数えるにすぎない。これに新たな買主として、近隣のモスケルエラ住人ドミンゴ・ナバーロが加わっている。

下段の同地住人については次のとおりである。すなわち、ドミンゴ・エフルベはあいかわらず登場するが、もはや四件とかつてのような集積におよんでいない。これに代わるのが、現地司教代理ドミンゴ・コシーダ（領主サラゴーサ司教の貢租収入管理人）と、前述のラモン・ホルバの寡婦マリアである。また、ベレンゲール・ソルソーナは同名の父のプエルトミンガルボ定着後、住人となるばかりか誓約人をもつとめるが、隣人同様自ら売主となるほかでは、もはや父のように小麦の買付による集積という行為にはおよんでいない。

依然として多くの小麦を買い付けた、例によってつねに「不在」の買主フアン・ドミンゴ・デ・モンソンは、一三一五年一〇月までは従来どおりカンタビエハ住人であったが、翌一三一六年三月にはバレンシア王国はムレーリャの属域村落ビラフランカの住人となっている。[120] ここでは、かつての五四件は一八件へと約二四％まで減少、小麦総量でも一二七カイース四ファネーガから五二カイース四ファネーガへと約四一％まで減少しているが、それぞれ取引件数と取引総量との減少率が若干のずれをきたしているようである。

そもそも一三一二〜一三年の買主リストでは、彼の取引件数および買付総量は一人だけ突出しており、他の面々の買付総量からすると、一三一五〜一六年の五四カイース四ファネーガは、小麦の集積を図る買主のなかではむしろ平常運転とみた方がよさそうである。これは新たに登場してきたモスケルエラ住人ドミンゴ・ナバーロにもあてはまる。同人は、一三一五年四月一五日〜五月二日にかけてやはり「不在」のまま集中的に一七件の契約を取り結び、合計六三カイースの小麦を買い付けている。同人の場合、ほぼすべての契約が聖霊降臨祭の代金支払い・聖母被昇天の祝日の小麦納品というプエルトミンガルボの典型的な形式で取り結ばれているが、代金はつねにプエルトミンガルボではなくモスケルエラの価格で計算されることになっている。これに対して、ビラフェルモーザ住人のアルバロ・エステバンの場合は、小麦の価格はあくまでもプエルトミンガルボの価格にしたがうが、すべてカステルビスパルで納品するよう約束させている。この点は、のちにあらためてふりかえることにしよう。

ここで注目すべきは、一件あたりの取引量である。フアン・ドミンゴ・デ・モンソンの場合、二・三八カイースから二・八九カイースに上昇している。ドミンゴ・ナバーロにいたっては、一件あたり三・七一カイースと、ほぼ四カイースに達しようかといういきおいである。これに対して、プエルトミンガルボ住人のドミンゴ・コシーダは一・五二カイース、ラモン・ホルバとその寡婦マリアは二・二九カイースであるから、各人の取引件数がほぼ同じでも、域外住人の両人の一件あたりの取引量がいかに多かったかということである。

じつは両人の一件あたりの平均取引量をおしあげている原因の一端をなすのは、二名の誓約人によるコンセホ単位での多量の小麦の売却である。すなわち、四月二〇日、誓約人フアン・モレータおよびペロ・ロップがドミンゴ・ナバーロに対して、前年の誓約人ベレンゲール・ソルソーナおよびペロ・デ・ベリョックが売却に合意した小麦二五カイースを四五〇ソリドゥスで実際に売却を履行するとしている[121]。ついで六月六日には、フアン・ドミンゴ・デ・モンソンに対して、小麦二〇カイースを三六〇ソリドゥスで売却している[122]。彼らはさらに、やはりフアン・ドミンゴ・デ・モンソンに、同年一二月一六日に小麦二カイースを売却すると[123]、翌一三一六年三月三日には小麦一〇カイースを売却している[124]。

そもそも誓約人による小麦の売却は、一三一二～一三年の段階でもなかったわけではない。実際、一三一二年九月八日には、誓約人ベルナット・モレータおよびブラスコ・ビベルが、ルビエロス・デ・モラ住人ドミンゴ・タルバに小麦三カイースを売却している[125]。だが、一三一五～一六年は一件あたりで取引される小麦の総量がそもそも違うし、年間合計では、誓約人がコンセホ名義で五七カイースもの小麦を売却する計算になる。もっとも、それらもまた、きたる聖母被昇天の祝日を納品期限とする先物取引であるから、コンセホが売却しようとしたのは既存のストックではない。となれば、コンセホは自ら同地住人から域内小麦を調達しなくてはならなかったはずである。その意味では、従来のように域外住人と同地住人との個別取引に全面的に任せるのではなく、コンセホがある種の窓口となって自らの管理・統制下でそれを代行することで価格の安定化を図ろうとした、あるいは逆に、それが域内小麦の過度の流出を抑制し、価格低下の要因の一端を担ったのかもしれない[126]。

他方、プエルトミンガルボ住人の買主のなかで特筆すべきは、現地司教代理ドミンゴ・コシーダである。彼は一八件の取引で、領主であるサラゴーサ司教の貢租収入の管理人（bayle e aministrador de las rendas del senyor vispe en la villa del Puerto）の肩書きを名乗って合計二七カイースを買い付けている。一八件すべてでもれなくその肩書きを名乗っているあたり、一連の取引が、彼の個人的な利害によるものでも、もっぱら自らが差配する教会の運営にかかわるものでもなく、むしろ領主であるサラゴーサ司教の貢租収入と密接な関係があったことを想定させる[127]。領主に対して納付される貢租はもはやほぼ全面的に貨幣納化されていたはずであるから、とくに一三一五年にはなんらかの理由により領主が一定量の小麦の現物を必要としたということであろう。もはや領主にとっても小麦の取得は、自ら任命した貢租徴収人を介しているにもかかわらず、貢租ではなく自領の市場での購買に依存するほかなかったということである。

小麦価格がカイースあたり一二ソリドゥス六デナリウスと底値を記録した一三一八年の登記簿（三、四〇、四一

表 6-9　小麦買主（1318 年）

買主（1318 年）	件数	小麦取引量 (cahices, fanegas, quartales)	平均取引量	代金総額	備　考
Pero Zapatero (Linares)	10	37 c. 3 f. 2 q. [o] 5 c.	3.7 c. 0.2 f.	468 s. 9 d. [o] ?	
Berenguer Solsona fillo de Juan Solsona (Mosqueruela)	5	9 c. 2 f. [c] 1 f. [a] 2 f.	1.8 c. 0.4 f.	116 s. 8 d. [c] [a] ?	
Domingo Mezquita (Vilafermosa)	5	12 c. 5 f.	2.4 c. 1 f.	160 s. 5 d.	
Juan Sanz (Puertomingalvo, justicia)	28	78 c. 0.5 f.	2.7 c.	976 s. 0.5 d.	フスティシア (1330 年)
Bartolomé Ejulve et Navarro Ejulve (Puertomingalvo)	12	23 c. 3 f.	2 c. 0.3 f.	293 s. 9 d.	前者は誓約人 (1320 年)。後者は前者の子の後見人
Berenguer Solsona el mayor (Puertomingalvo)	9	48 c. 3.5 f.	5.3 c. 0.4 f.	607 s. 3.5 d.	
Bernat Guasc (Puertomingalvo)	9	7 c. 5 f. [o] 2 c. 5 f. 3 q.	0.8 c. 0.6 f.	88 s. 11 d. [o] ?	誓約人（1343 年）
Bernat Poma (Puertomingalvo)	5	12 c. 1 f.	2.4 c. 0.2 f.	152 s. 1 d.	誓約人（1349 年）
Domingo Cosida vicario (Puertomingalvo)	4	11 c. 3 f.	2.8 c. 0.8 f.	143 s. 9 d.	
Aparicio Mora (Puertomingalvo)	4	4 c.	1 c.	50 s.	誓約人（1316 年）
Ramón Folch (Puertomingalvo?)	4	12 c. 2 f. 3 q. [c] 7 f. [o] 1 c. 2 f.	3 c. 0.5 f.	154 s. 2 d. [c] [o] ?	

番）に目を転じよう。総取引件数は一五四件で、売主は従来に比べればこれとやや近い一〇四人となっている。これは、複数名による共同取引がやや影を潜め、一夫婦からなる世帯単位での取引が主流になっていることに一部起因している。売主あたりの取引件数では、一件のみが六〇人とやや減っているものの（約三八・九％）、複数回でも二件が二九人、三件が五人、四件が九人、五件が一人と、全体として一人あたりの取引件数そのものが一三一五〜一六年に比べてさらに減少している。

主要な買主は表 6-9 のとおりである。全体としてみれば、域外の買主が明らかに減少している。それらは、リナレス・デ・モラ、モスケルエラ、ビラフフェルモーザといった隣接集落の住人ばかりであり、人数、取引件数、購買量も激減している。ここにはもはや、一三一五～一六年の域外の買主はのきなみみられない。これにかわって、買主の主力はむしろプエルトミンガルボ住人となっているようである。前述の現地司教代理ドミンゴ・コシーダは依然としてみられるものの、わずか四件で一一カイース強を購入しているのみである。それはとりもなおさず、一三一五～一六年の同人の活発な取引があくまでも領主の一時的な要請に対応したものであったことを示唆するものである。

同地住人のなかでも際立つのは、ファン・サンスおよびベレンゲール・ソルソーナ・エル・マジョールである。ファン・サンスは、一三三〇年にフスティシアに選任されることになる人物である。一三一二～一三年および一三一五～一六年にも同地住人のなかにみられるが、その際には家畜の売却四件（複数の牡羊、牝牛一頭、牝牛一頭・子牛一頭、例外的な豚を一頭）[128]、一三一五年に比較的少量の穀物の購入二件（併せて大麦一ファネーガ五クアルタル、燕麦五ファネーガ〇・五クアルタル、ライ麦〇・五カイース、小麦二ファネーガ一クアルタル）を数えるのみである。[129]一三一五年にわずかに二ファネーガ一クアルタルの小麦の購入で満足した人物が、一三一八年には途端に七八カイースもの小麦を購入しているのだから、ここで集積した小麦を、自家消費はむろん、域内消費でとめおこうとしたとはいささか考えにくい。

ベレンゲール・ソルソーナ・エル・マジョールは、自ら「年長者」（el mayor de días）を名乗っているように、誓約人をつとめた同名の子ベレンゲール・ソルソーナの父であり、一三一二～一三年に兄弟ミゲル・ソルソーナとともに域外にありながら同地小麦を集中的に購入し、最終的に同地に定着した人物と思われる。彼はいまやプエルトミンガルボの住人として、九件とはいえ兄弟とともに集積した総量にわずかながら劣る四八カイース強もの小麦を単独で購入しているのである。ここでは、もはや共同体の成員となり、誓約人すら輩出する一家の主が、域外住人であったころと同様に小麦の集積を行うことができたことになる。少なくとも小麦価格が底値で推移したこの段階では、同地の住人による小麦の集積と、場合によってはその持ち出しに厳しい目が注がれることはなかったということであろうか。

プエルトミンガルボ住人であれ、域外住人であれ、以上に掲げたおもな買主が年間に買い取ることとなる小麦をいかに運用したかは、いかなる史料所見からも知るところがない。結局のところ、年間の取得量が多い買主については、買い付けた小麦がもっぱら自家消費に供せられたとはとても考えられないというにとどまる。だが、とくに域外の住人がなぜプエルトミンガルボ住人の小麦を集中的に買い付けようとしたかというところからあらためて考えてみよう。

前述のように、一三一五年に最も多量の小麦を買い付けたのは、テルエルの域内村落モスケルエラ住人の「不在」の買主ドミンゴ・ナバーロである。隣接するプエルトミンガルボであえて小麦を買い付けるのは、モスケルエラで小麦が全面的に不足していてそこでは購入できないか、あるいは結局同じことであるが、モスケルエラの小麦価格よりもプエルトミンガルボのそれが安かったからと考えるほかない。ところが、彼は前述のように、一連の取引のなかで聖霊降臨祭の代金支払い・聖母被昇天の祝日の小麦納品を旨とするプエルトミンガルボの典型的な形式で契約を取り結んでいながら、モスケルエラにおける聖霊降臨祭の小麦価格で代金を支払うとしているのである。一見すると、プエルトミンガルボで調達した小麦をモスケルエラで売却することを志向しているかのようであるが、これは論理的にいささか奇異というほかない。

もしプエルトミンガルボの小麦価格よりモスケルエラのそれの方が低ければ、彼はプエルトミンガルボで小麦を買い付ける理由はなかったはずである。そもそもプエルトミンガルボの売主が、わざわざ同地の価格よりも安いモスケルエラ価格で小麦を売ることに同意するはずもない。となれば、こうした契約が成立するには、同年のプエルトミンガルボ価格とモスケルエラ価格が同額か、または彼がより高いモスケルエラ価格で買い付けてもあまり損失が出ない程度に価格差が小さいというのが必要条件となるはずである。それは同時に、小麦価格が下落するにしたがって域外の買主が減少し、底値に達した一三一八年に域外の買主の参加がほとんどみられなくなることの理由の一端を説明するものでもある。
一三一五年にコンセホがある種の窓口となるかたちで域内小麦を集積し、域外の買主に一挙に売却するケースもあったとはいえ、そうした介入自体は彼らを全面的に排除しようとするものではなかった。そもそもコンセホによって域外への小麦流出を制限するべく政策的に強硬な措置がとられていれば、たとえ従来に比べて大きく後退しようとも彼らが依然として参加していることの説明がつかない。その意味では、同地の小麦取引はなお大きく開かれたままであったはずである。それにもかかわらず、域外の買主が大きく後退したのは、域内と域外の価格差が縮減されて、域外、ことにやや遠方からあえて同地で集中的に小麦の買付を行う積極的な動機が失われたからである。

それと反比例するかのように、買主のなかで同地住人が相対的に重要度を高めるが、それ自体は一三一二〜一三年にも一三一五〜一六年にも同じくみられた現象である。それは、域外の買主の参加の有無を問わず、同地住人もまた、共同体の成員のままで小麦の集積を展開することが可能であったということである。となれば、同地の小麦取引は内にも外にも大きく開かれていたことになろう。だが、たとえ小麦価格が底を打っても、域内外の価格差が縮減してしまえば、彼らもまた、域外住人と同様の事態に直面してもおかしくない。それでもなお彼らが小麦の集積をやめなかったのはおそらく、共同体がそれを黙認したからではなく、むしろ共同体がそれを必要としたからではないか。

同地住人はもはや、全面的に貨幣納化された租税や貢租を納付するために、さらには自らの購買行為のために、小麦価格がいかに安価で推移した年でも自らの生産物を換金することを強いられる。彼らの売却意欲はそれゆえ、高いに越したことはないにしろ、域内の小麦価格とも、むろん域内外の価格差とも関係なしに、あくまでも自らの貨幣需要によって惹起される。となれば、域内外の価格差が縮減されて転売による利益がおよそ望めない年でも、一部の同地住人が彼らの生産物を大量に買い取ろうとするのは、それがまさしく、共同体成員の貨幣需要に応えるある種の公共奉仕に相当するからである。前述の「年長者」ベレンゲール・ソルソーナは同地に定着したのちに購買欲を再燃させたが、それは域外住人であったころとはまったく異なる論理でことにおよんでいたのであり、だからこそ自らの子を誓約人にするなど、共同体内の有力家族の長の地位をほしいままにできたのである。逆に自らの生産物の売却意欲を隠そうとしない同地住人が取得した貨幣は、租税や貢租の納付に用立てられるばかりではなかったはずである。

6　毛織物取引

前述のように取引の対象となった財のなかには、毛織物（panno）が五〇件含まれる。そのうち四九件はもっぱら一三一一〜一六年に分布していて、この時間的枠組み以外では一三二五年の一件をわずかに数えるばかりと、きわめて不均等な分布を示している。不均等な分布という意味では、一三一一〜一六年の四九件は、一三一一年に一件、一三一五〜一六年に五件を数えるのみで、残る四三件はすべて、一三一二〜一三年（登記簿でいえば、二、三五、三九番）に集中している。

特筆すべきは、極端に偏った買主の構成であろう。全体のうちプエルトミンガルボ住人が買主となった二件を除けば（プエルトミンガルボ住人のファン・モンタニェス[130]）、ムレーリャを筆頭にすべてカステリョの住人が買主となっており、なかでも「槍兵」（piquero）の異名をもつムレーリャ住人ベルナット・アンドレウが五〇件中四〇件と八〇％を占めていて、ついで同じくムレーリャ住人ベレンゲール・センシスが五件[131]、ムレーリャ住人A・ボセットが二件[132]、バレンシア住人ウゲット・ペリセロがわずかに一件[133]となっている。それゆえ、プエルトミンガルボで取引された毛織物はもっぱら域外のカステリョ向けで、その大半を事実上一人のムレーリャ住人が買い付けるところとなっていたのである。

ベルナット・アンドレウは一三一一年から二〇年まで、合計四八点の証書で当事者として登場する。そのうち騾馬一頭の売却一件[134]、小麦の購入二件[135]、後述するように染料の購入五件（一件は毛織物とともに[136]）、同地のコンセホおよび住人への金銭貸付二件[137]、保証人の立場でフスティシア法廷に告訴一件[138]を除き、もっぱら毛織物の買付に専心している。彼にとってプエルトミンガルボは、毛織物とせいぜい染料の調達先であったということになる。それらの契約はいずれも、域外の小麦買主がそうであったように、例によって「不在」のまま交わされている。表6-10のとおり、毛織物の購買はもっぱら一三一二～一三年に集中していて、一三一一年に一件、一三一四～一五年には二件を数えるのみである。一三一二～一三年の契約期日は、五月一一日、六月二四～二六日、八月二七日～九月一一日、一〇月一～一一日、一一月一八日～一二月一九日、ついで翌一三一三年一月一七～二八日、二月二〇～二一日、三月七日といった具合に、年間つうじてやや分散しているが、どちらかといえば一年の後半、わけても一〇月（六件）、一一月（七件）、一月（九件）に集中しているようである。納品期日はいずれも彼の望む期日（qual dia quando vos querrides）と指定されている。彼は以上の取引をつうじて、総額一八七二ソリドゥス一デナリウス（一件あたり平均四六ソリドゥス）、とくに一三一二～一三年のみで一七一一ソリドゥス一デナリウスを費やしている。

売主に目を転じてみよう。四〇件のうち単独は一七件、残る二三件は最大三人からなる共同売主となっている。売主の総数は六六人で、カステルビスパルの四名を筆頭に、ショドス一名、バルデリナレス一名、リナレス・デ・モラ一名、ビラフェルモーザ一名、モスケルエラ一名というように、近隣村落の住人を九人含むものの、やはり売主の主力はプエルトミンガルボの住人となっている。単独であれ共同であれ、複数の契約で売手となっている者が同地住人を中心に八人いるものの、いずれもそれぞれ二件にとどまっており、売主のなかで特定の住人が際立っているようにもみえない。すなわち、ベルナット・ビダル（二件）、ペロ・ロップ（二件）、ギリェム・ドミンゲス（二件[139]）、アルナウ・イセルト（二件）、ファアン・カベーロ（二件）、ファアン・モンタニェス（二件）、ファアン・フォレ

表 6-10　ベルナット・アンドレウによる毛織物買付

日　付	登記簿	売　主	s.	d.	小麦（件）	牧羊（件）
1311/3/20	1_3v	Juan Fabregat	42		5	
1312/5/11	35_2v	Domingo Martín (Xodos)	36		1	
6/24	2_11	Andrés	27			
6/26	2_11	Juan Benedito Domingo Benedito d'Allepuz	33	9	5	
6/26	2_11	Bernat Albert Juan Ferrer Domingo Vidal (El Puerto)	47		 4	
8/27	35_18	Bartolomé Ejulve fillo de Juan Ejulve (El Puerto) Juan Montanyes (El Puerto)	27		12 11	 2
9/11	2_13v	Juan Calvo (Valdelinares)	41			
10/1	2_14v	Pero la Foz (El Puerto) Juan Campos (El Puerto)	143		 2	
10/2	2_15	Domingo Lop (Linares)	37		7	
10/2	2_15	Pero Lop (jurado del Puerto) Martín de la Canyada	22		10	
10/2	2_15	Pero Lop (jurado del Puerto)	102		10	
10/2	2_15	Domingo Lop (Linares)	22		7	
10/11	2_16	Pero Meys	18			
11/18	2_18	Miguel Andrés (Castelvispal) Domingo Segura (Castelvispal)	75		6	
11/25	2_19v	Pero Campos (El Puerto) Guillem Vidal (El Puerto)	30		6 13	 1
11/30	2_21	Ramón Domínguez Guillem Domínguez	30			
12/1	2_21v	Arnau Ysert fillo de Pero Ysert (El Puerto) Pascual Ejulve fillo de Juan Ejulve (El Puerto)	50		7 6	1
12/1	2_21v	Domingo Monclús (Vilafermosa o el Puerto) Pero Guillem fillo de Guillem Piedrafita (El Puerto)	46		8 1	
12/2	2_22	Juan Cavero fillo de Bernat Cavero	33		10	
12/3	2_22	Asteruga viuda de Domingo Candela (Vilafermosa) Pero Comas Guillem Domínguez	19			
12/6	2_22v	Domingo Siscar (El Puerto)	18		10	
12/18	2_27	Domingo Cavella (Castelvispal)	16			
12/19	2_27	Miguel Lop	26		5	
1313/1/17	2_29v	Pero Morella el joven Pero Morella el mayor	33		4 2	
1/20	2_29v	Miguel Aparicio Juan Montanyes (El Puerto)	80		 11	 2
1/20	2_29v	Bernat Moreta (jurado del Puerto)	46			
1/20	2_30	Blasco Maturano (El Puerto) Domingo Maturano (El Puerto)	60		1	

		Juan Antolín (El Puerto)			9	
1/20	2_30	Bernat Vidal	83		3	
1/20	2_32	Suana viuda de Bernat Cavero	107			
		Domingo Cavero (fillo suyo)			5	
		Juan Cavero (fillo suyo)			10	
1/20	2_32	Berto Galve (El Puerto)	32		4	
		Pero Galve (fillo suyo)			5	
1/20	2_32	Just Ferrer (Castelvispal)	60		3	
1/28	2_32v	Pero del Praz	48		2	
2/20	2_36	Juan Fores (El Puerto)	42	10	12	
		Mateo Aznar (El Puerto)			7	
2/20	2_36	Pero Morella el menor	99		4	
		Arnau Ysert			7	1
2/20	2_36v	Guillem Roquera (Mosqueruela)	34		2	
2/21	2_36v	Juan Yuanes (El Puerto)	45		3	
		Lorent Escavedo				
		Bernat Vidal			3	
3/7	2_37	Nicolau Sanz e María	25		1	
12/18	39_13v	Jayme Moreta e Luna muller del	17	6	3	
1314/2/3	39_18	A. Granels	92			
		Bernat Tomás del Castelvila Maleya				
1315/5/10	34_12v	Bernat Palares (El Puerto)	27			
		Juan Fores (El Puerto)			12	
計			1872 s. 1 d.			

ス（二件）、さらにリナレス・デ・モラ住人のドミンゴ・ロップ（二件）がそれである（表中の下線部）。さらにファン・エフルベの子パスクアルとバルトロメはそれぞれ一件ずつベルナット・アンドレウに、ドミンゴ・マルティンはベルナット・アンドレウだけでなく前述のベレンゲール・センシスにもそれぞれ一件ずつ[140]毛織物を売っているが、これらを加えたところでとくに毛織物の取引に専心するような住人をみいだすことはできない。

実際、前述の八名は、唯一ギリェム・ドミンゲスを除いて、いずれも小麦の売主として登場する者ばかりである。すなわち、それぞれベルナット・ビダル三件、ペロ・ロップ一〇件、アルナウ・イセルト七件、ファン・カベーロ一〇件、ファン・モンタニェス一一件、ファン・フォレス一二件、ドミンゴ・ロップ七件となっている。さらに付け加えれば、ファン・エフルベの子パスクアル六件およびバルトロメ一二件、ドミンゴ・マルティン一件も同様である。それどころか、わかるかぎりでは、六六人の毛織物売主のうち四二人が小麦の売主ともなっているのである（約六三％）。彼ら自身が直接生産者であったと仮定すれば、ここでいう毛織物は自らの生業の根幹をなす穀物生産のかたわら、あくまでも家内で生産されたと考えるほかない。逆にベルナット・アンドレウの立場に立てば、そうした毛織物を、自らが住まうムレーリャではなくわざわざプエルトミンガルボにおいて、各人と複数の契約を交わして買い付けようとしたことになる[141]。

毛織物工業の存在を全面的に否定する由はないものの、域外の住人が集中的に買付を行うに足る毛織物を生産するインフラが同時期のプエルトミンガルボにあったかというと、どうもネガティヴな見通ししか得られない。そもそも同時期には縮絨機の言及がおよそみられない[142]。織物工（texidores）、梳毛工（pelaires-picoteros）、縮絨工（bataneros-tundidores）、染色工（tintoreros）、仕立工（sastres）といった、毛織物の一連の製造工程にかかわる専門職人の言及は、地域最大の都市的拠点であるテルエルにおいてさえようやく一三世紀後半から多少なりとも継続的にみられるようになるにすぎない[143]。この時期のプエルトミンガルボでは、わずかに織物工を自らの名に冠するドミンゴ・テヒドールなる人物がみいだされるが、同人とて一三一一年から一三一五年にかけてもっぱら小麦および家畜の売却で登場するばかりで、毛織物の生産どころか取引にさえ関与していない[144]。

毛織物の原料の供給源となる牧羊についてはどうであろうか。その前に、わたしたちは、同時期のプエルトミンガルボにおける家畜取引がいかなるものであったかからはじめなくてはならない。前述のように、一四世紀前半の家畜の取引件数は二〇九件にのぼるが、毛織物取引が集中する一三一〇年代まででは全体の半数強に相当する一二四件を数える。取引の対象となった家畜の内訳は、牛三七件、駄馬九件、驢馬二三件、騾馬二二件、羊二〇件、山羊一〇件となっている。一二四件中九一件（約七三％）が牛・駄馬・驢馬・騾馬といった犂耕・運搬用の役畜であり、このあたり穀物生産を基礎とする同時期の住人の生業を色濃く反映しているように思われる。

牛の取引では、全体としてみれば、売主・買主ともにプエルトミンガルボ住人または同地の近隣の住人となっている。やや遠いところでは、毛織物一件を買い付けているムレーリャ住人A・ボセットが、同地住人ペロ・ムレーリャ・エル・マジョールに牝牛一頭を売り付けているくらいであろうか[145]。三七件中一〇件は、年限つきの家畜用益パートナーシップ契約（mediaría）となっている。すなわち、家畜の用益権を年限つきで売却し、家畜の種類・性別によって、用益権そのものか、家畜からあがる毎年の収入を折半するというのが契約の基本的な形式である。それは、同地住人が一定期間、共同で牛を使用して、基幹的な生業である穀物生産に臨んだことを示すものであろう。その輪はどうやらプエルトミンガルボのみならず、隣接するビラフェルモーザにもおよんでいたようである。たとえば、前述のように小麦の買付で登場するベルトラン・アセンシオは一三一二年、自らが所有する牝牛についてプエルトミンガルボ住人と、同日に二件にわたる家畜用益パートナーシップ契約を交わしている[146]。駄馬の取引も、当事者は総じて同地住人である。売主のなかには域外住人がごくわずかにみられるが、それも隣接するビスタベーリャ・ダル・マエストラットの住人くらいであり[147]、傾向的には牛の取引とおよそ大差ない。

これに対して、驢馬および騾馬はいささか異なる興味深い傾向を示している。驢馬の買主はむろん同地住人である。これに対して、わかる範囲では、二三件中六件の驢馬の売主が、明らかに域外、しかも牛や駄馬に比べればやや隔絶した集落の住人となっているのである。すなわち、ベルナット・ビラール（リュセーナ）一件[148]、ベレンゲール・センシス（ムレーリャ）が二件[149]、マルティン・ロペス・デ・ボレア（アルカニス）が二件[150]、さらに興味深いところでは、ムデハルのアブドゥル・ザメット・アルメヨメル（ファンザーラ）が一件[151]である。なかでもムレーリャ住人ベレンゲール・センシスは毛織物の買付、アルカニスに住むマルティン・ロペス・デ・ボレアは前述のように小麦の買付に執心した人物である。

騾馬の場合にもこれとほぼ同様に、売主のなかに次のような域外の住人がみられる。すなわち、「法に通暁する人」（savio en derecho）フェロ・クアタリャン（ビラフェルモーザ）[152]、ベルナット・アンドレウ（ムレーリャ）[153]、またもやムデハルのエザ・アンポリーナ（ファンザーラ）[154]、アセンシオ・コリータ（モスケルエラ）[155]がそれぞれ一件である。ビラフェルモーザやモスケルエラといった隣接集落が含まれるので、こちらは驢馬に比べてかなり距離が短くなった印象がある。だが、それでもここに、もっぱら毛織物の買付にいそしんだ件のムレーリャのベルナット・アンドレウ、さらには驢馬と同様にファンザーラのムデハルをみとめるのはたやすい。

往々にして不在のままプエルトミンガルボで小麦や毛織物を買い付けた、マルティン・ロペス・デ・ボレア、ベルナット・アンドレウ、ベレンゲール・センシスといった人びとが、自らの驢馬や騾馬を同地の住人に売りさばいているのはどういうわけであろうか。たとえば、ベレンゲール・センシスが同地住人に驢馬を売ったのは、一三一一年三月一八日（買主ギリェム・フェレール）と一三一二年四月三〇日（買主マルコ・ヒル）の二件である。[156] 彼は同地で、一三一三年一月に二件、一三一五年四月、七月、一二月にそれぞれ一件、毛織物を買い付けている。[157] 一見したところ、時間的にやや懸隔があるから、驢馬の売却と毛織物の買付になにかしら関係があったようにはみえない。マルティン・ロペス・デ・ボレアについては、一三一五年一〇月二一日、一三一六年五月一〇日にそれぞれ一件、いずれもアントン・コルテスに驢馬を売っているが、[158] この時期の小麦の買付はもはや一三一五年四月二四日の一件を数えるのみである。[159] ベルナット・アンドレウが騾馬を売ったのは一三一二年四月二六日（買主ベルト・プロプンテロ）であり、[160] 前述のように同年五月一一日から翌年三月七日までで三七件もの毛織物の買付を行う直前ということになる。

驢馬や騾馬を購入した同地住人は、マルティン・ロペス・デ・ボレアによる小麦の買付でも、ベルナット・アンドレウおよびベレンゲール・センシスによる毛織物の買付でも、それらの財の売主のなかには現れない。だから、この方面では直接的な因果関係はみとめられない。ただ、次の点をあらためて確認しておかなくてはならない。すなわち、小麦も毛織物も先物の形式で取引されるから、もっぱら買主不在で契約を結んだ段階では現物は納品されず、小麦ならば一般に八月の聖母被昇天の祝日を待ち、毛織物ならば前述のように買主の判断に任されるものの、やはり後日、おそらくは小麦と同様になんらかの祝日をめどに納品されることになったであろう。逆に家畜の取引は現物の事前引き渡しが基本であり、代金は後日支払われるのが通例である。

それら驢馬および騾馬の代金支払い期日はそれぞれ、ベレンゲール・センシスの二件では聖ヨハネの祝日（六月二四日）および九月の聖母マリアの祝日（九月八日の生誕の祝日ないし九月一五日の悲しみの聖母の祝日）、ベルナット・アンドレウの一件では聖霊降臨祭と聖母被昇天の祝日にそれぞれ分割払い、マルティン・ロペス・デ・ボレアの二件ではいずれも小麦の納品期日と同様に聖母被昇天の祝日となっている。したがって、先物取引による現物の納品期日と驢馬・騾馬の後払い代金の支払い期日が多少なりとも一致するのである。

となれば、次のように想定することが可能であろう。まず、不在のまま小麦や毛織物の買付契約を結ぶ買主は、同時に特定の同地住人に驢馬ないし騾馬を代金後払いで売っておく。ここから二通りの可能性があるように思われる。第一に、買主自らが現物の引き渡しを受けるべく、指定しておいた納品期日に同地または近隣の指定地を来訪し、同時に特定の住人に売っておいた驢馬・騾馬の代金をも回収する。この場合、なぜ彼らがほかならぬ驢馬・驢馬という家畜を売ったか、なぜ同地住人がそれらをわざわざムレーリャやアルカニスの住人から買ったかは問われないことになる。第二は、まさしく驢馬・騾馬が運搬用の役畜として利用されることを考慮に入れて、買主自らは同地または近隣の指定地に足を運ぶことなく、特定の住人に売っておいた驢馬・騾馬を利用させて、買い付けた財を近隣の指定地または自らの居住地まで運搬させ、その際に後払いの代金を回収するというものである。

ベルナット・アンドレウが年間つうじて毛織物の買付契約を結びながらおよそ不在であったことを考えるならば、ここでは第二の解釈をとってもよさそうである。実際、ベレンゲール・センシスが一三一　年三月一八日に同地住人ギリェム・フェレールに驢馬を売却した際、代金の支払い期日はきたる聖ヨハネの祝日と指定されている。ところが、そこに公証人が付した事後記述によれば、代金はずいぶん遅れて一三一五年一二月四日にようやく完済されたことになっている[161]。もし毛織物の納品時にベレンゲール・センシス自ら同地に足を運んでいたとすれば、いま少し先に代金の支払いを受けていてもよさそうなものである。いずれにせよ、この場合、驢馬・騾馬を買った同地住人は、域外の買主が買い付けた財の運搬の任を委ねられた一時的な代理人として立ち回ることになったであろうから、現物の運搬にかかわるなんらかの手数料を別途受けとったか、あるいはその分が差し引かれて驢馬・騾馬の買取価格が多少なりとも安価に抑えられたものと考えられる。

他方、羊の取引はこの段階では明らかに少数派であり、一三一二年を皮切りに二〇件を数えるのみである[162]。山羊にいたっては、一三一三年から一〇件を数えるのみとなっている[163]。後述するように、羊の場合にも、基本的に売主・買主はいずれも同地住人が中心である。ただ、売主のなかには、ときおり域外住人の存在がみとめられる。たとえば、前述のように小麦の集中的な買付を展開したミゲル・ソルソーナは、牝羊一二頭・仔羊一〇頭をファン・モンタニェスに一三四ソリドゥスで売却している[164]。こうしたケースが、同地における羊の増産の起点をなしたのであろうか。また、ラルコーラ住人ベルト・ガスクは同地住人ベルナット・ガスクに、家畜用益パートナーシップ契約を介して、一頭あたり五ソリドゥスで三二頭の仔羊の用益権を売却している[165]。この場合、集落間の距離がいささか離れていて、同時に用益することは現実的ではないので、事実上の年限つき貸借か、羊毛やチーズなど生産物そのものの折半というかたちをとったものと考えられる。

さて、以上をふまえて先ほどの毛織物の原料をめぐる問いに立ち返ろう。問題の一三一〇年代までの時間的枠組みでは、羊毛の取引はわずかに二件のみである。たとえば、一三一六年六月一三日、前述のように同地住人のなかでも小麦の買取でひときわ活躍したドミンゴ・エフルベが、ムレーリャ住人ノゲル・ボナレスとベナッサル住人ペロ・ボナレスに羊毛および一歳仔の最初の剪断分（lana e aninos）を三〇〇ソリドゥスで売却している[166]。ドミンゴ・エフルベは一三一二年六月四日にドミンゴ・フェレールから仔羊二四頭を一〇四ソリドゥスで[167]、同一六日にはアルカイデのベルナット・ダルテスから仔羊一一頭を一三七ソリドゥスでそれぞれ購入しているから[168]、その家産に牧羊を含んでいたことはほぼ確実である。いずれにせよ、ここでは同地住人があくまでもカステリョの域外住人に羊毛を売却しているのであって、前述の毛織物の売主がいかにして羊毛を調達したかはいかなる材料からも知るところがないのである。

となれば、毛織物の売主が自ら多少なりとも羊を所有したことを前提とするほかない。あくまでも少数ながら、とくに羊の取引主体に注目しよう。なかでも特筆すべきは、靴工（zapatero）を人名に冠するペロ・サパテロなる人物である。彼は一三一二年六月二六日、フアン・サンスから四〇〇ソリドゥスで複数の牡羊、[169]七月一七日にはアルナウ・イセルトから一三二ソリドゥスで牡羊・牝羊をそれぞれ購入している。[170]同年九月三〇日には、ここから四五頭の牝羊をペロ・モンタニェスに与えて、それと引き換えに九〇頭の仔羊の納品を約束させる繁殖請負契約を結んでいる。[171]こうして一三一五年一一月一四日には、ショドス住人ドミンゴ・マルティン、プエルトミンガルボ住人フアン・モンタニェス、バレーロ・ガリエン、ヒル・エスクデロに一〇〇六ソリドゥス相当の一群の牝羊を売却している。[172]これと並行して、彼は一三一二年に共同で牡山羊五〇頭を購入する一方、[173]驢馬一頭、[174]牝山羊五六頭、[175]牡・牝併せて山羊二四頭[176]をそれぞれ売却している。それゆえ、彼はもっぱら羊・山羊を同地住人から購入、請負契約をつうじて繁殖させ、それを同地および近隣住人に売却するという一連の活動を展開したものと考えられる。確かに取引のレヴェルでは依然として少数派とはいえ、こうした人物を介して同地の羊が増産に向かい、住人の相当部分がそれを取得できる市場が多少なりとも形成されていたと考えることもできよう。

前述の毛織物の売主と羊の取引参加者を照合してみると、六六人の毛織物の売主のうち羊の取引に直接・間接に関与している者は、わずか五人にとどまる。すなわち、フアン・モンタニェスは共同ながら二件で毛織物を売却する一方、一三一二年九月一五日にミゲル・ソルソーナから牝羊一二頭・仔羊一〇頭を一三四ソリドゥスで購入し、[177]一三一五年一一月一四日には前述のペロ・サパテロから共同で一〇〇六ソリドゥス相当の牝羊を購入している。[178]ギリェム・ビダルは一件ながら共同で毛織物を売却する一方、一三一三年三月一一日に牝羊七頭を売却している。[179]フアン・エフルベの子パスクアルとバルトロメはそれぞれ一件で毛織物を売却しているが、彼らの兄弟ミゲルが一三一五年九月七日に仔羊四〇頭を取得する繁殖請負契約を結んでいる。[180]アルナウ・イセルトはといえば、共同で二件、単独で一件の毛織物の売主として登場する一方、ペロ・サパテロに一三二ソリドゥスで牡・牝羊を売却している。[181] 最後にショドス住人のドミンゴ・マルティンは単独で一件、母ベレンゲーラとともに一件[182]の毛織物の売却をそれぞれ行ったが、前述のファン・モンタニェスらとともにペロ・サパテロから一群の牝羊を購入するばかりか、[183] 一三一八年まで視野を拡大すれば、ギリェム・アルナウと牝羊五頭・牝山羊一五頭の家畜用益パートナーシップ契約を結んでいる。[184] むろんこれらはあくまでも毛織物の売主がいかに羊の取引に関与したかという問題であって、その大半が羊を所有しなかったことを意味するものではないし、むしろ逆に、前述のように彼らが羊を比較的容易に調達できる市場が形成されたことの一端を示すものと解釈することも可能であろう。

ところで、ここで買付の対象となったのは、生産工程のうちいかなる段階まで完了した毛織物であったか。前述のように買主ベルナット・アンドレウは、毛織物以外にわずか五件ながら染料（tint）をも買い付けている。そのうち一件では赤色（vermel）染料と明確に指定されている。注目すべきはその由来であり、二件ではナルボンヌ産であることが明記されているのである。すなわち、一三一二年一〇月三〇日に同地住人ベルト・マリェン、同年一一月一八日にカステルビスパル住人ミゲル・アンドレスおよびドミンゴ・セグーラがそれぞれ彼に売ることとなったのがナルボンヌ産の染料（tint de Narbona）であり、とくに後者は同時に毛織物（drap）をも売却する契約を結んでいる。[185] となると、この問題はプエルトミンガルボの農村工業にとどまらない問題をはらむことになる。あくまでも可能性の範囲では、次のように想定することができよう。すなわち、第一に、売却の対象となった同地の毛織物は未染色のままとめおかれ、これと併せてナルボンヌ由来の染料が売却された。第二に、住人の家内工業の所産である毛織物はナルボンヌ由来の染料をもって染色され、その余剰が売却の対象となった。第三に、ここでいう毛織物の少なくとも一部はそもそもナルボンヌ由来の高品質な毛織物であり、これと併せてナルボンヌ産の染料が売却された。

第三の想定はやや極端にみえるが、もはや農村工業どころか、国際商業の問題である。だが、いずれの解釈をとるにせよ、その背後には、フランス南部に端を発し、プエルトミンガルボを中継拠点のひとつとして、カステリョへと通ずる国際商業ルートの存在が透けてみえる。その一端はすでに一二八二年、国王ペドロ三世がサラゴーサの国王役人に取り締まるよう命じた、モンペリエおよびカタルーニャの商人による「不法行為」(fraudem et perjudicium juris nostri et lezdarum nostrarum)のなかにすでにみてとれる。すなわち、モンペリエ商人およびカタルーニャ商人は自らの商品を携行し、リェイダ、ビナーシャ(リェイダ＝タラゴーナ間)、ピナ・デ・エブロ、サラゴーサを経由するエブロ川沿いの正規ルートで賦課された流通税の納付を忌避するべく、モラ・デブラから西にそれてアルカニス、モンタルバンを経由してカスティーリャ方面に向かうのが常態化していたというのである。[186]

こうした傾向はどうやら拡大し、一四世紀初頭のテルエルでは、政治的には当時マリョルカ王国に帰属したルサリョ(ルシヨン)およびサルダーニャ(セルダーニュ)伯領の出身者が商人層の主力を占めるほどになっていた。[187] たとえば、一三一七年、テルエルのユダヤ人毛織物商人(draperos moradores)ヤント・デ・カトルセおよびアサク・デ・カトルセがアルバラシンの年市に向けてドミンゴ・ペレスに搬送を委託した毛織物のうち相当部分はナルボンヌ産の毛織物であったのである。[188] それゆえ、前述の「不法な」ルートを介して同地域を往来した南フランス商人が、やや南に下るとはいえ、その途上でプエルトミンガルボに訪れていても少しも不思議ではないのである。

この点で注目すべき財が、豊富な森林資源を活用して生産されたピッチ(pegunta, alquitrán)である。一三一〇年代まででいえば、言及そのものはわずかに四件ながら、プエルトミンガルボの農村工業と、同地が組み込まれた国際商業との接点を如実に示すものとなっている。すなわち、同地住人ラモン・ポマは一三一二年八月二八日、ルサリョ商人(mercador de Rosello)ギリェム・マルティンとパルピニャ(ペルピニャン)商人(mercador de Perpinyan)ギリェム・ガボットに、カステリョ・ダ・ラ・プラーナの重量単位で一六または二〇キンタルのピッチを、きたる土曜日から八日以内に納品する契約を結んでいる。[189] 納品期間がやや短く設定されているあたり、二人の南フランス商人がそれを携えてカステリョ・ダ・ラ・プラーナに向けて出立する期日が考慮されたのであろうか。両人が同地を訪問する際に、染料、場合によっては高品質な毛織物を携えていても不思議ではない。また、セスケルエラ住人エステバン・アンドレスは一三一五年八月二三日、ブリアーナ住人ペロ・カンセーリャスに、ブリアーナの重量単位で二〇キンタルのピッチを、キンタルあたり七ソリドゥス六デナリウス、合計一五〇ソリドゥスで売却、約一年後の聖ヨハネの祝日までにブリアーナでの納品を約束している。[190] これらの納品先はいずれも地中海に面した海港都市であり、造船資材としての需要がみこまれたものと考えられる。

おそらく前述のラモン・ポマは、自らの手でピッチを生産したわけではない。彼は一三一五年四月一一日、ベルト・プロプンテロとともに二件にわたって、テルエルの重量単位で、それぞれ一五〇ソリドゥスで五〇キンタルならびに九〇ソリドゥスで三〇キンタルのピッチを、ベルナット・カベーロとハイメおよびトマスなる隣人から買い付けている。[191] いずれもきたる聖ヨハネの祝日までに売主の竃で指定量を製造し、重量単位が示すとおり売主自身がテルエルで納品するよう指定されている。ラモン・ポマもベルト・プロプンテロも小麦の売主となった典型的な同地の住人であるが、ともに穀物生産のかたわらで、隣人の生産するピッチのテルエル向け輸出に携わっていたことになる。それゆえ、プエルトミンガルボは、フランス南部とカステリョとを結ぶ国際商業の軸と、テルエルとカステリョとを結ぶいま一つの軸との交点の一つとなっていたのである。

同地住人は互いに専門分化の途上にありながら、隣人が生産し、自らは生産しない財を自らの利用のために購入したり、あるいはラモン・ポマのように同地の内外で転売するべく立ち回ったりしたようである。たとえば、「弩兵」(ballestero)を名乗るドミンゴ・ペロは一三一二年五月二二日に薄手の皮革(piel delgada)を一七ソリドゥスで司祭マルティン・カステリャールに、同年七月一二日には毛皮(cerda)を四五ソリドゥスでバルトロメ・エフルベにそれぞれ売却する契約を交わしている。[192] 弩兵の呼称が意味するところは、同時期のフエロや入植許可状の諸規定をみるかぎり、弩(ballesta)と馬を所有して、騎士(caballero)に準ずる軍事的機能と社会的地位を享受した一部の住人か、やはり弩をもつが狩猟を主たる生業とする住人(ballestero de monte)のいずれかである。両者はかならずしも対立するものではないが、ドミンゴ・ペロが売却した財の内容からすれば、どちらかといえば後者であったろうか。同人については驢馬の購入一件を数えるにすぎないから[193]、この場合、狩猟にやや特化された住人が自ら加工した財を、買主は自らの利用のために購入したとみてよいであろう。

同地住人一般が穀物生産を基幹的な生業とし、専門分化がおよそ未発達ながらも、小麦にとどまらず、家畜、毛織物、ピッチ、皮革といった多様な財を多少なりとも生産すると同時に、同地住人の需要を満たす地域市場のポテンシャルそのものは自生的に形成されていたと考えてよい。だが、域外、わけてもカステリョ住人の同地市場への積極的な参入は、比較的安定的な価格で推移していた小麦の購買を除けば、まさしくアラゴン゠バレンシア両王国の内陸交通の接点に所在するという立地そのものによって説明されるほかない。一四世紀初頭には、ここに南フランス商人ないしはフランス南部由来の商品が直接または間接的に流入することで、両王国どころか南フランス商人とカステリョ住人との商品交換ルートが、プエルトミンガルボを交換拠点の一つとして全面的に接続されることとなったのである。同地の農村工業の所産もまた当該ルートを介して域外に搬出されたが、それがおよそ家内工業のレヴェルを脱しない状態のままであったのは、同地市場の活況が自前の生産物によってではなく、あくまでも国際的な商品交換ネットワークとの接続によってもたらされたものであったからであろう。

プエルトミンガルボはその意味で、広域的な商品交換ネットワークそのものが生み出した陸の「交易地」というべきものであった。もっとも、前述のように毛織物取引は一三二〇年代以降にわずか一件を数えるのみである[194]。染料もわずかに一件を数えるにすぎない[195]。もともと取引件数が多かったわけではないが、自前のピッチすら二件と[196]、とても主力をなす生産物とはなっていないようである。一三五四年の市場開設特権の獲得を前にして、プエルトミンガルボになにが起きていたのであろうか。

7　羊毛生産の拡大と国際商業

一三二〇年以降の家畜取引は総計二〇九件中七七件を数えるのみであり、それ以前と以後の年代幅を考慮に入れれば、明らかに減少している。注目すべきは、取引の対象となった家畜の構成に一見してそれとわかる顕著な差異がみられることである。すなわち、羊および山羊の取引件数の増加と、それまで主力であった犂耕・運搬家畜の相対的な後退がそれである。羊（牡羊〔carnero〕、牝羊〔oveja〕、仔羊〔cordero/a, borrego/a〕）は二八件で取引対象となっている。同様に山羊（牡山羊〔cabrón〕、牝山羊〔cabra〕、仔山羊〔choto/a〕）は一一件である。また、両者が併せて取引の対象となることもしばしばであり、とくに両者を併せた集合的表現（ganado lanar e cabrio）が用いられている一一件では、頭数に占めるそれぞれの割合は不明である。以上を合計すると、一部重複もあるのでのべで五〇件となる（約六四・九％）。そのうち三七件は一三三〇年代以降に集中していて、一三四〇年代に二一件、なかでも一三四七年だけで一二件にものぼる。

羊・山羊の取引は、代金後払いの一般的な売買が二八件、三〜六年間の年限つきで用益権を買い取って毎年聖ヨハネの祝日に生産された羊毛およびチーズを当事者間で折半する家畜用益パートナーシップ契約が一六件、買主が購入した家畜を繁殖させて、代金ではなく仔で弁済する事実上の繁殖請負契約が二件である。なお、一三四九年の一件では唯一、買主が購入した牝羊および仔羊の対価として、一四二ソリドゥスと仔羊一五頭分の羊毛を支払うという複合的な契約が結ばれている[197]。

また、一契約あたりの頭数の増加と、それに比例した購入金額の上昇も著しい。たとえば、一三四三年に交わされた家畜用益パートナーシップ契約では、二七五頭の牝羊が取引対象となっている[198]。代金総額が五〇〇ソリドゥスを超える契約が九件を数えるが、なかでも四名の共同買主が、アルカイデ代理のドミンゴ・エフルベから仔羊二四三頭を九三七ソリドゥス六デナリウスで購入した一三四七年の契約が最高額の事例となっている。[199] 通常の売買では、家畜の頭数か代金の総額のいずれかしか書かれないので一頭あたりの価格は総じて不明である。ただ、ごくわずかながら、次のような例からおおよその価格帯を推測することはできそうである。たとえば、一三二五年にベルナット・サンポルがハイメ・ビダルに二二五ソリドゥスで売った二七頭の牝羊の内訳は、仔羊つき一九頭と仔羊なし八頭となっており、計算上は仔羊つきが八〜九ソリドゥス、仔羊なしが七〜八ソリドゥスとなる。[200] また、最高額が費やされた前述の一三四七年の取引では、二四三頭の仔羊が九三七ソリドゥス六デナリウスで売却されることになっているから、単純に計算すれば、仔羊一頭あたり約三ソリドゥス一〇デナリウスであったことになる。[201] 他方、家畜用益パートナーシップ契約では、ほぼつねに一頭あたりの金額が明記されていて、羊の成獣は五ソリドゥス、仔羊は三ソリドゥス、山羊は四〜五ソリドゥスとなっている。

さて、契約当事者を具体的にみてみよう。売主であれ買主であれ、そこには、本章冒頭で掲げた一四世紀初頭以来の領主役人およびコンセホ要職の歴任者、またはそれらと同一の家族の成員とおぼしき人名が一見してそれとわかるほどずらりと並んでいる。すなわち、サンポル、ポマ、モレータ、エフルベといった姓をもつ人びとがその典型である。まず、サンポル家の出身者では、ドミンゴ・サンポル、その寡婦マルケーサ、子のベルナット・サンポルおよびロドリーゴ・サンポルが挙げられる。彼らは羊を中心に全体で四件の売却を行っている。[202] そのうち、ドミンゴ・サンポルは一三一八年にフスティシア、一三二〇年にアルカイデ代理をつとめた人物である。[203] ベルナット・サンポルは一三三〇年に誓約人、一三三三年にフスティシア、ロドリーゴ・サンポルは一三四九年にフスティシアをそれぞれ歴任している。

ポマ家では、ベルナット・ポマと同名の子ベルナット・ポマが、羊・山羊の家畜用益パートナーシップ契約二件（一三三〇年）と、[204] 六八二ソリドゥス六デナリウス相当の羊の売却を行っている（一三四七年）。[205] 父ベルナット・ポマは一三二五年、前述のラモン・ポマと同様におそらく域外向けに、ハイメ・モレータから六キンタルのピッチを買い付けている[206]。一三四九年に誓約人に選任されたベルナット・ポマは、すでに一三四三年にベルナット・ポマの寡婦バルセローナが小麦を購入していることから[207]、子のベルナット・ポマと想定される。また、一三一〇年代からたびたび誓約人に名を連ねてきたモレータ家からは、ファン・モレータが一三三〇年に二八八ソリドゥス相当の羊を売却する一方、単独または共同で三件にわたって羊を購入している[208]。彼もやはり、一三三〇年にベルナット・サンポルとともに誓約人をつとめている。

全体で七件と取引件数だけでいえば、最も際立っているのはエフルベ姓をもつ人びとである。すなわち、ドミンゴ・エフルベ（ファン・エフルベの子）、ファン・エフルベ（ドミンゴ・エフルベの子）、ドミンゴ・エフルベおよびバルセローナ（ドミンゴ・エフルベの子）、ナバーロ・エフルベ、ドミンゴ・ラサロ・エフルベがそれである。同時期に同名異人が非常に多く言及されていて、正確な系譜関係を再構成することはおよそ不可能ながら、一三三〇年にドミンゴ・エフルベ（ファン・エフルベの子）とドミンゴ・ラサロ・エフルベが共同で羊二二頭を購入したり[209]、一三四七年にアルカイデ代理をつとめたドミンゴ・エフルベから羊を購入した買主に、ドミンゴ・エフルベおよびバルセローナ（ドミンゴ・エフルベの子）が名を連ねたりするなど[210]、その関係の緊密さはいたるところにみてとれる。この家系のなかから、誓約人をつとめたナバーロ・エフルベ（一三一七年）、公証人ドミンゴ・エフルベ（一三四三〜四八年）、前述のアルカイデ代理ドミンゴ・エフルベ（一三四七年）が輩出されている。

以上の家族に加えて、やはり同地の有力家族出身とおぼしき次のような契約当事者も挙げられる。すなわち、一三四三年に誓約人をつとめたベルナット・ガスク（羊の売却二件[211]）、一三三一年にアルカイデ代理、一三四六年にコレドールを歴任したファン・モンタニェス（共同で羊の売却一件、購入一件[212]）、一三三三年の誓約人ギリェム・モンソン（前述のドミンゴ・ラサロ・エフルベと一一九頭の羊の用益パートナーシップ契約一件[213]）、一三三三年の誓約人ロレンソ・ダルファロの寡婦（八〇〇ソリドゥス相当の羊の売却一件[214]）、一三四八年の誓約人アルナウ・イセルト（羊の売却一件、共同で購入四件[215]）、一三三〇年および一三四八年のフスティシア歴任者で、前述のように小麦の購買でも際立つファン・サンス（実弟ドミンゴ・サンスと羊の用益パートナーシップ契約二件[216]）といった具合である。

他方、司祭マルティン・カステリャールは一三三〇年代から四〇年代にかけて、単独で八件の羊・山羊の用益パートナーシップ契約を、同地住人だけでなくとくに域外のビラフェルモーザ住人と結んで羊毛・チーズの生産を委ねる一方[217]、二件で自らの羊をそれぞれ四九二ソリドゥスと二〇〇ソリドゥスで売却している[218]。彼が当事者となった一三三三〜三四年の契約ばかりをまとめた登記簿（八番）が特別に作成されているくらいであるから、同地のなかでもひときわ富裕な住人であったことは疑いない。彼は一三三〇年代をつうじて、金銭貸付三件[219]を行うほかに小麦の購入（三一件）にも精を出しているが[220]、一三四〇年代にはそれも影を潜め、すでに同時並行で展開していた牛・駄馬・羊・山羊の用益パートナーシップ契約、わけても羊・山羊のそれこそが彼の活動の中核を占めるようになるのである[221]。

以上の所見にアルカイデのサンチョ・ラミーレス・デ・ルナによる七六〇ソリドゥス相当の羊・山羊の売却（一三三〇年[222]）を加えると、一部重複を含むものの合計四五件となり、事実上一三二〇年代以降の羊・山羊取引の大半を占めることになる。要するに、同時期の家畜取引一般における羊・山羊の拡大という現象は、じつは領主役人やコンセホ要職者を輩出した従来の有力家族や一部の富裕な住人によって支えられたということである。取引のレヴェルながら、とくに羊の増加とくれば、冒頭の「辺境都市」モデルのように、移動放牧を想起したくなるところである。ただ、それは、イスラームと対峙する地政学的位置や山がちな自然環境によって強いられたものではなく、むしろ本来穀物生産を基幹的な生業とする集落で、その上層を占める一部の住人がある時期に明白な意図をもって選択的に主導したものであった。明白な意図とはいうまでもなく、羊毛の増産とその取引からあがる利益を追求することである。それは、前述のように毛織物生産のインフラをもたないプエルトミンガルボそのものではなく、同地が組み込まれた前述の国際商業ルートにおける羊毛需要の高まりと、ルートそのものの再編成に深く依存していたと考えられる。

さて、羊毛取引は全体で四三件を数えるが、羊取引の拡大が顕著な一三二〇年代以降、わけてもその大半が一三四〇年代に集中することは既述のとおりである。とくに一三二〇年代以降の羊毛取引の内訳を表6-11にまとめた。これまでにみてきた財のうち、羊毛取引だけが、債務弁済書式ではなく、「わたしAはあなたBに売却する」(Como yo A vendo a B)とする売却書式をとるのが通例である。まずは書式の文言にそくして、契約内容を整理しよう。

売主はまずもって、自らが売却する羊毛の総量を、通常は羊の頭数(cabeça)、ときおり重量単位アローバ(arroba 三六リブラに相当)をもって宣言する。頭数は、最少で九〇頭から最多で一千頭まで、平均すると二五〇～二六〇頭といったところであるが、とくに一三四〇年代後半の頭数の増加が著しい。わずかながら、重量で表示される場合は、八～三〇アローバとなっている。その中身は成獣の羊毛(lana)と一歳仔の羊毛(anino)からなっていて、その構成は総じて不明ながら、いずれも一アローバに風袋(tara)の重量一リブラ(libra)を加えた重量を単位重量として、買主とのあいだで合意された単位重量あたりのそれぞれの価格が明記される。成獣の羊毛の価格は、単位重量あたり一七～二四ソリドゥス、一歳仔の羊毛はそれと同じ場合もあるが、通常は若干安く一六～二二ソリドゥスである。いずれにせよ、羊毛の総量が羊の頭数で表現されるのが通例なので、購入に費やされた代金総額はわからないことが多い。

次にくるのが納品日である。納品日は、ちょうど夏季放牧のために山に移動する時期にあたる六月二四日の聖ヨハネの祝日とするのが最も多く、ついで聖ヨハネの祝日の前後それぞれ八日間や、ほぼ同時期にあたる聖霊降臨祭後の一五日間と、幅をもたせる例もみられる。わずかながら単に羊毛の剪断当日と指定した場合があるが、羊毛が湿気を帯びないように、少なくとも「天気がよく明るく晴れた日」(bell día e claro e sereno)が選ばれたようである。

納品場所は、羊毛の売主の居住地によって異なる。むろん主力をなすのはプエルトミンガルボ住人であり、その場合は原則として、「エル・プエルトのウィラ」(la villa del Puerto)またはより正確に「エル・プエルトのウィラの剪断場」(el esquilador/esquiladero en la villa del Puerto) とされていて、買主が域外住人である場合にプエルトミンガルボの特定住人のマス (mas 孤住型多角的経営地) が指定されるケースもある (ドミンゴ・ラサロ・エフルベのマス)。売主のなかには、アラゴン南部のリナレス・デ・モラ、カステルビスパル、バルデリナレス、カステリョのビラフェルモーザ、コルテス・ダレノス、トーレス・トーレス、ショドスの住人も含まれるが、当事者間の合意次第で、剪断も納品もプエルトミンガルボ、剪断も納品もプエルトミンガルボ域内の特定住人のマス、剪断は自身の集落の剪断場で行い、納品をプエルトミンガルボ、剪断も納品も自集落の四通りがあった。

羊毛取引は基本的に予約販売であり、債務弁済形式で作成されたごくわずかな証書を除けば、前述のように羊毛の代金総額はほとんどわからない。ただ、証書末尾にはつねに、完了時制で「わたしはあなたから手付金として……を受け取った」(encara atorgo aver ovido de vos de senyal e de paga...) との文言が付されているから、契約の履行を相互に促すために、少なくとも代金の一部が手付金 (senyal e paga) として、すでに契約の段階で支払われたことになる。一三四〇年代後半には、手付金の額だけで一千ソリドゥスに達するケースもみられるので、一件あたりの取引総量の増加に比例して取引総額も上昇の一途をたどったにちがいない。

羊毛の取引に名を連ねた人びとは、前述の羊の取引で登場した人びとと相当程度重なっている。ことに羊毛を売ったプエルトミンガルボ住人の大半は、羊毛生産に乗り出すためか、既存の所有家畜を拡充して羊毛の増産を図るためか、羊毛売却の前後に、購入または用益パートナーシップ契約を交わして単独または共同で羊を取得している。たとえば、羊の取得でも羊毛の売却でもしばしば共同で立ち回った、ドミンゴ・ナバーロ (サンチョ・ナバーロの子) とサンチョ・ビダルはその典型である。ドミンゴ・ナバーロは一三四〇年八月、司祭マルティン・カステリャールとフアン・モンタニェスから四九二ソリドゥスをはたいて羊を購入すると[223]、同年一一月にはさっそく三〇〇頭分の羊毛をドミンゴ・ポマに売却している[224]。サンチョ・ビダルは一三四三年一一月、四〇〇頭分の羊毛をベルナット・サンポルに売却している[225]。両人は一三四七年六月二二日、八〇〇ソリドゥスで牝羊を購入しているが[226]、両

1320-50 年）

nino (s/a)	納品日	納品場所	手付金（s）	史料	備　考
	聖ヨハネ祝日		50	44_69	
	聖ヨハネ祝日		20	44_69v	
20	聖霊降臨祭後の 15 日間	mas Domingo Lázaro Ejulve	50	7_31	
21	聖霊降臨祭後の 15 日間	villa El Puerto	40	7_31-31v	
?	聖霊降臨祭後の 15 日間	mas Domingo Lázaro Ejulve	30	7_31v	
18	聖ヨハネ祝日前後それぞれ 8 日間	esquilador El Puerto	60	10_10-10v	
22	聖ヨハネ祝日前後それぞれ 8 日間	villa El Puerto	300	10_11v	
				10_20-20v	債務弁済形式／代金分割で諸聖人の祝日に 150 s.，クリスマスに 258 s.
?	聖ヨハネ祝日		[　]30	13_0	
	聖ヨハネ祝日？			13_1	
	?			13_2	
	聖ヨハネ祝日		90	13_2-2v	
18	聖ヨハネ祝日	villa El Puerto	50	13_5v	
18	聖ヨハネ祝日	villa El Puerto	300	13_11v-12	
	聖ヨハネ祝日	villa El Puerto	80	13_12	
16	聖ヨハネ祝日	esquiladero Cortes	72	13_17v-18	総額 128 s.
16	聖ヨハネ祝日	esquiladero villa El Puerto	25	13_18v	
19	剪断日	mas Atregallo del Agua（剪断）/villa El Puerto（納品）	70	13_19v	
18	聖ヨハネ祝日	villa El Puerto	40	13_22	
18	聖ヨハネ祝日	villa Castelvispal	500	13_22v	
18	剪断日	esquiladero villa Castelvispal	50	13_24v	
				31_7v-8	総額 216 s.
20	聖ヨハネ祝日	villa El Puerto	1000	15_11	
	聖ヨハネ祝日	mas Lorenzo Pinto または mas Pero Castellar	500	15_14v	総額 600 s.
				15_14v-15	債務弁済形式／代金 110 s.
20	聖ヨハネ祝日	villa El Puerto	120	15_18-18v	
20	聖ヨハネ祝日		800	15_24v	当事者間で羊群（cabanya）共同所有
				15_24v-25	債務弁済形式／代金 140 s. -2 d.
				15_28v	代金受領証／代金 400 s.
20	聖ヨハネ祝日	esquilador villa El Puerto		15_36v	
19	聖ヨハネ祝日	villa El Puerto	200	15_38v	
18	聖ヨハネ祝日	mas Pero Castellar	400	15_46	
17	聖ヨハネ祝日	villa El Puerto	300	15_47v	
17	聖ヨハネ祝日	villa El Puerto	70	15_47v	
17	「天気がよく明るく晴れた日」	Valdelinares	200	15_55v	テルエルのアローバで計量
	聖ヨハネ祝日			10_57-57v	羊を購入し，代金と羊毛で支払い

表 6-11　羊毛取引

年代・期日	売　主	買　主	頭数	アローバ	lana (s/a)
1320/12/31	Domingo Sanpol el mayor	Domingo Devon/Pero Torran absent (Morella)			21
1320/12/31	Domingo Cosida vicario	Domingo Devon/Pero Torran absent (Morella)			23
1330/09/29	Marco Osset/Guillem Ballestero (El Puerto)	Domingo Bernat (Mosqueruela)			22
1330/09/29	Gómez Lorent (El Puerto)	Domingo Bernat (Mosqueruela)			24
1330/09/30	Domingo Ejulve fillo Juan Ejulve (El Puerto)	Domingo Bernat (Mosqueruela)			22
1340/11/07	Juan Ballestero	Domingo Ejulve notario	90		20
1340/11/09	Domingo Navarro fillo Sancho Navarro	Domingo Poma	300		21
1340/11/21	Domingo Ejulve notario	Pero Clariment/Jayme Marga (Sant Mateu)			?
1343/10/26-	Salvador As[encio]	[　]			18
1343/10/26-	Domingo Calvo	[　]			20
1343/?	[Mateo Castellano]	[　]			20
1343/11/01	Bernat Vidal	[　]			?
1343/11/?	Pero Guillem	Antón Poma clérigo	100		20
1343/11/26	Sancho Vidal	Bernat Sanpol	400		21
1343/11/27	Blasco d'Echo (Linares)	Bernat Sanpol	100		18
1343/12/03	Domingo Alfagorin (Cortes)	Bernat Sanpol		8	
1343/12/04	Domingo Andrés	García Aznar	50		18
1343/12/06	Aparicio Cantavieja (Vilafermosa)	García Aznar (El Puerto)	130		20
1343/12/08	Juan Ejulve	Domingo Ejulve	50		18
1343/12/10	Miguel Andrés de Castelvispal	Guillem Sanpol	700		20
1343/12/14	Pascual Molinero (Castelvispal)	Domingo Poma/García Aznar	130		18
1344/09/11	Angosa Cavellan/Miguel Fustero (Torres)	Guillem Sanpol		12	18
1347/06/15	Sancho Vidal/Domingo Navarro (El Puerto)	Juan Sanpol tudor de Adano de Valencia	1000		21
1347/06/25	Sancho Chibas (Vilafermosa)	Juan Sanpol ciudadano Valencia		30	20
1347/06/25	Bartolomé de Franca	Mateu Martí ciudadano Tortosa			
1347/07/06	Pero Navarro fillo Pero Navarro	Juan Sanpol ciudadano Valencia	120		20
1347/07/22	Jimeno Sanpol/Rodrigo Sanpol	Juan Sanpol ciudadano Valencia			20
1347/07/23	Antón Pratz	Guillem Cruelas/Francés Fores			
1347/07/29	Domingo Navarro/Sancho Vidal	Juan Sanpol absent			
1347/08/24	Esteban Guitart (Xodos)	Pero de Belloch	100		20
1347/09/05	Juan Lop	Juan Sanz	150		20
1347/09/30	Pero Doden/Juan Guillem (Vilafermosa)	Juan Sanpol absent/Jimeno Sanpol present	500		20
1347/09/30	Arnau Ysert	Juan Sanz	300		20
1347/09/30	Domingo Martín	Juan Sanz	100		20
1347/11/19	Aznar de Villaroya/Martín Exiarich (Valdelinares)	Domingo Poma present/García Aznar absent	300		17
1349/05/01	Martín de Bilesa (Mosqueruela) /Juan Moreta/Arnau Ysert fillo Domingo Ysert	Domingo Lazaro Ejulve	15		

人とともにその一週間前の六月一五日には一千頭分の羊毛をファン・サンポルに売却し[227]、一ヶ月後の七月二九日にも同じくファン・サンポルに別途売却した羊毛の代金四〇〇ソリドゥスを受け取っている[228]。

このほかにも同様に、次のような事例が挙げられる。ドミンゴ・エフルベ（ファン・エフルベの子）は一三三〇年九月三〇日、モスケルエラ住人ドミンゴ・ベルナットに翌年の六月に羊毛の納品を約束したうえで[229]、まさしくその同日、ドミンゴ・ラサロ・エフルベとともに二二頭の牝羊を購入している[230]。マテオ・カステリャーノは一三四〇年一一月に二件、一三四四年八月に一件、一三四七年六月に一件と、しばしばアルナウ・イセルトとともに共同で羊の購入にいそしむ一方[231]、一三四三年に自らの羊毛を売却している[232]。ドミンゴ・アンドレスは一三四三年、ガルシア・アスナールに五〇頭分の羊毛の売却を約束しており[233]、羊毛の増産を目的としたか、一三四七年には二一八ソリドゥスで羊を買い足している[234]。ファン・エフルベ（ドミンゴ・エフルベの子）は一三四〇年、一〇〇ソリドゥスで羊を購入し[235]、一三四三年には親族にあたるドミンゴ・エフルベに、五〇頭分の羊毛を売っている[236]。ファン・ロップは一三四七年九月、ファン・サンスに一五〇頭分の羊毛を売却[237]、その直後の一〇月に一四四ソリドゥスで羊を買い足している[238]。アルナウ・イセルトは、もっぱら共同ながら一三四〇年一一月に一件、一三四七〜四九年に三件で羊を購入し[239]、所有する羊を整理するためか、父ドミンゴ・イセルトとともにその一部を売りに出しつつ[240]、一三四七年および一三四九年に各一件で羊毛を売却している[241]。

ついで、羊毛の買主に目を転じよう。そもそも羊毛の売主・買主の構成には、一三三〇年代までと四〇年代とで明らかな違いがみられる。わずかな所見ながら、一三三〇年代までは、売主はプエルトミンガルボ住人で、買主はムレーリャや近隣のモスケルエラといった域外の住人である。たとえば、一三二〇年には、ムレーリャ住人ドミンゴ・デボンとペロ・トランが、それぞれドミンゴ・サンポルおよび現地司教代理ドミンゴ・コシーダから羊毛を直接買い付けている[242]。手付金の額がそれぞれ五〇ソリドゥスならびに二〇ソリドゥスとなっているので、買い付けた羊毛の総量はたいして多くはなかったようであるが、いずれにせよ、この段階では、域外、わけてもカステリョの住人が、プエルトミンガルボで生産された羊毛を直接買い付けるというかたちであったことになる。前述のようにムレーリャ住人は一三一〇年代にはプエルトミンガルボを、羊毛ではなく、むしろ少なくともその一部がフランス南部由来とおぼしい毛織物や染料の買付先にしていたはずである。このあたり、一三一〇年代と二〇年代とのあいだに、同地における羊毛生産の拡大だけでなく、同地が組み込まれた国際商業ルート途上の諸拠点の生産構造そのものに重大な変化が生じていたことがみてとれる。

これに対して、一三四〇年代になると、羊毛の行き先は基本的にカステリョ方面とおぼしいものの、買主のなかにプエルトミンガルボ住人、なかでも前述のように羊の売却および年限つきの用益権の売却で名を連ねた同地の有力家族出身者の進出が相次ぐようになる。たとえば、エフルベ家出身の公証人ドミンゴ・エフルベは一三四〇年一一月七日、同地住人フアン・バジェステロから九〇頭分の羊毛を購入し[243]、その二週間後、二人のサン・マテウ住人に総額四〇八ソリドゥス分の羊毛を売りさばいている[244]。この場合、公証人ドミンゴ・エフルベの立ち位置は、もはや直接生産者のそれではなく、同地住人に羊を供給し、生産された羊毛を買い取って域外住人に売りさばく、事実上の羊毛輸出業者のそれにほかならない。以降、域外の住人が同地の生産者から羊毛を直接買い付ける事例は、一三四七年六月のトゥルトーザ市民マテウ・マルティのわずか一例を数えるばかりとなっている[245]。

こうして一三四〇年代の羊毛の購買は、前述の有力家族のうち、ポマ家およびこれと連携したガルシア・アスナール、フスティシアを歴任したフアン・サンス、さらにそれらにもましてサンポル家によって事実上独占されることとなった。彼らによる買付はプエルトミンガルボの住人ばかりか、アラゴン南部では近隣のリナレス・デ・モラ、カステルビスパル、バルデリナレス、カステリョではビラフェルモーザ、コルテス・ダレノス、トーレス・トーレス、ショドスの住人の羊毛をも対象としている。彼らはそれゆえ、アラゴン南部＝カステリョ間の羊毛商業の一端を掌握すると同時に、自らが居住するプエルトミンガルボを、近隣一帯で生産される羊毛の集散地の一つに変化させたのである。

ポマ家では、ドミンゴ・ポマが、一三四〇年に三〇〇頭分[246]、一三四三年にガルシア・アスナールと共同でカステルビスパル住人から一三〇頭分[247]、一三四七年には同じくガルシア・アスナールとともにバルデリナレス住人から三〇〇頭分[248]の羊毛をそれぞれ購入している。同家出身の司祭アントン・ポマは、一三四三年に一〇〇頭分の羊毛を購入している[249]。また、ドミンゴ・ポマの事業パートナーとおぼしいガルシア・アスナールは単独でも、一三四三年に同地住人から五〇頭分[250]、ビラフェルモーザ住人から一三〇頭分[251]の羊毛をそれぞれ購入している。他方、ファアン・サンスは一三四七年九月に三件にわたって、すべてプエルトミンガルボ住人のファアン・ロップ、アルナウ・イセルト、ドミンゴ・マルティンから、それぞれ一五〇頭分、三〇〇頭分、一〇〇頭分の羊毛を集中的に買い付けている[252]。

サンポル家にかかわる所見は、一三四三〜四七年に合計一一件と[253]、同家の成員による羊毛買付件数の多さもさることながら、とくにバレンシア向けの羊毛生産・輸出をいかなるかたちで組織したか、その一端をかいまみせてくれる点できわめて興味深い。羊毛の買付を展開したのは、ベルナット・サンポル、ギリェム・サンポル、ファアン・サンポル、ヒメノ・サンポルであり、ロドリーゴ・サンポルはヒメノ・サンポルとともに羊毛の売主として登場するのみである。これらのうち、ファアン・サンポル以外はすべてコンセホ要職を歴任している。すなわち、ベルナット・サンポルは一三三〇年に誓約人、一三三三年にフスティシア、ギリェム・サンポルは一三四六年に誓約人、ヒメノ・サンポルは一三三四年にフスティシア、一三四七年に誓約人、ロドリーゴ・サンポルは一三四九年にフスティシアをそれぞれ歴任するといった具合である。

これらのうち、ベルナット、ギリェム、ヒメノ、ロドリーゴはいずれもドミンゴ・サンポルの子であることが確実である[254]。ベルナット・サンポルは一三四三年に三件で、プエルトミンガルボ、リナレス、コルテス・ダレノスの住人から、併せて五〇〇頭分と八アローバの羊毛を買い付けている[255]。活動を展開した時期が他の面々に比べて時間的にやや先行しているから、このなかでは最年長者であったものと考えられる。他方、ギリェム・サンポルとファアン・サンポルは、共同で小麦を購入する際に、ともに自らの妹（ギリェルマ、マリア・カタリーナおよびマテア）の後見人（tudor）を名乗っているので、やはり兄弟の一員とみてよさそうである。[256]ヒメノ・サンポルは一三四七年九月、不在のファアン・サンポルとともに、ビラフェルモーザ住人から五〇〇頭分の羊毛を買い取っている。[257]これに先立つ同年七月には、ヒメノ・サンポルとロドリーゴ・サンポルが共同で、総量は不明ながら手付金だけで八〇〇ソリドゥスにおよぶ羊毛を、ファアン・サンポルに売却している。[258]このあたりをみるかぎり、以上五名は兄弟として緊密に連携していたようにみえる。

問題は、以上のうち唯一コンセホ要職を経験しなかったファアン・サンポルが実際は何者であったかという点である。彼は一三四七年六〜九月の三ヶ月間で六件の羊毛買付をもっぱら単独、ただし一例のみヒメノ・サンポルと共同で行い、最低でも合計で一六二〇頭分と三〇アローバもの羊毛を買い付けている。[259]ただ、彼は、羊毛買付に臨む際にほぼつねに「バレンシア市民」（ciudadano de la ciudat de Valencia）を名乗り、自らが「不在」（absent）の場合のみヒメノ・サンポルと共同で買付を行うというかたちをとっている。前述のようにギリェム・サンポルの兄弟とおぼしいファアン・サンポルとは、そもそも同名異人であろうか。それにしては、もはやプエルトミンガルボの有力家族に事実上独占されつつあった羊毛買付に、域外住人でありながらあまりにも容易にアクセスできているようにみえる。ヒメノ・サンポルの助力を仰いだのはあくまでも、彼が同地に不在の場合のみとなっているのである。

この問題を解く鍵となるのが、ヒメノ・サンポルとロドリーゴ・サンポルが共同で、手付金だけで八〇〇ソリドゥスにおよぶ羊毛をファアン・サンポルに売却した前述のケースである。そこでファアン・サンポルが買い取ることになったのは、「わたしたち（ヒメノ・サンポルとロドリーゴ・サンポル）とあなた（ファアン・サンポル）とのあいだで共有の羊群のうち、わたしたちがもつ割当分と権利」に由来する羊毛である。[260]すなわち、プエルトミンガルボ住人ヒメノ・サンポルおよびロドリーゴ・サンポルと、バレンシア市民ファアン・サンポルは、おそらくは夏季にグダル山地、冬季にバレンシア周辺の平野を往来する羊群の隊列（cabanya）を共同で組織していたのである。双方にとって自明であるからこそ、わざわざ羊毛の総量を明記するまでもなかったのであろう。バレンシア市民ファン・サンポルは、プエルトミンガルボのサンポル家と無関係どころか、羊毛生産・輸出の共同事業者だったのである。

彼がバレンシア市民ながらほぼ単独でわずかな期間に大量の羊毛を買い付けられたこと、まさしく一三四七年当時の誓約人ヒメノ・サンポルならびに一三四九年にフスティシアに選任されるロドリーゴ・サンポルと共同事業者であったことをふまえると、かりにギリェム・サンポルの兄弟ファン・サンポルと同一人物ではなくとも、もともとプエルトミンガルボのサンポル家の出身者であったと考えてよいように思われる。となれば、ファン・サンポルだけがコンセホ要職者のリストに現れないのは、同家のなかでも彼が、羊毛の輸出事業で一方の窓口となるべくバレンシアに居を移すことを望まれたからであろう。こうして、同家の出身者が、プエルトミンガルボへの羊の供給・拡充から、同地だけでなく近隣一帯の羊毛の買取をつうじて、バレンシア、ことによると地中海方面への輸出までを一手に引き受けるという、国際的な羊毛の搬出経路が構築された。それは、陸路による毛織物や染料といったフランス南部由来の商品の途絶と、カステリョ、わけてもバレンシアにおける毛織物工業の発達による外的な羊毛需要に刺激されながらも、その担い手という意味では、あくまでも自生的に組織化された羊毛商業にほかならないのである。

一三四七年に兄弟ギリェム・サンポルとともに三件で小麦を購入したファン・サンポルは単独でも、同年五月から一二月にかけてプエルトミンガルボ住人から一二件にわたって小麦を購入している。一年間に全体で一五件もの購入を行っているわりには、合計一〇カイース七ファネーガ、一件あたり約四ファネーガにとどまっており、前述のように一三一〇年代までの小麦買主の購買量からすれば微々たるものである。(261) 彼がバレンシア市民ファン・サンポルその人であるという想定が正しいとすれば、まさしく同時並行で行われた羊毛の買付に意を砕いたせいで小麦の購買にはあまり気がまわらなかったのであろうか。だが、その場合にむしろ重要なのは、同時期にバレンシア市民を名乗って羊毛を買い付けた人物が、小麦の購買に際してはけっしてそれを名乗らなかったという事実である。

それはまさしく、もっぱら域外向けの羊毛を取り扱う羊毛商業の担い手、その意味での「商人」は、本質的に共同体の外、あるいははざまに立つ存在であることを、自らも、彼と取引におよんだプエルトミンガルボの住人も明確に認識していたことを示すものである。

この点で、最後に司祭ドミンゴ・サンスの例を付け加えておこう。彼は一三四三年にドミンゴ・エフルベを代理人に立てて、自らの馬一頭と豚一頭の用益権を四年間の年限つきでプエルトミンガルボ住人パスクアル・フストに九三ソリドゥスで売却している[262]。彼はその際、「プエルトミンガルボの住人にしてビラ＝レアルの商人」(veçino en el Puerto e mercador en Villa Real) を名乗るのである。彼が聖職者でありながら、プエルトミンガルボとビラ＝レアルとのあいだでいかなる活動に従事したかはいかなる所見からも知るところがない。それ自体きわめて興味深いことであるが、わたしたちが注目すべきはむしろ次の点である。すなわち、それが文字どおりの商業と呼ぶべきものであったとしても、プエルトミンガルボの共同体成員である以上、けっして同地の「商人」であってはならない。財の空間的価値の差異に利潤の源泉を求める「商人」は本来、共同体そのものの安寧とは最も遠いところにいる存在であることを、誰もが知っているからである。

むすび

プエルトミンガルボは一二〇二年、国王ペドロ二世がサラゴーサ司教に寄進した王国最南端の城塞アビンガルボンを核として形成された城塞集落である。当該城塞は、アラゴン王国最南端からカステリョへとぬける山間の交通路ポルトゥス・デ・アビンガルボンを監視する要衝であったものと想定される。サラゴーサ司教は一二六一年、テルエルの属域最南端で組織的かつ系統的な入植事業が展開するのとほぼ時期を同じくして同地に入植許可状を発給したが、以降同地の城塞およびウィラには、国王ウィラ＝コンセホ型の空間編成をとるテルエルに範をとって、住人から選任されたフスティシアと二名の誓約人が主導するコンセホが創設されている。一四世紀初頭には、同じくサラゴーサ司教領のリナレス・デ・モラとともに同一のアルカイデによって差配されるところとなっていたが、一三一〇年代末にはプエルトミンガルボ固有のアルカイデが現れるうえに、アルカイデそのものも同地に常駐したわけではなかったから、少数の有力家族によってその要職がほぼ独占されたコンセホそのものが自治的に管理する、政治的に自立的な空間ユニットが編成されることとなったのである。

前述の入植許可状にはすでに領主権に留保されるものの一つに市場が挙げられているし、遅くとも一三二〇年にはコンセホ要職のなかに市場監督人が現れるものの、同地の市場の実態を知るには、国王ペドロ四世が同地のコンセホに賦与した一三五四年の市場開設特権を待たなくてはならない。そこでは、火曜日の週市と並んで、一一月の聖マルティヌスの祝日から一五日間の年市の開設特権が賦与されている。もっとも、それは、特権の取得をもってはじめて市場が開設されたことを意味するものではないし、在地市場である週市はともかく、地域間市場である年市の開設は、同地が地域内外の財の集散地としてのポテンシャルを具えていなくてはそもそも意味をなさないものである。そうしたポテンシャルの一端は、一四世紀初頭から例外的に伝来する同地の公証人登記簿のなかにすでに表れているように思われる。

一四世紀前半の約一五〇〇点におよぶ商品交換にかかわる証書群において、取引の対象となった主要な財は上から順に、穀物、家畜、毛織物、羊毛、ピッチ、染料、皮革・毛皮、外衣となっている。なかでも九四二件と最多を誇る穀物、その大半を占める小麦の取引件数をみるかぎり、移動放牧を基幹的生業とみなしたいわゆる「辺境都市」モデルとは裏腹に、同地住人の生業の基礎があくまでも穀物耕作にあったことは疑いない。あらゆる財はアラゴン王国伝統のハカ貨ではなくバレンシア王国のラル貨で取引されており、財の計量単位も原則としてバレンシアのそれにしたがっていることから、同地が、文字どおり隣接するテルエルの市場圏ではなく、むしろバレンシアの市場圏を向いていたことは確実である。

小麦の取引価格は一三一二年から前年の二分の一まで低下しており、ちょうどこの年の取引件数が最も多くなっている。売主はもっぱら同地住人か近隣集落の一部の住人であり、逆に買主の大半を占めたのはアラゴン王国のカンタビエハやアルカニス、バレンシア王国のカステリョ出身の「不在」のまま買付を行う域外住人であった。一般に一三一一〜一四年はアラゴン連合王国全体で穀物不足に直面した時期とされているが、同地ではやや先んじてそうした事態を脱していたのであろう、域外との相対的な価格差がそれら域外住人を同地に引き寄せたものと考えられる。だが、一三一五〜一八年には小麦価格がさらなる低下をみて、小麦の持ち出しにますます有利な条件がそろったにもかかわらず、価格差から生ずる差益と取引コストとが見合わなくなったせいか、域外の買主の参加が逆に低調になってゆき、そうした事態は一四世紀前半の底値を記録した一三一八年にこそ最も顕著なものとなっている。だからといって、小麦取引そのものが低調となったわけではない。むしろ、領主の貢租徴収人を含む同地住人がそれに代わって購買を続行しており、あるいはこれが平常の姿であったとも考えられる。その意味では、同地の小麦市場はもとより内外に開かれており、価格急騰をうけて一三二五年に穀物条例が発給されたところで、同地住人は自らの小麦を換金すること自体をけっしてやめようとはしなかったのである。

毛織物の取引はおよそすべてが一三一二〜一三年に集中していて、もっぱらカステリョのムレーリャ住人による同地住人からの買付というかたちをとっている。だが、売主は特定の住人に限定されないうえに、同時に小麦の売主ともなっているから、ここには農村工業の発達を想定させる専門分化の芽はおよそみてとれない。となれば、それら毛織物はもっぱら家内工業の所産とみなさなくてはならないが、たとえ彼らが羊を比較的容易に取得できる家畜市場が形成され、原材料を自給することが可能であったにしても、ムレーリャ住人がそうしたレヴェルの毛織物を集中的に買い付けようとするとは考えにくい。興味深いのは、毛織物の買主が同時に南フランス産の染料を同時に買い付けていることである。また、家内工業レヴェルであれ、森林資源を原料とするピッチ生産など、農村工業の存在そのものを全面的に否定するものではない。同地のピッチは実際、南フランス商人がカステリョ・ダ・ラ・プラーナの重量単位で買い付けるところとなっている。となれば、同地はグダル山地の小集落ながら、そこからカステリョへとつうずる山間の交通路に位置したことによって、フランス南部とカステリョとを結ぶ国際商業ルート途上の「交易地」の一つとなっていたことになろう。ここに、穀物生産を基幹的な生業とする同地住人がおよそ専門分化も果たさぬままに商工業にも躊躇なく関与し、在地市場の枠組みにとどまらない取引を展開しえた最大の理由があるように思われる。

一三二〇年代から顕著になる家畜取引における羊取引の増加、ことに一三三〇年代からの羊毛生産の拡大もまた、同地がそうした国際商業ルート途上の「交易地」であったことと無関係ではない。それらは、そもそもイスラームと対峙する地政学的位置や厳しい自然環境によって強いられたものではなく、一三一〇年代前半にみられたフランス南部由来の商品の途絶と、それを含むあらゆる財の取引をつうじて結びついていたカステリョ、わけてもバレンシアにおける羊毛需要の高まりという、国際商業ルートそのものの変動と緊密に結びついた現象にほかならない。だが、羊の供給、羊毛の増産、同地のみならず近隣一帯の羊毛の買付と域外輸出はいずれも、域外の住人によってではなく、コンセホ要職をなかば独占した同地の有力家族の出身者によって一手に担われている。有力家族の出身者とはいえ、羊毛買付に直接従事する「商人」はもはや同地の共同体の成員ではいられないが、既存の血縁紐帯は断ち切られるどころか、むしろそれを駆使するかたちで、バレンシア、ことによると地中海方面への輸出が志向されたのである。その意味で、同地の羊毛生産と域外輸出の拡大は、同地の有力家族が自ら牽引したものであって、文字どおりの域外住人によって強いられたいわゆる植民地的な原料収奪とはわけが違うのである。

したがって、もはや「商業都市」、果ては市場不在のアラゴン南部という「辺境都市」モデルがあてはまらないのはいうまでもない。プエルトミンガルボの政治的自立性を支えた経済的基盤は、広域的な商品交換ネットワークとの接続それ自体である。だから、政治的に閉鎖的でありながら経済的にはつねに内外に開かれていなくてはならないし、同地住人が、およそ専門分化を果たさぬまま、自ら生産したもの、あるいは調達したものを併せて、あらゆる財の取引におよんだのはそのためである。一三五四年に国王ペドロ四世がコンセホに賦与した市場開設特権、わけても年市開設特権は、あくまでもその結果であって、その原因ではないのである。

終章　「辺境」の遍在

1　征服＝入植運動

ラテン・ヨーロッパの「形成＝拡大」と銘打って、「中心」ではなく「辺境」にあえて注目することはそれ自体意味のあることにはちがいない。というのも、ラテン・ヨーロッパなるものの空間的・文化的枠組みを決定するものがあるとすれば、それはおそらく、能動的であれ受動的であれ、まさしく「辺境」と名指しされた周縁諸地域による選択をおいてほかにないからである。だが、ある空間をラテン・ヨーロッパの「辺境」とみなすということは、ラテン・ヨーロッパの「中心」があらかじめ措定されているということである。そうした「中心」は、実態や中身に関係なく、あるいはそれらに先行して、ラテン・ヨーロッパなるものを政治的・宗教的・文化的に体現したものとみなされる。こうして、「中心」＝内部＝ラテン・ヨーロッパ／「辺境」＝外部＝非ラテン・ヨーロッパ（正確には未ラテン・ヨーロッパ）というじつに素朴な二分法が成立するのである。

こうした二分法がひとたび成立してしまうと、征服＝入植運動は、もとより異民族・異教徒・異文化ひしめく純粋な外部である「辺境」を、政治的・宗教的・文化的に一体かつ均質な既存のラテン・ヨーロッパに編入・統合し、全面的に同一化を図る現象とみなされる。だから、これまでにもしばしば試みられたように、征服＝入植運動は社会経済的発展の発露にすぎないと主張したところで、「聖戦」「十字軍」「ラテン＝ローマ枢軸」といった宗教的・文化的・イデオロギー的な理念からは簡単に逃れようがない。わたしたちは、ある空間を「辺境」とみなすとき、高所に立って全体をフラットに眺めている、あるいはそうすることができると思っている。けれども、その瞬間にわたしたちが立っているのはあくまでも、あらかじめ措定され、その中身がおよそ問われることのないラテン・ヨーロッパなる「中心」である。征服＝入植運動が「聖戦」「十字軍」「ラテン＝ローマ枢軸」イデオロギーの発露に相当するかを問うても、結局はそれらのイデオロギーが「中心」の政治的理念に含まれたかを問うことにしかならないのはそのためである。

わたしたちが本書で試みたのは、あらかじめ措定された「中心」でもなく、おそらく同じことであるが、客観の名の下に正当化される高所でもなく、あえて「辺境」に立って「辺境」そのものを思考することである。だが、それはいうほどたやすいことではなかった。前述のように「辺境」が外部との関係で、あるいは外部そのものとしてあらかじめ「中心」ならざる空間とみなされていること自体、わたしたちが自ら措定した「中心」のまなざしをつうじてそれを眺めているということである。だからこそ、ここでは、わたしたちではなく当時の人びとがいかなる空間を「辺境」とみなしたか、その実態はいかなるものであったかを問うことからはじめなくてはならなかったのである。あらためて整理すれば、おおよそ次のようになる。

「辺境」をそれとみなすのは、あくまでも「中心」である。その生成は、大小問わず「中心」たることを自らに任じた空間の政治的意思に全面的に依存する。「辺境」はそれゆえ、「中心」にとって空間的には外部にありながら、政治的には内部とみなされる、純粋な外部ではない空間である。これに対して「辺境」は、自らを「辺境」とは認識しない。それゆえ、「中心」によってそれと認識されるまで、ことによるとそれ以降も、それ自体別個の独立した「中心」でありうる。だから、「辺境」は本質的に、「中心」にとって流動的で制御困難な、潜在的な独立性をはらむ空間である。このように「辺境」は「中心」との政治的な関係によって規定されるから、異民族・異教徒・異文化との対抗関係はもはやその成立要件とはならない。それどころか、「辺境」は、自らの政治的な独立性を維持するためならば、民族・宗教・文化の差異を容易に乗り越えて、互いにとっての「中心」に対抗することをもいとわない。それゆえ、「中心」がもとより潜在的に独立した空間を「辺境」とみなして管理・掌握しようとすれば、程度の濃淡こそあれ、交渉をつうじて一定の自立性を保証しつつ、自らへの誠実を確保するしかない。その意味で、「辺境」の管理・掌握手段は必然的に封建的な支配関係というかたちをとるのである。

こうしたいわば第三空間としての「辺境」は、相対する二つの「中心」のはざまに、各々の「中心」が互いに政治的に内部とみなしながら、空間的にはいずれにとっても外部というかたちで出現する。「辺境」をそれ自体外部とみなす前述の素朴な二分法にしたがえば、征服＝入植運動がなにをもたらすことになるかはしごく単純である。すなわち、征服＝入植運動は、「辺境」を全面的に編入・統合・同一化し、「辺境」そのものを消滅させるのである。こうして、それ自体「中心」でもありうる「辺境」＝領域（固有の社会）は、それぞれ一様かつ均質な二つの社会の「辺境」＝線に転化するというわけである。だが、わたしたちが全編をつうじて直面した事態は、それとはむしろ逆であったはずである。

第Ⅰ部で検討した、ウエスカ、バルバストロ、モンソンを中心とするアラゴン北部では、王国初の本格的な征服＝入植運動によって、アンダルスの旧上辺境領の膨大な城塞群がおしなべて再占有され、ピレネー山脈の狭小な王国で勃興した新興貴族を「辺境」の軍事的征服に差し向けると同時に、王権への誠実を確保して王国そのものの安定化を図るべく、少数の王族および国王側近の貴族に限定された王国伝統の城塞保有形式を曲げて、おしげもなく彼らに分配されている。その結果、一挙に出現したのは、世襲化・在地化の著しい貴族城塞を核とする、無数の自立的な空間ユニットに分節化された空間であった。

それが「中心」にとっていかなる意味をもったかは、第II部でとりあげたテルエルを中心とするアラゴン南部において、王権が当初、いかなる政治的意思をあらわにしたかを思い起こせば事足りる。すなわち、単一の貴族城塞を核とする無数の空間ユニットへの分節化を妨げるべく、国王ウィラであれ、騎士団領であれ、貴族ならざる入植者で構成された自立的なコンセホが広域的かつ一円的な属域を集団的に支配するという空間編成の創出がそれである。だが、まさしく皮肉というべきか、担い手が貴族ではないというだけで、それら空間ユニットの政治的な自立性は変わるところがなかった。それどころか、空間ユニットそのものの破格の広域性・一円性が王権による管理・掌握をむしろ困難にさえしたので、それを構成する末端の空間ユニットの政治的自立性を保証するかたちでさまざまな介入が試みられるほかなかったのである。

前述の「辺境」の性格規定は、もとを正せば、本格的な征服＝入植運動の開始を前にして、キリスト教ヨーロッパとイスラームとのはざまによこたわる大文字の「辺境」の実態を基礎に一般化を図ったものである。驚くべきことに、それは、征服＝入植運動をつうじて生成した空間にもほぼそのままあてはまる。封建的支配関係を系統的に生み出す装置となった貴族城塞群はむろんのこと、事実上貴族不在の空間というべきアラゴン南部でも、国王ウィラや騎士団領は広域的かつ一円的な属域支配を誇るだけにじつにやっかいで、特権の保護というかたちで政治的な自立性を保証することでしか、王権に対する誠実も軍事奉仕も確保することができなかった。となれば、征服＝入植運動がもたらすものは、「辺境」の消滅でも領域から線への転化でもない。征服＝入植運動はむしろ、わたしたちが冒頭でみたとおりの「辺境」、すなわちそれ自体「中心」に転じかねない、潜在的な独立性を帯びた「辺境」をそのつど生み出す。征服＝入植運動はその意味で、政治空間の拡大・統合どころか、政治空間の分節化のプロセスそのものなのである。

2 封建制

征服＝入植運動は、「中心」にとって潜在的に独立性を帯びた、それ自体「中心」に転化・再転化する可能性をはらむ「辺境」を一挙に生み出す。「中心」によるそうした「辺境」の管理・掌握はもはや、「辺境」の本質的な独立性をある程度容認しつつ、「中心」への政治的服属を誓約させる封建的な支配関係によって立つほかない。前述のように、わたしたちはいまや、「辺境」を外部との関係ではなく、「中心」との政治的な関係によって理解することができる。その核心は、もろもろの空間が、自らを自己言及的に「中心」、そのほかの空間を政治的に服属させるべきその「辺境」とみなすかにかかっている。とはいえ、「辺境」とみなされた空間にしてみても、自らを「辺境」とみなすなど思いもよらないことであるから、それとまったく同じことが生じうる。だから、「辺境」とみなされた空間がそれ自体、無秩序で未組織な空間を意味するわけではないし、それどころか、ある空間が「辺境」とみなされるとすれば、それはすでに、政治空間の分節化と同時に組織化が進行していることを意味するのである。

ミクロのレヴェルでは、征服＝入植運動は、新規創出であれ、再占有であれ、それぞれ固有の領域をともなう都市や、城塞、教会、それらを核とする集落といった、空間の一片を領有する無数の空間ユニットを生み出して、「辺境」そのものを急速に分節化する。こうして個々の空間ユニットはいずれも緊縮性を増してゆくが、その過程もまた、「中心」とその「辺境」の生成、その「辺境」の「中心」への転化または再転化、その「中心」とその「辺境」の生成……という具合に、理論上は際限なく進行することになる。もっとも、無数の空間ユニットが同一平面上にカオス状に乱立するばかりでは、「中心」／「辺境」という空間認識は生ずるべくもない。しいていえば、すべてが「中心」という状態であるが、それは逆説的に、およそ「中心」など存在しないというにひとしい。だが、そもそも政治空間の分節化の起点をなす「中心」の生成もまた、「辺境」との政治的な関係によって説明されなくては、わたしたちが「中心」をあらかじめ措定することになりかねない。すなわち、「中心」は、自らが従えようとするある空間ユニットを「辺境」とみなすことによって、はじめて自らを「中心」と認識し、その政治的自立性のおよぶ空間の境界をあらためて画定しようとする。内と外という区別がもとよりあるのではない。だから、外がなければ内もないというのでもない。それはむしろ、つねに内から、もっぱら政治的な選択の結果として、内外の区別ともども生み出される。その意味で、「中心」もまた、「辺境」の生成をつうじて生成するのである。

前述のように、ある空間が「中心」によって「辺境」と認識されるとすれば、それはすでに政治空間の分節化と同時に組織化が進行しているということである。すなわち、政治空間の組織化こそが「中心」とその「辺境」の生成を促すのであって、その逆ではない。そして、ある「中心」が、いま一つの「中心」を自らの「辺境」とみなして組織化すること、もとより潜在的な独立性を帯びた「辺境」の「中心」への転化・再転化を抑止するべく制御すること、そこにはつねに封建的支配関係の生成の契機が潜在しているのである。したがって、封建制とは、政治空間が水平的に分裂した状態をあくまでも理論上の前提とし、いずれも政治的に自立的に領有された各空間ユニットが、自らを「中心」、そのほかのいずれかをその「辺境」とすることで、社会の頂点から末端にいたるまで垂直的に組織化された空間編成そのものとみなすことができる。だから、わたしたちはそれを封建的空間編成と呼んだのである。

だが、それはその成り立ちからして、固定的かつ静態的なものではありえない。わたしたちが全編にわたって目のあたりにしたように、あらゆる空間ユニットは、個人であれ集団であれ、自らに帰属するものと主張して、おのおのの領域をめぐる紛争を互いに繰り広げてやまない。それは、「国家なき」恒常的な紛争状態だからでも、紛争そのものが構造レヴェルであらかじめプログラムされた特別な社会構成体だからでもない。主体的かつ戦略的な選択であれ、意図せざる結果であれ、広い意味での「共同体」的規範にうったえる水平的な和解・合意の平和・秩序維持機能を肯定的に評価するあまり、つねに和解・合意に先行する紛争さえをも同じように機能主義的に評価しようとするのは本末転倒である。どうしたところで紛争を免れないのはなぜか。それは、政治空間の分節化・組織化そのものが「中心」／「辺境」という政治的に非対称的な空間関係を生み出すことによって作動するからである。そうした非対称性はつねに、互いに「中心」を自認する空間ユニットのあいだで方向を違えて二重化される。あらゆる共同体が内部の階層性も隣人間の紛争や支配関係も排除しないように、「共同体」的な連帯性や水平性を強調するいかなる美辞麗句で飾られようとも、その背後にあるのは、水平的な連帯性どころか、「中心」の放射する求心力と「辺境」が帯びる遠心力との、つねに反転可能な政治力学的な緊張関係である。それが増殖一途の空間ユニット相互の関係を根底において規定するとなれば、わたしたちはもはや、なにが「中心」でなにが「辺境」か、捕捉するそばから変化してしまっているような、たえまない運動そのものが全体を貫く状態をむしろ既定値とみなすほかなくなる。それゆえ、封建的空間編成は、局所的かつ一時的にはともかく、全体としてみれば、分節化と組織化をたえず繰り返しながら、封建的支配関係をとめどなく生産し、再生産することでしかそれ自体安定的に維持されない、動的なシステムにほかならない。

このように考えると、征服＝入植運動はまさしく、封建的空間編成の展開プロセスそのものとみなすことができる。なるほど、それぞれ第I部と第II部でみた空間編成には、容易には埋めがたい懸隔がみられた。第I部のアラゴン北部では、貴族城塞を核とする比較的緊縮した空間ユニットを基礎に事実上空間全体が編成されている。それはちょうど、封建制の発展過程を説明するうえでフランス学界がことのほか重視してきた、城主支配圏やそれを地誌的に実体化するインカステラメントと直接接続することが比較的容易な空間編成である。都市も逆の意味でその例にもれず、こちらは一円的な貴族所領を都市領域からあえて切断することで、やはりより緊縮した空間ユニットの生成に向かう傾きがみられた。

これに対して、第II部のアラゴン南部では、事態はまったく逆のようである。八〇を超える域内集落を包含するテルエルの広大な属域や、主要城塞集落を核としてやはり複数の城塞集落を擁した騎士団領のバイリア群は、アラゴン北部で展開した空間編成とはあまりにも対照的である。このように一見弛緩したかにみえる空間編成こそ、「辺境」の特殊性を一手に引き受けるものとみなされてきたことはすでに述べたとおりである。だが、王権が本来志向した国王ウィラ＝コンセホ型の空間編成創出の試みが、少なくとも当初は、貴族が自立的に領有するより緊縮した城塞領域への分裂を免れえず、ことごとく頓挫したことを思い起こさなくてはならない。となれば、本来はアラゴン南部においても、王権の努力にもかかわらず、貴族城塞を核とするより分節度の高い空間編成に向かう道筋が避けられなかったはずなのである。

だが、テルエルや騎士団領の広域的かつ一円的な属域が一様かつ均質で、いかなる分節化をも被っていなかったとみなすのは、まったくの誤解である。それは少なくとも、王権が当初志向しながら、結局分裂を避けられなかった理念上の空間編成とはわけがちがう。すなわち、一見単一の「中心」を頂点に一元化された入れ子状の空間編成を示しながらも、そのじつ、上級領主（王権、騎士団、教会）、都市や城塞集落、域内の城塞集落、そして各レヴェルのコンセホがいずれも自らの空間ユニットを自立的に領有し、あたかも互いの遠心力に抗するかのように、封建的支配関係を唯一の梃子として重層的に編成されている。これぞまさしく、「中心」とその「辺境」＝「中心」とその「辺境」……が織りなす、政治空間の分節化と組織化の所産にほかならない。

したがって、入植の核をなすのが城塞であろうと防備都市であろうと、その領有主体が貴族であろうと貴族ならざる民衆騎士であろうと、領有される空間ユニットが一城塞集落に対応する緊縮した城塞領域であろうと複数の域内村落を包含する広域的かつ一円的な属域であろうと、征服＝入植運動は「辺境」の政治空間そのものを、「中心」と、同じく「中心」に転化しうるその「辺境」とのたえまない生成というかたちで全面的に分節化するから、必然的に封建的支配関係を梃子に組織化が図られなくてはならなくなる。だからこそ、征服＝入植運動は、封建制の形成・発展を阻害するどころか、むしろそれを急激に促進せずにはおかないのである。

征服＝入植運動はもちろん、それをつうじて急激に促進される封建制の形成・発展も、まさしく農村の経済成長の所産である。そこにはむろん、財貨の交換の発展も含まれる。もっとも、こうした言い方はややもすると、それに先行する段階ではあたかも財貨の交換が低調であったかのように受けとられかねない。だが、わが国では、森本芳樹が長きにわたって、中世初期西欧農村の経済的停滞という悲観的認識を覆すべく、商品・貨幣流通の進展を含めて持続的な経済成長がみられると主張したことはよく知られており、このこと自体に異論を差し挟む余地はない。地中海南ヨーロッパ研究もこの点では同様であり、森本に代表される北西ヨーロッパ研究との論争はあくまでも、領主の大所領か独立農民の個別小土地経営かという経済成長の主動因をめぐるものであって、経済成長そのものの有無をめぐるものではなかったからである(1)。

3 商 業

確かに商品・貨幣流通の進展は経済成長の確たる指標の一つにちがいない。ことに生産に基礎をおく考え方からすれば、それは、各世帯の消費分を超える生産余剰の発生や、生産過程における空間的かつ時間的な分業の進展に支えられているものと想定されるから、なおさらである。だが、財貨の交換一般は、その意味での経済成長を前提としなくては発生しないものであろうか。

たとえば、第5・6章でふれた「辺境都市」モデルを思い起こしてみよう。そこには、略奪遠征と移動放牧を生業の基礎とするという、アンリ・ピレンヌ流の「商業都市」と鋭く対立する特質が織りこまれていたはずである。そうした特質の背後に想定されているのは、イスラームと対峙する「辺境」ならではの軍事的・戦略的要請ゆえに、その山がちな自然環境とあいまって定着型の農業経営がすこぶる困難であり、それゆえ略奪遠征と移動性の高い家畜放牧経営に活路をみいだすほかない、典型的な低開発経済にほかならない。だから、市場の不在という理屈がそれに連ねられるのは、生産に基礎をおく考え方からすれば、けっして故のないことではない。だが、そもそも移動性の高い家畜放牧を根幹とする生業が、財貨の交換をともなわないというのはまるで根拠のないことである。家畜放牧を基礎としていたということは、それに事実上特化していたということである。そこでは、分業は否応なしに成立しているのであって、自らが生産できない日常必需品の確保を目指すなら、一定の経済水準に達することがなくとも、財貨の交換は不可避ということになるはずである。

それはまさしく、農業生産においてもあてはまる。農作物には栽培限界があるから、標高についてはいうまでもなく、日照量、降水量、可耕領域の広さ、地味などの自然条件によって栽培地は大きく左右される。こうした条件下では、耕地、葡萄畑、菜園、果樹園、採草地といった地片群が、それぞれ特定の区域で同一の地目に統一されて分布するケースが随所にみられるのもごく自然なことと思われる。それはまさしく自然環境にねざした分業の所産であって、領主主導の人為的・組織的な農地再編はあくまでもそれに適応しようとした結果である。わたしたちは、ウエスカ市域やビジェル属域で集落・区域単位の域内分業がいかに進展したかをみたが、それは、その意味での分業の普遍性をふまえた組織化の産物であって、財貨の交換そのものを発生させる契機ではないのである。

以上のように、自然環境にねざした分業と財貨の交換の普遍性を前提としたとき、領主による所領管理と、同じく領主主導の人為的な分業の組織化とは、本来相反するヴェクトルをどうにか合成しようとする、いわば苦肉の策に近いものであったことに気づかされる。円滑かつ効率的な所領管理という観点からすれば、農民保有単位の画一化とか、貢租内容の均一化とか、雑多な農民集団の平準化といった傾向は戦略的にも実態のうえでも有効であることは疑いを入れない。だが、それは自然環境にねざした分業に真っ向から対立するものでもあるから、地域社会固有の分業と財貨の交換のさまざまな局面にむしろネガティヴに作用する可能性の方が高いように思われる。財貨の交換はなにしろ、同質性でなく差異こそを前提とするものだからである。それゆえ、領主は結局のところ、差異そのものを解消するのではなく、せいぜい整理・組織化する方向でこれに対処するしかない。領主がその開設に邁進

した市場にどうしても自らが巻き込まれてしまうのは、その前提からすれば当然なのである。(2)
そうした差異はまずもって自然環境に由来するから、どうしたところで全面的には解消されない。それどころか、わたしたちのいう政治空間の分節化によって、それは解消されるどころか、ますます強化される。すなわち、政治空間がそれぞれ政治的に自立した空間ユニットに分節化され、各空間ユニットが緊縮したものになるほど、空間ユニット相互の差異は増大することになる。それゆえ、封建的空間編成の基礎をなす各空間ユニットの政治的自立性はそれ自体、経済的な自立性、ましてや閉鎖性を意味するものではまったくない。それはむしろ、財貨の交換をもはや不可避なものにし、相互の依存関係をますます緊密にせずにはおかないのである。

以上をふまえて、一三世紀後半の王権による基本財の統一市場創出の試みをあらためてふりかえってみよう。それは、わたしたちのまなざしからすれば、王国規模の円滑な商品交換を促進しようとするしごくまっとうな施策のようである。これに相対するは、歴代王権によって賦与された諸特権を盾に地方市場の自立性を主張し、あくまでも自らへの基本財の安定的供給を優先する都市・所領・村落である。わたしたちは、両者の激しい対立の果てに合意・締結された「アラゴン総特権」をつうじて、少なくとも一三世紀末の段階では後者の立場が結果的に温存されたことを確認した。だが、鋭く対立しているかにみえる両者の立場の差異は、前者が王国規模の自由な商業、後者が空間ユニット単位でそれを分断・阻害するものというように、本質的なところにかかわるものではなく、結局のところ両者が対象とする空間＝市場圏の差異でしかない。

王権の言い分を思い起こしてみよう。一二五七年の国王ハイメ一世による穀物の対外輸出禁止と輸出許可制は、基本財の最たるものである穀物の不足と価格高騰に対処するために施行されている。それは本来、王国外への穀物流出を統制することで、王国全域の穀物の安定的供給を図ろうとするものである。だから、その矛先はまずもって、王国外への穀物輸出から生ずる利益を追求する私的な営利活動に向けられることになる。その意味では、この施策は自由な商業どころか、むしろそれを統制下におく、およそ王国規模の管理交易を志向するにひとしいものである。

むろん王権の言い分では、王国全域の穀物の安定的供給は穀物取引の域内自由化なくしては達成されない。この点で極度に分節化された各空間ユニットの政治的自立性がその障害となるというのはわかりやすい道理である。こうして父王を後継した国王ペドロ三世は、穀物のみならず基本財一般の対外輸出禁止と有償の輸出許可制というかたちで、それをさらに拡大している。それもまた、それらの安定的供給を図ろうとするものであり、各空間ユニット独自の商業的な制限を全面的に禁止しているのはそのためである。だが、そうした措置は、有償の輸出許可状と同様に、けっして無償ではなかった。王権は同時期に、枯渇する一方の国庫収入を拡充するべくさまざまな名目で租税を強権的に導入しているが、歴代王権が賦与した諸特権につきものの伝統的な流通税の免除特権もまた全面的に縮小され、税額そのものも大幅に引き上げられている。結局のところ、王権が期待したのは自由化された基本財の活発な流通からあがる租税収入であり、だからこそ、各空間ユニットの政治的自立性を支える諸特権をないがしろにしたとして激しい抵抗を惹起せずにはおかなかったのである。

こうした論理は、領主やコンセホが自らの所領・集落で市場を開設する動機となんら変わるところがない。それらはつねに、自らの空間ユニットにおける基本財の安定的供給を優先する。なかでもその最たるものである穀物については、領主自ら、または領主とコンセホとが共同で公定価格を設定したり、域外持ち出しを禁じたりして、価格の高騰に対処しようとしたことをみたはずである。それは直接的には、領主にとって経済的に一蓮托生の関係にある共同体そのものの基本財の不足を未然に解消しようとするものであるが、かといって活発な域内流通からあがる自らの利益を重視していたことをいささかも隠そうとしていない。市場税が使用強制の対象となる粉挽水車や竈とともに、つねに領主権の枠内に留めおかれているのはそのためである。いずれにせよ、ここでも問題となるのはやはり基本財の域外流出である。それをもたらすのは、王権が統制しようとした王国を股にかける私的な営利活動と同じく、空間ユニットを股にかける私的な営利活動である。王権が志向した王国規模の基本財の取引自由化は、いかに王権の管理・統制下においてであろうとも、個々の空間ユニットからすれば、まさしくそれに法的かつ制度的な自由を与えようとするものにほかならない。

両者の対立は結局、地域市場の立場に沿ったかたちでいちおうの解決をみた。だが、王権の施策が事実上頓挫したからといって、空間ユニットを股にかける私的な営利活動はどうやったところで失われようがない。それどころか、政治空間の分節化を基礎とする封建的空間編成は、無数の空間ユニットがそれぞれ政治的に自立していること、まさしくそれ自体によって、理論上はその機会を無数に提供する。前述のように、必要な財を入手する行為としての交易は普遍的なものである。それは、自然環境にねざした分業に加えて、政治的に自立した空間ユニット相互の差異そのものによって、ますます不可避なものとなる。だが、商業利潤を追求する私的な営利活動が発生するのは、無数の空間ユニットの内部ではなく、無数の空間ユニットと同じ分だけ存在するそれらのはざまである。ひとたびそこに立てば、交易を不可避にする空間ユニット相互の差異はそれ自体、それぞれの財の価値の差異、すなわち商業利潤の源泉に変換される。商業はその意味で、各空間ユニットの内発的な経済成長そのものによってではなく、あくまでも空間ユニット相互の差異を目指して、いずれからみても外、すなわちはざまから到来する。封建的空間編成は原理的に、その発生を抑制する術をもたない。

この点で、わたしたちのおもな分析材料となった公証人登記簿に含まれる証書群が、実質的には商品交換そのものでありながら、形式上は一貫して、一方が他方に対して負債を抱えることを認めるとする債務弁済書式をとりつづけたことをあらためて思い起こすべきかもしれない。公益性の高い穀物を筆頭とする基本財を中心にほぼあらゆる財の取引において、指定期日に財の納品を約束するにせよ、貨幣の支払いを約束するにせよ、当事者はいずれの場合にも売主・買主ではなく、あくまでも債務を負う者という立場で表現される。それは、もろもろの共同体にとって、商品交換一般が本来いかなる行為とみなされたか、あるいは少なくともそうした認識の祖型がいかなるものであったかを端的に表現しているように思われる。商品交換の発達はもはや、どうしたところで抗いようがない。だが、それはつねに外ないしはざまから到来するから、共同体そのものの既存の秩序と安寧を揺るがせにしかねない行為とみなされる。できれば追放されるべきものであるが、現実的にはそれはもはや不可能である。だから、それを少なくとも商品交換とは本来無縁な債務弁済書式に封じ込め、当事者をあくまでも既存の秩序に服する債務者一般のカテゴリーに押し込むことでどうにか管理しようとするのである。羊毛取引が唯一売却書式で表現されたのはおそらく、そのほかの財の取引に比して後発であったからではない。羊毛そのものが、共同体を代表する有力住人によってとりあつかわれた、当初から国際市場をみすえた商品であったからである。となれば、むしろ、商品交換があくまでも負債の枠内で処理されたことこそが、本来ならば共同体一般にとって忌避されるべきものである、あらゆる財の全面的な商品化を可能にしたといってよいかもしれない。

いずれにせよ、それに対する各空間ユニットの実際の対処の仕方は、まさしくそれら相互の差異に応じて決定される。この点で、わたしたちが検討したテンプル騎士団領ビジェルは多少なりとも積極的にそれに対処したケースといえようか。実際、領主およびコンセホは、小麦の公定価格を制定したし、域内ワインの保護政策をとって、それらの安定的な域内供給を志向している。域内木材のバレンシア向け輸出に域外住人がおよそ参入できなかったことも、これに連なるものといえよう。けれども、少なくとも小麦にかんしていえば、それが功を奏したとはいいがたい。コンセホ当局の一角を占めた有力住人の一人であるペロ・カルベットが、自らの生産物の換金を望む住人との顧客関係を維持・拡大しつつ、共同体内の政治的・社会的地位をいっさい放棄し、まさしくそのはざまに立つことで、小麦の買付を大幅に拡大させたことをみたはずである。このあたり、共同体の安寧を揺るがせにするから従来の地位を捨てるよう強いられたというより、彼自身、そうしさえすれば自らの活動を拡大させることができると明確に認識していたふしがある。自らがその構築の一端を担った回路の外には、個々の空間ユニットのレヴェルではその成り立ちからしておよそ制御不能な、財貨のとめどない奔流が潜んでいることを、彼はよく知っていたにちがいない。

その意味では、サラゴーサ司教領プエルトミンガルボは、ビジェルとはことごとく逆をいっているといえるかもしれない。領主もコンセホも基本財の域外流出を抑制するべく、およそ表立った政策を打ち出しておらず、唯一穀物の域外持ち出しが禁止されたのもやや遅れて一三二五年のことであった。そのせいか、住人自らが生産したものや調達したものも含め、あらゆる財が王国内外の域外住人によって不在のまま大量に買い付けられ、総じてカステリョ方面に輸出されるところとなっている。なかには文字どおり「商人」を名乗る者も登場するが、それはわずかばかりの南フランス商人にかぎられる。そうした活動は、同じく商業に特化していたとは考えにくい同地住人によっても直接・間接に広く展開されているにもかかわらずである。

ペロ・カルベットと同様に、彼らはけっして「商人」を名乗ることはない。それはむろん専業化が依然として進んでいないせいもあるが、そうした活動が本来、教義上蔑視に値するからではなく、共同体の安寧を揺るがせにしかねない行為とみなされうること、それが彼らをしてはざまに立つことをよぎなくさせる行為であることを十分に心得ていたからである。だが、彼らはけっして排除されない。それは、プエルトミンガルボそのものが、南フランスとカステリョとを結ぶ国際商業ルートの経由地であったからである。むろん政治的には自立的な空間ユニットながら、経済的には国際的な商品交換ネットワークそのものが生み出した「交易地」というべきものであった。同地の有力住人によって牽引された羊毛生産と域外輸出の拡大は、前述の「辺境都市」モデルが構想したところとは裏腹に、そうした国際的な商品交換ネットワークの存在を前提としてはじめて生み出されえたのである。

差異にねざした交易が普遍的である以上、商業もまた理論上は普遍的であってしかるべきである。都市か農村か、遍歴商人か在地商人か、王国か地方か、地域間市場か地域市場か、大所領か個別小土地経営か、領主か共同体か、自由か隷属か……、商業は封建制をめぐる理解につきもののあらゆる二項対立のいずれかの項に宿るのではない。むしろ両者のはざまに、すなわち無数の空間ユニットの無数のはざまに、あるいはこういってよければ、それぞれが「辺境」とみなす流動的でおよそ制御困難な、なかば独立した空間に宿るのである。となれば、封建制はもはや「市場依存型社会」どころではない。そうした理解はまだ、それぞれ政治的に自立的な「中心」に立つ者のまなざしによるものでしかない[3]。だから、わたしたちはあえてそのはざまに、そこからみた遍在する「辺境」に立ってみよう。封建制はまさしくその空間編成それ自体によって、交易と同じく潜在的に普遍的な商業を、いささかの曇りもなく全面的に顕在化させずにはおかないのである。

補論1　オリジナルとカルチュレール

序章で紹介したように、一九七八年のローマ国際研究集会において、ローヌ川からガリシアまでの封建制の発展様式を比較・総合しようとしたピエール・ボナシィは、一〇世紀中葉から一一世紀末までで俗人のオリジナル文書を中心に一万五千点と例外的に多数の文書が伝来することを最大のメリットの一つとして、カタルーニャを全体の参照軸に据えることがいかに有効であるかを訴えていた。(1) それは、史料的に恵まれたカタルーニャのモデルならば、教会・修道院カルチュレールに筆写・集成された文書群以外に依拠すべき情報源のない他の諸地域では避けることのできない史料上の空白をも埋められるという理屈にちがいない。また、従来のカタルーニャ研究のなかでも文書学・文献学寄りの立場からは、豊富に伝来するオリジナル文書を縦横に生かして、きわめて活発な書記文化とそれに裏打ちされた文書利用の水準の高さが特筆すべき点として強調されてきた。たとえば、ミシェル・ジンメルマンは、伝統的な書式と書記の素養との複雑な相互関係のあり方を見事に描き出しているし、アンスカリ・M・ムンドにいたっては、西ゴート期以来の書記の文化はカロリーナ小文字の導入も含めて九世紀以降むしろより豊かになり、わけても都市を中心に活躍した俗人書記の存在がのちの公証人の時代へと途切れることなく連綿と連なっているとしている。(2)

もっとも、そうした仕事を可能にした文書の伝来状況そのものをめぐっては、もっぱら彼ら自身が描き出した書記文化の活発さをもって循環論的に説明されてしまい、なぜかくも豊富なオリジナル文書が伝来するかは不問に付されている。だが、文書学の第一人者であるブノワ＝ミシェル・トックやロラン・モレルは、他の西ヨーロッパ諸地域でもあくまでも保管されなかっただけで、あらゆる痕跡からみて、同水準とはいわないまでも相当量の文書が作成されたことは確実とみなしており、その意味でカタルーニャ史料の特筆すべき点は文書作成のレヴェルにあるのではなく、むしろ文書保管のレヴェルにあると口を揃えて指摘している。(3) 実際、俗人を行為主体とするオリジナル文書の多数の伝来といえども、公証人登記簿が生成をみるまでは、その大半はやはり教会や修道院、なかでも司教座聖堂教会に伝来する文書群が数量的に他を圧倒しているのであり、(4) 本来ならばまずもってこの点が系統的に問われてしかるべきであろう。以下では、第3章の検討で最大の情報源となったウエスカ司教座聖堂教会文書を例にとって、司教座聖堂教会における俗人文書の伝来という現象をテクスト生成論的に考察したい。

1 文書保管形式の差異

現在のウエスカ司教座聖堂教会に収蔵される文書群は、一一のアルマリオ（アルマリウム、すなわち「聖具棚」）にそれぞれ分類され、各アルマリオには一千点前後の単葉形式の羊皮紙（一部は紙）が収められている。こうした収蔵形式は、一六世紀末に本格的に着手された文書庫の分類・整理作業に直接由来するものであるが、一五九〇年から一六一四年にかけて司教座聖堂参事会員のなかから文書庫管理係がたびたび任命されてその任にあたるも、その作業が最終的に実を結んだのは一六三三年から三四年にかけてのことであった。このとき一番から九番のアルマリオに既存の文書がその内容にそくして分類されるとともに、利便性を考慮してアルマリオごとに分類された各文書の特徴的な語句をアルファベット順に配列した紙製の文書目録（Lumen ecclesiae）が一六四四年までに編纂されている。その後、一六三三～三四年の分類・整理作業からもれた文書がエクストラバガンテス（「外典」の意）と呼ばれる新たに設けられたアルマリオに分類される一方（ここに分類された、つまり近世の分類・整理に際して顧慮されなかった文書がもっぱら抵当権設定文書であるのは興味深い）、一六世紀にウエスカ司教座に移管されたサンタ・マリア・デ・アルケーサル教会の文書がやはり別個のアルマリオを設けて収蔵されるにいたったのである。

とはいえ、こうした分類・整理はその時点ではじめて行われたわけではない。一二一三年までのすべての文書を刊行したアントニオ・ドゥラン・グディオルによれば、その起点は早くも一二〇二年に合意された司教管理財産と司教座聖堂参事会管理財産との分離・分割にあったという。その際、各々の管理下におかれた文書の分類基準が一三世紀末から一四世紀初頭に成立したカルチュレール『錠前の書』（Libro de la cadena）におおよそ反映されているとしている。[5] 当該カルチュレールは、冒頭の二〇葉と五六四頁からなる羊皮紙の冊子体であり、各文書の余白にはローマ数字で一から一〇九五までの番号がふられていて、司教座聖堂教会を構成する各組織やその傘下の教会の文書、国王文書、ウエスカ在住の貴族家門であるマサ家関連文書、さらには所領、すなわち地理的区分を分類基準に、それぞれルブリック（朱書・題辞）をともなう固有のセクションごとに配列されている。編纂は司教ドミンゴ・サラの在位期（一二五三〜六九年）において開始されたと想定され、集成された文書で最も新しいものは文書番号八〇番の一二七四年六月一〇日の文書である。書体学的には、少なくとも四名の書記の筆が区別される（すなわち、一〜二九三番〔一〜一六六頁〕、二九四〜四五七番〔一六七〜二三八頁〕、四七六〜八八三番〔二三九〜四六〇頁〕、八八四〜一〇九五番〔四六一〜五六四頁〕。なお、四五八〜四七五番が含まれたはずのフォリオは現存しない）。なお、冒頭の二〇葉は一四世紀初頭に組み込まれた二列からなるインデックスとなっていて、文書群中の各セクションに付されたものと同様のルブリックにつづけて、それぞれに集成された文書の番号と内容の要旨が整然と目録化されている。

現在では史料の価値という点でオリジナルとコピー（さらには偽文書）の境界がますます曖昧になってきているが、わたしたちは法的通用力という意味でも、むろん史料の信用度という意味でも両者を峻別してしまう心理を依然として捨てきれていない。だからこそ、オリジナルのかたちで大量に伝来するカタルーニャ史料の例外性に大きな注目が集まってきたのである。逆にカルチュレールのみの伝来という、より一般的な伝来状況を前にして、それを法的な編纂物としてではなく、過去の記憶の再定義または「創造」にかかわる理念的な編纂物（いわゆる「史料＝記念碑」）としてとらえなおそうとした一九九〇年代以降のカルチュレール研究もまた、そうした心理の裏返しにほかならない(6)。

となれば、前述のように大量のオリジナルと大部のカルチュレールがいずれも伝来している場合、以上の点はいかに理解されるであろうか。じつをいうと、カルチュレール一般と同様に、前述の『錠前の書』に集成された文書のオリジナルはごく一部を除きおよそ伝来していない。すなわち、基本的にオリジナルが残される環境にあったにもかかわらず、カルチュレールの編纂に際しては、オリジナルの大海から筆写されるべき文書が取捨選択されたのち、そのオリジナルは総じて意図的に廃棄されたか、少なくとも保管されるべきものとして認識されていなかったということになる。ここから以下の三点が指摘されるであろう。第一に、カルチュレールの編纂はそれ自体、文書庫の分類・整理の一三世紀的な表現であって、後代に行われることになる全面的な整理・分類作業と本質的に区別されるものではない。第二に、そうした作業の成果としてのカルチュレールを、法的にも社会的にもオリジナルに準ずるものとみなす認識はもとより存在せず、両者はそれぞれ別個の文書保管の形式とみなされていた可能性が高い。第三に、カルチュレール一般の恣意的な性格はつとに指摘されてきたことであるが、オリジナルのまま保管された文書とカルチュレールを介して保管された文書とでは、むろんカルチュレール保管文書こそが、一三世紀後半の段階で筆写・集成という多大な労力を払ってまで保管される必要のあった、その意味でむしろ優先度の高い文書であったと考えるのが自然である。

以上の点を念頭におかなくてはならないのは、ウエスカ司教座聖堂教会に伝来する俗人文書が、オリジナルはもちろん、カルチュレールにも含まれていて、前述のように両者で保管された文書におよそ重なるところがないからである。オリジナルについては、とくにアルマリオ二番が土地売却文書を中心とする俗人文書で構成されている（全体で一一一二点）。他方、カルチュレールでは、九六五〜九八八番に前述のマサ家の文書がまとめられているほか、ルブリックの付されていない五〇三〜六六二番のセクションがもっぱらウエスカ市域における俗人の土地売却文書でほぼ占められる一方、市域外の集落に関する文書を中心とする八八七〜九六四番のセクションにも俗人文書が多数収録されている。

これらの文書がいかにして司教座聖堂教会の管理するところとなったかは、次のような例からおおよそ推測されるであろう。たとえば、ヒメノ・ガルセス・デ・アスタウンの娘マリアが司教エステバンにコルビノスおよびハビエーレにおける土地財産を寄進した一一七五年の文書には、父ヒメノがコルビノスを購入により取得し、ハビエーレをバルセローナ伯ラモン・バランゲー四世から賦与されたこと、その際にそれぞれ作成された文書をいずれも司教に譲渡する旨が明記されており(7)、少なくとも前者の売却文書に相当する文書は確かに伝来している(8)。むろん、こうした慣行はもともと俗人同士のあいだでも行われていたものである。たとえば、一二〇〇年にギリェルモ・レネールの寡婦ホルダーナが娘イネスにウエスカ市域のアルメリスに所在する耕地を生前贈与したとき、その耕地が本来購入されたものであり、購入時に作成された売却文書をともに譲渡すると明記されている(9)。この場合、生前の夫とともに当該耕地を購入した一一九五年の売却文書もまた伝来する(10)。それゆえ、これらの文書の伝来が、司教座聖堂教会による当該耕地の最終的な取得によるものであることは疑いない。

じつは、このように特定の土地財産の権利保証という観点から、司教座聖堂教会における俗人文書の伝来という現象を検討しようとすると、乗り越えがたい障壁にかならず直面してしまう。というのも、意図的か単なる偶然かは判然としないが、司教座聖堂教会自体が土地財産を最終的に獲得する際に作成した、権利保証上最も重要であるはずの文書を保管することになんとも不可解なぞんざいさを示しているからである。たとえば、サンチョ・カバリェールなる人物が妻ブルーナとともに、一一六八年から七九年にかけてウエスカ市壁内北端の聖ヨハネ騎士団街区（またはシルカータ街区）の数家屋と、市域北部の数耕地（それぞれモンス、フォルカス、ラ・マガンティナ）を購入した六点の売却文書はすべてオリジナルのかたちで伝来しているのに[11]、彼らがそれらを司教座聖堂教会に寄進または売却した文書は伝来しておらず、上記の数家屋が一二一二年に司教座聖堂参事会の救貧係によって貸与されたときにかつて彼らのものであった旨がわずかに語られるのみとなっている[12]。

ここにオリジナルとカルチュレールという保管形式の違いが絡むと、謎はますます深まるばかりとなる。たとえば、一二世紀後半の富裕土地所有者の一人であるペドロ・マルタは、「生来のよきインファンソン」（bonam infanzonam ermunam）である妻マルタとともに、一一八四年から九五年にかけてウエスカ市壁内の家屋や、同市域の耕地や葡萄畑を集中的に購入し[13]、一一九六年には司教座聖堂教会への埋葬を望む遺言状を作成[14]、五名の子がその財産を分割した一一九九年八月までには両人ともに死没している。同人の家族に関係する文書は全体として七点を数えるが、前述の遺言状を含め、少なくとも購入財産全体が司教座聖堂教会に寄進・売却されたことを示す文書はいっさい伝来しない。七点のうち、三点は『錠前の書』に収録されている。一点は前述の五名の子によるウエスカ、その近郊のティエルス、イグリエス、タベルナスにおける相続財産の分割文書であり[15]、残る二点は市壁内のテンプル騎士団街区の家屋を購入した一一九四年の売却文書と[16]、同人の娘サンチャ・ペレス・マルタの子にして司教座聖堂参事会長となった同名の孫ペドロ・マルタが当該家屋の相続をめぐって兄弟からとりつけた一二五八年の権利放棄書となっている[17]。第一の財産分割文書では、購入されたテンプル騎士団街区の家屋が分割の対象から外されることが明記されていることから判断して、これら三点の文書の収録の動機が総じて一二五八年の当該家屋の権利放棄書に関係していることは疑いを入れない。だが、いずれにせよ、ここから司教座聖堂教会の権利保証というわかりやすい解答を導くにはあまりにも多くの文書が欠落しているのである。

さらに次のような例もまた、わたしたちを困惑させるにちがいない。すなわち、征服前からウエスカに定住したキリスト教徒（モサラベ）家系の出身者とおぼしきギリェルモ・モサラビは、一一三九年から四九年にかけてもっぱらウエスカ市域の耕地（北東部のアビンゴルデル、南東部のプジャスエロス）を購入し、一一六五年には司教座聖堂教会近隣の二店舗、市域のコニリェネクの葡萄畑、同じくラ・メサの菜園などを一挙に司教座聖堂教会に寄進している。不思議なことに、これらのうち、少なくとも三点の売却文書がカルチュレールに収録されているのに(18)、肝心の一一六五年の寄進文書(19)はカルチュレールに収録されておらず、しかもやや判断が難しいとはいえ、そこには同人がそれまでに購入した土地財産がおよそ含まれていないようなのである。

オリジナルであれカルチュレールであれ、司教座聖堂教会における俗人文書の伝来は、司教座聖堂教会がそれらの文書で対象となっていた土地財産をある時点で獲得した結果と想定するほかに説明しようがない。けれども、技術的には、それを逐一特定することは事実上不可能であるし、オリジナルとカルチュレールという保管形式の差異は問題をややこしくするばかりである。ただ、それは土地財産に注目するかぎりにおいてである。たとえば、前述のサンチョ・カバリェールの例と同様に、ガルシア・デ・サンタ・クルスとその子マルケスが一一五五年から一二〇一年にかけてウエスカ市域で行った六件の土地購入はすべてオリジナルで知られるのみである(20)。逆に、サルバドール・デ・ラス・コルサスとその子ペドロ・サルバドール、エステバン・カペティット、ベルナルドは、一一四一年から一二一二年にかけて市域の土地を購入する一方、司教座聖堂教会のタベルナスにおける所領を一一四四年から一二一一年まで二世代にわたって保有した家族であるが、これらの所見はすべてカルチュレールに由来するものである(21)。また、一二一七年から五一年にかけて一一点の文書を数えるウエスカ居住の騎士（miles）サンチョ・デ・アラサルにいたっては、同時代の史料のなかでも文字どおり『錠前の書』のなかだけで知られる存在にほかならない(22)。このように土地ではなくイエに注目すると、俗人文書の保管形式をめぐってオリジナルとカルチュレールとのあいだに一定の線引きがなされていたことに気づかされる。いずれのかたちで伝来する文書も権利保証という観点からすれば同等であったはずなのに、それでも以上のように家族によって区別されているのである。となれば、わたしたちは司教座聖堂教会と各家族との、法的ではなく社会的な関係に注目する必要があろう。

2　ボクロン家

以下では、最もまとまった文書の伝来する二つの家族、すなわちボクロン（ブグロン）家とイサーク家を例にとって個別に検討しよう。これらはいずれも、初期のウエスカ史を代表する富裕土地所有者として古くから知られる家族である。ボクロン家は、まさしくブグロンという出身地名に由来する家族の名称が示すように、征服＝入植運動のさなかに流入したピレネー山脈以北の出身者（すなわち「フランク人」〔francos〕）の代表例の一つである。(23) イサーク家については、ハカの元ユダヤ人家族の出身者がいかにして一介の靴工からウエスカを代表する富裕土地所有者に昇りつめたかという、ある種の立身出世物語として知られるところとなっている。(24) ただ、市政制度の発達という文脈においては、いずれもとくにみるべきところのない家族でもある。確かに誓約人（jurati）の初出が一二〇七年であることを考慮すれば、これらの家族が勢力をふるったようにみえる時期は時間的にやや先行する。だが、その突出した財産規模をみるにつけ、いかなるかたちであれ、市政に参画した形跡がまったくみられないのはいささか奇異に思われるかもしれない。(25)

ここには、文書の伝来状況に起因する、すぐれて史料論的な問題が潜んでいる。そもそも司教座聖堂教会文書の枠内では、前述のウエスカ在住貴族のマサ家を除けば、(26) それらに匹敵するほどの文書が伝来する家族はみられない。検討の範囲を同時期のウエスカ史料全体に拡大してみると、主要なところでサン・ペドロ・エル・ビエホ修道院、モンテアラゴン修道院、サンタ・クルス・デ・ラ・セロス女子修道院、テンプル騎士団バイリア、一三世紀にはとくにウエスカのコンセホ、サンタ・マリア・デ・シヘナ女子修道院、サント・ドミンゴ・デ・ウエスカ教会、サンタ・クララ・デ・ウエスカ女子修道院と、アーカイヴズそのものは多岐にわたり、一見材料に事欠かないようにみえるが、これらには多数の俗人文書の伝来という現象自体がみられない。となれば、二家族が同時期のウエスカで傑出した有力家門であったかを土地所有の規模を指標に判断することはできないのであって、ここでみてとれるのはあくまでも、多数の文書の保管を可能にした司教座聖堂教会とそれら二家族との関係のあり方にすぎない。

さて、図補-1は、ウエスカ史料全体から抽出される直接的または間接的な情報を駆使して可能なかぎり再構成したボクロン家の家系図である。同家の始祖にあたるのは、アキテーヌはブグロンの出身者とおぼしきガラシアン・デ・ボクロンなる人物であるが、その人となりについてはおよそ知られていない。[27] これとは対照的に、その妻ボネータについては、ウエスカ史料は多少なりとも饒舌である。ボネータは、征服直後のウエスカに入植した第一世代の市民で、王国の主要貴族とともにアラゴン国王アルフォンソ一世の側に仕えたファン・デ・モンペリエ[28]とギラルダの娘であり、ガラシアンに嫁いだのち、少なくとも九人の子、すなわちギリェルモ、アケルメス、ラモン、ファン・ベレンゲール、ペレグリーノ、ウンベルト、プラスマ、ガスクーニャ、イネスを産んでいる。これら兄弟姉妹のうち当初はギリェルモ、ついでギリェルモが司教座聖堂参事会員になったのちにはアケルメスの系統が家系の継承という点で主要な地位を占めたが、他の兄弟の系統も、さらにはラモン・ベカイレ（ボーケール）、ビダル・デ・マルサン（モン・ド・マルサン）、おそらく前述のペドロ・サルバドールにそれぞれ嫁いだプラスマ、イネス、ガスクーニャの系統さえもが後述のように遺産相続にあずかるべくたびたび姿をみせるので、結果として各系統のほぼ三世代から四世代までが追跡されうるのである。

ボクロン家の文書はほぼすべて、司教座聖堂教会に伝来している。[29] 同家の出身者が法行為の主体となった文書は一一六六年から一二四三年までで、合計三六点にのぼる。保管の形式としては、三六点すべてが『錠前の書』に由来するものであり、そのオリジナルが伝来するのはわずか六点にすぎず、オリジナルのみの保管という形式はまったくとられていない。『錠前の書』中の収録箇所は、三四点が前述のルブリックなしのセクションに集中していて、残る二点が市域外の集落に関する八八七〜九六四番のセクションに含まれている。文書の種別にそくして分類すると、その内訳はそれぞれ贈与九、[30] 売却七、[31] 交換五、[32] 貸借一、[33] 抵当権設定一、[34] 遺言状一、[35] 分割八（重複が一あるので

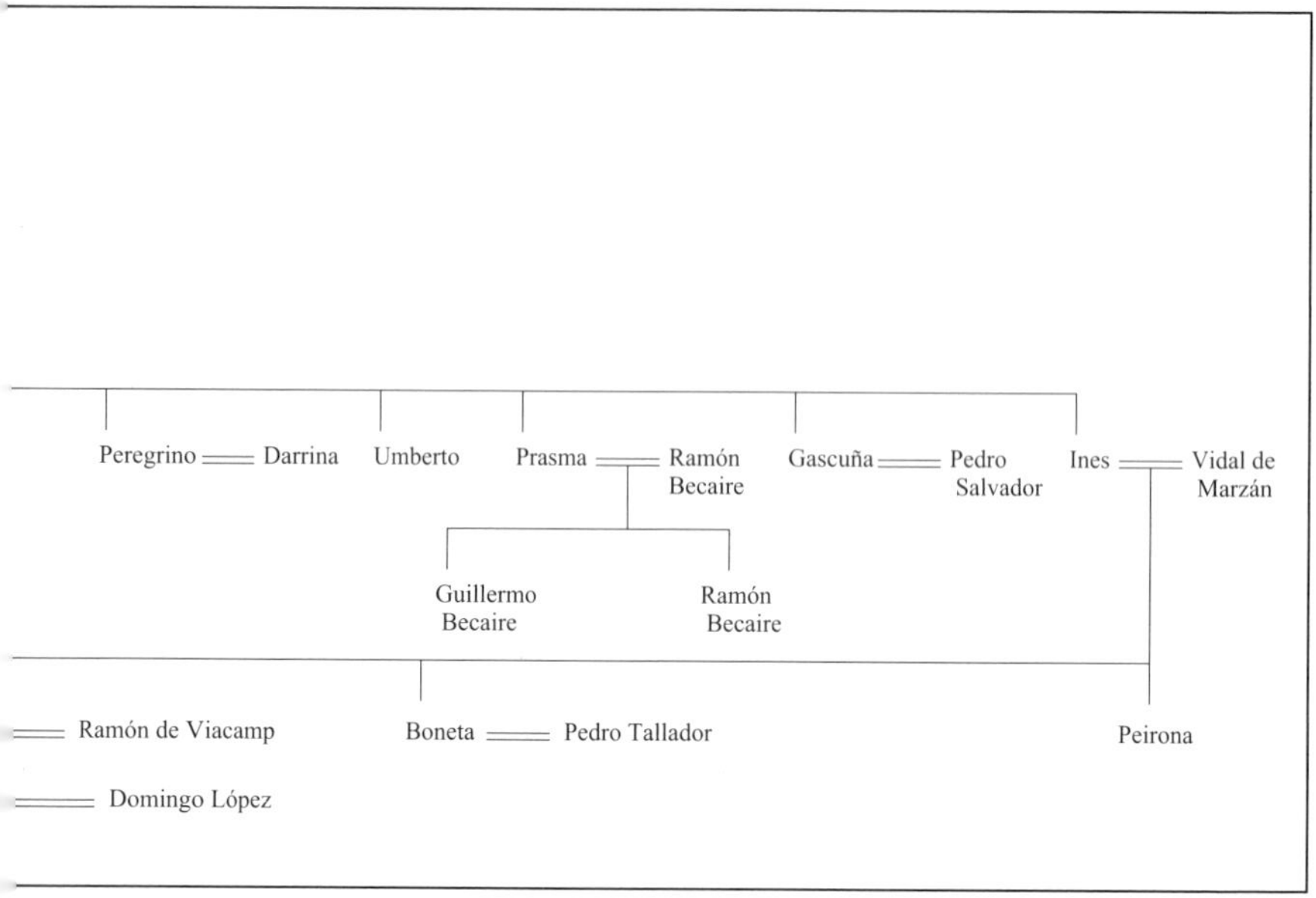

クロン家

実質的には七[36]、権利放棄二[37]、判決書一[38]、財産目録一[39]となっている。贈与のうち司教座聖堂教会への寄進が三点数えられるものの、残る六点は親族への生前贈与四、婚資一、報償一で占められる。売却はもっぱら購入が中心であるが、四点が親族間での売買となっている。交換には司教座聖堂教会との交換が一点含まれるが、ここでもやはり親族間での交換が一点含まれる。これらに加えて、分割、権利放棄、判決書はすべて遺言状を筆頭に親族間での遺産相続にかかわるものである。したがって、同家の文書は、司教座聖堂教会との一定の関係を想定させるものではあるが、基本的にはほぼ四世代にわたる家族の財産の分裂の記録となっているといってよいであろう。

以上をふまえたうえで、個々の文書をいま少し具体的に検討してみよう。起点をなす一一六六年五月の二点の文書は、フアン・デ・モンペリエの寡婦ギラルダが孫アケルメスに市域のラ・マガンティナにおける耕地を与えた贈与文書と[40]、同じく孫ラモン・デ・ボクロンに与えるべく、ギラルダが娘ボネータとアルメリスの耕地を交換した交換文書となっている[41]。他方、ボ

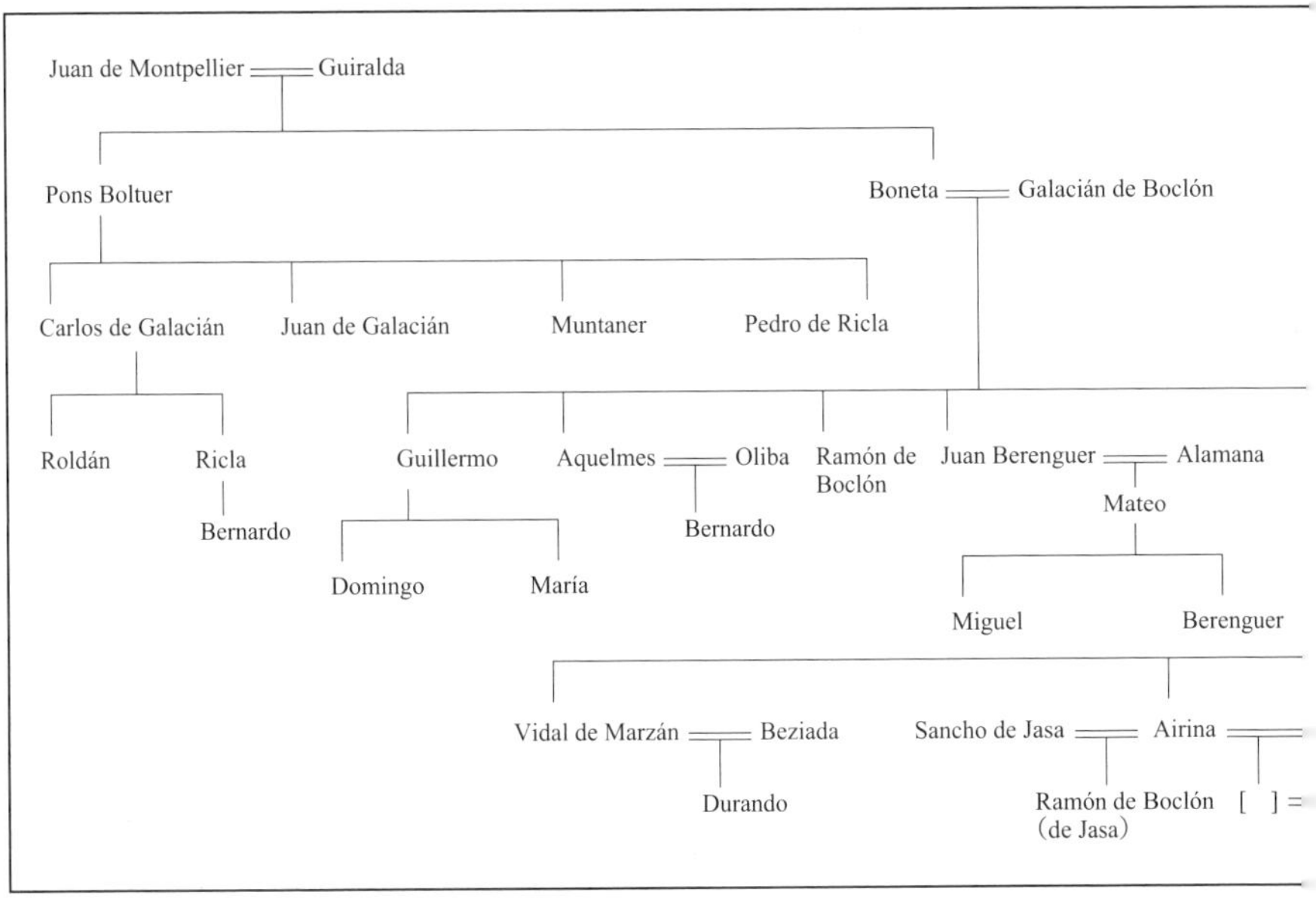

図補-

ネータの長子ギリェルモは、早くも一一六八年四月に弟アケルメスとオリーバ夫妻に、父母から継承したウエスカおよびモンペリエの財産を売却する一方、[42]一一七四年には母ボネータと従兄弟カルロスから市域のモリリョンの新規葡萄作付地（majuelo）を分与されている。[43]ギリェルモはすでにこのあたりから司教座聖堂参事会員としてのキャリアを歩みだしていたのであろうか。

　ボネータはその後、アケルメスとともに、サンチョ・アスナレス・デ・ムリーリョの娘ホルダーナから市域の一二耕地を購入し（一一八二年三月）[44]、その一部を含む六耕地および一葡萄畑をともなって司教座聖堂教会に托身する一方（一一九〇年四月）[45]、一一八八年にギリェルモが従兄弟フアンから購入したアルガスカルの葡萄畑をアケルメスに与えている（一一九二年一月）[46]。アケルメスはといえば、一一八五年二月、妻オリーバとともに市壁内北西部のマサ街区の数家屋を自ら購入している。[47]一一九二年一一月に司教座聖堂教会から二葡萄畑を終身で貸与されたとき、ギリェルモは司教座聖堂参事会員にして付属学校の教師（magister）

という肩書きを帯びており、[48] 三年後の一一九五年七月二一日には、自らの亡骸の埋葬料にあてるべく司教座聖堂教会にハラとモリリョンの葡萄畑・耕地と一〇〇ソリドゥスの遺贈を指定したほか、皮革工街区の数家屋を中心とする全不動産を実子のみならず兄弟とその子に分割する旨を仔細に明記した遺言状を作成させているのである。[49]

以後、アケルメスは子ベルナルドとともに、自らの既得財産の隣接物件を中心に購入・交換に励む一方（一一九六年にアルガスカルの葡萄畑、[50] 一一九九年にグアタテン・バホの二葡萄畑をいずれも交換により獲得、[51] 一二〇六年にマサ街区の家屋を購入）、[52] 遺言状の伝来しない母ボネータと前述のギリェルモの相続財産に対する兄弟とその子孫からの分割要求に直面することになる。早くも一一九五年八月には、ギリェルモの遺言状でともに相続者として指定されながら、各々の取り分が明記されていなかったペレグリーノと、死没したイネスの娘アイリーナとその夫サンチョ・デ・ハサが皮革工街区の数家屋を分割しているし、[53] 同時にすでに没していたギリェルモとイネスを除く七人の兄弟が母ボネータの遺した司教座聖堂教会そばの鐘工街区の数家屋を分割し、もれなく相続にあずかっている。[54] だが、その三ヶ月後にはフアン・ベレンゲールとプラスマがペレグリーノと鐘工街区の数家屋の取り分をめぐってふたたび分割におよぶと、[55] 一二〇二年五月には当該家屋の分割にあずかることのできなかったイネスの子ビダル・デ・マルサンと前述のアイリーナが介入し、アケルメスが死亡したペレグリーノから取得していた当該家屋の抵当権の一部を手に入れている。[56]

アケルメスと子ベルナルドは一二〇三年八月、プラスマの子ギリェルモおよびラモン・ベカイレ兄弟からわずか二〇ソリドゥスの補償をもって相続権を放棄させたものの、[57] 一二〇六年六月にはふたたびイネスの子ビダル・デ・マルサン、アイリーナ、ボネータの要求に直面し、[58] 同年九月に、一一八二年に母とともに購入した前述の一二耕地の一部を含む自らの相続分八耕地・一葡萄畑からサン・ヒル（おそらく市域のアルバラック内）の新規葡萄作付地とフォルカスの二耕地の抵当権をビダル・デ・マルサンとアイリーナに与え、いかなる要求をも放棄するとの合意を「よき人びと」（probi homines）の面前でとりつけている。[59] ところが、ここから除外されたボネータとその夫ペドロ・

タリャドール（彫金工）の要求はとどまるところを知らず、アケルメスは一二〇七年三月、ついにフスティシア（justicia）の主宰する都市法廷の判決を仰ぎ、ようやくこれを退けたのである。[60]

アケルメスは一二〇九年六月二四日、先だって作成されたという遺言状の内容にしたがって、子ベルナルドを司教座聖堂参事会員にするべくウエスカの全不動産を司教座聖堂教会に寄進している。[61] これに対してアイリーナは、叔父アケルメスに対して要求するところを満たした直後の一二〇六年一〇月、夫サンチョ・デ・ハサとともに叔父ウンベルトから前述の鐘工街区の相続分をも購入していた。[62] 一二一一年一月には、アイリーナは新たな夫ラモン・デ・ビアカンプの同意のもと、前夫との子ラモン・デ・ボクロンと自らの財産を分割したが、それまで度重なる要求を介して取得した財産は総じて自らの手元に留めおいている。[63] それから一〇年経ったのちもその活動はとどまるところを知らず、一二二一年一月、司教ガルシア・デ・グダルから交換により鐘工街区の家屋を新たに取得したうえ、[64] 一二二四年一〇月には兄ビダル・デ・マルサンの子でハカの司教座聖堂参事会員となったドゥランドから、自らが兄と分割した同街区の家屋を取り戻している。[65] 一二二九年には子ラモン・デ・ボクロンに妻フェレーラ・デ・ボレアを迎えるべく自らの財産から婚資を用立てたが、[66] 一二三二年一二月、ラモンがアケルメスの子にして司教座聖堂参事会員ベルナルドに、母が留保していたハラの葡萄畑と鐘工街区の家屋を放棄していることからみて、[67] それまでには没していたものと想定される。

ベルナルドはといえば、このほかに一二二七年六月にビダル・デ・マルサンからハラの葡萄畑を購入しており、[68] 父の妹イネスの系統による度重なる要求に一矢報いたとでもいったらよいであろうか。なお、一二四三年一一月二日の文書では、フアン・ベレンゲールの孫であるミゲルとベレンゲール兄弟が、すでに司教座聖堂教会に寄進されていたらしい鐘工街区の家屋に対する相続権を一一〇ソリドゥスでベルナルドに譲り渡している。[69] いずれにせよ、主要な同家の文書がもっぱら保管された『錠前の書』には、ボネータの子から分岐した各系統にかかわる文書が、主要な二系統の文書を中心に父系・母系問わずおよそ分け隔てなく収録されているのである。

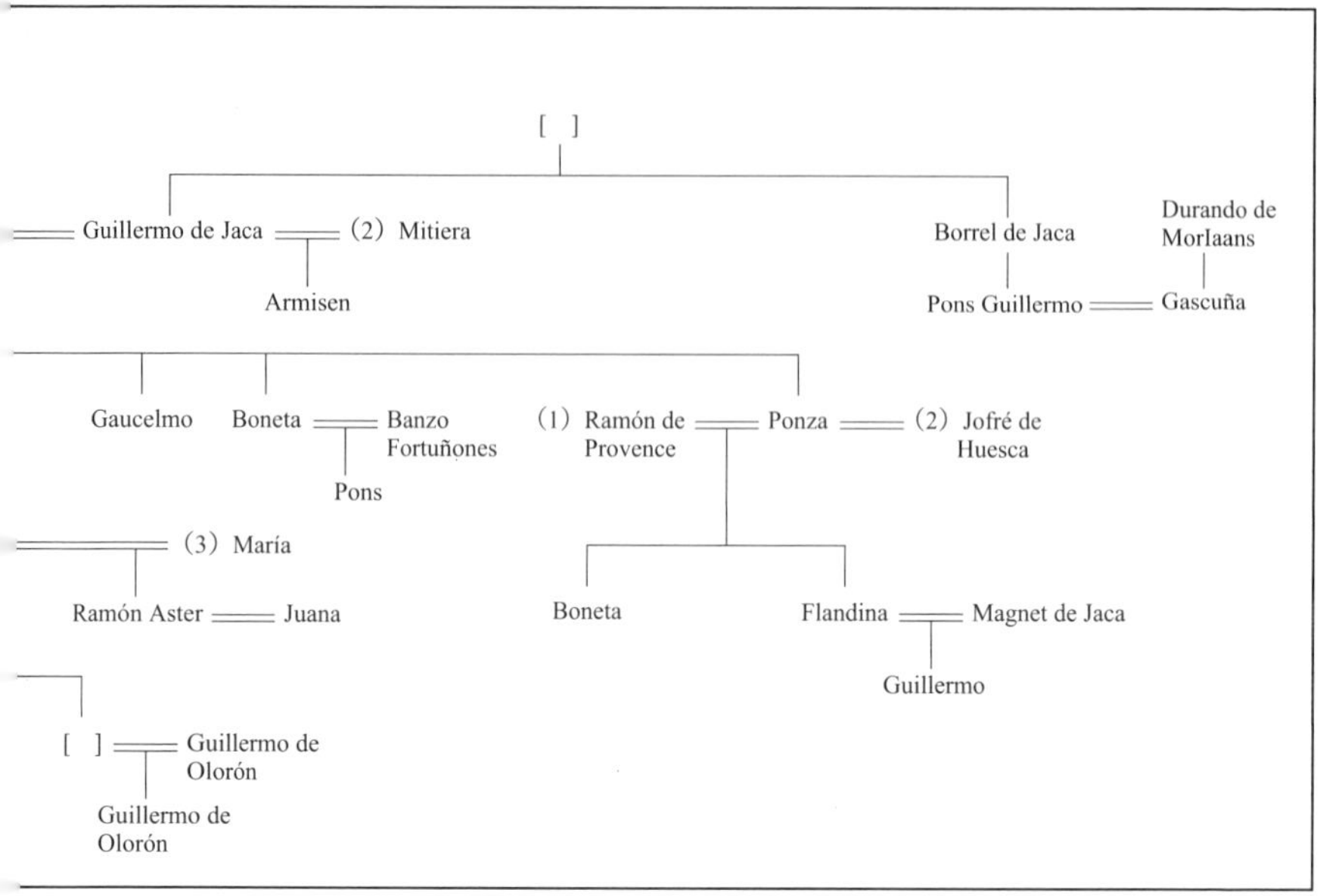

サーク家

3　イサーク家

図補-2は、やはりウエスカ史料全体を用いて再構成したイサーク家の家系図である。この家系はユム・トブなるユダヤ人の子でおそらく改宗を果たした靴工イサークにさかのぼるが、[70] 伝来する文書は総じてその甥でやはり靴工のホフレ・イサークを起点とする系統にかかわるものとなっている。ホフレ・イサークはその生涯で知られるかぎり三人の妻（カルベータ、オロペサ、マリア）を娶っており、おそらく第一の妻との子を前述のベカイレ家出身の靴工ペロニンに嫁がせ、第二の妻とのあいだにマテオと、ギリェルモ・デ・オロロンに嫁がせた娘を、第三の妻マリアとのあいだにラモン・アステルをそれぞれ遺している。

初期ウエスカにおける靴工の社会的地位の高さはしばしば指摘されるところであるが、ホフレ・イサークがウエスカ有数の富裕土地所有者にのぼりつめた最大の要因は、ハカの富裕土地所有者で征服後のウエスカでも多数の土地を集積したギリェルモ・デ・ハカの娘

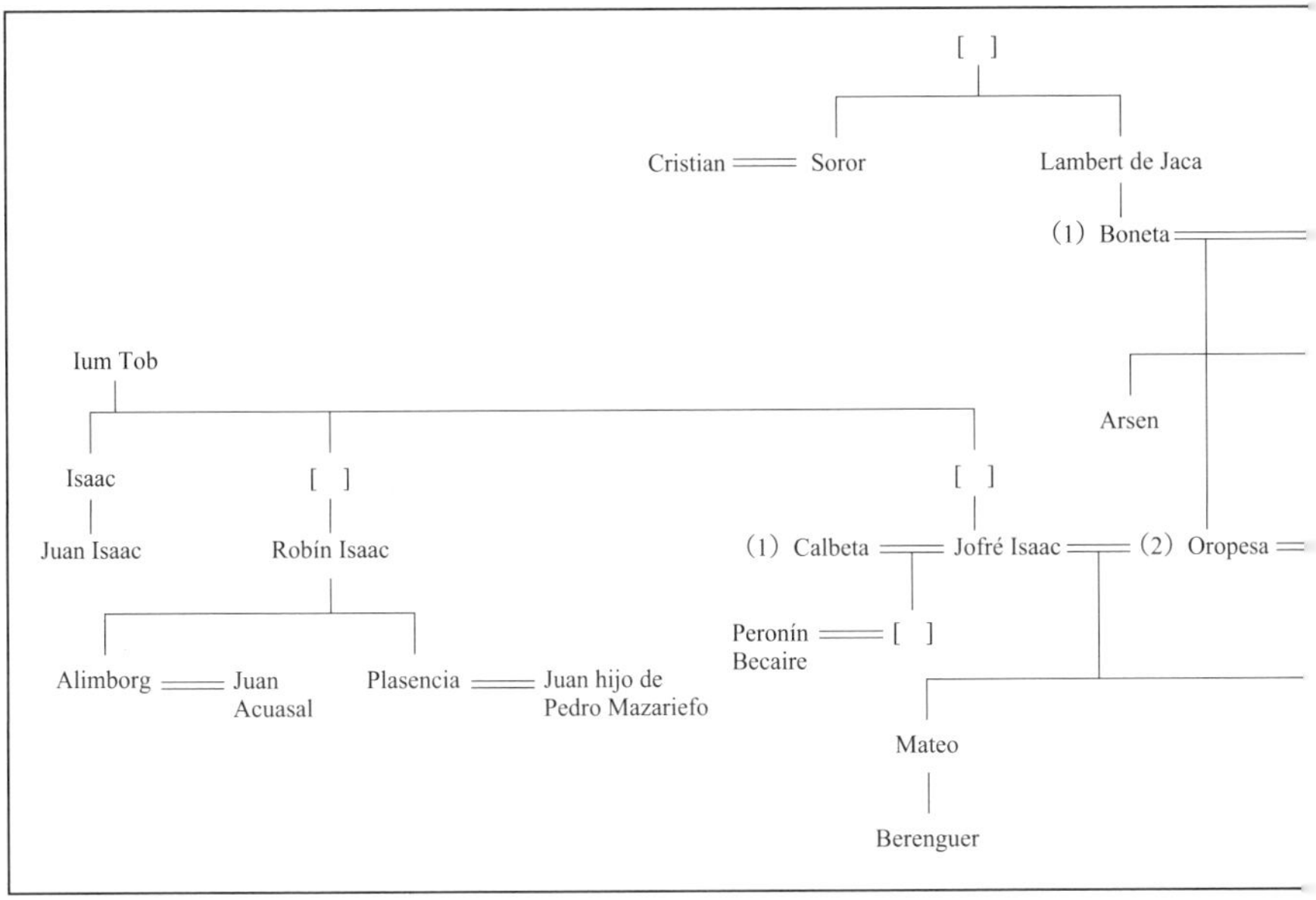

図補

オロペサを妻に迎えたことであったと思われる。これにより彼は、妻が携えてきた財力と血脈を存分に活用してウエスカ各所で土地の獲得にいそしむことができたらしい。とはいえ、彼の遺産相続の段になって主導権を握ることを許されたのは、最後の妻マリアとの子ラモン・アステルである。アステル、すなわち「星」を異名に掲げるラモンは、異母兄マテオとその子ベレンゲール（・アステル）との財産分割をみたところ穏便に乗り切ったのち、妻フアナの同意をえずして作成された特異な遺言状で主要な財産を、市参事会に名を連ね、国王役人メリノ（merino）をも歴任した、自ら従兄弟と呼ぶフアン・ピクタビンに売却しようとしてこれを果たせず、妻の同意の下に新たな遺言状を作成することをよぎなくされるも、最終的に自らの意志を押し通してフアン・ピクタビンに全財産を売却している。

イサーク家の文書は、ホフレ・イサークによる一一四〇年六月のアルメリスにおける菜園の購入[71]を皮切りに、前述のようにラモン・アステルからフアン・ピクタビンへの一二二二年一二月の全財産の売却[72]にいたるまで、全体として四五点を数える。とはいえ、文書保管の形式については、すべてが『錠前の書』に保管されたボクロン家文書と異なり、やや複雑である。イサーク家の文書の三分の二に相当する三一点はホフレ・イサークを行為主体とするものであるが、これらのうち単葉の羊皮紙のみの伝来が一一点(同時代のコピーが一点、一三世紀前半に複数の文書が単一の羊皮紙にまとめて筆写されたコピーのうち一点を含む)を数える一方、『錠前の書』に保管された文書が二〇点を数え、そのうち三点のみオリジナルが伝来する。

単葉の羊皮紙については、カルチュレール保管の文書と重複するものも含めて、それぞれアルマリオ二番に一一、四番に一、九番に一、エクストラバガンテスに一が分類されている。[73] これに対して『錠前の書』では、一七点が前述のルブリックなしのセクションでつねにボクロン家文書の一定のブロックに先行されるかたちで配列されていて、残る三点はすべてウエスカにかかわるものでありながら、ハカ関係文書がルブリックをもってまとめられた七七四~八五二番のセクションに間をおかず配列されている(八四六~八四八番)。[74] 以上のような保管形式の差異にあえてなんらかの規則性をみいだそうとするならば、全体として売却文書が最多で二六点を数えるのに対して、それ以外の生前贈与二、抵当権設定一、遺言状(もしくは遺言執行状)一、債権目録一はすべて単葉の羊皮紙だけで伝来していて、『錠前の書』ではホフレ・イサークがあたかも購入ばかりしていたかのようにみえるということくらいであろうか。いずれにせよ、『錠前の書』に限定していえば、彼の文書がボクロン家文書についで一定の厚みのあるブロックをなしている。

ところが、彼の子の世代になると、前述のような保管形式ごとの文書の比率は完全に逆転する。前述のラモン・アステルを中心に、異母兄マテオとその子ベレンゲール、同じく異母姉の子ギリェルモ・デ・オロロンにかかわる文書は全体でもわずか一三点にすぎないが、うち一一点がコピーを含む単葉の羊皮紙でアルマリオ二番を中心に保管されており(三点はエクストラバガンテスに含まれていて、一七世紀前半の分類・整理の対象にさえなっていない)、[75]『錠前の書』保管は残る三点にとどまっていて、そのうち単葉文書との重複は一点を数えるのみである。[76] 文書の種別では、財産分割が三点、以下それぞれ権利放棄二、抵当権設定四（担保の償還一、抵当権設定の形式をとる貸借二を含む）、貸借一、売却二、遺言状二となっている。文書の種別と保管形式の差異にはいかなる関係もみいだされないが、法行為の主体に注目するとじつに興味深い事実がうきぼりとなる。すなわち、『錠前の書』で保管された文書がボクロン家についで多いホフレ・イサークの主要な継承者と目されるラモン・アステルの文書がいずれも『錠前の書』には収録されていないのに、逆にホフレ・イサークの意志にそくしてその財産のごくわずかな部分の分割をもって満足せざるをえなかったマテオとその子ベレンゲールにかかわる文書だけが収録の対象となっているのである。それら三点のうち二点は前述のルブリックなしのセクションに、残る一点はやはり前述のハカ関連文書のセクションのうち、ホフレ・イサークの一連の文書の直後に筆写されている。

こうした措置がとられた要因を理解するには、同家の文書全体を具体的に検討する必要があろう。前述のようにホフレ・イサークは一一四〇年六月、最初の妻カルベータとその子らとともにアルメリスの菜園を購入している。[77]だが、一一四六年八月から一一四七年六月にかけて行われた四件の購入では、すでに新たな妻オロペサとともに、フアン・デ・モンペリエを筆頭に有力市民が軒を連ねた皮革工街区内のコリエーリョまたはコリェット（Collello, Collet すなわち「丘」の意）と称せられる一画の家屋や、アルメリスを中心に市域内の耕地や葡萄畑を、すべて妻の親族から購入している。[78]一一四八年には妻の姪にあたるフランディーナから司教座聖堂教会そばの家屋を贈与されているが、これなども妻の存在なくしてはとうてい不可能であったろう。[79]こうしたコネクションは、第三の妻マリアをともなって現れるようになる一一五一年三月以降もけっして途絶えることはなく、前述のフランディーナから同月に市域内の四耕地を、[80]一一五四年四月にはオロペサの父ギリエルモ・デ・ハカの新たな妻ミティエラからアルキブラの耕地を、[81]同年六月にはふたたびフランディーナから彼女が相続した前述のコリェーリョの家屋と店舗をそれぞれ購入している。[82]

ホフレ・イサークはまた、一一六七年九月におそらく自身の姪にあたるアリンボルグから市域内の耕地を、[83]一一六九年一二月には同じく姪のプラセンシアから靴工街区の店舗をそれぞれ購入するなど(84)、自らの親族からの財産の獲得にも余念がなかった。こうして彼は一一五〇年代から七〇年代にかけて、妻と自らの親族から獲得した財産を礎に、しばしばそれらの隣接物件を親族以外の土地所有者からも一六件にわたって購入することができたのである(85)。この間、その活動は担保付きの金銭貸付にもおよぶようになり、これが購入に次ぐいま一つの土地集積の手立てとなっていったようである。一〇八三年頃に作成されたとおぼしい彼の債権目録には、債務者としてキリスト教徒、ムデハル、モサラベが分け隔てなく列挙されているが、キリスト教徒のなかにはガラシアンの妻、すなわち前述のボクロン家のボネータさえもが含まれているのである(86)。

ホフレ・イサークは一一八一年二月、ラモン・アステルにイサーク家の富の象徴ともいうべきコリェーリョの家屋と店舗を遺すべく、孫ギリェルモ・デ・オロロンにわずかに靴工街区の二店舗とアルメリスの耕地を分与して、以後想定されうるさらなる遺産要求を未然に封じようとしている(87)。同様に一一八三年一〇月の遺言状(または遺言執行状)では、とくに孫ベレンゲールに対して、従兄弟フアン・イサークのものであった家屋、オロペサの従兄弟ポンス・ギリェルモから購入した五耕地、司教座聖堂教会の墓地そばの家屋、さらにはハカの店舗と家屋が遺贈されることとなっている(88)。ラモン・アステルは、ギリェルモ・デ・オロロンに対してはすぐさま父の意志を誠実に執行する一方(89)、ベレンゲールに対してはやや遅れて一一九八年二月、ベレンゲールの父マテオが所有したコリェーリョの家屋・店舗をも確保すべく、父の遺言状で指定された財産にさらなる耕地・葡萄畑を加えてその安堵を図っている(90)。また、彼はこの間に、ベレンゲールと共同で、ギリェルモ・デ・オロロンが養子に迎えたセルバン・デ・ハカの子パスクアルに二五〇ソリドゥスの補償金を支払って養父の財産の相続権を放棄させている(91)。こうしてホフレ・イサークの遺産をめぐる甥たちの要求を乗り切ったラモン・アステルは、一二〇二年にハカで所有する菜園や家屋を(抵当権設定でしばしばみられる)三~四年間とごく短期の賃貸契約によって貸与する一方(92)、一二〇七年にはウエスカの一〇耕地を同じく三年間の年限つきでマルティン・デ・オンティニェーナに貸与している(93)。ベレンゲールはといえば、一二一四年一月、叔父ラモンと同じくアステルの異名を冠して、一一九八年に分割されたモンテアラゴン門外のムデハル墓地に隣接した菜園を、司教ガルシア・デ・グダルに売却している(94)。

残るは、前述のようにラモン・アステルが作成させた一連の遺言状と売却文書ばかりとなる。一二二〇年二月一二日の第一の遺言状の特異さは、なによりもその執行・管理を委ねられた従兄弟ファアン・ピクタビンに対する売却文書が、双方の形式はそのままに同一文書のなかで統合されていることにある。ここではまず、自らの埋葬先として指定された司教座聖堂教会に対する二〇〇マラベディの支払いを筆頭に、ウエスカの教会、祈禱盟約団体、救貧院、ラ・カリダ（La Caridad）と称せられる市会、サン・ラサロ施療院にそれぞれ五ソリドゥスから五〇ソリドゥスまでの金銭の遺贈が約束されたうえ、誓約人を歴任したファアン・カルボネル、その兄弟とおぼしいギリェルモ・カルボネル（のちに司教座聖堂参事会員）、ドミンゴ・チコ、自らの近親者というブルネラ、ペドロ・クエンデの妻マリア（ファアン・ピクタビンの妹）にそれぞれ一～二耕地または葡萄畑の分与、自らの妻ファアナにはその嫁資の保持が明記されている。保証人と遺言執行人が列挙されると、そこから一転してファアン・ピクタビンへの売却文書の体裁をとっており、レミアン街区の家屋・店舗・菜園、コリェーリョの九店舗、靴工街区の五店舗、アルキブラ街区の一店舗、市域の六葡萄畑（アラタルコメスに一、コニリェネクに二、ハラに一、プエージョ・デ・サンチョに一、アルガスカルに二）、フォルカスの三耕地、モンテアラゴン門外の脱穀場、アルメリスの三耕地、イスエラ川に敷設された粉挽水車の八分の一が、代価が明記されることなく売却されることとなっているのである(95)。

ところが、当該遺言状が妻ファアナの同意なくして作成されたとして、同年五月一四日には市参事会員を歴任した有力市民を前にして、その内容をほぼ全面的に変更した新たな遺言状がすぐさま作成されている。そこでは、とくにファアン・ピクタビンに売却されることとなっていたすべての財産が、前述の受贈者に、国王ペドロ二世の乳母にしてファアン・ピクタビンの妻サンチャ・デ・トーレスの連れ子ウーゴ・マルティンなどを加えて、あらためて分配されることとなっている。なかでもペドロ・クエンデの妻マリアが最多の財産を割り当てられる一方、ファアン・ピクタビンは買主としても遺言状の管理人としても完全に排除されてしまっている。[96] けれども、一二二二年一二月、二年のあいだに何があったかは不明ながら、ラモン・アステルは当初の意志を押し通すばかりか、前述の受贈者に分配されるはずであった財産をも含めてすべてを一千マラベディでファアン・ピクタビンに売却してしまうのである。[97]

それにしても、一連の遺言状から売却文書へといたる事の経過についてはやはり判然としない部分が多い。ファアン・ピクタビンとその妹マリア（ペドロ・クエンデの妻）は、一一七六年にサルメディーナ（都督）を歴任し、一一九五年には司教座聖堂参事会員となったギリェルモ・ピクタビンとその最初の妻トロサーナの子であり、ラモン・アステルの従兄弟であったとすれば、ラモン・アステルの母マリアとトロサーナが姉妹であったと考えるほかに想定されうる可能性がみあたらないが、これとて推測の域を超えるものではない（図補-3）。そもそもラモン・アステルに子がなかったとはいえ、あらゆる親族をさしおいて従兄弟の一人に、しかも全財産を売却するという処分の仕方をあえて選択した動機はやはり不明としかいいようがない。

ファアン・ピクタビン自身は、前述のように市参事会に名を連ね、父と同じく国王役人をも歴任した、国制面でも市政面でも際立った有力市民であったと考えられるが、ホフレ・イサークにとってのマテオと同じように父の前妻の子であり、家系の継承という点ではもともと主要な系統とみなされていなかったようである。一一九五年二月には国王ペドロ二世の乳母で、かつてメリノをつとめたウーゴ・マルティンの寡婦サンチャ・デ・トーレスを娶る際に、すでに司教座聖堂参事会員となっていた父（と新たな妻ポンサ）から、市内の家屋、プエージョ・デ・サンチョの葡萄畑と耕地、グアタテン・バホの耕地の三分の一、ババルヘリットの菜園を、婚資にあてるべく五〇〇マラベディをはたいて購入している。[98] また、一一九九年一月には、妹マリアとその夫ペドロ・クエンデと、市内の家屋と市域の耕地・葡萄畑を分割しているが、それらはあくまでも死没した実母トロサーナの財産であった。[99]

ともあれ、ファアン・ピクタビンが経済的にも政治的にも大きく飛躍するのに重要な契機となったのは、サンチャ・デ・トーレスとの結婚であったことは疑いない。一二〇三年四月には、父から購入した前述のプエージョ・デ・サンチョの葡萄畑・耕地に隣接する「浴場主の」(de Balneador)と呼称される葡萄畑を購入し、[100] 彼はこれを司教座聖堂教会に寄進するまで一貫して保持している。一二〇六年三月には、妻サンチャの前夫ウーゴ・マルティンの五人の子による遺産要求に直面するも、サンチャが前夫とともに王権から賦与された城塞ポンピエンなどを分与

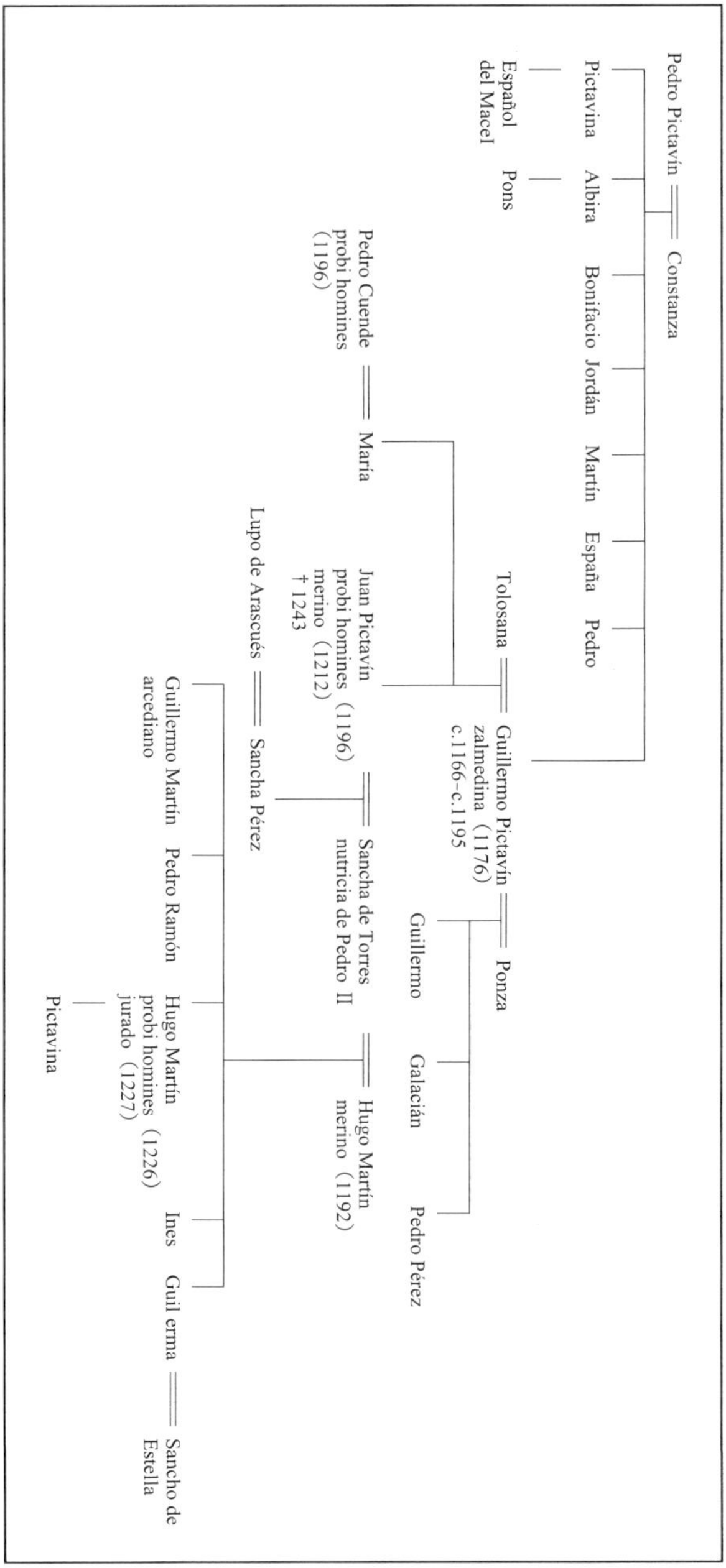

図補-3　ピクタビン家

してこれを乗り切ると、[101]今度は自らが国王ペドロ二世の誠実者として一二一二年五月一三日に市壁外の「緑のモスク」(misquitam viridem) を賦与され、教会の創建がその手に委ねられており (のちサン・マルティン教会)[102]、同年ウーゴ・マルティンと同じくメリノに任ぜられている。以後、ラモン・アステルの一連の遺言状をめぐる問題に忙殺されながら、一二二〇年一月には市域東端のフロレンと同南端のプジャスエロスにおける全耕地を司教ガルシア・デ・グダルに売却する一方、[103]同年九月にはテンプル騎士団に市域のバルセンコスの耕地を売却しているし、[104]前述のとおり一二二二年にラモン・アステルの財産を購入したのちも、一二三九年四月一八日および一二四二年二月に一部の財産の用益権をそれぞれ五年ならびに二〇年の年限つきで売却し、[105]その財産を次第に整理しつつあったようである。

彼は遅くとも一二四三年には没していたと考えられるが、[106]それに先立って自らの主要な財産を司教座聖堂教会に寄進していたことは疑いない。これを内容とする寄進文書も遺言状もなぜか伝来しないが、一二四八年五月一五日と一二五〇年一〇月一日の二度にわたって、おそらくラモン・アステルの寡婦フアナが新たに嫁いだ騎士サンチョ・デ・ポマールと、フアン・ピクタビンの娘サンチャ・ペレスが司教座聖堂教会に対して、フアン・ピクタビンの寄進財産に対する相続権を放棄している。その際、彼が寄進した財産が、ラモン・アステルから獲得したコリェーリョの全店舗、靴工街区の全店舗、プエージョ・デ・サンチョの「浴場主の」葡萄畑、彼自身が居住したレミアン街区の邸宅・店舗、いまやサン・マルティン教会となった「緑のモスク」であったことが明記されている。[107]このように司教座聖堂教会への最終的な寄進文書や遺言状が伝来しないケースは、これまでにもみられたようにけっしてめずらしいことではないが、それ以上に注目すべきは、フアン・ピクタビンの文書がわずか一点を除いていずれも『錠前の書』保管の対象になっていないという事実であろう。[108]唯一収録された文書はフロレンとプジャスエロスに所在する全耕地を司教ガルシア・デ・グダルに売却した前述の売却文書であるが、これも同司教によるさまざまな財産の購入を内容とする一連の売却文書がまとめられた二〇〇番前後のセクションに加えられたものにすぎない[109]。その意味では、(特定の財産でなく)イエによる文書保管形式の差異という理屈がここにも典型的にあてはまるといってよいであろう。

となると、一つの可能性として、次のように想定されうるかもしれない。すなわち、ラモン・アステルの一連の文書は、最終的な財産の売却にともなってひとまずファン・ピクタビンの手に委ねられ、ファン・ピクタビンが最後に寄進におよんだ際に自らの文書と一括して司教座聖堂教会に移管されたために、イサーク家の文書としてではなく、むしろ(一貫してカルチュレール保管の対象とならなかった)ピクタビン家の文書として分類されたのではないかということである。ここに、本来ならば主要な系統にほかならないラモン・アステルが、カルチュレール保管をもっぱらとするイサーク家文書の世界から切断される要因の一つがあったかもしれない。

だが、『錠前の書』に収録されたマテオとその子ベレンゲールの文書にはさらなる検討が必要である。この点で、唯一いずれの保管形式にも含まれるマテオの財産分割を旨とした文書はなんとも示唆的である[110]。当該文書はそもそも、複数の文書を含む一三世紀前半の単葉のコピー(アルマリオ二番の文書番号六三番)のなかで、ホフレ・イサークの債権目録、ギリェルモ・デ・オロロンと養子縁組契約を結んだパスクアルの権利放棄書、ラモン・アステルの抵当権設定文書(実質的には土地貸与)とともに併記されているが[111]、これらのうち当該文書だけがわざわざ抜き出されてあらためて『錠前の書』に収録されているのである。こうした意図的な取捨選択が同家の文書全体に作用していたと仮定すると、前述のように『錠前の書』に保管されたホフレ・イサークの文書が売却文書ばかりで、ラモン・アステルに対する遺産要求を封ずるべく事前に行われた孫ギリェルモ・デ・オロロンへの生前贈与も[112]、同様の目的でマテオの子ベレンゲールへの分割財産がとくに明記された遺言状(または遺言執行状)もそこに保管されなかったのはなぜかが説明されるかもしれない。すなわち、従来のように保管形式に関係なく同家の文書全体を追跡すればホフレ・イサークからラモン・アステルへの主要財産の継承がおよそ疑いなく再構成されうるのに、カルチュレールに視野を限定すると、その経路が一転してホフレ・イサークからマテオとその子ベレンゲールへと系統的にすりかえられているようにみえるのである。となれば、われわれはやはり、イサーク家の本来の家系継承実践に対して、ホフレ・イサーク、子マテオ、孫ベレンゲールへといたる系統を是とみなし、いわば家系を「再創造」しようとする意志、あるいはそうすることができるという認識が、カルチュレールを生み出した一三世紀後半の文書の分類・整理の段階で作用していたと考えるほかないであろう。

4　ウエスカ司教座聖堂教会とイエ・アーカイヴズ

冒頭で述べたように、俗人のオリジナル文書の多数の伝来という現象が作成のレヴェルではなく保管のレヴェルにおいてあらためて検討されなくてはならないとすれば、わたしたちはまずもってその大半がなぜ司教座聖堂教会に伝来するかという根本的な問いに向き合わざるをえなくなる。ただ、現状では、個々の司教座聖堂教会の「文書庫」を生成論的に検討することで地道に所見を蓄積してゆくほかに手立てはないように思われる。ここではさしあたり、次のような見通しを示しておきたい。

①俗人のオリジナル文書の多数の伝来といっても、法的であれ（特定の財産の移転を契機とするのであれ）、社会的であれ（特定のイエを媒介とするのであれ）、司教座聖堂教会といかなる関係をももたない俗人文書のアーカイヴズはそもそも存在しない。だから、ピエール・ボナシィが素朴にも信じたように、特定の社会全体を再構築するに足る網羅的なアーカイヴズなどわたしたちには望むべくもない。

②オリジナルとコピーとを隔てる法的かつ社会的な障壁は想像以上に低く、わたしたちがえてして想定するようにオリジナルがコピーに優先されるという認識自体もあらためられなくてはならない。そうでなければ、オリ

ジナルが基本的に残される環境にありながら、あえてカルチュレールが編纂され、俗人文書さえもがわざわざ筆写されたのち、そのオリジナルが総じて逸失してしまうことの説明がつかない。おそらく実態はむしろ逆であり、一三世紀後半の段階で分類・整理が必要と認識された文書こそがカルチュレール収録というかたちをとっているのであって、その作業自体はあくまでも文書の分類・整理の第一歩にすぎず、後代のオリジナル全体の（筆写をともなわない）分類・整理と異なるコンテクストの下で理解されるべきものではない。

③最初の分類・整理の所産としてのカルチュレールはそれ自体一つの完結した「文書庫」をなしており、だからこそ特定の家族の系統を文書の取捨選択を駆使して操作し、事実上「創造」してしまうことが可能になっている。なるほど、わたしたちがやったようにオリジナル保管の文書と照らし合わせれば、たやすく暴かれてしまう類の嘘にはちがいない。けれども、そこにはおそらく、歴史家にとってはむしろ自然な、カルチュレールをオリジナル保管の文書と照らし合わせなくてはならないという認識そのものが欠けているのである。だからといって、カルチュレールだけがとくに恣意的であるというにはあたらない。いうまでもなく、俗人文書のアーカイヴズ全体がもとより司教座聖堂教会といささかも無縁ではなかったからである。

補論2　カルチュレールと公証人登記簿

第5章でテンプル騎士団領ビジェルを検討するにあたり、おもな材料となったのは、聖ヨハネ騎士団アンポスタ管区統合後に編纂されたビジェルのバイリア固有のカルチュレール『ビジェル緑書』(Libro verde de Villel) と、ビジェルで編纂されたとおぼしい公証人登記簿『一二七七年から一三〇二年までのビジェル（テルエル）の公証人マニュアル』(El manual de la escribanía pública de Villel (Teruel) de 1277–1302) である。これらはいずれも未刊行であるばかりか、ビジェルのバイリアそのものの研究が進んでいないこともあって、国内外問わず本格的に分析の対象とされることはなかったし、後者にいたっては、いかなる研究者の関心をも惹いてこなかった。だからといって、第5章冒頭でそれらを個別に紹介して、注目を促すのみですませるわけにはいかない。わたしたちはいまや、自らが研究の材料とする史料そのものがいかにして生成し、いかなるかたちで機能するよう期待されたかを問わずにはいられない。以下では、これらの史料を、体裁・構成・配列・コンテンツにそくしてテクスト生成論的に分析しよう。そのうえで、両者の交点にいかなるテクストが生成ないしは分出することになるか、同じくテンプル騎士団領カンタビエハで、聖ヨハネ騎士団アンポスタ管区統合後の一四世紀末に編纂されたバイリア固有のカルチュレールを例にとって検討することにしたい。

1　『ビジェル緑書』

ビジェルのバイリアには、オリジナルの単葉文書こそおよそ伝来しないものの[1]、アラゴン南部のテンプル騎士団やほかの騎士団のバイリアに比べて、比較的豊富な文書史料が伝来している。とくに当該バイリア固有のカルチュレール『ビジェル緑書』は、テンプル騎士団の解体にともない一三一七年に全バイリアが聖ヨハネ騎士団アンポスタ管区に統合されたのち、国王ペドロ四世の顧問をつとめ、イベリア半島のプレ人文主義者とも評せられるファン・フェルナンデス・デ・エレディア（一三三八年ビジェル＝アルファンブラのコメンダドール、一三四五年聖ヨハネ騎士団アンポスタ管区長、一三七七年聖ヨハネ騎士団総長）がアンポスタ管区長および総長代理をつとめた一三四九年一月、アンポスタ管区の公証人ドミンゴ・カルカセスらに編纂委託した、全六書からなる『アンポスタ管区大カルトゥラリオ』(Cartulario Magno de la Castellanía de Amposta) の第一書に位置づけられるものである[2]。

体裁は、四一五×三〇〇㎜の紙製、二五三葉（近代に施された頁ナンバリングで四七六頁）、全体が筆写された証書だけで四九六点（一一八七～一三四九年）を数える。その編纂動機は冒頭の前文で次のように記されている。すなわち、「聖ヨハネ騎士団とアンポスタ管区の宝物庫には、自らの実利・利益に必要な多数の特権状や公・私文書があるが、それらをみることも聞くことも調べることもないので、いまや団員の知らぬところとなっている。いくつかの証書や特権状はその膨大さや古さゆえに破壊されるがまま、読むことも調べることもできなくなっている。……上記の理由により将来起こりうる危険や損害を避けるべく、必要に応じて上記の特権状や証書をみつけられるように[3]」、先行するテンプル騎士団時代の文書も含めて「宝物庫」(trasoros) に所蔵される文書群を筆写・集成したのである。ここには、権利保全のためのアーカイヴズ管理、あるいはアーカイヴズそのものの「カルチュレール化」の意志が透けてみえる。

全体は一六ほどのセクションに分かたれていて、それぞれ冒頭のルブリック（朱書・題辞）と末尾の空白頁を用いてセクション区分が明確に可視化されている（表補-1）。一部の空白頁には、編纂時に遺漏したとおぼしい文書の要録が明らかに本体と異なる書体でのちに追加されている（二〇〇〜二〇二、四一四、四五一、四七三頁）。

前文につづき、まずは国王文書（一〜一九番〔一〜二一頁〕）、ついで教皇文書（二〇〜三二番〔二二〜三二頁〕）のセクションが配置されている。国王文書セクションの冒頭、カルチュレール全体で最初を飾る文書は、アラゴン南部におけるテンプル騎士団領（それゆえのちの聖ヨハネ騎士団領）形成の法的根拠をなす、一一九六年四月の国王アルフォンソ二世による同騎士団へのサント・レデントール騎士団財産の寄進文書となっていて（一番〔一〜三頁〕）[4]、ついで同国王が、サント・レデントール騎士団の母体であるサンタ・マリア・デ・モンテガウディオ騎士団またはアルファンブラ騎士団に城塞ビジェルとその属域を、粉挽水車および竃、さらにその域内村落（トラマカスティエルおよびクエバス・デ・エバ）とともに寄進した一一八七年一二月の寄進文書が時間をさかのぼるかたちで配置されている（二番〔三〜四頁〕）。さらに四番では、王権から城塞ビジェルを保有した貴族マルティン・ペレスが、同城塞の粉挽水車および竃をテンプル騎士団に放棄するとした同年一二月一八日の寄進文書が配置されている[5]。こうした一連の文書の配列は、まずもって当該バイリア創設の歴史を正当化しようとする意志を典型的に表現するものといえよう。

以下のセクションは原則として地理的区分にそくして編成されている。すなわち、ビジェルの土地貸借・購入・交換文書からなる最も大部のセクション（一七〇〜四〇八番〔二〇三〜三四八頁〕）を中心に配し、その前後に域内村落（ビジャスタル、リブロス、リオデバ）およびエル・カブロンシーリョ関連のセクションがあたかも同心円状に広がるかのように配置されているのである。これは一一・一二世紀の古典的なカルチュレールでよくみられる構成であり、それ自体が、本拠地ビジェルを中心に各所に展開する城塞群の空間配置を理念的に表現するものと理解される。文書の時間的な順序はまったく考慮されていないが、とくにビジェルのセクションでは、同一年代の文書群が

表補-1　『ビジェル緑書』のセクション題辞一覧

頁	セクション題辞
1	Estos son los priuilegios cartas e escrituras publicas e priuadas atrobadas en el trasoro del castiello de Villel e fueron comentadas areconyocer e registrar en el mes jenero del sobredicho annyo.
1	Titulo de los priuilegios atorgados a la baylia de Villel por los senyores reyes de Aragon.（1 頁空白）
22	Priuilegios de los Santos Padres.（1 頁空白）
33	Titulo de donaciones e leras en testamentos a la Orden. Poblacion de Villestar e particiones de terminos.（1 頁空白）
56	Titulo de cartas diuersos negocios.（1 頁空白）
153	Titulo de las cartas de Libros.（1 頁空白）
168	Titulo de las cartas de Alhanbra e de su baylia.
200	Titulo de las cartas que foren atrobadas per fray Johan Duray comandor de Villel au lo trasor de Monson e au lo trasor de Mirauet e au lo trasor de Saragoçe faeuts per la comande de Villel.（空白頁に付加。3 頁空白）
203	Titulo de los censales e de las conpras e de los camios.
349	Titulo de las cartas de Sant Rentor atrobadas en el trasoro de Villel.（2 頁空白）
385	Titulo de las cartas de Rio de Eua.（3 頁空白）
406	Titulo del negocio de las cartas de Gonçaluo Royz.（1 頁空白）
414	Cartas del Cabronciello las quales son au lo trasor de Mirauet de las quales solament na fa mancio.（空白頁に付加。1 頁空白）
415	Titulo de las cartas del Cabronciello.
439	Titulo de las cartas que son en el trasoro de Villel las quales non son registradas perfectament en el presente libro porque quasi non heran neccesarias mas es fecha de aquellas mençion sert se sigue.
450	Titulo de las çenses de Villel de vinas, de pieças, de casas, asi de çenses de dineros, de pan, çera, gallinas perteneçientes al castiello de Villel.（全体取消）
451	—（空白頁に付加）
452	Titulo de las çenses Villel de dineros e de pan, çera, gallinas al castiello de Villel perteneçientes.
473	—（空白頁に付加）

あたかも一定の束をなすかのように連ねて筆写されており、これは本来の文書保管の様態を反映するものと考えられる。

ビジェルのセクションでは、二三九点中半数以上の一四一点が土地貸借文書である。それらの年代幅はいちおう一一九〇〜一三四五年であるが、ペドロ・サンチェス・デ・ファンロのコメンダドール在任期（一三二〇〜三七年）までの文書群がもっぱらである。となれば、一三三八〜四九年の文書はなぜ筆写されていないか、あるいはどこにあるかが問題となるが、この点を考えるためには少々迂回する必要があろう。

このカルチュレールがアーカイヴズを網羅しようとする意志に貫かれていることを示すのは、冒頭の前文ばかりではない。四三九〜四四九頁には、「およそ必要性がないために本書には完全に登録されていない、ビジェルの宝物庫にある文書の章」と銘打って、一つのセクションが設けられている。すなわち、必要性を念頭に文書の取捨選択こそ行われているが、筆写・集成の対象からもれた文書についても、完全に筆写しないまでもその内容を登録しておくというのである。そこでは、次のような書式をもって一連の文書の内容が列挙されている。

同じくビジェルのコメンダドールはアリー・デ・マホメット・デ・モリーナに、五ソリドゥスの貢租とともにエル・サロブラールにおける耕地片を与える。ヒスパニア暦一三一一年五月一日作成・切断。(6)

この種の書式は、ビジェルのセクションを中心に、同時代の筆跡で、筆写された各文書の余白にも付されている。

グリマルトは騎士団に対して、バラクローチェの耕地一地片およびセリエーリャの耕地一地片を、一〇〇ソリドゥスと小麦一〇ファネーガの借財の担保に設定する。(7)

とくに土地貸借文書では、きわめて簡素な文言で、貢租内容と納付期日、その契約がルイスモ（luismo）および

表補-2　貢租帳セクション区分

頁	貢租帳セクション区分（貢租種別・納付期日・保有地所在地・fadiga/luísmo 有無）
452	Titulo de los çenses de Villel de dineros e de pan, çera, gallinas al castiello de Villel perteneçientes
452-455	Açensales de Chertera que fueron dados por fray Pero Sanz de Fanlo comendador que ya fue en Villel a loysmo e a fadiga que montan e fazen C solidos jaccenses los quales pagan los hommes que se siguen por la fiesta de Sant Miguel
456	Açensales de Sant Miguel del Pago de Mellida e del Fosino que son a fadiga
457-459	Açensales de Sant Miguel de Serriella e del Torrejon
460	Açensales de Sant Miguel del Plano Johan Camarra 〈no an loysmo〉
461	Açensales de pan de Sant Miguel
462	Açensales de çera e de gallinas de Sant Miguel
463-463bis	Acensales de dineros de Sant Miguel que pagan de las casas censales de la villa que no an loysmo
464-465	Açensales de nadal del Val de Garcia que son a loysmo e a fadiga
465	Açensales de Sant Christueual de nadal e no han loysmo
466-469	Açensales de nadal de casas e de huertos que no an loysmo
470	Acensales de nadal de gallinas e de cera
471	Açensales de carnestultas / Acensales de pascua florida
472	(Suma general / Declaracion perpetuament de la çena del senyor rey)

ファディーガ（fadiga）（貸借地売却の際に領主優先買い戻しまたは「譲渡税」支払い義務を帯びた契約。一三世紀にアラゴン連合王国全体に普及した永代土地貸借契約〔enfiteusis〕の典型的条項）付きかが明記されている。

ビジェルにおいて聖ミカエルの祝日に貢租として雌鶏二羽。ファディーガ付き(8)。

およそ単葉文書が伝来しないビジェルについては不明ながら、これらの記述と単葉文書の裏面に付された裏書きはおそらく地続きであったと考えられる(9)。以上のように、長短さまざまながら、文書の要点のみを抽出した書式が縦横に駆使されているのが、じつはカルチュレール巻末に付された、ビジェルおよびビジャスタルの貢租帳に相当するセクションである（四五二〜四七二頁。表補-2）。これは、納付期日（聖ミカエル、主の生誕、謝肉祭、花の復活祭）、所在地、貢租内容（貨幣、穀物、ロウ、雌鶏）、ルイスモ＝ファディーガ付き契約別に分類されており、分類項目ごとに保有者名、貸借地、貢租内容がそれぞれ列挙されている。また、各頁末尾の合計（suma de pagina）、分類項目別の合計、さらに最終頁には品目別の全体合計（suma general）が記されていて、その下段には、国王および総督（gobernador この場合王太子）への宿泊税（cena）名目の支出額が、ここだけそれぞれコメンダドール、ビジェル、さらにその域内村落（リオデバ、リブロス、ビジャスタル）の分担額とともに明記されており、どこか会計記録のような雰囲気すら醸している。全体は二人の手で書かれていて、少なくとも一人は前述の「およそ必要性のない」文書の要録セクションと同一の手なので、本体と同時期に作成されたことは疑いない。

冒頭四五二～四五五頁は、前任コメンダドールのペドロ・サンチェス・デ・ファンロによって貸与された、ビジェル北西のラ・チャルテーラなる葡萄畑開発地の地片保有者とその貢租額の目録である。前述のように、同コメンダドール在任期の土地貸借文書群は本体に筆写されているが、当該区域にかかわるものはわずかに一点を数えるのみである。[10] もっとも、カルチュレール本体に筆写された土地貸借文書と、残る当該貢租帳の大部分とを人名を指標に突き合わせてみると、貢租帳の記述の大半はどうやらカルチュレール本体に現れる保有者の妻ないし寡婦、子、すなわち次の世代の保有者にかかわっているようである。たとえば、「ペロ・モラットの妻テレーサ」（Teresa de Pero Morat）、「アントン・デ・クララスバジェスの子たち」（fijos de Anton de Clarasvalles）、「パスクアル・フロレントのものであった葡萄畑」（vinya que fue de Pascual Florent）といった具合である。

また、次のように文書要録そのものというべき記述もみられる（七年の短期保有契約で一三五六年まで。したがって一三四九年の契約）。そこにはさらに、貢租内容が事後に変更された事実も付記されている。

同じくフアン・モラットはセリエーリャ地区の家屋により、これより一三五六年までのきたる七年間、毎年雌鶏二羽を納付する。これは、管区長の恩恵により、九年間で毎年雌鶏一羽に減ぜられた。[11]

したがって、このセクションは、貢租帳どころか会計記録のような体裁さえ繕ってはいるものの、むろんある時点または年度の実地調査の産物ではなく、前任コメンダドール在任時の一部の土地貸借文書から一三四九年の編纂時にいたるまでの土地貸借文書、すなわち先にみあたらないとした一三三八〜四九年の文書群を集めた事実上の要録となっているのである。このように文書群そのものを分析・解釈し、文書の要点を抽出しつつ分類する技術がどこからきているかは、当該カルチュレールそのものが公証人による委託編纂であることをふまえつつ、いま一つの史料である『ビジェルの公証人マニュアル』を概観すれば、即座に理解されるであろう。

2 『一二七七年から一三〇二年までのビジェル（テルエル）の公証人マニュアル』

当該史料は現在、アラゴン連合王国文書館（Archivo de la Corona de Aragón）に、国王文書庫（Real Cancillería）の雑分類（Varia de Cancillería）五番の分類記号をもって所蔵されている。[12] 一三一一年のテンプル騎士団解体後、一三一七年に聖ヨハネ騎士団アンポスタ管区に統合されるまで、国王ハイメ二世が一時的にその財産を没収したおりに国王文書庫に移管され、そのまま留めおかれたものと考えられる。[13] 同文書館所蔵史料の目録はむろんのこと、一九七三年のアラン・ジョン・フォリィの著書巻末の史料リストに（いかなる説明もないままながら）含まれていることから、[14] その存在は古くから研究者のあいだで知られていたはずであるが、これまで当該史料が本格的な研究の材料となることはまったくなく、その言及さえもフォリィ以降たえてなかった。その意味では、事実上の新出史料といって差し支えないであろう。通常アラゴン南部にかぎらずアラゴン王国全体で最も早期の公証人登記簿の例として挙げられるのは、第6章でとりあげたサラゴーサ司教領の城塞集落プエルトミンガルボのものである（一三〇五年以降）。だが、表題にも掲げられているとおり、当該史料は一二七七年から一三〇二年までと、それらに大幅に先行するばかりか、ローマ数字のフォリオ番号にそくして一〇六葉のうち第六〇葉までが欠落しているので、場合によっては一二七七年からさらにさかのぼる可能性もある。それゆえ、本来ならば、アラゴン王国における公証人登記簿の歴史という観点からみてもきわめて重要度の高い史料といってよいであろう。

体裁はおおよそ三一〇×二三四㎜の紙製、保存状態は良好とはいいがたく、綴じられていた痕跡はかすかにみとめられるものの、現状ではばらばらになっていた状態のものを、紙テープを用いて補修してあるため、本来の折丁そのままに補修されたかは判断に苦しむところである（事実、第六二葉は誤って表裏逆の状態で繋げられている）。前述のように、第六〇葉までが欠落・逸失しており、第六一葉から始まるが、発見当時は第六一葉もみあたらなかったようであり、新たに鉛筆でふられたアラビア数字のフォリオ番号は第六二葉を第一葉として以下順に数えられている。ただし、中途でも第七七葉が欠落、その前後の第七六葉と第七八葉もまた事後にみつかったらしく、それらにはアラビア数字のフォリオ番号が付されておらず、第七五葉と第七九葉がそれぞれ第一四葉と第一五葉となっている（以下、ローマ数字のフォリオ番号にしたがうが、アラビア数字のフォリオ番号が付されている場合にはそのつど〔 〕内に付記する）。原則としては、紙面の冒頭または中途にヒスパニア暦で年代が記され（第七三〔一二〕葉のみ主の受肉年が併記）、それを大分類として、各紙面最大で一五点、平均でおおよそ一〇点、合計すると八三一点にのぼる証書の要旨が、上下に引かれた罫線で互いに区別されつつ、おおむね作成期日順に列記されている（通常年代は省略されている）。たとえば、次のとおりである（行為主体、行為内容、証人、作成期日）。

> わたしミゲル・デル・アルデウエラはあなたアダンに、八月の聖母マリアの祝日までに三一・五ソリドゥスを負い、同時期の価格にしたがい（単位量あたり）五ソリドゥスで小麦を与える。証人はエステバン・モンソンおよびミゲル・エステバン。四月一四日作成。[15]

大半の証書にはそれぞれ全体を抹消するかのように波線が引かれており、証書原本の発給など、なんらかの措置がとられたことを示しているようにみうけられる。

前述のように、作成年代ごとに証書群が分類されているといっても、実態としては当該写本の欠落や断片的な性格のせいで年代の見出しそのものが失われている箇所が多く、個々の証書でときおり年代が省略されずに付されている場合があるとはいえ、証書群全体の正確な作成年代を同定するのはなかなか骨が折れる。それゆえ、本来の折丁がもとのまま復元されたかは依然として疑問が残るものの、さしあたり図補-4に、現状の折丁の構成と所々に記された年代情報を併せて表示しておこう（ヒスパニア暦〔Era〕と主の受肉年〔Anno Domini：AD〕との区別は原文にそくしている）。

作成年代が見出しとして掲げられているのはそれぞれ、第六一〔一〕葉のヒスパニア暦一三二五年（一二八七年）、同裏のヒスパニア暦一三二六年（一二八八年）、第六九〔八〕葉裏のヒスパニア暦一三二九年（一二九一年）、第七三〔一二〕葉のヒスパニア暦一三三〇年および主の受肉年一二九二年の併記、第八五〔二一〕葉裏のヒスパニア暦一三三五年（一二九七年）、第九一〔二七〕葉のヒスパニア暦一三三八年（一三〇〇年）、第九九〔三五〕葉のヒスパニア暦一三四〇年（一三〇二年）ばかりである。そのほかはすべて、個別証書の作成期日に省略されぬまま残された年代情報を抜き出したものである。

一瞥して理解されるように、当該写本全体の時間的な起点は形式上一二七七年となっているが、現存する写本は第六一〔一〕葉冒頭の「ヒスパニア暦一三二五年（一二八七年）」(Era M. CCC. XX. V.) の見出しをもって開始され、以下基本的には年代順に配列されているようであり、一二七七年の年代は第六四〔三〕葉第二項の証書、ついでヒスパニア暦一三一六年（一二七八年）の年代が同裏第二項の証書の記述にそれぞれ現れるのみである。つづく同一フォリオの第六五〔四〕葉は各証書の作成期日の並びから、表裏つうじて後者に時間的に直接連なる記述と考えられるので（第六四〔三〕葉裏が二～三月、第六五〔四〕葉は三～四月）、ローマ数字のナンバリングが施されるまでにひとたびばらばらになっていて、その際に当該フォリオが誤って綴じ込まれたために、一二八七年よりも先行する

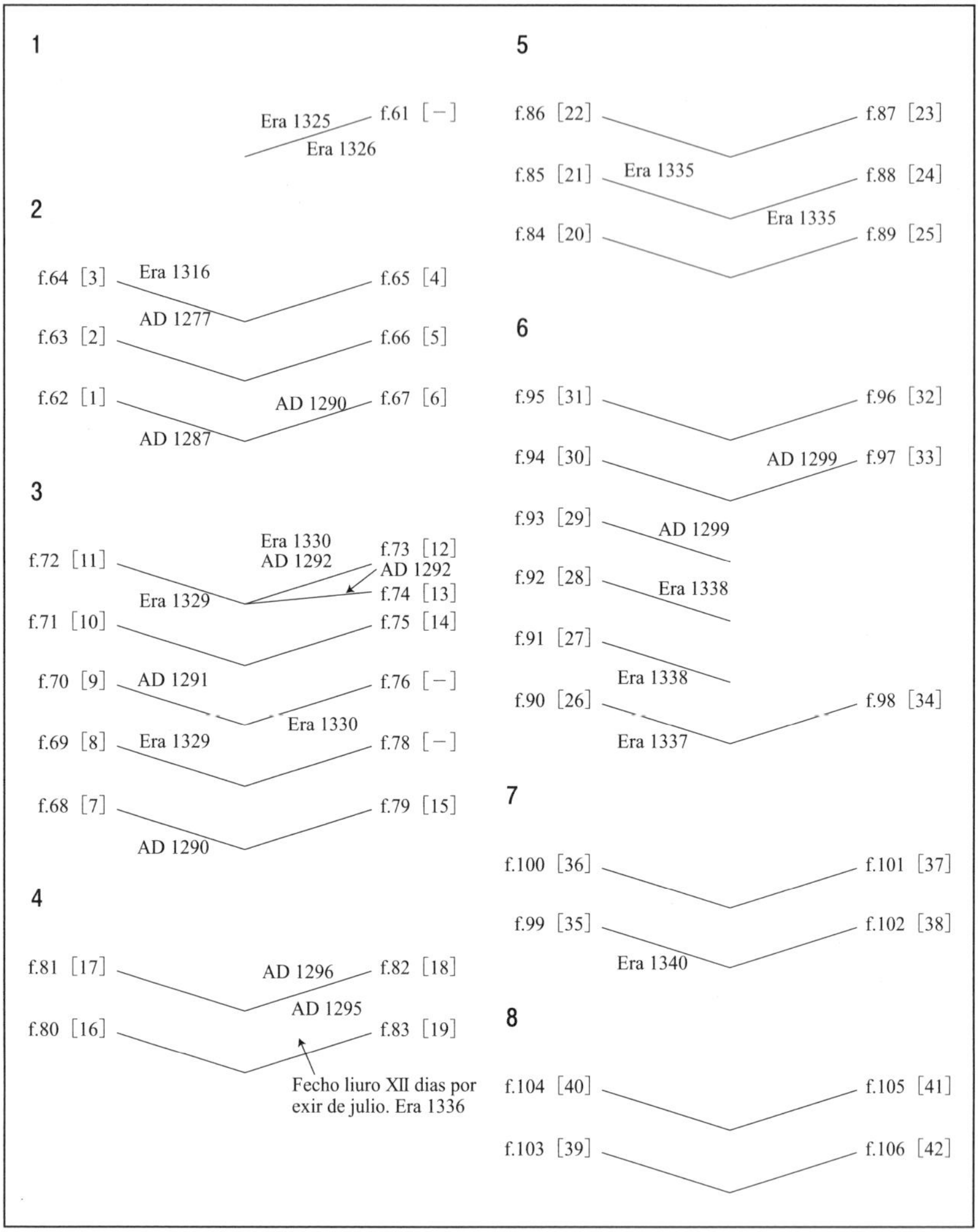
1
Era 1325
f.61 [−]
Era 1326
2
f.64 [3]
Era 1316
f.65 [4]
AD 1277
f.63 [2]
f.66 [5]
f.62 [1]
AD 1290
f.67 [6]
AD 1287
3
Era 1330
AD 1292
f.72 [11]
f.73 [12]
AD 1292
f.74 [13]
Era 1329
f.71 [10]
f.75 [14]
f.70 [9]
AD 1291
f.76 [−]
Era 1330
f.69 [8]
Era 1329
f.78 [−]
f.68 [7]
f.79 [15]
AD 1290
4
f.81 [17]
AD 1296
f.82 [18]
AD 1295
f.80 [16]
f.83 [19]
Fecho liuro XII dias por exir de julio. Era 1336
5
f.86 [22]
f.87 [23]
f.85 [21]
Era 1335
f.88 [24]
Era 1335
f.84 [20]
f.89 [25]
6
f.95 [31]
f.96 [32]
f.94 [30]
AD 1299
f.97 [33]
f.93 [29]
AD 1299
f.92 [28]
Era 1338
f.91 [27]
Era 1338
f.90 [26]
f.98 [34]
Era 1337
7
f.100 [36]
f.101 [37]
f.99 [35]
f.102 [38]
Era 1340
8
f.104 [40]
f.105 [41]
f.103 [39]
f.106 [42]

図補-4 折丁構成

一二七七年および一二七八年の記述部分が中途に組み込まれることになったと想定される。それゆえ、時間的にほぼ途切れることなくまとまっているのは、事実上一二八七年から一三〇二年までの時間的枠組みということになるであろう。

他方、第四折丁最後の第八三〔一九〕葉には、「ヒスパニア暦一三三六年（一二九八年）七月二〇日に本書作成」(Fecho liuro XII dias por exir de julio. Era M. CCC. XXX. sexto) という文言がみられる。これを素直に解釈すれば、少なくともここまでは一二九八年七月二〇日に編纂され、つづく第五折丁以下はいずれも同年以降の追加の産物ということになるであろう。ただ、第五折丁の第八五〔二一〕葉裏の冒頭にはヒスパニア暦一三三五年（一二九七年）の見出しがあり、これと同一フォリオの第八八〔二四〕葉の一証書にも同年の作成年代がみられる。第四折丁で言及される年代は一二九五、一二九六、とんで一二九八年となっており、前述のようにローマ数字のナンバリングに先行してひとたび解体されていた可能性があることを考慮に入れると、第五折丁は少なくともそのうち数フォリオが本来ならば第四折丁の中途に位置していて、誤って並び替えられたと考えるのが自然であろう。

これに対して、第六折丁以下はすべて一二九九年以降の年代情報となっているから、ほぼ確実に一二九八年の「本書」完成のあとに追加されたものと想定される。もっとも、つづく第六折丁のなかにも年代が前後している箇所が若干みられる。すなわち、第九一〔二七〕葉冒頭にはヒスパニア暦一三三八年（一三〇〇年）の見出しがあるのだが、第九三〔二九〕葉裏と第九七〔三三〕葉の証書にはいずれも一二九九年の作成年代が言及されているのである。同折丁の構成からみて、一三〇〇年の年代のみられる第九一〔二七〕および第九二〔二八〕葉がローマ数字のナンバリング前に誤って挿入されたと考えたくなるところであるが、同折丁に含まれる証書群の作成期日の並びはいま少し複雑であり、ことはそう単純ではないかもしれない。

第九〇〔二六〕葉表・裏は一二九九年七～九月の証書群からなり、ついで第九一〔二七〕葉は一三〇〇年の見出しとともに表裏つうじて一月、第九二〔二八〕葉表・裏は一～二月、第九三〔二九〕葉表・裏は裏に一二九九年の記述があるものの二月、第九四〔三〇〕葉表・裏は二〜三月となっており、年代を除けば作成期日順に並べられているようにみえる。一転して第九五〔三一〕葉表・裏は一月に戻り、ここから第九六〔三二〕葉表・裏は二〜三月、第九七〔三三〕葉表・裏は表の一二九九年の記述とともに三月、第九八〔三四〕葉は四〜五月と、ここだけをとればこちらも作成期日の順序は一貫しているようである。各フォリオの前後関係を入れ替えてみてもなかなか納得のいく解答は得られないので、ここではさしあたり次のように理解しておこう。年代が見出しとして掲げられている箇所から判断して、当該写本はほぼ全体で、当時としてはめずらしく一年の起点が一月一日となっている。これに対して、第九一〔二七〕葉のヒスパニア暦一三三八年（一三〇〇年）の見出し以降で一二九九年の年代がみられるのはいずれも作成期日が二〜三月の個別証書の記述においてである。すなわち、証書原本の作成に際しては、当時一般的な三月二五日の受胎告知の祝日を起点とする慣行にそくして前年の一二九九年とされていて、分類の段には一月一日が起点となるので一三〇〇年の項目に書き連ねられているのではないか。となれば、一三〇〇年一〜三月の証書群のブロックが二つ連なっていることになるが、それ自体わたしたちと同じように、公証人が抱いた迷いを示すものかもしれない。

つづく第七折丁の起点をなす第九九〔三五〕葉冒頭には、ヒスパニア暦一三四〇年（一三〇二年）の見出しが付されている。となると、当該写本には一三〇一年の証書群がいっさい含まれていないことになる。翻って、第八折丁を構成するフォリオには年代記述がどこにもみられない。とはいえ、第七折丁全体は一〜三月末の証書群、第八折丁は全体として三月初旬から六月下旬の証書群でそれぞれ構成されていて、作成期日が若干重なるもののほぼ継続して記録されているようにみえる。おそらくこれらの折丁はいずれも一三〇二年以降に追加された部分であり、一三〇一年の証書群がもともとなかったとは考えにくいので、第六折丁には本来さらなるフォリオ、または後続する別の折丁があったはずであるが、現実にはそれが失われた状態で第七・八折丁が追加されたということになるであろう。他方、第八折丁の末尾の第一〇六〔四二〕葉には、通常右最上部に付されているフォリオ番号とは別に、およそ判読不能ながら取消線で抹消されたXX［　］というローマ数字が最上部の真ん中に付されている。もともとは異なるフォリオ編成の冊子の一部を構成したのであろうか。いずれにせよ、当該写本の断片的な性格は、けっして良好とはいえないその保存状態だけでなく、もともと複数の手で作成されたものが段階的に集成されたことに最大の要因があるように思われる。

以上をふまえて、各葉に記録された証書群の作成年代・期日の配列を表補-3にまとめておこう。前述のように、形式上一二七七年からとされてはいるものの、一二七九年から八六年までの証書群はいっさい含まれていないのはともかくとして、それ以外にも一二八九年および一三〇一年の証書群はみあたらない。これに対して、年間つうじ

表補-3　証書群の作成年代・期日

折丁番号	フォリオ番号	証書群の作成年代	証書群の作成期日（月）
1	61-61v	1287-1288	10-1（1288）
2	62［1］-63［2］v	1287	1-4
	64［3］	1277	1-2
	64［3］v-65［4］v	1278	2-4
	66［5］-67［6］v	1290	1-7
3	68［7］-69［8］v	1290	7-12
	69［8］v-72［11］v	1291	1-12
	72［11］v-76［-］v	1292	1-12
	78［-］-78［-］v	1293	4-10
	79［15］-79［15］v	1294	5-9
4	80［16］-81［17］v	1295	2-5
	82［18］	1296	3-4
	82［18］v	1295	2-4
	83［19］-83［19］v	1298	6-8
5	84［20］-84［20］v	1296	1
	85［21］	1296	12
	85［21］v-88［24］v	1297	1-12
	89［25］-89［25］v	1298	2
6	90［26］-90［26］v	1299	7-9
	91［27］-98［34］	1300	1-5
7	99［35］-102［38］v	1302	1-3
8	103［39］-106［42］v	1302	3-6

て証書群が継続的に配列されているのは、一二九〇、一二九一、一二九二、とんで一二九七年ばかりであり、そのほかは配列される箇所が前後するとか、年間の一時期の証書群を記録するにとどまっているのである。

3 カルチュレール＝財産目録

カルチュレールの系統発生史は、おおよそ次のように説明される。すなわち、一通の羊皮紙に複数の証書が転写されるパンカルタ（pancarta）の生成を起点として、一一〜一三世紀に冊子体のいわゆるカルチュレールが全面的に成立をみると、中世後期にはそれが、財産目録とみまごうばかりのカルチュレール＝財産目録（cartulaire de gestion）や特定の紛争案件にかかわる一件書類のみをまとめたカルチュレール＝一件書類（cartulaire-dossier）へと形式的な変化を遂げるというものである。カルチュレールはこうした発展系統に沿って、編纂主体による過去の再定義を旨とする理念的な編纂物から、内部管理のための現状の把握を最たる目的とする実務的な編纂物へと質的にも移行するとされるのである。[16]カルチュレールの質的変化をめぐるこうした理屈はまさしく、過去の再定義による現在の脱時間化・永続化（過去＝理念的）／点的な現在認識による情報の更新・時間化（現在＝実務的）という二項対立にねざしている。けれども、わたしたちのまなざしで過去と現在とを分かつ時点をア・プリオリに措定してよいであろうか。ここではむしろ、「現在」そのものの幅を層位学的に把握する必要があるように思われる。カンタビエハのバイリアで編纂されたカルチュレールは、この問題を考えるうえで恰好の素材となるにちがいない。

当該バイリアでは、内容的にほぼ重複するものの、重要な点で異なる部分のみられる二つのカルチュレールがいずれも一四世紀末とほぼ同時期に編纂されている。現在は、国立歴史文書館（Archivo Histórico Nacional）に所蔵される書冊（Códice）セクションの六六〇番と六六一番がそれである。[17]それぞれの体裁については次のとおりである。

まず、六六〇番が紙製、三〇〇×二二〇㎜、一～一四五の頁ナンバリングが施されていて、一一九四～一三五〇年の文書に加えて、巻末に一四世紀末作成の財産・貢租目録が付されている。他方、六六一番は同じく紙製、二八五×二二二㎜、一～一三一の頁ナンバリングがみられる一方、各文書に近代のローマ数字でⅠ～ⅩⅩⅤ（ⅩⅧのみ欠落）の文書番号がふられており、一一九七～一三八八年の文書で構成されている。六六〇番との大きな相違点は、冒頭の国王文書二点（テンプル騎士団時代のカンタビエハの国王寄進確認文書とビジャルエンゴの寄進文書）がない、末尾の財産・貢租目録の代わりに、領主と共同体住人との義務・権利関係を設定したⅩⅫ番ならびに一三八八年発給の国王フアン一世の特権文書（ⅩⅩⅢ～ⅩⅩⅤ番）が加わっていることである（表補-4）。

両者の共通部分は、カンタビエハと、そのバイリア域内村落のミランベル、トロンチョン、ビジャルエンゴ、カニャーダ・デ・ベナタンドゥス、イグレスエラ・デル・シッド、ラ・クバのセクションに区分されていて、各セクションはいずれも、①テンプル騎士団支配下で発給された入植許可状、②ゲラウ・サタリャーダがコメンダドール在任時（一三三四～六〇年頃）に各共同体と取り結んだ権利・義務協定（一三四九年）、③各共同体から聖ヨハネ騎士団への臣従礼（カンタビエハはアンポスタ管区統合直後の一三一七年、ミランベルはなしで、そのほかは一三五〇年）で構成されている。これらのうち②および③にはいずれもオリジナルが伝来する。いずれにせよ、ここにはアーカイヴズを網羅しようとする意識は皆目みられない。いわば証書の形態をとどめた規範文書の集成というべきものであり、その意味では、どちらかといえば、六六一番の方に一貫性があるといえるかもしれない。

表補-5は、六六〇番巻末の財産・貢租目録のセクション構成をルブリックにそくして表示したものである。コピストの筆の特定はきわめてむずかしいが、少なくとも目録本文は、一三九〇年代の公証人の手になるものと考えられる[18]。どうしたことかカンタビエハ本体は欠落していて、バイリア域内村落ごとの財産内容、貢租内容・納付期日がそれぞれ項目化されている。もっとも、ややおかしな配列になっており、構成と記述内容から判断して、本来ならば一三三～一三四頁は一二五頁の直前、末尾の一四三～一四五頁は一一六頁の直後にそれぞれ配置されるべき

表補-4　カンタビエハのカルチュレール集成文書

660（頁）	661（No.）	筆写・集成文書	Carp./No.
1	–	(Confirmación real de la donación de Cantavieja [1212/11/29])	651/1
2	–	(Donación de Villarluengo [1194/02])	
3-6	I	Poblacion de Cantaviella. (carta puebla [1225/04])	651/3
7-15	II	Capitoles e conditiones que son entre l'Horden del Spital e los hombres del lugar de Cantaviella. (1349/08/18)	651/16
16-18	III	Homenages que fizieron los hombres de la baylia de Cantaviella al Horden del Spital quando el Spital entro en posession de la dita baylia las quales son en su prima figura en forma publica en el trasoro de Mirauet. (1317/12/30)	
18-20	IIII	Como deuen seis puesto los iurados en Cantauiella es el contracto en su prima figura en el trasoro de Cantauiella. E como deuen pagar fornage. (1255/09/11)	
21, 22, [32]	V	Poblacion de Miranbel (carta puebla [1243/04])	
[31], 23-29	VI	Capitoles e condiziones que son entre el Horden de Spital e los hombres del lugar de Miranbel. (1349/08/17)	665/4
33-34	VII	Poblacion del lugar de Tronchon (carta puebla [1272/06/22])	
35-42	VIII	Capitoles e condiziones que son entre el Horden del Spital e los hombres del lugar de Tronchon. (1349/08/19)	
43-46	IX	Homenages fechos al Horden del Espital por los homes del lugar de Tronchon (1350/03/02)	
47-48	X	Poblacion de Villarluengo (carta puebla [1197/08])	
49-57	XI	Capitoles e conditiones que son entre el Horden del Spital e los homes del lugar de Villarluengo. (1349/08/19)	693/6
57-63	XII	Homenages fechos al Horden del Spital por los homes del lugar de Villarluengo (1350/03/07)	693/7
65-68	XIII	Poblacion de la Canyada (carta puebla [c. 1198])	
69-74	XIV	Capitoles e condiciones que son entre el Horden del Spital e los homes del lugar de la Canyada (1349/08/18)	693/5
75-80	XV	Homenages fechos al Orden del Spital por los homes del lugar de la Canyada (1350/03/13)	693/8
81-83	XVI	Poblacion de la Eglesihuela (carta puebla [1241/01])	
84-90	XVII	Capitoles e condixiones que son entre el Horden del Spital e los homes del lugar de la Eglesihuella (1349/08/17)	651/17
91-94	XIX	Homenages fechos al Horden del Spital por los homes del lugar de la Eglesihuella (1350/02/04)	651/19
95-96	XX	Poblacion de la Cuba (carta puebla [1241/01])	
97-105	XXI	Capitoles e condiciones que son entre el Horden del Spital e los homes del lugar de la Cuba (1349/08/28)	665/5
107-145	–	(Estos son las heredades e furnos que la Orden tiene a su mano en el termino de Miranbel...)	
–	XXII	Estos capitoles fueron dados por consello de sauios a los de la baylia de Cantauiella (s. f.)	
–	XXIII	(Privilegio real del rey Juan I [1388/06/16])	
–	XXIV	(Privilegio real del rey Juan I [1388/06/16])	
–	XXV	(Privilegio real del rey Juan I [1388/05/08])	

）上記［31］［32］については，アラビア数字の頁ナンバリング時に 31・32 がふられたフォリオが，現状では内容にそくして 22・23 のあいだに配列しなおされている。

表補-5 カンタビエハのカルチュレール財産・貢租目録題辞一覧

頁	項目区分
107-8	Estos son las heredades e furnos que la Orden tiene a su mano en el termino de Miranbel.
109-10	Miranbel / Sensales de galinas que se pagan a pascua de nadal.
111	Tronchon / Sensales de trigo que se pagan a Sant Miguel.
112-3	Tronchon / Sensales de gallinas que se pagan a nadal.
114-5	Esto es lo que la Orden tiene a su mano en Tronchon
116	Sensales de dineros de la Cuba los quales tienen hombres de la Mata en la Punta y pagan la meytat del sens al rey e la meytat al comendador es aquesta la meytat del comendador e pagan a todos santos.
117-8	白紙
119-21	Villarluengo / Sensales de trigo que se pagan a Sant Miguel.
122-4	Villarluengo / Sensales de dineros que se pagan a nadal.
125	(133-4 頁の続き)
126	Sensales de pebre en Villarluengo.
127-8	Estas son las casas que fueron derroquadas en Villarluengo en el tiempo de la guerra e a present no son de pagares.
129-30	Estas son las heredades que tiene la Orden a su mano en termino de Villarluengo.
131-2	白紙
133-4	Villarluengo / Sensales de gallinas que se pagan a nadal. (125 頁の直前に)
135	La Canyada / Sensales de trigo que se pagan a Sant Miguel.
136	La Canyada / Sensales de dineros que se pagan a nadal.
137	Estas son las heredades que tienen la Orden a su mano en el termino de la Canyada.
138-40	Eglisuella / Sensales de trigo que se pagan a Sant Miguel.
140-1	Sensales de dineros de la Eglisuella.
141-2	Sensales de gallinas que se pagan a nadal en la Eglisuella.
143	Sensales de trigo de la Cuba que se pagan a Sant Miguel. (同頁直前に貢租負担者 2 件)
144	Sensales de gallinas de la Cuba las quales uagan que no son de paga nada que son derocadas.
145	Sensales de cera que se pagan en la Cuba.

ものである。ひとたび解体され、誤って綴じ直されたと考えるほかない。目録本文には、唯一明確に言及される年代情報として、一三八九年一〇月の土地貸借契約の要旨が記録されている（「本日より〔一三〕九四年一〇月三〇日まで五年間貸与……」）。[19] なお、一二七～一二八頁のルブリックは「戦時に破壊され、現在貢租を納付していないビジャルエンゴの家屋」となっており、各貸借地にも「空き」（vagat）の表示が多数みられる。このあたり、よくいわれるように、中世後期の政治的・経済的危機に直面した領主が、所領管理の合理化を図るべく、もっぱら現状把握を目的にこの種の目録を編纂するようになったと考えたくなるところである。

個々の記述に注目してみよう。たとえば、一一六頁第一項にみられる、「保有者（Bernat Villanova）、貸借地（las possessiones que tiene en la Cuba）、隣接地（que afruentan con el rio e con carrera publica e con vinya e tierra d'En Polo）｝貢租内容（III solidos VI dineros）」からなる書式は、前述のとおり土地貸借文書の要旨書式につうずるものである。[20] 左余白には新たな保有者らしき人名（Ramon Villanova）が付されており、人名系統からみておそらく本文の保有者の子であろう。また、一一一頁第三項では、左余白に本文と同一の書体で「空き」とあり、この場合はむしろ、土地貸借文書の内容に由来する過去の事実と余白の情報が併せて現状を表現していることになる。[21]

他方、とくにビジャルエンゴのセクションでは、三～四人におよぶ手で余白に複数の更新情報が書き込まれている。たとえば、一二一頁第四項には、[22] 左余白にそれぞれA「空き」（vaga）、B「ハイメ・デ・フエンテス」（Jayme de Fuentes）、C「現在ベレンゲール・ディアスが履行」（Facelo agora Belenguer Diaz）という三人の手がみられる。ところが、これらのうちBは、直後の本文第五項を追加しており、[23] これにCが、同名の子とおぼしき新たな保有者名をその左余白に付記している。[24] しかも同じくCは、一二四～一二五頁で本文を追加した手と同じものと判断される。当該目録はこのように、余白への書き込みを駆使して、そのつど最新の情報に更新されている。だが、そのやり方は、更新のたびに従来の情報が過去に追いやられて抹消されるのではなく、むしろそれらが折り重ねられて、あたかもその全体が「現在」を構成するかのように記録されているのである。ここではまさしく、ある特定の時点としての現在ではなく、そこからみた過去をも包含するような、一定の幅をもつ「現在」が問題となっている。あるいはむしろ、過去と無関係に直接的に認識される現在そのものがもとより存在しないというべきか。いずれにせよ、過去か現在かという時間的な区分を、それぞれ理念性か実務性かという前述の二分法の媒介項とみなすことはできないのである。

ついで一一九〜一二〇頁の長大な第二項では、ペロ・メルカード保有の耕地に賦課された貢租が曲折をみながら最終的に本来の貢租である小麦四カイースに落ち着いた経緯が、いずれも宝物庫に保管されているという複数の公正証書の内容にそくして説明されている。[25] 最終的な処断はアンポスタ管区長代理マルティン・デ・リオリによって下されているが、彼は一三七九年に管区長となるので、全体は少なくとも同年以前の情報ということになろう。ここでは、ゲラウ・サタリャーダがコメンダドール在任期に貢租量を二カイースに減じたという公証人ハイメ・キレス[26]の証書、ついでアンポスタ管区長が貢租を小麦に代えて去勢鶏二羽のみに減じたとする証書、これらを根拠にペロ・メルカードが管区長代理マルティン・デ・リオリに自らの負担を申告したものの、いずれも戦争によって逸失していたため[27]、同管区長代理と評議会がそれらに先行する当初の証書の写しにそくして、古い慣習どおり小麦四カイースを貢租とする新たな証書を作成したとある。もっとも、この記述は、以上四通の証書をあらためて検分した結果ではない。なにしろ一部は戦争で失われたとあるのである。

じつは、保有者の交代（死亡、保有地売却、貢租納付忌避による没収と再貸与）や貢租額・量の変更に際して作成された同時期の個別証書には、先行する契約の中身が証書の要旨ばかりか公証人の名前や作成期日を含めて組み込まれるのが通例である。[28] 同項の記述は要するに、先行する一連の証書の要旨が組み込まれた証書そのものの要旨なのである。それゆえ、当該目録は、もとよりある時点の現状把握を目的とした実地検分の所産ではなく、バイリアのアーカイヴズに含まれるある時点までの土地貸借文書群の要旨を抽出し、村落・貢租内容・納付期日別に分類したうえで系統的に筆写したものとなっている。ここでいう「現在」には文字どおり過去が包含されていることになるが、その過去もまた純粋な過去そのものではなく、あくまでもある時点の現在から遡及された、あるいはそこに書かれたものというかたちで痕跡をとどめるのみの過去にほかならない。となれば、当該目録が巻末に付された六六〇番は、事実上規範文書のみの集成である六六一番よりもはるかに、理念的編纂物とみなされる古典的なカルチュレールの伝統に連なるものといえよう。目録形式への変化はあくまでも公証人による情報処理や文書操作の技法との接続によるところが大きいのであって、ここには理念的編纂物から実務的編纂物への全面的な移行はみとめられないし、ましてやそれを中世後期の政治的・経済的危機に対処する内部管理の合理化に収斂させてはならないのである。

最後に、前述のようにカンタビエハ本体のセクションは含まれていないが、これはもともと作成されなかったか、それとも解体・綴じ直しに際して単に脱落したのか、この点にも少々ふれておこう。同バイリアの一四〇〇年までの単葉文書四四点中一八点が土地貸借文書である（一三一九～九五年）。そのうち一〇点は一三四九～五六年に集中しているが、大半はカンタビエハにかかわるものである。ここでもカルチュレール収録文書と単葉文書の伝来状況が反比例しているといえるかもしれないが、いずれにしろ両者を照合できるはずもない。

むしろ興味深いのは、一三四九～五六年の一〇点の文書がすべて一四世紀末にアンポスタ管区長任命の公証人ハイメ・ナダルのもとで作成された再発給証書であることである。証書本文はいずれも異なる一～二人の手で書かれていて、すべてハイメ・ナダルの手になる共通の書体でシグヌム（signum, signo）が施されている。そこにはつねに、かつてのカンタビエハの公証人フアン・デ・マリェンの原簿（los libros e notas）から作成・再発給されたと明記されている。(29) このように公証人登記簿を介して証書の再発給が可能であったとすれば、カンタビエハ本体のセクションが実際に作成されなかったとしても不思議ではないし、全体が事実上の規範文書の集成に「現在」の管理を志向する財産・貢租の目録を付しておけば事足りるかのような体裁をとっているのも頷けるというものであろう。こうして本来渾然一体となっていた実務にかかわる部分が全面的に可視化されるかたちで分出したのである。これが、基本的に文書の要旨によって構成される財産目録、すなわちカブレオ／カップブラウ（cabreo/capbreu）の成立につながっていることは疑いない[30]。

したがって、カルチュレールにおける実務性の増大の所産とみなされるカルチュレール＝財産目録の生成は、公証人の情報処理や文書操作の技法と接続することによって、アーカイヴズ全体またはカルチュレールそのものに本来具わる機能が分出したことによるものであり、もっぱら中世後期の政治的・経済的危機に対する合理的な内部管理努力に帰せられるわけではない。この点で、補論1で述べたように、ウエスカ司教座聖堂教会のカルチュレール『錠前の書』冒頭に一四世紀初頭に組み込まれたインデックスが、本体に集成された各文書の要旨の目録となっていることを思い起こしてもよいかもしれない。それはまさしく、過去の再定義の所産といえども、どこになにが書いてあるかを即座に把握できなくてははなにもはじまらないという、すこぶる実務的な配慮にねざしているのである。それゆえ、ここに重要な画期をみとめようとするならば、その核心はむしろ、もはや記憶や政治的・社会的諸関係を介入させることなく、書かれたもの自体が書かれたものを連鎖的かつなかば自動的に産出するようになったことにこそあるというべきであろう。

補論3　公証人登記簿と商品交換

第6章においてわたしたちが、アラゴン王国最南端の一城塞集落プエルトミンガルボに注目した最大の理由の一つは、商品交換にかかわるわたしたちの問題関心にあって必要不可欠の史料である公証人登記簿が、例外中の例外というべき前述のビジェルの公証人登記簿にはやや遅れをとるものの、ほぼ継続的なかたちで伝来しているものとしては王国全体で最も早期の一四世紀初頭から大きな欠落もなく伝来していることである。王国の首府サラゴーサでさえ一三一六年、ウエスカが一三六五年、そのほかの都市にいたってはさらに時間が下るので、王国最南端の一集落ということを考えれば、それらがいかに早期の登記簿であるかが理解されるであろう。

それらの登記簿は、従来のアラゴン南部研究でも唯一参照できる貴重な材料としてかいつまんで利用されてきたが、その主要な関心は総じて、公証人登記簿にかぎらず史料の総数が格段に増える一四世紀後半以降に集中しており、一四世紀前半についてはそれらを網羅的かつ系統的に分析した仕事はほぼ皆無というのが現状である(1)。それゆえ、以下では、まずアラゴン王国における公証人制度の成立過程を概観し、プエルトミンガルボの公証人登記簿の伝来の起点をなす一四世紀初頭がそうした過程においていかなる時期に相当するかをふりかえっておこう。そのうえで、それら公証人登記簿をわたしたちの問題関心にそくして網羅的かつ系統的に分析するために最低限必要な作業、すなわち登記簿の類型的な整理や各登記簿の年代同定、さらには各登記簿に登録された証書群の書式レヴェルの整理を試みて、テクストそのものが商品交換の部面でいかに生成・機能したかという問いに一定の見通しを示しておきたい。

1 公証人制度の確立

いまさらながら、公証人が与える公証（fides publica）の物質化・実体化の所産である公証人登記簿がなぜ市場史・流通史研究の材料となるかという問いは、商品交換そのものが公証人の作成する証書を介して成立するものであったからという、いささか循環論法めいた回答を導かずにはおかない。カルロス・ラリエナ・コルベーラは、アラゴン商業の発展の条件を次のように想定している。すなわち、①都市および準都市的集落の交通ネットワークの成立、②国家および都市による市場の整備と制度化、③国家による流通税システムの導入がそれである。これらのうち、②はいわゆる年市・週市の巡回システムに結実することになるが、システム末端の個別市場の活況を支えた重要な要素に、市場監督人（アルモタサフ〔almotazaf〕、アラビア語のムフタスィブ〔muḥtasib〕に由来）、取引仲介人としての職能をもつコレドール（corredor）、さらには公証人（notario público）の存在を挙げているのである[2]。

一二〇八年、国王ペドロ二世によってテルエルおよびその属域村落（アルデア）に発給された王令では、テルエル属域で行われる総額五ソリドゥス以上のあらゆる財貨の取引には、つねにテルエルのコンセホの公証人（scriptores publicos et electos et iuratos de concilio）によって作成された証書（carta divisa per abecedarium）を要することと規定されている[3]。公証人の任命権は本来王権に帰属したが、ここにもみられるように、一三世紀には個別のフエロを介して都市・農村コンセホや聖俗領主に公証人の任命権が賦与された。たとえば、つづく国王ハイメ一世は一二五九年、テルエルの属域村落サリオンに、同地の共同体が自由に公証人（scriptor publicus）を選出・罷免する特権を賦与している[4]。また、一二五五年にテンプル騎士団領カンタビエハで締結された領主＝コンセホ間の協定では、コンセホがサラゴーサのフエロにそくして独自の公証人（scribas sive tabelliones publicos）をもつことを容認されている。[5]

だが、一三世紀末には、国王ペドロ三世が、王国全土の公証人の一元的な任命権を要求して各地に介入し、都市・農村コンセホや聖俗領主からの激しい抵抗を呼び起こした。それはちょうど、王権が、穀物を筆頭とする基本財の統一市場の創出を志向して、カルロス・ラリエナ・コルベーラが掲げた前述の①〜③を王権主導で強権的に推し進めるさなかのことである。すなわち、父王ハイメ一世は一二五七年、王国内商業の麻痺と穀物価格の高騰という事態をうけ、穀物の対外輸出の許可制をしいている。[6] これを継承した国王ペドロ三世はさらに、都市が流通財に独自の商業的な制限をかけることを禁止する一方、穀物、馬、油の対外輸出は基本禁止、これらの財の輸出にはすべて王権の許可をともなうものとし、輸出許可状の有償賦与という政策をとっている。[7] これら一連の政策は、穀物を筆頭とする基本財の対外輸出の管理と王国内商業の自由化による安定的流通をもくろむものであったが、それと同時に流通税の引き上げと伝統的な免除特権の大幅な縮小という措置がとられたのである。

最終的に一二八三年一〇月三日、王権と貴族・都市の代表者とのあいだで合意・締結された「アラゴン総特権」（El Privilegio General de Aragón）では、従来の諸特権の保護が約束されると同時に、都市やウィラの公証人（escribanos）およびコレドールは、各都市・ウィラの誓約人（jurados）によって任命されることが確認されるにいたっている。[8] 実際、第5章でみたテンプル騎士団領ビジェルでは、同地の公証人ラモン・ロレンソが「総特権」合意の期日を境に、王権任命の公証人（Ramon Lorenzo notario publico por autoridad del senyor rey）[9] から、領主任命の公証人（Ramon Lorenzo notario publico de Villel por autoridat del senyor comendador）[10] に転じている。市場史的にいえば、王権が模索した統一市場創出の試みが、従来の地方市場の自立性を是とする都市や聖俗領主の要求を前に屈したことになるが、公証人の任命権をめぐる紛争もまたそれと軌を一にする結果となったのである。

こうして、一三世紀末には、王権任命の公証人と、都市・農村コンセホや聖俗貴族によって個別に任命された公証人とが制度的にも並存することとなった。前者には大きく分けて、その職権の空間的範囲が王国全土におよぶ

(por autoridat del senyor rey en todo el regno de Aragon) 一般公証人 (notarios generales) と、自らが居住する特定の都市やウィラを職権の範囲とする公証人があったが、なかには一三二〇年代初頭のマルティン・ロペス・デ・エスパルサのように、テンプル騎士団領ビジェルの公証人ながら、任命者は王権で、その職権はアラゴン王国のみならずバレンシア王国にもおよぶといった例もみられる (Martin Lopez de Esparza publico notario de Villel e por autoridat del senyor rey en los regnos de Aragon e de Valencia)[11]。

もっとも、それら任命者の異なる公証人は、互いに棲み分けしながら王国全土にまんべんなく分布したわけではなく、むしろ特定の都市やウィラに集中して混在する状態になっていたようである。一三〇〇年九月二八日、国王ハイメ二世招集のサラゴーサ議会で承認された、「公証人について」と銘打たれたフエロ (un fuero titulo de notariis ut certus fit in quolibet loco numerus eorundem) はまさしくそうした事態に対処しようとしたものと考えられる。そこでは、サラゴーサのような特定の都市で先行して施行された、各都市・ウィラの人口規模に応じた公証人の定数制 (numerus clausus, numerus certus) の原則が議会レヴェルではじめてとりあげられている。すなわち、王国のあらゆる都市、ウィラ、アルデアに一定数の公証人がおかれること、その数は公証人自らが住まう居住地で十分な契約を提供するに足るものであること、ただし公証人がその職務によって安寧に生活できる数を超えてはならないこと、またその収入源となる公正証書の作成費用はいかなる場所でも定額であり、それは当該地の住人と非住人とで共通であることと規定されている[12]。

定数制の原則はもともと、特定の都市、わけても王国の首府サラゴーサのコンセホが公証人の人数を一定数に制限するべく打ち出したものである。事実、早くも一二九五年のサラゴーサ都市条例では、公証人は誓約人によって任命され、同都市の定数 (numero) にしたがうことと規定されており、ここから誓約人によって任命された公証人は定数公証人 (notarios de numero o de caja) と称せられることとなった[13]。ついで一三一七年の同都市条例では、公証人の総数が実際に従来の七〇人から四〇人まで削減されており[14]、国王ハイメ二世が一三二〇年のサラゴーサ滞在時にこれを確認している。[15]

だが、前述のフエロから、公証人と商品取引にかかわるいま少し一般的な背景を読みとることは容易である。すなわち、公証人は規模の大小を問わずいかなる定住地であっても欠けてはならなかった。それはもはやあらゆる取引で公証人作成の証書が必要不可欠であったからである。しかも、もはや各コンセホに任命権が委ねられているにもかかわらず、作成手数料があくまでも定額かつ共通とされたのは、住人間のみならず住人と非住人とのあいだの商品取引の円滑化さえもが図られなくてはならなかったからである。それはまさしく、商品取引の活況、取引における証書利用の日常化と手続きの一元化、取引のさらなる活況というポジティヴなスパイラルが背景にあったことを想定させるものといえよう。

2　プエルトミンガルボの公証人登記簿

プエルトミンガルボの公証人登記簿の伝来の起点は、以上のように公証人制度が曲折をみながら事実上の確立をみたまさしく一四世紀初頭である。年間つうじて証書群の内容がほぼ欠落なく登録されたものとなると、カタログ上では一三一三年の登記簿が最初ということになろうか。プエルトミンガルボを含むテルエル県内の村落文書群(Archivos Municipales Turolenses)は、一九七九年にスペイン文化省とテルエル県が共同で立ち上げた七人の調査チームによって逸失・経年劣化の状態が実地調査されたのち、一九八一年には、一七〇〇年までの文書群が統一的な分類基準にそくして整理・分類・カタログ化されると同時に、集中的な保存と参照・利用の便宜を図るべく網羅的にマイクロフィルム化されたうえで、全体として三点のコピーが作成された。[16] 以上の作業の成果は、一九八二～八五年に全四巻からなるカタログの刊行というかたちで結実している。[17] 公証人登記簿は、全体のうち第Ⅲセクション

「公証人文書」(Documentación notarial)に分類されていて、同セクションそのものは公証人文書の性格にそくして、語の真の意味での「公証人登記簿」(Protocolos notariales)(Ⅲ-1)、「公証人雑書・草稿・覚書」(Varios de notario. Bastardelos, Minutas)(Ⅲ-2)、「フスティシア法廷記録」(Judiciarios, actos de la corte del Justicia)(Ⅲ-3)、「一件書類・申立書」(Procesos y demandas)(Ⅲ-4)にそれぞれ分かたれている。

プエルトミンガルボの公証人文書には、公証人登記簿およびフスティシア法廷記録を中心に一三〇五年から一六八七年までで約二九〇点、中世だけでも一六三点が数えられる。ここでは、中世の公証人文書全体を分析することはとてもできないので、伝来の起点から一四世紀前半までのものを綿密に検討することにしよう。すなわち、公証人登記簿の内訳は、現状のカタログにしたがえば、一番(四葉、一三一二年)、二番(四〇葉、一三一三年)、三番(四〇葉、一三一八~二三年)、四番(六葉、一三一九年)、五番(二四葉、一三一九年)、六番(一八葉、一三二五~三一年)、七番(三五葉、一三三一年)、八番(六四葉、一三三四年)、九番(五〇葉、一三三八年)、一〇番(五九葉、一三四〇年)、一一番(六葉、一三四〇年)、一二番(一五葉、一三四二~四三年)、一三番(二七葉、一三四五年)、一四番(八一葉、一三四六年)、一五番(六七葉、一三四七~四八年)である。⑱

他方、フスティシア法廷記録は本来、公証人の法廷書記としての職能に由来する公証人文書の一類型であり、形式的にはフスティシア主宰の法廷における審理・結審の顚末を公証人=法廷書記が克明に書き記した記録である。現状のカタログにしたがえば、それらは時間的に公証人登記簿に先行していて、ほぼ毎年の分が伝来するおかげでその総数も明らかに上回っている。すなわち、二八番(一五葉、一三〇五年)、二九番(一一葉、一三〇五年)、三〇番(三七葉、一三〇五年)、三一番(三〇葉、一三一〇年?)、三二番(二葉、一三一四年)、三三番(二葉、一三一五年)、三四番(六八葉、一三一五年)、三五番(二四葉、一三一六年)、三六番(二九葉、一三一六~一八年)、三七番(二葉、一三一六年)、三八番(一葉、一三一七年)、三九番(二〇葉、一三一八年)、四〇番(一四葉、一三一八年)、四一番(八葉、一三一八年)、四二番(三六葉、一三一九~二〇年)、四三番(二八葉、一三一九年)、四四番(九〇葉、一

三二〇年)、四五番(四〇葉、一三二〇年)、四六番(四六葉、一三二〇〜二五年)、四七番(三〇葉、一三二一年)、四八番(一八葉、一三二三年)、四九番(三〇葉、一三二五〜二八年)……といった具合である。[19]

だが、プエルトミンガルボの公証人文書では、他都市・集落に比して早期の出現ないしは伝来をみているせいで文書形式学的な区分が依然として確立していなかったか、あるいは文書形式学的な区分はともかく、単に公証人が法廷書記として職務を果たしたことを弁別の要件とみなしたか、フスティシア法廷記録と公証人登記簿との形式上の分類は明らかに不十分なものとなっている。実際、フスティシア法廷の裁定にいたるあらゆる経緯や関係者を日にちごとにもらさず記録した、語の真の意味でのフスティシア法廷記録と呼びうるものは、以上のうち四二番、四四番、四五番、四九番のみである。逆に、公証人登記簿に分類される一四番はそれらと同じく明らかにフスティシア法廷記録の体裁をとっている。残りは分類上区別されているにもかかわらず、わたしたちの主要な関心の対象である商品交換にかかわるものとおぼしき証書群を同様に含んでいる。それゆえ、少なくともこの方面では、両者の所見をカテゴリーの区別に関係なく検討することができるのである。だが、同じく前述の保存作業の際に行われた年代同定にはおおいに疑問の余地があるので、それらの所見を時間軸上に正しく並べるための最低限の努力をしておかなくてはならない。

それらはすべて個別証書の要旨の目録である。各証書の記述では基本的に年代が省略されていて、期日のみが付されるのが通例であり、先行する証書と同日ならば、単に「上と同日」(que supra)とされるばかりである。となれば、冒頭の題辞で年代が記載されていなくてはならないはずであるが、少なくとも先に挙げたものにはそれが一つとしてみられない。一年の起点は、当時一般的な受胎告知の祝日(三月二五日)であったものと考えられる。たとえば、三四番では、冒頭の年代が付されていないが、最初の証書の期日は三月二六日となっており、一部の証書には一三一五年の年代が省略されないまま付されている。同後半の第五八葉には、「主の生誕一三一六年は三月の聖母マリアの祝日に開始」との文言があり、[20]その直前の証書は三月二四日、直後の証書は三月二六日となっていて、ここからやや少ないながら、さらに八月末日までの証書が列挙されている。このように三月二五日から翌年の同日、ないしはそれ以降の各月の証書群が網羅されているようにみうけられるのは、このほかにはわずかに二番が挙げられるのみである。

いずれにせよ、冒頭の題辞がもともと付されなかった、またはなんらかの理由によって欠落しているため、従来の年代同定は登記簿の各所に散見される次のような年代情報から間接的に、ときにはややぞんざいなかたちで行われたようである。すなわち、第一は、各証書の記述で一部省略されずに残された年代であり、これは最も誤りが少ない判断材料となるであろう。第二は、写本後半に記載された、本来ならば翌年の開始を意味する前述のような文言である。たとえば、冒頭四月から始まっている二番末尾の第三九葉には、「主の生誕一三一三年」(Anno Domini Mill CCC. XIII.) の文言が挿入されており、直後の証書は三月二六日の期日となっている。となれば、先行する証書群はすべて一三一二年となるはずであるが(むろん、わたしたちのように一月一日を起点とするならば、すでに一三一三年のものも含まれるが)、カタログ上では二番全体が一三一三年に同定されている。おそらく当該文言が翌年の開始を意味する題辞の機能をなすものと理解されなかったのであろう。第三は、本文と同じ手または異なる手で、各証書の末尾に付された事後記述に表れる年代であり、これが最も重大な問題を生んでいるように思われる。

事後記述は、簡潔に「作成済み」(Feyta)、「未作成」(Non feyta)、「破棄かつ未作成」(Dapnata e non feyta)、ごくまれに「未作成かつ破棄」(Non feyta e dapnata) とされているが、なかには特定の期日に証書の破棄を指示した次のような記述が付されているものがある。たとえば、「一三一六年一一月三日、借財が完済されたことを認め、わたしは当該証書を破棄するよう命じる」[21]、あるいは単純に「一三一六年八月一六日、当該証書は破棄された」[22]といった具合である。一部の登記簿では、全体の年代同定と事後記述に含まれるこのような年代情報とが明らかに齟齬をきたしている。たとえば、一三一五年に同定されている三三番第二葉の一証書では、本文の期日が一一月末ながら、事後記述が「一三一五年一〇月一八日、マリアは当該証書を破棄するよう命ずる」[23]となっており、全体が一三一五

表補-6　年代同定

番号	葉数	年　代	年代同定	備　考
30	37	1305	1305	年代情報はないが，28番に共通する人名がみられる。2月から6月までの証書群からなるので，29番に先行するものと判断した。
29	11	1305	1305	1305年7月8日の日付がみられる。
28	15	1305	1305	第5葉～6葉裏の財産目録（cabreo）に1305年10月18日の日付。第11葉の証書に1305年10月25日の日付。
1	4	1312	1311-12	末尾に公証人の収入リストが別途付されており，1311年の年代。
2	40	1313	1312-13	第39葉に「主の生誕1313年」（Anno Domini Millo CCCo XIII）の文言があり，直後に3月26日の証書。これに先行する証書群は1312年になる。
35	24	1316	1312-13	5月11日の証書の事後記述に1315年10月27日の期日がみられるので，1316年には同定されない。当事者の人名ならびに書式レヴェルの検討から，2番と同年代と想定される。
39	20	1318	1313	10月から3月まで。当事者の人名から2番および35番と同じく1312年または1313年と想定される。
32	2	1314	1314	年代情報はないが，見直しを要する理由もない。
33	2	1315	1314	第2葉の2点の証書が11月末ながら，1315年10月18日，1315年12月30日の日付のある事後記述がみられる。
34	68	1315	1315-16	最初の証書の期日が3月26日。一部の証書に1315年の年代が付記。第58葉に「主の生誕1316年は3月の聖母マリアの祝日に開始」（Anno Domini MCCCXVI comiença el dia de santa Maria del mes de março）の文言があり，3月26日から8月末日までの証書が含まれる。
36	29	1316-18	1316	1316年10月から2月まで。
37	2	1316	1316	
47	30	1321	1317	1317年4月から10月まで。
38	1	1317	1317	
41	8	1318	1318	1318年6月から7月まで。
3	40	1318-23	1318	第1葉裏に1318年5月10日の日付。ただし，公証人の筆の癖により1318年（MCCCXVIII）が1323年（MCCCXXIII）にも読めること，なおかつ事後記述に1323-25年の年代が散見されることから，カタログ上は1318-23年と同定されたものとおぼしい。だが，全体を1323年に同定すると，証書本文の日付と事後記述の日付に齟齬をきたす箇所が多数ある。たとえば，第2葉裏では証書本文9月6日と事後記述1323年9月6日，第10葉裏では証書本文9月22日と事後記述1323年5月18日，第13葉では証書本文10月1日と事後記述1323年4月1日といった具合である。月日の配列は一貫しているから1318年と判断した。
40	14	1318	1318	1318年10月から11月まで。
4	6	1319	1319	1319年10月から1月まで。
5	24	1319	1319	1319年11月から1月まで。
42	36	1319-20	1319-20	「裁判の書」「フスティシアの書」Libro de justicia (liuro de la cort)
43	28	1319	1319-20	
44	90	1320	1320	「裁判の書」「フスティシアの書」Libro de justicia (liuro de la cort)
45	40	1320	1320	「裁判の書」「フスティシアの書」Libro de justicia (liuro de la cort)

48	18	1322	1322	
49	30	1325-28	1325	1325 年 4 月から 9 月まで。
46	46	1320-25	1325	「裁判の書」「フスティシアの書」Libro de justicia (liuro de la cort)
6	18	1325-31	1326-29	Sancho Ramírez de Luna alcayde の債権にかかわる証書のみの集成
7	35	1331	1330	事後記述に 1330 年多数。1330 年 4 月から 9 月まで。
8	64	1334	1333-34	Martín Castellar clérigo の債権にかかわる証書のみの集成。
9	50	1338	1338-48	Pero de Belloch の債権にかかわる証書のみの集成（もっぱら金銭貸借）。
10	59	1340	1338-40, 1348	1338-40 年の部分と 1348 年の書冊（Libro del anyo MCCCXLVIII）との合冊。
11	6	1340	1340	
12	15	1342-43	1342-43	
13	27	1345	1343	1343 年 10 月から 12 月まで。
31	30	1310?	1340年代前半	カタログ上 1310 年？と同定されているが，事後記述の年代がもっぱら 1345-46 年となっており，30 年以上おいてとなると考えにくい。登場する人名群からみても 28 番と 1 番とのあいだには位置づけられない。おそらく 1340 年代前半とみられる。
14	81	1346	1346	「裁判の書」「フスティシアの書」Libro de justicia (liuro de la cort)
15	67	1347-48	1347	1347 年 4・5 月，10〜12 月。

年のものだとすると、証書本文と事後記述との期日に齟齬が生じてしまう。ここでは事後記述の年代が証書本文の一部とみなされて、全体の年代同定に用いられたのであろうか。また、一三一六年に同定されている三五番では、全体をつうじて唯一の年代情報が「一三一五年一〇月二七日、ニコラウ・デ・ラス・アステルは上記借財を完済されたことを認める(24)」という記述である。これが付された証書そのものは五月一一日の期日があるので、この記述は明らかに契約完遂後の事後記述に相当するものである。それにもかかわらず、全体が一三一六年に同定されるとなると、事後記述がこれに先んずるという不可解な事態になってしまうのである。

以上三点に留意して、前掲の公証人登記簿およびフスティシア法廷記録をカテゴリーに関係なく時間順に並べたものが表補-6である。そのように判断されるさしあたりの根拠も備考に併せて付してあるが、年代情報もなく、かといって年代の見直しを要する事由もないものは基本的にそのままとするほかない。なお、先に三五番は事後記述の年代との齟齬から一三一六年とは考えられないとしたが、じつはこれと、二番、さらに三九番とは別系統ながら同一年代の登記簿と想定される。この点については、契約書式と契約内容に密接にかかわってくるので、人名および書式レヴェルの綿密な分析を併せてあらためてとりあげることにしよう。

3 債務弁済書式と商品交換

第6章で述べたように、前掲の登記簿全体で、商品交換にかかわる証書群は約一五〇〇点を数える。取引の対象となった主要な財の内訳は、穀物九四二件（もっぱら小麦、これにときおりライ麦、大麦、燕麦）、家畜二〇九件（牛、駄馬、騾馬、驢馬、羊、山羊）、毛織物（panno）五〇件、羊毛（lana e anino）四三件、ピッチ（alquitrán, pegunta）六件、染料（tint）六件、皮革・毛皮（piel, cerda, gardacho）五件、外衣（capa, manto）五件となっている。商品交換にかかわる証書群というやや曖昧な表現をしているのは、そもそも商品交換固有の書式が事実上存在しないからである。それは総じて、「わたしAがあなたBに金銭を負うことを認める」（Como yo A atorgo dever a vos B）という文言に始まる金銭貸借書式を基礎としている。金銭貸借書式の骨格は次のとおりである。

わたしドミンゴ・ビベルはあなたベルトラン・アセンシオの妻メンガにラル貨六〇ソリドゥスを負うことを認める。わたしは当該貸借により、きたる八月の聖母マリアの祝日に同額を支払う。(25)

そこで借主が貸主に負うもの、または借主が貸主に弁済すべきもののいずれかが貨幣でなく財となっているものが、商品交換にかかわるとした証書である。こうした書式をさしあたり債務弁済書式と呼ぶことにしよう。前述の財のうち羊毛のみが「わたしAはあなたBに売却する」（Como yo A vendo a B）とする売却書式をとるが、羊毛取引が本格化するのはあくまでも一三四〇年代になってからである。それゆえ、あらゆる財で用いられたのは事実上、債務弁済書式ということになる。となれば、プエルトミンガルボ住人があたかも深刻な債務に喘いでいるかのような印象を与えかねないが、それはあくまでも、公証人の伝統的な書式のヴァリエーションが活発な財貨の交換の要請に依然として対応していなかったことに起因するものと考えられる。主要な財についてみてみよう。まずは小麦であるが、ここでは穀物全体の五五〇件あまりで用いられた代表的な書式を以下に掲げておく。

わたしラモン・ヘネルは、あなたビラフェルモーザ住人にしてベルトラン・アセンシオの寡婦メンガ、あなたの親族、あなたからわたしに要求するすべての人びとに、あなたが貸与するバレンシアの容量単位で小麦三・五カイースを負うことを認める。わたしはいかなる不正も放棄し、きたる聖霊降臨祭のエル・プエルト価格に応じて、きたる八月の聖母被昇天の祝日に支払うことを約束する。(26)

文言冒頭では、借主ラモン・ヘネルは、貸主メンガが貸与する小麦三・五カイースの債務を負うこととなっている。だが、それはあくまでも公証人が伝統的な書式にそくして文言を綴るほかなかったからである。実質的な債務は貸主から借主に聖霊降臨祭の価格で小麦三・五カイース相当の代金が与えられた時点で発生し、聖母被昇天の祝日に八月の価格で受領済みの金額分の小麦が弁済されるというかたちになる。すなわち、これは、借主が五月下旬〜六月上旬の聖霊降臨祭に代金を受領し(27)、収穫期にあたる八月に小麦の納品を約束した小麦の先物取引にほかならない。この場合、借主は小麦の売主、貸主は小麦の買主とみなされるのである。これに対して、所見の総数ではやや劣るものの、債務が貨幣で表示されている例が下記である。

わたしカステルビスパル住人ドミンゴ・フアネスとわたしモスケルエラ住人ペロ・ファブレは、あなたたちミゲル・ソルソーナとベレンゲール・ソルソーナにラル貨一四五ソリドゥスを負う。わたしたちはあなたたちからもつところの小麦七カイース六クアルタルにより当該金額を負い、あなたの意志であなたが望むときにいかなる損害もなしに支払う[28]。

この場合、文言のうえでは、借主ドミンゴ・ファネスおよびペロ・ファブレは、貸主ミゲル・ソルソーナおよびベレンゲール・ソルソーナから取得した小麦七カイース六クアルタルの弁済に、バレンシアのラル貨で一四五ソリドゥスを貸主が望む期日に支払うと読める。先の書式と違って弁済期日が貸主判断となっていることにすぐさま気づかされるが、最大の相違点は、字義どおり解釈すると、借主が小麦の買主、貸主が売主に入れ替わっているようにみえることである。すなわち、借主は、事前に取得する小麦の代金を貸主の希望する期日に支払うという、代金後払いの小麦取引とみなされるのである。だが、じつはこれもまた、先と変わらずそれぞれ借主は売主、貸主は買主で、貸主＝買主の希望する期日に借主＝売主が負った金額分の小麦を納品するという、小麦の先物取引、正確にはそのある局面にかかわるものである。ここにもやはり書式のヴァリエーションの限界が大きくかかわっているのであるが、この点はのちにあらためて綿密に検討しよう。

毛織物もまた、次のようにこれとほぼ同一の書式で取引されており、毛織物の代金後払い取引のように読めるのであるが、やはり後述する同様の理由により、借主＝売主が負った金額分の毛織物が貸主＝買主の希望する期日に納品される先物取引と考えられる。

わたしファン・ベネデットおよびドミンゴ・ベネデット・デ・アレプスはともにあなたベルナット・アンドレウに、毛織物によりラル貨三三ソリドゥス九デナリウスを負う。わたしたちがあなたからもつ代金をいかなる損害もなしにあなたの望むときに支払う[29]。

他方、家畜の場合は次のような書式が典型である。やはり借主が貨幣を負うという書式が用いられているが、こちらは借主＝買主自らが家畜を購入し、その代金を貸主＝売主に特定の期日に支払うと明言されている。

わたしアントン・コルテスはあなた同地に滞在するマルティン・ロペス・デ・ボレアに、わたしがあなたから購入した驢馬一頭を理由にラル貨三〇ソリドゥスを負うことを認める。きたる八月の聖母被昇天の祝日に当該代金を与え、支払う[30]。

家畜の場合、以上のような債務弁済書式をそのまま活用し、さまざまな契約が取り結ばれている。たとえば、次のような例は年限つきの家畜用益パートナーシップ契約とみなされるであろう。固有の書式は一三一三年頃からみられるようになるのだが、それに先行した段階ではやはり債務弁済書式が用いられたのである。固有の書式も併せて掲げよう。

わたしドミンゴ・マルティンはあなたベルトラン・アセンシオに、わたしがあなたから購入した牝牛の折半分を理由にラル貨一〇〇ソリドゥスを負うことを認める。(いかなる不正も)放棄し、きたる聖［ ］の祝日からきたる一年半に支払う[31]。

わたしエル・プエルト住人ドミンゴ・ロレントはわたしとわたしの家族の所有権を保持しつつ、あなたエル・プエルト住人ドミンゴ・ロップに赤毛の牝牛二頭の半分をきたる復活祭から六年間与える……代金はラル貨一四〇ソリドゥスである[32]。

とくに羊および山羊については、下記のような例が散見される。

わたしペロ・モンタニェスはあなたペロ・サパテロに、わたしがあなたからもつ牝羊四五頭により牡の仔羊四五頭と牝の仔羊四五頭を負うことを認める。支払いはきたる花の復活祭である[33]。

この場合、借主＝買主は貸主＝売主から牝羊四五頭を取得、後払いの代金の代わりに仔羊九〇頭で弁済＝納品することになっている。これが意味するところは、単なる家畜の交換ではない。借主＝買主はおそらく貸主＝売主から購入した牝羊を用いて指定数の仔羊を養育し、弁済＝納品することを約束しているものと考えられる。これはすなわち、前者が後者に対して請け負った家畜の繁殖請負契約とみなすべきものであろう。

最後に、事実上唯一売却書式が用いられた羊毛取引についてもみておこう。第6章で検討したとおり、四三件中三六件が一三二〇年以降に集中しており、プエルトミンガルボの主力生産物が同時期に大きく変化を遂げたことを窺わせるが、羊毛取引そのものはあくまでも単発的ながら一四世紀初頭から売却書式が用いられていたようである。

わたしエル・プエルト住人ハイメ・モリンは同地住人ドミンゴ・ポマに、バレンシアの重量単位でアローバあたり一〇ソリドゥスで、茶色の羊毛三五アローバを売却する……わたしはあなたに、聖ヨハネの祝日の八日前と同祝日の八日後とのあいだの月曜日に納品することを約束する……わたしは前金で三五〇ソリドゥスを受けとったことを認める。(34)

4　債務弁済書式と不在の買主

以上をふまえて、先に後回しにした債務弁済書式の限界をめぐる問題を綿密に検討しよう。すなわち、借主が現物を負う形式と貨幣を負う形式とでは、字義どおり解釈すると、借主がそれぞれ財の売主と買主となって立場が転倒し、先物取引と代金後払いの事前引き渡しというように異なる契約形式にみえるという問題である。前述のように、それが最も明確に出てくるのが小麦の取引である。見通しとしては、両者はいずれも同様に先物取引にかかわるものと考えられるのだが、まずは各登記簿に含まれる両者の形式の分布を、年代同定を修正した公証人登記簿の順列に合わせて表補-7のとおり表示しよう。表中のAは「小麦を負う」（聖霊降臨祭の代金支払い・聖母被昇天の祝日の小麦の納品）、Bは「貨幣を負う」とする書式である。

表補-7　小麦取引の書式分布

番号	年　代	A	B	番号	年　代	A	B
30	1305	4	4	42	1319-20	0	0
29	1305	0	0	43	1319-20	22	0
28	1305	0	2	44	1320	2	1
1	1311-12	9	3	45	1320	0	0
2	1312-13	92	27	48	1322	17	13
35	1312-13	43	50	49	1325	15	7
39	1313	92	1	46	1325	0	0
32	1314	0	0	6	1326-29	0	4
33	1314	5	0	7	1330	28	1
34	1315-16	43	43	8	1333-34	28	3
36	1316	11	0	9	1338-48	0	0
37	1316	0	0	10	1338-40；1348	10	0
47	1317	11	0	11	1340	0	0
38	1317	0	0	12	1342-43	0	0
41	1318	2	0	13	1343	29	0
3	1318	104	11	31	1340 年代前半	25	1
40	1318	13	0	14	1346	0	0
4	1319	5	0	15	1347	30	0
5	1319	12	0	計		652	171

各登記簿の紙数には相当のばらつきがあるし、カテゴリーごとの年代分布もまちまちなので確たることはいいがたいが、ここからおぼろげながらもみてとれるのは次の三点である。すなわち、第一に、時間的にはBの書式が先行し、一三一〇年代にAの書式が成立をみていること、第二に、カテゴリー別では、公証人登記簿ではAがもとより卓越し、フスティシア法廷記録ではBがやや卓越ないしは両者がほぼ同数であること、第三に、Aが成立をみた一三一〇年代末には、カテゴリーを問わずAがほぼ主流になっていることである。両者が異なる契約形態であったとすると、代金後払いの小麦取引が先行しつつも次第に消滅し、先物取引が主流になったことになるが、こうした仮定にはおおいに疑問の余地がある。

具体的に特定の人物に注目してみよう。ここでは、一三一二年から一七年にかけて、証書の総数としては一〇〇点あまりで貸主となっているファン・ドミンゴ・デ・モンソンが注目に値する。彼は、二番（一三一二〜一三年）ではもっぱらアラゴン王国の旧テンプル騎士団領カンタビエハの住人（vecino de Cantavieja）を名乗っているが、三四番（一三一五〜一六年）では一三一六年三月からバレンシア王国のビラフランカ住人（vecino de Vilafranca）に転じている。ところが、従来一三一六年と同定されながら見直しが必要であるとした前述の三五番では全編にわたって、さらに同じく一三一八年に同定されてきた三九番でも一部の証書において、ふたたびカンタビエハ住人として登場するのである。

確かに彼は、ビラフランカに移住したのちも、聖ヨハネ騎士団領アンポスタ管区に統合されたカンタビエハの属域内に一定の利害を保ちつづけていたことは疑いない。たとえば、彼がまさしくビラフランカの住人を名乗って登場する一三一七年、[35]カンタビエハの属域村落ミランベルのコンセホに売却された村域内のマス（孤住型多角的経営地）の隣接地のなかに、彼の名前を冠する耕地がみられる。[36]だが、一三三一年には彼の寡婦ホルダーナがカンタビエハ属域村落のトロンチョンのコンセホに、まさしくビラフランカがその属域村落であるところのムレーリャの公証人に作成させた金銭受領証（albarán）を送付しているから、[37]カンタビエハ属域に財産を残していたにしても、ふたたびカンタビエハ住人に返り咲いていたとは考えにくい。

となると、前述のようにとくに三五番の年代同定の見直しが必要となってくるのであるが、興味深いのは、小麦を負う形式が卓越した二番と、貨幣を負う形式がやや上回る三五番とのあいだに奇妙な符合がみられることである。たとえば、彼が貸主として登場する証書は、二番と三五番とではそれぞれ次のような形式で作成されている。

わたしロレンソ・ペリセロはあなたファン・ドミンゴ・デ・モンソンに、バレンシアの容量単位で小麦二カイースを負うことを認め、きたる聖母被昇天の祝日に同等の小麦を支払う。[38]

わたしロレンソ・ペリセロはあなた不在のカンタビエハ住人ファン・ドミンゴ・デ・モンソンに、わたしがあなたから購入したバレンシアの単位で小麦二カイースによりラル貨四〇ソリドゥスを負い、聖母被昇天の祝日に支払う(39)。

単純に読めば、二番の証書は事前に貸与されたものと同等の小麦を弁済する事実上の現物貸借、三五番の証書は借主＝買主、貸主＝売主となる代金後払いの小麦取引である。だが、当事者も小麦の総量も同一となれば、同一の契約、あるいはそれぞれ四月一一日と五月二一日というように契約期日が違うので同一の契約の異なる局面にかかわるものではないかと疑ってみたくなるところである。それぞれ二番と三五番とで、ファン・ドミンゴ・デ・モンソンが貸主となった二七点の証書を試みに突き合わせてみたのが表補-8である。

先の書式にみられたとおり、二番および三五番ではともに日付、借主の人名、小麦の総量、三五番のみ金額を各証書から抽出して並べてある。興味深いことに、二番は四月八〜一一日、三五番は五月二〇〜二三日と期日が異なるにもかかわらず、借主の人名と小麦の総量が下線で表示した部分を除いてほぼ一致している。もっとも、それぞれ期日が異なるのだから、両者が完全には一致しないことの方がむしろ示唆的である。下線部に注目してみると、共同借主の一部が別の人物、あるいはすでに死亡したか、本来の借主の寡婦（viuda）と入れ替わっており、それに呼応するかのように小麦の総量に変化がみられる。たとえば、四月八日には、ファン・バレンシアとファン・ゲラウが借主で小麦一・五カイースであったのが、五月二三日には、借主からファン・バレンシアが抜け、ファン・ゲラウの寡婦パスクアラのみとなって小麦の総量が〇・五カイースに減じられているといった具合である。前述のように三五番は一三一六年どころか二番とほぼ同年代の一三一二〜一三年とみなされるとしたのはこういうわけである。

この仮定が正しいとすると、それぞれ二番と三五番の二七点の証書は同一の小麦の先物取引、ただしその期日か

表補-8　フアン・ドミンゴ・デ・モンソンによる小麦取引

Doc. 2	借主（売主）	カイース	Doc. 35	借主（売主）	カイース	ソリドゥス
4/8	Blasco Moreta/Jayme Juan	4	5/20	Blasco Moreta/Jayme Juan/Juan Antonin vecinos del Puerto	4	80
4/8	Juan Fabregat/Berto Maella/Domingo Ferrer Moreta	4	5/20	Juan Fabregat/Berto Maella/Domingo Ferrer Moreta	4	80
4/8	Domingo Tronchón/Sancho Ejulve	9	5/20	Domingo Tronchón/Domingo Ejulve	5	100
4/8	Juan Cavero/Berto Maella	1.5	5/20	Juan Cavero/Pero Cavero	1.5	30
4/8	Miguel Andrés	3	5/21	Miguel Andrés	3	60
4/8	Domingo Cavero/Pero Ejer	2	5/21	Pero María/Domingo Cavero	2	40
4/8	A. Ysart	1	5/21	A. Ysart	1.5	30
4/8	Pero Estercuel/Pero Morella el mayor	3	5/21	Pero Morella/Martín de Monblanc el menor	3	70
4/8	Bernat Poma/Domingo Poma/Bernat Poma	2	5/22	Bernat Poma el mayor/Bernat Poma vecinos del Puerto	2	40
4/8	Miguel de Morella/Domingo Seron	8	5/22	Miguel de Morella/Pero María	3	60
4/8	Domingo Just Escudero/Domingo Vivel	4	5/22	Domingo Just/Domingo Vivel	4	80
4/8	Guillem Roquera vecino Mosqueruela/Juan Vilaroya	4	5/23	Guillem Roquera vecino de Mosqueruela	1.5	30
4/8	Pero Bernat (Castelvispal) /Domingo Vidal, Pero Monis (El Puerto)	2	5/23	Pero Bernat/Pero Monyos/Domingo Vidal	2	40
4/8	Domingo Ballestero/Domingo Vivel	1	5/23	Domingo Vivel	1	20
4/8	Pero Toran	1	5/23	Pero Toran (Castelvispal) /Domingo Martín fillo de Lop	1	20
4/8	Domingo Juanes, Just Ferrer, Berenguer Martín (Castelvispal) /Juan Valencia (El Puerto)	5	5/23	Just Ferrer/Berenguer Martín/Andreu Nou/Ermesen viuda d'En Castellar Oden	4	80
4/8	Juan Valencia/Juan Gerau	1.5	5/23	Pascuala viuda de Juan Gerau	0.5	10
4/8	Miguel Andrés, Domingo Madrona (Castelvispal) /Juan Valencia (El Puerto)	4	5/24	Miguel Andrés/Pero Maella/Ermesen viuda d'En Castellar Oden	4	80
4/10	Andreu Girona/Guillem Castellar	1	5/20	Andreu Girona	1	20
4/10	Berto de Galve/Andreu Nou	2	5/21	Berto de Galve/Pero Galve	2	40
4/10	Berto Propuntero/A. Propuntero	5	5/21	Berto Propuntero/Arnau Propuntero	5	100
4/10	Pero Monblanc/Berto Maella	2	5/21	Bartolomé Monblanc/Bartolomé Maella	2	40
4/11	Lorent Peligero	2	5/21	Lorent Peligero	2	40
4/11	Esteban Cambra/Domingo Fenolosa	0.5	5/22	Bartolomeya viuda de Domingo Fenolosa/Esteban de la Cambra	0.5	10
4/11	Juan Fores	2	5/22	Barcelona viuda de Juan Fores	4/3	26
4/11	Bernat Vidal/Pero Monyo	1	5/22	Pero Monyo/Guilla viuda de Bernat Vidal	1	20
4/11	Berto de Ejulve fillo de Juan Ejulve/Pero Fuster	0.5	5/23	Bartolomé de Ejulve fillo Domingo Ejulve/Pero Fuster	1.5	30

ら判断して同一の契約の次のような局面にそれぞれかかわるものと想定される。すなわち、第一の局面では、前述のように一年の起点が三月二五日の受胎告知の祝日なので、ほぼ年初めの四月八〜一一日に、ファン・ドミンゴ・デ・モンソンが、八月の聖母被昇天の祝日に小麦の納品を約束させる一連の契約を集中的に取り結ぶ。これをもって借主は形式上、小麦を負うことになる。ついで第二の局面では、五月二〇〜二三日に四月の段階で取り決められた総量の小麦の代金が借主に支払われる契約が取り結ばれる。ここでは、借主は貨幣を負うことになる。ただし、そこでは同時に四月の段階で取り結ばれた契約内容の見直しが図られたようであり、だから借主の一部が入れ替わったり、八月の聖母被昇天の祝日に納品される小麦の総量が変化したりしているのである。

となると、それぞれ二番が小麦の現物貸借、三五番が代金後払いの小麦取引のように読めるのはなぜか。それこそまさしく公証人の書式ストックの限界、すなわち伝統的な債務弁済書式と小麦の先物取引を旨とする実質的な契約内容との乖離を示すものである。基本的な債務弁済書式は、借主が契約時に取得した財貨を後日弁済することを約束するものであるが、ここでは契約の時点で借主が弁済するべきいかなる財貨も事前に取得しておらず、あくまでも約束のみで実質的な債務が発生するのは事後である。だが、いずれの局面でも証書が債務弁済書式にそくして作成される以上、形式上は借主が小麦を借入または購入により取得したことにしなくては当該書式そのものが成立しなくなってしまうのである。なお、前述のように一見代金後払いにみえる毛織物の取引がじつは小麦と同じく先物取引であるとしたのはこれと同様の理由によるものである。

小麦の先物取引を内容とする最も一般的な書式をあらためて思い起こそう。すなわち、貸主＝買主が聖霊降臨祭の価格で換算して小麦指定量分の代金を支払い、借主＝売主が八月の聖母被昇天の祝日の小麦価格で代金分の小麦の納品を約束する前掲の書式である。そこでも冒頭では、借主が小麦の実質的な売主であるにもかかわらず、貸主＝買主から小麦を事前に貸与されたことになっている。それはともかく、ここで注目すべき点は以下である。すなわち、移動祝祭日である聖霊降臨祭が通常五月下旬から六月初旬に祝われることを勘案するならば、第二の局面はちょうど貸主＝買主が借主＝売主に小麦の代金を支払う時期に相当する。四月の契約の段階で作成された二番の証書群には小麦の納品日のみで代金の支払い期日がないから、これを契約内容の見直しも含めて前掲の書式どおりに補完するものが五月にあらためて取り結ばれた三五番の証書群であったと考えてよさそうである。となると、ファン・ドミンゴ・デ・モンソンの二つの局面に分かたれた一連の契約は、いずれも書式こそ違えども、聖霊降臨祭の代金支払い・聖母被昇天の祝日の小麦納品というプエルトミンガルボの契約慣行にそくしたものであったことになる。

三五番が従来フスティシア法廷記録と分類されていることを考慮に入れると、四月の契約に不備があって裁判沙汰となり、五月に契約の見直しが図られた結果、もっぱら裁判の帰結として見直しが図られた証書が三五番に登録されたと考えたくなるところである。けれども、従来の分類にやや難があることはすでに指摘したとおりであり、二番と三五番には一見してそれとわかる差異はまったくみられない。また、前述の書式の分布にあったとおり、一三一二〜一三年には、聖霊降臨祭の代金支払い・聖母被昇天の祝日の小麦納品を指定する書式はいちおう成立をみていたはずである。たとえば、ドミンゴ・エフルベやラモン・ホルバ(40)といったプエルトミンガルボ住人が貸主＝買主となっている同時期の証書群は二番にも三五番にも含まれるが、いずれの場合にも当該書式で作成されていて、両者に含まれる証書群のあいだに同一の契約にかかわるという意味での以上のような重複はみられない。それゆえ、二番と三五番とを分かつ点が裁判の有無にあったとは考えにくい。

となると、こうした差異は、ファン・ドミンゴ・デ・モンソンがプエルトミンガルボ住人ではなく域外のカンタビエハ住人であったことから説明するほかないように思われる。すべての証書で明言されているわけではないものの、彼はいずれの局面でもほぼつねに、プエルトミンガルボの公証人の面前に立つことなく、「不在」（absent）のままで契約を取り結んでいる。代理人（procurador）をたてた形跡もないので一部の現地住人の仲介を得たのであろうか。いずれにせよ、自らが不在のまま作成を指示した小麦買付の証書が、現地の契約慣行にそくして一般化しつ

表補-9　マルティン・ロペス・デ・ボレアによる小麦取引

	Doc. 2	借主（売主）	カイース	期日	Doc. 35	借主（売主）	カイース	期日
1	9/11	Pero Morella el menor e Estebania cónyuges	3	聖霊降臨祭・聖母被昇天	9/3	Pero Morella e Estebania cónyuges	3	聖霊降臨祭
2	9/16	doña Marta viuda de A. Fores /Juan Fores fillo suyo	0.5	聖霊降臨祭・聖母被昇天	8/31	doña Marta muller de A. Fores	0.5	聖霊降臨祭
3	1/28	A. Propuntero/A. Ysart fillo de Pero Ysart	2	聖霊降臨祭・聖母被昇天	9/2	A. Propuntero/A. Ysart fillo del Pero Ysart	2	聖霊降臨祭
4	1/28	Domingo Ejulve/Juan Montanyes vecinos el Puerto	2	聖霊降臨祭・聖母被昇天	9/3	Juan Montanyes	1	聖霊降臨祭
5	2/5	Guillem Vidal	1	聖霊降臨祭・聖母被昇天	9/2	Guillem Vidal	1	聖霊降臨祭
6	2/5	Just Vilaroya/Aparicio Mora	2	聖霊降臨祭・聖母被昇天	9/3	Aparicio Mora	1	聖霊降臨祭
7	3/20	Juan Cavero/Juan Vidal	3	聖霊降臨祭・聖母被昇天	9/1	Juan Cavero/Juan Vidal	2	聖霊降臨祭
8	3/26	Bartolomé de Ejulve fillo Juan de Ejulve	1.5	聖霊降臨祭・聖母被昇天	9/4	Bartolomé Ejulve fillo Juan de Ejulve e Toda cónyuges	2	聖霊降臨祭
9	4/1	Marco Ballestero/Domingo Ballestero	2	聖霊降臨祭・聖母被昇天	9/2	Marco Ballestero	5/3	聖霊降臨祭

つあった書式からみて、聖霊降臨祭の代金支払いにかかわる部分を中心に大きな不備があることを知らなかったのかもしれない。それゆえ、いずれの局面でも不在ながら、第一の局面では彼の指示、第二の局面ではむしろ借主＝売主のプエルトミンガルボ住人が主導で、当初の不備を埋めつつ作成されたと考えてよいであろう。

同じく域外住人で、カラトラーバ騎士団領アルカニスに住む (estant en Alcaniç) というマルティン・ロペス・デ・ボレア(41)が貸主＝買主となったケースでは、どうやら以上とは逆に、三五番に登録された九点の証書が時間的に先行し、それぞれに対応するものとおぼしき証書が二番に登録されているようである。表補-9のとおり、前者はもっぱら八月三一日～九月四日に交わされていて、後者は直近の九月一一日から翌年の四月一日まで断続的に取り結ばれている。

ここでもやはり借主＝売主の一部の変化に対応して小麦の総量が変わっているものが散見される。三五番の証書の書式は、フアン・ドミンゴ・デ・モンソンの第一局面の証書と同様に、同等の小麦の弁済を約束する現物貸借の形式 (que vos a nos prestastes pagar el dito trigo pan por pan bueno e bello) ながら、弁済期日が翌年のきたる聖霊降臨祭と指定されている。これに対して、二番の証書の書式は一転して、聖霊降臨祭の代金支払い・聖母被昇天の祝日の小麦納品を約束する典型的な先物取引形式となっている。プエルトミンガルボの契約慣行からみて、収穫期である八月の聖母被昇天の祝日ではなく、五月下旬〜六月上旬の聖霊降臨祭に小麦の納品が行われるとは考えがたいから、むしろ二番の証書にあるとおり実際にはマルティン・ロペス・デ・ボレアが聖霊降臨祭で小麦の代金を支払うことになるはずである。それゆえ、三五番の証書はその契約内容とは裏腹に、聖霊降臨祭に彼から代金が支払われ、あくまでも借主＝売主が指定量の小麦という実質的な債務を負うことを約束したものにすぎない。それにもかかわらず弁済期日が聖霊降臨祭となっていることは、債務弁済書式の限界どころか、契約上の明らかな不備ということになるであろう。彼もしばしば「不在」とあり、おそらくそれに起因する契約上の不備が、先の例とは違って聖霊降臨祭を待たずに段階的に借主＝売主の知るところとなったことにより、典型的な先物取引書式を用いてそのつど作成されたものが二番の証書であったと考えられるのである。

以上の所見の根底には、公証人が用いる書式が実際の契約内容をあまさず表現することができないという、テクスト生成論的にみてきわめて興味深い問題がよこたわっている。それは、証書の文言を字義どおり解釈するだけでは、抽出されるデータの信憑性が大きく揺らぎかねないという、分析上の重大な問題と直に結びつくだけにやっかいである。ただ、そうした事態が明るみに出るのが、往々にして契約時に不在の域外住人が買主となっているケースであることは意味深長である。それはすなわち、プエルトミンガルボの公証人が住人と非住人との取引を円滑化するために、非住人が不在のまま契約を取り結ぶことができるよう試行錯誤した現場をかいまみせてくれると同時に、少なくともこの段階では、いかに同地が域外住人との取引に開かれていたかを示すものでもあるからである。

あとがき

本書は、一〇年余にわたる研究の成果である。こういうと、あたかも構想一〇年余の大作であるかのようで、いかにも聞こえがよい。けれども、この間、それぞれ研究課題の異なる一連の日本学術振興会・科学研究費助成事業「中世盛期スペイン・エブロ川流域における城塞集落の形態生成論的研究」（二〇〇八〜一一年）、「中世盛期スペイン東部における「辺境」と入植運動の空間編成論的研究」（二〇一二〜一七年）、さらに現在なお継続中の「中世スペイン・下アラゴンにおける城塞集落と流通ネットワーク」（二〇一七〜二一年）を遂行しながら、そのときどきの興味・関心の赴くままに雑文ばかり書き散らして、そのつどまとまった成果を一書にまとめるなりして公表することがいっこうにかなわなかった。だから、正確には、一〇年余にわたる曲折に満ちた研究遍歴の記録というのが正しいかもしれない。

そのようなわけで、本書の少なくとも一部は、次のとおり既出の論文を下敷きにしている。もちろん、一書にまとめるにあたり、大幅に加筆・修正をよぎなくされたが、そうかといって原型をとどめないというほどでもない。

序　章　「第九章　ラテン・ヨーロッパの辺境と征服・入植運動」『一五のテーマで学ぶ中世ヨーロッパ史』ミネルヴァ書房、二〇一三年、一八四―二〇四頁。

「遍在する「辺境」―スペインからみた紀元千年―（上）（下）」『人文社会論叢（人文科学篇）』第二一号、二〇〇九年、五九―七五頁、第二二号、二〇〇九年、四三―六二頁。

第1章　「ウエスカ地方における城塞と定住（一〇八三年―一一三四年）」『人文社会論叢（人文科学篇）』第一三号、二〇〇五年、二一―四一頁。
第2章　「アラゴン王国東部辺境における城塞・定住・権力構造（一〇八九年―一一三四年）（上）（下）」『人文社会論叢（人文科学篇）』第一八号、二〇〇七年、三三―五四頁、第一九号、二〇〇八年、三一―五四頁。
第3章　「一二・一三世紀ウエスカ市域における土地所有と空間編成」『西洋史学報』第四〇号、二〇一三年、三五―六八頁。
第4章　「「辺境」から「境域」へ、「境域」から「中心」へ―中世盛期イベリア半島東部における権力の「境界」と封建的空間組織―」『史学研究』第二八五号、二〇一四年、五四―七九頁。
第5章　書き下ろし
第6章　書き下ろし
終　章　書き下ろし
補論1　Charters, Cartulary and Family Lineage Re-created : A Genetic Study of the Cathedral Archive of Huesca from the Twelfth to the Mid-Thirteenth Century, *Configuration du texte en histoire*, Nagoya, 2012, pp. 95-107.
補論2　「テンプル／聖ヨハネ騎士団カルチュレールと文書管理―生成・機能分化・時間―」『近代ヒスパニック世界と文書ネットワーク』悠書館、二〇一九年、二〇三―二二八頁（一部のみ）。
補論3　書き下ろし

はじめは論文であった。ところが、国内はもちろん、国外でも本格的にとりあげられたことのない貴重な史料群を前にすると、なにが書いてあるか、その中身を隅々まであますところなく伝えたいという欲求に抗えなくなり、自然と紙数が膨れ上がった。例によって上・下に分冊することも考えたが、とてもおさまらない、上・中・下、いや一、二、三、四、五……。連載形式にするにしろ、そんなものを受け付けてくれるところを知らないし、週刊雑誌でもあるまいし、全編公表するまでにどれほどの歳月を要するかわからない。いっそのこと小部でよいから一般書にできないかと、わけのわからないことを考えもした。だが、そもそも幅広い読者にうったえる筆をもちあわせていないし、だれがそんなものを望むだろうかと我に返り、そのために本来の欲求を抑えなくてはならないとなれば本末転倒ではないかと、負け惜しみよろしく自らにかたく言い聞かせた。

公表の手立てもないままにできあがったものを抱えながらほとほと途方に暮れたあげく、藁をもつかむ思いで、かつてお世話になった名古屋大学出版会の橘宗吾氏にご無理をいって、原稿を送りつけて読んでいただいた。のちに吐露された読後の感想はこうだ、「まるで歯が立たない」。わけがわからないといいたいところを、かぎりなく婉曲的に表現してくれたにちがいない。なにしろ、送りつけた原稿は、本書の構成でいえば、むやみに長大な序章にはじまり、第II部第4章にいたるまでの内容をわずか一〇数頁におさめて問題を抽出し、即座に第II部第5・6章と補論2・3からなる本編に突入するというしろものだったからである。

だが、たいへんありがたいことに、氏はお見捨てにならなかった。なんと、わずか一〇数頁の序論で不届きにも参照を促すばかりのこれまでの雑文を、すべてご自分で蒐集してお読みくださったうえ、それぞれを本書にあるとおりに配列して、一書にまとめるべく全面的に書きなおしてみてはいかがかとご提案いただいたのである。なるほど原稿を書くのはわたしたちであるが、書物を生み出すのはあくまでも編集者なのだと思い知らされた瞬間である。氏は一言付け加えることもお忘れにならなかった。「あなたのこれまでのお仕事をだれもが読んでいると思わないことです」。

そこからの作業は、まさしく苦難に満ちたものとなった。なかでも序章の下敷きにした、二〇〇九年発表の上・下分冊の論考のみなおしは、本書の問題提起の根幹をなす部分だけにことのほか骨が折れた。じつをいうと、そこで打ち出した構想はもともと、博士学位取得直後だから正確に二〇年前、わずか半期のみ任された講義向けに急ごしらえしたノートに由来するものである。講義ノートだけに紙数の縛りもなく大胆というか大それた議論を存分に展開しているのであるが、なんとも不思議なことに、そのようなものをちょうど一〇年間隔でみなおしつづけることになったわけである（そのうち研究動向の整理にかかわる全体のほぼ半分のみ、二〇〇五年にゆえあって別途公表している）。

二〇年前のきれいさっぱり忘れてしまいたい過去とあらためて向き合うのも、ひとたびみなおしたのに依然としていたらぬ一〇年前のおのれをみつめなおすのも、確かに苦難といえば苦難である。だが、そういうことではない。現在の自分は二〇年前とも一〇年前とも同一の自分ではありえないし、とめどなく別様の自分になってゆくプロセスに歳月の長短はそもそも関係がない。どこからどこまでが二〇年前の、一〇年前の、はたまた現在の自分の手になる部分だろうか。かりにそれぞれが特定できたとしても、なおすべきはなおし、残すべきは残しとやっていると、そのそばからすべてが変化して、なおすべきところと残すべきところとがとめどなく変わっていってしまう。この間にも、現在の自分は変化することをやめない……。

それゆえ、橘氏と幾度となく交わされたやりとりの焦点はつねに、序章とそれをうける終章との整合性をいかに確保するかに注がれた。それはまさしく、氏を得心させるための苦闘の日々であった。だから、本書は氏との共同作業の所産というべきである。本書が多少なりとも理屈のとおったものになっているとすれば、それはひとえに書物のためにほんの少しの妥協をも許さぬ氏の強靭な意志によるものである。なお説得力に欠けるところがあるとすれば、それはすべて、著者がそのつど訣別するほかない過去の自分を上手に処理することができなかったからである。

本書は一〇年余（ことによると二〇年）におよぶ研究遍歴の記録だから、その間、お世話になった方々は数知れない。お名前をすべて挙げるわけにもいかないし、そうかといって一部の方々のお名前だけを挙げて謝意の度合いに差があるように感じられてもいけない。だから、知己を得たすべての方々に、著者が長年のご厚意におおいに感謝していることを知っておいていただけるよう祈るばかりである。

とはいえ、本書は著者のはじめての書物になる。恩師の名古屋大学名誉教授・佐藤彰一先生には、ことあるごとに書物をものすよういわれながらもいっこうに果たせずにいたから、いまこそほんのちょっぴり胸を張って、お礼を申し上げることができそうである。そもそも、こういう場でもなければ、不出来な息子が厳格な父親におずおずと謝意を表明するのにも似て、なかなか素直にいいづらいというか、最後まできちんといいつくせる自信がない。別の機会にもこんなふうにいって、先生の厳父のようなイメージを増幅するのに一役買ったのは、だれあろう著者である。だが、じつは厳しいご指導に耐えかねたことなどなかったし、ほかを知らないせいか、あるいは著者が愚鈍なだけか、それがあたりまえで厳しいと感じたことさえない。となれば、先生の往時のご指導をことさらに、ときには少々大げさに脚色して喧伝するのはなぜか、訝る向きもあるかもしれない。それは、我慢がならなかったからでも、まさかオイディプスめいた葛藤をこじらせたからでもない。偉大な中世史家に徹底的に作法を叩きこまれたことこそが、著者のなにものにも代えがたい財産であり、誇りだからである。本書がほんの少しでもよいから、先生のお眼鏡にかなうものになっていることを願わずにはいられない。

遅きに失したせいでお耳に届くかわからないが、故森本芳樹先生にもこの場を借りてお礼申し上げたい。先生にはまさしく二〇年前、著者の拙い博士学位論文の審査の一席を占めていただいた。先生はそのころ、中世初期農村史における北西ヨーロッパ研究と地中海南ヨーロッパ研究との対話的研究を唱道されていて、当時わが国では数が少なかった後者の、なお色のついていない尖兵とみなされたからか、たいへんよく面倒をみていただいた。次第におかしな色に染まって批判めいたことをいいだしても、先生はそれこそ対話といわんばかりに真正面からうけとめてくださった。本書はけっしてジンテーゼではないけれども、先生が投げかけた問いに対する著者なりの回答になっていればと願うばかりである。いまひとりの偉大な中世史家にも学びえたこと、これほど幸せな話はない。

最後に、ともに歴史を講ずる同僚というか先輩方に。はじめての土地で右往左往する著者を優しく保護してくれたばかりか、史料蒐集のたびにしばらく職場を空けることも、なにもいわず大目にみてくれている。そのじつ著者の粗相をひそかに片づけてくれているような気がしてならないが、本書はそれに見合うものとなっているだろうか。

あらためていうが、不届ききわまりない原稿がまがりなりにも書物になったのは、ひとえに名古屋大学出版会の橘氏のおかげである。同会の三原大地氏は、その綿密きわまりないお仕事はもちろんのこと、著者以上に著者になって本書のあるべき姿を探しあててくださった。お二人がいなかったら、公表の手立てもないままに、やたら長大な原稿をいかに分冊するか、あいもかわらず悩みぬいていると思うとぞっとする。

本書の刊行にあたっては、日本学術振興会・二〇一九年度科学研究費補助金（研究成果公開促進費「学術図書」）の交付をたまわった。伏してお礼申し上げる。

二〇一九年九月

著　者

《著者略歴》

足立《あだち》　孝《たかし》

1970 年　愛知県に生まれる

1999 年　名古屋大学大学院文学研究科博士後期課程修了

弘前大学人文学部准教授などを経て

現　在　広島大学大学院文学研究科准教授，博士（歴史学）

訳　書　メノカル『寛容の文化』（名古屋大学出版会，2005 年）

辺境の生成

2019 年 10 月 30 日　初版第 1 刷発行

定価はカバーに
表示しています

著　者　足　立　　孝

発行者　金　山　弥　平

発行所　一般財団法人　名古屋大学出版会

〒 464-0814　名古屋市千種区不老町 1 名古屋大学構内

電話(052)781-5027 / FAX(052)781-0697

印刷・製本　亜細亜印刷㈱　ISBN978-4-8158-0962-1

索　引

ア　行

カ　行

サ 行

タ 行

ナ　行

ハ　行

マ　行

ヤ　行

ラ　行

図表一覧

略号一覧

ACA : Archivo de la Corona de Aragón
ACH : Archivo de la Catedral de Huesca
ADH : Archivo Diocesano de Huesca
AHN : Archivo Histórico Nacional
AMF : Archivo Municipal de Fuentespalda
AML : Archivo Municipal de Linares de Mora
AMM : Archivo Municipal de Mirambel
AMP : Archivo Municipal de Puertomingalvo
AMR : Archivo Municipal de Rubielos de Mora
AMT : Archivo Municipal de Tronchón
BNE : Biblioteca Nacional de España
BRAH : Biblioteca de la Real Academia de la Historia
CDAI : J. Á. Lema Pueyo, *Colección diplomática de Alfonso I de Aragón y Pamplona* (*1104-1134*), San Sebastián, 1990.
CDCH : A. Durán Gudiol, *Colección diplomática de la catedral de Huesca*, 2 vols., Zaragoza, 1965-1969.
CDCZ : Á. Canellas López, *Colección diplomática del concejo de Zaragoza*, 2 vols., Zaragoza, 1972-1975.
CDPI : A. Ubieto Arteta, *Colección diplomática de Pedro I de Aragón y Navarra*, Zaragoza, 1951.
CDRI : R. Viruete Erdozáin, *La colección diplomática del reinado de Ramiro I de Aragón* (*1035-1064*), Zaragoza, 2013.
CDSAF : Á. Canellas López, *Colección diplomática de San Andrés de Fanlo* (*958-1270*), Zaragoza, 1964.
CDSPA : R. Chesé Lapeña, *Col·lecció diplomàtica de Sant Pere d'Àger*, 2 vols., Barcelona, 2011.
CDSR : Á. Canellas López, *La colección diplomática de Sancho Ramírez*, Zaragoza, 1993.
CDMSVS : Á. J. Martín Duque, *Colección diplomática del monasterio de San Victorián de Sobrarbe* (*1000-1219*), Zaragoza, 2004.
CEA : E. Mateo, *Cartulario de la encomienda de Aliaga*, Zaragoza, 1979.
CETC : S. de la Torre Gonzalo, *El cartulario de la encomienda templaria de Castellote* (*Teruel*), *1184-1283*, Zaragoza, 2009.
CPRA : M. L. Ledesma Rubio, *Cartas de población del reino de Aragón en los siglos medievales*, Zaragoza, 1991.
CR : J. F. Yela Utrilla, *El cartulario de Roda*, Lérida, 1932.
CS : A. Ubieto Arteta, *Cartulario de Siresa*, Zaragoza, 1986.
CSCS : A. Ubieto Arteta, *Cartulario de Santa Cruz de la Serós*, Valencia, 1966.
CSCV : J. Rius Serra, *Cartulario de Sant Cugat del Vallès*, 3 vols., Barcelona, 1945-1946.

CSJP : A. Ubieto Arteta, *Cartulario de San Juan de la Peña*, 2 vols., Valencia, 1962-1963.

CSPV : *Cartulario de San Pedro el Viejo.*

CSSZ : Á. Canellas López, *Los cartularios de San Salvador de Zaragoza*, 4 vols., Zaragoza, 1989.

CT : A. Gargallo Moya, M. T. Iranzo Muñío y M. J. Sánchez Usón, *Cartulario del Temple de Huesca*, Zaragoza, 1985.

CTEM : A. J. Gargallo Moya, *El concejo de Teruel en la Edad Media, 1177-1327*, 4 vols., Teruel, 1996-2005, t. 4 : Documentos.

CZI : C. Contel Barea, El Císter zaragozano en el siglo XII : abadías predecesoras de Nuestra Señora de Rueda de Ebro, *Cuadernos de historia Jerónimo Zurita*, no. 16-18, 1963-1965, pp. 385-553.

CZII : C. Contel Barea, *El Císter zaragozano en los siglos XIII y XIV. Abadía de Nuestra Señora de Rueda de Ebro*, 2 vols., Zaragoza, 1978, t. 2.

DAII : A. I. Sánchez Casabón, *Alfonso II Rey de Aragón, Conde de Barcelona y Marqués de Provenza. Documentos (1162-1196)*, Zaragoza, 1995.

DC : Ag. Ubieto Arteta, *Documentos de Casbas*, Valencia, 1966.

DCT : A. Virgili, *Diplomatari de la catedral de Tortosa (1062-1193)*, Barcelona, 1997 et id., *Diplomatari de la catedral de Tortosa. Episcopat de Gombau de Santa Oliva*, Barcelona, 2001.

DERRVE : J. M. Lacarra, *Documentos para el estudio de la reconquista y repoblación del valle del Ebro*, 2 vols., Zaragoza, 1982-1985.

DJI : A. Huici Miranda y M. D. Cabanes Pecourt, *Documentos de Jaime I de Aragón*, 5 vols., Zaragoza, 1976-1988.

DJIA : M. D. Cabanes Pecourt, *Documentos de Jaime I relacionados con Aragón*, Zaragoza, 2009.

DLAA : T. Navarro, *Documentos lingüísticos del Alto Aragón*, Syracuse, 1957.

DM : M. D. Barrios Martínez, *Documentos de Montearagón (1058-1205)*, Huesca, 2004.

DMH : C. Laliena Corbera, *Documentos municipales de Huesca, 1100-1350*, Huesca, 1988.

DRI : E. Ibarra y Rodríguez, *Documentos correspondientes al reinado de Ramiro I, desde 1034 hasta 1063*, Zaragoza, 1904.

DRII : A. Ubieto Arteta, *Documentos de Ramiro II de Aragón*, Zaragoza, 1988.

DRNA : A. Ubieto Arteta, *Documentos reales navarro-aragoneses hasta el año 1004*, Zaragoza, 1986.

DS : Ag. Ubieto Arteta, *Documentos de Sigena*, Valencia, 1972, vol. 1.

DSRI : J. Salarrullana, *Documentos correspondientes al reinado de Sancho Ramírez, desde 1063 hasta 1094. I : documentos reales*, Zaragoza, 1907.

JDM : A. Ubieto Arteta, *Jaca. Documentos municipales*, Valencia, 1975.

LC : *Libro de la cadena.*

LFM : F. Miquell Rosell, *Liber feudorum mayor*, 2 vols., Barcelona, 1945.

OM : Órdenes militares

OSCA : R. Sáinz de la Maza Lasoli, *La Orden de Santiago en la Corona de Aragón. La encomienda de Montalbán (1210-1337)*, Zaragoza, 1980.

PACB : G. Feliu i J. M. Salarach (dirs.), *Els pergamins de l'Arxiu Comtal de Barcelona de Ramon Borrell a Ramon Berenguer I*, 3 vols., Barcelona, 1999.

PCRACB : M. Alvira Cabrer, *Pedro el Católico, Rey de Aragón y Conde de Barcelona (1196-1213). Documentos, testimonios y memoria histórica*, 3 vols., Zaragoza, 2010.

SMS : P. Aguado Bleye, *Santa María de Salas en el siglo XIII*, Bilbao, 1916.

参考文献

史　料

Archivo de la Corona de Aragón (ACA)

Real Cancillería

Pergaminos de Ramón Berenguer IV, de Alfonso I, de Pedro I.

Registro 2 (1067-1514), 9 (1257-1259), 14 (1262-1272), 40 (1277-1278), 44 (1278-1285), 51 (1281-1284), 80 (1288-1289), 106 (1297), 117 (1300), 123 (1302), 125 (1302), 127 (1303), 164 (1317-1318), 192 (1291-1292), 203 (1305-1307), 287 (1122-1347), 304 (1302-1327), 310 (s. XII-XIV), 913 (1366-1367), 1540 (1354), 2204 (1406-1407).

Varia de Cancillería

no. 4 : *Despeses de la comanda d'Alfambra, entre juliol de 1304 (?) i febrer de l'any següent.*

no. 5 : *El manual de la escribanía pública de Villel (Teruel) de 1277-1302.*

Real Patrimonio

Mestre Racional, Volúmenes, Serie General, 2394 (1342) ; 2407, 1 (1380), 2 (1397), 3 (1396-1398), 4 (1350).

Archivo de la Catedral de Huesca (ACH)

Armario 2, 3, 4, 5, 6, 7, 8, 9 et Extravagantes.

Libro de la cadena.

Lumen ecclesiae.

Archivo Diocesano de Huesca (ADH)

Cartulario de San Pedro el Viejo (Liber instrumentorum sancti Petri veteris Osce).

Archivo Histórico Nacional (AHN)

Sección Clero

Carpeta 593-594 : Dominicos de Huesca

Carpeta 617 : San Vicente de Huesca

Carpeta 621-660 : Montearagón

Carpeta 695-718 : San Juan de la Peña

Carpeta 785-790 : Santa Cruz de la Serós

Sección Órdenes militares, San Juan de Jerusalén, la Castellanía de Amposta

Carpeta 607-615 : Miravet

Carpeta 616 : Alfambra

Carpeta 617-624 : Aliaga

Carpeta 651-652 : Cantavieja

Carpeta 653 : Castellote

Carpeta 665 : Mirambel

Carpeta 676 : Orrios

Carpeta 681 : Temple de Huesca

Carpeta 693 : Villarluengo
Carpeta 694 : Villel
Sección Códices
Legajo 594 : *Cartulario... que contiene... escrituras, desde el año de 1184, hasta el de 1283, correspondientes a la Encomienda de Castellot.* (Encomienda de Castellote)
Legajo 648 : *Cartulario Magno de la Castellanía de Amposta*, t. 1. *Libro verde de Villel.* (Encomienda de Villel)
Legajo 660 et 661 : *Cartulario que contiene diferentes cartas de poblaciones y fueros de lugares pertenencientes antiguamente a la Milicia del Temple, y ahora a la Religión de San Juan de Jerusalén hoy de Malta.* (Encomienda de Cantavieja)
Legajo 663 : *Cartulario... que contiene... escrituras de... la Encomienda llamada... del Temple de Huesca, desde el año de 1148, hasta el de 1273 en cuyo tiempo parece se escribió.* (Encomienda del Temple de Huesca)
Legajo 664 : *Cartulario... que contiene... documentos pertenencientes a la Encomienda de Aliaga.* (Encomienda de Aliaga)
Archivo Municipal de Fuentespalda (AMF), Pergaminos, no. 4 (1188, XI, 24).
Archivo Municipal de Linares de Mora (AML), Pergaminos, no. 1 (1317, VII, 2) et 2 (1333, VII, 13).
Archivo Municipal de Mirambel (AMM), Pergaminos, no. 5 (1317, III, 1).
Archivo Municipal de Puertomingalvo (AMP)
Concejo
Doc. 1 (1356), 2 (1362), 3 (1362), 4 (1363), 5 (s. XIV), 7 (s. XIV), 8 (s. XIV).
Documentación notarial
Protocolo
Doc. 1 (1312), 2 (1313), 3 (1318-1323), 4 (1319), 5 (1319), 6 (1325-1331), 7 (1331), 8 (1334), 9 (1338), 10 (1340), 11 (1340), 12 (1342-1343), 13 (1345), 14 (1346), 15 (1347-1348).
Judiciario
Doc. 28 (1305), 29 (1305), 30 (1305), 31 (1310), 32 (1314), 33 (1315), 34 (1315), 35 (1316), 36 (1316-1318), 37 (1316), 38 (1317), 39 (1318), 40 (1318), 41 (1318), 42 (1319-1320), 43 (1319), 44 (1320), 45 (1320), 46 (1320-1325), 47 (1321), 48 (1322), 49 (1325-1328), 56 (1331), 57 (1332), 58 (1333), 60 (1334).
Archivo Municipal de Rubielos de Mora (AMR), Pergaminos, no. 14 (1366, IX, 1).
Archivo Municipal de Tronchón (AMT), Pergaminos, no. 3 (1296, II, 26), 14 (1331, I, 23), 35 (1348, VI, 11).
Biblioteca Nacional de España (BNE), Mss/690, *Forum Turolii.*
Biblioteca de la Real Academia de la Historia (BRAH), Colección Salazar y Castro, M-80.

刊行史料

R. d'Abadal i de Vinyals, *Catalunya Carolíngia*, I-III, Barcelona, 1926-1958.
P. Aguado Bleye, *Santa María de Salas en el siglo XIII*, Bilbao, 1916.
M. Albareda y Herrera (ed.), *Fuero de Alfambra*, Madrid, 1926.

M. Almagro Basch, *Historia de Albarracín y su sierra*, vol. IV, *El señorío soberano de Albarracín bajo la casa de Lara*, Teruel, 1964.

M. Almagro Basch, *Historia de Albarracín y su sierra*, vol. III, *El señorío soberano de Albarracín bajo los Azagra*, Teruel, 1959.

M. Alvira Cabrer, *Pedro el Católico, Rey de Aragón y Conde de Barcelona (1196–1213). Documentos, testimonios y memoria histórica*, 3 vols., Zaragoza, 2010.

C. Baraut, Els documents [dels segles IX–XII] conservats a l'Arxiu Capitular de la Seu d'Urgell, *Urgellia : anuari d'estudis històrics dels antics comtats de Cerdanya, Urgell i Pallars, d'Andorra i la Vall d'Aran*, II (1979), pp. 7–145 ; III (1980), pp. 24–146 ; IV (1981), pp. 7–186 ; V (1982), pp. 7–158 ; VI (1983), pp. 7–243 ; VII (1984–1985), pp. 7–218 ; VIII (1986–1987), pp. 7–149 ; IX (1988–1989), pp. 7–312 ; X (1990–1991), pp. 7–349, 473–625.

M. D. Barrios Martínez, *Documentos de Montearagón (1058–1205)*, Huesca, 2004.

M. D. Barrios Martínez, *Libro del castillo de Sesa*, Zaragoza, 1982.

M. D. Cabanes Pecourt, *Documentos de Jaime I relacionados con Aragón*, Zaragoza, 2009.

Á. Canellas López, *La colección diplomática de Sancho Ramírez*, Zaragoza, 1993.

Á. Canellas López, *Los cartularios de San Salvador de Zaragoza*, 4 vols., Zaragoza, 1989.

Á. Canellas López, *Colección diplomática del concejo de Zaragoza*, 2 vols., Zaragoza, 1972–1975.

Á. Canellas López, *Colección diplomática de San Andrés de Fanlo (958–1270)*, Zaragoza, 1964.

J. A. del Castillo y de Espital, *Summario del origen y principio y de los privilegios, estatutos y ordenaciones del colegio de los notarios del numero de cuarenta, vulgarmente dichos de caxa, de la ciudat de Çaragoça*, Çaragoça, 1548. Reimpresión facsímil y Prólogo de Ángel San Vicente Pino, Zaragoza, 1995.

R. Chesé Lapeña, *Col·lecció diplomàtica de Sant Pere d'Àger*, 2 vols., Barcelona, 2011.

C. Contel Barea, *El Císter zaragozano en los siglos XIII y XIV. Abadía de Nuestra Señora de Rueda de Ebro*, 2 vols., Zaragoza, 1978, t. 2.

C. Contel Barea, El Císter zaragozano en el siglo XII : abadías predecesoras de Nuestra Señora de Rueda de Ebro, *Cuadernos de historia Jerónimo Zurita*, no. 16–18, 1963–1965, pp. 385–553.

R. Dozy et M. de Goeje, *Description de l'Afrique et de l'Espagne*, Leyden, 1968.

A. Durán Gudiol, *Colección diplomática de la catedral de Huesca*, 2 vols., Zaragoza, 1965–1969.

G. Feliu i J. M. Salarach (dirs.), *Els pergamins de l'Arxiu Comtal de Barcelona de Ramon Borrell a Ramon Berenguer I*, 3 vols., Barcelona, 1999.

A. Gargallo Moya, M. T. Iranzo Muñío y M. J. Sánchez Usón, *Cartulario del Temple de Huesca*, Zaragoza, 1985.

A. J. Gargallo Moya, *El concejo de Teruel en la Edad Media, 1177–1327*, 4 vols., Teruel, 1996–2005, t. 4 : Documentos.

L. González Antón, *Las Uniones aragonesas y las Cortes del reino (1283–1301)*, vol. II : Documentos, Zaragoza, 1975.

F. de la Granja, La Marca Superior en la obra de al-ʻUdrī, *Estudios de Edad Media de la Corona de Aragón*, 8, 1967, pp. 1–99.

E. Guinot i Rodríguez, *Establiments municipals del Maestrat, els Ports de Morella i Llucena (segles XIV–XVIII)*, València, 2006.

E. Guinot i Rodríguez, *Cartes de poblament medievals valencianes*, València, 1991.

P. Huesca, *Teatro histórico de las iglesias del reyno de Aragón*, 7, Pamplona, 1797.
A. Huici Miranda y M. D. Cabanes Pecourt, *Documentos de Jaime I de Aragón*, 5 vols., Zaragoza, 1976–1988.
E. Ibarra y Rodríguez, *Documentos correspondientes al reinado de Ramiro I, desde 1034 hasta 1063*, Zaragoza, 1904.
J. M. Lacarra, *Documentos para el estudio de la reconquista y repoblación del valle del Ebro*, 2 vols., Zaragoza, 1982–1985.
C. Laliena Corbera, *Documentos municipales de Huesca, 1100–1350*, Huesca, 1988.
M. L. Ledesma Rubio, *Cartas de población del reino de Aragón en los siglos medievales*, Zaragoza, 1991.
J. Á. Lema Pueyo, *Colección diplomática de Alfonso I de Aragón y Pamplona* (*1104–1134*), San Sebastián, 1990.
E. Lévi-Provençal, La « Description de l'Espagne » d'Aḥmad al-Rāzī. Essai de reconstitution de l'original arabe et traduction française, *Al-Andalus*, 18, 1953, pp. 51–108.
F. López Rajadel, *Crónicas de los jueces de Teruel* (*1176–1532*), Teruel, 1994.
A. Madrid Medina, *El maestre Juan Fernández de Heredia y el Cartulario Magno de la Castellanía de Amposta* (*tomo II*), 3 vols., Zaragoza, 2012–2017.
P. de Marca, *Marca Hispanica sive limes hispanicus, hoc est, geographica et historica descriptio Cataloniae, Ruscinonis, et circumjacentium popularum* (Paris, 1688), Barcelona, 1998.
Á. J. Martín Duque, *Colección diplomática del monasterio de San Victorián de Sobrarbe* (*1000–1219*), Zaragoza, 2004.
E. Mateo, *Cartulario de la encomienda de Aliaga*, Zaragoza, 1979.
R. Menéndez Pidal, *La España del Cid*, 2 vols., Madrid, 1929.
F. Miquell Rosell, *Liber feudorum mayor*, 2 vols., Barcelona, 1945.
J. Miret i Sans, Inventaris de les cases del Temple de la Corona d'Aragó en 1289, *Boletín de la Real Academia de Buenas Letras de Barcelona*, vol. 6, 1911, pp. 61–75.
T. Navarro, *Documentos lingüísticos del Alto Aragón*, Syracuse, 1957.
P. Ortega Pérez, *Monedaje de las encomiendas hospitalarias de Ascó, Horta y Miravet* (*siglo XIV*), Zaragoza, 1997.
R. Rau, *Quellen zur Karolingischen Reichsgeschichte* (*Fontes ad historiam regni Francorum aevi Karolini illustrandam*), I, Darmstadt, 1987.
J. Rius Serra, *Rationes decimarum Hispaniae* (*1279–1280*), 2 vols., Barcelona, 1947.
J. Rius Serra, *Cartulario de Sant Cugat del Vallès*, 3 vols., Barcelona, 1945–1946.
R. Sáinz de la Maza Lasoli, *La Orden de Santiago en la Corona de Aragón. La encomienda de Montalbán* (*1210–1337*), Zaragoza, 1980.
J. Salarrullana, *Documentos correspondientes al reinado de Sancho Ramírez, desde 1063 hasta 1094. I : documentos reales*, Zaragoza, 1907.
A. I. Sánchez Casabón, *Alfonso II Rey de Aragón, Conde de Barcelona y Marqués de Provenza. Documentos* (*1162–1196*), Zaragoza, 1995.
E. Sarasa Sánchez, *El Privilegio General de Aragón. La defensa de las libertades aragonesas en la Edad Media*, Zaragoza, 1984.
P. Savall y S. Penén, *Fueros, Observancias y Actos de Corte del reyno de Aragón*, Zaragoza, 1866

(reedición facsimilar, Zaragoza, 1992).
S. de la Torre Gonzalo, *El cartulario de la encomienda templaria de Castellote (Teruel), 1184–1283*, Zaragoza, 2009.
Ag. Ubieto Arteta, *Documentos de Sigena*, Valencia, 1972, vol. 1.
Ag. Ubieto Arteta, Documentos para el estudio de la historia aragonesa de los siglos XIII y XIV : monasterio de Santa Clara, de Huesca, *Estudios de Edad Media de la Corona de Aragón*, vol. 8, 1967, pp. 547–701.
Ag. Ubieto Arteta, *Documentos de Casbas*, Valencia, 1966.
A. Ubieto Arteta, *Documentos de Ramiro II de Aragón*, Zaragoza, 1988.
A. Ubieto Arteta, *Documentos reales navarro-aragoneses hasta el año 1004*, Zaragoza, 1986.
A. Ubieto Arteta, *Cartulario de Siresa*, Zaragoza, 1986.
A. Ubieto Arteta, *Jaca. Documentos municipales*, Valencia, 1975.
A. Ubieto Arteta, *Cartulario de Santa Cruz de la Serós*, Valencia, 1966.
A. Ubieto Arteta, *Cartulario de San Juan de la Peña*, 2 vols., Valencia, 1962–1963.
A. Ubieto Arteta, *Colección diplomática de Pedro I de Aragón y Navarra*, Zaragoza, 1951.
A. Virgili, *Diplomatari de la catedral de Tortosa. Episcopat de Gombau de Santa Oliva*, Barcelona, 2001.
A. Virgili, *Diplomatari de la catedral de Tortosa (1062–1193)*, Barcelona, 1997.
R. Viruete Erdozáin, *La colección diplomática del reinado de Ramiro I de Aragón (1035–1064)*, Zaragoza, 2013.
R. Viruete Erdozáin, Los documentos de la Orden militar de Alcalá de la Selva según los cartularios de la abadía aquitana de la Sauve-Majeure, *Revista de historia Jerónimo Zurita*, no. 80–81, 2005–2006, pp. 69–97.
J. F. Yela Utrilla, *El cartulario de Roda*, Lérida, 1932.

図版資料

Mapa general de Aragón y Mapa topográfico de Aragón, escala 1 : 5.000, Departamento de Política Territorial e Interior, Gobierno de Aragón, hoja y ortofoto no. 325–13 (Berbegal), no. 325–27 (Peralta de Alcofea), no. 325–32 (Selgua), no. 326–09 (Castejón del Puente), no. 326–55 (Tamarite de la Litera), no. 326–59 (Varcarca), no. 326–60 (Binéfar), no. 358–02 (Binaced).

カタログ

F. J. Aguirre González, C. Mores Villamate y M. P. Abos Castel, *Catálogo de los Archivos Municipales Turolenses*, 4 vols., Teruel, 1982–1985.
A. Sinués Ruiz y A. Ubieto Arteta, *El patrimonio real en Aragón durante la Edad Media*, Zaragoza, 1986.

研究文献（欧語）

T. Adachi, Une critique génétique du compte seigneurial : idéal et réalité de l'exploitation d'un domaine épiscopal de Huesca au XIIIe siècle, *Entre texte et histoire. Études d'histoire médiévale offertes au professeur Shoichi Sato*, Paris, 2015, pp. 3–18.
T. Adachi, Charters, Cartulary and Family Lineage Re-created : A Genetic Study of the Cathedral

Archive of Huesca from the Twelfth to the Mid-Thirteenth Century, *Configuration du texte en histoire*, Nagoya, 2012, pp. 95–107.

T. Adachi, Documents of Dispute Settlement in Eleventh-Century Aragón and Navarra : King's Tribunal and Compromise, *Imago Temporis. Medium Aevum*, no. 1, 2007, pp. 71–85.

T. Adachi, Documents of Dispute Settlement in Eleventh-Century Aragón : A Genetic Approach, *Genesis of Historical Text : Text/Context*, Nagoya, 2005, pp. 127–136.

T. Adachi, Charters and Community : A Study of Charter Production in Medieval Society, *Journal of Studies for the Integrated Text Science*, vol. 1, no. 1, 2003, pp. 53–61.

I. Alvárez Borge, *Comunidades locales y transformaciones sociales en la Alta Edad Media. Hampshire (Wessex) y el sur de Castilla, un estudio comparativo*, Logroño, 1999.

I. Alvárez Borge, *Monarquía feudal y organización territorial. Alfoces y merindades en Castilla (siglos X–XIV)*, Madrid, 1993.

J. Aparici Martí, Ósmosis socio-económico en territorios limítrofes. La permeabilidad del Maestrazgo turolense y castellonense en los siglos XIV y XV, *Stvdivm. Revista de humanidades*, 16, 2010, pp. 39–56.

Ph. Araguas, Le château de Loarre et les châteaux de la frontière aragonaise au XIe siècle : leur place dans l'arquitecture militaire de l'Occident chrétien, *La Marche Supérieure d'al-Andalus et l'Occident chrétien*, Madrid, 1991, pp. 165–175.

Ph. Araguas, Le réseau castral en Catalogne ver 1350, *Guerre, fortification et habitat dans le monde méditerranéen au Moyen Âge*, Castrum 3 (24–27 novembre 1985), Rome et Madrid, 1988, pp. 113–122.

R. del Arco, Notas históricas de economía oscense, *Argensola*, no. 2, 1950, pp. 101–122.

C. de Ayala Martínez, Frontera y órdenes militares en la Edad Media castellano-leonesa (siglos XII–XIII), *Studia histórica. Historia medieval*, 24, 2006, pp. 87–112.

R. Azuar Ruiz, La taifa de Denia en el comercio mediterraneo del siglo XI, *Anales de la Universidad de Alicante. Historia medieval*, no. 9, 1992–1993, pp. 39–52.

F. Balaguer, La iglesia de San Vicente de Huesca, perteneciente a Roda, y la mezquita de Iben Atalib, *Argensola*, no. 105, 1991, pp. 165–174.

F. Balaguer, Los riegos en la Plana de Huesca, *Argensola*, no. 17, 1954, pp. 49–56.

A. Barbero y M. Vigil, *La formación del feudalismo en la Península Ibérica* (1978), Barcelona, 1986.

X. Barral i Altet, Quelques exemples d'habitat groupé en hauteur en Catalogne (X^e^–XIe siècles), *Structures de l'habitat et occupation du sol dans les pays méditerranéens*, Castrum 2 (12–15 novembre 1984), Rome et Madrid, 1988, pp. 85–96.

Á. Barrios García, Repoblación y feudalismo en las extremaduras, *En torno al feudalism hispánico*, Ávila, 1989, pp. 417–433.

M. D. Barrios Martínez, *Una explotación agrícola en el siglo XIII (Sesa, Huesca)*, Zaragoza, 1983.

D. Barthélemy, *La société dans le comté de Vendôme de l'an mil au XIVe siècle*, Paris, 1993.

R. Bartlett, *The Making of Europe. Conquest, Colonization and Cultural Change, 950–1350*, London, 1993（ロバート・バートレット著／伊藤誓・磯山甚一訳『ヨーロッパの形成—950 年～1350 年における征服，植民，文化変容—』法政大学出版局，2003 年）.

A. Bazzana, P. Guichard et Ph. Sénac, La frontière dans l'Espagne médiéval, *Frontière et peuplement dans le monde méditerranéen au Moyen Âge*, Castrum 4 (18–25 septembre 1988), Rome et

Madrid, 1992, pp. 35–59.

E. Benito Ruano, La encomienda templaria y sanjuanista de Cantavieja (Teruel), *Homenaje a don José María Lacarra de Miguel en su jubilación del profesorado*, 5 vols., Zaragoza, 1977, t. 3, pp. 149–166.

S. P. Bensch, *Barcelona i els seus dirigents, 1096–1291*, Barcelona, 2000.

J. M. Berges Sánchez, La Comunidad de Albarracín : orígenes y evolución durante la Baja Edad Media, *Estudios históricos sobre la Comunidad de Albarracín*, 2 vols., Tramacastilla, 2003, t. 1, pp. 63–200.

P. Bertrand, Jeux d'écriture : censiers, comptabilités, quittances... (France du Nord, XIIIe–XIVe siècles), *Décrire, inventorier, enregistrer entre Seine et Rhin au Moyen Âge*, Paris, 2013, pp. 165–195.

P. Bertrand, À propos de la révolution de l'écrit (X^{e}–XIIIe siècle). Considérations inactuelles, *Médiévales*, 56, 2009, pp. 75–92.

P. Bertrand, C. Bourlet et X. Hélary, Ver une typologie des cartulaires médiévaux, *Les cartulaires méridionaux*, Paris, 2006, pp. 7–20.

Th. N. Bisson, The Problem of Feudal Monarchy : Aragón, Catalonia and France, *Medieval France and her Pyrenean Neighbours*, London, 1989, pp. 237–255.

D. Le Blévec (éd.), *Les cartulaires méridionaux*, Paris, 2006.

M. Bloch, *La société féodale*, 2 vols., Paris, 1939–1940（マルク・ブロック著／堀米庸三監訳『封建社会』岩波書店，1995年）.

M. Bloch, *Les caractères originaux de l'histoire rurale française*, Paris, 1931（マルク・ブロック著／河野健二・飯沼二郎訳『フランス農村史の基本性格』創文社，1994年）.

J. Bolòs, Changes and Survival : The Territory of Lleida (Catalonia) after the Twelfth-Century Conquest, *Journal of Medieval History*, 27, 2001, pp. 313–329.

J. Bolòs, El territori i els seus límits. El poble, la parròquia i el castell a l'Edat Mitjana, *Territori i societat a l'Edat Mitjana*, I, Lleida, 1997, pp. 41–82.

J. Bolòs, Poblament i societat. Transformacions en el tipus d'habitat a Catalunya a l'Edat Mitjana, *Societats en transició. IV Congrés d'Arqueologia Medieval Espanyola*, Alacant, 1994, pp. 331–339.

J. Bolòs, L'habitat dispers a la Catalunya medieval, *Catalunya i França meridional a l'entorn de l'any Mil*, Barcelona, 1991, pp. 261–268.

P. Bonnassie, Les sagreres catalanes : la concentration de l'habitat dans le « cercle de paix » des églises (XIe s.), *Les sociétés de l'an mil. Un monde entre deux âges*, Bruxelles, 2001, pp. 285–315.

P. Bonnassie, El crecimiento agrícola de la alta Edad Media en el sur de Galia y el noreste de la Península Ibérica : cronología, modalidades, límites, *Del esclavismo al feudalismo en Europa occidental*, Barcelona, 1993, pp. 105–135.

P. Bonnassie, Du Rhône à la Galice : genèse et modalités du régime féodal, *Structures féodales et féodalisme dans l'Occident méditerranéen (X^{e}–XIIIe siècles). Bilan et perspectives de recherches* (École française de Rome, 10–13 octobre 1978), Paris, 1980, pp. 17–84.

P. Bonnassie, *La Catalogne du milieu du Xe à la fin du XIe siècle. Croissance et mutations d'une société*, 2 vols., Toulouse, 1975–1976.

P. Bonnassie, Les conventions féodales dans la Catalogne du XIe siècle, *Les structures sociales de l'Aquitaine, du Languedoc et de l'Espagne au premier âge féodal* (Toulouse, 28-31 mars 1968), Paris, 1969, pp. 187-219.

P. Bonnassie et P. Guichard, Les communautés rurales en Catalogne et dans le pays valencien (IXe-milieu XIVe siècle), *Les communautés villageoises en Europe occidentale du Moyen Âge aux Temps Modernes* (Flaran 4), Auch, 1984, pp. 79-115.

M. Bourin, Conclusion, *Les cartulaires méridionaux*, Paris, 2006, pp. 253-268.

M. Bourin-Derruau, Valeur stratégique et valeur symbolique des fortifications castrales en Bas-Languedoc (XIe-XIIIe siècle), *Guerre, fortification et habitat dans le monde méditerranéen au Moyen Âge,* Castrum 3 (24-27 novembre 1985), Rome et Madrid, 1988, pp. 99-106.

M. Bourin-Derruau, *Villages médiévaux en Bas-Languedoc : Genése d'une sociabilité (X[e]-XIVe siècles)*, 2 vols., Tours, 1987.

M. Gramain (Bourin-Derruau), « Castrum », structures féodales et peuplement en Biterrois au XIe siècles, *Structures féodales et féodalisme dans l'Occident méditerranéen (Xe-XIIIe siècles). Bilan et perspectives de recherches* (École française de Rome, 10-13 octobre 1978), Paris, 1980, pp. 119-134.

J. A. Bowman, *Shifting Landmarks, Property, Proof, and Dispute in Catalonia around the Year 1000*, Ithaca, 2004.

P. Buresi, Nommer, penser les frontières en Espagne aux XIe-XIIIe siècles, *Identidad y representación de la frontera en la España medieval (siglos XI-XIV)*, Madrid, 2001, pp. 51-74.

B. Cabañero Subiza, *Los castillos catalanes del siglo X. Circunstancias históricas y cuestiones arquitectónicas*, Zaragoza, 1996.

B. Cabañero Subiza, La defensa del reino de Pamplona-Nájera en el siglo X. Materiales para el estudio de la evolución de sus castillos, *La Marche Supérieur d'al-Andalus et l'Occident chrétien*, Madrid, 1991, pp. 99-119.

B. Cabañero Subiza y F. Galtier Martí, Los primeros castillos de frontera de los Arbas y el Onsella. Problemas metodológicos, *Boletín del Museo e Instituto "Camón Aznar"*, 19, 1985, pp. 59-82.

P. Canut Ledo y C. Laliena Corbera, Linajes feudales y estructuras señoriales en Aragón : el señorío de Valderrobres durante los siglos XII-XIII, *Revista de historia Jerónimo Zurita*, no. 59-60, 1989, pp. 59-88.

F. A. Cardells Martí, Las bases del territorio en la frontera. El caso de la comarca de Valencia en el siglo XIII, *Hacedores de frontera. Estudios sobre el contexto social de la Frontera en la España medieval*, Madrid, 2009, pp. 265-279.

J. Caruana Gómez de Barreda, Una relación inédita de jueces de Teruel, *Cuadernos de historia Jerónimo Zurita*, no. 14-15, 1963, pp. 227-280.

A. Castán Sarasa, *Arquitectura militar y religiosa del Sobrarbe y Serrablo meridional (siglos XI-XIII)*, Huesca, 1988.

J. C. Castillo Armenteros y E. M. Alcázar Hernández, La Campiña del alto Guadalquivir en la Baja Edad Media. La dinámica de un espacio fronterizo, *Studia histórica. Historia medieval*, 24, 2006, pp. 155-196.

P. Chalmeta, El concepto de ṯagr, *La Marche Supérieure d'al-Andalus et l'Occident chrétien*, Madrid, 1991, pp. 15-28.

P. Chastang, Cartulaires, cartularisation et scripturalité médiévale : la structuration d'un nouveau champ de recherche, *Cahiers de civilisation médiévale*, 49, 2006, pp. 21–31.

P. Chastang, *Lire, écrire, transcrire. Le travail des rédacteurs de cartulaires en Bas-Languedoc* (*XI*^{e}*–XIII*^{e} *siècles*), Paris, 2001.

F. Cheyette, The Castles of Trencavels : A Preliminary Aerial Survey, *Order and Innovation in the Middle Ages : Essays in Honor of Joseph R. Strayer*, Princeton, 1976, pp. 255–272.

F. L. Cheyette, *Suum Cuique Tribuere, French Historical Studies*, 6–3, 1970, pp. 287–299（F・L・チェイエット著／図師宣忠訳「「各人にその取り分を」―11–13 世紀南フランスにおける法と紛争解決―」『紛争のなかのヨーロッパ中世』京都大学学術出版会，2006 年，4–22 頁）.

M. T. Clanchy, *From Memory to Written Record. England 1066–1307*, London, 1979.

Á. Conte Cazcarro, *La aljama de moros de Huesca*, Huesca, 1992.

Á. Conte, *La encomienda del Temple de Huesca*, Huesca, 1986.

Á. Conte Cazcarro, Aspectos sociales de la población altoaragonesa a través de la documentación templaria de Huesca, *Argensola*, no. 90, 1980, pp. 261–300.

C. E. Corona, Las tenencias en Aragón desde 1035 a 1134, *Estudios de Edad Media de la Corona de Aragón*, 2, 1946, pp. 379–396.

J. L. Corral Lafuente, *La comunidad de aldeas de Calatayud en la Edad Media*, Calatayud, 2012.

J. L. Corral Lafuente, El impacto social de los fueros de la Extremadura aragonesa, *Los Fueros de Teruel y Albarracín*, Teruel, 2000, pp. 19–30.

J. L. Corral Lafuente, Aldeas contra villas : señorío y comunidades en Aragón (siglos XII–XIV), *Señorío y feudalismo en la Península Ibérica* (*ss. XII–XIX*), 4 vols., Zaragoza, 1993, t. 1, pp. 487–500.

B. Cursente, La Gascogne, *Les sociétés méridionales autour de l'an mil. Répertoire des sources et documents commentés*, Toulouse, 1992, pp. 259–293.

H. Dolset, Vicomtes et vicomtés en Catalogne frontalière aux IXe–XIIe siècles (Barcelona, Gérone, Osone, Tarragone) : territoire et pouvoir, *Vicomtes et vicomtés dans l'Occident médiéval*, Toulouse, 2008, pp. 157–168.

G. Duby, La féodalité ? Une mentalité médiévale, *Annales ESC*, 13–4, 1958, pp. 765–771.

G. Duby, *La société aux XI*^{e} *et XII*^{e} *siècles dans la région mâconnaise* (1953), Paris, 1988.

G. Duby et R. Mandrou, *Histoire de la civilisation française*, t. 1 : *Le Moyen Âge et le XVI*^{e} *siècle*, Paris, 1958.

A. Durán Gudiol, *La judería de Huesca*, Zaragoza, 1985.

A. Durán Gudiol, *Historia de Alquézar*, Zaragoza, 1979.

G. Durand, Les châteaux du Rouergue méridional du IXe au XIe siècle, *Les sociétés méridionales à l'âge féodal* (*Espagne, Italie et sud de la France X*^{e}*–XIII*^{e} *s.*)*. Hommage à Pierre Bonnassie*, Toulouse, 1999, pp. 125–132.

X. Eritja, Estructuració feudal d'un nou territori al segle XII : L'exemple de Lleida, *El feudalisme comptat i debatut*, València, 2003, pp. 293–314.

X. Eritja Ciuró, *De l'almunia a la turris : organització de l'espai a la regió de Lleida* (*segles XI–XIII*), Lleida, 1998.

X. Eritja Ciuró, Les *turres-almuniae* d'Avinganya, *Territori i societat a l'Edat Mitjana*, I, Lleida,

1997, pp. 179–189.
J. Escalona et H. Sirantoine (dir.), *Chartes et cartulaires comme instruments de pouvoir. Espagne et Occident chrétien (VIIIe–XIIe siècles)*, Toulouse, 2013.
C. Esco Sampériz, *El monasterio de Montearagón en el siglo XIII. Poder político y dominios eclesiásticos en el Alto Aragón*, Huesca, 1987.
C. Esco Sampériz, Alfares, alfareros y producción cerámica en la Huesca medieval, siglos X–XV, *Bolskan. Revista de arqueología oscene*, no. 3, 1986, pp. 169–196.
C. Esco et Ph. Sénac, Le peuplement musulman dans le district de Huesca (VIIIe–XIIe siècles), *La Marche Supérieure d'al-Andalus et l'Occident chrétien*, Madrid, 1991, pp. 51–65.
C. Estepa Díez, Formación y consolidación del feudalismo en Castilla y León, *En torno al feudalismo hispánico*, Ávila, 1989, pp. 159–256.
V. Farías Zurita, La proclamació de la pau i l'edificació dels cementiris. Sobre la difusió de les sagreres als bisbats de Barcelona i Girona (segles XI–XIII), *Les sagreres a la Catalunya medieval*, Girona, 2007, pp. 13–84.
G. Feliu i Montfort, La población, *Historia de España*, VII, *La España cristiana de los siglos VIII al XI*, t. 2, *Los núcleos pirenaicos (718–1035). Navarra, Aragón, Cataluña*, Madrid, 1999, pp. 361–392.
G. Feliu, La pagesia catalana abans de la feudalització, *Anuario de estudios medievales*, 26/1, 1996, pp. 19–41.
L. Feller, Enrichissement, accumulation et circulation des biens. Quelques problèmes liés au marché de la terre, *Le marché de la terre au Moyen Âge*, Rome, 2005, pp. 3–28.
L. Feller, Pour une étude du fonctionnement des marchés fonciers durant le haut Moyen Âge. Éléments d'une problématique, *Les sociétés méridionales à l'âge féodal (Espagne, Italie et sud de la France X^{e}–XIIIe s.). Hommage à Pierre Bonnassie*, Toulouse, 1999, pp. 27–33.
L. Feller, Achats de terres, politiques matrimoniales et liens de clientele en Italie centro-méridionale dans la seconde moitié du IXe siècle, *Campagnes médiévales : l'homme et son espace. Études offertes à Robert Fossier*, Paris, 1995, pp. 425–438.
L. Feller et C. Wickham (éd.), *Le marché de la terre au Moyen Âge*, Rome, 2005.
A. Ferreiro, The Siege of Barbastro 1064–1065 : A Reassessment, *Journal of Medieval History*, 9, 1983, pp. 129–144.
M. T. Ferrer i Mallol, Boscos i deveses a la Corona catalanoaragonesa (segles XIV–XV), *Anuario de estudios medievales*, 20, 1990, pp. 485–539.
R. Ferrer Navarro, Repoblación y feudalismo en el reino de Valencia, *En torno al feudalismo hispánico*, Ávila, 1989, pp. 401–416.
R. Ferrer Navarro, Estudio cuantitativo y cualitativo de los cultivos en Huesca. Siglos XII y XIII, *Actas del VII Congreso Internacional de Estudios Pirenaicos* (Seu d'Urgell, 16–21 septiembre 1974), Jaca, 1983, pp. 201–212.
F. Fité, *Arquitectura i repoblació en la Catalunya dels segles VIII–XI. Els orígens i l'evolució de l'arquitectura militar en les àrees de frontera, amb una atenció preferent per la zona del Montsec, a la Catalunya de Ponent*, Lleida, 1993.
F. Fité i Llevot, *Reculls d'història de la Vall d'Àger. I-període antic i medieval*, Àger, 1985.
A. J. Forey, *The Templars in the Corona de Aragón*, London, 1973.

L. J. Fortún, *Leire, un señorío monástico en Navarra (siglos IX–XIX)*, Pamplona, 1993.
R. Fossier, *Enfance de l'Europe*, 2 vols., Paris, 1982.
G. Fournier, Châteaux et peuplements au Moyen Âge. Essai de synthèse, *Châteaux et peuplements en Europe occidentale du Xᵉ au XVIIIᵉ siècle* (Flaran 1), Auch, 1980, pp. 131–144.
P. Freedman, *Tradició i regeneració a la Catalunya medieval. La diocèsi de Vic*, Barcelona, 1985.
F. Galtier Martí, *La Extrematura de Hispania.* Algunos aspectos de la vida cotidiana en las fronteras aragonesas del año mil, *La Marche Supérieure d'al-Andalus et l'Occident chrétien*, Madrid, 1991, pp. 149–164.
F. Galtier Martí, El verdadero castillo de Samitier, *Turiaso*, 7, 1987, pp. 159–194.
F. -L. Ganshof, *Qu'est-ce que la féodalité ?*, Bruxelles, 1944.
J. Á. García de Cortázar, Estructuras sociales y relaciones de poder en León y Castilla en los siglos VIII a XII : la formación de una sociedad feudal, *Il feudalismo nell'alto medioevo* (Settimane 47), Spoleto, 2000, t. 2, pp. 497–568.
J. Á. García de Cortázar, Organización del espacio, organización del poder entre el Cantábrico y el Duero en los siglos VIII a XIII, *Del Cantábrico al Duero : trece estudios sobre organización social del espacio en los siglos VIII a XIII*, Santander, 1999, pp. 15–48.
J. Á. García de Cortázar, Sánchez Albornoz y la repoblación del valle del Duero, *Sánchez Albornoz a debate : Homenaje de la Universidad de Valladolid con motivo de su centenario*, Salamanca, 1993, pp. 33–44.
J. Á. García de Cortázar, *La sociedad rural en la España medieval* (1988), Madrid, 1990.
J. Á. García de Cortázar, Les communautés villageoises du nord de la Péninsule Ibérique au Moyen Âge, *Les communautés villageioses en Europe occidentale du Moyen Âge aux Temps Modernes* (Flaran 4), Auch, 1984, pp. 55–77.
J. Á. García de Cortázar y R. de Aguirre, De una sociedad de frontera (el valle del Duero en el siglo X) a una frontera entre sociedades (el valle del Tajo en el siglo XII), *Las sociedades de frontera en la España medieval*, Zaragoza, 1993, pp. 51–68.
M. García Guatas, El castillo de Abizanda, en la frontera de la reconquista aragonesa, *Homenaje a don José María Lacarra de Miguel en su jubilación del profesorado*, 5 vols., Zaragoza, 1977, t. 1, pp. 121–133.
P. García Mouton, Los franceses en Aragón (siglos XI–XIII), *Archivo de filología aragonesa*, vol. 26–27, 1980, pp. 7–98.
A. J. Gargallo Moya, *El concejo de Teruel en la Edad Media, 1177–1327*, 4 vols., Teruel, 1996–2005.
A. J. Gargallo Moya, M. T. Iranzo Muñío y M. J. Sánchez Usón, Aportación al estudio del dominio del Temple de Huesca, *Aragón en la Edad Media*, no. 4, 1981, pp. 7–56.
J. Gautier-Dalché, Reconquête et structures de l'habitat en Castille, *Guerre, fortification et habitat dans le monde méditerranéen au Moyen Âge*, Castrum 3 (24–27 novembre 1985), Rome et Madrid, 1988, pp. 199–206.
P. J. Geary, Vivre en conflit dans une France sans État : typologie des mécanismes de réglement des conflits (1050–1200), *Annales ESC*, 41–5, 1986, pp. 1107–1133 (P・J・ギアリ著／杉崎泰一郎訳「紛争に満ちた中世フランス社会」『死者と生きる中世—ヨーロッパ封建社会における死生観の変遷—』白水社, 1999 年, 130–161 頁).
J. Giralt i Balagueró, Fortificacions andalusines a la Marca Superior d'al-Andalus : Aproximació a

l'estudi de la zona nord del districte de Lleida, *La Marche Supérieure d'al-Andalus et l'Occident chrétien*, Madrid, 1991, pp. 67–76.

Th. F. Glick, *From Muslim Fortress to Christian Castle. Social and Cultural Change in Medieval Spain*, Manchester, 1995.

J. V. Gómez Bayarri, Cartas pueblas valencianas concedidas a fueros aragoneses, *Aragón en la Edad Media*, no. 20, 2008, pp. 391–412.

L. González Antón, *Las Uniones aragonesas y las Cortes del reino (1283–1301)*, 2 vols., Zaragoza, 1975.

F. de Gournay, La mutation de la viguerie en Rouergue (IXe–XIIe s.), *Les sociétés méridionales à l'âge féodal (Espagne, Italie et sud de la France X^{e}–XIIIe s.). Hommage à Pierre Bonnassie*, Toulouse, 1999, pp. 245–249.

E. Guinot i Rodríguez, Colonización feudal y génesis de las villas-mercado al sur de la Corona de Aragón : la región de Morella y el Maestrazgo de Castellón en la coyuntura del 1300, *Dynamiques du monde rural dans la conjoncture de 1300 : échanges, prélèvements et consommation en Méditerranée occidentale*, Rome, 2014, pp. 339–363.

E. Guinot i Rodríguez, La implantació de la societat feudal al País Valencià del segle XIII : la gènesi de les senyories i l'establiment de les terres, *El temps i l'espai del feudalisme*, Lleida, 2004, pp. 421–442.

E. Guinot i Rodríguez, Origen i evolució del feudalisme al Maestrat de Castelló (segles XIII–XIV), *La formació i expansió del feudalisme català* (Estudi General, no. 5–6), Girona, 1986, pp. 311–323.

O. Guyotjeannin, M. Parisse et L. Morelle, *Les cartulaires, actes de la table ronde organisé par l'École nationale des chartes et le G.D.R. 121 du C.N.R.S.* (Paris, 5–7 décembre 1991), Paris, 1993.

E. de Hinojosa, Mezquinos y exaricos. Datos para la historia de la servidumbre en Navarra y Aragón, *Homenaje a don Francisco Codera en su jubilación del profesorado*, Zaragoza, 1904, pp. 523–531.

M. T. Iranzo Muñío, *Élites políticas y gobierno urbano en Huesca en la Edad Media*, Huesca, 2005.

M. T. Iranzo Muñío, Ciudad, ideología urbana y poder político en Huesca (siglos XII–XIV), *XVII Congrés d'Història de la Corona d'Aragó. El món urbà a la Corona d'Aragó del 1137 als decrets de nova planta*, 3 vols., Barcelona, 2003, t. 3, pp. 421–435.

M. T. Iranzo Muñío, Asistencia pública y segregación social : el hospital de leprosos en Huesca, siglos XI–XIV, *Homenaje a don Antonio Durán Gudiol*, Huesca, 1995, pp. 467–482.

M. T. Iranzo Muñío y C. Laliena Corbera, El acceso al poder de una oligarquía urbana : el concejo de Huesca (siglos XII–XIII), *Aragón en la Edad Media*, no. 6, 1984, pp. 47–66.

A. Isla Frez, *La sociedad gallega en la Alta Edad Media*, Madrid, 1992.

F. Jiménez Alcázar, La frontera occidental del reino de Murcia en el contexto de la intervención aragonesa : defensa y repoblación (1270–1340), *Anales de la Universidad de Alicante. Historia medieval*, no. 11, 1996–1997, pp. 229–240.

A. J. Kosto, *Making Agreements in Medieval Catalonia. Power, Order, and the Written Word, 1000–1200*, Cambridge, 2001.

A. J. Kosto, The *Convenientia* in the Early Middle Ages, *Medieval Studies*, 60, 1998, pp. 1–54.

A. J. Kosto, The « Convenientiae » of the Catalan Counts in the Eleventh Century : A Diplomatic and

Historical Analysis, *Acta historica et archaeologica medievalia*, 19, 1998, pp. 191-228.
J. M. Lacarra, Un arancel de aduanas del siglo XI, *Estudios dedicados a Aragón de José María Lacarra*, Zaragoza, 1987, pp. 47-64.
J. M. Lacarra, La Reconquista y repoblación del valle del Ebro, *Estudios dedicados a Aragón de José María Lacarra*, Zaragoza, 1987, pp. 195-242.
J. M. Lacarra, *Aragón en el pasado*, Madrid, 1979.
J. M. Lacarra, 'Honores' et 'tenencias' en Aragon (XIe siècle), *Les structures sociales de l'Aquitaine, du Languedoc et de l'Espagne au premier âge féodal* (Toulouse, 28-31 mars 1968), Paris, 1969, pp. 485-519.
J. M. Lacarra, Les villes-frontière dans l'Espagne des XIe et XIIe siècles, *Le Moyen Âge*, 69, 1963, pp. 205-222.
J. M. Lacarra, À propos de la colonisation"franca"en Navarre et en Aragon, *Annales du Midi*, t. 65, no. 23, 1953, pp. 331-342.
J. M. Lacarra, Desarrollo urbano de Jaca en la Edad Media, *Estudios de Edad Media de la Corona de Aragón*, 4, 1951, pp. 139-155.
J. M. Lacarra, La repoblación del camino de Santiago, *La reconquista española y repoblación del país*, Zaragoza, 1951, pp. 223-232.
J. M. Lacarra, La repoblación de las ciudades en el camino de Santiago : su trascendencia social, cultural y económica, *Las peregrinaciones a Santiago de Compostela*, 3 vols., Madrid, 1948, t.1, pp. 465-497.
M. Á. Ladero Quesada, Sociedad feudal y señoríos en Andalucía, *En torno al feudalismo hispánico*, Ávila, 1989, pp. 435-473.
C. Laliena Corbera, El impacto del impuesto sobre las economías campesinas de Aragón en vísperas de la Unión (1277-1283), *Dynamiques du monde rural dans la conjoncture de 1300 : échanges, prélèvements et consommation en Méditerranée occidentale*, Rome, 2014, pp. 561-604.
C. Laliena Corbera, *Siervos medievales de Aragón y Navarra en los siglos XI-XIII*, Zaragoza, 2012.
C. Laliena Corbera, Transformación social y revolución comercial en Aragón : treinta años de investigación, *Una economía integrada. Comercio, instituciones y mercados en Aragón, 1300-1500*, Zaragoza, 2012, pp. 13-68.
C. Laliena Corbera, Développement économique, marché céréalier et disettes en Aragón et en Navarre, 1280-1340, *Les disettes dans la conjuncture de 1300 en Méditérranée occidentale*, Rome, 2011, pp. 277-308.
C. Laliena Corbera, Dinámicas de crisis : la sociedad rural aragonesa al filo de 1300, *La Corona de Aragón en el centro de su historia, 1208-1458 : aspectos económicos y sociales*, Zaragoza, 2010, pp. 61-88.
C. Laliena Corbera, El desarrollo de los mercados en una economía regional : el Bajo Aragón, 1250-1330, *Crecimiento económico y formación de los mercados en Aragón en la Edad Media (1200-1350)*, Zaragoza, 2009, pp. 187-231.
C. Laliena Corbera, *Sistema social, estructura agraria y organización del poder en el Bajo Aragón en la Edad Media (siglos XII-XV)*, Teruel, (1.ª ed. : 1987) 2.ª ed. revisada y ampliada : 2009.
C. Laliena Corbera, Licencias para la exportación de cereal de Aragón y Cataluña a mediados del siglo XIII, *Aragón en la Edad Media*, no. 20, 2008, pp. 445-456.

C. Laliena Corbera, Repartos de tierras en el transcurso de la conquista feudal del valle del Ebro (1080-1160), *Repartiments medievals a la Corona d'Aragó (segles XII-XIII)*, València, 2007, pp. 17-50.

C. Laliena Corbera, Tierra, poblamiento y renta señorial. Una revisión de problemas generales sobre la organización social del espacio en el valle del Ebro del siglo XII, *Las Cinco Villas aragonesas en la Europa de los siglos XII y XIII*, Zaragoza, 2007, pp. 129-150.

C. Laliena Corbera, Guerra sagrada y poder real en Aragón y Navarra en el transcurso del siglo XI, *Guerre, pouvoirs et idéologies dans l'Espagne chrétienne aux alentours de l'an mil*, Turnhout, 2005, pp. 97-112.

C. Laliena Corbera, Expansión territorial, ruptura social y desarrollo de la sociedad feudal en el Valle del Ebro, *De Toledo a Huesca. Sociedades medievales en transición a finales del siglo XI (1080-1100)*, Zaragoza, 1998, pp. 199-227.

C. Laliena Corbera, Castillos y territorios castrales en el Valle del Ebro en el siglo XII, *La fortaleza medieval : realidad y símbolo : Actas*, Alicante, 1998, pp. 31-45.

C. Laliena Corbera, *La formación del Estado feudal. Aragón y Navarra en la época de Pedro I*, Huesca, 1996.

C. Laliena Corbera, La articulación del espacio aragonés y el Camino de Santiago, *El Camino de Santiago y la articulación del espacio hispánico*, Pamplona, 1994, pp. 85-128.

C. Laliena Corbera, La sociedad aragonesa en la época de Sancho Ramírez (1050-1100), *Sancho Ramírez, rey de Aragón, y su tiempo (1064-1094)*, Huesca, 1994, pp. 65-80.

C. Laliena Corbera, Los regadíos medievales en Huesca : agua y desarrollo social, siglos XII-XV, *Agua y progreso social : siete estudios sobre el regadío en Huesca, siglos XII-XX*, Huesca, 1994, pp. 19-44.

C. Laliena Corbera, Una revolución silenciosa. Transformaciones de la aristocracia navarro-aragonesa bajo Sancho el Mayor, *Aragón en la Edad Media*, no. 10-11, Zaragoza, 1993, pp. 481-502.

C. Laliena Corbera, La formación de las estructuras señoriales en Aragón (ca. 1083-ca. 1206), *Señorío y feudalismo en la Península Ibérica*, 4 vols., Zaragoza, 1993, t. 1, pp. 553-586.

C. Laliena Corbera, La formación de la sociedad cristiana en el Pirineo central aragonés, *Frontière et espaces pyrénéens au Moyen Âge*, Perpignan, 1992, pp. 64-94.

C. Laliena Corbera, Estrategías artesanales en la época de formación de los oficios. Los zapateros de Huesca, siglos XIII-XIV, *Anuario de estudios medievales*, 18, 1988, pp. 181-191.

C. Laliena Corbera, El viñedo suburbano de Huesca en el siglo XII, *Aragón en la Edad Media*, no. 5, 1983, pp. 23-44.

C. Laliena Corbera, Los molineros de Huesca en 1271. Un ensayo de organización corporativa, *Argensola*, no. 91, 1981, pp. 17-26.

C. Laliena Corbera y M. Lafuente Gómez (ed.), *Consumo, comercio y transformaciones culturales en la Baja Edad Media : Aragón, siglos XIV-XV*, Zaragoza, 2016.

C. Laliena Corbera y M. Lafuente Gómez (ed.), *Una economía integrada. Comercio, instituciones y mercados en Aragón, 1300-1500*, Zaragoza, 2012.

C. Laliena Corbera y J. M. Ortega Ortega, Villas nuevas y morfogénesis del poblamiento agrupado en el Bajo Aragón (siglos XII-XIII), *Boletín Arkeolan*, 14, 2006, pp. 163-182.

C. Laliena Corbera y J. F. Utrilla Utrilla, Reconquista y repoblación. Morfogénesis de algunas

comunidades rurales altoaragonesas en el siglo XII, *Aragón en la Edad Media*, no. 13, 1997, pp. 5–40.

C. Laliena Corbera et Ph. Sénac, *Musulmans et chrétiens dans le haut Moyen Âge : aux origines de la reconquête aragonaise*, Paris, 1991.

C. Laliena Corbera y M. T. Iranzo Muñío, El grupo aristocrático en Huesca en la Baja Edad Media : bases sociales y poder político, *Les sociétés urbaines en France méridionale et en Péninsule Ibérique au Moyen Âge*, Paris, 1991, pp. 183–202.

J. Lalinde Abadía, *Los Fueros de Aragón*, Zaragoza, 1985.

V. Lamazou-Duplan et E. Ramírez Vaquero (éd.), *Les cartulaires médiévaux. Écrire et conserver la mémoire du pouvoir, le pouvoir de la mémoire*, Pau, 2013.

P. Lara Izquierdo, *Sistema aragonés de pesos y medidas. La metrología histórica aragonesa y sus relaciones con la castellana*, Zaragoza, 1984.

J. J. Larrea, La condición del campesinado navarro-aragonés entre los siglos IX y XII : una revisión crítica, *En la España medieval*, 29, 2006, pp. 383–409.

J. J. Larrea, *La Navarre du VIe au XIIe siècle. Peuplement et société*, 1998, Bruxelles.

C. Lauranson-Rosaz, L'Auvergne, *Les sociétés méridionales autour de l'an mil. Répertoire des sources et documents commentés*, Toulouse, 1992, pp. 13–54.

C. Lauranson-Rosaz, *L'Auvergne et ses marges (Velay, Gévaudan) du VIIIe au XIe siecle. La fin du monde antique ?*, Le Puy-en-Velay, 1987.

M. L. Ledesma Rubio, Los mudéjares y la fiscalidad, *Estudios sobre los mudéjares en Aragón*, Zaragoza, 1996, pp. 21–35.

M. L. Ledesma Rubio, El urbanismo en las morerías, *Estudios sobre los mudéjares en Aragón*, Zaragoza, 1996, pp. 55–73.

M. L. Ledesma Rubio, *Las órdenes militares en Aragón*, Zaragoza, 1994.

M. L. Ledesma Rubio, La formación de un señorío templario y su organización económica y social. La encomienda de Villel, *Príncipe de Viana*, no. 2–3, 1986, pp. 441–462.

M. L. Ledesma Rubio, La colonización del Maestrazgo turolense por los templarios, *Aragón en la Edad Media*, no. 5, 1983, pp. 69–94.

M. L. Ledesma Rubio, *La encomienda de Zaragoza de la Orden de San Juan de Jerusalén*, Zaragoza, 1967.

J.-F. Lemarignier, *Structures politiques et religieuses dans la France du haut Moyen Âge. Recueil d'articles rassemblés par ses disciples*, Paris, 1995.

A. Magallón y P. Sillières, El municipium Labitulosanum (La Puebla de Castro, Huesca), *Lux Ripacurtiae*, Graus, 1997, pp. 57–62.

A. Magallón y P. Sillières, Labitolosa (Cerro del Calvario, La Puebla de Castro, Huesca). Informe de la campaña de excavaciones de 1994, *Bolskan. Revista de arqueología oscense*, 11, 1994, pp. 89–132.

A. Magallón y P. Sillières, Labitolosa (La Puebla de Castro, Huesca). Informe de la campaña de excavación de 1991, *Arqueología aragonesa 1991*, Zaragoza, 1994, pp. 155–167.

E. Magnou-Nortier, La terre, la rente et le pouvoir dans les pays de Languedoc pendant le haut Moyen Âge (2e partie). La question du manse et de la fiscalité foncière en Languedoc pendant le haut Moyen Âge, *Francia*, Band 10, 1982, pp. 21–66.

E. Magnou-Nortier, *La société laïque et l'Église dans la province ecclésiastique de Narbonne (zone cis-pyrénéenne) de la fin du VIIIe à la fin du XIe siècle*, Toulouse, 1974.

R. Martí, L'ensagrerament : utilitats d'un concept, *Les sagreres a la Catalunya medieval*, Girona, 2007, pp. 85–201.

R. Martí, Palaus o almúnies fiscals a Catalunya i al-Andalus, *Les sociétés méridionales à l'âge féodal, Hommage à Pierre Bonnassie*, Toulouse, 1999, pp. 63–70.

A. Martín Costea y A. Serrano Ferrer, *Camarón : historia y arqueología de una villa medieval y su entorno*, Mas de las Matas, 1984.

Á. J. Martín Duque, El dominio del monasterio de San Victorián de Sobrarbe en Huesca durante el siglo XII, *Argensola*, no. 30, 1957, pp. 1–108.

I. Martín Viso, *Capere vel populare*. Formación y desarrollo de una frontera feudal entre el Duero y el Tajo (siglos XI–XII), *Balaguer, 1105. Cruïlla de civilitzacions*, Lleida, 2007, pp. 177–223.

I. Martín Viso, Castillos, poder feudal y reorganización espacial en la Transierra madrileña (siglos XII–XIII), *Espacio, tiempo y forma. Serie III, Historia medieval*, no. 13, 2000, pp. 177–214.

P. Martínez Sopena, La organización social de un espacio regional : la Tierra de Campos en los siglos X a XIII, *Del Cantábrico al Duero : trece estudios sobre organización social del espacio en los siglos VIII a XIII*, Santander, 1999, pp. 437–474.

A. Mas Forners i R. Soto i Company, El Repartiment de Mallorca : diversitat de fonts i d'interpretacions metrològiques, *Repartiments medievals a la Corona d'Aragó (segles XII–XIII)*, València, 2007, pp. 75–113.

F. Mate y Llopis, Del dinero de vellón al gros, en Cataluña, Valencia y Murcia. De 1291 a 1327 (Notas y documentos), *Homenaje al profesor Cayetano de Mergelina*, Murcia, 1962, pp. 577–611.

J. Mattoso, Grupos sociais na fronteira portuguesa, séculos X a XIII, *Las sociedades de frontera en la España medieval*, Zaragoza, 1993, pp. 111–124.

A. Medina Gómez, *Monedas hispano-musulmanas*, Toledo, 1992.

J. Medrano Adán, Poblamiento, ferias y mercados en el Maestrazgo turolense, siglos XIII y XIV, *Crecimiento económico y formación de los mercados en Aragón en la Edad Media (1200–1350)*, Zaragoza, 2009, pp. 123–185.

J. Medrano Adán, *Puertomingalvo en el siglo XV. Iniciativas campesinas y sistema social en la montaña turolense*, Teruel, 2006.

C. Mendo Carmona, El cartulario como instrument archivístico, *Signo. Revista de historia de la cultura escrita*, 15, 2005, pp. 119–137.

J. M. Mínguez, *Las sociedades feudales, 1. Antecedentes, formación y expansión (siglos VI a XIII)*, Madrid, 1994.

J. M. Mínguez, Antecedentes y primeras manifestaciones del feudalismo astur-leonés, *En torno al feudalismo hispánico*, Ávila, 1989, pp. 87–120.

J. Miret i Sans, *Les cases de Templers i Hospitalers a Catalunya. Aplec de noves i documents històrics*, Barcelona, 1910.

J. L. de la Montaña Conchiña, Poblamiento y ocupación del espacio : el caso extremeño (siglos XII–XIV), *Revista de estudios extremeños*, vol. 60, no. 2, 2004, pp. 569–596.

L. Morelle, Comment inspirer confiance ? Quelques remarques sur l'autorité des cartulaires, *Chartes et cartulaires comme instruments de pouvoir. Espagne et Occident chrétien (VIIIe–XIIe siècles)*,

Toulouse, 2013, pp. 153–163.

A. M. Mundó, Le statut du scripteur en Catalogne du IXe au XIe siècle, *Le statut du scripteur au Moyen Âge. Actes du XIIe colloque scientifique du Comité international de paléographie latine*, Paris, 2000, pp. 21–28.

A. M. Mundó, El jutge Bonsom de Barcelona, cal·lígraf i copista del 979 al 1024, *Scribi e colofoni. Le sottoscrizioni di copisti dalle origini all'avvento della stampa*, Spoleto, 1995, pp. 269–288.

A. Naval Mas, *Huesca, ciudad fortificada*, Huesca, 1997.

A. Naval Mas, El urbanismo medieval (siglos XII al XV). Huesca, ciudad fortificada, *Huesca. Historia de una ciudad*, Huesca, 1990, pp. 193–216.

G. Navarro, C. Villanueva y F. Vicente, Las órdenes militares en el reino de Aragón. Un análisis concreto sobre la bailía de Cantavieja, *Cuadernos del Centro de Estudios de Monzón y Cinca Medio*, no. 41, 2015, pp. 65–77.

L. H. Nelson, Three Documents from Huesca (1158–1207), O. R. Constable (ed.), *Medieval Iberia. Readings from Christian, Muslim, and Jewish Sources*, Philadelphia, 1997, pp. 242–246.

L. H. Nelson, Jofre Isaac and the Weight of Tradition (1140–1185), http://www.vlib.us/medieval/lectures/jofre_isaac.html.

C. Orcástegui Gros, La reglamentación del impuesto del monedaje en Aragón en los siglos XIII–XIV, *Aragón en la Edad Media*, no. 5, 1983, pp. 113–122.

J. M. Ortega Ortega, Una inestable frontera feudal : el caso de Castellote (ca. 1150–1180), *Baylías. Año 2010. Miscelánea del Centro de Estudios del Maestrazgo Turolense*, 2011, pp. 29–46.

J. M. Ortega Ortega, Mercado sin competencia : poblamiento, trashumancia y escenarios de intercambio en el horizonte de 1300. El caso del Aragón meridional, *Crecimiento económico y formación de los mercados en Aragón en la Edad Media (1200–1350)*, Zaragoza, 2009, pp. 277–318.

P. Ourliac, La « convenientia », *Études d'histoire du droit médiéval*, Paris, 1979, pp. 243–252.

M. Pallarés Gil, La restauración aragonesa bajo Alfonso el Casto (continuación), IV, *Boletín de historia y geografía del Bajo-Aragón*, año 2, número 6, 1908, pp. 271–284.

J. Passini, L'habitat fortifié dans la Canal de Berdún, Aragon, Xe–XIIIe siècles, *Guerre, fortification et habitat dans le monde méditerranéen au Moyen Âge*, Castrum 3 (24–27 novembre 1985), Rome et Madrid, 1988, pp. 91–98.

E. Pastor Díez de Garayo, *Castilla en el tránsito de la Antigüedad al feudalismo. Poblamiento, poder político y estructura social del Arlanza al Duero (siglos VII–XI)*, Valladolid, 1996.

R. Pastor, E. Pascua Echegaray, A. Rodríguez López y P. Sánchez León, *Transacciones sin mercado : instituciones, propiedad y redes sociales en la Galicia monástica. 1200–1300*, Madrid, 1999, pp. 17–28.

R. Pastor y A. Rodríguez López, Compraventa de tierras en Galicia. Microanálisis de la documentación del monasterio de Oseira. Siglo XIII, *Hispania*, LV/3, núm. 191, 1995, pp. 953–1024.

E. Peña Bocos, *La atribución social de espacio en la Castilla altomedieval. Una nueva aproximación al feudalismo peninsular*, Salamanca, 1995.

H. Pirenne, *Les ville et les institutions urbaines*, Paris, 1939（アンリ・ピレンヌ著／佐々木克巳訳『中世都市論集』創文社，1988 年）.

H. Pirenne, *Mahomet et Charlemagne*, Paris, 1937（アンリ・ピレンヌ著／増田四郎監修・中村宏・佐々木克巳訳『ヨーロッパ世界の誕生―マホメットとシャルルマーニュ―』創文社，1960年）.

H. Pirenne, *Les villes du Moyen Âge : essai d'histoire économique et sociale*, Bruxelles, 1927（アンリ・ピレンヌ著／佐々木克巳訳『中世都市―社会経済史的試論―』創文社，1970年）.

J. -P. Poly, M. Aurell et D. Iogna-Prat, La Provence, *Les sociétés méridionales autour de l'an mil. Répertoire des sources et documents commentés*, Toulouse, 1992, pp. 327-434.

M. Pons Tovar, *Estudio lingüístico de las ordenanzas sevillanas*, thesis doctoral (Universidad de Málaga), 2007.

C. Rebassa Vaquer, La manufactura tèxtil en l'àmbit rural dels Ports de Morella (segles XIV-XV), *Millars : Espai i història*, no. 29, 2006, pp. 151-174.

A. Ríos Conejero, El poder de la oligarquía urbana de Teruel durante la Baja Edad Media, *Aragón en la Edad Media*, no. 27, 2016, pp. 271-297.

M. Riu i Riu, Castells i fortificacions menors : llurs orígens, paper, distribució i formes de possessió, *Catalunya i França meridional a l'entorn de l'any Mil*, Barcelona, 1991, pp. 248-260.

M. Riu i Riu, El feudalismo en Cataluña, *En torno al feudalismo hispánico*, Ávila, 1989, pp. 375-400.

M. Riu i Riu, L'aportació de l'arqueologia a l'estudi de la formació i expansió del feudalisme català, *La formació i expansió del feudalisme català* (Estudi General, no. 5-6), Girona, 1985-1986, pp. 27-45.

E. Rodríguez Díaz y A. C. García Martínez (ed.), *La escritura de memoria : los cartularios*, Huelva, 2011.

V. Royo Pérez, Elits rurals i xarxes mercantils al nord del País Valencià baixmedieval. El comerç i la manufactura de llana a Vilafranca (1393-1412), *Recerques*, 60, 2010, pp. 25-56.

A. Rubio Vela, Trigo de Aragón en la Valencia del trescientos, *Crecimiento económico y formación de los mercados en Aragón en la Edad Media (1200-1350)*, Zaragoza, 2009, pp. 319-367.

F. Ruiz Gómez, La Mancha en el siglo XII : sociedades, espacios, culturas, *Studia histórica. Historia medieval*, no. 24, 2006, pp. 113-126.

J. I. Ruiz de la Peña, La organización social del espacio asturiano en la Alta Edad Media (718-1230), *Del Cantábrico al Duero : trece estudios sobre organización social del espacio en los siglos VIII a XIII*, Santander, 1999, pp. 413-435.

J. I. Ruiz de la Peña, Ciudades y sociedades urbanas en la frontera castellano-leonesa (1085-1250, circa), *Las sociedades de frontera en la España medieval*, Zaragoza, 1993, pp. 81-109.

M. del Rosario Pérez Centeno, *Ciudad y territorio en la Hispania del siglo III D.C.*, Valladolid, 1999.

F. Sabaté, Frontera peninsular e identidad (siglos IX-XII), *Las Cinco Villas aragonesas en la Europa de los siglos XII y XIII*, Zaragoza, 2007, pp. 47-94.

F. Sabaté, Las tierras nuevas en los condados del nordeste peninsular (siglos X-XII), *Studia histórica. Historia medieval*, no. 23, 2005, pp. 139-170.

F. Sabaté, La noció d'Espanya en la Catalunya medieval, *Acta historica et archaeologica medievalia*, 19, 1998, pp. 382-384.

F. Sabaté i Curull, *El territori de la Catalunya medieval. Percepció de l'espai i divisió territorial al llarg de l'Edat Mitjana*, Barcelona, 1997.

C. Sáez, Origen y función de los cartularios hispanos, *Anuario del Centro de Estudios Históricos*

"*Prof. Carlos S. A. Segreti*", no. 10, 2005, pp. 37–48.

C. Sáez y A. Castillo Gómez (ed.), *Actas del VI Congreso Internacional de Historia de la Cultura Escrita*, Alcalá de Henares, 2002.

R. Sáinz de la Maza Lasoli, *La Orden de Santiago en la Corona de Aragón. La encomienda de Montalbán bajo Vidal de Vilanova (1327–1357)*, Zaragoza, 1988.

R. Sáinz de la Maza Lasoli, *La Orden de Santiago en la Corona de Aragón. La encomienda de Montalbán (1210–1327)*, Zaragoza, 1980.

J. M. Salrach, Les féodalités méridionales : des Alpes à la Galice, E. Bournazel et J.-P. Poly (éd.), *Les féodalités*, Paris, 1998, pp. 313–388.

J. M. Salrach, Mas prefeudal i mas feudal, *Territori i societat a l'Edat Mitjana*, I, Lleida, 1997, pp. 13–40.

J. M. Salrach, El mercado de la tierra en la economía campesina medieval. Datos de fuentes catalanas, *Hispania*, LV/3, núm. 191, 1995, pp. 921–952.

J. M. Salrach, *El procés de feudalització (segles III–XII)*, Barcelona, 1987.

J. M. Salrach, L'enchâtellement de la frontière, *Le paysage monumental de la France autour d'an mil*, Paris, 1987, pp. 743–755.

P. Sanahúja, Arnau Mir de Tost, caudillo de la reconquista en tierras de Lérida, *Ilerda*, I, 1943, pp. 11–27 ; II, 1943, pp. 155–169 ; III, 1944, pp. 7–21 ; IV, 1944, pp. 53–147.

J. Sánchez Adell, La comunidad de Morella y sus aldeas durante la Baja Edad Media (Notas y documentos), *Estudis castellonencs*, no. 1, 1983, pp. 73–184.

C. Sánchez Albornoz, Conséquences de la reconquête et du repeuplement sur les institutions féodo-vassaliques de Léon et de Castille, *Les structures sociales de l'Aquitaine, du Languedoc et de l'Espagne au premier âge féodal* (Toulouse, 28–31 mars 1968), Paris, 1969, pp. 359–370.

C. Sánchez Albornoz, Pequeños propietarios libres en el reino asturleonés. Su realidad histórica, *Agricoltura e monde rurale in Occidente nell'altomedioevo* (Settimane 13), Spoleto, 1966, pp. 183–222.

C. Sánchez Albornoz, El *tributum quadragesimale*. Supervivencias fiscales romanas en Galicia, *Mélanges Louis Halphen*, Paris, 1951, pp. 645–658.

R. Sánchez Saus, Nobleza y frontera en la Andalucía medieval, *Hacedores de frontera. Estudios sobre el contexto social de la Frontera en la España medieval*, Madrid, 2009, pp. 121–128.

M. J. Sánchez Usón, « Confraternitas mercatorum civitatis Osce ». La vertiente socio-religiosa de una corporación mercantil, *Aragón en la Edad Media*, no. 8, 1989, pp. 611–631.

J. Santiago Palacios Ontalva, De *hisn* a *castrum*. Los castillos fronterizos del reino de Toledo en el umbral de un nuevo tiempo, *Hacedores de frontera. Estudios sobre el contexto social de la Frontera en la España medieval*, Madrid, 2009, pp. 281–321.

E. Sarasa Sánchez, Política y fueros : repoblación y organización espacial turolense, *Los Fueros de Teruel y Albarracín*, Teruel, 2000, pp. 31–41.

E. Sarasa Sánchez, Concejos y ciudades medievales en el reino de Aragón. Hacia una tipología socioeconómica de los municipios aragoneses en la Edad Media : de la foralidad a la municipalidad, *Concejos y ciudades en la Edad Media hispánica*, Ávila, 1990, pp. 73–122.

L. Schneider, À propos de l'espace rural durant le haut Moyen Âge méridional : archéologie et cartulaires, *Les cartulaires méridionaux*, Paris, 2006, pp. 33–60.

L. Schneider, Une vicaria languedocienne du Xe siècle : Popian en Biterrois, *Annales du Midi*, t. 109, no. 219-220, 1997, pp. 401-442.

Ph. Sénac, Un château en Espagne. Notes sur la prise de Barbastro (1064), *Liber largitorius. Études d'histoire médiévale offertes à Pierre Toubert par ses élèves*, Genève, 2003, pp. 545-562.

Ph. Sénac, *« Ad castros de fronteras de mauros qui sunt pro facere »*. Note sur le premier testament de Ramire Ier d'Aragon, *Identidad y representación de la frontera en la España medieval (siglos XI-XIV)*, Madrid, 2001, pp. 205-222.

Ph. Sénac, Du *ḥiṣn* musulman au *castrum* chrétien. Le peuplement rural de la Marche Supérieure et la reconquête aragonaise, *De Toledo a Huesca. Sociedades medievales en transición a finales del siglo XI (1080-1100)*, Zaragoza, 1998, pp. 113-130.

Ph. Sénac, Châteaux et peuplement en Aragon du VIIIe au XIe siècle, *L'incastellamento. Actas de las Reuniones de Girona (26-27 noviembre 1992) y de Roma (5-7 Mayo 1994)*, Roma, 1998, pp. 123-178.

Ph. Sénac, Frontière et reconquête dans l'Aragon du XIe siècle, *Frontières et espaces pyrénéens au Moyen Âge*, Perpignan, 1992, pp. 47-60.

Ph. Sénac, Les ḥuṣūn du Ṯaġr al-Aqṣā : à la recherche d'une frontière septentrionale d'al-Andalus à l'époque omeyyade, *Frontière et peuplement dans le monde méditerranéen au Moyen Âge*, Castrum 4 (18-25 septembre 1988), Rome et Madrid, 1992, pp. 76-84.

Ph. Sénac, Peuplement et habitats ruraux dans la Marche Supérieure d'al-Andalus : l'Aragon, *Villages et villageoise au Moyen Âge*, Paris, 1992, pp. 27-38.

Ph. Sénac, Notes sur le peuplement musulman dans la région de Barbiṭāniya, *Studia Islamica*, 73, 1991, pp. 45-66.

Ph. Sénac, La ciudad más septentrional del Islam. El esplendor de la ciudad musulmana (siglos VIII al XI), *Huesca. Historia de una ciudad*, Huesca, 1990, pp. 87-103.

Ph. Sénac, Notes sur les *ḥuṣūn* de Lérida, *Mélanges de la Casa de Velázquez*, 24, 1988, pp. 53-69.

Ph. Sénac et C. Esco, Une forteresse de la Marche Supérieure d'al-Andalus, le *ḥiṣn* de Sen et Men (provincia de Huesca), *Annales du Midi*, t. 100, no. 181, 1988, pp. 17-33.

Ph. Sénac et C. Esco, Un *ḥiṣn* de la Marche Supérieure d'al-Andalus : Piracés (Huesca), *Mélanges de la Casa de Velázquez*, 23, 1987, pp. 125-150.

Ph. Sénac y C. Esco, Bolea (Huesca) : una fortaleza de la Marca Superior de *al-Andalus*, *Bolskan. Revista de arquología oscense*, 4, 1987, pp. 147-174.

J. Á. Sesma Muñoz, *Revolución comercial y cambio social. Aragón y el mundo mediterráneo (siglos XIV-XV)*, Zaragoza, 2013.

J. Á. Sesma Muñoz, Producción para el mercado, comercio y desarrollo mercantil en espacios interiores (1250-1350) : el modelo del sur de Aragón, *Europa en los umbrales de la crisis (1250-1350). XXI Semana de Estudios Medievales de Estella*, Pamplona, 1995, pp. 205-246.

J. Á. Sesma Muñoz, Instituciones feudales en Navarra y Aragón, *En torno al feudalismo hispánico*, Ávila, 1989, pp. 343-371.

J. Á. Sesma Muñoz, Las generalidades del reino de Aragón. Su organización a mediados del siglo XV, *Anuario de historia del derecho español*, no. 46, 1976, pp. 393-467.

J. Á. Sesma Muñoz y C. Laliena Corbera (ed.), *Crecimiento económico y formación de los mercados en Aragón en la Edad Media (1200-1350)*, Zaragoza, 2009.

J. Á. Sesma Muñoz, C. Laliena Corbera y J. F. Utrilla Utrilla, Regadíos andalusíes en el valle medio del Ebro : el ejemplo del río Aguasvivas, *Agricultura y regadío en al-Andalus, síntesis y problemas*, Almería, 1995, pp. 67–84.

F. J. Solsona Benages, *Estudio toponímico del término de Puertomingalvo (Teruel)*, Castelló de la Plana, 2001.

R. Soto i Company, Alguns casos de gestió « colonial » feudal a la Mallorca del segle XIII, *La formació i expansió del feudalisme català* (Estudi general, no. 5–6), Girona, 1985–1986, pp. 345–369.

C. Stalls, *Possessing the Land. Aragon's Expansion in Islam's Ebro Frontier under Alfonso the Battler, 1104–1134*, Leiden, 1995.

C. Stalls, The Relationship between Conquest and Settlement on the Aragonese Frontier of Alfonso I, *Iberia and the Mediterranean World of the Middle Ages : Studies in Honor of Robert I. Burns*, 2 vols., Leiden, 1995, t. 1, pp. 216–231.

Ll. To Figueras, L'historiographie du marché de la terre en Catalogne, *Le marché de la terre au Moyen Âge*, Rome, 2005, pp. 161–180.

Ll. To Figueras, Habitat dispersé et structures féodales dans l'Espagne du nord au Moyen Âge central, *L'habitat dispersé dans l'Europe médiévale et moderne* (Flaran 18), Auch, 1999, pp. 121–144.

J. Torres Fontes, Última fase del repartimiento de la Huerta de Murcia (1286–1331), *Miscelánea medieval murciana*, no. 23–24, 1999–2000, pp. 141–154.

P. Toubert, Frontière et frontières : un objet historique, *Frontière et peuplement dans le monde méditerranéen au Moyen Âge*, Castrum 4 (18–25 septembre 1988), Rome et Madrid, 1992, pp. 9–17.

P. Toubert, El régimen domanial y las estructuras productivas en la Alta Edad Media, *Castillos, señores y campesinos en la Italia medieval*, Barcelona, 1990, pp. 17–80.

P. Toubert, El sistema curtense : producción e intercambio interno en Italia en los siglos VIII, IX y X, *Castillos, señores y campesinos en la Italia medieval*, Barcelona, 1990, pp. 81–149.

P. Toubert, Les féodalités méditerranéennes : un problème d'histoire comparée, *Structures féodales et féodalisme dans l'Occident méditerranéen (Xᵉ–XIIIᵉ siècles). Bilan et perspectives de recherches* (École française de Rome, 10–13 octobre 1978), Paris, 1980, pp. 1–14.

P. Toubert, *Les structures du Latium médiéval. Le Latium méridional et la Sabine du IXᵉ siècle à la fin du XIIᵉ siècle*, 2 vols., Rome, 1973.

P. Toubert, L'Italie rurale aux VIIIᵉ–IXᵉ siècles. Essai de typologie domaniale, *I problemi dell' Occidente nel secolo VIII* (Settimane 20), Spoleto, 1973, t. 1, pp. 95–132.

Ag. Ubieto Arteta, Aproximación al estudio del nacimiento de la nobleza aragonesa (siglos XI y XII) : aspectos genealógicos, *Homenaje a don José María Lacarra de Miguel en su jubilación del profesorado*, 5 vols., Zaragoza, 1977, t. 2, pp. 7–54.

Ag. Ubieto Arteta, *Los "tenentes" en Aragón y Navarra en los siglos XI y XII*, Valencia, 1973.

A. Ubieto Arteta, *Historia de Aragón. Los pueblos y los despoblados*, 3 vols., Zaragoza, 1986.

A. Ubieto Arteta, Pobres y marginados en el primitivo Aragón, *Aragón en la Edad Media*, no. 5, 1983, pp. 7–22.

A. Ubieto Arteta, *Historia de Aragón. Divisiones administrativas*, Zaragoza, 1983.

A. Ubieto Arteta, *Historia de Aragón. La formación territorial*, Zaragoza, 1981.

J. F. Utrilla Utrilla, Los Maza de Huesca : un linaje aristocrático aragonés en el siglo XII, *Aragón en la Edad Media*, no. 20, 2008, pp. 811–827.

J. F. Utrilla Utrilla, Los grupos aristocráticos aragoneses en la época de la gran expansión territorial del reino (1076–1134) : poder, propiedad y mentalidades, *De Toledo a Huesca. Sociedades medievales en transición a finales del siglo XI (1080–1100)*, Zaragoza, 1998, pp. 167–197.

J. F. Utrilla Utrilla, Propiedad territorial y mercado de la tierra en Huesca (1096–1220) : una aproximación a través de las fuentes eclesiásticas, *Tierra y campesinado. Huesca, siglos XI–XX*, Huesca, 1996, pp. 11–47.

J. F. Utrilla Utrilla, Los orígenes de la industria textil en Huesca : la construcción de los primeros molinos traperos (c. 1180–1190) y la creación de la cofradía de los tejedores oscenses (1239), *Homenaje a don Antonio Durán Gudiol*, Huesca, 1995, pp. 805–816.

J. F. Utrilla Utrilla, La economía aragonesa en la segunda mitad del siglo XI : crecimiento agrícola e intercambios comerciales, *Sancho Ramírez, rey de Aragón, y su tiempo (1064–1094)*, Huesca, 1994, pp. 81–105.

J. F. Utrilla Utrilla, Linajes aristocráticos aragoneses : datos prosopográficos del linaje de los Bergua y notas sobre sus dominios territoriales (siglos XII–XV), *Aragón en la Edad Media*, no. 10–11, 1993, pp. 859–894.

J. F. Utrilla Utrilla, Orígenes y expansión de la ciudad cristiana : de la conquista (1096) a la plenitud medieval (1300), *Huesca. Historia de una ciudad*, Huesca, 1990, pp. 105–130.

J. F. Utrilla Utrilla, El dominio de la catedral de Huesca en el siglo XII : notas sobre su formación y localización, *Aragón en la Edad Media*, no. 6, 1984, pp. 19–45.

J. F. Utrilla Utrilla, La zuda de Huesca y el monasterio de Montearagón, *Homenaje a don José María Lacarra de Miguel en su jubilación del profesorado*, 5 vols., 1977, t. 1, pp. 285–306.

J. F. Utrilla Utrilla, El monedaje de Huesca de 1284 (contribución al estudio de la ciudad y de sus habitantes), *Aragón en la Edad Media*, no. 1, 1977, pp. 1–50 [reed. : *La población de Aragón en la Edad Media (siglos XIII–XV). Estudios de demografía histórica*, Zaragoza, 2004, pp. 281–348].

L. G. de Valdeavellano, Las instituciones feudales en España, *El feudalismo hispánico*, Barcelona, 1981, pp. 63–162.

R. Vázquez Alvárez, Castros, castillos y torres en la organización social del espacio en Castilla : el espacio del Arlanza al Duero (siglos IX a XIII), *Del Cantábrico al Duero : trece estudios sobre organización social del espacio en los siglos VIII a XIII*, Santander, 1999, pp. 351–373.

F. Vicente Navarro, Las actividades económicas de la encomienda de Cantavieja en la frontera entre Aragón y Valencia (siglos XIII–XV), *La historia peninsular en los espacios de frontera : las "Extremaduras históricas" y la "Transierra" (siglos XI–XV)*, Cáceres-Murcia, 2012, pp. 279–294.

F. Vicente Navarro, La Bailía de Cantavieja en la Edad Media. Un proyecto de tesis doctoral, *Baylías. Miscelánea del Centro de Estudios del Maestrazgo Turolense*, no. 6, 2009, pp. 5–17.

M. J. Viguera Molinos, Los Amiríes y la Marca Superior. Peculiaridades de una actuación singular, *La Marche Supérieure d'al-Andalus et l'Occident chrétien*, Madrid, 1991, pp. 131–140.

C. Villanueva Morte, Entre Aragón y Valencia : Teruel y el Alto Palancia en los intercambios mercantiles de la Plena y Baja Edad Media, *Crecimiento económico y formación de los mercados*

en Aragón en la Edad Media (1200–1350)*, Zaragoza, 2009, pp. 233–274.

A. Virgili, Gent nova. La colonització feudal de la Catalunya Nova (segles XII–XIII), *Butlletí de la Societat Catalana d'Estudis Històrics*, no. 21, 2010, pp. 77–102.

A. Virgili, *Ad detrimentum Yspanie. La conquesta de Ṭurṭūša i la formació de la societat feudal (1148–1200)*, València, 2001.

A. Virgili, Conquesta i feudalització de la regió de Tortosa 1148–1200, *Recerca*, no. 1, 1995, pp. 36–49.

A. Virgili, Conquesta, colonització i feudalització de Tortosa (segle XII), segons el cartulari de la Catedral, *La formació i expansió del feudalisme català* (Estudi General, no. 5–6), Girona, 1985–1986, pp. 275–289.

S. Weinberger, Les conflits entre clercs et laïcs dans la Provence du XIe siècle, *Annales du Midi*, t. 92, no. 148, 1980, pp. 269–279.

S. D. White, Proposing the Ordeal and Avoiding It : Strategy and Power in Western French Litigation, 1050–1110, *Cultures of Power : Lordship, Status, and Process in Twelfth-Century Europe*, Philadelphia, 1995, pp. 89–123.

S. D. White, Feuding and Peace-Making in the Touraine around the Year 1100, *Traditio*, 42, 1986, pp. 195–263.

S. D. White, "*Pactum... Legem Vincit et Amor Judicum*". The Settlement of Disputes by Compromise in Eleventh-Century Western France, *The American Journal of Legal History*, 22, 1978, pp. 281–308（S・D・ホワイト著／轟木広太郎訳「「合意は法に勝り，和解は判決に勝る」―11 世紀西フランスにおける和解による紛争解決―」『紛争のなかのヨーロッパ中世』京都大学学術出版会，2006 年，23–56 頁）.

C. Wickham, Conclusions, *Le marché de la terre au Moyen Âge*, Rome, 2005, pp. 625–641.

C. Wickham, Land Sale and Land Market in Tuscany in the Eleventh Century, *Land and Power. Studies in Italian and European Social History, 400–1200*, London, 1994, pp. 257–274.

M. Zimmermann, *Textus efficax* : Ennonciation, révélation et mémorisation dans la genèse du texte historique médiéval. Les enseignements de la documentation catalane (X^{e}–XIIe siècles), *Genesis of Historical Text : Text/Context*, Nagoya, 2005, pp. 137–156.

M. Zimmermann, Écrire en l'an mil, *Hommes et sociétés dans l'Europe de l'an mil*, Toulouse, 2004, pp. 351–378.

M. Zimmermann, *Écrire et lire en Catalogne (IXe–XIIe siècle)*, 2 vols., Madrid, 2003.

M. Zimmermann, Le rôle de la frontière dans la formation de la Catalogne (IX–XIIème siècle), *Las sociedades de frontera en la España medieval*, Zaragoza, 1993, pp. 7–29.

M. Zimmermann, Le concept de *Marca hispánica* et l'importance de la frontière dans la formation de la Catalogne, *La Marche Supérieure d'al-Andalus et l'Occident chrétien*, Madrid, 1991, pp. 29–49.

M. Zimmermann, L'usage du droit wisigothique en Catalogne du IXe au XIIe siècle : approches d'une signification culturelle, *Mélanges de la Casa de Velázquez*, 9, 1973, pp. 232–281.

研究文献（邦語）

足立孝「テンプル／聖ヨハネ騎士団カルチュレールと文書管理―生成・機能分化・時間―」吉江貴文編『近代ヒスパニック世界と文書ネットワーク』悠書館，2019 年，203–228

頁。

———「9-11世紀ウルジェイ司教座聖堂教会文書の生成論—司教座文書からイエ文書へ，イエ文書から司教座文書へ—」『西洋中世研究』第1号，2009年，87-105頁。

———「中世初期スペイン史と文書史料（9世紀—11世紀）」『西欧中世比較史料論研究』平成19年度研究成果年次報告書（平成17〜19年度科学研究費補助金〔基盤研究B〕研究課題番号：17320119)，2008年，31-41頁。

———「中世初期スペイン農村史における大所領と独立農民」『史学雑誌』第114編第8号，2005年，21-41頁。

———「紀元千年頃の俗人の土地領有をめぐって—スペイン北東部リバゴルサ地方の場合—」『ヨーロッパ中世世界の動態像—史料と理論の対話—』九州大学出版会，2004年，111-135頁。

———「宴（アリアラ）と11世紀アラゴン地方農村社会—土地売買文書の分析を中心として—」『史学雑誌』第110編第1号，2001年，42-69頁。

———「11世紀アラゴン王国における国王法廷と和解」『史林』第83巻第6号，2000年，74-103頁。

———「メスキーヌス—11世紀アラゴン地方における農民隷属の形態—」『西洋史学』第190号，1998年，1-20頁。

———「9・10世紀アラゴン地方の農村構造—地域的類型化の試み—」『史学雑誌』第107編第3号，1998年，38-63頁。

岡崎敦「フランスにおける中世古文書学の現在—カルチュレール研究集会（1991年12月5-7日，於パリ）に出席して—」『史学雑誌』第102編第1号，1993年，89-110頁。

勘坂純市「中世西ヨーロッパの経済」馬場哲・小野塚知二編『西洋経済史学』東京大学出版会，2001年，13-34頁。

城戸照子「インカステラメント・集村化・都市」江川溫・服部良久編著『西欧中世史（中）—成長と飽和—』ミネルヴァ書房，1995年，129-150頁。

佐藤彰一「フランク時代のウィカーリウスとウィカーリア」『ポスト・ローマ期フランク史の研究』岩波書店，2000年，271-290頁。

———「メロヴィング期ベリィ地方における空間組織—古代的都市＝農村関係の存続と展開—」『名古屋大学文学部研究論集』第107号（史学36)，1990年，69-86頁。

———「8・9世紀セプティマニア・スペイン辺境領のヒスパニア人をめぐる国制・社会状況（1）（2)」『愛知大学法経論集・法律篇』第92号，1980年，1-35頁，第94号，1981年，45-79頁。

関哲行「12世紀前半のサンチャゴ・デ・コンポステラにおけるコミューン運動（上)」『流通経済大学社会学部開校記念論文集』1989年，823-842頁，「同（中)」『流通経済大学社会学部論叢』第1巻第2号，1991年，65-126頁。

———「11-13世紀のサンチャゴ巡礼路都市サアグーン」森本芳樹編著『西欧中世における都市＝農村関係の研究』九州大学出版会，1988年，311-361頁。

———「サンチェス・アルボルノスの自由小土地所有者テーゼ—南欧封建制研究の展望を含めて—」『土地制度史学』第112号，1986年，37-47頁。

———「アストゥーリアス・レオン王国における自由小土地所有者問題をめぐって」『スペイン史研究』第2号，1984年，17-26頁。

———「10世紀，11世紀前半のアストゥリアス・レオン王国（Reino asturleonés）におけ

る封建制―封・家士制度（Las instituciones feudo-vasalláticas）をめぐって―」『上智史学』第23号，1978年，1-24頁。

千木康嗣「11世紀プロヴァンス地方におけるカストルムの形成過程」『西洋史学』第184号，1996年，35-50頁。

ブノワ＝ミシェル・トック著／岡崎敦訳「西欧中世の私文書（10-13世紀）」『史淵』第144輯，2007年，77-107頁。

村上司樹「11世紀前半カタルーニャ地方における修道院の「危機」とその所領政策―サン・クガト・ダル・バリェス修道院の事例から―」『史学雑誌』第113編第6号，2004年，1-37頁。

森本芳樹『西欧中世初期農村史の革新―最近のヨーロッパ学界から―』木鐸社，2007年。

――――『西欧中世形成期の農村と都市』岩波書店，2005年。

ロラン・モレル著／岡崎敦訳「文書オリジナルとはなにか―7-12世紀の文書史料に関するいくつかの指摘―」『史学』第76巻第2・3号，2007年，89-120頁。

山田雅彦「ヨーロッパの都市と市場」佐藤次高・岸本美緒編『市場の地域史』山川出版社，1999年，53-89頁。

註

序　章

（1）R. Bartlett, *The Making of Europe. Conquest, Colonization and Cultural Change, 950–1350*, London, 1993（ロバート・バートレット著／伊藤誓・磯山甚一訳『ヨーロッパの形成―950年～1350年における征服，植民，文化変容―』法政大学出版局，2003年）.

（2）後述するように，地中海南ヨーロッパ研究の一大画期をなした1978年のローマ国際研究集会（『地中海西欧における封建構造と封建制（10～13世紀）。研究の回顧と展望』）で案内役をつとめたピエール・トゥベールは，それまでの地中海南ヨーロッパ研究の成果を総括すると同時に，それ以降の研究の方向性を決定づけるきわめて重要な提言を開会のことばとして残している。P. Toubert, Les féodalités méditerranéennes : un problème d'histoire comparée, *Structures féodales et féodalisme dans l'Occident méditerranéen (X^e–XIIIe siècles). Bilan et perspectives de recherches* (École française de Rome, 10–13 octobre 1978), Paris, 1980, pp. 1–14. トゥベールはまず，二つの伝統的な封建制概念，すなわち「封・家士制」(institution féodo-vassalique) に立脚した狭義の封建制（「封建制度」〔régime féodal〕あるいは社会上層に限定された「封建的支配関係」〔féodalité〕）と，生産様式としての封建制（「封建制」〔féodalisme〕あるいはより具体的に「領主制」〔régime seigneurial〕）との概念上の統合が必要であるとする。というのも，双方の概念規定はそれぞれ社会構成体の上層と下層とに分断されているばかりか，互いの持続のクロノロジーに事実上300年にもおよぶ懸隔が生じてしまうからである。そこで両者を統合するべく，社会の上層から下層におよぶ支配と従属の関係の連鎖を表現する概念として，「封建的支配関係」(féodalité) を用いるよう提言したのである。じつは，こうした構想自体はマルク・ブロックの『封建社会』(1939～1940年) ですでに打ち出されていたし，ジョルジュ・デュビィもまた1958年に「封建的支配関係」を「封建制度」どころか中世を貫く心性そのものとみなして当該概念の意味内容の拡張と積極的な利用をうったえていたのであるが，「封建制度」としての封建制と生産様式としての封建制は分かたれたままでなかなか統合が図られず，とくに前者の封建制概念をもって，地中海南ヨーロッパの封建制は未熟かつ不完全とのレッテルを貼られてきたという経緯があった。M. Bloch, *La société féodale*, 2 vols., Paris, 1939–1940（マルク・ブロック著／堀米庸三監訳『封建社会』岩波書店，1995年）; G. Duby, La féodalité ? Une mentalité médiévale, *Annales ESC*, 13–4, 1958, pp. 765–771. トゥベールの提言にはそれゆえ，言葉遣いこそ控えめながら，そうした評価に対する強烈なアンチテーゼが見え隠れしている。わたしたちもまた「封建的支配関係」という概念をしばしば用いるが，それは以上のように二つの伝統的な封建制概念の統合の上に成り立つものと理解されたい。

（3）J. Mattoso, Grupos sociais na fronteira portuguesa, séculos X a XIII, *Las sociedades de frontera en la España medieval*, Zaragoza, 1993, pp. 111–124 ; I. Martín Viso, *Capere vel populare.* Formación y desarrollo de una frontera feudal entre el Duero y el Tajo (siglos XI–XII), *Balaguer, 1105. Cruïlla de civilitzacions*, Lleida, 2007, pp. 177–223. 当該フエロで民衆騎士に賦与され

たインファンソンと同等の諸特権のなかには，カスティーリャ伯から「封」(prestimonio) を賦与されないかぎり，軍事奉仕 (fonsado) を負担しないとする規定が含まれる。この規定は伝統的に，当該特権を享受しない民衆騎士一般が，カスティーリャ伯との封主＝封臣関係を前提とすることなしに軍役義務を負ったことを意味するものと理解されてきた。だが，カストロヘリスはそもそも当該フエロの発給をもってはじめてカスティーリャ伯の支配下に組み込まれた集落なので，この規定はむしろ，民衆騎士一般がもとより負担しなかった軍事奉仕を，カスティーリャ伯から授封された場合には負担しなくてはならないとする，純粋に封建的な性格を帯びたものと理解すべきである。

(4) I. Martín Viso, *Capere vel populare*, pp. 177–223.

(5) J. I. Ruiz de la Peña, Ciudades y sociedades urbanas en la frontera castellano-leonesa (1085–1250, circa), *Las sociedades de frontera en la España medieval*, Zaragoza, 1993, pp. 81–109 ; Á. Barrios García, Repoblación y feudalismo en las extremaduras, *En torno al feudalismo hispánico*, Ávila, 1989, pp. 417–433.

(6) I. Martín Viso, Castillos, poder feudal y reorganización espacial en la Transierra madrileña (siglos XII–XIII), *Espacio, tiempo y forma. Serie III, Historia medieval*, no. 13, 2000, pp. 177–214 ; J. Santiago Palacios Ontalva, De *hisn* a *castrum*. Los castillos fronterizos del reino de Toledo en el umbral de un nuevo tiempo, *Hacedores de frontera. Estudios sobre el contexto social de la Frontera en la España medieval*, Madrid, 2009, pp. 281–321.

(7) C. Laliena Corbera, Repartos de tierras en el transcurso de la conquista feudal del valle del Ebro (1080–1160), *Repartiments medievals a la Corona d'Aragó (segles XII–XIII)*, València, 2007, pp. 17–50 ; id., Tierra, poblamiento y renta señorial. Una revisión de problemas generales sobre la organización social del espacio en el valle del Ebro del siglo XII, *Las Cinco Villas aragonesas en la Europa de los siglos XII y XIII*, Zaragoza, 2007, pp. 129–150 ; M. L. Ledesma Rubio, Los mudéjares y la fiscalidad, *Estudios sobre los mudéjares en Aragón*, Zaragoza, 1996, pp. 21–35 ; ead., El urbanismo en las morerías, *Estudios sobre los mudéjares en Aragón*, Zaragoza, 1996, pp. 55–73.

(8) A. Virgili, *Ad detrimentum Yspanie. La conquesta de Ṭurṭūša i la formació de la societat feudal (1148–1200)*, València, 2001, pp. 131–174 ; id., Conquesta, colonització i feudalització de Tortosa (segle XII), segons el cartulari de la Catedral, *La formació i expansió del feudalisme català* (Estudi General, no. 5–6), 1985–1986, pp. 275–289 ; id., Conquesta i feudalització de la regió de Tortosa 1148–1200, *Recerca*, no. 1, 1995, pp. 36–49 ; id., Gent nova. La colonització feudal de la Catalunya Nova (segles XII–XIII), *Butlletí de la Societat Catalana d'Estudis Històrics*, no. 21, 2010, pp. 77–102.

(9) X. Eritja, Estructuració feudal d'un nou territori al segle XII : l'exemple de Lleida, *El feudalisme comptat i debatut*, València, 2003, pp. 293–314 ; J. Bolòs, Changes and Survival : The Territory of Lleida (Catalonia) after the Twelfth-Century Conquest, *Journal of Medieval History*, vol. 27, no. 4, 2001, pp. 313–329.

(10) J. Santiago Palacios Ontalva, De *hisn* a *castrum*, pp. 281–321.

(11) E. Sarasa Sánchez, Concejos y ciudades medievales en el reino de Aragón. Hacia una tipología socioeconómica de los municipios aragoneses en la Edad Media : de la foralidad a la municipalidad, *Concejos y ciudades en la Edad Media hispánica*, Ávila, 1990, pp. 73–122 ; id., Política y fueros : repoblación y organización espacial turolense, *Los Fueros de Teruel y*

Albarracín, Teruel, 2000, pp. 31–41 ; J. L. Corral Lafuente, El impacto social de los fueros de la Extremadura aragonesa, *Los Fueros de Teruel y Albarracín*, Teruel, 2000, pp. 19–30 ; id., Aldeas contra villas : señorío y comunidades en Aragón (siglos XII–XIV), *Señorío y feudalismo en la Península Ibérica* (*ss. XII–XIX*), 4 vols., Zaragoza, 1993, t. 1, pp. 487–500.

(12) J. L. de la Montaña Conchiña, Poblamiento y ocupación del espacio : el caso extremeño (siglos XII–XIV), *Revista de estudios extremeños*, vol. 60, no. 2, 2004, pp. 569–596 ; F. Ruiz Gómez, La Mancha en el siglo XII : sociedades, espacios, culturas, *Studia histórica. Historia medieval*, 24, 2006, pp. 113–126 ; C. de Ayala Martínez, Frontera y órdenes militares en la Edad Media castellano-leonesa (siglos XII–XIII), *Studia histórica. Historia medieval*, 24, 2006, pp. 87–112.

(13) P. Buresi, Nommer, penser les frontières en Espagne aux XIe–XIIIe siècles, *Identidad y representación de la frontera en la España medieval* (*siglos XI–XIV*), Madrid, 2001, pp. 54–57 ; J. Á. García de Cortázar y R. de Aguirre, De una sociedad de frontera (el valle del Duero en el siglo X) a una frontera entre sociedades (el valle del Tajo en el siglo XII), *Las sociedades de frontera en la España medieval*, Zaragoza, 1993, pp. 51–68.

(14) A. Mas Forners i R. Soto i Company, El Repartiment de Mallorca : diversitat de fonts i d'interpretacions metrològiques, *Repartiments medievals a la Corona d'Aragó* (*segles XII–XIII*), València, 2007, pp. 75–113 ; R. Soto i Company, Alguns casos de gestió « colonial » feudal a la Mallorca del segle XIII, *La formació i expansió del feudalisme català* (Estudi General, no. 5–6), 1985–1986, pp. 345–369.

(15) R. Ferrer Navarro, Repoblación y feudalismo en el reino de Valencia, *En torno al feudalismo hispánico*, Ávila, 1989, pp. 401–416 ; F. A. Cardells Martí, Las bases del territorio en la frontera. El caso de la comarca de Valencia en el siglo XIII, *Hacedores de frontera. Estudios sobre el contexto social de la Frontera en la España medieval*, Madrid, 2009, pp. 265–279 ; E. Guinot, La implantació de la societat feudal al País Valencià del segle XIII : la gènesi de les senyories i l'establiment de les terres, *El temps i l'espai del feudalisme*, Lleida, 2004, pp. 421–442 ; id., Origen i evolució del feudalisme al Maestrat de Castelló (segles XIII–XIV), *La formació i expansió del feudalisme català* (Estudi General, no. 5–6), 1986, pp. 311–323.

(16) J. C. Castillo Armenteros y E. M. Alcázar Hernández, La Campiña del alto Guadalquivir en la Baja Edad Media. La dinámica de un espacio fronterizo, *Studia histórica. Historia medieval*, 24, 2006, pp. 155–196 ; M. Á. Ladero Quesada, Sociedad feudal y señoríos en Andalucía, *En torno al feudalismo hispánico*, Ávila, 1989, pp. 435–473 ; R. Sánchez Saus, Nobleza y frontera en la Andalucía medieval, *Hacedores de frontera. Estudios sobre el contexto social de la Frontera en la España medieval*, Madrid, 2009, pp. 121–128 ; M. Pons Tovar, *Estudio lingüístico de las ordenanzas sevillanas*, thesis doctoral (Universidad de Málaga), 2007, pp. 9–12.

(17) J. Torres Fontes, Última fase del repartimiento de la Huerta de Murcia (1286–1331), *Miscelánea medieval murciana*, no. 23–24, 1999–2000, pp. 141–154 ; J. F. Jiménez Alcázar, La frontera occidental del reino de Murcia en el contexto de la intervención aragonesa : defensa y repoblación (1270–1340), *Anales de la Universidad de Alicante. Historia medieval*, no. 11, 1996–1997, pp. 229–240.

(18) P. Bonnassie, Du Rhône à la Galice : genèse et modalités du régime féodal, *Structures féodales et féodalisme dans l'Occident méditerranéen* (*X^{e}–XIIIe siècles*). *Bilan et perspectives de recherches* (École française de Rome, 10–13 octobre 1978), Paris, 1980, pp. 17–84.

(19) J. M. Salrach, Les féodalités méridionales : des Alpes à la Galice, E. Bournazel et J.-P. Poly (éd.), *Les féodalités*, Paris, 1998, pp. 313–388.

(20) たとえば，C. Sánchez Albornoz, Conséquences de la reconquête et du repeuplement sur les institutions féodo-vassaliques de Léon et de Castille, *Les structures sociales de l'Aquitaine, du Languedoc et de l'Espagne au premier âge féodal* (Toulouse, 28–31 mars 1968), Paris, 1969, pp. 359–370.

(21) *Les structures sociales de l'Aquitaine, du Languedoc et de l'Espagne au premier âge féodal* (Toulouse, 28–31 mars 1968), Paris, 1969.

(22) *Structures féodales et féodalisme dans l'Occident méditerranéen* (*X^e–XIIIe siècles*). *Bilan et perspectives de recherches* (École française de Rome, 10–13 octobre 1978), Paris, 1980.

(23) *Habitats fortifié et organisation de l'espace en Méditerranée médiévale*, Castrum 1 (4–5 mai 1982), Lyon, 1983 ; *Structures de l'habitat et occupation du sol dans les pays méditerranéens*, Castrum 2 (12–15 novembre 1984), Rome et Madrid, 1988 ; *Guerre, fortification et habitat dans le monde méditerranéen au Moyen Âge*, Castrum 3 (24–27 novembre 1985), Rome et Madrid, 1988 ; *Frontière et peuplement dans le monde méditerranéen au Moyen Âge*, Castrum 4 (18–25 septembre 1988), Rome et Madrid, 1992 ; *Archéologie des espaces agraires méditerranéens au Moyen Âge*, Castrum 5 (8–12 mai 1992), Madrid-Rome-Murcie, 1999 ; *Maisons et espaces domestiques dans le monde méditerranéen au Moyen Âge*, Castrum 6, Rome-Madrid, 2000 ; *Zones côtières littorals dans le monde méditerranéen au Moyen Âge : défense, peuplement, mise en valeur*, Castrum 7 (23–26 octobre 1996), Rome-Madrid, 2001.

(24) G. Duby, *La société aux XIe et XIIe siècles dans la région mâconnaise* (1953), Paris, 1988, pp. 137–148 et 347 ; G. Duby et R. Mandrou, *Histoire de la civilisation française*, t. 1 : *Le Moyen Âge et le XVIe siècle*, Paris, 1958, p. 47 ; C. Lauranson-Rosaz, L'Auvergne, *Les sociétés méridionales autour de l'an mil. Répertoire des sources et documents commentés*, Toulouse, 1992, pp. 13–54 ; id., *L'Auvergne et ses marges* (*Velay, Gévaudan*) *du VIIIe au XIe siècle. La fin du monde antique ?*, Le Puy-en-Velay, 1987, pp. 311–338.

(25) イタリア中部ラティウム南部およびサビーナを対象として，ピエール・トゥベールによって抽出されたインカステラメント・モデルは，おおよそ次のように説明される。もともとイタリア北・中部では，北西ヨーロッパの古典荘園制を彷彿とさせるような，領主直領地と農民保有地との二元構造をなす所領形態が比較的早期から発達していたが，10世紀までにそうした所領（curtis）の間隙をついて，独立農民を主力とする自発的な入植・開墾運動が繰り広げられ，従来の未耕地が組織化されないままに急速に征服された。だが，こうした経済成長を基盤として，農村の空間編成は10世紀を境に劇的に刷新される。領主は，従来の所領の中心から隔絶したそれまで占有されたことのない高地に城塞を建設し，同時に土地保有農民ならびに独立農民の家屋をその周囲に強制的に，あるいは入植許可状を発給することによって誘致してゆくのである。こうした現象はそれ自体，城主支配下での農民の自由の喪失とみなされる。こうして形成された高地集落は，柵や石造囲壁で全体が囲まれて，定住地そのものが城塞とみまごうばかりの城塞集落と化す。ラティウム南部ならびにサビーナでは，そうした城塞集落そのものが城塞を意味するカストルム（castrum）またはカステッルム（castellum）と呼ばれ，従来のあらゆる定住地呼称にとってかわるのである。さらに11世紀中葉にいたるまでに，カストルムに付属する固有の領域（ペルティネンティア〔pertinentia〕やテニメントゥム〔tenimentum〕）が

はっきりと姿を現すようになり，その中核にはしばしば城塞付属教会（ecclesia castri）が創建され，カストルム領域がちょうど一つの教区に相当するようになる。それゆえ，カストルムを中心とする入植と開墾はカストルム領域の内部できわめて組織的に行われ，カストルム直近から菜園，葡萄畑，オリーヴ畑，果樹園，耕地，放牧地，森林の順に土地が同心円状に配置されてゆくことになる。12 世紀末になると，カストルムのなかには廃絶するものがめだつようになるが，これはカストルム相互の戦闘行為によるものというより（確かに同時期には，「城主＝貴族」相互の私戦があいつぐのであるが），純粋に社会経済的な要因，すなわち家屋が密集する高台の頂部の狭隘さ，囲壁によって拡大を阻まれた定住区，厳格に境界画定された領域内部で飽和状態に達した生産力と，経済成長のコンテクスト一般との均衡がくずれさったことによるものとみなされる。この点からもインカステラメント現象は，政治的・軍事的な要因によるものではなく，10 世紀の経済成長の所産として，領主制的な農民支配の拡充という社会経済的な要因によるものであったことが強調されるのである。P. Toubert, L'Italie rurale aux VIIIe–IXe siècles. Essai de typologie domaniale, *I problemi dell'Occidente nel secolo VIII* (Settimane 20), Spoleto, 1973, t. 1, pp. 95–132 ; id., El régimen domanial y las estructuras productivas en la Alta Edad Media, *Castillos, señores y campesinos en la Italia medieval*, Barcelona, 1990, pp. 17–80 ; id., El sistema curtense : producción e intercambio interno en Italia en los siglos VIII, IX y X, *Castillos*, señores y campesinos, pp. 81–149 ; id., *Les structures du Latium médiéval. Le Latium méridional et la Sabine du IXe siècle à la fin du XIIe siècle*, 2 vols., Rome, 1973, t. 1, pp. 303–368 なお，このあたりの問題系はわが国でもすでに城戸照子によって紹介されている。城戸照子「インカステラメント・集村化・都市」『西欧中世史（中）―成長と飽和―』ミネルヴァ書房，1995 年，129–150 頁。

(26) G. Fournier, Châteaux et peuplements au Moyen Âge. Essai de synthèse, *Châteaux et peuplements en Europe occidentale du Xe au XVIIIe siècle* (Flaran 1), Auch, 1980, pp. 131–144.

(27) ロベール・フォシエはあくまでも現象面のみに注目して，インカステラメントのありようをめぐるより細かい区分を提示している。すなわち，ラティウム型の典型的なインカステラメントが達成された地域として，ラティウムを筆頭とするイタリア，プロヴァンス，南アキテーヌ，これに対して城塞の支配下に複数のウィラが混在したままで，典型的な城塞集落が形成されなかった広い意味でのインカステラメント地域として，ラングドック，カタルーニャ，オーヴェルニュをはじめとする，ローヌ川からエブロ川までの一帯を挙げている。R. Fossier, *Enfance de l'Europe*, 2 vols., Paris, 1982, t. 1, pp. 214–218.

(28) J. Gautier-Dalché, Reconquête et structures de l'habitat en Castille, *Guerre, fortification et habitat*, pp. 199–206 ; J. Á. García de Cortázar, Organización del espacio, organización del poder entre el Cantábrico y el Duero en los siglos VIII a XIII, *Del Cantabrico al Duero : trece estudios sobre organización social del espacio en los siglos VIII a XIII*, Santander, 1999, pp. 15–48. レイナ・パストールはピエール・トゥベールの訳書の序文で同様のことを指摘している。P. Toubert, *Castillos, señores y campesinos en la Italia medieval*, Barcelona, 1990, pp. 7–12.

(29) A. Barbero y M. Vigil, *La formación del feudalismo en la Península Ibérica* (1978), Barcelona, 1986.

(30) J. M. Mínguez, Antecedentes y primeras manifestaciones del feudalismo astur-leonés, *En torno al feudalismo hispánico*, Ávila, 1989, pp. 87–120 ; id., *Las sociedades feudales, 1. Antecedentes, formación y expansión (siglos VI a XIII)*, Madrid, 1994.

(31) 主要な国際研究集会報告集・共同研究を以下に挙げておこう。*La Marche Supérieure d'al-Andalus et l'Occident chrétien*, Madrid, 1991 ; *Frontière et peuplement dans le monde méditerranéen au Moyen Âge*, Castrum 4 (18-25 septembre 1988), Rome et Madrid, 1992 ; *Frontières et espaces pyrénéens au Moyen Âge*, Perpignan, 1992 ; *Las sociedades de frontera en la España medieval*, Zaragoza, 1993 ; *Identidad y representación de la frontera en la España medieval (siglos XI-XIV)*, Madrid, 2001 ; "Fronteras y límites interiores" en *Studia historica. Historia medieval*, no. 23 (2005) y 24 (2006) ; *Cristianos y musulmanes en la Península Ibérica : la guerra, la frontera y la convivencia*, León, 2007 ; M. A. Rodríguez de la Peña (dir.), *Hacedores de Frontera. Estudios sobre el contexto social de la Frontera en la España medieval*, Madrid, 2009 ; J. Martos Quesada y M. Bueno Sánchez (ed.), *Fronteras en discusión. La Península Ibérica en el siglo XII*, Madrid, 2012.

(32) P. Buresi, Nommer, penser les frontières, pp. 54-57.

(33) Petrus de Marca, *Marca Hispanica sive limes hispanicus, hoc est, geographica et historica descriptio Cataloniae, Ruscinonis, et circumjacentium popularum* (Paris, 1688), Barcelona, 1998.

(34) M. Zimmermann, Le concept de *Marca hispánica* et l'importance de la frontière dans la formation de la Catalogne, *La Marche Supérieure*, pp. 32-33.

(35) 宮廷編纂の叙述史料にかぎらず現地のキリスト教社会においても，この時期以降ヒスパニアは一貫してアンダルスを意味するものとして使用されている。このなかではローマ教皇庁のみがイベリア半島全体をヒスパニアと呼んだが，当の半島では 10 世紀においても「コルドバの国王」(rex Cordubae) あるいは「サラセン人の国王」(rex sarracenorum) が「ヒスパニアの国王」(rex Hispaniae) であり，11 世紀中葉になってもキリスト教諸国家がムスリムのターイファ（群小王国）から徴収したパーリア（軍事貢納金）は依然として「ヒスパニアのパーリア」(paria de Hispania) であった。ヒスパニアが半島全体を意味するようになるのはそれからさらに遅れて，12 世紀のことである。F. Sabaté, La noció d'Espanya en la Catalunya medieval, *Acta historica et archaeologica medievalia*, 19, 1998, pp. 382-384.

(36)『王国年代記』の 827 年から 828 年までの記述にみられるアイゾなる人物の反乱がこれを示す典型的な例である。首謀者として名指しされたこの人物は，現在では征服以前のバルセローナ代官であったスライマーンの子アイスーンと同定されている。ただ，この反乱はカタルーニャを追われたムスリムによる単純な蜂起ではなく，同地域全体におよんだ語の真の意味での内戦であった。アイスーン側に連なったのは，ムワッラド（のちコルドバが介入），そして西ゴート系住人を優遇する措置をとった初代バルセローナ伯ベラ（トゥールーズ伯ギヨームの長子）に与する西ゴート系住人であり，これを鎮圧する側にまわったのはベラの異母弟ガウセルム（アンプリアス＝ルサリョ伯）とその弟ベルナール・ド・セプティマニアを筆頭とするフランク系有力者であった。J. M. Salrach, *El procés de feudalització (segles III-XII)*, Barcelona, 1987, pp. 144-147.

(37) M. Zimmermann, Le concept de *Marca hispánica*, p. 42.

(38) CSCV, doc. no. 223 (998, VII, 23).

(39) M. Zimmermann, Le concept de *Marca hispánica*, p. 45. また，LFM, doc. no. 492 (1076, XI, 12) : « et totas suas Marchas cum castro de Stopaniano et de Pinçano et de Podio Rubeo et de Castserres et de Canneles et de Curriana cum omnibus rebus pertinentibus ad iam dictos castros usque ad Montson ».

(40) LFM, doc. no. 259 (1076, VI, 18) : « in ipsa marcha extrema, in loco horroris et vaste solitudines » ; doc. no. 255 (1076, VI, 18) : « in ipsa marcha extrema, id est, in campo in loco solitudinis ».

(41) P. Bonnassie, *La Catalogne du milieu du Xe à la fin du XIe siècle. Croissance et mutations d'une société*, 2 vols., Toulouse, 1975-1976, t. 1, pp. 205-256.

(42) G. Feliu, La pagesia catalana abans de la feudalització, *Anuario de estudios medievales*, 26/1, 1996, pp. 19-41 ; F. Sabaté, Frontera peninsular e identidad (siglos IX-XII), *Las Cinco Villas aragonesas en la Europa de los siglos XII y XIII*, Zaragoza, 2007, pp. 47-94.

(43) たとえば，886年に伯ギフレ1世によって創建されたビク司教座聖堂教会は，10世紀にウゾーナ伯領の「辺境」において組織的な入植を推進すると同時に，数々の城塞の領有主体となっている。P. Freedman, *Tradició i regeneració a la Catalunya medieval. La diocèsi de Vic*, Barcelona, 1985, pp. 30-52. また，J. M. Salrach, L'enchâtellement de la frontière, *Le paysage monumental de la France autour d'an mil*, Paris, 1987, pp. 743-755 ; M. Riu i Riu, Castells i fortificacions menors : llurs orígens, paper, distribució i formes de possessió, *Catalunya i França meridional a l'entorn de l'any Mil*, Barcelona, 1991, pp. 248-249 ; id., El feudalismo en Cataluña, *En torno al feudalismo hispánico*, pp. 375-400 ; M. Zimmermann, Le rôle de la frontière dans la formation de la Catalogne (IX-XIIème siècle), *Las sociedades de frontera*, pp. 7-29.

(44) PACB, doc. no. 307 (1041-1043) : « de ipsa civitate que dicunt Barchinona, neque de ipso comitato que dicunt Barchinonense, neque de ipsa marcha de Barchinona ».

(45) PACB, doc. no. 656 (1063-1065) : « neque de ipsa civitate quae dicunt Minorisa, neque de ipso comitatu quod dicunt Ausona... neque de ipso castro quod dicunt Cardona, cum suis terminis et pertinenciis, neque de ipsos castros Cervaria et Tarrega, cum eorum teriminis et pertinenciis, neque de castro Tamarid, cum eorum terminis et pertinenciis, neque de ipsos castros Chamarasa et Cubels, cum eorum terminis et pertinenciis, neque de ipsos castros Stopanian et Cannelas, cum eorum terminis et pertinenciis omnibus, et ipso castro Puig Roig, cum terminis et pertinenciis ». ここでは伯領の列挙につづいて，カルドーナを筆頭に九つのカストルムが伯領とは別に列挙されている。

(46) たとえば，PACB, doc. no. 369 (1041-1050) : « neque de civitate que dicunt Olerdola, neque de ipso chomitatu que dicunt Penitense ».

(47) P. Bonnassie, *La Catalogne*, t. 2, pp. 625-643. 「辺境」は伯直属の下僚たるウィカリウス家系が入植をつうじて城主と化すことによって多数の城塞領域に分節化していったが，この場合の副伯家系もまたそれと競合しつつ「辺境」の城主家系として自らの権力とそれが適用される城塞領域を急速に世襲化し，「ウィカリウス＝城主」に勝る筆頭貴族となって割拠していった。このように「辺境」は，同じく伯の下僚として都市を中心に公権力の一部を担いながらも，それが世襲的に行使される厳密な領域をもたなかった副伯にとって，世襲的かつ自立的な事実上の城主支配圏としての副伯領の生成の温床となったとされる。ただ，そうした副伯領の生成を助けた「辺境」には，アンダルスと対峙する空間としての「辺境」のみならず，従来の伯領間の境界地帯としての「辺境」も同様に含まれる。H. Dolset, Vicomtes et vicomtés en Catalogne frontalière aux IXe-XIIe siècles (Barcelona, Gérone, Osone, Tarragone) : territoire et pouvoir, *Vicomtes et vicomtés dans l'Occident médiéval*, Toulouse, 2008, pp. 157-168.

(48) 中世初期のコンウェニエンティアの用例は，口頭または証書による合意，合意違反者に対する罰則規定，紛争に際して法廷の内外で結ばれた和解に基づく合意，さらには合意が結ばれた裁判集会そのものを指すなど，きわめて多様であった。A. J. Kosto, The *Convenientia* in the Early Middle Ages, *Medieval Studies*, 60, 1998, pp. 25-26. また，ポール・ウーリアックは，ラングドックにおけるコンウェニエンティアのさまざまな用例を挙げているが，それらはいずれも従来のローマ＝西ゴート法が途絶した時期に特有の個人相互の合意・協定とみなされている。P. Ourliac, La « convenientia », *Etudes d'histoire du droit médiéval*, Paris, 1979, pp. 243-252. これらに対して，とくに1000年以降のカタルーニャでは，証書によって文書化されたコンウェニエンティアが，伯同士のレヴェルでは相互の権利・義務を規定した水平的な協定として，伯と貴族や騎士とのあいだでは誠実宣誓をともなう典型的な封建的支配関係の創出媒体として，ともに急激に増加してくるのである。P. Bonnassie, Les conventions féodales dans la Catalogne du XIe siècle, *Les structures sociales*, pp. 187-208. なお，近年ではアダム・J・コストが，11世紀後半から伯や貴族集団が社会秩序を維持すべく相互にコンウェニエンティアを締結してゆく現象を「紛争構造」（パトリック・J・ギアリ）ならぬ「合意構造」と表現している。このあたりには，秩序維持手段としての紛争解決と和解を重視する英米学界の色濃い影響がみてとれる。A. J. Kosto, *Making Agreements in Medieval Catalonia. Power, Order, and the Written Word, 1000-1200*, Cambridge, 2001, pp. 26-77 ; id., The « Convenientiae » of the Catalan Counts in the Eleventh Century : A Diplomatic and Historical Analysis, *Acta historica et archaeologica medievalia*, 19, 1998, pp. 191-228.

(49) LFM, doc. no. 279 (1065, VI, 11).

(50) C. Baraut, Els documents, dels anys 981-1010, de l'arxiu capitular de la Seu d'Urgell, *Urgellia*, vol. 3, doc. no. 288 (1003 [1005], X, 23) : « de alaudem meum, tam in marcha quam in montanea » ; CDSR, doc. no. 12 (1068, VIII, 18) : « in tota Ripacurtia in montanis et in marchis usque in flumen Cinga ».

(51) Ph. Sénac, *« Ad castros de fronteras de mauros qui sunt pro facere »*. Note sur le premier testament de Ramire Ier d'Aragon, *Identidad y representación*, pp. 205-211 ; id., Frontière et reconquête dans l'Aragon du XIe siècle, *Frontières et espaces pyrénéens*, pp. 47-60.

(52) P. Buresi, Nommer, penser les frontières, pp. 54-59. なお，アンダルスにおける「辺境」については，上・中・下の三大辺境領を指す場合に用いられたサグル（taġr）がしばしばキリスト教徒のマルカやフロンテーラ（フロンタリア）と比較・対照され，それらのような軍事的・イデオロギー的な含意の不在が指摘されてきた。P. Chalmeta, El concepto de t̲agr, *La Marche Supérieure*, pp. 15-28. もっとも，のちにグラナダ王国の「辺境」もまたフロンテーラ（フロンタリア）がアラビア語化されたファランティラ（farantira）という言葉で表示されることになる。A. Bazzana, P. Guichard et Ph. Sénac, La frontière dans l'Espagne medieval, *Frontière et peuplement*, p. 54.

(53) DRNA, doc. no. 64 et 65 (988-989) : « Dicimus vobis omnes seniores nostrosque fideles qui nostras extrematuras tenetis et custodis ». すなわち，国王に誠実を尽くす貴族が維持し監督すべき境界として言及されているのである。

(54) JDM, doc. no. 2 (1042) : « Et in Extrematura, Sancti Felicis monasterio, qui est situs inter Eliso et Kastellu Manko ».

(55) CSJP, doc. no. 150 (1059) : « ad castros de fronteras de mauros qui sunt pro facere » ; doc. no.

159 (1061) : « in castellos de fronteras de mauros qui sunt per facere » et « in castellos qui sunt in fronteras per facere ».

(56) CR, pp. 17–18 (1062) : « tu quod cavallero et franco sedeas quomodo homine debet esse in frontera francho et cavallero ». これは「辺境」に身をおく人びとの存在形態を知るうえでも興味深い所見である。

(57) アルナウ・ミル・ダ・トスは1048年，自ら創建したサン・ペラ・ダジェ修道院にノゲーラ川からシンカ川までのヒスパニアにおける将来征服されるすべての土地と城塞の10分の1を寄進すると約束している。CDSPA, doc. no. 22 (1048, III, 21). また，P. Sanahúja, Arnau Mir de Tost, caudillo de la reconquista en tierras de Lérida, *Ilerda*, I, 1943, pp. 11–27 ; II, 1943, pp. 155–169 ; III, 1944, pp. 7–21 ; IV, 1944, pp. 53–147 ; F. Fité i Llevot, *Reculls d'història de la Vall d'Àger. I-període antic i medieval*, Àger, 1985, pp. 70–71.

(58) バルセローナ伯はリェイダ北方のカマラーザとクベイスを占領し，リェイダ王国を保護下におくとともに，カマラーザをアルナウ・ミル，クベイスをウルジェイ伯にそれぞれ封（fevum）として賦与し，自らへの誠実を確保した。CDSPA, doc. no. 30 (1051, XI, 5) ; PACB, doc. no. 399 (1051, XI, 20). さらに1058年には，リバゴルサ南部のプロイ，ピルサン，エストピニャン，カネーリャスをサラゴーサ国王から割譲させて同王国を保護下におく一方，ウルジェイおよびサルダーニャ両伯と将来征服される城塞とパーリアの取り分をめぐって協定を結んでいる。LFM, doc. no. 148 (1058, IX, 5).

(59) これらの城塞は，国王サンチョ3世側近の有力貴族家系の出身者だけなく，新興のソブラルベ貴族に対しても国王ホノールとして賦与されている。すなわち，アトおよびガリンド・ガリンデス兄弟（前者はアビサンダ，後者はサルサ・デ・スルタ）と，フォルトゥンおよびガリンド・ブラスケス兄弟（前者はオルソン，後者はトロンセード）がそれである。

(60) これらの城塞は征服直後に，ヒメノ・フォルトゥニョーネス，ベルトラン・アト，ギフレ・サーリャらに賦与されたが，その後アルナウ・ミル・ダ・トスの誠実を確保するための封とされた。アルナウ・ミルの1072年の遺言状では，アラゴン国王サンチョ・ラミーレスに対して奉仕すべく，ラグアレスとラスクアーレがカペーリャとともに長女バレンシア（パリャース・ジュッサ伯ラモン4世の妻）とその子アルナウに，ファルセス，ビアカンプ，ルサスは同じくアルナウと次女ラガルダ（ジローナ副伯ポンス・ゲラウの妻）に遺贈されることになっている。CDSPA, doc. no. 99 (1072, VIII, 11) ; P. Sanahúja, Arnau Mir de Tost, IV, p. 90 ; C. Laliena Corbera, *La formación del Estado feudal. Aragón y Navarra en la época de Pedro I*, Huesca, 1996, p. 80. ベナバーレは1066年以降，伯サンチョ・ラミーレス（国王ラミーロ1世の庶子）によって保有されることになる。

(61) ラミーロ1世が戦死した1063年のグラウス攻囲戦はまさしくその延長線上にあるといえよう。ただ，皮肉にもここでサラゴーサ王国軍の主力をなしたのは，カスティーリャ＝レオン王太子サンチョ麾下の軍勢であった。そこには，サンチョの家士ロドリーゴ・ディアス・デ・ビバール，すなわちエル・シッドその人も参じていたと，同人の存命中に書かれたとされる例外的な伝記『ロデリクス伝』に伝えられている。*Historia Roderici*, R. Menéndez Pidal, *La España del Cid*, 2 vols., Madrid, 1929, t. 2, p. 916.

(62) Ph. Sénac, Les ḥuṣūn du Ṯaġr al-Aqṣā : à la recherche d'une frontière septentrionale d'al-Andalus à l'époque omeyyade, *Frontière et peuplement*, pp. 76–84 ; id., Peuplement et habitats ruraux dans la Marche Supérieure d'al-Andalus : l'Aragon, *Villages et villageoise au Moyen Âge*,

Paris, 1992, pp. 27-38 ; id., Du *ḥiṣn* musulman au *castrum* chrétien. Le peuplement rural de la Marche Supérieure et la reconquête aragonaise, *De Toledo a Huesca. Sociedades medievales en transición a finales del siglo XI (1080-1100)*, Zaragoza, 1998, pp. 113-130 ; C. Laliena Corbera et Ph. Sénac, *Musulmans et chrétiens dans le haut Moyen Âge : aux origines de la reconquête aragonaise*, Paris, 1991, pp. 61-67 ; C. Esco et Ph. Sénac, Le peuplement musulman dans le district de Huesca (VIIIe-XIIe siècles), *La Marche Supérieure*, pp. 51-65.

(63) Ph. Sénac, Notes sur le peuplement musulman dans la région de Barbiṭāniya, *Studia Islamica*, 73, 1991, pp. 45-66.

(64) Id., Notes sur les *ḥuṣūn* de Lérida, *Mélanges de la Casa de Velázquez*, 24, 1988, pp. 62-69 ; J. Giralt i Balagueró, Fortificacions andalusines a la Marca Superior d'al-Andalus : Aproximació a l'estudi de la zona nord del districte de Lleida, *La Marche Supérieure*, pp. 67-70.

(65) J. M. Lacarra, Un arancel de aduanas del siglo XI, *Estudios dedicados a Aragón de José María Lacarra*, Zaragoza, 1987, pp. 47-64. この流通税表の冒頭には「わが父王たちの慣習にしたがって」(secundum usaticos meorum parentum) とあることから，ハカやパンプローナの広域的な商業拠点としての性格は，サンチョ・ラミーレス治世以前にさかのぼることが確実である。なお，カタルーニャと違いディナール金貨の史料所見はきわめて少ないが，ディルハム銀貨（カーシミー〔cazimi〕貨）はアラゴンの地で日常的に流通していた。拙稿「寞（アリアラ）と 11 世紀アラゴン地方農村社会—土地売買文書の分析を中心として—」『史学雑誌』第 110 編第 1 号，2001 年，67 頁。カーシミー貨は，941 年から 944 年までにアブド・アッラフマーン 3 世が断行した貨幣制度改革時に新たに造幣されたディルハム銀貨であり，カーシミーという呼称は貨幣に刻印された造幣人カーシム・イブン・ハーリドの名前に由来する。A. Medina Gómez, *Monedas hispano-musulmanas*, Toledo, 1992, pp. 113-124.

(66) DERRVE, doc. no. 1 (h.1059).

(67) F. Galtier Martí, *La Extrematura de Hispania*. Algunos aspectos de la vida cotidiana en las fronteras aragonesas del año mil, *La Marche Supérieure*, pp. 149-164. また，P. Sanahúja, Arnau Mir de Tost, I, pp. 11-27, 155-169 ; II, pp. 7-21, 53-147 ; IV, pp. 25-56. 同様の所見としてはこのほかにも，アラゴンのサン・アンドレス・デ・ファンロ修道院の 11 世紀末の財産目録にアラビア語で表示された多数の動産とともにクリスタル製のチェスが登場する。CDSAF, doc. no. 92 (f. s. XI) : « unos scax de cristal ».

(68) B. Cabañero Subiza y F. Galtier Martí, Los primeros castillos de frontera de los Arbas y el Onsella. Problemas metodológicos, *Boletín del Museo e Instituto "Camón Aznar"*, 19, 1985, pp. 59-82 ; B. Cabañero Subiza, La defensa del reino de Pamplona-Nájera en el siglo X. Materiales para el estudio de la evolución de sus castillos, *La Marche Supérieur*, pp. 99-119. もっとも，なかば砂漠化したウエスカ周辺において木材の供給がいかにしてなされたかという点から，フィリップ・セナックを筆頭とするアンダルス研究者のなかにはこうした木造城塞を認めない立場もある。なお，現在のアラゴン＝ナバーラ研究では城塞そのものの建築様式を対象とする「城塞類型論」が主流であり，この点ではカタルーニャ研究の場合も大差ない。たとえば，マヌエル・リウやフランセスク・フィテの一連の研究がその典型である。M. Riu i Riu, Castells i fortificacions menors, pp. 248-249 ; id., L'aportació de l'arqueologia a l'estudi de la formació i expansió del feudalisme català, *La formació i expansió del feudalisme català*, pp. 27-45 ; F. Fité, *Arquitectura i repoblació en la Catalunya dels segles VIII-XI. Els*

orígens i l'evolució de l'arquitectura militar en les àrees de frontera, amb una atenció preferent per la zona del Montsec, a la Catalunya de Ponent, Lleida, 1993. これらによれば，カタルーニャ城塞の建築様式は次のような変遷過程をたどったとされる。すなわち，①円形の木造城塞（8 世紀末から 9 世紀後半まで。直径 4～8 m，高さ 4～5 m。遺構は現存しないが，岩塊〔roca〕の頂上や側面に基礎材や梁材を差し込む孔穴がいくつも開いていることから，その存在が想定されている），②方形の石造塔（10 世紀），③円形の石造塔（11 世紀から 12 世紀まで），④方形ないし多角形の主塔＝領主居館を中核とし，副塔，礼拝堂，城壁と楼塔で囲まれた固有の意味での城塞（11 世紀以降）である。城塞建築様式の発展過程において，石造の円形塔が比較的早期に登場している点がカタルーニャの特徴といえるであろう。この点についてフィテは，ムスリム城塞との類縁性を指摘している。これに対してアラゴンには，円形城塞の所見がほとんどない。

(69) CDRI, doc. no. 64 (1049). 貢納を負担したのは，西はマティデロ（アルカナードレ川水源の廃村），東はシンカ川東岸の支流エセラ川，南は平野部との境界にあたるアルベ山地（これがまさしくソブラルベの語源「アルベ山地の向こう」〔Super Albe〕である）までの範囲に分布する（de Matirero usque in Esera et de serra de Arb in intro）ムスリム定住地である。貢納の内容は，穀物，ワイン，金・銀，毛織物，靴（de cibaria quam de uino et auro et argento siue linteos et calciamentos）となっている。このような事例は，後述するようにウエスカ地方およびシンカ川流域の本格的な征服が開始される 11 世紀末にも同様にみられる。すなわち，1096 年に征服される都市ウエスカの周囲の 12 のムスリム定住地が，すでに 1083 年の段階で同様の貢納を負担している。DSRI, doc. no. 21 (1083, IV, 28). また，1095 年の城塞ナバルの征服直後に発給された国王文書には，バルバストロの北方，ベロ川からシンカ川までの範囲に分布する 29 のムスリム定住地がやはり貢納（パン，ワイン，金・銀，布類）を負担していた事実が記されている。CDPI, doc. no. 20 (1095).

(70) CSJP, doc. no. 145 (1058, VIII, 24).

(71) CDCH, doc. no. 76 (1099, X).「ナバルのバロンたち」はその報償として 9 分の 1 の定率貢租を負担するのみで従来の財産を保証されると同時に，例外的に従来のモスクの維持さえもが容認されている。

(72) P. Toubert, Frontière et frontières : un objet historique, *Frontière et peuplement*, p. 13.

(73) C. Sánchez Albornoz, Pequeños propietarios libres en el reino asturleonés. Su realidad histórica, *Aglicoltura e mondo rurale in Occidente nell'alto medioevo* (Settimane 13), Spoleto, 1966, pp. 183-222；関哲行「10 世紀，11 世紀前半のアストゥリアス・レオン王国（Reino asturleonés）における封建制―封・家士制度（Las instituciones feudo-vasalláticas）をめぐって―」『上智史学』第 23 号，1978 年，1-24 頁；同「アストゥーリアス・レオン王国における自由小土地所有者問題をめぐって」『スペイン史研究』第 2 号，1984 年，17-26 頁；同「サンチェス・アルボルノスの自由小土地所有者テーゼ―南欧封建制研究の展望を含めて―」『土地制度史学』第 112 号，1986 年，37-47 頁；拙稿「中世初期スペイン農村史における大所領と独立農民」『史学雑誌』第 114 編第 8 号，2005 年，21-41 頁。

(74) J. Á. García de Cortázar, Sánchez Albornoz y la repoblación del valle del Duero, *Sánchez Albornoz a debate : Homenaje de la Universidad de Valladolid con motivo de su centenario*, Salamanca, 1993, pp. 33-44.

(75) J. Á. García de Cortázar, *La sociedad rural en la España medieval* (1988), Madrid, 1990 ; id., Les communautés villageoises du nord de la Péninsule Ibérique au Moyen Âge, *Les communautés*

villageioses en Europe occidentale du Moyen Âge aux Temps Modernes (Flaran 4), Auch, 1984, pp. 55–77 ; id., Organización del espacio, pp. 15–48 ; id., Estructuras sociales y relaciones de poder en León y Castilla en los siglos VIII a XII : la formación de una sociedad feudal, *Il feudalismo nell'alto medioevo* (Settimane 47), Spoleto, 2000, t. 2, pp. 497–568 ; id. y R. de Aguirre, De una sociedad de frontera, pp. 51–68.

(76) C. Díez Herrera, La organización social del espacio entre la cordillera Cantábrica y el Duero en los siglos VIII al XI : una propuesta de análisis como sociedad de frontera, *Del Cantábrico al Duero*, pp. 123–155.

(77) P. J. Geary, Vivre en conflit dans une France sans État : typologie des mécanismes de réglement des conflits (1050–1200), *Annales ESC*, 41–5, 1986, pp. 1107–1133 ; S. D. White, "*Pactum... Legem Vincit et Amor Judicum*". The Settlement of Disputes by Compromise in Eleventh-Century Western France, *The American Journal of Legal History*, 22, 1978, pp. 281–308 ; F. L. Cheyette, *Suum Cuique Tribuere*, *French Historical Studies*, 6–3, 1970, pp. 287–299 ; S. Weinberger, Les conflits entre clercs et laïcs dans la Provence du XIe siècle, *Annales du Midi*, t. 92, no. 148, 1980, pp. 269–279. 裁判研究ならぬ「紛争解決」研究で最も重視されるのが，紛争当事者相互の自発的な和解・合意が広い意味での「共同体」の平和と秩序の維持に果たした機能である。たとえば，パトリック・J・ギアリは，法に立脚した公的・国家的な裁判組織が失われても，慣習や道徳といった共同体的規範によって平和と秩序は維持されえたとし，「封建的アナーキー」と表現されるような政治的・社会的危機は事実上存在しなかったとする。すなわち，法にねざした強制的判決が勝敗を決することで当事者間の諸関係を断ち切ってしまうのに対して，和解は，「愛」(amor) や「友情」(amititia) といった道徳的規範にうったえて両者の諸関係をそのつど調整することで，恒常的な紛争状態を鎮静化する機能を果たしたというのである。そもそもギアリにとって，中世ヨーロッパはそれ自体固有の「紛争構造」に貫かれた「国家なき」社会であるから，和解はまさしくそうした構造の不可欠な構成要素をなすものとみなされるのである。これに対して，スティーヴン・D・ホワイトは，従来の法伝統の存続を認めたうえで，それにもかかわらず当事者自身が白黒を決する強制的判決をあえて回避して，自発的に和解を選択するという，その戦略的な側面をつとに強調する。それゆえ，かつて平和や秩序の不在を典型的に表現するものとみなされた私戦や神判さえもが，当事者同士が互いの名誉を保ったままで和解にいたるための戦略的なブラフとみなされるのである。S. D. White, Feuding and Peace-making in the Touraine around the Year 1100, *Traditio*, 42, 1986, pp. 195–263 ; id., Proposing the Ordeal and Avoiding It : Strategy and Power in Western French Litigation, 1050–1110, *Cultures of Power : Lordship, Status, and Process in Twelfth-Century Europe*, Philadelphia, 1995, pp. 89–123. 以上のような考え方は，学説史上ジョルジュ・デュビィからピエール・ボナシィへと継承され，フランス学界を中心に地中海南ヨーロッパ研究の主たる潮流をなしてきた，「紀元千年の変動」(mutation de l'an mil) に重きをおく理解（北西ヨーロッパ研究を筆頭に，これに批判的な立場からは揶揄的に「変動論」〔mutationnisme〕とも呼ばれる）に対する批判の方法の一つとなった。というのも，そこでは，やや乱暴にまとめるならば，国家／公法廷／法という三位一体が，まさしく同時期の「封建変動」をつうじて封建的支配関係／私的合意／慣習という三位一体へと劇的に道を譲ったと想定されているからである。まさしくボナシィのおもな研究対象となったカタルーニャ研究でさえも，そうした方面からの批判的な検討を免れなかった。たとえば，

アダム・J・コストは，公法廷の権威がもはや当事者間の私的合意に依存するほかなくなったという意味で「変動」そのものは否定すべくもないとの立場をとりながらも，11世紀後半から伯や貴族集団が相互にコンウェニエンティアを締結する現象を，封建的支配関係の伸張という「変動」の文脈ではなく，むしろ平和・秩序の維持という観点から積極的に評価し，これを「紛争構造」ならぬ「合意構造」と表現している。A. J. Kosto, *Making Agreements in Medieval Catalonia*, pp. 26–77 ; id., The « Convenientiae » of the Catalan Counts, pp. 191–228. また，ジェフリ・A・バウマンは，紛争とその解決方法に注目し，前述の二つの三位一体を構成する各項の対立を乗り越えようとする。すなわち，宣誓書，判決状，権利放棄書といった伝統的な裁判関連文書が，もっぱら受益者たる教会の手で一通の文書に統合されてゆく過程をテクスト生成論的に描き出す一方，従来は個別案件に対する法の厳密な適用の証とみなされてきた西ゴート法，フランク法，教会法の個別規定の引用や，罰則規定や呪詛の文言の付加が，伯権と裁判官＝聖職者と緊密に連携した教会の，俗人に対抗するための戦略の所産とみなされている（この理屈はある意味，教会と俗人という古典的な二項対立に回帰しているといえなくもない）。J. A. Bowman, *Shifting Landmarks. Property, Proof, and Dispute in Catalonia around the Year 1000*, Ithaca, 2004, pp. 35–55. 以上の議論は，公的・国家的な裁判組織が存在しない社会にありながら，当事者主義に貫かれた私戦や和解による「紛争解決」が一定の平和・秩序を維持したとし，古典的な「封建的アナーキー」という理解を全面的に否定している。ところが，「封建的アナーキー」が現実ではなかったとすれば，そもそも公的・国家的な裁判組織が存在しない状態がなぜ生起したかを説明できないという，きわめて大きな問題点をはらんでいる。このあたりについては，T. Adachi, Documents of Dispute Settlement in Eleventh-Century Aragón : A Genetic Approach, *Genesis of Historical Text : Text/Context*, Nagoya, 2005, pp. 127–136 ; 拙稿「11 世紀アラゴン王国における国王法廷と和解」『史林』第 83 巻第 6 号，2000 年，74–103 頁；同「中世初期スペイン史と文書史料（9 世紀—11 世紀）」『西欧中世比較史料論研究』平成 19 年度研究成果年次報告書（平成 17〜19 年度科学研究費補助金〔基盤研究 B〕研究課題番号：17320119），2008 年，31–41 頁。

(78) DERRVE, doc. no. 22 (1105, IV) : « quanto ibi tenebamus frontera » ; doc. no. 103 (1124) : « quando ibi tenebamus fronteram ». また，Ph. Sénac, Note sur le premier testament, p. 209.

(79) CPRA, doc. no. 142 (1202, IV, 30) : « in frontaria sarracenorum » ; doc. no. 144 (1202, VI) : « in frontaria sarracenorum » ; doc. no. 154 (1209, IV, 3) : « frontarie sarracenorum » ; AHN, OM, carpeta 651, no. 1 (1212, XI, 29) : « uolentes terram nostram populare et maxime illam que est posita in frontaria sarracenorum » ; AHN, Códice 648, no. 182, p. 208 (1201, VIII, 1) : « preceptor in Alfambra et in Villel et in illa frontera » ; CEA, doc. no. 49 (1220, VIII) : « illa villa quod habemus ena frontera per nomine Miravet ».

(80) P. Buresi, Nommer, penser les frontiers, pp. 54–57 ; J. Á. García de Cortázar y R. de Aguirre, De una sociedad de frontera, pp. 51–68.

(81) J. Á. García de Cortázar, *La sociedad rural en la España medieval* (1988), Madrid, 1990 ; id., Les communautés villageoises du nord de la Péninsule Ibérique au Moyen Âge, *Les communautés villageioses en Europe occidentale du Moyen Âge aux Temps Modernes* (Flaran 4), Auch, 1984, pp. 55–77 ; id., Organización del espacio, pp. 15–48 ; id., Estructuras sociales y relaciones de poder en León y Castilla en los siglos VIII a XII : la formación de una sociedad feudal, *Il feudalismo nell'alto medioevo* (Settimane 47), Spoleto, 2000, t. 2, pp. 497–568 ; id. y R. de

Aguirre, De una sociedad de frontera, pp. 51–68.

(82) ジョルジュ・デュビィは，11・12世紀ブルゴーニュ南部マコンをめぐる先駆的な学位論文において，封建制の発展過程を二段階に分けて説明している。すなわち，公権力（カロリング朝フランク王権，ついでマコン伯権）が解体をみる10世紀末を起点として，いわば封建制の第一期を「独立城主支配圏の時代」（980〜1160年），第二期を「独立城主支配圏から領邦形成へ（向かう時代）」（1160〜1240年）とみなしたのである。第一期はむろん，伯権から全面的に独立を果たした無数の城主が文字どおり群雄割拠した時代である。G. Duby, *La société*, pp. 137–148. こうした構想をおおむね継承したピエール・ボナシィは，カタルーニャにおける封建制の発展過程を，「プレ封建期」（10世紀中葉〜1020年頃），「危機の時代」（1020年頃〜1060年頃），「封建期」（1060年頃〜）と三段階に分けている。ただ，「プレ封建期」はローマ＝西ゴート的公権力が強固に残存した段階とみなされているので，デュビィと同じく事実上は二段階であり，なかでも「危機の時代」は，互いに時間的枠組みこそ違えども，ちょうどデュビィの「独立城主支配圏の時代」に相当する。P. Bonnassie, *La Catalogne*, t. 1, pp. 205–256. これらはいずれも，かつて国家なきものとみなされた中世ヨーロッパを端的に表現するべく用いられた古典的な表現，すなわち「封建的アナーキー」を地で行く段階とみなされており，封建制の発展過程における最も重要なステップとみなされている。だが，それはあくまでもステップであって，「封建期」，すなわち封建的支配関係にねざした社会が全面的に成立するのはそのあととみなされていることに注意しなくてはならない。

(83) M. del Rosario Pérez Centeno, *Ciudad y territorio en la Hispania del siglo III D.C.*, Valladolid, 1999, pp. 7–16 ; Th. F. Glick, *From Muslim Fortress to Christian Castle. Social and Cultural Change in Medieval Spain*, Manchester, 1995, pp. 3–12.

(84) G. Feliu i Montfort, La población, *Historia de España*, VII, *La España cristiana de los siglos VIII al XI*, t. 2, *Los núcleos pirenaicos (718–1035). Navarra, Aragón, Cataluña*, Madrid, 1999, pp. 361–392.

(85) C. Lauranson-Rosaz, L'Auvergne, pp. 13–54 ; id., *L'Auvergne et ses marges*, pp. 311–338.

(86) P. Bonnassie, *La Catalogne*, t. 1, pp. 161–166 ; F. Sabaté i Curull, *El territori de la Catalunya medieval. Percepció de l'espai i divisió territorial al llarg de l'Edat Mitjana*, Barcelona, 1997, pp. 23–59.

(87) J. I. Ruiz de la Peña, La organización social del espacio asturiano en la Alta Edad Media (718–1230), *Del Cantábrico al Duero*, pp. 413–435. この領域呼称は，少なくとも当初は純粋に地理的枠組みにすぎなかったとされる。それはとくに，「アストゥリアス人のテッラ」（terra asturiensium）という表現からも想定されるという。

(88) CDCH, doc. no. 1 (551, IX, 29) et 2 (576?).

(89) 当該領域は現在ティエラントーナと呼ばれるシンカ川上・中流域にその痕跡を残している。

(90) 当該領域の同定について，地名学的に最も蓋然性が高いのはバルバストロを中心とする領域である。だが，バルバストロが文字史料のうえでムスリムによる領有以前におよそいかなる所見もなく，伝統的に純粋なイスラーム都市と考えられてきたことから，従来はプレ・ピレネー山系以北のボルターニャ付近に同定されるのが通例であった。だが，ボルターニャについてはテッラ・ボレターノ（Terra Boletano）に同定する方が明らかに自然であるし，バルバストロという都市名や，ラーズィーやウズリーが言及するバルビ

ターニヤという管区呼称がもともとアラビア語の語彙に由来するものではないことから，近年では，バルバストロもバルビターニヤもむしろここに登場する西ゴート期の領域呼称に由来するものと考えられるようになっている。C. Laliena Corbera et Ph. Sénac, *Musulmans et chrétiens*, pp. 68–70 et 148–150.

(91) アウグストゥス治世に建設された都市的集落ラビトローサの領域がこれに相当する。ここ 20 年来の発掘・調査の進展によって，リバゴルサ南部のラ・プエブラ・デ・カストロに同都市の建築物遺構が多数出土している。A. Magallón y P. Sillières, El municipium Labitulosanum (La Puebla de Castro, Huesca), *Lux Ripacurtiae*, Graus, 1997, pp. 57–62 ; ids., Labitolosa (Cerro del Calvario, La Puebla de Castro, Huesca). Informe de la campaña de excavaciones de 1994, *Bolskan. Revista de arqueología oscense*, 11, 1994, pp. 89–132 ; ids., Labitolosa (La Puebla de Castro, Huesca). Informe de la campaña de excavación de 1991, *Arqueología aragonesa 1991*, Zaragoza, 1994, pp. 155–167.

(92) たとえば，J. Á. García de Cortázar, *La sociedad rural*, pp. 95–104. アラゴンについては，拙稿「9・10 世紀アラゴン地方の農村構造—地域的類型化の試み—」『史学雑誌』第 107 編第 3 号，1998 年，38–63 頁。

(93) アルフォスという領域呼称は本来，「渓谷」や「地峡」を意味するラテン語 « fauces » 由来のアラビア語 « al-fawz » を語源とする。それゆえ，本来の意味内容はワッレにひとしいものである。

(94) E. Pastor Díez de Garayo, *Castilla en el tránsito de la Antigüedad al feudalismo. Poblamiento, poder político y estructura social del Arlanza al Duero (siglos VII–XI)*, Valladolid, 1996, pp. 201–218.

(95) I. Alvárez Borge, *Monarquía feudal y organización territorial. Alfoces y merindades en Castilla (siglos X–XIV)*, Madrid, 1993, pp. 9–138 ; id., *Comunidades locales y transformaciones sociales en la Alta Edad Media. Hampshire (Wessex) y el sur de Castilla, un estudio comparativo*, Logroño, 1999, pp. 117–120.

(96) 佐藤彰一「フランク時代のウィカーリウスとウィカーリア」『ポスト・ローマ期フランク史の研究』岩波書店，2000 年，271–290 頁；同「メロヴィング期ベリィ地方における空間組織—古代的都市 = 農村関係の存続と展開—」『名古屋大学文学部研究論集』第 107 号（史学 36），1990 年，69–86 頁。

(97) L. Schneider, Une vicaria languedocienne du Xe siècle : Popian en Biterrois, *Annales du Midi*, t. 109, no. 219–220, 1997, pp. 401–442 ; id., À propos de l'espace rural durant le haut Moyen Âge méridional : archéologie et cartulaires, *Les cartulaires méridionaux*, Paris, 2006, pp. 42–43.

(98) F. de Gournay, La mutation de la viguerie en Rouergue (IXe–XIIe s.), *Les sociétés méridionales à l'âge féodal (Espagne, Italie et sud de la France X^e–XIIIe s.). Hommage à Pierre Bonnassie*, Toulouse, 1999, pp. 245–249.

(99) C. Lauranson-Rosaz, L'Auvergne, pp. 13–54 ; id., *L'Auvergne et ses marges*, pp. 311–338.

(100) A. Isla Frez, *La sociedad gallega en la Alta Edad Media*, Madrid, 1992, pp. 140–151.

(101) 公的租税としては，« fiscale census »，« census »，« tributum »，« debitum »，« ratio »，« vectigal »，« functio »，さらに一般に「四旬節税」と訳される « quadragesimal » が挙げられる。なお，« quadragesimal » は 12 世紀においても史料に登場するが，サンチェス・アルボルノスはこれを，ローマ帝政期ガリアにおけるユガティオ = カピタティオ制（jugatio-capitatio）の系譜を引く公的租税とみなし，12 世紀においてもなおガリシアに強

固に根づくローマ的性格をつとに強調している。C. Sánchez Albornoz, El *tributum quadragesimale*. Supervivencias fiscales romanas en Galicia, *Mélanges Louis Halphen*, Paris, 1951, pp. 645-658.

(102) Ph. Araguas, Le réseau castral en Catalogne ver 1350, *Guerre, fortification et habitat*, pp. 113-122.

(103) Astronomus, *Vita Hludovici imperatoris* (R. Rau, *Quellen zur Karolingischen Reichsgeschichte* [*Fontes ad historiam regni Francorum aevi Karolini illustrandam*], I, Darmstadt, 1987, p. 270), 7-10 : « Nam civitatem Ausonam, castrum Cardonam, Castaserram, et reliqua oppida olim deserta, munivit, habitari fecit, et Burrello comiti cum congruis auxiliis tuenda commisit ».

(104) B. Cabañero Subiza, *Los castillos catalanes del siglo X. Circunstancias históricas y cuestiones arquitectónicas*, Zaragoza, 1996, p. 30.

(105) M. Riu i Riu, Castells i fortificacions menors, pp. 248-249.

(106) Id., El feudalismo en Cataluña, p. 375.

(107) J. Bolòs, El territori i els seus límits. El poble, la parròquia i el castell a l'Edat Mitjana, *Territori i societat a l'Edat Mitjana*, I, Lleida, 1997, pp. 41-60.

(108) M. Riu i Riu, Castells i fortificacions menors, pp. 248-249. 逆にガローシャやアノイアといったカタルーニャ中西部の「辺境」では，入植運動の過程で個々の経営地（家屋ならびにそれに付属する土地全体）がそれぞれ数十 km の間隔で分布する典型的な散居定住地が形成された。個々の経営地は一般にマス（mas）と呼ばれ，それぞれが独立した多角的経営ユニットをなしている。マスの形成は，一家族による私的な入植の所産であったり，入植過程で形成された村落が一つの経営地を残して廃絶したりとさまざまであったが，とくに貴族や富裕農民に帰属する比較的広大なマスがクアドラとして城塞領域の下位単位に編成されてゆくこともしばしばであった。なお，入植活動に起因するこうした散居定住の比較的根強い存続は，カタルーニャにおけるインカステラメントの不徹底さをものがたるものと捉えられることがある。J. Bolòs, L'habitat dispers a la Catalunya medieval, *Catalunya i França meridional*, pp. 261-268 ; id., Poblament i societat. Transformacions en el tipus d'habitat a Catalunya a l'Edat Mitjana, *Societats en transició. IV Congrés d'Arqueologia Medieval Espanyola*, Alacant, 1994, pp. 331-339.

(109) 前述のように数多くの城塞を領有したビク司教座聖堂教会がその典型である。ビク司教座は，歴代バルセローナ＝ウルジェイ＝ウゾーナ伯ならびにウゾーナ副伯によってウゾーナ伯領における公権力の大半を賦与されている。すなわち，911 年にビク貨造幣権と造幣収入の 3 分の 1，957 年には造幣収入のすべて，さらに 10 世紀末にはウゾーナ伯領の西部「辺境」のトウス，モンブイ，ミラーリャス，アスペルといった城塞を筆頭に，伯領内の流通税徴収権，裁判権，造幣権，都市ビクの領主権を獲得しているのである。だが，ポール・フリードマンによれば，これは伯権の解体をものがたるものではなく，公権力を維持するための伯と教会権力との連携と理解されるべきものであるという。11 世紀の「危機」の時代にはさらに，俗人貴族の暴力と簒奪に対抗すべく，司教座聖堂参事会員としての霊的待遇と引き換えに司教座聖堂教会の政治的協力者となった俗人（本来は助祭を意味するレウィタ〔levita〕や聖職者の一般的呼称であるサケル〔sacer〕と呼ばれる）を城塞の差配者として任命し，管理させている。たとえば，ギリェム・ダ・メディオーナやブンフィイ・ダ・グルプ＝ケラルがおもなレウィタとして登場するが，彼らはもともと「辺境」の城主家系の出身者であった。P. Freedman, *Tradició i regeneració*,

pp. 30–52. また，サン・クガト・ダル・バリェス修道院の場合にも，同じくサケルという肩書きを帯びた人びとのなかに修道院の政治的協力者の例がみいだされる。村上司樹「11 世紀前半カタルーニャ地方における修道院の「危機」とその所領政策―サン・クガト・ダル・バリェス修道院の事例から―」『史学雑誌』第 113 編第 6 号，2004 年，22–24 頁。

(110) 拙稿「農村構造」，38–63 頁。それらの城塞はおそらく，『王国年代記』の 809 年の記述にみられるアラゴン伯アウレオルの管轄した，ガリア＝ヒスパニア間の交通路を監視する城塞であったと想定される。*Annales regni Francorum* (R. Rau, *Quellen zur Karolingischen Reichsgeschichte* [*Fontes ad historiam regni Francorum aevi Karolini illustrandam*], I, Darmstadt, 1987, pp. 10–155), p. 130 (809) : « Aureolus comes, qui in commercio Hispaniae atque Galliae trans Pirineum contra Oscam et Caesaraugustam residebat, defunctus est ». アンソ渓谷やエーチョ渓谷に所在するいくつかの城塞も彼の監督の下で差配されていたと考えられる。CS, doc. 1 (808–821), 6 (867) ; CSJP, doc. 2 (828), 4 (h. 850), 7 (892), 9 (s. IX), 11 (920), 12 (921), 15 (943). なお，『王国年代記』では，伯アウレオルの死後，サラゴーサおよびウエスカの支配者アムルースがこれらの城塞を占領したとあるが，この地の文書史料にはそれを裏書きするいかなる痕跡もみあたらない。

(111) サンチョ 3 世治世の城塞は，すべてがカストルムまたはカステッルムとして言及されるわけではないが，ウンカスティーリョ，ルエスタ，ソス，ボルターニャ，モルカ，スルタ，エスプエンドーラス，マスコニス，リグロス，オシエト，カカビエーリョ，ロアーレ，アグエロ，マルテス，サン・エミティエル，オルソン，ピティエーリャ，ハカである。Ph. Sénac, Châteaux et peuplement en Aragon du VIIIe au XIe siècle, *L'incastellamento. Actas de las Reuniones de Girona (26–27 noviembre 1992) y de Roma (5–7 Mayo 1994)*, Roma, 1998, pp. 123–178. ただ，現存する城塞遺構は，使用された大型の切り出し石の特徴などから，サンチョ 3 世の治世ではなく，むしろロアーレやアビサンダの遺構で典型的にみられるように 11 世紀後半のロマネスク建築とみなされている。Ph. Araguas, Le château de Loarre et les châteaux de la frontière aragonaise au XIe siècle : leur place dans l'arquitecture militaire de l'Occident chrétien, *La Marche Supérieure*, pp. 168–170 ; M. García Guatas, El castillo de Abizanda, en la frontera de la reconquista aragonesa, *Homenaje a don José María Lacarra de Miguel en su jubilación del profesorado*, 5 vols., Zaragoza, 1977, t. 1, pp. 121–133.

(112) Ph. Sénac, Châteaux et peuplement, pp. 123–178.

(113) もっとも，このセクターでも，ガルシア・デ・コルターサルが「集住村落（アルデア〔aldea〕）の勝利」と表現したように，10 世紀にはウィラまたはアルデアとその農村小教会を核として空間は急速に分節化されてゆく。

(114) P. Martínez Sopena, La organización social de un espacio regional : la Tierra de Campos en los siglos X a XIII, *Del Cantábrico al Duero*, pp. 437–474.

(115) R. Vázquez Alvárez, Castros, castillos y torres en la organización social del espacio en Castilla : el espacio del Arlanza al Duero (siglos IX a XIII), *Del Cantábrico al Duero*, pp. 351–373. この地域では，城塞の存在を想定させるカストルム，カステッルム，カステリーリョの言及が比較的少ないため，城塞の有無はそれらの言葉を地名に冠するか，もしくは考古学知見によって判断されることになる。なお，少数の城塞が複数のウィラの点在する比較的広大な付属領域を管理する従来のあり方が，11 世紀末以降には王権による入植許可状や解放特許状の賦与によってなかば都市化した防備集落が領域中心としての機能を担うこ

とによって一層後退し，城塞はあくまでも貴族所領の中心でしかなくなるとされる。

(116) E. Peña Bocos, *La atribución social de espacio en la Castilla altomedieval. Una nueva aproximación al feudalismo peninsular*, Salamanca, 1995, p. 128. 定住地呼称としては 1037 年頃までウィラが優勢であった。また，こうした集住村落と農村小教会との連携が空間編成の核をなしていたため，カルロス・エステーパは，封建的土地所有が形成されるうえで最も重要であったのは農村小教会の領有であったと主張している。C. Estepa Díez, Formación y consolidación del feudalismo en Castilla y León, *En torno al feudalismo*, pp. 159-256.

(117) この点については，ピレネー山脈以南で展開した北の山岳地帯から南の平野への入植運動と，逆にピレネー山脈以南から北への人口流入という例外的なかたちをとったセプティマニア（ラングドック）におけるヒスパニア難民の入植とを同列にあつかうことができるかという問題が長らく議論の的となってきた。たとえば，ラモン・ダバダルは，セプティマニアにおいてフランク王権によってヒスパニア難民に賦与，または事後的に承認された占取地（アプリシオ〔aprisio〕）と，カタルーニャにおける入植運動の過程で生成した占取地（ルプトゥーラ〔ruptura〕，まれにアプリシオ。基本的に証書をともなわないのが通例なので特定の史料概念をもって表示されない）が，法伝統のうえではいずれも西ゴート法の 30 年占有規定に由来するのは確実であっても，前者が事実上の所領と呼びうるような比較的大規模な土地で構成されることがままあったのに対して，後者のそれはあくまでも農民レヴェルの小経営地にかかわるものであったとして，実態として同一のものであったかは判別がつきがたいとしている。近年では，アプリシオ，ルプトゥーラ，あるいはプレッスラ（pressura）といった史料概念の差異や有無にかかわらず，入植運動全般が 30 年占有規定に由来する共通の土地占取制度を梃子にして広く進行したと考えられているうえに，前述のようにカタルーニャにおける入植運動そのものも農民の小経営だけでなく，聖俗領主の大土地所有の源泉となったと考えられるようになっているから，このあたりの区別はますます意味をもたなくなっている。ただ，農村の経済発展という観点からすれば，両者は依然として同列にあつかわれてはいない。たとえば，ボナシィはフランス南部における経済発展のクロノロジーを（西ヨーロッパ一般と同じく）10 世紀末以降に位置づけており，8・9 世紀セプティマニアにおけるヒスパニア難民の入植をこの範疇に含めて考えていない。 R. d'Abadal i de Vinyals, *Els comtats de Pallars i Ribagorça* (Catalunya Carolíngia, III), 2 vols., Barcelona, 1955, t. 1, pp. 63-65 ; P. Bonnassie, *La Catalogne*, t. 1, pp. 205-256 ; id., El crecimiento agrícola de la alta Edad Media en el sur de Galia y el noreste de la Península Ibérica : cronología, modalidades, límites, *Del esclavismo al feudalismo en Europa occidental*, Barcelona, 1993, pp. 105-135. わが国では，佐藤彰一「8・9 世紀セプティマニア・スペイン辺境領のヒスパニア人をめぐる国制・社会状況（1）（2）」『愛知大学法経論集・法律篇』第 92 号，1980 年，1-35 頁，第 94 号，1981 年，45-79 頁。

(118) J. -P. Poly, M. Aurell et D. Iogna-Prat, La Provence, *Les sociétés méridionales*, pp. 327-434. プロヴァンスでは，10 世紀後半になると城塞の私有化が加速し，バン領主制が広範に普及する。ところが，ひとたびムスリムが定着したプロヴァンス東部では，征服＝入植運動に社会全体の集団的意志が注がれていたために，社会を騒乱に導きかねない矛盾はひとまず覆い隠されることになり，「危機」の時代の幕開けがフランス南部のなかではやや遅れて 1018 年から 1019 年あたりになったという。じつはこの論理は，イベリア半島北部における封建制の発展過程の遅れを説明する際にしばしば使われてきたものと共通する。

ジュゼップ・マリア・サルラクもまた，この点に関連してプロヴァンスとカスティーリャ＝レオンとの類縁性を指摘している。J. M. Salrach, Les féodalités, pp. 313–388.

(119) P. Bonnassie, El crecimiento agrícola, pp. 105–135.

(120) 農民世帯の生活・経営の枠組み，古代末期以来の公的・国家的租税の単位，あるいは中世的な賦課租収奪の枠組みといったように，マンスの性格規定はそのまま社会構成体そのものの性格規定を反映している。たとえば，ガスコーニュにおけるマンスは農民の生活・経営の単位とみなされている。B. Cursente, La Gascogne, *Les sociétés méridionales*, pp. 259–293. これに対して，エリザベート・マニュ＝ノルティエは，古代末期以来の国家的租税システムの強固な存続を想定し，これを徴税単位とする立場を打ち出している。E. Magnou-Nortier, La terre, la rente et le pouvoir dans les pays de Languedoc pendant le haut Moyen Âge (2e partie). La question du manse et de la fiscalité foncière en Languedoc pendant le haut Moyen Âge, *Francia*, Band 10, 1982, pp. 21–66. フィスカリスト（租税主義者）と評されるこうした理解は，系譜論としては有効であるかもしれないが，古代末期と同じかたちで機能したかという実態論として成立するかは疑問である。また，カタルーニャのマス（マンス）については，J. M. Salrach, Mas prefeudal i mas feudal, *Territori i societat*, pp. 13–40 ; Ll. To Figueras, Habitat dispersé et structures féodales dans l'Espagne du nord au Moyen Âge central, *L'habitat dispersé dans l'Europe médiévale et moderne* (Flaran 18), Auch, 1999, pp. 121–144. とくに「封建社会」への構造転換が劇的になされたとされるカタルーニャにおいては，マスの性格が，農民世帯の生活・経営ユニットから領主制的な農民収奪の枠組みに劇的に変化せしめられたと想定されている。

(121) 千木康嗣「11 世紀プロヴァンス地方におけるカストルムの形成過程」『西洋史学』第 184 号，1996 年，35–50 頁。

(122) M. Bourin-Derruau, *Villages médiévaux en Bas-Languedoc : Genèse d'une sociabilité (Xe–XIVe siècles)*, 2 vols., Tours, 1987, t. 1, pp. 198–203.

(123) J.-P. Poly, M. Aurell et D. Iogna-Prat, La Provence, pp. 327–434.

(124) M. Gramain, « Castrum », structures féodales et peuplement en Biterrois au XIe siècles, *Structures féodales*, pp. 119–134.

(125) X. Barral i Altet, Quelques exemples d'habitat groupé en hauteur en Catalogne (Xe–XIe siècles), *Structures de l'habitat*, pp. 85–96.

(126) 村落共同体の形成過程におけるサグレーラの重要性を論じたものとして，P. Bonnassie et P. Guichard, Les communautés rurales en Catalogne et dans le pays valencien (IXe–milieu XIVe siècle), *Les communautés villageoises*, pp. 79–115.

(127) R. Martí, L'ensagrerament : utilitats d'un concept, *Les sagreres a la Catalunya medieval*, Girona, 2007, pp. 85–201.

(128) V. Farías Zurita, La proclamació de la pau i l'edificació dels cementiris. Sobre la difusió de les sagreres als bisbats de Barcelona i Girona (segles XI–XIII), *Les sagreres*, pp. 13–84.

(129) P. Bonnassie, Les sagreres catalanes : la concentration de l'habitat dans le « cercle de paix » des églises (XIe s.), *Les sociétés de l'an mil. Un monde entre deux âges*, Bruxelles, 2001, pp. 285–315.

(130) 城塞と定住区が同一の岩塊の頂上部に存在する典型的なケースは，スルタのそれである。高さ 80 m，全長 200 m，全幅 80〜90 m の急峻な岩塊頂部において，塔は囲壁によって定住区と明確に分かたれている。他方，城塞が定住区を見下ろす位置に立地する

ケースは多数あり，とりわけモルカ，サルサ・デ・スルタがその典型である。A. Castán Sarasa, *Arquitectura militar y religiosa del Sobrarbe y Serrablo meridional* (*siglos XI–XIII*), Huesca, 1988, pp. 196–207, 266–272. また，サンティアゴ巡礼の街道沿いでは，11 世紀後半から 12 世紀にかけて定住地の高地防備集落化または「都市化」の典型的な傾向がみられた。J. Passini, L'habitat fortifié dans la Canal de Berdún, Aragon, X^{e}–XIIIe siècles, *Guerre, fortification et habitat*, pp. 91–98 ; C. Laliena Corbera, La articulación del espacio aragonés y el Camino de Santiago, *El Camino de Santiago y la articulación del espacio hispánico*, Pamplona, 1994, pp. 85–128. さらに 11 世紀中葉の「辺境」から 12 世紀に征服された旧上辺境領では，典型的なインカステラメントに類せられる現象がおおいに確認される。Ph. Sénac, Châteaux et peuplement, pp. 123–178. そこでは，屹立したプラットフォーム上に組織的に家屋が配置される一方，当初から城塞の建設が企図されなかったベルベガルのような，カスティーリャ＝レオン型の半都市的集落はむしろ例外的である。

(131) L. Schneider, À props de l'espace rural, pp. 42–43. なお，モニク・ブーランはこうした初期の防備ウィラと 11 世紀末に形成される城塞集落は少なくとも地誌的には区別されえないと指摘している。M. Bourin-Derruau, *Villages médiévaux*, t. 1, pp. 62–65.

(132) G. Durand, Les châteaux du Rouergue méridional du IXe au XIe siècle, *Les sociétés méridionales*, pp. 125–132.

(133) F. Cheyette, The Castles of Trencavels : A Preliminary Aerial Survey, *Order and Innovation in the Middle Ages : Essays in Honor of Joseph R. Strayer*, Princeton, 1976, pp. 255–272.

(134) M. Bourin-Derruau, Valeur stratégique et valeur symbolique des fortifications castrales en Bas-Languedoc (XIe–XIIIe siècle), *Guerre, fortification et habitat*, pp. 99–106.

(135) マルク・ブロック著／河野健二・飯沼二郎訳『フランス農村史の基本性格』創文社，1994 年，22–35 頁。

(136) 10 世紀に登場する前述の城塞ポピアンの新設ウィカリアは，まさしくベジエのパーグスがロデーヴ，マグロンヌ，アグドのパーグスと境を接する場所に形成され，その内部には，ベジエ副伯領に帰属するにもかかわらず，ロデーヴ副伯の自有地の方がはるかに数多く分布した。L. Schneider, Une vicaria languedocienne, pp. 401–442.

(137)「辺境」が城主支配圏形成の起点であったのは，北西ヨーロッパにおいても同様である。古くはジャン＝フランソワ・ルマリニエが，独立城主支配圏の乱立によるパーグスの解体を封建社会形成の画期とみなしたが，ドミニク・バルテルミィは，フランス北西部ヴァンドーム地方を対象とする浩瀚な学位論文のなかで，城主支配圏がもっぱらパーグスの境界地帯に形成されることに注目し，これをパーグスの解体ならぬ「収縮」と表現している。J.-F. Lemarignier, *Structures politiques et religieuses dans la France du haut Moyen Âge. Recueil d'articles rassemblés par ses disciples*, Paris, 1995, pp. 245–254 ; D. Barthélemy, *La société dans le comté de Vendôme de l'an mil au XIVe siècle*, Paris, 1993, pp. 334–342.

(138) F. -L. Ganshof, *Qu'est-ce que la féodalité ?*, Bruxelles, 1944. なお，この小部の著作は 1963 年にスペイン語に翻訳されたが，その付録として刊行されたルイス・G・デ・バルデアベリャーノの大部の論考は，イベリア半島における封建制の多様性に配慮した，現在においても一読に値する優れた制度史の概説となっている。ここでは下記を参照した。L. G. de Valdeavellano, Las instituciones feudales en España, *El feudalismo hispánico*, Barcelona, 1981, pp. 63–162. かつては地中海南ヨーロッパの専門家たちもこの点についてはほぼ口

をそろえていて，地中海型封建制は「封建制度」が典型的に成立した北西ヨーロッパから移植された出来合いの制度であるとか，「封建制度」が自生的に発達しなかったとか，あるいはせいぜい不完全なかたちでしか成立しなかったとされていた。事実，ラモン・ダバダルの『カロリング朝期カタルーニャ』シリーズを筆頭に，伝統的に中世カタルーニャ史の出発点がカロリング朝期におかれたのは，カタルーニャにおける「封建制度」がカロリング朝期に北から移植されたものとみなされていたからである。R. d'Abadal i de Vinyals, *Catalunya Carolíngia*, I–III, Barcelona, 1926–1958. また，エリザベート・マニュ＝ノルティエは，ラングドックにおける「封建制度」の自生的な発展をほとんど否定し，封建制の形成の起点を 12 世紀，それが決定的な確立をみるには 13 世紀初頭のカペー朝フランス王国によるラングドックの併合を待たなくてはならなかったとしている。E. Magnou-Nortier, *La société laïque et l'Église dans la province ecclésiastique de Narbonne (zone cis-pyrénéenne) de la fin du VIII*[e] *à la fin du XI*[e] *siècle*, Toulouse, 1974, p. 651.

(139) J. M. Lacarra, Les villes-frontière dans l'Espagne des XIe et XIIe siècles, *Le Moyen Âge*, 69, 1963, pp. 205–222.

第 1 章　ウエスカ地方の城塞・定住・空間編成

(1) ただし，従来のハカ司教区と統合されるため，厳密にはウエスカ＝ハカ司教区のうち，新たに征服されたプレ・ピレネー山系以南の平野部に相当する。ここでは，ウエスカ＝ハカ司教座聖堂教会と，「国王礼拝堂」(capilla regis) と呼ばれ，王権の直属下におかれたウエスカ近郊のモンテアラゴン修道院とが，ウエスカの教会やモスクを筆頭に，教区教会と司教諸権利を分け合った。ウエスカ＝ハカ司教座聖堂教会に帰属する教区教会や所領はオヤ・デ・ウエスカ（ウエスカを中心とする現コマルカ〔郡〕）の北西部から南東部にかけて，これに対してモンテアラゴン修道院のそれはウエスカ北東のフルメン川からグアティサレーマ川流域を中心に分布した。モンテアラゴン修道院は，「国王礼拝堂」として王権にさまざまな義務（修道院帰属の教区教会は遠征のたびに良質の驢馬を 2 頭供出，その領民〔homines〕は国王の要請に応じて軍役負担）を負担する一方，王権から多数の教区教会や所領を賦与されるなど，手厚い保護を享受している。CDPI, doc. no. 62 (1099, III). また，モンテアラゴン修道院に統合されたピレネー山中のサン・ペドロ・デ・シレサ修道院の「国王礼拝堂」としての義務については，CS, doc. no. 13 (1082). 征服直後の分配によって生み出されたこうした状態を背景に，ウエスカ司教座聖堂教会とモンテアラゴン修道院は，12 世紀初頭から 13 世紀にかけてローマ教皇庁を巻き込んで度重なる紛争を繰り広げることになる。J. F. Utrilla Utrilla, El dominio de la catedral de Huesca en el siglo XII : notas sobre su formación y localización, *Aragón en la Edad Media*, no. 6, 1984, pp. 19–45.

(2) 国王サンチョ・ラミーレスは同年 4 月 27 日，アルケーサルの入植者に向けて入植許可状を発給している。DERRVE, doc. no. 2 (1069, IV, 27). なお，十字軍の先駆けとして名高いバルバストロ攻囲戦（1064 年，翌年奪回）は，それぞれアキテーヌ（アキテーヌ大公ギヨーム 8 世），ブルゴーニュ（ギヨーム・ド・モンルイユ），ノルマンディ（ロベール・クリスパン），カタルーニャ（ウルジェイ伯アルメンゴル 3 世）の軍勢からなる混成軍の手になるものであり，アラゴン王国軍はまったく関与していない。アルベルト・フェレイロは，軍勢の主導者はそれぞれ自らの利害に沿って行動したにすぎず，特定の人物に全体の指揮権が委ねられていたわけでもないし，そこには当時のローマ教皇アレ

クサンデル2世との特別なつながりも，十字軍思想を連想させる要素もいっさいなかったとしている。A. Ferreiro, The Siege of Barbastro 1064–1065 : A Reassessment, *Journal of Medieval History*, 9, 1983, pp. 129–144. ただ，近年では，イスラームの抑圧からの正当な解放戦争という強硬な姿勢が，11世紀中葉のキリスト教徒に広く受容されていたことは少なくとも事実とみなされるようになっている。Ph. Sénac, Un château en Espagne. Notes sur la prise de Barbastro (1064), *Liber largitorius. Études d'histoire médiévale offertes à Pierre Toubert par ses élèves*, Genève, 2003, p. 553 ; C. Laliena Corbera, Guerra sagrada y poder real en Aragón y Navarra en el transcurso del siglo XI, *Guerre, pouvoirs et idéologies dans l'Espagne chrétienne aux alentours de l'an mil*, Turnhout, 2005, pp. 107–109.

(3) DSRI, doc. no. 21 (1083, IV, 28). 貢納の具体的な内容は明記されていないものの，貢納負担対象地は，Tabernas, Sangarrén, Buñales, Torres de Almuniente, Vicién, Pueyo de Vicién, Barbués, Pitiellas, Torres de Violada, Callén, Almudévar, Formiñenaとなっている。こうした事態は，当該地域一帯に対するアラゴン王権のヘゲモニーの強化の結果ではなく，むしろその原因であった可能性も十分にありうる。事実，1049年にはすでに，ソブラルベ南部のムスリム村落が先王ラミーロ1世に貢納（almotexenas）を負担しており，もともとアンダルスの「辺境」の一部の定住地がサラゴーサ王権ではなくアラゴン王権に政治的に服属するといった事態はめずらしいことではなかった。自らの宗教的・文化的な帰属先に関係なく，その生存権の根拠を，宗教的・文化的に異質ないま一つの「中心」による支配＝保護に求めるというやり方がまさしく「辺境」の特性の一部であったことを，序章でみたはずである。なお，先王ラミーロ1世がサン・ビクトリアン修道院に寄進した，ソブラルベ南部のムスリム村落が負担した貢納は，穀物，ワイン，金・銀，毛織物，靴で構成されていた。CDRI, doc. no. 64 (1049). また，1095年にベロ川からシンカ川までのムスリム村落が負担した貢納は，パン，ワイン，金・銀，布類である。CDPI, doc. no. 20 (1095).

(4) P. Huesca, *Teatro histórico de las iglesias del reyno de Aragón*, 7, Pamplona, 1797, pp. 456–458 (1086, V). モンテアラゴン修道院はまさしくそこに創建された。修道院の創建については，DERRVE, doc. no. 5 (1087, V, 30).

(5) DSRI, doc. no. 22 (1084, II). ロペ・フォルトゥニョーネスとアト・サンチェスが共同で城塞ロアーレの近傍に建設し，国王サンチョ・ラミーレスがそれを両人の自有地として分割させるという条件で，同時に塔に付属する領域の境界画定を行っている。

(6) DERRVE, doc. no. 5 (1087, IX, 30). いずれも国王城塞の保有者で兄弟と想定されるサンチョ・アスナレスならびにペピーノ・アスナレスが，国王の命令によってアジェルベ領域内でアルタソーナ城の建設を請け負い，完成のあかつきには城塞領域内の放牧税ならびに貢租を国王と折半することが約束されている。

(7) DERRVE, doc. no. 11 (1091, IX). フォルトゥンならびにサンチョ・アスナレス兄弟が既存の塔を再占有し，これを自有地として取得する一方，その付属領域と入植者からあがる収入については国王と折半するとしている。フェルナンド・ガルティエル・マルティは，現存する塔遺構の構造から，トルモスを廃絶していたムスリムの塔とみなしている。F. Galtier Martí, El verdadero castillo de Samitier, *Turiaso*, 7, 1987, pp. 159–194.

(8) A. Ubieto Arteta, *Historia de Aragón. La formación territorial*, Zaragoza, 1981, pp. 116–118.

(9) 年代記作者ラーズィーやウズリーは，この地域を「最果ての辺境領」（al-Ṯaġr al-Aqṣā, la Marca Extrema）と呼んでいる。E. Lévi-Provençal, La « Description de l'Espagne » d'Aḥmad

al-Rāzī. Essai de reconstitution de l'original arabe et traduction française, *Al-Andalus*, 18, 1953, p. 61 ; F. de la Granja, La Marca Superior en la obra de al-ʻUdrī, *Estudios de Edad Media de la Corona de Aragón*, 8, 1967, p. 18, 23.

(10) たとえば，ボレアは 1101 年，ピラセスは 1103 年にそれぞれ征服されている。CDPI, doc. no. 103 (1101, IX), 125 (1103, V).

(11) 11 世紀後半になると，集合的な用語法ながら，« nobilibus uiris », « principes », « magnates », « optimates », « potentes », « potestates », « primates », « proceres » といった呼称も使用されるようになる。J. F. Utrilla Utrilla, Los grupos aristocráticos aragoneses en la época de la gran expansión territorial del reino (1076-1134) : poder, propiedad y mentalidades, *De Toledo a Huesca. Sociedades medievales en transición a finales del siglo XI (1080-1100)*, Zaragoza, 1998, pp. 170-175.

(12) カルロス・ラリエナ・コルベーラは，これを国王サンチョ 3 世統治下の西ヨーロッパ化政策の一環とみなし，アラゴン=ナバーラにおける「静かなる革命」の所産，すなわち「封建革命」の事実上の起点とみなしている。C. Laliena Corbera, Una revolución silenciosa. Transformaciones de la aristocracia navarro-aragonesa bajo Sancho el Mayor, *Aragón en la Edad Media*, no. 10-11, 1993, pp. 481-502. なお，この問題をめぐっては，従来二通りの解釈があった。第一は，ラリエナ・コルベーラと同じように，それを封建的支配関係の生成という観点から把握する解釈である。先駆的な論考として，J. M. Lacarra, 'Honores' et 'tenencias' en Aragon (XIe siècle), *Les structures sociales de l'Aquitaine, du Languedoc et de l'Espagne au premier âge féodal* (Toulouse, 28-31 mars 1968), Paris, 1969, pp. 485-519. 第二の解釈は，それをあくまでも王国の行政制度として把握しようとするものである。たとえば，C. E. Corona, Las tenencias en Aragón desde 1035 a 1134, *Estudios de Edad Media de la Corona de Aragón*, 2, 1946, pp. 379-396 ; A. Ubieto Arteta, *Historia de Aragón. Divisiones administrativas*, Zaragoza, 1983, pp. 83-90. 後述のように，国王証書の年代記載部分に列挙されるのが通例であったバロンの人名は，1206 年 5 月を境にぱったりと姿を消すことになるが，この点についても，前者はこれを封建制の確立とみなし，後者は国王ホノール制という王国の行政制度の終焉をみてとろうとするのである。

(13) Aibar, Arguedas, Estella, Falces, Funes, Huarte, Peralta, San Esteban de Deio, Ardanes, Arlás, Calahorra, Erro, Grañón, Javierre, Leguin, Lerín, Marañón, Peña, Punicastro, Sangüesa, San Esteban de Resa, Tafalla, Ujué.

(14) Abizanda, Agüero, Alquézar, Aniés, Ara, Arguis, Atarés, Bailo, Biel, Boltaña, Buil, Cacabiello, Castejón de Sobrarbe, Eliso, Jaca, Javierrelatre, Loarre, Luesia, Marcuello, Murillo, Navascués, Nocito, Olsón, Riglos, Ruesta, Sabiñánigo, Samitier, Sarsa, Secorún, Senegüé, Siresa, Sos, Surta, Tena, Uncastillo.

(15) Benabarre, Capella, Castro, Fantova, Laguarres, Monclús, Perrarúa, San Martín, Toledo, Torreciudad, Troncedo.

(16) C. Laliena Corbera et Ph. Sénac, *Musulmans et chrétiens dans le haut Moyen Âge : aux origines de la reconquête aragonaise*, Paris, 1991, pp. 100-105 ; Ag. Ubieto Arteta, *Los "tenentes" en Aragón y Navarra en los siglos XI y XII*, Valencia, 1973, pp. 237-238, 274, 284.

(17) カタルーニャにおける封建的約定としてのコンウェニエンティアについては，P. Bonnassie, Les conventions féodales dans la Catalogne du XIe siècle, *Les structures sociales*, pp. 529-559. また，封建的約定にかぎらず，コンウェニエンティア文書のより幅広い用例に

光をあてた，A. J. Kosto, *Making Agreements in Medieval Catalonia. Power, Order, and the Written Word, 1000–1200*, Cambridge, 2001, pp. 43–52. もっとも，アラゴン国王がカタルーニャ貴族と締結した封建的約定は，カタルーニャ型のコンウェニエンティア形式がとられている。たとえば，国王ペドロ 1 世とウルジェイ伯アルメンゴル 5 世との，リバゴルサ南部の城塞モンメガストレをめぐる城塞保有契約がそれである。CDPI, doc. no. 105 (1101, XII).

(18) その際には，一般に貴族が地名を冠する場合によくみられる « de » ではなく，国王が王国名称を掲げる際と同様に，« in » を用いて城塞名を冠するのが通例である。

(19) 拙稿「11 世紀アラゴン王国における国王法廷と和解」『史林』第 83 巻第 6 号，2000 年，85–88 頁，93–96 頁。国王法廷は原則として「白黒をつける」判決を志向しており，調停による当事者間の和解というかたちで紛争を終結させるケースは教会十分の一税をめぐる主要修道院とウエスカ＝ハカ司教との紛争に限定される。これに対して，和解によって紛争が解決されるケースは，むしろ次のようなかたちをとっている。すなわち，第一は，国王法廷において「白黒をつける」判決が下されたのちに，あえて法廷を招集せずに，国王個人が調停を行うケース，第二は，やはり国王法廷で「白黒をつける」判決が下されたのちに，その案件が国王の判断で下位の公法廷に移管され，そこで和解が促されるケースである。バロンの主宰する法廷はまさしく，国王法廷で判決が下されたのち，当事者同士を和解に導く必要がある場合に開廷されるのがつねであった。それは，国王法廷の戦略の一端を示すものでもある。すなわち，国王法廷はあくまでも自らの命令によってバロン法廷に案件を移管するのであり，その意味で当事者間の和解にも関与している。だが，和解そのものはあくまでもバロン法廷で執り行われるから，国王法廷そのものはつねに強制的判決を下しうることを誇示することができる。つまり王権の戦略は，バロン法廷を用いて，あくまでも自らの権威を維持しながら，社会の現実的要請にも対処しようとするものであったのである。

(20) DSRI, doc. no. 22 (1084, II) ; CDPI, doc. no. 85 (1100, VII) ; CDCH, doc. no. 92 (1100–1104).

(21) たとえば，CDPI, doc. 44 (1098, I–III). そこでは，貴族オルティ・オルティスと，サンタ・マリア・デ・アルケーサル修道院長ガリンドがこの任にあたり，土地の分与を内容とする証書（アルバラ〔albara〕）を発給している。

(22) CDPI, doc. no. 152 (1134, XII). 冒頭に « carta de fueros et usaticos quod habuerunt infanzones et barones de Aragone cum rege don Petro, cui sit requies » というタイトルがつけられた当該文書発給の特異な経緯については後述する。「国王ホノールを保有するセニョール」(illos seniores qui tenent illas honores regales) が負担すべき軍事奉仕については，« quod serviant illas ad regem ubi fuerit suum corpus de rege, tres menses in anno inter ita et stata in oste et venita » とある。これに対して，国王ホノールを保有しないバロンやインファンソン（infanzón アラゴンでは自由人）は，野戦・攻城時に自弁で 3 日間の軍事奉仕にとどめられている。これは，生来のインファンソン（infanzón ermunio），国王への奉仕の報償として解放特許状を獲得した者（「証書のインファンソン」〔infanzón de carta〕），フエロおよび入植許可状によってさまざまな特権を賦与されたウエスカやバルバストロなどの都市や新村の住人（「入植のインファンソン」〔infanzón de populacione〕）が享受した特権である。その意味では，王国の全自由人が年間 3 日間の軍役をあまねく負担していたということになるであろう。インファンソンの法的身分規定については，CDPI, doc.

no. 62 (1099, III). なお，この軍事奉仕規定をいかに捉えるかで，アラゴンの封建化の評価は 180 度変わってしまう。たとえば，トマス・N・ビッソンは，軍事奉仕の量的な差異がいかなる意味をもつにしろ，王国の全自由人が軍役を負担していたのだから，「一般臣民」と「公権力」という観念が依然として存続していたと想定している。Th. N. Bisson, The Problem of Feudal Monarchy : Aragón, Catalonia and France, *Medieval France and her Pyrenean Neighbours*, London, 1989, pp. 237-255. だが，軍事奉仕の量的差異が国王との関係の質的差異を反映するものと解釈するならば，国王ホノール保有を介して国王とのより緊密な個人的紐帯が締結されうること，しかもそれが制度化されていることから，これを封建制確立の重大な画期と捉えることもできるのである。

(23) DSRI, doc. no. 21 (1083, IV, 28). なお，城塞領域よりあがる全収入を国王と折半するというかたちは，国王ホノールとして編成されなかった城塞や塔の場合にもしばしばみられる。

(24) ラーズィー，イブン・ハイヤーン，ウズリー，ヤークートといったアラビア語著作家が言及したイスラーム城塞（ヒスン〔ḥiṣn〕）の所在地は，ラバータ，ノバレス，セン・イ・メン，サンタ・エウアリア，ボレア，ピラセス，アンティリョン，アジェルベ，ガバルダである。これらのうちガバルダは，キリスト教徒によって再占有されなかった。Ph. Sénac, Les ḥuṣūn du Ṯaġr al-Aqṣā : à la recherche d'une frontière septentrionale d'al-Andalus à l'époque omeyyade, *Frontière et peuplement dans le monde méditerranéen au Moyen Âge* (Castrum 4), Rome-Madrid, 1992, pp. 76-84 ; id., Peuplement et habitats ruraux dans la Marche Supérieure d'al-Andalus : l'Aragon, *Villages et villageoise au Moyen Âge*, Paris, 1992, pp. 27-38 ; id., Du *ḥiṣn* musulman au *castrum* chrétien. Le peuplement rural de la Marche Supérieure et la reconquête aragonaise, *De Toledo a Huesca. Sociedades medievales en transición a finales del siglo XI (1080-1100)*, Zaragoza, 1998, pp. 113-130 ; Ph. Sénac et C. Esco, Une forteresse de la Marche Supérieure d'al-Andalus, le *ḥiṣn* de Sen et Men (provincia de Huesca), *Annales du Midi*, t. 100, no. 181, 1988, pp. 17-33 ; ids., Un *ḥiṣn* de la Marche Supérieure d'al-Andalus : Piracés (Huesca), *Mélanges de la Casa de Velázquez*, 23, 1987, pp. 125-150 ; ids., Bolea (Huesca) : una fortaleza de la Marca Superior de *al-Andalus*, *Bolskan. Revista de arquología oscense*, 4, 1987, pp. 147-174 ; C. Esco et Ph. Sénac, Le peuplement musulman dans le district de Huesca (VIIIe-XIIe siècles), *La Marche Supérieure d'al-Andalus et l'Occidentc chrétien*, Madrid, 1991, pp. 51-65 ; C. Laliena Corbera et Ph. Sénac, *Musulmans et chrétiens*, pp. 61-67.

(25) オルティ・オルティスは，エル・シッド（ロドリーゴ・ディアス・デ・ビバール）と連携してレバンテ遠征を繰り広げた国王ペドロ 1 世に常時随行し，ムラービト朝による征服までのごくわずかな期間ながら，カステリョ地中海沿岸のミラベット，アザファズ，クリャ，ムンロッチ，ウルペーザさえをも保有している。なお，同時期にアザファズおよびムンロッチの国王ホノールを共同保有したのが，その人名系統からいっておそらくカスティーリャ出身，エル・シッドの随行者とおぼしいムーニョ・ムニョスである。ペドロ 1 世は，城塞アザファズが建設された 1100 年，同人に，当該城塞の入植と家屋の建設を委ねると同時に，まさしくオルティ・オルティスと国王メリノのロペ・ガリンデスが境界画定を行った，城塞領域内のオバなるウィラを自有地として賦与している。このときムーニョ・ムニョスは，かのエル・シッドをさしおいて，なんと「わがシッド」(meo zite) と呼ばれている。CDPI, doc. no. 85 (1100, VII) : « senior Forti Ortiz in Monteroio et in Qulega et in Auropesa et in Azafaz et meo zite don Monnio in Castilgone et in Azafaz et in

Monteroio super Montornes ».

(26) 同人はまた，結局国王ホノール化しなかったオリーヴ生産の一大拠点アラスクエスの2分の1をも保有していた。もともと当該ウィラの2分の1は，国王ペドロ1世によってサン・サルバドール・デ・レイレ修道院に寄進されていたが，1113年に国王アルフォンソ1世は同修道院に，「わたしの下でフォルトゥン・ガルセス・デ・ビエルが保有者であった」（quam solitus erat tenere per me Fortunio Garceç de Bel）残る2分の1を寄進しているのである。CDAI, doc. no. 58 (1113, IV, 13).

(27) DERRVE, doc. no. 58 (1119, XII, 13) ; CDCH, doc. no. 153 (1139).

(28) Huesca, Montearagón, Santa Eualia.

(29) フアン・ガリンデスは，Labata, Antillón, Castelló de la Plana, Horta supra Tortoxa (Horta de Tortosa), Naya, Pertusa, Secorún。サンチョ・フアネスは，Huesca, Alquézar, Bolea, Boltaña, Escatrón, Labata, Loarre。

(30) Bolea, Loarre, Placensia del Monte.

(31) このほかにも，女性による国王ホノール継承の例としては，国王アルフォンソ1世に重用されたベアルン副伯ガストン（サラゴーサ，モンレアル，ウンカスティーリョ，バルバストロ，ウエスカ保有）の妻テレーザ（アピエス，アタレス，ボルハ，リエナス，ウンカスティーリョ，サラゴーサ，ウエスカを継承）が挙げられる。

(32) ロペ・フォルトゥニョーネスは，フェリスならびにフアン・ガリンデスとともに自らペルトゥーサの入植事業を推進してその保有者となった。DERRVE, doc. no. 172 (1128), 221 (1133, I).

(33) この点で，先王ペドロ1世がカスティーリャ貴族のムーニョ・ムニョスにカステリョ地中海沿岸の城塞アザファズを賦与した1100年の国王証書を想起すべきである。その動機は，国王が「わがシッド」(meo zite) と呼ぶ同人が，誠実に果たしつづけた愛に報いること (propter amorem quod tu fidelis mihi sedeas et fideliter me servias) と，「自らわたしの王国の出身者となった」(quia te facis naturale de mea terra) ことであった。CDPI, doc. no. 85 (1100, VII). また，アルフォンソ1世の戦死（1134年）後に発給された前述の「国王ペドロ1世治世の慣習法文書」は，アルフォンソ1世のそうした姿勢に不満を募らせたアラゴン貴族が，国王ホノール保有者を自分たちアラゴン貴族に限定するよう要求する規定を含んでいる。CDPI, doc. no. 152 (1134, XII) : « non ibi misisset dominus rex hominem de alias terras ». アルフォンソ1世の治世とその事績は，つづく国王ラミーロ2世の下であからさまに無視されることになる。ラミーロ2世がバルセローナ伯ラモン・バランゲー4世に王女ペトロニーラを嫁がせると同時にアラゴン王国全体を贈与するとした1137年の文書には，アラゴン王国の慣習を遵守するよう規定した次のような文言がある。すなわち，LFM, doc. no. 7 (1137, VIII, 11) : « salvis usaticis et consuetudinibus quas pater meus Sancius vel frater meus Petrus habuerunt in regno suo ». ここには，サンチョ・ラミーレスとペドロ1世のみで兄王アルフォンソ1世の名前が含まれていないのである。

(34) C. Stalls, *Possessing the Land. Aragon's Expansion in Islam's Ebro Frontier under Alfonso the Battler, 1104-1134*, Leiden, 1995, pp. 115-130.

(35) CDCH, doc. no. 64 (1097, IV, 5), 92 (1100-1104). とくにアルカラは，この段階にいたってもなお城塞領域の境界画定も入植も進んでいなかったようであり，マンシオ・ヒメネス（マルセン保有）ならびにルアール・イニゲス（サングエサ保有）によってわざわざ境界画定が行われると同時に，王領地の隷属農民（メスキーヌス〔mesquinus〕）に

対して同地への入植命令が発せられ，ウエスカ司教座の下で同地の賦課租（consuetudines）に服するよう命じられている。

(36) サンチョ・ガルセスの子ロペ・サンチェス・デ・ベルチーテとウエスカ司教との紛争を内容とする1139年の文書では，父サンチョ・ガルセスと兄ガリンド・サンチェスが，ファニャナスをめぐって長きにわたる紛争を繰り広げてきたと語られている。ここで司教は，タベルナスなどの城塞をロペに賦与することで和解をはかっている。CDCH, doc. no. 153 (1139).

(37) この種の例はほかに，サン・フアン・デ・ラ・ペーニャ修道院にその2分の1が寄進されたビシエン，同修道院に完全に帰属することになったピティエーリャスでもみうけられる。前者については，CDPI, doc. no. 98 (1101, V). 後者は，CDPI, doc. no. 80 (1100, II, 5), 98 (1101, V) ; DRII, doc. no. 88 (1136). ここには，城塞保有を条件とする契約的な家士関係ではなく，家士関係が先に立ってはじめて城塞保有が可能になるような，スペイン学界で長らく「生来の家士」と呼ばれてきた関係のあり方が依然として存在するのかもしれない。あるいはむしろ，文書を介さないだけで，カタルーニャ式の優先オマージュ（hominaticum solidum）に相当するようなものがあった可能性も否定できない。P. Bonnassie, Du Rhône à la Galice : genèse et modalités du régime féodal, *Structures féodales et féodalisme dans l'Occident méditerranéen* (*X*[e]*-XIII*[e] *siècles*). *Bilan et perspectives de recherches* (Écoles française de Rome, 10-13 octobre 1978), Paris, 1980, pp. 17-84.

(38) CDPI, doc. no. 132 (1103, X). これと同様のケースとして，アルカナードレ川以東では，コンチェル（1098年，サンタ・マリア・デ・アルケーサル修道院傘下のサンタ・マリア・デ・モンソン教会に寄進），ウエルタ・デ・ベロ（1099年，サンタ・マリア・デ・アルケーサル修道院に寄進），フォルニーリョス（1101年，バルバストロ司教座聖堂教会に寄進）といった国王ホノール城塞が挙げられる。CDPI, doc. no. 50 (1098, V, 2), 72 (1099, XI), 96 (1101, V, 5). ウエルタ・デ・ベロの場合は，ヒメノ・ガリンデスがこれを保有していたが，1104年頃にサンタ・マリア・デ・アルケーサル修道院長ガリンドによって，国王の確認の下，同地の有力家系出身のヒメノ・サンチェス・デ・ウエルタが新たな保有者に任ぜられている。CDPI, doc. no. 143（1104, VII?). ただ，サンタ・マリア・デ・アルケーサル修道院は，モンテアラゴン修道院とならぶ「国王礼拝堂」であり，それらに帰属する教会は王国軍の遠征に際して家畜の供出を義務づけられていて，その領民もまた国王に対して軍役義務を免除されなかった。その意味では，「国王礼拝堂」に帰属する所領全体が事実上，国王ホノールに相当するといってよい。この点を考慮するならば，サンタ・マリア・デ・アルケーサル修道院が，ウエルタ・デ・ベロを独自の城主に賦与する際に，国王の確認を必要としていることもうなずけるというものである。

(39) ガルシア・ラミーレスはアルフォンソ1世治世に，Bolea, Calatayud, Castejón del Puente, Logroño, Monmegastre, Monzón, Sos, Tudelaを保有した。

(40) CDPI, doc. no. 152 (1134, XII).

(41) « Et habuerunt fueros et usaticos de suas honores, quod habebant et in ante acaptabant, quod non perdissent illas nisi per tres buçias comprobatas videliçet, unam per morte de suo seniore, aliam per mulierem de suo seniore adulterare, terçiam qui cum honore de suo seniore ad alium seniorem cum illa adtenderit ».

(42) « Et illos seniores qui tenent illas honores regales quod serviant illas ad regem, ubi fuerit suum corpus de rege, tres menses in anno inter ita et stata in oste et venita ».

(43) « Et si desveniat de istos suprascriptos tenitores de illas honores, et de suos filios, quod fuissent de alios suos parentes ad cui ille eam destinasset ; et non ibi misisset dominus rex hominem de alias terras ».

(44) 1076年に国王サンチョ4世が殺害されて，アラゴン王国に併合された西隣のナバーラ王国では，併合に先立つ1072年，度重なる貴族反乱の渦中で，当該慣習法文書の祖型ともいうべき，きわめて興味深い協定文書が，国王サンチョ4世とナバーラ貴族との相互宣誓というかたちでいち早く作成されている。その内容もまた，両者が相互に負う義務からなっている。すなわち，①国王は，いかなる不正もなく誠実が尽くされるかぎり，ホノールをもってバロンを給養すること（ut teneant eos cum honore sicut debet facere per directa fide sine inganno），②国王はバロンの誠実が尽くされるかぎり，いかなる場合にもホノールを没収してはならず，その権利を保護し，王国と父祖の慣習にそくして彼らを自らの裁判によって裁くこと（ut non tollat eis lure honore que de eo tenuerint per qualecumque occasione, tamdiu ei in veritate steterint, set habeant lures directos, et iudicet eos per iuditio directo ad usum de illa terra et illorum parentes），③国王サンチョの統治に対して誠実であること，いかなる不正もなくよき誠実をもって奉仕すること（ut sint fideles contra suo domino regi domno Santio et serviant ei per bona fide sine arte et absque ullo inganno），④国王に帰属するものとしてホノールを保有し，国王とその身体，その城塞，その王国に反逆しないこと……キリスト教徒かムスリムかを問わず，あらゆる者からそれを固守・防衛すること（teneant ei honorem sicut pertinet regibus, et non faciant tradictionem super eum nec super suum corpus, nec super suos castellos, nec super sua terra… set adiuvent ei ad retinere sua terra vel suo honore in dicto et in facto contra totos homines tam christianos quam etiam sarraçenos），⑤戦時にはホノールを放棄してはならず，戦闘が集結し平和が達成されたのちに，1ヶ月以内にその城塞と土地を自身のホノールとともに明け渡し，武装を解かねばならない（nullus ex eis dimitat eum in sua alfethna tamdiu gerra habuerit qum aliquo. Et postquam fine habuerit sua gerra et pacem fuerit cum suo vicino, tunc qui voluerit eum dimitere redat ei suos castellos et sua terra cum suo honore vel cum annafacka de uno mense）。AHN, Clero, San Juan de la Peña, carpeta 701, no. 9 (1072, IV, 13). とはいえ，この協定文書が発給された4年後，国王サンチョ4世は結局ペニャレンの地で，自らの兄弟と彼らに追従する貴族によって殺害され，王国そのものがアラゴン王国に併合されるという事態に陥るのである。なお，ナバーラ王国における国王ホノールの性格規定をめぐって，当該文書をはじめて，アラゴン王国の「国王ペドロ1世治世の慣習法文書」と対比的にとりあげたのがホセ・マリア・ラカーラである。J. M. Lacarra, ‘Honores’ et ‘tenencias’ en Aragon (XIe siècle), *Les structures sociales de l'Aquitaine, du Languedoc et de l'Espagne au premier âge féodal* (Toulouse, 28–31 mars 1968), Paris, 1969, appendices I (1072, IV, 13), pp. 516–517. フアン・ホセ・ラレアは，国王ホノールの性格規定にとどまらず，貴族反乱がもたらした11世紀後半の深刻な政治的危機と，その渦中で王権が強いられた集団的な封建的約定そのものが，ナバーラをイベリア半島のなかでカタルーニャについで封建化がいち早く達成された地域であったことを示していると主張している。J. J. Larrea, *La Navarre du VIe au XIIe siècle. Peuplement et société*, 1998, Bruxelles, pp. 347–373.

(45) DERRVE, doc. no. 155 (1128, III), 157 (1128, V) ; DRII, doc. no. 29 (1134). なお，アルフォンソ1世治世には，国王ホノールの自有地化の例として，イニゴ・ガリンデスが保有するペラルタ・デ・アルコフェアの城塞を自有地として領有することを認めた一例が

唯一知られている。DERRVE, doc. no. 21 (1105, III).

(46) 前述のガリーサの塔，アルタソーナ，トルモスならびにビオータがそうである。また，境界画定されたアジェルベ領域のなかに登場する，« illa torre de Senior Garcia Sanz de Mont Ferrogal » もこのカテゴリーに含まれる。DSRI, doc. no. 21 (1083, IV, 28). これらは総じて，城塞ないしは塔のみが建設または再占有した俗人貴族の自有地となり，その領域とそこからあがる収入は国王と折半されるのが通例であった。このうちアルタソーナは，のちに廃絶して王領地に復帰し，国王ホノールに編成替えされることになる。CDAI, doc. no. 274 (1134, II).

(47) 同カストルムは，王弟ラミーロ（のちラミーロ2世として即位）を養育するラングドックのサン・ポン・ド・トミエール修道院に寄進された。CDPI, doc. no. 33 (1097, V, 8).

(48) いずれのカストルムもウエスカ司教座聖堂教会に寄進されている。1103年10月に寄進されたセサは，のちにグアティサレーマ川流域における同司教座聖堂教会の中核所領に成長してゆくことになる。CDPI, doc. no. 132 (1103, X). セサについては，1276年5月から1277年6月までの一年間の所領収入・支出を詳細に記録した会計記録が例外的に伝来している。M. D. Barrios Martínez, *Libro del castillo de Sesa*, Zaragoza, 1982 ; id., *Una explotación agrícola en el siglo XIII* (*Sesa, Huesca*), Zaragoza, 1983. 著者は，司教座聖堂教会の文書庫に所蔵される原本に直接あたって，当該会計記録をあらためてテクスト生成論的に分析した。T. Adachi, Une critique génétique du compte seigneurial : idéal et réalité de l'exploitation d'un domaine épiscopal de Huesca au XIIIe siècle, *Entre texte et histoire. Études d'histoire médiévale offertes au professeur Shoichi Sato*, Paris, 2015, pp. 3-18. 他方，タベルナスは1097年に寄進されたが，このときともに寄進された城塞ファニャナスをめぐって1139年に保有者家族と紛争が生じたとき，和解のために補償として同家族に贈与されている。CDCH, doc. no. 153 (1139).

(49) いずれもウエスカ司教に寄進されたが，保有者は依然として国王証書に名を連ねていたことはすでにみたとおりである。

(50) 本章註24参照。

(51) Ph. Sénac, Châteaux et peuplement en Aragon du VIIIe au XIe siècle, *« L'Incastellamento ». Actes des rencontres de Gérone* (*26-27 novembre 1992*) *et de Rome* (*5-7 mai 1994*), Rome, 1998, pp. 123-140 ; id., Du *ḥiṣn* musulman, pp. 115-118. こうした領主制か共同体かという対立図式は，灌漑システムの編成様式にもおよんでいる。この方面でムスリムが果たした貢献はよく指摘されるところであるが，灌漑システムそのものは大河川の下流域を中心にローマ期にさかのぼるものもあり，ムスリム固有のシステムとしてはヒスンを単位とする中規模なものがその中心を占めたとされる。そこでは，共同体成員の農地への引水が最優先されていて，水流を滞らせる粉挽水車は水路の終点か，別の水路を設けて敷設されたが，それでもなお生ずる紛争を未然に防ぐべく，疑似的な血縁共同体を創出し，システム全体をその共有財産とする措置が講じられた。これに対して，キリスト教徒のものはむしろ領主に帰属する粉挽水車を起点に水路が編成されるのがつねであり，水路全体を監督・管理したのもむろん領主役人にほかならなかったというのである。Th. F. Glick, *From Muslim Fortress to Christian Castle. Social and Cultural Change in Medieval Spain*, Manchester, 1995, pp. 67-76.

(52) DERRVE, doc. no. 191 (1130) ; CDAI, doc. no. 274 (1134, II).

(53) DERRVE, doc. no. 136 (1127, II). このときトルモスのカストルムとウィラは，サンチョ・ガルセス・デ・ナバスケスに封（fevum）として賦与されたが，国王ホノールとしては編成されなかった。なお，入植者には，騎士（caballeros）に灌漑地 2 ユガーダ，歩兵（peones）に同じく 1 ユガーダがそれぞれ賦与され，アラゴン北西部のエヘアのフエロと同様に，それぞれ異なる特権を享受できるものと規定されている。エヘアのフエロについては，DERRVE, doc. no. 40 et 41 (1100, VII), 105 (1124, XII).

(54) DERRVE, doc. no. 191 (1130) ; CDAI, doc. no. 274 (1134, II).

(55) CDCH, doc. no. 92 (1100–1104). メスキーヌスは，9 世紀から 12 世紀初頭まで，おもにナバーラおよびアラゴンのピレネー山岳地帯の聖俗所領にみられた隷属農民の呼称である。語源学的には，「貧困」「困窮」「もたざる（者）」を意味するアラビア語ミスキーン（miskīn）に由来するものと想定される。エドゥアルド・デ・イノホサは 1904 年の古典的論考において，土地や家畜と同様に贈与・売却・抵当の対象となる奴隷的な存在ながら，その子孫に加えて家屋および土地とそこから納付される貢租とともに譲渡されることから，メスキーヌスを固有の意味での奴隷とは異なる新たな存在形態，すなわち農奴に相当するものとみなした。そこでは，メスキーヌスは 11・12 世紀の農村人口の大半を占めたとされ，12 世紀初頭に当該呼称が消滅したのちも，その実体はウィラーヌス（villanus）やコラートゥス（collatus）に継承されたと主張されている。それ以降，この問題は事実上放置されたまま，あらためてとりあげられたのはようやく 1980 年代になってからであった。たとえば，アントニオ・ウビエト・アルテータは，デ・イノホサの所説から一転，メスキーヌスはもとより農村人口のごくわずかな部分を占めたにすぎず，12 世紀初頭の呼称の消滅をメスキーヌスそのものの「辺境」への逃亡に帰している。A. Ubieto Arteta, Pobres y marginados en el primitivo Aragón, *Aragón en la Edad Media*, no. 5, 1983, pp. 7–22. ホセ・アンヘル・セスマ・ムニョスは，山岳住人をプリミティヴな部族社会の成員とみなすアビリオ・バルベロおよびマルセロ・ビヒルの所説に立脚し，メスキーヌスを氏族的共同体の解体とその封建化の過程で創出された隷属農民とみなしている。J. Á. Sesma Muñoz, Instituciones feudales en Navarra y Aragón, *En torno al feudalismo hispánico*, Ávila, 1989, pp. 343–371. 1990 年代に入ると，この問題は，ピエール・ボナシィのカタルーニャ研究以来，地中海南ヨーロッパ研究の主たる潮流となった「封建変動」と称せられる発展モデルの色濃い影響の下で，がぜん注目を集めることになる。なかでもカルロス・ラリエナ・コルベーラは，少なくとも 1000 年以前の史料に登場するメスキーヌスを，バン領主の支配下で成立する新たな隷属形態とは一線を画する存在形態とみなしており，奴隷とはいわないまでも，どちらかといえば古代的な隷属形態の延長線上に位置づけている。それゆえ，独立農民の共同体と，隷属農民を使役する聖俗所領の併存こそが，アラゴンの山岳地帯の特性であったとする立場をとるのである。C. Laliena Corbera, La formación de la sociedad cristiana en el Pirineo central aragonés, *Frontière et espaces pyrénéens au Moyen Âge*, Perpignan, 1992, pp. 64–94 ; id., La formación de las estructuras señoriales en Aragón (ca. 1083–ca. 1206), *Señorío y feudalismo en la Península Ibérica (ss. XII–XIX)*, 4 vols., Zaragoza, 1993, t. 1, pp. 553–585. これに対して，ナバーラのサン・サルバドール・デ・レイレ修道院文書を網羅的に検討したルイス・ハビエル・フォルトゥンは，メスキーヌスの言及がむしろ 11 世紀に増加することをふまえて，同修道院による農民支配が 11 世紀にはすでにバン領主制的な支配形態に達しつつあり，呼称の区別や有無に関係なく，メスキーヌスを修道院支配下で形成された事実上均質な領民

集団とみなしている。L. J. Fortún, *Leire, un señorío monástico en Navarra* (*siglos IX-XIX*), Pamplona, 1993, pp. 615-617. 著者は，古代奴隷制の残滓か中世的な農奴の先駆かという系譜論に基づく理解の対立そのものを乗り越えるべく，明らかにその用例が集中する11世紀アラゴンのメスキーヌスの実態に注目して次のように主張した。すなわち，聖俗所領で検出されるきわめて多様な呼称の種別や，所領内で土地を保有し，義務・負担に服した個々の農民が本来帰属したところの法的身分規定の差異は，メスキーヌスという単一の隷属形態の下でもとより解消されている。それゆえ，史料の伝来状況に帰せられる面が多分にあるとはいえ，11世紀のメスキーヌスの増加は，従来のメスキーヌスの後裔のみならず，入植・定住をつうじて領主所領内にとりこまれた自由な農民をも源泉とすることは確実である。だが，メスキーヌスがセルヴス（servus）という呼称と互換可能であったように，いかに隷属的な属性を帯びていたとしても，保有地の経営・維持とその処分を事実上自らの判断で行いうる点できわめて強固な自立性を示しており，保有地に課せられた相続規定からは，相続を忌避することで生来の隷属性から免れうるという，もはや土地を媒介におよそ契約的な性格に転じているのがみてとれる。この点はそれらの負担した比較的軽微な賦課租の内容にも反映されており，所領経営を維持しなくてはならない領主と，隷属性を帯びた呼称を背負いながらも，できるかぎり軽微な負担のみで生活基盤の確保をめざす農民との相互依存関係を示すものと考えられるのである。拙稿「メスキーヌス—11世紀アラゴン地方における農民隷属の形態—」『西洋史学』第190号，1998年，1-20頁。だが，ボナシィの指導下で仕上げたフアン・ホセ・ラレアの学位論文が1998年に刊行されると，系譜論にねざした対立は解消されるどころか，むしろ先鋭化の一途をたどった。ラレアは，1035年以前の隷属農民らしき呼称は実体を欠いたかつての奴隷制の記憶にすぎず，1000年頃のナバーラ農民は，ボナシィのカタルーニャ・モデルそのままに，もっぱら独立農民共同体と，古代の国家租税に由来する10分の1の定率貢租のみを負担した身分上自由な土地保有農民からなっていたとする。それゆえ，隷属農民の出現はあくまでも，公権力の解体にともない新たな領主制的支配の勃興をみる1035年以降を待たなくてはならないのである。J. J. Larrea, *La Navarre*, pp. 303-337 et 375-406. こうした構想の矛先はむろん，1000年以前に隷属農民の存在を認めながらも，1000年以降の新たな隷属形態と区別しようとする，前述のラリエナの理解に差し向けられた。ここからラリエナによる批判，ラレアによる再批判といった具合に，やや感情的ともとれる批判の応酬が繰り広げられてきたのである。ラリエナは近年でも『11～13世紀ナバーラ＝アラゴンの中世農奴』を刊行し，ラレアの所説をあらためて批判しながら，もはや古代的な隷属形態との系譜関係を全面的に排し，自ら「荘園制的」(dominial) と呼ぶ聖俗所領の形成をもっぱら山岳地帯の経済的諸条件から説明するようになっている。J. J. Larrea, La condición del campesinado navarro-aragonés entre los siglos IX y XII : una revisión crítica, *En la España medieval*, 29, 2006, pp. 383-409 ; C. Laliena Corbera, *Siervos medievales de Aragón y Navarra en los siglos XI-XIII*, Zaragoza, 2012, pp. 37-57.

(56) CDCH, doc. no. 121 (c. 1105).

(57) DERRVE, doc. no. 218 (1133, I) : « medietatem ville et castri que dicitur Curb, cum omnibus suis terminis heremis et populatis ab integro, et cum omnibus suis pascuis et aquis, silvis et garricis ad propriam hereditatem… mando vobis ut populetis eam quam cicius poteritis atque facitis ibi bonam forçam ad honorem tocius christianitatis ».

(58) DSRI, doc. no. 21 (1083, IV, 28) : « in illa corona de illo castro, ...uno solare ad faciendas

domos et alium in villa » ; DERRVE, doc. no. 81 (1122?), 113 (1125, I).

(59) 1101年，ガルシア・イニゲスに賦与された家屋新設用地には，家屋以外の付属地がともなわない旨が明記されている。それらがカストルム囲壁内の一画に所在したからであろう。同人はこれを「騎士封」(cavallarizas) として分配するよう命じられている。これに対して，囲壁の外では，同人の家畜向けの囲い地と脱穀場が賦与されている。CDPI, doc. no. 102 (1101, IX) : « unos casales sine ereditate ubi te facias cavallarizas… foras illo muro una corte per ad tuas bestias et una era ».

(60) 1100年，国王ペドロ1世は，サン・フアン・デ・ラ・ペーニャ修道院に対して，カリェンならびにビシエンのカストルム内に家屋を建設し，入植を進めて，建設された各家屋から1名の守備兵を供出するよう要請している。CDPI, doc. no. 80 (1100, II) : « In castris autem supradictarum villarum ubi voluerit abbas sancti Iohannis et monachi domos construant, tali tenore ut illas populatas teneant et unum peditem ad faciendam guaitam ibi constituant cetera eis illibata maneant ».

(61) 1105年，イニゴ・バンソーネスに廃絶したムスリム家屋と荒蕪地が賦与された。CDPI, doc. no. 149 (1105) : « In Sangarren illas kasas que fuerunt domni Homat Iben Motert Ibn Alade, cum eorum hereditate quam abuerunt quando populatas erant ». 1140年には，カストルム領域内の放棄されたムスリムの家屋と土地財産，さらには城塞（カステッルム）そのものに近接した家屋新設用地が，ガルシア・ガルセスに賦与されている。DERRVE, doc. no. 298 (1140, XII) : « uno casale in illo castello prope illa casa de Enneco Garcez ubi facias tua casa ».

(62) 1103年，城塞（カステッルム）そばの一画がオルティ・オルティスに賦与され，家屋の建設と，新設された各家屋に武装したキリスト教徒兵士の配備が義務づけられている。CDCH, doc. no. 87 (1103, III) : « prope illo castello locum ubi te facias bonas casas quales meliores te potueris ibi eas facere et illa hereditate tota ab integra qui fuit de Iben Coteme ».

(63) 1102年，ムスリムの家屋とともに，城塞（カステッルム）周囲の内郭（alluzem アラビア語のヒスンに由来）がガリンド・ダットに賦与され，自らそこに駐屯するか，さもなければ建設された各家屋に武装したキリスト教徒の兵士を一名ずつ常駐させるよう命じられている。CDPI, doc. no. 112 (1102, V) : « in convenio quod si salvum illum queris habere, quod tu totum corpus aut si non quod totum semper teneas ibi uno pedone christiano bene armato in illas casas… tuas casas quas te feceris in illo alluzem de illo castello, ubi ego determinavi locares per casas facere ad te et ad illos alios tuos companyeros ».

(64) 1129年，オリオル・ガルセス・デ・カストロ（カストロのバロン）に対して，同地における2ユガーダの荒蕪地と，家屋の建設用地が賦与されている。DERRVE, doc. no. 176 (1129, I) : « in Pueio II jugatas de terra et casas quales meliores ibi potueritis facere ». これとは逆に，このとき同時に賦与されたアルカビエソの家屋および土地財産は，かつてムスリムの所有するところとなっていたものである。

(65) 本章註56，57参照。

(66) 1102年，ロペ・イニゲスに対して，同地における家屋新設用地と，ムスリムの土地財産がともに賦与されている。CDPI, doc. no. 116 (1102, XI) : « locum ubi et facias bonas casas ». 考古学的にも，従来のムスリム定住地から約200m離れた区域に新たなキリスト教徒定住地が形成されたことが確認されている。Ph. Sénac, Du *ḥiṣn* musulman, pp. 116–117.

(67) 同地には，ムスリム貴族の所領をはじめとする灌漑地が数多く所在した。CDCH, doc. no. 88 (1097–1103, VII, 18), 104 (1108, XII), 121 (c.1105). ここではまず 1104 年，ムスリム家屋と非灌漑地での土地取得・開墾権が国王役人ガリンド・ブラスケスに賦与されている。 CDPI, doc. no. 138 (1104, I) : « illas casas qui fuerunt de Abhoniar Iben Iordan, cum illos ortos et linares et eras… in illo secano quantam et potueritis ibi laborare et examplare ». 1106 年には，囲壁内の家屋群と，囲壁の外の家屋新設用地がヒメノ・アナイスおよびガリンド・アスナレス，同時期にガリンド・ダットにも分与され，家屋の建設，入植の促進，武装したキリスト教徒の配備が国王アルフォンソ 1 世によって命じられている。CDAI, doc. no. 13 (1106) : « in Almunien illas casas quas ibi abebatis de intus illo muro cum illud totum quod ibi abebatis in subregano… de foras illo muro... locum ubi vos faciatis bonas casas quales meliores potueritis, et quod vos laboretis in illo secano quantum laborare et examplare potueritis… in tali convenio quod tota hora teneatis bene populatas istas casas supradictas et ut cotidie ibi teneatis uno pedone christiano bene armato » ; DERRVE, doc. no. 27 (1106, I) : « illas casas quas ibi [ ] et habeas cum illud totam quod ibi habeas in subregano… quod te facias de foras illo muro unas casas quales meliores potueris in tali convenio quod tota hora teneas bene populatas istas casas supradictas, et ut cotidie ibi teneas uno pedone christiano bene armato ».

(68) 本章註 45 参照。

(69) DSRI, doc. no. 21 (1083, IV, 28) : « in illa corona de illo castro, ...uno solare ad faciendas domos et alium in villa » ; DERRVE, doc. no. 81 (1122?), 113 (1125, I).

(70) CDPI, doc. no. 132 (1103) ; CDCH, doc. no. 99 (1106?), 103 (1107), 116 (1114), 135 (1133) : « Dono vobis omnibus christianis seu sarracenis quicumque illuc venire et ibi populare volueritis singulas hereditates liberas et ingenuas… Excepto quod christiani qui ille populaverint dabunt fideliter decimas et prinmicias suas Deo et beato Petro et mihi, sarraceni vero nonam partem de omni labore suo ».

(71) C. Laliena Corbera y J. F. Utrilla Utrilla, Reconquista y repoblación. Morfogénesis de algunas comunidades rurales altoaragonesas en el siglo XII, *Aragón en la Edad Media*, no. 13, 1997, pp. 5–40.

(72) C. Laliena Corbera et Ph. Sénac, *Musulmans et chrétiens*, p. 68 ; Ph. Sénac, Peuplement et habitats ruraux, pp. 34–35 ; X. Eritja Ciuró, *De l'almunia a la turris : organització de l'espai a la regió de Lleida (segles XI–XIII)*, Lleida, 1998, pp. 16–17.

(73) Ph. Sénac, Du *ḥiṣn* musulman, pp. 119–125 ; id., Notes sur les *ḥuṣūn* de Lérida, *Mélanges de la Casa de Vélazquez*, 24, 1988, pp. 53–69 ; id., Notes sur le peuplement musulman dans la région de Barbiṭāniya, *Studia Islamica*, 73, 1991, pp. 45–66.

(74) CDCH, doc. no. 121 (c.1105), 88 (1097–1103, VII, 18), 121 (1118?) ; DMH, doc. no. 2 (1103–1104).

(75) CDCH, doc. no. 65 (1097, IV–V) ; CDPI, doc. no. 32 (1097, IV–V).

(76) DMH, doc. no. 2 (1103–1104) ; CDCH, doc. no. 67 (1098, III), 73 (1098, IX), 91 (1100–1104) ; CDPI, doc. no. 34 (1097) ; DERRVE, doc. no. 14 (1093, V, 3), 44 (1111), 135 (1126, XII).

(77) CDCH, doc. no. 67 (1098, III).

(78) CDCH, doc. no. 73 (1098, IX), 91 (1100–1104), 146 (1137).

(79) CDCH, doc. no. 77 (1100, VIII).

(80) DMH, doc. no. 2 (1103–1104) ; DERRVE, doc. no. 135 (1126, XII).
(81) CDCH, doc. no. 92 (1101–1104).
(82) サリニェーナ近傍のアルムニアについては，CDPI, doc. no. 79 (1101) : « tota illa almunia de illa regina que est iuxta de Saragena cum illa turre que ibidem est et cum toto suo termino... cum herbis et aquis et pascuis, silvis et garricis ». モンメサのアルムニアについては，CDPI, doc. no. 99 (1101) : « medietatem de illa almunia de Montmesa, cum medietate de illa turre, et cum medietate de illo suo termino heremo et populato, cum erbis et aquis ».
(83) DERRVE, doc. no. 52 (1117, III), 347 (1147). パルディーナの用例が散見されるのは，むしろ 1000 年以前のピレネー山脈においてである。それは荒蕪地一般を意味するものと想定されるが，なかにはメスキーヌスの逃散により廃絶した定住地にも当該呼称があてられており，それがあらためて入植の対象となるような場合にかぎって用いられる傾向がある。同じく未耕地ながら放牧利用に供せられる場合には，家畜の囲い地を具えた放牧地を意味する « cubilar » « cubile » をともなって，« pardina cubile » とする例がある。このあたりは，拙稿「9・10 世紀アラゴン地方の農村構造―地域的類型化の試み―」『史学雑誌』第 107 編第 3 号，1998 年，57 頁。
(84) CDCH, doc. no. 77 (1100).
(85) CDCH, doc. no. 90 (1100–1104), 127 (1121) : « Et quia ille dimiserat illa alode et non faciebat illa laborare ».
(86) CDCH, doc. no. 152 (1139) : « illam villam de Alboreg que iacebat deserta simul cum suo castello ut populatis illa bene... ».
(87) CDCH, doc. no. 216 (1154). フエロ諸規定の内容は次のとおりである。すなわち，①住民間で喧嘩が起き，一方が他方に傷害を与えた場合，5 ソリドゥスの罰金，②出血がみられる場合，10 ソリドゥスの罰金，③もし罰金を支払わない場合，同地のフエロにそくして（pro fuero de terre）告訴される，④殺人を犯した者は 100 ソリドゥスの罰金に加えて遺族の世話をすること，⑤ウエスカと同様の穀物ならびにワインの度量衡を遵守すること，⑥傷害罪を犯した者でも同ウィラの自身の家屋にいるかぎり保護される，⑥傷害を犯し，同地の住人（vicinos）の慈悲を求めない者は，領主権下から追放され，同地のフエロによって裁かれない。

第 2 章　シンカ川中流域の城塞・定住・空間編成

(1) Ph. Sénac, Peuplement et habitats ruraux dans la Marche Supérieure d'al-Andalus : l'Aragon, *Villages et villageoise au Moyen Âge*, Paris, 1992, pp. 27–38.
(2) たとえば，E. Lévi-Provençal, La « Description de l'Espagne » d'Aḥmad al-Rāzī. Essai de reconstitution de l'original arabe et traduction française, *Al-Andalus*, 18, 1953, pp. 59–63.
(3) アラビア語史料で言及されるヒスンの総数はバルビターニヤで 9，リェイダ管区で 17 であるが，現在の地名に同定されているものに限定すれば，シンカ川とその支流には，バルビターニヤのアルケーサル，ムニョーネス，オルベーナ，カステホン・デル・プエンテがキリスト教徒に対抗する最前線の防衛拠点として，リェイダに帰属するモンソン，タマリーテ，アルコレア，フラーガ，メキネンサはむしろ交通路の監視ならびに農村空間の組織中心として，北から南へと順に配置されている。Ph. Sénac, Notes sur le peuplement musulman dans la région de Barbiṭāniya, *Studia Islamica*, 73, 1991, pp. 45–66 ; id., Les ḥuṣūn du Ṯaġr al-Aqṣā : à la recherche d'une frontière septentrionale d'al-Andalus à l'époque

omeyyade, *Frontière et peuplement dans le monde méditerranéen au Moyen Âge* (Castrum 4), Rome-Madrid, 1992, pp. 76–84 ; id., Notes sur les *ḥuṣūn* de Lérida, *Mélanges de la Casa de Velázquez*, 24, 1988, pp. 62–69 ; J. Giralt i Balagueró, Fortificacions andalusines a la Marca Superior d'al-Andalus : Aproximació a l'estudi de la zona nord del districte de Lleida, *La Marche Supérieure d'al-Andalus et l'Occident chrétien*, Madrid, 1991, pp. 67–70.

(4) シンカ川は比較的広い河谷平野を擁するが，プレ・ピレネー山系以北にはムスリムの恒常的な定住空間は創出されなかった。上流のアラサンスやブイルがムスリムの支配下にあったことを伝える11世紀中葉の記述があるが，それらとて1006年のウマイヤ朝侍従アブド・アルマリクの侵攻（razzia）がもたらした一時的な占拠に帰せられるであろう。CDMSVS, doc. no. 12 (1035, V, 22) ; CSJP, doc. no. 144 (1057). アーミル家侍従による北方遠征については，M. J. Viguera Molinos, Los Amiríes y la Marca Superior. Peculiaridades de una actuación singular, *La Marche Supérieure*, pp. 131–140.

(5) アルナウ・ミル・ダ・トスは1048年，自ら創建したサン・ペラ・ダジェ修道院にノゲーラ川からシンカ川までのヒスパニアにおける将来征服されるすべての土地と城塞の10分の1を寄進すると約束している。CDSPA, doc. no. 22 (1048, III, 21). また，P. Sanahúja, Arnau Mir de Tost, caudillo de la reconquista en tierras de Lérida, *Ilerda*, I, 1943, pp. 11–27 ; II, 1943, pp. 155–169 ; III, 1944, pp. 7–21 ; IV, 1944, pp. 53–147 ; F. Fité i Llevot, *Reculls d'història de la Vall d'Àger. I-període antic i medieval*, Àger, 1985, pp. 70–71.

(6) バルセローナ伯はリェイダ北方のカマラーザとクベイスを占領し，リェイダ王国を保護下におくとともに，カマラーザをアルナウ・ミル，クベイスをウルジェイ伯にそれぞれ封（fevum）として賦与し，自らへの誠実を確保した。CDSPA, doc. no. 30 (1051, XI, 5) ; PACB, doc. no. 399 (1051, XI, 20). さらに1058年には，リバゴルサ南部のプロイ，ピルサン，エストピニャン，カネーリャスをサラゴーサ国王から割譲させて同王国を保護下におく一方，ウルジェイおよびサルダーニャ両伯と将来征服される城塞とパーリアの取り分をめぐって協定を結んでいる。LFM, doc. no. 148 (1058, IX, 5).

(7) これらの城塞は，国王サンチョ3世側近の有力貴族家系の出身者だけなく，新興のソブラルベ貴族に対しても国王ホノールとして賦与されている。すなわち，アトおよびガリンド・ガリンデス兄弟（前者はアビサンダ，後者はサルサ・デ・スルタ）とフォルトゥンおよびガリンド・ブラスケス兄弟（前者はオルソン，後者はトロンセード）がそれである。

(8) これらの城塞は征服直後に，ヒメノ・フォルトゥニョーネス，ベルトラン・アト，ギフレ・サーリャらに賦与されたが，その後アルナウ・ミル・ダ・トスの誠実を確保するための封とされた。アルナウ・ミルの1072年の遺言状では，アラゴン国王サンチョ・ラミーレスに対して奉仕すべく，ラグアレスとラスクアーレがカペーリャとともに長女バレンシア（パリャース・ジュッサ伯ラモン4世の妻）とその子アルナウに，ファルセス，ビアカンプ，ルサスは同じくアルナウと次女ラガルダ（ジローナ副伯ポンス・ゲラウの妻）に遺贈されることになっている。CDSPA, doc. no. 99 (1072, VIII, 11) ; P. Sanahúja, Arnau Mir de Tost, IV, p. 90 ; C. Laliena Corbera, *La formación del Estado feudal. Aragón y Navarra en la época de Pedro I*, Huesca, 1996, p. 80. ベナバーレは1066年以降，伯サンチョ・ラミーレス（国王ラミーロ1世の庶子）によって保有されることになる。

(9) 国王ラミーロ1世はこのグラウス戦で，サラゴーサ国王を支援するカスティーリャ＝レオン王太子サンチョ麾下の軍勢と交戦し敗死した。そこには，サンチョの家士ロド

リーゴ・ディアス・デ・ビバール，すなわちエル・シッドも参与していたと，同人の伝記『ロデリクス伝』に伝えられている。*Historia Roderici*, R. Menéndez Pidal, *La España del Cid*, 2 vols., Madrid, 1929, t. 2, p. 916.

(10) この戦闘にはアラゴン王国は関与しておらず，アキテーヌ，ブルゴーニュ，ノルマンディ，さらにカタルーニャから合流した混成軍が征服の主体となった。十字軍の先駆けともいわれるこの戦闘をめぐってはなまなかならぬ論争が繰り広げられてきたが，最近では，ムスリムの抑圧からの正当な解放戦争という強硬な姿勢が11世紀中葉のキリスト教徒に広く受容されていたことは少なくとも事実とみなされている。A. Ferreiro, The Siege of Barbastro 1064–1065 : a Reassessment, *Journal of Medieval History*, 9, 1983, pp. 129–144 ; Ph. Sénac, Un château en Espagne. Notes sur la prise de Barbastro (1064), *Liber largitorius. Études d'histoire médiévale offertes à Pierre Toubert par ses élèves*, Genève, 2003, p. 553 ; C. Laliena Corbera, Guerra sagrada y poder real en Aragón y Navarra en el transcurso del siglo XI, *Guerre, pouvoirs et idéologies dans l'Espagne chrétienne aux alentours de l'an mil*, Turnhout, 2005, pp. 107–109.

(11) C. Laliena Corbera, La sociedad aragonesa en la época de Sancho Ramírez (1050–1100), *Sancho Ramírez, rey de Aragón, y su tiempo (1064–1094)*, Huesca, 1994, pp. 65–80 ; J. F. Utrilla, La economía aragonesa en la segunda mitad del siglo XI : crecimiento agrícola e intercambios comerciales, *ibid.*, pp. 81–105.

(12) アルケーサルは1067年の征服後，ソブラルベ貴族のガリンド・ガリンデス（スルタ保有），フォルトゥン・ロペス（エリポル保有），ヒメノ・サンチェス（ブイル保有）によって共同保有された。その2年後には，同地住人にフエロが賦与されている。DERRVE, doc. no. 2 (1069, IV, 27).

(13) 国王サンチョ・ラミーレスが，防備建築物の造営・修築を条件にルンベーレスの2分の1をグンバウ・ヒメネスに賦与した1081年の文書によれば，ムニョーネスは，モサラベとムスリムからなる6名の男女によってキリスト教徒に明け渡されたとされている。DERRVE, doc. no. 4 (1081, V).

(14) 1084年にはバレンシア北部ムレーリャでふたたび大規模な戦闘が繰り広げられ，アラゴン王国はここでも大敗を喫している。『ロデリクス伝』には，この戦闘で捕虜になった聖俗貴族の人名が列挙されており，ロダ司教ラモン・ダルマウを筆頭に，パンプローナ伯サンチョ・サンチェス，カルベット，イニゴ・サンチェス，ヒメノ・ガルセス，ペピーノ・アスナレス，ガルシア・アスナレス，フォルトゥン・ガルセス，サンチョ・ガルセス，ブラスコ・ガルセスといった当時の有力貴族が含まれている。*Historia Roderici*, pp. 926–927.

(15) 国王サンチョ・ラミーレスと王太子ペドロは1089年6月24日にモンソン入城を果たすと，ペドロは同年より「モンソン国王」を名乗るとともに，本来城塞にすぎなかったモンソンが翌年から都市（キウィタース〔civitas〕）の地位に引き上げられている。1089年8月に発給されたモンソンのカストルム領域の教会十分の一税をめぐるロダ司教ラモン・ダルマウとの協定文書では，サイディンが広大なモンソン領域の南端をなしているが，サイディンそのものの征服は1092年1月のことであった。CDSR, doc. no. 110 (1089, VIII) ; CDPI, doc. no. 7 (1090, I), 10 (1092, I). だが，その段階でも，サイディンより北方のアルバラーテやアルコレアといった城塞が依然として未征服のままであり，辺境の南進は単線的なものではなく，あくまでも個々の城塞を単位とした曲折に満ちた過

程であった。なお，国王アルフォンソ1世が命を落とすことになる激烈な戦闘の舞台となったフラーガや，メキネンサの決定的な征服は1146年を待たなくてはならない。

(16) ナバルは，国王ペドロ1世によって発給された1099年のフエロによれば，ムスリムの「ナバルのバロンたち」(barones de Naval) の手で自ら明け渡されたとされている。彼らはその報償として，9分の1の定率貢租を負担するのみで従来の財産を保証されると同時に，例外的にモスクの維持さえもが容認されている。CDCH, doc. no. 76 (1099, X). なお，ナバル征服直後に発給された1095年の国王文書には，バルバストロの北方，ベロ川からシンカ川までの範囲に分布する29のムスリム定住地が国王に対して貢納 (almudegena) を負担していた事実が記録されており，それらが征服を前にしてアラゴン王権に政治的に服属していたことを示している。ここで登場する定住地は，Naval, Suelves, Salinas, Costeán, Enate, Guardia, Coscojuela de Fantova, Cregenzán, Castillazuelo, Salas Altas, Salas Bajas, Casbas, Pozán de Vero, Huerta, Adahuesca, Alberuela de la Liena, Abiego, Azlor, Azara, Peraltilla, Lascellas, Piedra Pisada, Alaquestro, Cillas, Saltavo, Lasán, Loscertales, Pulzán, Almerge である。CDPI, doc. no. 20 (1095). そうした状況下で唯一抵抗をつづけたバルバストロは，1099年にキリスト教徒の前線拠点プエージョ・デ・バルバストロがその近傍に建設されると，翌年ついにアラゴン王国の軍門に降ることとなった。征服直後には，住人を「よきインファンソン」(boni infanzones) と定めるとともに，放牧税および流通諸税の免除，軍役特権，都市裁判権の賦与などを内容とするフエロが発給されている。CDPI, doc. no. 63 ([1099], IV), 89 (1100, XI).

(17) サンチョ・ガリンデスの子はヒメノ・サンチェス（アルダネス，バイロ，サビニャニゴ，ソス保有），ペドロ・サンチェス（ボルターニャ，カカビエーリョ，ウエスカ，ルエシア，マルクエーリョ，モンテアラゴン保有），ガリンド・サンチェス（アルゲダス，フネス，ソス保有）である。ガルシア・ヒメネスの子はロペ・ガルセス（ルエスタ，サミティエル，ウンカスティーリョ保有），サンチョ・ガルセス（アルケーサル保有），ブラスコ・ガルセス（アルケーサル，ハカ保有），ヒメノ・ガルセス（アルケーサル，ブイル，モンソン，ポマール保有）である。C. Laliena Corbera et Ph. Sénac, *Musulmans et chrétiens*, p. 102. とくにサンチョ・ガリンデスについては，拙稿「11世紀アラゴン王国における国王法廷と和解」『史林』第83巻第6号，2000年，87頁。

(18) すなわち，Abiego, Albalate, Alcolea, Almenar, Ariéstolas, Azara, Azlor, Barbastro, Calasanz, Castejón del Puente, Castillazuelo, Conchel, Chalamera, Estada, Estadilla, Fornillos, Hoz de Barbastro, Huerta de Vero, Naval, Monzón, Ontiñena, Peralta de Alcofea, Pomar, Pozán de Vero, Pueyo de Santa Cruz, Salinas, Tamarite, Velilla, Zaidín である。

(19) このときヒメノ・ガルセスがエスターダの城門そばに建設させた塔，サディーマなる者に帰属したモスクと複数の家屋，彼がイブン・ボレルと交換した家屋，すでに彼の家臣団に分配されたホブズなる人物の土地が，国王による報償として賦与（厳密には確認）されている。CDPI, doc. no. 3 (1087, VII).

(20) CDPI, doc. no. 11 (1092, VI).

(21) C. Laliena Corbera, *La formación*, pp. 248–250. もっとも，ヒメノ・ガルセスは1097年の遺言状のなかで，子ヒルと妻トダによる国王ホノールの相続を神と自らのセニョール（この場合は国王）の意志に委ねているが，妻子がそれを相続した形跡は確認されない。R. Menéndez Pidal, *La España del Cid*, t. 2, pp. 816–817 (1097, IX, 2).

(22) CDPI, doc. no. 12 (1093, XII). 国王ペドロ1世は，国王役人に抜擢されたシプリアンと

いうモサラベに対して，同人がアリエストラスを放棄したホトマンなるムスリムから購入したという自有地の権利を確認している。そこには，それに先立ち，ミル・グンバウが別の証書を介して当該自有地に対するシプリアンの権利を確認していた事実が明記されている。

(23) CDPI, doc. no. 50 (1098, V, 2).

(24) CDPI, doc. no. 75 (1099, XII), 77 (1099, [a. IX]). なお，ここで挙げたミル・グンバウ，バランゲー・グンバウ，ペラ・ベルトランは，国王サンチョ・ラミーレスと王太子ペドロがロダ司教の任命権をめぐって同司教座聖堂参事会と合意した 1092 年頃の文書の下署人として揃って登場する。CR, pp. 19-20 (c. 1092). 当該文書の発給年代の同定については，C. Laliena Corbera, *La formación*, pp. 258-259.

(25) CDPI, doc. no. 10 (1092, I). 同人はまた，ペラ・ベルトランとともにアルメナールを共同で保有することになる。

(26) CDPI, doc. no. 105 (1101, XII) : « Hec est conveniencia inter regem Petrum Sancii et comes Ermengaudus Urgellensis de castro que dicitur Mammacastro… Et in ista conveniencia sunt finitas illas rancuras paucas vel grandes qui erant inter rege et illo comite usque die quod ista carta fuit facta ». カタルーニャにおける封建的約定については，P. Bonnassie, Les conventions féodales dans la Catalogne du XIe siècle, *Les structures sociales*, pp. 529-559. 近年では，A. J. Kosto, *Making Agreements in Medieval Catalonia. Power, Order, and the Written Word, 1000-1200*, Cambridge, 2001, pp. 43-52.

(27) « Convenit comes Urgellensis ad regem Petrus Sancii… quod non inde exeat de supra dicto castro nullo male ad rege, nec ad sua terra, nec ad omines de suas terras, neque de supra nominato commite, nec de suos omines contra rege, nec ad sua posteritate... Similiter convenit rege ad illo commite quod non exeat nullum malum ad supra dicto castro de sua parte, neque de suas terras de parte de christianos ».

(28) « Et cuando fuerit sua voluntate de rege, aut si per pecato desvenerit de eum et suo filio, aut de sua posteritate ad quem illi laxaret sua honore, voluerit facere emendamentum de hoc supra scripto castro... quod recipiat illo comite iam dicto illo emendamento ad laudamentum de sex lures omines bonos, tres de una parte et tres de alia, qui directum inde dicant et pacem querant inter eos, per directam fidem, sine ullo malo ingenio ».

(29) « Et si illo comite non quesierit facere isto cambio per directam fidem, sine malo ingenio, et se desexierit de ista conveniencia... est in conveniencia quod illo vicecomite don Gueral quod adtendat ad rege cum castro que dicitur castro Serris ; et quod rendat illo castello in manu de rege ; et quod tornet eum rex hoc castro ad illo vicecomite don Gueral ; et ille quod teneat eum per manu de rege sicut tenet eum modo per illo commite Urgellensis ».

(30) Cf. Ag. Ubieto Arteta, *Los "tenentes" en Aragón y Navarra en los siglos XI y XII*, Valencia, 1973 ; C. Laliena Corbera, *La formación*, p. 251. 長子ガリンド・ダットはむしろウエスカ地方で多数の国王ホノールを委ねられており，シンカ川流域で強力な影響力を誇ったのはバルバストロを保有したフォルトゥン・ダットとカルベットであった。フォルトゥン・ダットは，ムラービト朝の侵攻により捕虜となったイニゴ・サンチェス・デ・ラベスの身請金 50 ミスカールを肩代わりしている。DERRVE, doc. no. 53 (1118). カルベットは，バルバストロ市内の家屋や都市近郊のクレヘンサンに自有地を所有したほか，都市領域の東端に複数のアルムニアを所有していた。CDPI, doc. no. 74 (1099, XI-XII) ; CDCH,

doc. no. 80 (1100). また，ヒメノ・ガリンデスが保有したウエルタは 1099 年，サンタ・マリア・デ・アルケーサル修道院に寄進されたが，しばらくは同人が当該城塞を保有しつづけたものと考えられる。CDPI, doc. no. 72 (1099, XI).

(31) ペピーノとサンチョ・アスナレス兄弟はまた，国王サンチョ・ラミーレスによってウエスカ地方西部のアルタソーナの建設，トルモスおよびビオータの塔の再建を任され，いずれも全収入を国王と折半する契約を取り結んでいる。DERRVE, doc. no. 5 (1087, IX, 30), 11 (1091, IX). なお，ウエスカ司教とロダ司教は 13 世紀初頭にいたるまで互いの司教区の境界をめぐって何度も紛争を繰り広げるが，そこでつねに争われたのはアルケーサル教会の帰属問題であった。その発端は，近親婚でハカ司教により破門されたアルケーサルの保有者ペピーノ・アスナレスがロダ司教の下に身を寄せたことにあった。CDCH, doc. no. 117 (1086–1115). バルバトゥエルタは 1133 年，国王ペドロ 1 世によってアスロールとともに賦与された同地のキリスト教徒とムデハルの貢租徴収権をサンタ・マリア・デ・アルケーサルに遺贈したが，同城塞とその領域は自らの相続人のために留保している。A. Durán Gudiol, *Historia de Alquézar*, Zaragoza, 1979, p. 116. ブラスコ・フォルトゥニョーネスについては，同人の妻ウラーカが 1113 年，バルバストロ近傍のアルコスなる所領をユダヤ人モーシェに 300 ソリドゥスで売却している。CDCH, doc. no. 112 (1113, VI). また，C. Laliena Corbera, *La formación*, p. 251.

(32) アグスティン・ウビエト・アルテータは，ペピーノ，サンチョ，アスナール・アスナレス兄弟の父親がアトおよびガリンド・ガリンデスと兄弟であり，両家系が本来は同根であったという仮説を提示している。Ag. Ubieto Arteta, Aproximación al estudio del nacimiento de la nobleza aragonesa (siglos XI y XII) : aspectos genealógicos, *Homenaje a don José María Lacarra de Miguel en su jubilación del profesorado*, 5 vols., Zaragoza, 1977, t. 2, pp. 26–27. いずれにせよ，両家系の出身者は，12 世紀前半まで一貫して共同保有の対象となったアルケーサルや，バルバストロの征服を接点として緊密に連携していたと考えられる。とくにバルバストロの征服直後に発給されたフエロには，国王に忠義を尽くして同都市からムスリムを放逐した「よきバロン」(bonos barones) として，両家系からペピーノ・アスナレス，ヒメノ・ガリンデス，フォルトゥン・ダットらが国王とともに都市領域の境界画定とフエロの発給に参画している。CDPI, doc. no. 89 (1100, X).

(33) CDPI, doc. no. 72 (1099, XI) : « tali convencione, quod Eximino Galindez non perdat partem illius honoris quam per manum meam tenebat, in eodem castello, set, sicut dominium illud et honorem illum per manum meam tenebat, sicut illum totum teneat et cognoscat per Deum et sanctam Mariam et abbatem eiusdem ecclesie que sita est in Alkezar, usque Deus omnipotens donet mihi locum quod possim ei donare campium ad meam et suam voluntatem ». ここでは城塞領域の境界が明記されており，その領域はおおよそポサン，アダウエスカ，アルケーサル，ブエラの各領域と境を接し，ベロ川両岸にまたがっている。その後，1104 年には，国王ペドロ 1 世の許可の下，サンタ・マリア・デ・アルケーサル修道院長ガリンドとヒメノ・サンチェス・デ・ウエルタとが新たに当該城塞の保有契約を取り結び，後者がオマージュを捧げて前者の家士 (vassal) となっている。CDPI, doc. no. 143 (1104, VII?). なお，同修道院は，ウエスカ地方のモンテアラゴン修道院と同じく国王直属の「国王礼拝堂」として創建された律修参事会であり，サン・フアン・デ・モンソン修道院を筆頭にアルカナードレ川以東の多数の教会をその傘下におさめている。その領民は軍役義務を免除されなかったから，同修道院による当該城塞の領有は国王ホノールのそれに近いも

のであったといえよう。また，修道院長ガリンドは，国王ペドロ 1 世の土地分配業務を代行するなど，国王文書局長とでもいうべき要職にあっただけでなく，個人としてもカステホン・デル・プエンテ，モンメガストレ，モンソンといった国王ホノールを保有している。CDPI, doc. no. 44 (1098, I-III).

(34) CDPI, doc. no. 96 (1101, [V, 5]) : « tali tenore ut ipsum castrum Exemeno Sancii ad servicium sancte Marie et episcopi teneat sicut per me ipsa die tenebat donet ego et posteritas mea concammium sibi faciamus aut eius succesoribus quod ipse libere et ingenue totum ipsum castrum sacte Marie relinquat ».

(35) CDPI, doc. no. 50 (1098, V, 2) : « ut Garcia Scemenones de Grostan et Belenguer Gombald quicquid ibi habebant per me die istius donationis, similiter posideant ipsi et filii sui, ...per manum Poncii Rotensi episcopi ad successorum suorum ». こうした認識はまた，サン・ビクトリアン修道院帰属のグラウスの城塞をめぐる 1124 年頃の国王法廷の裁定に典型的に表現されている。そこでは，ガリンド・サンチェスが同城塞を不当に領有しているとの訴えにより，国王アルフォンソ 1 世が，同人の封主は同修道院であるとしてその返還を命じたのであるが，その根拠は同人が自らの「誠実者」(fidel) でもあるからというものであった。同人は，ほかに国王ホノールとしてベルチーテを保有していたのである。CDAI, doc. no. 139 (c. 1124). なお，彼はファニャナスを保有した実父とともに，ウエスカ司教座聖堂教会に寄進された同城塞をめぐってこれと同様の紛争を繰り広げている。CDCH, doc. 153 (1139).

(36) CR, pp. 61-62 (1093, VII, 15) : « unum castellum quod antiquitus dicitur Castellion, quod Deus dedit nobis de manu paganorum et de illorum potestate adquisivi. Damus medietatem de illo castello in proprium allodium ecclesie beati Vincentii de Rota et tibi Raimundo episcopo et successoribus tuis et canonicis ipsius ecclesie, tam presentibus quam futuris ; aliam vero medietatem damus per fevum in vita nostra, et post mortem nostrum damus ipsum castrum ab integro ad proprium allodium supradicte ecclesie ». ただし，同地は当時，サンタ・マリア・デ・アルケーサル修道院長ガリンドが保有する国王ホノールとなっているから，ここで登場するムスリム城塞とは別の領域中心が，征服後に新たに創出されていたことになる。事実，ムスリムの城塞遺構が残る丘から隔絶した場所に，キリスト教徒の新定住地が形成されたことが考古学的にも明らかにされている。Ph. Sénac, Du *ḥiṣn* musulman au *castrum* chrétien. Le peuplement rural de la Marche Supérieure et la reconquête aragonaise, *De Toledo a Huesca*, pp. 113-130.

(37) DERRVE, doc. no. 21 (1105, III) : « illo castello de Petra Alta cum tota ipsa uilla ad uestram propriam alodem cum totos suos terminos et cum totos illos directaticos quos ego ibi abeo et cum totum quantum ad meam regalem personam ibi pertinebat... extra illud quod ante abebat ibi donato meo germano cum carta ad cavalleros et et ego similiter post eum ». イニゴ・ガリンデスが保有した国王ホノールは，ペラルタ・デ・アルコフェア，アビエゴ，アルコレア以外では，アルケーサル，アルゲダス，カバーニャス，コルナ，ペーニャ・デ・サン・サルバドール，リクラ，サングエサ，ソスであり，ほぼ王国全土におよんでいる。なかでもソスは，曾祖父ヒメノ・ガルセス以来，一貫して世襲的に継承された同家系の最重要拠点であった。

(38) CDPI, doc. no. 11 (1092, VI).

(39) CDSR, doc. no. 110 (1089, VIII).

(40) DERRVE, doc. no. 30 (1107, XII).

(41) CDPI, doc. no. 11 (1092, VI) : « Abin Habanon ». この人物については，Ph. Sénac, Du *ḥiṣn* musulman, p. 126.

(42) CDPI, doc. no. 7 (1090, I), 12 (1093, XII).

(43) DERRVE, doc. no. 30 (1107, XII).

(44) CDPI, doc. no. 68 (1099, VII), 72 (1099, XI).

(45) Ph. Sénac, Du *ḥiṣn* musulman, pp. 125-127.

(46) CDSR, doc. no. 110 (1089, VIII).

(47) それぞれサン・ペドロ・デ・ハカ教会，サン・ビクトリアン修道院，サンタ・マリア・ダ・ソルソーナ司教座聖堂教会である。

(48) そのうち « almunia de Sarrual » は 1100 年，国王ペドロ 1 世によってロダ司教座聖堂教会に寄進されている。CDPI, doc. no. 84 (1100, IV) : « illa almunia quod dicitur Saravall, qui fuit de meo patre cui sit requies, cum totos suos terminos ».

(49) X. Eritja Ciuró, *De l'almunia a la turris : organització de l'espai a la regió de Lleida* (*segles XI-XIII*), Lleida, 1998, pp. 24-25.

(50) モンソン北東からシンカ川に注ぐソサ川流域に所在するという記述が一部には付されているが，当該文書に登場するおよそすべてのアルムニアには所有者の人名以外にいかなる情報も付されていない。ソサ川そばのラモン・ギリェムとバランゲー・グンバウのアルムニアについては唯一，1090 年頃に国王ペドロ 1 世によってモンソン市内の家屋と同河川流域の菜園とともにあらためて賦与されているが，ここでもかつてのムスリム所有者の人名と固有の領域が付属したという事実を除けば，その内実を窺わせる記述はみられない。CDPI, doc. no. 9 (c. 1090). ただ，モンソン領域の東部，ソサ川とモンソン＝アサヌイ街道が交差するラス・イエサス（illas Iessas, illas Gessas）と呼ばれる区域にアルムニアが集中していたことは間違いないようである。たとえば，1102 年に国王によりサン・ビクトリアン修道院に寄進された « almunia de Lacu/Leu » もまたこの区域にあったが，その周囲にはサン・フアン・デ・モンソン修道院と国王のアルムニアがみられる。CDPI, doc. no. 107 (1102, I) ; CDMSVS, doc. no. 136 (1102, I).

(51) 国王ペドロ 1 世に留保された自有地は以下のとおりである。CDPI, doc. no. 11 (1092, VI) : « Gemenells, Vila roia, Vinazecha, castrum Devols, Bincameth, Kalavera, illo Gancho, illa de Alfarra, Coscollola, Arraal, Borgexaras, Spules, Forabal, Binanavarro, illa de Gervesa, illa de Avencal, illa de Avenrampo, Almuniola, illa de Alboarro, Binizendor, Almolel, illa de Avinefar, illa de Avinmomen, Almanarella, illa Castillon de illas Carboneras, Benezeide, illa Pitella, illa Faraion, Balcarcar, Pinos Mathas, Aiarnez, illa Moza qui est subtus Selga, illa Cardosa, illa de Avincud, illa de Avin Habanon, illa de Arenas, illa de Amil, illa de Ram, Selega ».

(52) CPRA, doc. no. 90 (1169, I, 1) : « volumus populare nostras almunias quas habemus infra campo Litera subtus Moncson. Advenerunt nobis de donacione de illo Rege don Pedro cui sit requies... sunt nominatas illas almunias La Pitella et Vinacet et Binipharagon. Istas tres almunias cum omnibus pertinentiis earum, aquas et erbas et montes et valles ».

(53) CDCH, doc. no. 97 (1106, V) : « in illa almunia que dicitur Pinus in eodem territorio [Monzón] sita duos axaricos idest Kalef et Zaid cum tota domo et hereditate sua ». アスエロ・ファフィラスはそこに居住する 2 名のムデハル隷属農民（exaricus）を保有地とともにウエスカ司教座聖堂教会に，残る 2 名をサン・ポン・ド・トミエール修道院にそれぞれ寄

進している。エクサリクスは通常，征服領域で登場するムデハルの隷属農民であり，保有地とともに贈与される点で，山岳地帯で広くみられたメスキーヌス（mesquinus）と呼ばれるキリスト教徒の隷属農民と比較される存在である。E. de Hinojosa, Mezquinos y exaricos. Datos para la historia de la servidumbre en Navarra y Aragón, *Homenaje a don Francisco Codera*, Zaragoza, 1904, pp. 523-531. また，拙稿「メスキーヌス—11 世紀アラゴン地方における農民隷属の形態—」『西洋史学』第 190 号，1998 年，1-20 頁。

(54) DERRVE, doc. no. 39 (1108, XII) : « illa almunia de Abinaamet que est in Litera, cum totos suos terminos et suos directos ». アグスティン・ウビエト・アルテータによれば，ガリンドおよびフォルトゥン・フアネス兄弟は前述のソブラルベ貴族ガリンド・ダットの孫にあたるという。Ag. Ubieto Arteta, Aproximación, pp. 26-27.

(55) DERRVE, doc. no. 272 (c. 1136-1150) : « memoria de illa retinenza que fecit domnus Iohannes abbas in illa almunia que dicitur Moza ultra Monzon pertinentem ad Sanctum Iohannem. Retinui sibi illa canna de illa turre de la Moza cum illo corral denante, et cum duabus zeis que sunt ad illa calze de illa turre ex meridiana parte, et illa quarta de valle Lerita subtus illo camio, et abet ad aquilonem almunia de Rota, et a septentrione almunia de Sancta Maria de Alaon, et ad oriente caminum de Lerita ».

(56) さらに付け加えると，ビネファールは 1143 年にテンプル騎士団にモンソンのカストルムとともに寄進され，1158 年には隣接する 2 アルムニアとともに 15 名の入植者にその開発が委任されている。CPRA, doc. no. 84 (1158, I, 27) : « illa almunia de Abinefar cum suis terminis, cum ipsas duas almunias cum suis terminis subtus in primis ». ここでは隣接する 2 アルムニアが本来の人名呼称を失い，ビネファールの付属財産のように表現されており，カルロス・ラリエナ・コルベーラはここからイスラーム期の土地領有形態との断絶を読み取ろうとしている。C. Laliena Corbera, Expansión territorial, ruptura social y desarrollo de la sociedad feudal en el Valle del Ebro, *De Toledo a Huesca. Sociedades medievales en transición a finales del siglo XI (1080-1100)*, Zaragoza, 1998, p. 211. なお，国王自有地のリストには含まれていないリポルもまた 1131 年，モンソンの入植事業への参画を条件にペドロ・デ・リバーソに灌漑地 4 ユガーダとともに賦与されている。CDAI, doc. no. 234 (1131, I) : « Repolla, qui est in rippa de flumine qui dicitur Cinqua, villa et castello, cum quatuor iovatis de terra in subregano ». ただし，ここではアルムニアではなく，すでに « villa et castello » と表示されている。

(57) 1102 年，国王ペドロ 1 世によりラ・リテラの « una almunia in campo de Litera, subtus ipso molare illa almunia de Abin Feldal, cum toto suo termino ab integro »，モンソンの « alia almunia de Lacu, cum toto suo termino ab integro »，さらにはエスタータの « medietate de ipsa almunia de Iben Gamar et de totos suos terminos et de totas suas terras » が寄進されている。CDPI, doc. no. 107 (1102, I). ただし，同時期に発給されたいま一つの寄進文書では，ラ・リテラとエスターダのアルムニアは寄進対象地から除外されており，モンソンのアルムニアのみがより詳細な隣接物の記述とともに寄進されている。CDMSVS, doc. no. 136 (1102, I).

(58) 1099 年，ラモン・ギリェム（カストロ保有）によりモンソンの « almunia de Banasona » の一部が寄進されたが，同人の寡婦シカルダが修道誓願すべくサンタ・マリア・ダ・リプイ修道院にあらためて寄進しようとしたため紛争が生じ，国王ペドロ 1 世の法廷の判断により両者で二分されている。CR, p. 68 (1099, XI, 1). また，1100 年には，国

王ペドロ1世により « illa almunia quod dicitur Saravall » が寄進されている。CDPI, doc. no. 84 (1100, IV).

(59) CDPI, doc. no. 104 (1101, [IX]) : « illam meam almuniam que dicitur almunia de Iben Zahuda, cum omnibus suis propriis terminis et pertinenciis ».

(60) ナバル征服直後に発給された1095年の国王文書によれば，国王に納付すべき貢納の賦課範囲が，ベロ川からシンカ川までの29のムスリム定住地と各領域内に所在するすべてのアルムニアにおよぶものとされているから，シンカ川東岸ほどではないにせよ，高い分布密度を誇っていた可能性は十分にありうる。CDPI, doc. no. 20 (1095).

(61) CR, pp. 61-62 (1093, VII, 15) : « almuniam de Albam, que est in Castellon, cum omnibus suis pertinenciis ».

(62) CDPI, doc. no. 68 (1099, VII) : « illam almuniam de Ibem Barbicula, cum illos terminos totos quos habebat et erat tenente die quo ista carta fuit facta ».

(63) CDPI, doc. no. 64 (1099, IV) : « illam almuniam de Bentepiello, cum omnibus terminis et adiacentiis suis ». ただし，実際に寄進が履行されたのは1102年のことであった。CDPI. doc. no. 117 (1102, XII) : « almunia que fuit de Iben Xipiello ».

(64) CDPI, doc. no. 89 (1100, XI) : « Retineo mihi ibi ecclesiam sancti Sepulcri, cum hereditatibus suis, almuniam circa turre de Orp et alios terminos, quia totum hoc dono sancte Marie de Alquezar, cum decimis et primiciis, et retineo me almuniam de Turre retundo ». ここで同修道院に寄進されたアルムニアの所在地を表示すべく言及されている「オルベの塔」(turre de Orp) は，ロダ司教がバルバストロを自らの司教区に統合するよう懇請したことをうけて，国王が征服前にいち早く境界画定した同都市領域のほぼ西端に位置しており，その近傍には当該アルムニア以外にも複数のアルムニアが分布していた。CDPI, doc. no. 74 (1099, XI-XII) : « ex parte occidentis sicut taliant illi termini de Castellazuelo et illas almunias que sunt intro inter Orbe et illa torre de Alcalde et exit ad illos terminos de Almerge ».

(65) CDPI, doc. no. 151 (1105?) : « almunia nostra que est inter Berbegal et Monte Rog, cum totis terminis quos abet ». また，間接的な所見ながら，1175年にサン・タントナン・ド・フレデラス修道院長ギヨームによって売却されたベルベガル領域内のモヘブと呼ばれるアルムニアは国王ペドロ1世によって同修道院に寄進されたものであり，同修道院長は国王の寄進証書も添えて当該アルムニアを売却するとしている。CDCH, doc. no. 325 (1175, XII) : « unam nostram almuniam cum omnibus suis terminis cultis et incultis que vocatur Moheb et que est infra territorium de Berbegal ».

(66) CDPI, doc. no. 74 (1099, [XI-XII]) : « Ex parte orientis de terminos de Castellione Cepollero in suso sicut taliant illi termini de illas almunias de don Calbet et de illos terminos de Salas in iuso usque ad Castellazuelo ».

(67) CDPI, doc. no. 10 (1092, I) : « illa quadra qui est infra ipsa villa [Zaidín] et Cincha ».

(68) 典型的には，サン・フアン・デ・ラ・ペーニャ修道院に帰属するラ・モサのアルムニアが挙げられる。DERRVE, doc. no. 272 (c. 1136-1150). また，バルバストロ都市領域の « almuniam circa turre de Orp » や « almuniam de Turre retundo » もこの範疇に属するであろう。CDPI, doc. no. 89 (1100, XI). さらに，アルムニアという言葉はみられないものの，バルバストロ近郊のアルコスも書式の特徴と周囲の隣接物から判断してここに加えられるにちがいない。CDCH, doc. no. 112 (1113, VI) : « illa medietate de Arcos... in ipsa turre in casas in casales et eras in torcularibus in terris in vineis et linares in molinos in sicco vel sub terris

in heremo vel populato in pascuis in pratis ».

(69) たとえば，CDCH, doc. no. 311 (1175, III, 29) : « illam medietatem de illa turre de Avinalbes cum omnibus suis terminis... ista circumdata et terminata usque ad Sosa et de oriente partitur cum turre de Mennaia et usque ad cimba de Gessa et usque ad collem de Matas et passat ipsam viam que vadit ad Montson et vadit ad ipsam vallem et partitur cum turre de donna Oria et usque ad collum de illa turre del iudeo ». ソサ川流域はアルムニアの密集地帯であったが，ここでは隣接物も含めてほぼすべてがトゥーリスとして表現されている。なお，リェイダ地方に分布するアルムニアとトゥーリスの用例を網羅的に検討したシャビエル・アリッジャ・シウロは，両者が同一の対象を指す互換可能な史料概念であり，アルムニアは下級貴族・騎士への分配の単位，トゥーリスは入植の単位として認識されていたとする。そして，それらに対する配慮が分配から入植へと推移するにつれて，前者は後者に取って代わられるようになるというのである。だが，わたしたちの地域では，そこまではっきりとした史料用語の転換は確認されない。X. Eritja Ciuró, *De l'almunia a la turris*, pp. 24–25 ; id., Les *turres-almuniae* d'Avinganya, *Territori i societat a l'Edat Mitjana*, I, Lleida, 1997, pp. 179–189.

(70) CR, pp. 61–62 (1093, VII, 15).

(71) CR, p. 68 (1099, XI, 1).

(72) 1107 年，国王アルフォンソ 1 世により征服直後のタマリーテにおける « illa almunia que dicitur Bibarual simul cum totos suos terminos et cum totos suos directaticos » が，同地の最大のモスクを除く複数のモスクとともに寄進されている。CDCH, doc. no. 101 (1107, VII).

(73) DERRVE, doc. no. 30 (1107, XII) : « illa sua almunia de Yben Alfachi que vocatur Chamirs ». ここではさらに，当該アルムニアを所有したイブン・アルファキーフのタマリーテ内の家屋，2 名の兵士を駐屯させるべく，それらに分配されるアルムニア付属領域内の 5 ユガーダの土地がともに分与されている。

(74) DERRVE, doc. no. 39 (1108, XII).

(75) CDAI, doc. no. 234 (1131, I).

(76) CDAI, doc. no. 202 (1128, XII) : « villam que dicitur Confitam cum omnibus aquis et montibus et rivis et cum omnibus pascuiis et erbis, cum omnibus terminis suis, tam ermis quam populatis, qui pertinent vel peritinere debent ad predictam villam, nomine Confitam ».

(77) DERRVE, doc. no. 340 (1146, XII, 11) : « illa almunia que dicitur Comfita, que est in illa ripa de Cincha ».

(78) CDPI, doc. no. 63 ([1099], IV). 1099 年 3 月頃に建設されたものと想定されるプエージョ・デ・バルバストロの城塞（kastellum）への入植者は，教会十分の一税および初穂納入以外では王権への 9 分の 1 の定率貢租を負担するのみとされている。アラゴン王国におけるイスラーム都市拠点の征服は通常，ウエスカ征服を目的として建設されたモンテアラゴンおよびプエージョ・デ・サンチョや，この場合のプエージョ・デ・バルバストロのように，征服対象の傍らに城塞を建設し，それを前線拠点として包囲を狭めて降伏を促すというものであった。A. Ubieto Arteta, *Historia de Aragón. La formación territorial*, Zaragoza, 1981, pp. 120–121, 129–130.

(79) 旧カタルーニャに分布するパラティウム（palatium，アラビア語では balāṭ）と新カタルーニャのアルムニアに由来する地名の分布をもとにそれらの起源を検討したラモン・マルティによれば，両者はいずれもイスラーム侵攻以来，上辺境領北端や幹線道路沿い

に創出された公的な防衛拠点であり，もともと塔を備えるものであったという。これに対して，アリッジャ・シウロがリェイダ周辺で抽出した私的所領としてのトゥーリス＝アルムニアはあくまでも 10 世紀以降の産物であるとしている。R. Martí, Palaus o almúnies fiscals a Catalunya i al-Andalus, *Les sociétés méridionales à l'âge féodal, Hommage à Pierre Bonnassie*, Toulouse, 1999, pp. 63-70.

(80) DERRVE, doc. no. 2 (1069, IV, 27) ; CPRA, doc. no. 12 (1092, XI).

(81) CDPI, doc. no. 20 (1095) ; CDCH, doc. no. 178 (1147, V).

(82) CDPI, doc. no. 11 (1092, VI) ; DERRVE, doc. no. 399 (1169, V, 30).

(83) CDPI, doc. no. 151 (1105?) ; DAII, doc. no. 99 (1170, XII, 27).

(84) DERRVE, doc. no. 48 (1116, III) : « in illo alhizem de illo castello locum bonum ubi faciatis casas bonas quales meliores potueritis eis facere ». ここにみられる « alhizem » は，アラビア語のヒスンに由来する言葉である。

(85) 本章註 36 参照。

(86) 典型的には，ホセ・マリア・ラカーラの一連の仕事が挙げられる。J. M. Lacarra, *Aragón en el pasado*, Madrid, 1979, pp. 56-76 ; id., La Reconquista y repoblación del valle del Ebro, *Estudios dedicados a Aragón de José María Lacarra*, Zaragoza, 1987, pp. 195-242.

(87) クレイ・ストールズは，王権主導の征服活動と入植事業が実際にはかならずしも結合しておらず，征服とそれにつづく土地分配は王国貴族を王権の「同盟者」として動員するための政治的措置とみなし，入植許可状もまた既存の入植者に対する事後的な承認というべきもので，そこでの王権の主導性は過大に評価されえないとしている。C. Stalls, *Possessing the Land. Aragon's Expansion in Islam's Ebro Frontier under Alfonso the Battler, 1104-1134*, Leiden, 1995, p. 87 ; id., The Relationship between Conquest and Settlement on the Aragonese Frontier of Alfonso I, *Iberia and the Mediterranean World of the Middle Ages : Studies in Honor of Robert I. Burns*, 2 vols., Leiden, 1995, t. 1, pp. 216-231.

(88) 入植許可状やフエロは都市法やのちの地域法の源泉となることから法制史家を中心にさまざまな研究者の関心を惹いてきたが，さしあたりエブロ川以北で発給されたものについては，以下のように大きく二つのタイプに分類されるのが通例である。すなわち，第一は，サンティアゴ巡礼の要衝都市ハカに賦与された 1077 年のフエロをモデルとして，同巡礼路が東西に貫くピレネー山間部やラス・シンコ・ビリャスの諸村落に賦与された，商人や職人，わけてもフランス系商人・職人（francos）の定住を奨励する「ブルジョワ」（burgensis）的な性格のフエロ群である。これに対して，第二は，1069 年のアルケーサルのフエロをモデルとして，わたしたちが目下検討するシンカ川中流域を筆頭にプレ・ピレネー山系以南の征服地で広く普及したより軍事的な色が濃いフエロ群であり，同地域の都市および村落住人には通常，インファンソン（infanzones）と呼ばれる事実上の「自由人」と同一の諸特権が賦与されている。このようにそれぞれ性格も分布範囲も異にする二つのフエロ群であるが，ことインファンソンの処遇については単なる差異にとどまらず，互いに表裏の関係をなしているものとみなされている。それというのも，前者が教会とならんでインファンソンによる土地取得を禁止しているのに対して，後者では逆に，彼らによる土地購入・占取の自由が全面的に認められているからである。王権がどこまで意図的にこうした状況を作り出したかは判然としないものの，こうして両者が相互に作用することにより，インファンソンを山岳地帯から征服間もない平野部へと進出させると同時に，彼らを主たる担い手として平野部の入植・開発が成功裡に推

進されえたと想定されているのである。典型的には，J. Lalinde Abadía, *Los Fueros de Aragón*, Zaragoza, 1985, pp. 21-39. また，近年においても C. Stalls, *Possessing the Land*, pp. 157-165 が，こうした理解を踏襲している。第一のフエロ群の雛型となったハカのフエロのテクストは，JDM, doc. no. 8 (1077). また，第二のフエロ群のモデルとされるアルケーサルのフエロは，DERRVE, doc. no. 2 (1069, IV, 27). ただ，毎週木曜日に市場が開催されるアルケーサルの新定住区（burgo novo）には，国王アルフォンソ 1 世によってハカのフエロが賦与されている。DERRVE, doc. no. 115 (1125, II). ハカを筆頭とするサンティアゴ巡礼路集落とフランス系移民との関係をめぐっては，J. M. Lacarra, Desarrollo urbano de Jaca en la Edad Media, *Estudios de Edad Media de la Corona de Aragón*, 4, 1951, pp. 139-155 ; id., À propos de la colonisation « franca » en Navarre et en Aragon, *Annales du Midi*, t. 65, no. 23, 1953, pp. 331-342. もっとも，近年では，ハカのフエロが普及した地域における定住地の再編についても，サンティアゴ巡礼路を介する商業交通の隆盛という因子を括弧に入れて，城塞を核とする防衛と在地支配の拡充という側面を重視する傾向がみられる。J. Passini, L'habitat fortifié dans la Canal de Berdún. Aragon, Xe-XIIIe siècles, *Guerre, fortification et habitat dans le monde méditerranéen au Moyen Âge* (Castrum 3), Madrid-Rome, 1988, pp. 91-98 ; C. Laliena Corbera, La articulación del espacio aragonés y el Camino de Santiago, *El Camino de Santiago y la articulación del espacio hispánico*, Pamplona, 1994, pp. 85-128. だが，こうした比較法制史的な方法論に基づくいささか整然とした理解は，発給主体である王権の政治的動機や，その選択を左右する発給対象地の政治的・経済的諸条件といった幾多の重要な問題を捨象してしまうことになる。なかでもインファンソンを入植・開発の主たる担い手とする先のくだりはその最たるものであり，そこではインファンソンと同一の諸特権を享受した住人は当該呼称の有無にかかわらず総じてそれとみなされうると考えられている。一見妥当に思われるこうした理解はしかし，入植許可状やフエロが王権の意思を多少なりとも表明したものであるとすれば，呼称が使用される場合とそうでない場合とがそれぞれいかなる王権の政治的動機に対応していたかを問う機会を奪ってしまう。実際，シンカ川中流域の入植許可状やフエロのなかでインファンソンが使用されているのはわずかに 2 例で，いずれも都市（モンソンおよびバルバストロ）に賦与されたものである。DERRVE, doc. no. 7 (1090, XI) ; CDPI, doc. no. 89 (1100, X). それゆえ，このタイプのフエロ群のモデルとなったとされるアルケーサルのものはもちろん，王権主導の入植・開発事業が本格化したとされるアルフォンソ 1 世在位期のものにおいても，やはり 1118 年の征服の翌年に発給されたサラゴーサに賦与されたものを除けば当該呼称の使用はみられない。DERRVE, doc. no. 57 (1119, I).

(89) 1119 年に発給されたサラゴーサのフエロでは，同都市の全ポプラトールに「アラゴンのよきインファンソン」（illos bonos infantiones de Aragone）と同じ「よきフエロ」（fueros bonos）を賦与するとある。DERRVE, doc. no. 57 (1119, I). ここではインファンソンの法的身分規定を多少なりとも明確にしておく必要があろう。1090 年頃にモンソンへの入植を条件としてエスタディーリャ住人に発給された入植許可状では，王国全土の「生来のインファンソン」（infancione hermunio）と同じく，いかなる賦課租をも負担せず，流通諸税（lezda, portaticum）が免除され，軍役（hostis）ならびに騎行義務（cavalcata）は自弁で年 3 日に限定するとの特権が賦与されている。DERRVE, doc. no. 7 (1090, XI). 当該文書が示唆するところは明白であり，それは，年 3 日という制限つきの軍役・騎行義務以外にいかなる賦課租をも負担しない出生によるインファンソンとならんで，それと同

一の諸特権を享受する新たなタイプのインファンソンが入植を介して創出されえたということである。実際，1099 年にモンテアラゴン修道院に賦与された特権状によれば，インファンソンには「生来のインファンソン」，「(個別解放）証書によるインファンソン」(infanzon de carta)，「入植によるインファンソン」(infanzon de populacione）の三つの類型が存在したことが明言されている。CDPI, doc. no. 62 (1099, III) : « liber vel servus, villanus vel rusticus, laicus sive clericus, infanzon ermunio sive de carta vel de populacione ». こうした入植によるインファンソンの創出はさらに，1100 年のバルバストロのフエロでも志向されており，そこでは同都市の既存の住人と将来入植するすべての住人は「あらゆる悪しき貢租から免れたよきインファンソン」(boni infanzoni de omni malo censo）として，国王にもいかなる者にも貢租を負担せず，土地購入・占取の自由（上限つきで国王貢租民〔villani〕からの土地購入をも含む）ならびに流通諸税の免除を享受し，軍役・騎行義務については年 3 日のみと制限されている。CDPI, doc. no. 89 (1100, X). また，個別解放証書によるインファンソン特権の賦与は，王権に対するなんらかの奉仕の褒賞というかたちをとるのが通例である。たとえば，ペドロ・デ・アラグアスは 1099 年，ペドロ 1 世によって「ケルガで汝がわたしにこれまで果たし，また日々果たす奉仕ゆえに」というなかば定型的な表現をもってインファンソン特権を賦与されている。CDPI, doc. no. 69 (1099, IX). また，奉仕の内容がより具体的に表現されている例として，1106 年，夫を失ったギンチャなる寡婦とその息子たちが，「5 名の息子と最良かつ勇猛な騎士とともにサラセンの攻撃からわたしの身を守ることで神とわたしへの奉仕を果たし戦死した汝の夫シク・デ・フランドルへの愛のために」，アルフォンソ 1 世によってインファンソン特権を賦与されている。DERRVE, doc. no. 25 (1106, I). 以上のようにインファンソンが入植や個別解放証書をつうじて漸次生み出されてゆく過程で，もともと三つに分かたれていた前述の区分は次第に霧散していったようである。それが，サラゴーサのフエロに登場する「アラゴンのよきインファンソン」という表現である。ここでのインファンソンは国王ホノールを保有する者とそれを保有しない者との二つに分かたれていて，とくに国王ホノールを保有しない者の法的身分規定を画する要素が，先にもみられたように年 3 日に限定された野戦・攻城時の軍役義務となっている。DERRVE, doc. no. 57 (1119, I) : « Et habent fueros infantiones de Aragone qui non tenent honore de seniore : quod vadat ad lite campale et a sitio de castellum cum pane de tres dies... Et illos infantiones qui habuerunt et tenuerunt honores de seniore, si fuerit repato, non faciat directum, nisi in illa honore stando ». これと同一の規定は，アルフォンソ 1 世没後に，アラゴン貴族が先王の治世の慣習を確認すべく起草した「国王ペドロ 1 世治世の慣習法文書」と呼ばれる 1134 年の協定文書にも盛り込まれており，ここではそれに加えて，国王ホノールを保有するインファンソンは同一条件のバロンと同じく野戦・攻城時に年 3ヶ月の軍役を負担することと明記されている。CDPI, doc. no. 152 (1134, XII) : « Habuerunt enim custumen quod quando opus habebat illos per batalga campale aut per assisione de castello quod sucurrissent illi cum pane de tres dias et non plus... Et illos seniores qui tenent illas honores regales quod serviant illas ad regem, ubi fuerit suum corpus de rege, tres menses in anno inter ita et stata in oste et venita ». なお，12 世紀後半に急激に増加する土地貸借文書の末尾には，土地所有者による貸借地買戻権を保証する規定がかならず付されているが，そこでは貢租収入の喪失につながるとの理由により教会や騎士団とならんでインファンソンへの貸借地売却がつねに禁止されている。この売却禁止規定はインファンソンの代わりに騎士（ミレース〔miles〕または

カウァレルス〔cavallerus〕）を禁止対象とすることもある。

(90) CDPI, doc. no. 114 (1102, [a. XI]).

(91) DERRVE, doc. no. 40 ([1110], VII), 105 (1124, XII).

(92) DERRVE, doc. no. 136 (1127, II). 厳密にはアルフォンソ1世がサンチョ・ガルセス・デ・ナバスケスと取り結んだ当該カストルムの保有契約であるが，入植民が全体としてカウァレルスとペドンに区別され，それぞれに賦与される土地の面積と特権の内容が明記されている。

(93) DERRVE, doc. no. 159 (1128, VIII). アルフォンソ1世が同ウィラの入植・開発を条件として3名の俗人貴族と取り結んだ保有契約であるが，トルモスと同じく，入植民はカウァレルスとペドンに区別され，それぞれに賦与される土地の面積と特権の内容が明記されている。

(94) CDAI, doc. no. 274 (1134, II).

(95) DERRVE, doc. no. 191 (1130, III, 5).

(96) CDAI, doc. no. 222 (1130, I).

(97) DERRVE, doc. no. 107 (1124, XII). アルフォンソ1世が，サラゴーサのサルメディーナ（都市差配を任じられた国王役人）で同地の保有者でもあったサンチョ・フォルトゥニョーネスに入植・開発業務を委ねたのが当該文書である。

(98) DERRVE, doc. no. 191 (1130, III, 5) : « francos et liberos sicut sunt in lures terras » ; CDAI, doc. no. 274 (1134, II) : « francos et liberos sicut sunt in lures terras » ; DERRVE, doc. no. 159 (1128, VIII) : « francos et liberos sicut sunt in Aragone ».

(99) DERRVE, doc. no. 159 (1128, VIII) : « illo uillanos quod abeant fuero de illos uillanos de Exeia ». これに対して，トルモスではとくに全住人がエヘアのフエロを享受することとなっている。DERRVE, doc. no. 136 (1127, II) : « dono ad illos qui ibi populauerint ut abeant fuero qulem abet Exea et omnes abitantes in ea ».

(100) DERRVE, doc. no. 191 (1130, III, 5) : « totos illos alios populatores similiter sint ibi francos et ingenuos sicut sunt illos populatores de Borovia » ; CDAI, doc. no. 274 (1134, II) : « totos illos alios populatores quod sedeant ibi similiter francos et ingenuos sicut sunt illos populatores de Borouia ». カステホン・デル・プエンテの住人については，モンソンのフエロを享受することとあるが，同地についても同じくボロビアのフエロが適用されたと想定される。CDAI, doc. no. 222 (1130, I) : « quod populetis et habeatis ibi tales fueros quales habuerunt illos populatores de Montsone, in vestros iuditios et in totas vestras causas ». ボロビアは1120年のカラタユーおよびダローカ一帯の征服に際してアルフォンソ1世の軍門に降ったと想定されるソリアに所在するが，同王権によって発給されたフエロのテクストは伝来していない。Cf. A. Ubieto Arteta, *La formación territorial*, pp. 163-164.

(101) DERRVE, doc. no. 107 (1124, XII), 136 (1127, II), 159 (1128, VIII)

(102) DERRVE, doc. no. 21 (1105, III).

(103) CDCH, doc. no. 83 (1101, IX).

(104) CDCH, doc. no. 115 (1114, IV).

(105) CDCH, doc. no. 87 (1103, III) ; CDPI, doc. no. 112 ([1102], V) ; DERRVE, doc. no. 27 (1106, I).

(106) DERRVE, doc. no. 234 (1134, VII).

(107) DERRVE, doc. no. 30 (1107, XII), 202 (1130, I).

(108) DERRVE, doc. no. 191 (1130, III, 5).
(109) CDAI, doc. no. 223 (1130, II).
(110) A. Ubieto Arteta, *La formación territorial*, p. 181, 187.
(111) CPRA, doc. no. 90 (1169, I, 1) : « sitis ibi francos et liberos sicut sunt illos mazarechos de Moncson quos populavit illo rege don Petro in Moncson ».
(112) CDAI, doc. no. 222 (1130, I).
(113) DERRVE, doc. no. 202 (1130, I).
(114) ACA, Cancillería, pergamino de Ramón Berenguer IV, no. 159 (1143, XI, 27).
(115) Ph. Sénac, Du *ḥiṣn* musulman, pp. 119-122.
(116) C. Laliena Corbera, *La formación*, pp. 264-267 ; C. Stalls, *Possessing the Land*, pp. 115-130.
(117) Cf. Ag. Ubieto Arteta, *Los "tenentes"*, p. 129.
(118) そこでは，国王ホノール保有者は，自らの死亡と妻の姦通，さらに国王ホノールを保有したまま他の封主に追従する罪を犯さないかぎり，国王ホノールを没収されないと規定されている。CDPI, doc. no. 152 (1134, XII) : « Et habuerunt fueros et usaticos de suas honores, quod habebant et in antea acaptabant, quod non perdissent illas nisi per tres buçias comprobatas videliçet, unam per morte de suo seniore, aliam per mulierem de suo seniore adulterare, terçiam qui cum honore de suo seniore ad alium seniorem cum illa adtenderit ». また，国王ホノールの賦与はアラゴン貴族のみに限定されている。すなわち，« non ibi misisset dominus rex hominem de alias terras ». 実際，アルフォンソ 1 世の功績は，つづくラミーロ 2 世の治世にあからさまに無視されている。ラミーロ 2 世がバルセローナ伯ラモン・バランゲー 4 世に王女ペトロニーラを嫁がせると同時にアラゴン王国全体を同伯に与えるとした 1137 年の文書には，アラゴン王国の慣習については贈与の対象にはならない（同慣習が遵守されなくてはならない）旨を規定する次のような文言がある。すなわち，« salvis usaticis et consuetudinibus quas pater meus Sancius vel frater meus Petrus habuerunt in regno suo » というものであり，ここにはアルフォンソ 1 世の名前が含まれていないのである。LFM, doc. no. 7 (1137, VIII, 11).
(119) サラゴーサ攻略がローマ教皇パスカリス 2 世によって十字軍の資格を得たのち，聖ヨハネ騎士団が 1120 年代，またテンプル騎士団が 1130 年代からアラゴン王国の征服活動に参画し，それぞれ王権や主要貴族からサラゴーサやトゥデラにおける土地財産の寄進を受けるにいたっている。アルフォンソ 1 世の遺言状はこうした時代の趨勢を反映するものであったが，ローマ教皇の介入もあって，王国の存続のみならず，新たに成立した同君連合においても深刻な政治的影響をおよぼすこととなった。かくして聖ヨハネ騎士団に対しては，1140 年にようやく，バルバストロ，ウエスカ，サラゴーサ，ダローカ，カラタユー，ハカの土地財産を補償して相続権の放棄を同意させ，翌 1141 年には聖墳墓教会にサラゴーサやカラタユーにおける土地財産の寄進をもって同じく権利の放棄を承認させている。残るテンプル騎士団の権利放棄については破格ともいうべき補償が 1143 年の合意の条件となっており，モンソン，モンガイ，チャラメーラ，バルベラー，レモリノス，コルビンスといった一連の城塞や土地財産，国王収入の 10 分の 1，サラゴーサの年間収入から 1000 ソリドゥス，将来の征服地と戦利品の 5 分の 1 の賦与を必要としたのである。ACA, Cancillería, pergamino de Ramón Berenguer IV, no. 159 (1143, XI, 27). Cf. M. L. Ledesma Rubio, *Las órdenes militares en Aragón*, Zaragoza, 1994, pp. 32-40.
(120) もともとバルバストロ征服に先立つ 1098 年に賦与されたローマ教皇ウルバヌス 2 世

の勅書によって，ウエスカ司教区の東部境界はシンカ川にまでおよぶことが確認されていたが，バルバストロが征服後にロダ＝バルバストロ司教座として統合されたために，バルバストロ，さらにはアルケーサル，ビエルサ，ヒスタインの教会の帰属をめぐって，両司教座の長きにわたる紛争が教皇庁を交えて繰り広げられることとなった。12 世紀初頭から断続的につづいた紛争は 1145 年に，ウエスカ司教ドドンとロダ司教ギリェムが，教皇エウゲニウス 3 世の面前で，それらの教会のウエスカ司教座への帰属と従来の司教区境界の正当性を確認することでようやく合意にいたっている。バルバストロおよびモンソンの近郊でウエスカ司教座聖堂教会の入植・開発事業が積極的に展開されえた要因の一つが，このあたりにあることは確実である。だが，アルケーサルについては 1172 年頃にトゥルトーザ司教との帰属争いに晒されたうえ，1203 年には，征服後にロダ司教座を統合するかたちで設置されたリェイダ司教座が前述の 4 教会の帰属をめぐる紛争を再燃させており，このときは教皇インノケンティウス 3 世の勅書によって従来の司教区の境界そのものは確認されたものの，バルバストロおよびアルケーサル以外の 2 教会と，アルカナードレ＝シンカ両河川間の数教会がリェイダ司教の掌中に渡っている。CDCH, doc. no. 70 (1098, V, 11), 117 (1086–1115), 165 (1145, III, 14), 166 et 167 ([1145], III, 15), 168 (1145, II–III), 278 ([1172], I, 20), 281 ([1172], I, 26), 634 (1203, V, 27).

(121) CDCH, doc. no. 336 (1176–1177).

(122) CDCH, doc. no. 296 (1173, VIII).

(123) CDCH, doc. no. 289 (1172).

(124) CDCH, doc. no. 335 (1176–1177).

(125) CDCH, doc. no. 376 (1182?).

(126) CDMSVS, doc. no. 238 (1189).

(127) CPRA, doc. no. 90 (1169, I, 1).

(128) DERRVE, doc. no. 399 (1169, V, 30). 1 年と 1 日の定住によって入植者に占有した土地財産の自由処分権を賦与するとする特権は，もともと 1077 年のハカのフエロに由来する規定であり，同フエロが賦与されたサンティアゴ巡礼路沿いの幾多の集落で早くから共有されていた。ただし，ここでは入植者が取得した財産の売却・抵当権設定は不可とされている。Cf. JDM, doc. no. 8 (1077). なお，この入植許可状をめぐってカルロス・ラリエナ・コルベーラは，さまざまな領主制的賦課租が実際には賦課されていながら単に明記されなかった可能性があることを差し引いて考えなくてはならないとしながらも，迅速な入植・開発による農業収入の確保の必要性ゆえに入植者に対する厳格な領主制的抑圧は弛緩せざるをえなかったとしている。C. Laliena Corbera, La formación de las estructuras señoriales en Aragón (ca. 1083–ca. 1206), *Señorío y feudalismo en la Península Ibérica*, 4 vols., Zaragoza, 1993, t. 1, p. 580.

(129) CDCH, doc. no. 400 (1185, VII).

(130) CPRA, doc. no. 109 (1177, I). 聖ヨハネ騎士団のバルバストロのコメンダドール（分団長）が発給したモネスマの入植許可状の年代記載部分に名を連ねている。Cf. Ag. Ubieto Arteta, *Los "tenentes"*, p. 225.

(131) CPRA, doc. no. 84 (1158, I, 27).

(132) CPRA, doc. no. 109 (1177, I). 入植者は教会十分の一税と初穂納入以外いかなる賦課租も負担していないが，同地全体の領主権，教会，竈の独占権は騎士団側に留保されている。

(133) CPRA, doc. no. 129 (1187-1190). トーレス・デ・アルカナードレそのものは1179年に王権によって，パリャース女伯オリアが創建し，ウエスカ司教座聖堂教会の傘下におかれたサンタ・マリア・デ・カスバス女子修道院に寄進されている。DAII, doc. no. 284 (1179, VI). それゆえ，この入植許可状は60名もの入植者に宛てられながら，入植対象自体はラ・モラなる粉挽水車のそばの一区画（una peza de terra）となっているのであり，この場合は新たな定住区の創出がもくろまれたとみるのが妥当であろう。

(134) DERRVE, doc. no. 412 (1174, X).

(135) CPRA, doc. no. 105 (1176, VIII, 8). 入植者は同地で乾地の収穫物から3分の1，ワインの9分の1と比較的過重な貢租を負っており，ロス・モネグロスで将来開発される土地においても同一の負担を負うものとされている。しかも，教会や騎士を除けば占有地の売却は，売却価格の4分の1を騎士団に支払うことで可能である旨が規定されている。

(136) DS, doc. no. 4 (1184, VI). このときテンプル騎士団には，本拠地モンソンにより近いサンタ・レシーナおよびプエージョ・デ・モンソンのカストルムおよびウィラが与えられている。

(137) DS, doc. no. 5 (1187, X).

(138) DM, doc. no. 124 (1186, II). モンテアラゴン修道院の「王妃の」アルムニアはもともとペドロ1世によって1101年に寄進されたものであるが，その経営が組織的に整備されたのもこの紛争からさして離れていない時期であったと考えられる。事実，同アルムニアにおける水路の整備が施行されたのはさかのぼることわずか4年，1182年のことであった。修道院はそこでカチコルバ，フビエーレ，プレシニェーナの住人と水路の建設と使用をめぐる協定を取り結んでいる。すなわち，3村落の住人は，同アルムニアにおける修道院の粉挽水車向けの運河の始点からアルカナードレ川の水流を引くことができるが，堰と，そこから水車までの水路の整備費用の3分の1を負担し，この水路によって引水されるあらゆる領域について修道院に教会十分の一税と初穂納入を納付することを約束している。他方，修道院もまた自らの領民を使役して，アルムニア領域全体で使用される水路を自由に整備するとされている。CDPI, doc. no. 79 (1101, I) ; DM, doc. no. 108 (1182, IV).

(139) たとえば，ロス・モネグロスにおけるカンダスノスについては明らかに入植・開発を主たる目的としながらも，正確に境界画定された帰属領域ともども1188年に聖ヨハネ騎士団に寄進され，その事業が全面的に委ねられており，入植許可状は1217年に騎士団傘下のサンタ・マリア・デ・シヘナ女子修道院によって発給されている。CPRA, doc. no. 126 (1188, IV), 163 (1217, I).

(140) CPRA, doc. no. 91 (1169, III). テクストは伝来しないが，ベルベガルもまた1170年前後に入植許可状を賦与されたと想定される。この点については後述する。

(141) 現在のタマリーテの定住区は北と東に聳える二つの岩塊の挟間から南西方向へと展開している。だが，遺構はほとんど現存しないものの，北側の高台の頂部に城塞が立地し，それに沿って半円状に広がる部分がこの時期までに形成された最も古い定住区であったと考えられる。Mapa general de Aragón, ortofoto no. 326-55 y Mapa topográfico de Aragón, hoja no. 326-55, escala 1 : 5.000, Departamento de Política Territorial e Interior, Gobierno de Aragón.

(142) « volo et mando quod si ullus miles aut alius homo dixeret se habere hereditatem Tamarito ex donatione patris mei vel aliorum antecessorum meorum non habeat ille nisi tantum carta illa

donationis ab antecessoribus meis firmata poterit mostrare ».

(143) « illi qui modo sunt populati habeant suas casas, vineas et ortas quasmodo ibi habent factas atque plantatas ».

(144) « dono laudo atque concedo vobis quod habeatis mercatum in Tamarito in die martis omni tempore ; et quicumque venerit ad ipsum mercatum veniat salvus atque securus cum omnibus rebus suis et non sit pignoratus ibi videlicet districtus ab aliquo homine nisi ipse ipsi fuerit debitor et fideiussor ».

(145) CDPI, doc. no. 151 (1105?) ; DAII, doc. no. 99 (1170, XII, 27).

(146) CDCH, doc. no. 311 (1175, III, 29). また本章註 69 参照。

(147) ビネファールの集落プランと航空写真は，Mapa general de Aragón y Mapa topográfico de Aragón, hoja y ortofoto no. 326-60, escala 1 : 5.000, Departamento de Política Territorial e Interior, Gobierno de Aragón. ビナセーについては，同じく Hoja y ortofoto no. 358-02, escala 1 : 5.000. なお，ビナセーには，集落の中心から南西に約 200m の地点に 12 世紀に建設された塔（Castillo de la Mora）が所在する。バルカルカは，Hoja y ortofoto, no. 326-59, escala 1 : 5.000.

(148) Mapa general de Aragón y Mapa topográfico de Aragón, hoja y ortofoto no. 325-32, escala 1 : 5.000, Departamento de Política Territorial e Interior, Gobierno de Aragón.

(149) DERRVE, doc. no. 21 (1105, III).

(150) DC, doc. no. 6 et 8 (1179).

(151) DAII, doc. no. 284 (1179, IV).

(152) CDCH, doc. no. 365 (1182, II, 10), 369 (1182, IV, 3).

(153) C. Laliena Corbera y J. F. Utrilla Utrilla, Reconquista y repoblación. Morfogénesis de algunas comunidades rurales altoaragonesas en el siglo XII, *Aragón en la Edad Media*, no. 13, 1997, pp. 24-26.

(154) Mapa general de Aragón y Mapa topográfico de Aragón, hoja y ortofoto no. 325-27, escala 1 : 5.000, Departamento de Política Territorial e Interior, Gobierno de Aragón. 城塞遺構は現存しないものの，頂上部に位置する聖ヨハネに捧げられた 12 世紀後半の礼拝堂のファサードがかつての城塞付属礼拝堂または塔の一部を再利用したものと想定されている。

(155) 本章註 120 参照。

(156) 本章註 34 参照。

(157) CDCH, doc. no. 419 (1187, VI).

(158) CDPI, doc. no. 162 (1102?).

(159) CDPI, doc. no. 151 (1105?).

(160) CDCH, doc. no. 302 (1174, V, 1). ここではペルトゥーサの教会もまた寄進の対象となっている。

(161) CDCH, doc. no. 325 (1176, XII).

(162) DAII, doc. no. 167 (1174, V, 1), 173 (1174, VII), 187 (1175, II).

(163) CPRA, doc. no. 177 (1236, III). 厳密にいえば，フエロ諸規定のなかに賦課租の減免は通常含まれないが，ベルベガルにおいても住人が教会十分の一税と 11 分の 1 の定率貢租のみを負担した可能性は充分にありうる。

(164) C. Laliena Corbera y J. F. Utrilla Utrilla, Reconquista y repoblación, pp. 17-20.

(165) Mapa general de Aragón y Mapa topográfico de Aragón, hoja y ortofoto no. 325-13, escala 1 :

5.000, Departamento de Política Territorial e Interior, Gobierno de Aragón.

第3章　都市ウエスカの定住と空間編成

（1）ここでは，まさしく「西欧中世都市＝農村関係研究会」を率いた森本芳樹自身の手になる学説史の整理を引いておけば十分であろう。森本芳樹『西欧中世形成期の農村と都市』岩波書店，2005年。とくに「都市・市場・貨幣」と銘打たれた第Ⅲ部諸章がそれである。

（2）このあたりは，城戸照子によって手際よく要約されている。城戸照子「インカステラメント・集村化・都市」『西欧中世史（中）―成長と飽和―』ミネルヴァ書房，1995年，129-150頁。

（3）ウエスカの場合もまた，イスラーム期から征服直後までの空間編成をめぐってはカルロス・ラリエナ・コルベーラとフィリップ・セナックの共著が挙げられるものの，そこから1300年頃までの時間的枠組みとなると，やはり市政制度の発達や都市寡頭支配層の形成，同職組合や兄弟団の結成といった都市史固有の問題系に重きがおかれてきた。市政制度や寡頭支配については，M. T. Iranzo Muñío, *Élites políticas y gobierno urbano en Huesca en la Edad Media*, Huesca, 2005 ; C. Laliena Corbera y M. T. Iranzo Muñío, El grupo aristocrático en Huesca en la Baja Edad Media : bases sociales y poder político, *Les sociétés urbaines en France méridionale et en Péninsule Ibérique au Moyen Âge*, Paris, 1991, pp. 183-202 ; M. T. Iranzo Muñío y C. Laliena Corbera, El acceso al poder de una oligarquía urbana : el concejo de Huesca (siglos XII-XIII), *Aragón en la Edad Media*, no. 6, 1984, pp. 47-66 ; M. T. Iranzo Muñío, Ciudad, ideología urbana y poder político en Huesca (siglos XII-XIV), *XVII Congrés d'Història de la Corona d'Aragó. El món urbà a la Corona d'Aragó del 1137 als decrets de nova planta*, 3 vols., Barcelona, 2003, t. 3, pp. 421-435. 同職組合や兄弟団については，J. F. Utrilla Utrilla, Los orígenes de la industria textil en Huesca : la construcción de los primeros molinos traperos (c. 1180-1190) y la creación de la cofradía de los tejedores oscenses (1239), *Homenaje a don Antonio Durán Gudiol*, Huesca, 1995, pp. 805-816 ; C. Laliena Corbera, Estrategías artesanales en la época de formación de los oficios. Los zapateros de Huesca, siglos XIII-XIV, *Anuario de estudios medievales*, 18, 1988, pp. 181-191 ; id., Los molineros de Huesca en 1271. Un ensayo de organización corporativa, *Argensola*, no. 91, 1981, pp. 17-26 ; M. J. Sánchez Usón, « Confraternitas mercatorum civitatis Osce ». La vertiente socio-religiosa de una corporación mercantil, *Aragón en la Edad Media*, no. 8, 1989, pp. 611-631. そのほかでは，特定の教会・修道院（ウエスカ司教座聖堂教会，サン・ペドロ・エル・ビエホ修道院，モンテアラゴン修道院，テンプル騎士団）や貴族家門に注目した個別研究，やや曖昧に「ウエスカ近郊」で繰り広げられた経済行為に焦点をあてた研究が数えられるくらいである。ウエスカ司教座聖堂教会については，J. F. Utrilla Utrilla, El dominio de la catedral de Huesca en el siglo XII : notas sobre su formación y localización, *Aragón en la Edad Media*, no. 6, 1984, pp. 19-46. サン・ペドロ・エル・ビエホ修道院については，もっぱら同修道院カルチュレールを利用した次の論考がある。R. Ferrer Navarro, Estudio cuantitativo y cualitativo de los cultivos en Huesca. Siglos XII y XIII, *Actas del VII Congreso Internacional de Estudios Pirenaicos* (Seu d'Urgell, 16-21 septiembre 1974), Jaca, 1983, pp. 201-212. モンテアラゴン修道院領をめぐっては，J. F. Utrilla Utrilla, La zuda de Huesca y el monasterio de Montearagón, *Homenaje a don José María Lacarra de Miguel en su jubilación del profesorado*, 5 vols.,

1977, t. 1, pp. 285–306 ; C. Esco Sampériz, *El monasterio de Montearagón en el siglo XIII. Poder político y dominios eclesiásticos en el Alto Aragón*, Huesca, 1987. テンプル騎士団については，Á. Conte, *La encomienda del Temple de Huesca*, Huesca, 1986 ; A. J. Gargallo Moya, M. T. Iranzo Muñío y M. J. Sánchez Usón, Aportación al estudio del dominio del Temple de Huesca, *Aragón en la Edad Media*, no. 4, 1981, pp. 7–56. 以上のほかに，サン・ビクトリアン修道院の財産についてはやや古いものの，Á. J. Martín Duque, El dominio del monasterio de San Victorián de Sobrarbe en Huesca durante el siglo XII, *Argensola*, no. 30, 1957, pp. 1–108. また，サン・ビセンテ・デ・ウエスカ教会については次の論考が挙げられる。F. Balaguer, La iglesia de San Vicente de Huesca, perteneciente a Roda, y la mezquita de Iben Atalib, *Argensola*, no. 105, 1991, pp. 165–174. 他方，貴族については，一貫してウエスカに居をおいたマサ家とこれと縁続きのベルグア家に関する論考がある。J. F. Utrilla Utrilla, Los Maza de Huesca : un linaje aristocrático aragonés en el siglo XII, *Aragón en la Edad Media*, no. 20, 2008, pp. 811–827 ; id., Linajes aristocráticos aragoneses : datos prosopográficos del linaje de los Bergua y notas sobre sus dominios territoriales (siglos XII–XV), *Aragón en la Edad Media*, no. 10–11, 1993, pp. 859–894. ウエスカ近郊の経済をめぐっては，R. del Arco, Notas históricas de economía oscense, *Argensola*, no. 2, 1950, pp. 101–122 ; F. Balaguer, Los riegos en la Plana de Huesca, *Argensola*, no. 17, 1954, pp. 49–56. 近年では，C. Laliena Corbera, Los regadíos medievales en Huesca : agua y desarrollo social, siglos XII–XV, *Agua y progreso social : siete estudios sobre el regadío en Huesca, siglos XII–XX*, Huesca, 1994, pp. 19–44 ; id., El viñedo suburbano de Huesca en el siglo XII, *Aragón en la Edad Media*, no. 5, 1983, pp. 23–44. また，ウエスカ近郊の土地売買を，カタルーニャ研究と同様に近代的な土地市場に近しいかたちで解釈しようとした次の論考は，本章の議論にも密接に関係する。J. F. Utrilla Utrilla, Propiedad territorial y mercado de la tierra en Huesca (1096–1220) : una aproximación a través de las fuentes eclesiásticas, *Tierra y campesinado. Huesca, siglos XI–XX*, Huesca, 1996, pp. 11–47. なお，定住核の地誌的側面については，Ph. Sénac, La ciudad más septentrional del Islam. El esplendor de la ciudad musulmana (siglos VIII al XI), *Huesca. Historia de una ciudad*, Huesca, 1990, pp. 87–103 ; J. F. Utrilla, Orígenes y expansión de la ciudad cristiana : de la conquista (1096) a la plenitud medieval (1300), *Huesca. Historia de una ciudad*, Huesca, 1990, pp. 105–130 ; A. Naval Mas, El urbanismo medieval (siglos XII al XV). Huesca, ciudad fortificada, *Huesca. Historia de una ciudad*, Huesca, 1990, pp. 193–216 ; id., *Huesca, ciudad fortificada*, Huesca, 1997 ; C. Esco Sampériz, Alfares, alfareros y producción cerámica en la Huesca medieval, siglos X–XV, *Bolskan. Revista de arqueología oscense*, no. 3, 1986, pp. 169–196. また，7 年周期の租税であるモネダティクム（monedaticum）の 1284 年の徴収記録を利用して，同時期のウエスカ人口を約 8000 人と見積もると同時に，その社会構成に光をあてた，J. F. Utrilla Utrilla, El monedaje de Huesca de 1284 (contribución al estudio de la ciudad y de sus habitantes), *Aragón en la Edad Media*, no. 1, 1977, pp. 1–50 [reed. : *La población de Aragón en la Edad Media (siglos XIII–XV). Estudios de demografía histórica*, Zaragoza, 2004, pp. 281–348]. 宗教的マイノリティについては，A. Durán Gudiol, *La judería de Huesca*, Zaragoza, 1985 ; Á. Conte Cazcarro, *La aljama de moros de Huesca*, Huesca, 1992. さらにレプラ患者をめぐる次の論考を付け加えておこう。M. T. Iranzo Muñío, Asistencia pública y segregación social : el hospital de leprosos en Huesca, siglos XI–XIV, *Homenaje a don Antonio Durán Gudiol*, Huesca, 1995, pp. 467–482.

(4) ウエスカ最初の都市法は，国王ペドロ1世によりその入植者（populatores）に賦与された1100年の解放特許状（cartam franquitatis et ingenuitatis）である。もっとも，王権への誠実が求められるほかは，わずかに流通税（lezda）と国王貢租（censum）の免除をうたった規定があるのみで，市域の境界画定にかかわる文言もみられない。ついで，1134年に国王ラミーロ2世によって賦与されたフエロは，とくにウエスカに入植したピレネー山脈以北の出身者（francos）に向けられており，流通税免除以外にやや踏み込んだ規定が設けられている。すなわち，①国王貢租民（villanos），ムデハル，ユダヤ人からの財産購入の自由，②騎士（caballeros），ムデハル，ユダヤ人から購入した財産は（ハカの都市法と同じく）1年と1日の占有により固有の世襲財産（hereditas）となること，③攻城時に3日間の軍役負担，さらに④市壁整備に国王収入から毎年1000ソリドゥスが給付されることである。3日間限定の軍役負担に代表される以上の諸規定は，すでにモンソン（1090年頃）およびバルバストロ（1100年）の入植許可状や都市法でもみられるとおり，王国の自由人（インファンソン）固有の諸特権であり，都市の入植者はそれと同等の諸特権を享受できたことになる。以上2点のフエロは1137年にバルセローナ伯ラモン・バランゲー4世，ついで1162年には父伯のものも含めて国王アルフォンソ2世によってそれぞれ確認されている。このときフエロが宛てられた都市住人はインファンソンどころか，« totos cavalleros et burgenses et omnes homines de Oscha, tam maioribus quam minoribus » ときわめて多様であった。DMH, no. 1 (1100, VIII), 4 (1134, IX), 5 (1137), 7 (1162, XII).

(5) ACH, armario 2, 3, 4, 5, 6, 8, 9 et extravagantes ; *Libro de la cadena*. 国王ペドロ2世の没年（1213年）までの司教座聖堂教会文書は，かつて文書館長をつとめたアントニオ・ドゥラン・グディオルによって刊行されている。 A. Durán Gudiol, *Colección diplomática de la Catedral de Huesca*, 2 vols., Huesca, 1965-1969. また，とくに司教管理下のサンタ・マリア・デ・サラス教会の文書は，P. Aguado Bleye, *Santa María de Salas en el siglo XIII*, Bilbao, 1916. なお，当該文書庫の詳細については，補論1を参照されたい。

(6) ADH, *Cartulario de San Pedro el Viejo*. サン・ペドロ・エル・ビエホ修道院は，国王サンチョ・ラミーレスが存命時に締結した約束にしたがって，ウエスカ征服直後にナルボンヌのサン・ポン・ド・トミエール修道院に寄進された。15世紀に教会に編成替えされたのち，16世紀に市当局に帰属するところとなり，修道院文書全体がウエスカ市文書館（Archivo Municipal de Huesca）に収められてきたが，現在カルチュレールはウエスカ司教区文書館（Archivo Diocesano de Huesca）に収蔵されている。

(7) AHN, Clero, Montearagón, carpeta 621-660. なお，1205年までの文書群については，マリア・ドローレス・バリオス・マルティネスによって刊行されている。M. D. Barrios Martínez, *Documentos de Montearagón (1058-1205)*, Huesca, 2004.

(8) AHN, Códice 663 ; ACA, Cancillería, registro 310 : varia 24. *Privilegia Templariorum*. 前者はすでに刊行されている。A. Gargallo Moya, M. T. Iranzo Muñío y M. J. Sánchez Usón, *Cartulario del Temple de Huesca*, Zaragoza, 1985.

(9) AHN, Clero, Santa Cruz de la Serós, carpeta 785-790. これらのうち，1200年までの文書は刊行済みである。A. Ubieto Arteta, *Cartulario de Santa Cruz de la Serós*, Valencia, 1966.

(10) Á. J. Martín Duque, Colección diplomática del monasterio de San Victorián de Sobrarbe (1000-1219), Zaragoza, 2004.

(11) AHN, Clero, San Vicente de Huesca, carpeta 617.

(12) Ag. Ubieto Arteta, *Documentos de Casbas*, Valencia, 1966.
(13) Ag. Ubieto Arteta, *Documentos de Sigena*, vol. 1, Valencia, 1972.
(14) AHN, Clero, Dominicos de Huesca, carpeta 593-594.
(15) Ag. Ubieto Arteta, Documentos para el estudio de la historia aragonesa de los siglos XIII y XIV : monasterio de Santa Clara, de Huesca, *Estudios de Edad Media de la Corona de Aragón*, vol. 8, Zaragoza, 1967, pp. 547-701.
(16) C. Laliena Corbera, *Documentos municipales de Huesca, 1100-1350*, Huesca, 1988.
(17) ADH, CSPV, fol. 1v (1093, V, 3) ; CDPI, doc. no. 34 (1097, V, 9).
(18) CSCS, doc. no. 15 (1095, X).
(19) DMH, doc. no. 2 (1103-1104).
(20) ADH, CSPV, fol. 5 (1097 et 1098) ; DERRVE, doc. no. 135 (1126, XII).
(21) CDCH, doc. no. 102 (1107, XI).
(22) DMH, doc. no. 2 (1103-1104).
(23) ADH, CSPV, fol. 156v (1115).
(24) ADH, CSPV, fol. 101 (1115).
(25) DERRVE, doc. no. 172 (1128).
(26) CDCH, doc. no. 110 (1112, IV).
(27) CDPI, doc. no. 131 (1103, X).
(28) CDPI, doc. no. 131 (1103, X).
(29) CDCH, doc. no. 67 (1098, III) ; ADH, CSPV, fol. 95 (1117) et 95v (1128).
(30) ADH, CSPV, fol. 95v (1128).
(31) CDCH, doc. no. 67 (1098, III) : « terminum almunie de Alcoraz quod sarracenorum reges ibi habuerunt ». また，ADH, CSPV, fol. 95 (1117) et 95v (1128).
(32) CDCH, doc. no. 102 (1107, XI).
(33) DMH, doc. no. 2 (1103-1104).
(34) DMH, doc. no. 2 (1103-1104) ; DM, doc. no. 21 (1104, III, 23). たとえば，ミケーラは1186年には次のように表現されている。CT, doc. no. 109 (1186, VI) : « villa que vocatur Michera, que est prope Oscam ».
(35) サンタ・クルス・デ・ラ・セロス女子修道院は1128年にアルベロの国王ホノール保有者ロペ・フォルトゥニョーネスからアルボルへを購入していたが，ロペの子孫がこれを不服として修道院の水路を塞き止めたことが事の発端であった。フスティシアの裁定により修道院側が勝利したものの，紛争が再燃し，最終的に国王法廷に案件が移されている。DERRVE, doc. no. 172 (1128) ; AHN, Clero, Santa Cruz de la Serós, carpeta 788, no. 14 (1228, VII, 31).
(36) CSCS, doc. no. 48 (1191, VI) ; AHN, Clero, Santa Cruz de la Serós, carpeta 789, no. 21 (1252, II, 5) ; DLAA, doc. no. 41 (1277, XI, 16).
(37) DS, doc. no. 138 (1231, I).
(38) ADH, CSPV, fol. 163-163v (1160) et 171v (1206, XI) ; DMH, doc. no. 30 (1267, XII, 23).
(39) CDCH, doc. no. 382 (1183, VI, 30).
(40) CDCH, doc. no. 481 (1194, IV).
(41) CDCH, doc. no. 702 (1209, II, 3).
(42) CDCH, doc. no. 749 (1212, III, 1) et 757 (1212, XI).

(43) CT, doc. no. 109 (1186, VI).
(44) ADH, CSPV, fol. 101 (1115).
(45) CT, doc. no. 16 (1160, VI).
(46) ADH, CSPV, fol. 163v (1182, IV, 1). ペドロ・ティソン，またはその同名の子が，1226年にウエスカの「よき人びと」(probi homines) の一員となっている。CDCZ, doc. no. 56 (1226, XI, 13).
(47) DS, doc. no. 72 (1216, III).
(48) DS, doc. no. 81 (1217, IX).
(49) DS, doc. no. 138 (1231, I). ラモン・カリョル自身は誓約人にも「よき人びと」にも名を連ねていないが，子ペドロ・ラモン・カリョルが1248年に誓約人代表 (prior de juratis) をつとめている。DMH, doc. no. 20 (1248, II, 18). ラモン・カリョルはこのほかにも，1164年のサラゴーサ平和・休戦会議で市代表をつとめたエステバン・カペティットが父サルバドールの代から保有したタベルナスにおける司教座聖堂教会所領の保有権を，1211年に購入している。AHN, Clero, Dominicos de Huesca, carpeta 593, no. 2 (1211, I). 他方，彼と懇意のペドロ・ソラは，1226～1236年に「よき人びと」，1240年には誓約人として登場する。CDCZ, doc. no. 54, 55 et 56 (1226, XI, 13)；DMH, doc. no. 14 (1227, IV, 1) et 16 (1236, X, 15)；ACH, LC, no. 560 (1240, IV, 23).
(50) CDCH, doc. no. 108 (1100).
(51) M. T. Iranzo Muñío, Asistencia pública, pp. 471–479.
(52) 皮なめし池については，1134年の都市法において，それらの利用にかかるあらゆる賦課租の免除がうたわれている。DMH, doc. no. 4 (1134, IX).
(53) サンタ・マリア・インフォリス教会の所在地は次のように表現されている。CDCH, doc. no. 244 (1165, VI) et 264 (1170, VI) : « illa ecclesia qui est ad illam portam Montisaragonis in Osca ad capud de illo merchadal ».
(54) 1254年，王太子アルフォンソがドメニコ会士にサント・ドミンゴ教会を創建するよう同地区の菜園を提供している。1268年には陶工街区の竈からの異臭・騒音に悩まされているとのドメニコ会士の陳情を受け，国王ハイメ1世が，かつて陶工の竈が所在したという市北東のペーニャ・フェマータにこれを移転させるようサルメディーナ (zalmedina 都督) に命じている。とはいえ，実際の教会は1273年，ハイメ1世が市当局の要請に応じてムデハル墓地を賦与したことで創建をみることとなった。AHN, Clero, Dominicos de Huesca, carpeta 593, no. 14 (1254, II, 5), carpeta 594, no. 9 (1268, VII, 4) et 13 (1273, IX, 29). なお，アンチェル・コンテは，1228年に言及される木材市場 (mercado de la fusta) の所在地を同街区に同定し，これが18世紀にいたるまで変わらず存続したと主張している。CT, doc. no. 181 (1228, VIII)；Á. Conte, *La encomienda*, pp. 170–171.
(55) ウエスカの場合，とくにムデハルの居住形態としては，各所に分散したという意味で「散在型」と称せられている。M. L. Ledesma Rubio, El urbanismo en las morerías, *Estudios sobre los mudejares en Aragón*, Zaragoza, 1996, pp. 57–58.
(56) CDCH, doc. no. 203 (1153, V), 213 (1154, VIII, 12) et 220 (1155).
(57) ADH, CSPV, fol. 134 (1192, I).
(58) CT, doc. no. 82 (1180, VI), 84 (1181, VI)；ADH, CSPV, fol. 138v (1185)；CDCH, doc. no. 536 (1197, XII), 731 (1211, I)；AHN, Clero, Montearagón, carpeta 640, no. 17 (1219, XI, 24) et carpeta 641, no. 4 (1242, I, 8).

(59) CDPI, doc. no. 44 (1098, I-III). すなわち，« mezquita de rivi Mediano » ならびに « mezquita de Iben Hamet » がそれである。

(60) DLAA, doc. no. 48 (1279, XI, 19).

(61) DS, doc. no. 129 (1229, VI) : « barrio novo qui dicitur de Sexena ».

(62) CT, doc. no. 153 (1207, V).

(63) J. F. Utrilla Utrilla, Propiedad territorial, pp. 28-47. こうした土地市場の展開モデルはもともと，ピエール・ボナシィ以来，オリジナルの売却文書の圧倒的な伝来数を誇るカタルーニャ研究において，従来の水平的・共同体的秩序を破壊せしめ，1000年以降の垂直的・領主制的秩序の生成を促した，いわゆる「封建変動」の一端を担った現象として打ち出されたものである。そこでは，土地の過剰供給，貨幣需要の増大，農産物価格の高騰といった，およそ近代的な土地市場の論理をもって，売却文書の伝来分布そのままに，土地市場の生成（9・10世紀），隆盛（10世紀後半～11世紀），停滞または領主権力の確立による地代市場への移行（12世紀）というクロノロジーが描き出された。だが，雑誌『イスパニア』誌上で「中世・近代の土地市場。概念の再検討」（El mercado de la tierra en la Edad Media y Moderna. Un concepto en revisión）と題する特集が組まれたり（1995年），モニク・ブーランとクリス・ウィッカムを中心に「中世の土地市場」を掲げる国際研究集会が開催されたりするなど（1999年および2001年），この問題は1990年代後半から2000年代にかけて広く中世史家の耳目を集め，さまざまなかたちで再検討が図られることとなった。*Hispania*, LV/3, núm. 191, 1995 ; L. Feller et C. Wickham (éd.), *Le marché de la terre au Moyen Âge*, Rome, 2005. もっとも，この問題は売却文書の伝来状況や伝来様式そのものの差異に大きく依存するので，個々のフィールドに基づく研究者の主張には互いにかなりの開きや濃淡があることも否定できない。たとえば，近代的な意味での土地市場概念そのものを否定して，土地売買のベースに隣人関係や庇護関係の介在を想定するクリス・ウィッカム（イタリア中部トスカーナ），土地市場そのものは存在したとしながら，土地売買が庇護関係を締結する事実上の手段であったとするローラン・フェレ（同中南部アブルッツォ），土地市場あるいは少なくとも農民的土地市場の不在という前提に立って，土地売買を互酬や再分配といった制度化された非市場交換に還元するレイナ・パストール・デ・トグネリ（イベリア半島北西部ガリシア）といった具合である。C. Wickham, Conclusions, *Le marché de la terre*, pp. 625-641 ; id., Land Sale and Land Market in Tuscany in the Eleventh Century, *Land and Power. Studies in Italian and European Social History, 400-1200*, London, 1994, pp. 257-274 ; L. Feller, Enrichissement, accumulation et circulation des biens. Quelques problèmes liés au marché de la terre, *Le marché de la terre*, pp. 3-28 ; id., Pour une étude du fonctionnement des marchés fonciers durant le haut Moyen Âge. Éléments d'une problématique, *Les sociétés méridionales à l'âge féodal* (*Espagne, Italie et sud de la France Xe-XIIIe s.*). *Hommage à Pierre Bonnassie*, Toulouse, 1999, pp. 27-33 ; id., Achats de terres, politiques matrimoniales et liens de clientele en Italie centro-méridionale dans la seconde moitié du IXe siècle, *Campagnes médiévales : l'homme et son espace. Études offertes à Robert Fossier*, Paris, 1995, pp. 425-438 ; R. Pastor y A. Rodríguez López, Compraventa de tierras en Galicia. Microanálisis de la documentación del monasterio de Oseira. Siglo XIII, *Hispania*, LV/3, núm. 191, 1995, pp. 953-1024 ; R. Pastor, E. Pascua Echegaray, A. Rodríguez López y P. Sánchez León, *Transacciones sin mercado : instituciones, propiedad y redes sociales en la Galicia monástica. 1200-1300*, Madrid, 1999, pp. 17-28. これに対して，ジュゼップ・マリア・サル

ラクやリュイス・トゥ・フィゲラスといったカタルーニャ研究者は依然として，売却文書の伝来数を生かして都市近郊の地価の上昇を数量的にあとづけるなど，匿名性を帯び，需給関係にねざした近代的なそれに近しい土地市場の存在をけっして否定しない。J. M. Salrach, El mercado de la tierra en la economía campesina medieval. Datos de fuentes catalanas, *Hispania*, LV/3, núm. 191, 1995, pp. 921-952；Ll. To Figueras, L'historiographie du marché de la terre en Catalogne, *Le marché de la terre*, pp. 161-180. 筆者はこうした研究動向をふまえて，あえて売却文書の伝来様式の異なる 11 世紀ピレネー山岳地帯の三つの地域をとりあげ，各所見を互いに突き合わせて比較・総合するという方法を試みた。すなわち，①修道院カルチュレールに売却文書が含まれる場合（アラゴンのサン・フアン・デ・ラ・ペーニャ修道院とアタレス渓谷），②売却文書が大半を占める俗人カルチュレールが例外的に伝来する場合（リバゴルサのベナスケのテリトリウム，ソス渓谷，バリャブリーガ），③俗人間のオリジナルの売却文書が大量に伝来する場合（カタルーニャのウルジェイ＝サルダーニャ）がそれである。①では，アタレス渓谷住人がサン・フアン・デ・ラ・ペーニャ修道院に土地の売却におよぶ際，つねに修道院を「わがセニョール」（meo senior）や「わがドミヌス」（meo domino）と呼んでいて，売却文書の証明行為である買主提供の儀礼的な会食行為（アリアラ〔aliala〕）にも保証人や証人と立場を変えながら繰り返し名を連ねていることから，売買の背後にある種の庇護関係のようなものがもとより介在した，あるいはそうした関係を包含したある種の「共同体」の枠内で売買が繰り広げられたものと想定される。②では，サンガという同じ女性を妻とする二組の夫婦，すなわちベナスケおよびソス渓谷のエナルドとサンガ，ついでバリャブリーガのアポ・ガリンドとサンガに帰属する二点の俗人カルチュレールに集成された売却文書群がいずれの場合も各夫婦と懇意とおぼしい比較的少数の隣人からの購入を内容としており，最終的にアポ・ガリンドとサンガがベナスケおよびソス渓谷からバリャブリーガまでにおよぶより広い範囲で購入を展開できたのは，両人がそれぞれ結婚をつうじて互いの背後に控える人的ネットワークをもちよったからこそであった。①②と違い，③の場合は当然買主がつねに同一ではなく，売買当事者間の関係は容易に検出されないので，やや異なる角度からの説明が必要である。すなわち，売却対象となった地片は，そもそもの取得履歴が購入であろうと相続であろうと，売主の地片と買主の地片との双方に隣接しているから，売主は自らの地片に隣接する地片を購入し，当該地片を同じく隣接地片を所有する買主に売却したことになる。となれば，ある地片はそれを中心に東西南北で最低四つの地片を所有する人びとのあいだで事実上循環することになるから，土地売買は必然的に隣人関係がおよぶかなり狭い範囲内で行われるのが通例であったことになるわけである。したがって，①～③のいずれの場合においても，土地売買は伝統的な共同体的秩序を破壊するどころか，聖俗領主さえをも含む広い意味での「共同体」の存在を前提としてはじめて行われえたことになろう。土地は売買当事者のあいだになんらかの関係があるからこそ，要するに互いに匿名ではないからこそ売買されえたのである。拙稿「9-11 世紀ウルジェイ司教座聖堂教会文書の生成論―司教座文書からイエ文書へ，イエ文書から司教座文書へ―」『西洋中世研究』第 1 号，2009 年，87-105 頁；同「土地売買と農村社会―紀元 1000 年頃のスペイン北東部の事例から―」『歴史学研究』第 781 号，2003 年，159-166 頁；同「宴（アリアラ）と 11 世紀アラゴン地方農村社会―土地売買文書の分析を中心として―」『史学雑誌』第 110 編第 1 号，2001 年，42-69 頁。

(64) ウエスカでは，1140 年代からムラービト朝のディナール貨，すなわちモラベティーノ

(morabetino) が流通しはじめ，1160 年代以降はバレンシア＝ムルシア国王ムハンマド・イブン・マルダニーシュ（ロボ〔狼〕の異名で知られる）が造幣したモラベティーノが広く流通をみている。13 世紀初頭になると，カスティーリャ＝レオン国王アルフォンソ 8 世が 1172 年に造幣したその模造貨であるマラベディ（maravedí）がそれを後継する。なお，1 モラベティーノ／マラベディの比価は時系列に沿っておおよそ次のようになっている。すなわち，6 ソリドゥス（1148 年），7 ソリドゥス 2 デナリウス（1158 年），6 ソリドゥス 8 デナリウス（1167 年），11 ソリドゥス（1211 年），とんで 1269 年に 8 ソリドゥスである。CT, doc. no. 2 (1148, I)；CDCH, doc. no. 227 (1158, VIII), 249 (1167, V), 737 (1211, V)；ACH, armario 4, no. 565 (1269, I, 7).

(65) 具体的には次のような条件である。すなわち，貸借地の売却を望む保有者は，その行為におよぶ 10 日前までに所有者に通達し，所有者が買い戻しを望んだ場合は，他人への売却価格より 5〜10 ソリドゥス安く売却すること，もし所有者がこれを望まない場合には，インファンソン，騎士（miles, cavero），聖職者（persona religionis），レプラ患者（leprosus）を除き，地代納付を履行できる「同様の隣人」（vecinos consimilares）にのみ売却できるというものである。

(66) 購入による地片の集積というかたちをとらなかったとはいえ，国王アルフォンソ 1 世治世の有力市民フアン・デ・モンペリエを母方の父祖とするボクロン家の成員は，当該領域の葡萄畑に並々ならぬ関心を保ちつづけた。その孫の司教座聖堂参事会員ギリェルモの遺言状（1195 年）による分割相続をきっかけに，とくに弟アケルメスとその子ベルナルドと，ベルナルドの従兄妹ビダル・デ・マルサンとアイリーナが当該領域の 3 葡萄畑ほかの分割をめぐっておおいにもめている。最終的にベルナルドは，1227 年にビダル・デ・マルサンの相続分を購入する一方，1232 年にアイリーナの子ラモン・デ・ボクロンからその相続分を回収している。CDCH, doc. no. 500 (1195, VII, 21)；ACH, LC, no. 544 (1227, VI) et 584 (1232, XII). 同家の財産について，詳しくは補論 1 を参照されたい。

(67) 前述のように，モンスという領域はモンテアラゴン村域にもあるが，こちらは全面的に葡萄畑に特化されている。ことにその一角は，王権によって寄進されたアルムニアの記憶をとどめているのか，文字どおり「国王の葡萄畑」（Vineas regis）を意味するビニャス・デル・レイと呼ばれている。

(68) たとえば，サンチョ・アスナレス・デ・ムリーリョの娘ホルダーナは，有力市民のボクロン家のボネータと子アケルメスに当該領域の 5 耕地を含む合計 12 耕地を一挙に売却している。CDCH, doc. no. 368 (1182, III). また，アニエスの国王城塞を保有したペドロ・デ・アルバニエスの寡婦マリア・ラミレスは，当該領域の家屋用地を含む財産を市民のペドロ・マルタに売却している。CDCH, doc. no. 444 (1189, IX).

(69) CDCH, doc. no. 769 (1213, VI) et 773 (1213, VII).

(70) CDCH, doc. no. 368 (1182, III).

(71) CDCH, doc. no. 176 (1146, VIII).

(72) ACH, armario 2, no. 366 (1220, II, 12) et 470 (1220, V, 14)；armario 3, no. 418 (1222, XII).

(73) 1207 年に誓約人をつとめたペドロ・デ・バリェや 1226 年に「よき人びと」に名を連ねたペドロ・デ・バルダシンが挙げられるのみである。CDCH, doc. no. 638 (1207, III)；CDCZ, doc. no. 54-56 (1226, XI, 13).

(74) CDCH, doc. no. 197 (1151, VIII), 207 (1154, II), 227 (1158, VIII), 288 (1172, XII), 599 (1202, V)；CT, doc. no. 35 (1169, V, 25-31).

(75) CDCH, doc. no. 177 (1146, XII).
(76) CDCH, doc. no. 180 (1147, VI).
(77) CDCH, doc. no. 196 (1151, III).
(78) このあたりの経緯については，補論 1 を参照されたい。
(79) ACH, armario 2, no. 366 (1220, II, 12) et 470 (1220, V, 14)；armario 3, no. 418 (1222, XII).
(80) CT, doc. no. 34 (1169, III).
(81) CT, doc. no. 44 (1171, X).
(82) CT, doc. no. 47 (1172, VI).
(83) DAII, doc. no. 23 (1164, XI, 11).
(84) CDCH, doc. no. 359 (1181, IV), 445 (1189, X)；ADH, CSPV, fol. 98v (1196 et 1209), 103 (1223), 20v-21v (1249, VII), 22-23 (1250, II, 24), 21v (1272, XII, 9)；ACH, LC, no. 224 et 520 (1218, IV), 876 (1236, VIII, 26), 1032 (c. 1249).
(85) CDCH, doc. no. 683 (1207, III)；CDCZ, doc. no. 54, 55 et 56 (1226, XI, 13).
(86) CDCH, doc. no. 559 (1199, IX)；ADH, CSPV, fol. 87 (1207)；ACH, armario 2, no. 399 (1266, IX, 28).
(87) ADH, CSPV, fol. 48 (1202) et 23v-24 (1259, IV, 12)；AHN, Clero, Santa Cruz de la Serós, carpeta 788, no. 3 (1219, III) et carpeta 650, no. 3 (1275, XI, 19)；AHN, Clero, Montearagón, carpeta 636, no. 10 (1223, IV) et carpeta 638, no. 10 (1234, I)；ACH, LC, no. 550 (1232, V), 1032 (?)；ACH, armario 2, no. 706 (1235, X, 5) et 198 (1240, XI, 10), armario 4, no. 998 (1251, I) et 631 (1281, VIII, 10)；AHN, Clero, San Vicente de Huesca, carpeta 617, no. 2 (1253, I, 14).
(88) CDCZ, doc. no. 54, 55 et 56 (1226, XI, 13), 77 (1254, VIII, 30)；DMH, doc. no. 14 (1227, IV, 1) et 16 (1236, X, 15).
(89) ADH, CSPV, fol. 103-103v (1236), 21v-22 (1249, XII, 17)；ACH, LC, no. 543 (1239, VIII)；ACH, armario 2, no. 396 (1214, II), armario 4, no. 824 (1252, V, 27), armario 8, no. 161 (1296, I, 19)；DMH, doc. no. 29 (1265, III, 3)；CT, doc. no. 219 (1267, VIII, 6)；DLAA, doc. no. 14 (1268, IX, 23).
(90) CDCZ, doc. no. 54, 55 et 56 (1226, XI, 13)；DMH, doc. no. 14 (1227, IV, 1).
(91) AHN, Clero, Santa Cruz de la Serós, carpeta 788, no. 1 (1218, I)；ACH, armario 2, no. 366 (1220, II, 12), 470 (1220, V, 14), armario 3, no. 418 (1222, XII)；ADH, CSPV, fol. 17v (1228, VI, 3), 61v (1233), 17v-18 (1236, XI, 15), 104-105 (1237)；SMS, doc. no. 34 (1228, VIII, 28)；ACH, LC, no. 550 (1232, V), 1029 (1239, III, 7)；AHN, Clero, Montearagón, carpeta 639, no. 7 (1236, VII, 1).
(92) DMH, doc. no. 20 (1248, II, 18).
(93) CT, doc. no. 171 (1219, X)；ACH, armario 2, no. 691 (1238, VII, 7)；ACH, LC, no. 882 (1244, IV, 24)；AHN, Clero, San Vicente de Huesca, carpeta 617, no. 2 (1253, I, 14).
(94) CDCZ, doc. no. 54, 55 et 56 (1226, XI, 13)；DMH, doc. no. 14 (1227, IV, 1) et 16 (1236, X, 15)；ACH, LC, no. 560 (1240, IV, 23).
(95) CT, doc. no. 171 (1219, X)；ADH, CSPV, fol. 103 (1223), 17v (1228, VI, 3), 17v-18 (1236, XI, 15), 74-74v (1238), 22-23 (1250, III, 24), 23-24 (1268, III, 9).
(96) C. Laliena Corbera, Los regadíos medievales, pp. 24-25.
(97) 肉屋ホルダン・デ・アビサンダは，1240 年に誓約人に選任されている。ACH, LC, no.

560 (1240, IV, 23). 彼は 1237 年にアビンカラスの隣接葡萄畑の所有者として登場する一方，翌年にはサン・ペドロ・エル・ビエホ修道院よりラ・メサの耕地を貸与されているが，1243 年に同修道院に私設礼拝堂を設置する際，その維持にあてられた財産はグアタテン・バホの葡萄畑であった。ADH, CSPV, fol. 104-105 (1237), 52-52v (1238), 20v (1243, I, 31).

(98) 売却額の内訳は次のとおりである。なお，とくに明記しないものはすべて葡萄畑 1 地片である。すなわち，500 ソリドゥス（5 耕地，1147 年），200 ソリドゥス（1147 年），113 ソリドゥス（耕地，1181 年），40 ソリドゥス（耕地，1184 年），310 ソリドゥス（新規葡萄作付地，1189 年），200 ソリドゥス（賃租納付義務つき葡萄畑，1191 年），500 マラベディ（耕地ほか，1195 年），125 ソリドゥス（1208 年），40 マラベディ（1217 年），700 ソリドゥス（1217 年），500 ソリドゥス（1218 年），200 マラベディ（1218 年），30 ソリドゥス（1219 年），600 ソリドゥス（1220 年），100 マラベディ（1221 年），5 マラベディ（1224 年），10 ソリドゥス（1226 年），500 ソリドゥス（1236 年），30 ソリドゥス（1242 年），1050 ソリドゥス（5 耕地，1243 年），80 ソリドゥス（耕地，1244 年），30 ソリドゥス（賃租納付義務つき 2 葡萄畑，1244 年），200 ソリドゥス（1253 年）。

(99) その内訳は，賃租のみに限定すると次のとおりである（とくに明記しないものは葡萄畑 1 地片）。すなわち，4 デナリウス（耕地，1181 年），12 デナリウス（2 耕地，1182 年），12 デナリウス（1186 年），12 デナリウス（2 分の 1 の葡萄畑，1191 年），3 デナリウス（新規葡萄作付地，1198 年），12 デナリウス（1207 年），5 ソリドゥス（請け戻し，1236 年），12 デナリウス（耕地，1236 年），3 ソリドゥス 12 デナリウス（葡萄畑と 2 耕地，1241 年）。

(100) C. Laliena Corbera, El viñedo suburbano, pp. 23-44.

(101) これは，つづく国王ペドロ 3 世によっても 1278 年に確認されている。DMH, doc. no. 31 (1269, VI, 8) et 32 (1278, XII, 12).

(102) ここでは，司教座聖堂教会にわずかに伝来するヘブライ語文書がすべてプエージョ・デ・サンチョの葡萄畑にかかわるものであることを指摘しておけば十分であろう。CDCH, doc. no. 562 (1199, XII, 21-1200, I, 18), 687 (1207, IV), 688 (1207, IV). なお，隣接地片にユダヤ人の名が付されている場合でも，それらが所有者ではなく保有者であったことがのちに判明するケースがあるので，このあたりの判断はなかなかむずかしい。ただ，たとえ所有者あっても，王権に対する一定の保護税は免れなかったものと考えられる。ユダヤ人については具体的な所見はみられないが，アルガスカルとラ・メサには 5 分の 1 の定率租税（quintum）を負担したムデハルの例が，ラテン語版とアラビア語版の 2 通が伝来する同一内容の文書にみてとれる。CDCH, doc. no. 380 et 381 (1183, V).

(103) フロセル・サバテは，トゥルトーザの征服・分配・入植を封建制の形成過程そのものとみなすアントニ・ビルジリの所説には一定の距離をおきながらも，自らが専門とするリェイダを対象として，封建的な征服と都市住人による「ブルジョワの勝利」は対置されるものではなく，むしろ緊密に結びついていたとしている。F. Sabaté, Frontera peninsular e identidad (siglos IX-XII), *Las Cinco Villas aragonesas en la Europa de los siglos XII y XIII*, Zaragoza, 2007, p. 93 ; id., Las tierras nuevas en los condados del nordeste peninsular (siglos X-XII), *Studia historica. Historia medieval*, no. 23, 2005, pp. 152-157 ; A. Virgili, *Ad detrimentum Yspanie. La conquesta de Ṭurṭūša i la formació de la societat feudal* (*1148-1200*), València, 2001, pp. 131-174.

第4章　13世紀の「辺境」と封建的空間編成の展開

（1）CPRA, doc. no. 53 (1131, XII, 26).

（2）CPRA, doc. no. 67 (1142, XI). ダローカの1142年のフエロは，厳密にはアラゴン連合王国成立後の君主であるバルセローナ伯ラモン・バランゲー4世による確認であり，1120年の征服後，国王アルフォンソ1世治世の1129年以前に最初のフエロが発給されたものと想定される。

（3）テルエルのフエロは，CT, doc. no. 2 (1177, X, 1). カラタユー，ダローカ，テルエルの各フエロの独自性と相互の共通性をめぐっては，J. L. Corral Lafuente, El impacto social de los fueros de la Extremadura aragonesa, *Los Fueros de Teruel y Albarracín*, Teruel, 2000, pp. 19–30 ; E. Sarasa Sánchez, Política y fueros : repoblación y organización espacial turolense, *Los Fueros de Teruel y Albarracín*, Teruel, 2000, pp. 31–41. それらの属域支配はまた，王権による各コンセホへの属域内外の村落の賦与によって拡充されさえした。たとえば，ダローカは1221年にモンレアル・デル・カンポ，1250年にブルバグエナをそれぞれ賦与されているし，テルエルは1242年にセーリャ，1269年にアルコス・デ・ラス・サリーナスをそれぞれ賦与されている。DJIA, doc. no. 6 (1221, III, 25), 48 (1242, IX, 13), 70 (1250, X, 18), 209 (1269, VI, 17).

（4）DERRVE, doc. no. 58 (1119, XII, 13) : « Mando et afirmo ad totos homines de tota mea terra homicieros, latrones et malifactores postquam ad Belgit uel in illa honore de Galin Sangiz venerint populare et ibi populauerint ut non habeant reguardo de nullo homine per nulla malefacta, sed sedenant ibi ingenui et libcri sine ullo cisso ».

（5）C. Laliena Corbera, Castillos y territorios castrales en el Valle del Ebro en el siglo XII, *La fortaleza medieval : realidad y símbolo : Actas*, Alicante, 1998, pp. 31–45 ; J. Á. Sesma Muñoz, C. Laliena Corbera y J. F. Utrilla Utrilla, Regadíos andalusíes en el valle medio del Ebro : el ejemplo del río Aguasvivas, *Agricultura y regadío en al-Andalus, síntesis y problemas*, Almería, 1995, pp. 67–84.

（6）DERRVE, doc. no. 375 (1154, V, 16), 376 (1154, VI), 377 (1154, XI).

（7）CZI, doc. no. 2 (1151), 6 (1154, XII).

（8）AHN, OM, carpeta 584, no. 80 (1212, IV, 27).

（9）CZII, doc. no. 49 (1202, VIII). 1211年には同地の入植許可状が発給されている。CPRA, doc. no 158 (1211). なお，ガリンド・ヒメネスの寡婦サンチャは，サラゴーサ司教ライムンド・デ・カスティリャスエロの妹である女伯ギリェルマの娘である。

(10) AHN, OM, carpeta 608, no. 30 (1212).

(11) CZII, doc. no. 59 (1220, III).

(12) CZII, doc. no. 71 (1229, VI, 27). 1235年には同地の入植許可状が発給されている。CPRA, doc. no. 176 (1235, VI).

(13) CZII, doc. no. 78 (1233, VI).

(14) CPRA, doc. no. 83 (1157, XI).

(15) DAII, doc. no. 300 (1180, V). エスパニョルは，カステリョーテの征服を指揮し，征服の暁にこれをベルチーテのバロンであるガリンド・ヒメネスの領有下におき，分割におよんだものと考えられる。J. M. Ortega Ortega, Una inestable frontera feudal : el caso de Castellote (ca. 1150–1180), *Baylías. Año 2010. Miscelánea del Centro de Estudios del Maestrazgo Turolense*, 2011, pp. 37–41. なお，エスパニョルは1176年，グアダローペ川上流の

ノシートなる「入植されるべき土地」(unum locum ad populandum) をサラゴーサ司教に寄進しており，このとき子ガスコンとともにカステリョーテのセニョール (senior) として登場する。CSSZ, doc. no. 481 (1176, II, 17).

(16) 国王が 1188 年にサンタ・マリア・デ・モンテガウディオ騎士団を施療と捕虜の身請けを主たる事業とするサント・レデントール救貧院を拠点に再編成したとき，カステリョーテはその財産の一部として列挙されているから，先だって同騎士団に寄進されていたことは疑いない。DAII, doc. no. 479 (1188, X).

(17) ACA, Cancillería, pergaminos de Alfonso I, no. 724 (1196, III). サント・レデントール騎士団財産のテンプル騎士団への統合については，DAII, doc. no. 658 (1196, IV)；ACA, Cancillería, registro 2, fol. 92 (1196, IV, 19). ガスコンはおそらくカステリョーテ放棄の補償として，テルエル県南東部の城塞エル・マホを獲得している。CPRA, doc. no. 146 (1204, I).

(18) DAII, doc. no. 197 (1175, VII, 24).

(19) CSSZ, doc. no. 474 (1175, VII, 29). マサレオンについては，その領域の 2 分の 1 と水車が世襲財産，残る領域の 2 分の 1 と城塞は司教ホノールとして保有するという契約内容となっている。CSSZ, doc. no. 475 (1175, VII. 29).

(20) DAII, doc. no. 418 (1185, X).

(21) DAII, doc. no. 279 (1179, III).

(22) DAII, doc. no. 340 (1182, III).

(23) CPRA, doc. no. 133 (1194, II). おそらくほぼ同時期にカンタビエハおよびミランベルも寄進されたものと想定される。M. L. Ledesma Rubio, La colonización del Maestrazgo turolense por los templarios, *Aragón en la Edad Media*, no. 5, 1983, p. 76.

(24) CPRA, doc. no. 116 (1180-1182, I).

(25) CPRA, doc. no. 134 (1194, X).

(26) カマロンについては，国王ペドロ 2 世が，当該城塞をめぐる父王以来の紛争を終結させるべく，1205 年にアラゴン家のアルナルド・パラシンにその 2 分の 1 を賦与している。ACA, Cancillería, pergaminos de Pedro I, no. 224 (1206, III, 3). また，1291 年に同家のアルタル・デ・アラゴンが，ラ・ヒネブローサに賦与した属域には，アビンシデル，フロレンシア，カマロン，ブニョルが含まれている。CPRA, doc. no. 230 (1291, III). カマロンの入植そのものはおそらくその先代のブラスコ・デ・アラゴンによって 1250 年から 1275 年までに遂行されたものと考えられる。C. Laliena Corbera, *Sistema social, estructura agraria y organización del poder en el Bajo Aragón en la Edad Media* (*siglos XII-XV*), Teruel, 2009, pp. 36-38. これらの城塞は 1295 年にテンプル騎士団と交換されているが，少なくとも 13 世紀末までは，アラゴン南部では例外的に強力な貴族権力として定着をみたものと思われる。AHN, OM, carpeta 653, no. 3 (1295, V, 9). また，A. Martín Costea y A. Serrano Ferrer, *Camarón : historia y arqueología de una villa medieval y su entorno*, Mas de las Matas, 1984, pp. 46-56.

(27) CPRA, doc. no. 127 (1188, XI, 24).

(28) CPRA, doc. no. 174 (1232, V)；P. Canut Ledo et C. Laliena Corbera, Linajes feudales y estructuras señoriales en Aragón : el señorío de Valderrobres durante los siglos XII-XIII, *Revista de historia Jerónimo Zurita*, no. 59-60, 1989, pp. 59-88.

(29) M. Pallarés Gil, La restauración aragonesa bajo Alfonso el Casto (continuación), IV, *Boletín de*

historia y geografía del Bajo-Aragón, año 2, número 6, 1908, pp. 274-275. 当該約定テクストは，刊行・翻訳時に 1205 年 8 月 1 日と年代同定されているが，正しくは 1190 年頃までさかのぼるものと思われる。C. Laliena Corbera y J. M. Ortega Ortega, Villas nuevas y morfogénesis del poblamiento agrupado en el Bajo Aragón (siglos XII-XIII), *Boletín Arkeolan*, 14, 2006, pp. 168-169. 両人は 1192 年，トゥルトーザ司教ポンスからカラセイテの全領域の教会十分の一税の 3 分の 1 を取得しているのであるが，これに対して 1205〜1206 年にはすでにロトランの子バランゲーがリェドおよびカラセイテ領域の 2 分の 1 を取得しているからである。DCT, doc. no. 482 (1192, XII, 1), 655 (1205, IX), 675 (1206, IX, 20).

(30) DCT, doc. no. 674 (1206, IX, 20).

(31) CPRA, doc. no. 150 (1207, IV).

(32) DCT, doc. no. 675 (1206, IX, 20).

(33) CPRA, doc. no. 154 (1209, IV, 3)；PCRACB, doc. no. 889 (1209, IV, 4).

(34) CPRA, doc. no. 155 (1209, IV, 13).

(35) DCT, doc. no. 718 (1209, IV, 15).

(36) DCT, doc. no. 740 (1210, X, 13).

(37) AHN, OM, carpeta 457, no. 66 (1210, III).

(38) CPRA, doc. no. 167 (1224, XII, 28).

(39) DAII, doc. no. 173 (1174, VII) : « ad servicium Omnipotentis Dei et omnium fidelium christianorum et ad impugnacionem paganorum ».

(40) DAII, doc. no. 187 (1175, II).

(41) DAII, doc. no. 343 (1182, III).

(42) DAII, doc. no. 453 (1187, XII).

(43) DAII, doc. no. 479 (1188, X). なお，伯ロドリーゴ・アルバレス以下，騎士団の主力が聖地に出征していたためにその管理に窮していたらしく，伯の代理をつとめたペドロ・デ・シーリャスが 1186 年の段階で自らアルファンブラをテンプル騎士団に寄進している。ACA, Cancillería, registro 287, fol. 178-178v (1186, IX, 3). もっとも，王権はこの寄進を容認しなかったようである。

(44) CPRA, doc. no. 133 (1194, II).

(45) カンタビエハそのものの寄進文書は伝来しないものの，国王ペドロ 2 世による確認に際して，父王アルフォンソ 2 世による寄進の事実が明記されている。AHN, OM, carpeta 615, no. 1 (1212, XI, 29).

(46) DAII, doc. no. 658 (1196, IV)；ACA, Cancillería, pergaminos de Alfonso I, no. 724 (1196, III).

(47) CEA, doc. no. 2 (1163).

(48) DAII, doc. no. 279 (1179, III).

(49) OSCA, doc. no. 4 (1210, VI, 13).

(50) M. L. Ledesma Rubio, La colonización del Maestrazgo, pp. 80-81.

(51) もっとも，カステリョーテ，カンタビエハ，ビジェルのバイリアのうち，1311 年のテンプル騎士団の解体と 1317 年の聖ヨハネ騎士団への統合までに編纂されたカルチュレールはわずかにカステリョーテのものを数えるばかりである。当該カルチュレールの冒頭には，1278 年に編纂され，1283 年に複数の文書が付加されたとの文言がみられる。AHN, Códice 594. 当該カルチュレールは，最近刊行されるにいたった。S. de la Torre

Gonzalo, *El cartulario de la encomienda templaria de Castellote (Teruel), 1183–1283*, Zaragoza, 2009. 残る2点のカルチュレールについては，いずれも聖ヨハネ騎士団のアンポスタ管区（Castellanía de Amposta）に統合されたのちに編纂されたものであるが，筆写・集成された文書の中核を占めるのはテンプル騎士団の文書群である。ビジェルのカルチュレールは，1350年に管区長フアン・フェルナンデス・デ・エレディアの発令により編纂された6書からなる『アンポスタ管区大カルトゥラリオ』(Cartulario Magno de la Castellanía de Amposta）の第1書として編纂されている。AHN, Códice 648. カンタビエハのカルチュレールは2点伝来していて，いずれも14世紀末の書体で筆写されている。AHN, Códice 660 et 661. これらのカルチュレールをめぐるテクスト生成論的な分析は，拙稿「テンプル／聖ヨハネ騎士団カルチュレールと文書管理—生成・機能分化・時間—」吉江貴文編著『近代ヒスパニック世界と文書ネットワーク』悠書館，2019年，203–228頁。

(52) CPRA, doc. no. 106 (1174–1176).

(53) DAII, doc. no. 343 (1182, III).

(54) CPRA, doc. no. 139 (1197, VIII).

(55) CETC, doc. no. 7 (1197).

(56) AHN, Códice 648, no. 182, p. 208 (1201).

(57) CETC, doc. no. 56 (1196, X).

(58) CETC, doc. no. 7 (1197).

(59) CETC, doc. no. 10 (1218, V, 16).

(60) CETC, doc. no. 3 (1263, III, 19).

(61) CETC, doc. no. 116 (1221).

(62) CETC, doc. no. 2 (1244, I, 2).

(63) CETC, doc. no. 8 (1245, V, 11).

(64) CETC, doc. no. 84 (1260, II, 27).

(65) CETC, doc. no. 12 (1268, VIII, 19).

(66) AHN, Códice 660, pp. 18–20 (1255, IX, 11).

(67) CPRA, doc. no. 133 (1194, II).

(68) CPRA, doc. no. 139 (1197, VIII). 入植者は，竃・水車ほかの使用強制を除けば，教会十分の一税・初穂納入を負担するのみとされている。

(69) CPRA, doc. no. 140 (h. 1198).

(70) AHN, OM, carpeta 615, no. 1 (1212, XI, 29).

(71) CPRA, doc. no. 168 (1225, IV).

(72) CPRA, doc. no. 181 (1241, I).

(73) CPRA, doc. no. 182 (1241, I).

(74) CPRA, doc. no. 185 (1243, V). ここではもはやビジャルエンゴのコメンダドールは登場しない。

(75) AHN, Códice 660, pp. 18–20 (1255, IX, 11) : « damus et concedimus in perpetuum vobis universso consilio Cantavetule presenti pariter et futuro quod semper habeatis in Cantavetula justiciam vicinum Cantavetulle aut filium vicini Cantavetule. In tali modo quod presentetis comendatori et fratribus Cantavetule decem homines et ipse comendator eligat et possit eligere de illis decem hominibus unum quem ipse voluerit per justiciam ; et de alis eligat duos juratos et unum almudaçafium. Reliqui vero sex in simul cum ipsis juratis et cum almudaçafio sint consiliarii

per totum illum annum de justicia. Et quidquid illi decem homines fecerunt ad profectum sive utilitatem domui Templi et consilii Cantavetule ratum et firmum habeatur. Et transacto illo anno illi decem homines videlicet justicia et duo jurati et almudaçafius cum illis sex consiliariis eligant alios decem homines antequam exeant de suo oficio ; quos vos consilium universum Cantavetule presentetis comendatori et fratribus Cantavetule eodem modo sicut dictum est. Istud vero mutamentum fiat semper annuatim de festo in festam sancti Johannis Babtiste ».

(76) CPRA, doc. no. 218 (1272, VI, 22).

(77) DAII, doc. no. 297 (1180, II).

(78) DAII, doc. no. 453 (1187, XII). この寄進と同時に，マルティン・ペレスは自らが国王ホノール保有者として領有した竈・水車にかかわる諸権利を騎士団に放棄している。AHN, Códice 648, no. 4 (1187).

(79) DAII, doc. no. 658 (1196, IV).

(80) AHN, Códice 648, no. 173 p. 204 (1196, X).

(81) AHN, Códice 648, no. 331, pp. 297-298 (1202, XII, 1), no. 183, p. 209 (1206, I), no. 233, p. 233 et no. 333, pp. 298-299 (1218, IV), no. 239, p. 237 (1226, VIII).

(82) CPRA, doc. no. 161 (1212, XI).

(83) AHN, OM, carpeta 584, no. 88 (1221, VII, 4).

(84) AHN, Códice 648, no. 40, pp. 37-39 [DJIA, doc. no. 53] (1247, V, 23/VI, 8).

(85) CPRA, doc. no. 202 (1260, XII, 10).

(86) CPRA, doc. no. 207 (1264, VI, 19). ビジャスタルはこの段階で，アラビア語の村落共同体（カルヤ〔qarya〕）に由来するアルケリア（alquería）と表現されていて，塔（torre）がみられる。なお，司教に対する宿泊地の提供義務がみられるのは，同地教会の帰属をめぐる前述のサラゴーサ司教との紛争を想起すればよいであろう。これに加えて，1260年のリオデバの入植許可状と同様に，王権に対する宿泊地の提供義務がみられることについては，あらためて検討しなくてはなるまい。

(87) CPRA, doc. no. 210 (1267, VII, 15).

(88) CPRA, doc. no. 216 (1271, V, 13). なお，この段階ではビジャスタルはアルケリアではなく，カストルム（castrum）と表示されている。

(89) M. L. Ledesma Rubio, La formación de un señorío templario y su organización económica y social. La encomienda de Villel, *Príncipe de Viana*, no. 2-3, 1986, pp. 441-462.

(90) DERRVE, doc. no. 55 (1118, XII, 18).

(91) CEA, doc. no. 2 (1163).

(92) CEA, doc. no. 6 (1181, IX, 3).

(93) 国王アルフォンソ2世は1170年，聖ヨハネ騎士団の全領民に対して流通税および通行税の免除特権を賦与している。CEA, doc. no. 4 (1170, I). 1195年には，遠征による戦利品の5分の1の徴収権が騎士団に賦与されている。CEA, doc. no. 14 (1195, XI). さらに1196年には，騎士団の請願に応えて，アリアーガに土曜日の週市開設特権が賦与されている。CEA, doc. no. 14 (1196, III, 21).

(94) CEA, doc. no. 10 (1190, XII). なお，1200年には，アリアーガのプレケプトル，ミゲル・デ・ラ・セーリャとならんで，パスクアシオなるビリャロージャのプレケプトルが登場する。CEA, doc. no. 18 (1200, V).

(95) CPRA, doc. no. 143 (1202, VI).

(96) CPRA, doc. no. 148 (1205, XII, 30).

(97) CEA, doc. no. 34 (1211, XI, 22).

(98) CEA, doc. no. 40 (1214, VI, 29). アルナルド・パラシンはまた，1203 年に国王ペドロ 2 世から城塞ボスを賦与され，入植，城塞建設，王権への軍事奉仕を約束している。CPRA, doc. no. 145 (1203, X, 5). なお，1221 年の同人の遺言状では，聖ヨハネ騎士団へのピタルケ返還の旨が明言されている。AHN, OM, carpeta 584, no. 87 (1221, I).

(99) CPRA, doc. no. 162 (1216, XI, 26).

(100) CEA, doc. no. 44 (1217, V, 31).

(101) CEA, doc. no. 49 (1220, VIII).

(102) カランダは 1277 年の段階でなおムデハル集落であった。CPRA, doc. no. 219 (1277, I, 21).

(103) DJIA, doc. no. 12 (1224, VI, 16).

(104) DJIA, doc. no. 121 (1258, I, 30).

(105) ただし，商業活動については流通税・通行税免除の対象から除外されている。DJIA, doc. no. 199 (1269, I, 19).

(106) DJIA, doc. no. 200 (1269, I, 20). 当該文書は，キリスト教徒であれ，ムデハルであれ，アルカニスの誓約人と域内村落の全住人（iuratis et universis hominibus villarum et locorum comendatorie Alcanicii）に宛てられている。

(107) DJIA, doc. no. 228 (1270, X, 23). 国王塩田の使用強制は，国王ハイメ 1 世が 1262 年に導入，多大な反発を喚起するなか 1265 年にいったん廃止された，一定量の塩の購買を強制する制度である。次代の国王ペドロ 3 世（在位 1276〜1285 年）は，塩田の国王独占をさらに推し進め，塩の強制購買を復活させた。各集落の人口と家畜数に応じて課された購買量は必要な消費量をはるかに超えるものであったため，事実上の塩税（gabela de la sal）として，ペドロ 3 世治世に強権的に導入された新税の一つに数えられる。C. Laliena Corbera, El impacto del impuesto sobre las economías campesinas de Aragón en vísperas de la Unión (1277-1283), *Dynamiques du monde rural dans la conjoncture de 1300 : échanges, prélèvements et consommation en Méditerranée occidentale*, Rome, 2014, pp. 561-604.

(108) DJIA, doc. no. 267 (1276, III, 25).

(109) CPRA, doc. no. 152 (1208, III, 22). モンタルバンはもともと，国王ペドロ 2 世が枯渇一方の国王財政を補塡するべく，1206 年にカスティーリャ貴族ペドロ・フェルナンデスから受けた融資の担保に含まれていた。だが，国王は入植許可状発給から 5ヶ月後，ペドロ・フェルナンデスに代替物件を提示してモンタルバンを取り戻している。ACA, Cancillería, pergaminos de Pedro I, no. 232 (1206, V, 6), 301 (1208, VIII, 18).

(110) OSCA, doc. no. 4 (1210, VI, 13).

(111) OSCA, doc. no. 19 (1241, VIII) et 21 (1242, I).

(112) DJIA, doc. no. 27 (1228, X, 23). モネダティクムは，アラゴン王国伝統のハカ貨が流通した地域で，貨幣品位の維持と引き換えに賦課された通常租税である。ペドロ 2 世治世の 1205 年にはじめて課税され，その際，貴族を除き，インファンソン，聖ヨハネおよびテンプル騎士団，さらにはあらゆる修道会の修道士も課税を免れないものと規定された。PCRACB, doc. no. 583 (1205, XI, [30]) : « nullus infançones nec infançona, nullus homine nec nulla femina de militia seu de Hospitali Sancti Iohannis fuerit seu de Militia Templi seu de monachis albis vel nigris vel de monachabus albis vel nigris vel alia aliqua religione vel ordine

fuerint se possit extrahere vel audeant excusare qui donet nobis legaliter vel fideliter de omnibus qui habuerint monetaticum iuxtam formam scriptam ». だが，決定的な確立をみたのはハイメ1世治世の1236年である。このとき，財産規模が10マラベディ以上と査定された全世帯が7年ごとに1マラベディを課せられたため，アラゴン王国ではとくに，モラベディ（morabedí）と呼ばれる。DJI, doc. no. 238（1236, X, 15）: « omnes habitantes pro singulis domibus valentes sumam decem aureos vel ultra, de septenio in septenium vobis et heredibus et successoribus vestris dare unum morabetinum tantum modo teneantur » ; C. Orcástegui Gros, La reglamentación del impuesto del monedaje en Aragón en los siglos XIII-XIV, *Aragón en la Edad Media*, no. 5, 1983, pp. 113-122.

(113) DJIA, doc. no. 225（1270, VII, 1）. ただ，これ自体は，モンタルバンに限らず，王権と聖俗貴族一般との合意の所産である。すなわち，王権はモネダティクムを定期的に徴収するが，聖俗貴族は自領のそれを自ら徴収できるとするものである。国王ペドロ3世はこれを白紙に戻し，騎士団領および教会領からもあらためてモネダティクムを徴収しようと試みている。最終的に1277年，バイリアから徴収された総額の2分の1がコメンダドールの手元に残されるという合意が締結されている。ACA, Cancillería, registro 40, fol. 34（1277, X, 11）.

(114) DJIA, doc. no. 230（1271, IV, 1）.

(115) CPRA, doc. no. 100（1174, II）: « ad honorem Dei et ad bonum christianitatis et destruccionem sarracenorum ».

(116) DAII, doc. no. 453（1187, XII）: « faciatis de predicto castro pacem et guerram sarracenis ». ほかにも CPRA, doc. no. 154（1209, IV, 3）et 155（1209, IV, 13）.

(117) DERRVE, doc. no. 103（1124）: « apud Monreal quando ibi tenebamus fronteram ».

(118) CPRA, doc. no. 142（1202, IV, 30）: « in frontaria sarracenorum castrum de Linares et castrum de Avingalbon ».

(119) CPRA, doc. no. 144（1202, VI）: « in frontaria sarracenorum propter multa grata servicia que mihi contulisti et cotidie confers locum illum que apellatur Maçanera ».

(120) CPRA, doc. no. 154（1209, IV, 3）: « propter magnam et communem utilitatem totius christianitatis, siquidem predictum castrum sit fortissimum et munitissimum et vicinum frontarie sarracenorum, si populatum fuerit, cum omnibus que ad illud pertinet ».

(121) AHN, OM, carpeta 651, no. 1（1212, XI, 29）: « uolentes terram nostram populare et maxime illam que est posita in frontaria sarracenorum ».

(122) AHN, Códice 648, no. 182 p. 208（1201, VIII, 1）: « preceptor in Alfambra et in Villel et in illa frontera ».

(123) CEA, doc. no. 49（1220, VIII）: « illa quod habemus ena frontera per nomine Miravet ».

(124) P. Buresi, Nommer, penser les frontières en Espagne aux XIe-XIIIe siècles, *Identidad y representación de la frontera en la España medieval*（*siglos XI-XIV*）, Madrid, 2001, pp. 51-74 ; J. Á. García de Cortázar y R. de Aguirre, De una sociedad de frontera（el valle del Duero en el siglo X）a una frontera entre sociedades（el valle del Tajo en el siglo XII）, *Las sociedades de frontera en la España medieval*, Zaragoza, 1993, pp. 51-68.

(125) CETC, doc. no. 5（1209, II, 20）. 免除の対象として列挙された国王賦課租は次のとおりである。« nullam questiam vel peitam, nullam toltam vel forciam, nullam ostem vel cavalcatam vel apellitum vel eorum redemcionem aliquam, nullumque malum servicium vel demandam,

nullumque bovaticum vel monataticum, nullumque herbaticum vel carnagium, nullumque censsum vel ussaticum, nullumque lezdam vel portaticum vel consuetudinem novam vel veterem constitutam vel constituendam, nullamque aliam exacusacionem regalem aut vicinalem, vel aliquam aliam que dici vel nominari », 同じく国王裁判権については，« iusticiam vel caloniam vel expensas ullomodo » である。

(126) CETC, doc. no. 4 (1233, VII, 9) : « Excipimus tamen et retinemus quintam partem de adquisicione terre sarracenorum quam Domino adiuvante facere poterimus quam ius prefate Domui Templi a nostris predecessoribus esset data ».

(127) CPRA, doc. no. 202 (1260, XII, 10).

(128) CPRA, doc. no. 207 (1264, VI, 19).

(129) CPRA, doc. no. 173 (1232, IX).

(130) DJIA, doc. no. 121 (1258, I, 30).

(131) J. L. Corral Lafuente, Aldeas contra villas : señorío y comunidades en Aragón (siglos XII–XIV), *Señorío y feudalismo en la Península Ibérica* (*ss. XII–XIX*), 4 vols., Zaragoza, 1993, t. 1, pp. 487–500. とくにカラタユーのアルデア共同体については，Id., *La comunidad de aldeas de Calatayud en la Edad Media*, Calatayud, 2012. アルデア共同体は，複数の村落群からなる共同体ということで，セプルベダ，セゴビア，アビラに代表されるカスティーリャのウィラ共同体（comunidad de villa y tierra）と類比的に語られることが多い。だが，カスティーリャの「共同体」が 11・12 世紀のドゥエロ川南岸の入植過程で創出された主要な防備集落を頂点に，その広大な属域（アルフォス）に包含される村落群全体で形成されたものであるのに対して，アラゴンの「共同体」はむしろ，防備集落そのものの空間的かつ封建的な支配に抗して，もっぱら属域内の村落群によって形成されたものである。カスティーリャとの境界に位置し，13 世紀後半には実際にカスティーリャ貴族ララ家の支配下におかれたアルバラシンのアルデア共同体が唯一，カスティーリャ型の「共同体」に近しい性格を示すものの，それ以外は，時間的にも空間的にもそもそもの成立のコンテクストが異なるのである。アルバラシンの共同体については，J. M. Berges Sánchez, La Comunidad de Albarracín : orígenes y evolución durante la Baja Edad Media, *Estudios históricos sobre la Comunidad de Albarracín*, 2 vols., Tramacastilla, 2003, t. 1, pp. 63–200.

(132) CTEM, doc. no. 123 (1278, II, 21). おもなところは，おおよそ次のとおりである。テルエルのフエスや役人は，アルデア共同体住人の要請がないかぎりその集会に参加してはならない（第 5 条）。アルデア共同体は 5 名の公証人を有する。すなわち，サリオンに 1 名，四つのセスマ（seysma 共同体に含まれる村落群を六つに区分した単位）にそれぞれ 1 名である（第 6 条）。各アルデアは 2 名の誓約人を有し，5 ソリドゥス相当の案件ならばアルデア内の紛争を裁くことができる。それら誓約人は毎年各アルデアで選出され，所属するセスマの代表者（seysmero）の面前で，職務を誠実に遂行することを宣誓する（第 10 条）。

第 5 章　テンプル騎士団領の定住・流通・空間編成

(1) J. M. Lacarra, La repoblación de las ciudades en el camino de Santiago : su trascendencia social, cultural y económica, *Las peregrinaciones a Santiago de Compostela*, 3 vols., Madrid, 1948, t. 1, pp. 465–497 ; id., La repoblación del camino de Santiago, *La reconquista española y repoblación del país*, Zaragoza, 1951, pp. 223–232.

(2) J. M. Lacarra, Les villes-frontière dans l'Espagne des XIe et XIIe siècles, *Le Moyen Âge*, 69, 1963, pp. 205-222.

(3) 実際，わが国でも1980年代末に森本芳樹率いる「西欧中世都市＝農村研究会」がそうした二分法を乗り越えるべく「中世都市」の在地的・農村的・封建的性格を強調したことはつとに知られている。なかでもこれに参画した関哲行が一時期，「巡礼路都市」の一例として修道院を領主に戴くサアグーンの封建的かつ領主制的性格を明らかにしたり，巡礼の終点サンティアゴ・デ・コンポステーラで繰り広げられたコミューン運動をとりあげたりしたことは，まさしくそうした研究動向を象徴するものであった。関哲行「11-13世紀のサンチャゴ巡礼路都市サアグーン」森本芳樹編著『西欧中世における都市＝農村関係の研究』九州大学出版会，1988年，311-361頁；同「12世紀前半のサンチャゴ・デ・コンポステラにおけるコミューン運動（上）」『流通経済大学社会学部開校記念論文集』1989年，823-842頁；同「同（中）」『流通経済大学社会学部論叢』第1巻第2号，1991年，65-126頁。

(4) J. Á. Sesma Muñoz y C. Laliena Corbera (ed.), *Crecimiento económico y formación de los mercados en Aragón en la Edad Media (1200-1350)*, Zaragoza, 2009 ; C. Laliena Corbera y M. Lafuente Gómez (ed.), *Una economía integrada. Comercio, instituciones y mercados en Aragón, 1300-1500*, Zaragoza, 2012 ; ids. (ed.), *Consumo, comercio y transformaciones culturales en la Baja Edad Media : Aragón, siglos XIV-XV*, Zaragoza, 2016. アラゴン南部にかかわる論考の対象となっているのは，現コマルカ（郡）のレヴェルでいえば，エブロ川流域の低地地帯に位置するバホ・アラゴン（カルロス・ラリエナ・コルベーラ），カタルーニャおよびバレンシアをみおろすイベリア山系に位置するマエストラスゴ（ハビエル・メドラーノ・アダン），同じくグダル＝ハバランブレ（フリアン・M・オルテガ・オルテガ），また地域をまたぐレヴェルでは，アラゴン南部＝バレンシア間商業（ホセ・アンヘル・セスマ・ムニョス，コンセプシオン・ビリャヌエバ・モルテ，アグスティン・ルビオ・ベラ）といったところである。むろん，商業史そのものは，中世後期を中心とするとはいえ，1980年代以来，ホセ・アンヘル・セスマ・ムニョスの一連の仕事を筆頭に一定の研究が蓄積されてきた。彼の商業にかかわる主要論文を集めた論文集として，J. Á. Sesma Muñoz, *Revolución comercial y cambio social. Aragón y el mundo mediterráneo (siglos XIV-XV)*, Zaragoza, 2013.

(5) アラゴン全体でみても，マリア・ルイサ・レデスマ・ルビオによるサラゴーサの聖ヨハネ騎士団バイリアをあつかった学位論文（1967年）以降，わずかにサンティアゴ騎士団領モンタルバン（レヒーナ・サインス・デ・ラ・マサ，1980および1988年），カラトラーバ騎士団領アルカニス（カルロス・ラリエナ・コルベーラ，初版1987年，増補改訂版2009年）を数えるのみである。M. L. Ledesma Rubio, *La encomienda de Zaragoza de la Orden de San Juan de Jerusalén*, Zaragoza, 1967 ; R. Sáinz de la Maza Lasoli, *La Orden de Santiago en la Corona de Aragón. La encomienda de Montalbán (1210-1327)*, Zaragoza, 1980 ; ead., *La Orden de Santiago en la Corona de Aragón. La encomienda de Montalbán bajo Vidal de Vilanova (1327-1357)*, Zaragoza, 1988 ; C. Laliena Corbera, *Sistema social, estructura agraria y organización del poder en el Bajo Aragón en la Edad Media (siglos XII-XV)*, 1.ª edición : 1987, 2.ª edición revisada y ampliada : 2009.

(6) M. L. Ledesma Rubio, La formación de un señorío templario y su organización económica y social. La encomienda de Villel, *Príncipe de Viana*, no. 2-3, 1986, pp. 441-462. アラゴン南部

のテンプル騎士団四大バイリア（アルファンブラ，カンタビエハ，カステリョーテ，ビジェル）のうち，文字どおり騎士団領を意味するマエストラスゴという現在のコマルカ（郡）呼称の直接の由来となったカンタビエハおよびカステリョーテについては，12 世紀末のバイリア成立期から 1317 年以降の聖ヨハネ騎士団アンポスタ管区統合後までを含めて，以下のような論考が挙げられる。E. Benito Ruano, La encomienda templaria y sanjuanista de Cantavieja (Teruel), *Homenaje a don José María Lacarra de Miguel en su jubilación del profesorado*, 5 vols., Zaragoza, 1977, t. 3, pp. 149–166 ; M. L. Ledesma Rubio, La colonización del Maestrazgo turolense por los templarios, *Aragón en la Edad Media*, no. 5, 1983, pp. 69–94. 最近では，2009 年にサンドラ・デ・ラ・トーレ・ゴンサロが同地域唯一のテンプル騎士団バイリア・カルチュレールであるカステリョーテのカルチュレールを刊行したのにあわせて，テルエル地方マエストラスゴ研究センター刊行の論集『バイリアス』で，テンプル騎士団時代のカステリョーテをめぐる特集が 2010 年に組まれている。*Baylías. Miscelánea del Centro de Estudios del Maestrazgo Turolense*, no. 7 : El Temple en Castellote. Las incógnitas sobre su castillo, 2010. とくにカンタビエハについては，サラゴーサ大学のフランシスコ・ビセンテ・ナバーロが聖ヨハネ騎士団時代の同バイリアをめぐる学位論文を準備中であり，これまでにも中間報告にあたるいくつかの論考をものしている。F. Vicente Navarro, La Bailía de Cantavieja en la Edad Media. Un proyecto de tesis doctoral, *Baylías. Miscelánea del Centro de Estudios del Maestrazgo Turolense*, no. 6, 2009, pp. 5–17 ; id., Las actividades económicas de la encomienda de Cantavieja en la frontera entre Aragón y Valencia (siglos XIII–XV), *La historia peninsular en los espacios de frontera : las "Extremaduras históricas" y la "Transierra" (siglos XI–XV)*, Cáceres-Murcia, 2012, pp. 279–294 ; G. Navarro, C. Villanueva y F. Vicente, Las órdenes militares en el reino de Aragón. Un análisis concreto sobre la bailía de Cantavieja, *Cuadernos del Centro de Estudios de Monzón y Cinca Medio*, no. 41, 2015, pp. 65–77.

（7）AHN, Códice 648 (*Libro verde de Villel*) ; ACA, Cancillería, Varia de Cancillería, no. 5 (*El manual de la escribanía pública de Villel* (*Teruel*) de 1277–1302). いずれも未刊行であるが，とくに公証人登記簿の方は，その存在こそ知られていたものの，断片的な性格が災いしたか，これまでいかなる研究の材料にもなったことがなく，事実上の新出史料といって差し支えない。アラゴンの公証人登記簿の歴史という観点からもきわめて重要な史料なので，カルチュレールと併せてそれらの体裁・構成・内容を別途詳しく検討する（補論2）。

（8）ここでは，やや特殊な経緯で征服されたアルバラシンは当面除外しておこう。12 世紀後半，国王アルフォンソ 2 世が当該地域の征服を模索するなか，これに対抗するバレンシア＝ムルシア国王ムハンマド・イブン・マルダニーシュ（ロボ〔狼〕の異名で知られる）が軍事的支援に対する報償として，もともとはナバーラ国王サンチョ 6 世の家士でエステーリャおよびガリピエンソの領主ペドロ・ルイス・デ・アサグラに，同地を拠点とするラズィーン家由来のターイファ（バヌー・ラズィーン〔al-Banū Razīn〕，すなわちアルバラシン〔Albarracín〕）を割譲したことを起点とし，1170 年以降，同地はアサグラ家のもとで事実上の独立をほしいままにする，当該空間では異例の俗人領主領となった。13 世紀後半には同家のテレサ・アルバレス・デ・アサグラがカスティーリャ貴族ファン・ヌニェス・デ・ララと結婚し，カスティーリャ貴族の領有下におかれるもその独立性は維持され，最終的に 1284 年夏，国王ペドロ 3 世の召集に応じたダローカやテルエル

の都市軍によって征服されている。以後一時的に国王庶子フェルナンドや王権側近の貴族ロペ・デ・グレアに領主権が賦与されるも，13世紀末までに国王ウィラとして全面的に取り戻され，1300年にいち早く「都市」となっている。M. Almagro Basch, *Historia de Albarracín y su sierra*, vol. III, *El señorío soberano de Albarracín bajo los Azagra*, Teruel, 1959 ; id., *Historia de Albarracín y su sierra*, vol. IV, *El señorío soberano de Albarracín bajo la casa de Lara*, Teruel, 1964 ; J. M. Berges Sánchez, La Comunidad de Albarracín : orígenes y evolución durante la Baja Edad Media, *Estudios históricos sobre la Comunidad de Albarracín*, 2 vols., Tramacastilla, 2003, t. 1, pp. 63–200.

(9) 同入植許可状は，カルチュレール『ビジェル緑書』の56頁から開始される，「諸々の交渉文書の章」(Titulo de cartas diversos negocios) セクションの末尾の空白頁（152頁）に，俗語で，かつ全編でみられるものとは明らかに異なる書体をもって筆写されており，同書編纂時にはほぼ確実に存在しなかったものと考えられる。AHN, Códice 648, no. 114, p. 152 [CPRA, doc. no. 115] (1180, II).

(10) AHN, Códice 648, no. 114, p. 152 [CPRA, doc. no. 115] (1180, II) : « damos terminos asin como perece [del rio] la rambla del Mont et sube a somo del Champiello Alagoso et por somo de la foç de Chertera et da en Ruviales, prende el cerro et da en el camino que va a Tormon, et del camino de Tormon fiere a la fuent de la Penyella et de la fuent de la Penyella fiere en Val Seco et de Val Seco fiere a rio de Molas et de rio de Molas aiuso fiere en Godalaviar et de Guadalaviar rio den a suso a fuent de Val Lubresco a suso, asin como las aguas vierten et fiera el Atalaya Ruvia et del Atalaya Ruvia asin como las aguas vierten et fiere al fronton de la Quadradeja, et de la Quadradeja al fronton al Escaleruela de la Trona et del Escaleruela a las canales del frondon a la foç de Vallacroch et de las canales del fondo de la Foç et fiere al cabeço Blanco de la fuent Pudia et del cabezo Blanco de la fuent Pudia et fiere en Guadalaviar en fondon de la rambla del Mont sobre el Alcarejo ».

(11) テンプル騎士団への統合を旨とする1196年の国王文書は，ビジェルのバイリアにかぎらず当該空間に成立したテンプル騎士団領の最大の法的根拠とみなされており，『ビジェル緑書』では冒頭の前文につづいて筆写されている。ACA, Cancillería, pergaminos de Alfonso I, no. 724 ; AHN, Códice 648, no. 1, pp. 1–3 [DAII, doc. no. 658] (1196, IV).

(12) AHN, Códice 648, no. 2, p. 3 [DAII, doc. no. 453] (1187, XII). それに応じてマルティン・ペレスも同年，自らが保有した粉挽水車・竈の領主権を放棄している。AHN, Códice 648, no. 4, p. 5 (1187, XII, 18). また，1202年から1226年にかけて，マルティン・ペレスの親族，すなわち「親族」(consanguineo) マルティン・ヒル・デ・トラマカスティエル，妻ホルダーナ，子ペドロ・タレーサによって域内の取得財産が順次コメンダドールに放棄され，かつての影響力が次第に一掃されていった。すなわち，マルティン・ペレスは1202年，その奉仕の報償としてマルティン・ヒル・デ・トラマカスティエルにビジェルにおける財産 (hereditas) を賦与したが，後者は1206年，その補償として前者の妻ホルダーナに200マラベディを支払ったうえ，1218年にはそれらを含むビジェルの財産を550マラベディでコメンダドールに売却している。また，子ペドロ・タレーサは1226年，国王ペドロ2世によって賦与された，城塞リブロス北，グアダラビアル川とその支流トラマカスティエル川とのあいだの財産を100マラベディの補償金と引き換えに形式上寄進している。AHN, Códice 648, no. 331, pp. 297–298 (1202, XII, 1), no. 183, p. 209 (1206, I), no. 233, p. 233 et no. 333, pp. 298–299 (1218, IV), no. 239, p. 237 (1226, VIII).

(13) A. Ubieto Arteta, *Historia de Aragón. Los pueblos y los despoblados*, 3 vols., Zaragoza, 1986, t. 3, p. 1288 ; AHN, Códice 648, no. 87, pp. 100–101 (1329, XII, 29).

(14) CETC, no. 14 (1204, IX, 14). この合意で同様に騎士団帰属の教会所在地として挙げられているラ・ペーニャ・デ・ロドリーゴ・ディアスもまた，リブロス近傍と考えられるもののそれ以上の情報がなく，13 世紀中葉までに域内村落として数えられなくなる。

(15) リブロスの村域に堰を領有した騎士ロドリーゴ・オルティスは 1244 年，テルエルのベガ・デ・ドルノスにおける葡萄畑・耕地と交換に，ビジェルにおける全財産と，同じく属域内に位置するはずのカスカンテにおけるセルナ（serna）（ここでは個人帰属の放牧地）をコメンダドールに寄進する代わりに，属域南部，グアダラビアル川東岸の支流マタンサ川とリオデバ川とのあいだに所在する広大な放牧地（deffesa tocius uenacionis）を貸与されている。これに対してマルティン・ヒル・デ・カスカンテは 1250 年，当該セルナ（ここではヘレディタース〔hereditas〕）があくまでもカスカンテ村域内に所在すると主張してコメンダドールと紛争を繰り広げ，最終的に騎士団はそこに葡萄畑や耕地を造成せず，山，木材，水流，放牧利用にとめおき，両者共同で利用するとの合意に達している。AHN, Códice 648, no. 336, pp. 299–300 (1244, IV, 30), no. 248, pp. 242–243 (1250, VI).

(16) ACA, Cancillería, Varia de Cancillería, no. 5, fol. 76 [–] (1292, X, 12) et 81 [17] (1295, V, 17). 後述するように，騎士ゴンブラントはビジェルのバイリア住人にたびたび金銭の貸付を行っており，なかには穀物取引を行ったケースも含まれるものと考えられる。1329 年，トラマカスティエル領主の騎士サンチョ・デ・トビアはカスカンテの城塞の 2 分の 1 を王太子ペドロに売却しているが，その妻フアナ・ラミーレスがゴンブラントの子であったかもしれない。AHN, Códice 648, no. 87, pp. 100–101 (1329, XII, 29).

(17) AHN, OM, carpeta 584, no. 88 (1221, VII, 4). 最終的にサラゴーサ司教はビジャスタル以外の 3 教会（ラ・ペーニャ・デ・ロドリーゴ・ディアス，リブロス，クエバス・デ・エバ）は司教諸権利のみ，ビジャスタルについては教会十分の一税そのものをそれぞれ確保するという裁定が下っている。だが，これらの教会をめぐる紛争はこれによって最終的な解決をみたわけではない。ビジェルのコメンダドールは 1280 年，域外のサリオンおよびアルベントーサの教会とともに，ビジャスタル，リブロス，リオデバの教会を放棄せよとのサラゴーサ司教の要求に対して，かつて受給した司教自身の証書によってそれら教会が 40 年にわたって騎士団に帰属してきたと主張し，タラゴーナ大司教に上訴している。AHN, Códice 648, no. 58, p. 58 et no. 67, pp. 67–68 (1280, IX, 22). なお，ローマ教皇が財政難を解決するべく，1279～1280 年にヨーロッパ各地の教会に臨時の教会十分の一税徴収を行った目録（Rationes decimarum）では，ビジェル，リブロス，ルエダ（ビジェル村域内，グアダラビアル川沿いに同名の地名があるが，当該史料以外に同地に言及する史料はない），リオデバ，ビジャスタルはテンプル騎士団に帰属するとされ，徴税対象から免れている。J. Rius Serra, *Rationes decimarum Hispaniae (1279–1280)*, 2 vols., Barcelona, 1947, t. 2, fol. 225v : « Villiels Libros Rueda Riodeva, Bel star, Templi sunt ».

(18) AHN, Códice 648, no. 40, pp. 37–39 [DJIA, doc. no. 53] (1247, V, 23/VI, 8) : « Incipio quidem in rivo vocatur Guadalaviar et directe ascendendo per ramblam que vocatur de monte usque ad agrum fratrum de Villelo qui vocatur ager de la sabina gorda ; et denique, sicut volvit illa rambla, includendum dictum agrum et sabinam, et ascendit directe ad pennam que est continuachione, que vocatur de Romossam, ubi precipi fieri, me presente, magnum limitem de

lapidibus ; et directe transeundo ab isto limite usque ad villarem quod vocatur de Colmenar et ab isto villario directe transeundo usque ad foveam que vocatur fovea Bellida ; et ab ista fovea Bellida usque ad sumitatem campi qui vocatur campello aliagoso, et a dicta sumitate dicti campelli aliagosi directe usque ad sumitatem focis que vocatur de Chartera ; et a dicta sumitate dicte focis de Chartera directe eundo usque ad fundum loci qui vocatur Ruviales ; et a dicto fundo de Ruvilaes, sicut vadit via publica de Tormon et vadit directe ad villarem de la Meca, et ab isto villare de la Meca directe eundo usque ad sumitatem cuiusdam pini qui vocatur pinus mocho, directe eundo usque ad locum qui vocatur puteolus de Enbit. Secundum quod nominati limites dividunt et includunt et aque versus quamlibet partem defluunt versus partes dicti castri de Villelo et de Villestar, sunt et sint perpetuo termini de Villelo et de Bellestar ; et ex alia parte, sicut aque deffluunt, sint perpetuo dicte ville Turolii et Vallespisse et aliarum turolensium aldearum ».

(19)『ビジェル緑書』のリオデバのセクション（385〜405 頁）は，アデムスのコンセホとの境界紛争にかかわる文書が大半を占めている。

(20) AHN, Códice 648, no. 461, pp. 386–388 (1259, II, 19) : « terminos diuiserunt ut videlicet ut preceptor de Villelio et fratres eisdem loci event contenti terminis infinis asignatis scilicet affonte de la Quadradeia usque ad cumulum Barroçeso quia ibi posuitis metas et de cumulo Petraso usque ad cumulum pini que uocatur de Radice Alba et de ipso pino usque ad illicem spissam et de spissa illiçe usque ad pinna de aquella et ad Tallayam del Tormagal Fune ad Funem usque ad Calçatam Michalis Calbeti que uulganter uocatur Palomareios usque ad flumine que dicitur Guadalauiar. Istos vero terminos heberat turris de Riodeua liberos quietos et inmunios perpetuo ad husos suos proprios absque in pedimento alicuis persone. Et circa flumine de Gadalauiar habeant terminos homines de Ademuç ad homes usos suos proprios sicut fuerunt determinati ad dictis conpromissoribus ».

(21) AHN, Códice 648, no. 464, pp. 389–392 (1271, XII, 4) : « termino eis peremterio asignato poni in posseisionem terminorum predictorum super quibus est contencio videlicet de riuo de Guadalauiar per Riuum de Eua sursum et uadit ad fundum de Val Lubrego et de Val Lubrego sursum sicut aque fluuit et uadit ad Talayam Rubeam et de inde sicut aque fluuit et uadit ad frontatione Pigne de Quadradega ».

(22) これは 11 世紀以来の国王文書の形式を継承したものである。そこでは通常，王権，司教，主要修道院長につづけて，主要な城塞を保有する貴族の名が列挙された。こうした形式は，とくにコンセホのノタリウス（notario concilii）アルナルド・デ・カンポロンゴによって作成された 1240 年代の一連の証書に顕著にみられる。

(23) AHN, Códice 648, no. 219, p. 226 (1213, II).

(24) AHN, Códice 660, pp. 18–20 (1255, IX, 11) : « damus et concedimus in perpetuum vobis universso consilio Cantavetule presenti pariter et futuro quod semper habeatis in Cantavetula justiciam vicinum Cantavetulle aut filium vicini Cantavetule. In tali modo quod presentetis comendatori et fratribus Cantavetule decem homines et ipse comendator eligat et possit eligere de illis decem hominibus unum quem ipse voluerit per justiciam ; et de alis eligat duos juratos et unum almudaçafium. Reliqui vero sex in simul cum ipsis juratis et cum almudaçafio sint consiliarii per totum illum annum de justicia. Et quidquid illi decem homines fecerunt ad profectum sive utiitatem domini Templi et consilii Cantavetule ratum et firmum habeatur. Et transacto illo anno illi decem homines videlicet justicia et duo jurati et almudaçafius cum illis sex consiliariis eligant alios

decem homines antequam exeant de suo oficio ; quos vos consilium universum Cantavetule presentetis comendatori et fratribus Cantavetule eodem modo sicut dictum est. Istud vero mutamentum fiat semper annuatim de festo in festam sancti Johannis Babtiste ».

(25) AHN, OM, carpeta 665, no. 1 (1255, XI, 22) : « In tali modo quod presentetis comendatori et fratribus Canteuetule sex homines et ipse comendator eligat et possit eligare de illis VI hominibus unus quo ipse uoluntat per justicia et de aliis eligat duos juratos et unum almudaçafium reliquo uero duo insimiliter cum ipsis juratis et cum almudaçafio sint consiliarii per totum illum annum de justicia et quicquid illi VI homines fecerint ad profectum siue utilitate dominii Templi et consilii Mirambell ratum et firmum haec est. Et transacto illo anno illi VI homines videlicet justicia et duo jurati et almudaçafius cum illis duo consiliis eligant alios sex homines antique exerant de suo officio quos uos consilium uniuersum Mirambelli presentetis comendatori et fratribus Canteuetulle eodem modo sic dictam est. Istud uero mutamentum fiat semper annuatim de festo in festum sancti Johannis babtiste ».

(26) AHN, Códice 594, no. 2 [CETC, doc. no. 2] (1244, I, 2).

(27) AHN, Códice 660, pp. 65–68 [CPRA, doc. no. 140] (ca. 1198) ; AHN, OM, carpeta 617, no. 13 [CEA, doc. no. 42] (1216, XI, 26) : « Vicinus non sit merinus ».

(28) たとえば，マルティン・デ・アルファンブラは 1244 年に，「メリノにしてサジョン」(merino et sayon) とも「メリノにしてコレドール」(merino et corredor) とも呼ばれている。なお，あくまでも参考程度にとどめておくほかないが，カラトラーバ騎士団領アルカニス帰属のカラセイテのフエロ（1278 年）では，コンセホが自らコレドールを選出する権利を認められている。CPRA, doc. no. 222 (1278, IV, 18).

(29) AHN, Códice 648, no. 299, pp. 272–273 (1294, II, 23). フスティシアによる裁定までの経緯は，およそ知られていないビジェルのフエロの一端を示している点で興味深い。すなわち，ビジェル住人ドミンゴ・トーレスは，カスカンテ住人パスクアル・ドミンゴから当該貸借地を 60 ソリドゥスで購入したものの，代価が未払いであるとしてパスクアルにより告訴された。フスティシアはひとたびそれを差し押さえるべく，ヤケ・ラ・トーレに調査を命じたが，すでにドミンゴはこれをビジェル住人ビセンテ・クタンダに 50 ソリドゥスで売却してしまっており，調査してみるとすでに 30 日間を経過していた。ビジェルのフエロでは占有日数が 30 日間を超えると世襲財産（hereditas）扱いになるというので，差し押さえという措置がとれなくなったのである。なお，ヤケ・ラ・トーレ（あるいはその同名の子か）はやはりコレドール・プブリコとして，1333 年にも同様の係争で土地の占有日数の調査を行っている。AHN, Códice 648, no. 328, pp. 295–296 (1333, IV, 13).

(30) AHN, Códice 648, no. 358, pp. 321–322 (1240, VII, 30), no. 244, pp. 239–240 (1241, IX, 20), no. 245, pp. 240–241 (1241, X, 10).

(31) AMT, Pergaminos, no. 3 (1296, II, 26). たとえば，その内容は，市場監督人はパン，果実，肉のあらゆる計量秤を一手に管理するが (item de todas las mesuras a saber es quarta e medial e las pesas del pan e de la fruyta e de la carne debe tener el almutaçaf de la villa, salvo el peso e el quartal que es del senyor)，外部から入ってくる域外住人の小麦およびワインについてはコレドールが小麦 1 カイースあたり 1 デナリウス，ワイン 1 ニエトロあたり 1 デナリウスの「計量税」を徴収する (si alguno auia menester el coredor en su oficio dauer prender de mesoracye d'un kafis de trigo I dinero e d'un mietro I dinero e esto se entiende d'aquelos

que no son ueçinos e deuen pagar mesuracye）といった具合である。

(32) ACA, Cancillería, Varia de Cancillería, no. 5, fol. 80 [16] : « Como yo toda la universidat e concejo de Villel don Pero Giralt e don Viçent e don Pero Caluet don Johan de Laçaro e don Domingo Yuanes e don Pero Garceç e Miguel Esteuan e Johan Caluet e Domingo Esteuan e los jurados ».

(33) AHN, Códice 648, no. 464, pp. 389-392 (1271, XII, 4).

(34) こちらでは，コメンダドールが一定の法行為をコンセホの面前で執り行うという形式の文書が含まれるのみである。たとえば，1264 年，ドミンゴ・カルベットがコメンダドールからビジェルの経営地（el eredat de Garcia Ceria que fue de Andres d'India）を購入する際に，コンセホが立ち会ってこれを確認しているような場合がそれである。AHN, Códice 648, no. 272, p. 258 (1264, II, 17).

(35) 当該入植許可状は，コメンダドールではなく，プロヴァンス＝ヒスパニア支部長ギリェム・カデル名義で発給されていて，やや不明瞭ながら既存の入植者（populatores）のS・P・M，フアン，ドミンゴ・デ・トゥデラ，さらに将来の入植者に宛てられている。これもまた，前後と同一の書体ながら，『ビジェル緑書』のリブロスのセクションの末尾から二番目に筆写されており，編纂時点での優先度の低さをものがたっているように思われる。そもそも，この種の規範文書の諸規定が 13 世紀をつうじて不変のまま維持されたとは考えがたい。AHN, Códice 648, no. 140, pp. 165-166 [CPRA, doc. no. 161] (1212, XI).

(36) すなわち，1196 年のテンプル騎士団統合時に言及される城塞ラ・ペーニャ・デ・ロドリーゴ・ディアスであろう。エル・シッド（ロドリーゴ・ディアス・デ・ビバール）が 1092 年のバレンシア行軍時に通過したこの地域には同人の渾名を冠する場所が各地にあるが，現在のリブロス近傍のペーニャ・デル・シッドと呼ばれる巨大な岩塊にその痕跡が残されている。1196 年にはもともと別個の城塞として数えられていた両者は，ここでは同一の村落の凝集核としてあつかわれているようである。

(37) AHN, Códice 648, no. 140, pp. 165-166 [CPRA, doc. no. 161] (1212, XI) : « Et istos populatores debent stare ».

(38) AHN, Códice 648, no. 119, pp. 154-155 (1234, V).

(39) AHN, Códice 648, no. 120, p. 155 (1245, I, 17).

(40) AHN, Códice 648, no. 137, p. 164 (1287, XI, 21).

(41) AHN, Códice 648, no. 119, pp. 154-155 (1234, V), no. 120, p. 155 (1245, I, 17), no. 122, p. 156 (1246, IX, 11), no. 115, p. 153 (1253, I, 4), no. 123, p. 157 (1253, I, 12), no. 127, p. 159 (1253, XI, 12), no. 126, p. 158 (1256, X, 1), no. 129, pp. 159-160 (1257, XI, 13), no. 125, pp. 157-158 (1264, II, 17), no. 130, p. 160 (1270, VII, 20), no. 131, pp. 160-161 (1279, X, 12), no. 136, pp. 163-164 (1287, IV, 21), no. 137, p. 164 (1287, XI, 21).

(42) AHN, Códice 648, no. 247, p. 242 (1242, IX) : « una nostra terra… in termino de Eua Palomareios usque in hereditatem de don R. Ortiz ». ここに言及される「ロドリーゴ・オルティスの財産」は，おそらく 1244 年に同人との交換によって騎士団が取得することとなるカスカンテのそれであり，それゆえ，当該分割対象地はカスカンテとリオデバの間に所在したものと想定される。本章註 15 参照。

(43) AHN, Códice 648, no. 230, pp. 231-232 (1257, X, 29).

(44) AHN, Códice 648, no. 462, p. 387 [CRPA, doc. no. 202] (1260, XII, 10).

(45) AHN, Códice 648, no. 462, p. 387 [CRPA, doc. no. 202] (1260, XII, 10) : « Exceptado la sennoria e la eglesia con decima e con primicia et el forno et el molino con sus aguas et sus açudes e sus çequias e pecheras et aguaduchos, et huest et cavalgada et cena de rey et de inffant et de procurador de regno, qualquier ora el rey a los de Villel la demande que vos seades tenidos de paguar en la partida del comendador a razon de los homes de Villel ».

(46) AHN, Códice 648, no. 462, p. 387 [CRPA, doc. no. 202] (1260, XII, 10) : « Et que fagades alli personal residencia ».

(47) AHN, Códice 660, pp. 18–20 (1255, IX, 11) : « Item volumus et concedimus quod possitis manere in vestris mansiis donando fornaticum castro Cantavetule ad rationem de XXX.[a] fogaciis unam sive de XXX.[a] mensuris bladii unam. Non tamen diffaciatis vestras domos in Cantavetulla ».

(48) 各バイリアの財産規模とレスポンシオン負担額・量については，まず 1289 年の申告目録がある。J. Miret i Sans, Inventaris de les cases del Temple de la Corona d'Aragó en 1289, *Boletín de la Real Academia de Buenas Letras de Barcelona*, vol. 6, 1911, pp. 61–75. あくまでも各バイリアからの申告に基づくもので，統一的な表記になっておらず，ビジェルの場合にはバイリア収入のみでレスポンシオンの負担額・量が明記されていない。四大バイリア最大のカンタビエハは聖地に向けて，小麦 960 カイース，塩漬け肉 10，チーズ 300 を負担していて，滞納分はないとなっている。これに対して，ビジェルは，レスポンシオンではなくバイリアの家政収入そのものが小麦 75 ファネーガ，ライ麦 160 ファネーガ，燕麦 470 ファネーガ，ワイン 1400 アスンブレとされている。ついで 1307 年のレスポンシオン目録ではすべて貨幣納となっていて，上から順に，カンタビエハ 5790 ソリドゥス，アルファンブラ 1285 ソリドゥス，カステリョーテ 630 ソリドゥス，ビジェル 350 ソリドゥス（すべてハカ貨）となっている。A. J. Forey, *The Templars in the Corona de Aragón*, London, 1973, doc. no. 45 (1307, V).

(49) C. Laliena Corbera, El impacto del impuesto sobre las economías campesinas de Aragón en vísperas de la Unión (1277–1283), *Dynamiques du monde rural dans la conjoncture de 1300 : échanges, prélèvements et consommation en Méditerranée occidentale*, Rome, 2014, pp. 561–604 ; id., Dinámicas de crisis : la sociedad rural aragonesa al filo de 1300, *La Corona de Aragón en el centro de su historia, 1208–1458 : aspectos económicos y sociales*, Zaragoza, 2010, pp. 61–88. なお，1349 年編纂の『ビジェル緑書』末尾に組みこまれた貢租目録の末尾には，国王ならびに総督（gobernador この場合王太子）に納付される宿泊税額（それぞれ 400 ソリドゥス，133 ソリドゥス 4 デナリウス）とその分担額が明記されている。それによると，ビジェル本体が 266 ソリドゥス 8 デナリウス，コメンダドールが 133 ソリドゥス 4 デナリウス，残る 133 ソリドゥス 4 デナリウスをリオデバ，ビジャスタル，リブロスの 3 域内村落がそれぞれ 66 ソリドゥス 8 デナリウス，44 ソリドゥス 6 デナリウス，22 ソリドゥス 2 デナリウス分担している。AHN, Códice 648, p. 472. また，これに，アラゴン王国伝統のハカ貨が流通した地域で貨幣品位の維持と引き換えに賦課された 7 年周期の通常租税，すなわちモネダティクム（monedaticum, monedaje）（アラゴン王国ではとくに，世帯あたり 1 マラベディを負担したため，モラベディ〔morabedí〕）を付け加えなくてはならない。ビジェルのバイリアはアルファンブラとともに，テルエルとその域内村落と同一の徴収人（collector, cogedor）によって徴収されるところとなっており，1277 年に締結された王権との合意によりバイリアから徴収された総額の 2 分の 1 がコメンダドールの手元に残されることとなった。ACA, Cancillería, registro 40, fol. 34 (1277, X, 11).

国王ハイメ2世による1302年の確認文書では，1名の国王役人と1名の騎士団の代表者とが共同で徴収業務にあたり，徴収総額が折半されることがあらためて規定されている。ACA, Cancillería, registro 304, fol. 1 (1302, II). 同年のテンプル騎士団領のモネダティクム徴収人（collector monetatici）サンチョ・デ・アグイスに宛てられた同国王の布告（Declaraciones super monetatico）は，祖父ハイメ1世の王令および布告にしたがって徴収人が周知するべき全13項目をあらためて掲げており，第1項では，キリスト教徒かムデハルかを問わず，ハカ貨70ソリドゥス（10マラベディ）に相当する財産をもつ者は一律1マラベディ，すなわちマラベディあたり7ソリドゥスを負担するものと規定されている。Ibid., fol. 145 (1302-1303) : « Primerament que de toda persona homne ó mullier christiano ó moro ó christiana ó mora que aja bienes por sí que valgan LXX solidos de jaccenses ayades vnum morabetí tan solament çoes asaber VII solidos de jaccenses por morabetí ». なかでも第13項は，わたしたちの問題関心からしてもきわめて重要な規定となっている。すなわち，二ヶ所以上の集落に財産をもつ者は，通常生活するか，主要な家屋を作ったか，一年の大半を過ごす家屋をもつ集落の財産のみで査定されるというものである。Ibid., fol. 145v (1302-1303) : « Item sí alguno aura casas de heredamientos ó otros bienes en dos logares ó en muytos no deue pagar monedatge por aquellos bienes qual quiere que valgan sino en I logar çoes asaber on aquel on bíura ó morava ó façe su mayor residencia personal o tiene su casa por la mayor partida del anyo ». 1332年のモラベディ受領証では，バイリア全体の徴収額が332マラベディで，国王徴収分が166マラベディとなっている。BRAH, Colección Salazar y Castro, M-80, fol. 26 (1332, V, 7). 1342年のテルエルおよびその域内村落のモラベディ徴収記録末尾の第117葉〜125葉には，同一の徴収人の管轄域に含まれるビジェルおよびアルファンブラのバイリアの担税者目録が付されている。そこでは，それぞれビジェルで232，リブロスでわずかに4，ビジャスタルで18，リオデバで43マラベディが徴収されたことになっていて，全体の合計徴収額が297マラベディ，そのうち半分の148.5マラベディが王権に納付されている。アルファンブラおよびオリオスの合計徴収額は271マラベディ，うち半分の135.5マラベディがやはり納付されている。ACA, Real Patrimonio, Mestre Racional, Volúmenes, Serie General, 2394 (1342), fol. 117-125. なお，やや下るものの14世紀末には，聖ヨハネ騎士団アンポスタ管区ならびにカラトラーバ騎士団領アルカニスで徴収されたモラベディの詳細な担税者目録がアラゴン連合王国文書館にいくつか所蔵されている。ACA, Real Patrimonio, Mestre Racional, Volúmenes, Serie General, 2407, 1 (1380), 2 (1397), 3 (1396-1398), 4 (1350). これらのうち1番と4番はアンポスタ管区のなかでもカタルーニャのアスコ，オルタ，ミラベットにかかわるもので，すでに刊行されている。P. Ortega Pérez, *Monedaje de las encomiendas hospitalarias de Ascó, Horta y Miravet (siglo XIV)*, Zaragoza, 1997. 2番はやや不完全ながらカラトラーバ騎士団領アルカニスのものであり，残る3番がビジェルおよびアルファンブラを含むアンポスタ管区のそれである。前者については現物を閲覧できるが，肝心の後者は保存状態があまりにも悪く，残念ながら現状では閲覧不可となっている。

(50) ACA, Cancillería, Varia de Cancillería, no. 5, fol. 69 [8] v (1291, I, 1), 76 [-] v (1292, XI, 15), 87 [-] v (1297, [V]), 88 [24] v (1297, XII, 14), 88 [24] v (1297, [XII]).

(51) ACA, Cancillería, Varia de Cancillería, no. 5, fol. 69 [8] v (1291, I, 1).

(52) ACA, Cancillería, Varia de Cancillería, no. 5, fol. 76 [-] v (1292, XI, 15).

(53) なお，カンタビエハのバイリアでは1355年に，小麦0.5カイース＝3ファネーガ，し

たがって1カイース＝6ファネーガの対応関係が確認される。AHN, OM, carpeta 652, no. 23 (1355, III, 1).

(54) AHN, Códice 648, no. 474, p. 405 (1287, VII, 28). ここで耕地を貸与されたのは，前述のドミンゴ・ペロ・ラドレである。

(55) AHN, Códice 648, no. 7, p. 9 [CPRA, doc. no. 135] (1195, IX). 1196年にビジェルのフスティシアをつとめたサンチョ・デ・アルマサンはその親族の一人と考えられる。

(56) AHN, Códice 648, no. 178, p. 206 (1200, X, 6) : « alia peza es en Belestar ».

(57) AHN, Códice 648, no. 44, p. 42 [CPRA, doc. no. 207] (1264, VI, 19).

(58) AHN, Códice 648, no. 42, pp. 40–41 [CPRA, doc. no. 210] (1267, VII, 15).

(59) AHN, Códice 648, no. 43, p. 41 [CPRA, doc. no. 216] (1271, V, 13).

(60) 同人につづいて挙げられるクレメンテ・デ・クタンダは翌年，ビジャスタルの家屋を2ソリドゥスの貸借料を条件に個別に貸与されている。AHN, Códice 648, no. 276, p. 260 (1272, VII, 10).

(61) AHN, Códice 648, no. 293, p. 269 (1290, X, 1) : « al castillo de Villel aquel en sens segunt que fazen los otros quiniones de Villastar e la fadiga de X dias et todas las condiciones segunt la carta de la donacion ».

(62) AHN, Códice 648, no. 292, pp. 268–269 (1289, IV, 26).

(63) AHN, Códice 648, no. 49, pp. 50–51 (1332, I, 6) : « todas e cadaunas piezas heredades e roturas o possesiones que son en el termino de Bellestar qui han seydo laurados es asambrar los que son sitiados en los aluares aquellos sean tenidas e obligados apechar e acontribuyr e apagar en los CC solidos iaccenses pertenentientes a la senyoria de Villel los quales dictas CC solidos son tenidos apagar todos los pobladores del dicto lugar de Bellestar. E segunt que cadauna de los dictas piezas e roturas ualdran a estimacion de hombres buenos la qual dicta pecha de los dictos CC solidos sea partida por sueldo e por liura assi los aluares como los riegos, assi como cadauno terna tierra olaurara ».

(64) 貢租目録冒頭の452～455頁は，『ビジェル緑書』編纂時の1349年ではなく，ペドロ・サンチェス・デ・ファンロがコメンダドールを歴任した1320～1337年に貸与した葡萄作付地の保有者とその貢租額のリストとなっている。ラ・チャルテーラ一帯は，ビジェルの属域の北西で境を接し，1270年代をつうじて対立したテルエルの属域村落ルビアレスとの紛争の焦点の一つとなっている。1273年には，ルビアレス住人が教会十分の一税・初穂納入を履行するかぎりにおいてビジェルの属域内の土地財産を取得することを認可するとの協定が締結された。AHN, Códice 648, no. 45, pp. 45–46 (1273, VI, 7). だが，テンプル騎士団は1279年3月，当該協定の内容が遵守されていない旨を国王ペドロ3世に陳情し，国王はこれを受けてテルエルのフスティシアに協定内容を遵守させるよう命じている。AHN, Códice 648, no. 109, pp. 145–149 (1279, III, 15). かくして同フスティシアを調停人として発給された同年9月の判決状では，教会十分の一税・初穂納入の履行を主張するビジェルのコメンダドールに対して，ルビアレスの代表者は，ラ・チャルテーラ渓谷がテルエルの入植以来100年にわたってその属域内，それゆえルビアレスの村域に含まれるものであり，当該領域で経営地を造成するたびにビジェル側から破壊されるのは不当であるとの主張を展開している。AHN, Códice 648, no. 109, pp. 145–149 (1279, IX, 2). 審理の結果，従来の協定どおり教会十分の一税・初穂納入をコメンダドールに納付せよとの判決が下されたものの，1280年にもなおルビアレス住人は同様の協定違反によって

訴えられている。AHN, Códice 648, no. 46, pp. 46–47 (1280, V, 22). 当該領域の開発・経営が他領域に比べてやや遅れたのは，このあたりにその要因の一端があると考えてよいであろう。

(65) AHN, Códice 648, no. 118, p. 154 (1226, VIII), no. 119, pp. 154–155 (1234, V), no. 120, p. 155 (1245, I, 17), no. 121, pp. 155–156 (1245, III, 13), no. 122, p. 156 (1246, IX, 11), no. 127, p. 159 (1253, XI, 12), no. 124, p. 157 et no. 126, p. 158 (1256, X, 1), no. 129, pp. 159–160 (1257, XI, 13), no. 125, pp. 157–158 (1264, II, 17), no. 130, p. 160 (1270, VII, 20), no. 131, pp. 160–161 (1279, X, 12), no. 280, p. 262 (1282, VIII, 20), no. 131, pp. 161–162 (1282, VIII, 22), no. 133, p. 162 et no. 134, pp. 162–163 (1285, II, 24), no. 135, p. 163 (1286, XI, 26), no. 136, pp. 163–164 (1287, IV, 21), no. 137, p. 164 (1287, XI, 21), no. 138, p. 164 (1301, X, 9), no. 139, p. 165 (1331, IV, 15), no. 398, pp. 341–342 (1332, VIII, 2), no. 404, p. 346 (1334, X, 3), no. 395, p. 339 (1335, III, 12). 『ビジェルの公証人マニュアル』に含まれるリブロス関連文書は 1290 年から 1298 年までで 5 件を数えるのみであり，耕地が売却対象となった 1 件以外，家屋または家屋用地が売却・貸借の対象となっている。ACA, Cancillería, Varia de Cancillería, no. 5, fol. 68 [7] v (1290, VIII, 1), 69 [8] v (1290, XII, 27–29), 73 [12] (1292, II, 8), 75 [14] (1292, V, 5), 83 [19] (1298, VI, 30).

(66) AHN, Códice 648, no. 247, p. 242 (1242, IX), no. 230, pp. 231–232 (1257, X, 29), no. 474, p. 405 (1287, VII, 28), no. 310, pp. 280–281 (1319, IX, 19) ; ACA, Cancillería, Varia de Cancillería, no. 5, fol. 67 [6] v (1290, V, 21), 69 [8] v (1291, I, 1), 76 [-] v (1292, XI, 15), 87 [-] v (1297, V?), 88 [24] v (1297, XII, 14), 88 [24] v (1297, XII?), 92 [28] (1300, I, 17), 95 [31] v (1300, I, 22).

(67) AHN, Códice 648, no. 276, p. 260 (1272, VII, 10), no. 287, p. 266 (1286, X, 12), no. 292, pp. 268–269 (1289, IV, 26), no. 293, p. 269 (1290, X, 1). なお，1290 年の土地貸借文書では，キニオンは家屋，葡萄畑，耕地，共有地にかかわる諸権利で構成されている。AHN, Códice 648, no. 293, p. 269 (1290, X, 1) : « un quinion... en Billastar el qual cobramos de don Arnalt de Alcaniz... con casas e con vinyas e con piezas e con todos los derechos ».

(68) J. Miret i Sans, Inventaris, p. 66.

(69) AHN, Códice 648, no. 196, p. 215 (1210, VIII), no. 191, p. 214 et no. 324, pp. 292–293 (1210, X), no. 198, p. 217 (1214, I), no. 195, p. 215 et no. 209, pp. 221–222 (1214, VIII, 4), no. 216, pp. 224–225 (1214, IX), no. 238, pp. 236–237 (1210–1214, III), no. 225, p. 229 (1215, III), no. 215, p. 224 (1218, XII),

(70) AHN, Códice 648, no. 235, pp. 234–235 et no. 334, p. 299 (1225, XII, 8), no. 185, pp. 209–210 (1228, III), no. 50, p. 52 (1228, VII).

(71) ペロ・カルベットは，『ビジェルの公証人マニュアル』第 80 [16] 葉に付された 1295 年当時のコンセホ要職者のリストのなかに兄弟フアン・カルベットとともに現れる。ACA, Cancillería, Varia de Cancillería, no. 5, fol. 80 [16] : « Como yo toda la universidat e concejo de Villel don Pero Giralt e don Viçent e don Pero Caluet don Johan de Laçaro e don Domingo Yuanes e don Pero Garceç e Miguel Esteuan e Johan Caluet e Domingo Esteuan e los jurados ».

(72) ACA, Cancillería, Varia de Cancillería, no. 5, fol. 82 [28] v : « Pero filo de don Domingo Caluet veçino de Albaraçin ».

(73) ポロ・デ・リルゴスは 1287 年，ラモン・デ・モンソンとの紛争に際して，自らアルバ

ラシン住人（veçino de Albaraçin）を名乗り，「わたしはテンプル騎士団にもビジェルの住人にもテンプル騎士団の友人にもその家士にもいかなる要求も行わない」として自らの要求を取り下げている。ここでは，属域内に財産をもちながら，自らはビジェルの住人でもテンプル騎士団の家士でもないことを明言しているのである。ACA, Cancillería, Varia de Cancillería, no. 5, fol. 61 [-] (1287, XI, 27) : « yo al Temple ni a uecinos de Villel ni amigos vasallos del Temple ninguna demanda no faga ».

(74) ペロ・カルベットは 1290 年から 1302 年までで小麦の先物取引を 34 件行っている。ACA, Cancillería, Varia de Cancillería, no. 5, fol. 66 [5] (1290, I, 5), 72 [11] (1291, VI, 13), 80 [16] (1295, II, 24), 80 [16] v (1295, III, 16), 81 [17] (1295, V, 15), 84 [20] v (1296, I), 87 [-] (1297, V, 7-9), 89 [25] (1298, II), 89 [25] (1298, II, 2), 89 [25] (1298, II, 2), 89 [25] (1298, II, 6), 93 [29] (1300, II), 93 [29] (1300, II, 3), 93 [29] (1300, II, 3), 93 [29] (1300, II, 4), 93 [29] (1300, II, 4), 93 [29] (1300, II, 7), 93 [29] (1300, II, 7), 93 [29] v (1300, II, 14), 93 [29] v (1300, II, 14), 93 [29] v (1300, II, 14), 93 [29] v (1300, II, 14), 97 [33] (1300, III, 23-26), 97 [33] (1300, III, 31), 97 [33] (1300, III, 31), 97 [33] (1300, III, 31), 101 [37] v (1302, III, 4), 101 [37] v (1302, III, 12), 104 [40] (1302, IV, 1), 104 [40] v (1302, IV, 17), 105 [41] v (1302, V, 5), 105 [41] v (1302, V, 5), 106 [42] (1302, V, 30). 木材の購買については，1295 年から 1301 年までで 14 件を数える。ACA, Cancillería, Varia de Cancillería, no. 5, fol. 80 [16] (1295), 81 [17] (1295, III-IV), 81 [17] (1295, V), 84 [20] v (1296, I, 9), 84 [20] v (1296, I, 15-19), 82 [18] (1296, III, 27), 86 [22] v (1297, IV, 3), 83 [19] v (1298, VIII, 1), 83 [19] v (1298, VIII, 12), 83 [19] v (1298, VIII, 23), 90 [26] (1299, VIII, 1), 90 [26] (1299, VIII, 12), 92 [28] v (1300, II, 2), 98 [34] (1300-1301).

(75) ビセンテ・クタンダは 1290 年から 1300 年までに，木材 6 件の買主，ワイン 1 件の売主となっている。ACA, Cancillería, Varia de Cancillería, no. 5, fol. 67 [6] (1290, III, 5), 73 [12] (1292, III), 73 [12] (1292, IV, 3), 73 [12] v (1292, IV, 9), 73 [12] v (1292, IV, 9), 91 [27] v (1300, I, 16-17), 92 [28] (1300, I, 18).

(76)『アルファンブラのフエロ』第 98・99 項は，サンタ・マリア・デ・モンテガウディオ騎士団領有時の 1174〜1176 年頃に同総長のサリア伯ロドリーゴ・アルバレスによって賦与された入植許可状に明記されていなかった多数の改正条項（meioramentos）を，1230 年にモンソンで開催されたプロヴァンス＝ヒスパニア支部の全体評議会が承認するという旨の文書を中心に構成されている。そこには，アルファンブラの証人として参席したコンセホ要職者のなかに，市場監督人を任ぜられたパスクアル・ペリセロ（Pascual Peligero almotazaf）が名を連ねている。M. Albareda y Herrera (ed.), *Fuero de Alfambra*, Madrid, 1926, pp. 39-42.

(77) AHN, Códice 594, no. 3, pp. 4-5 [CETC, doc. no. 3] (1268, III, 19).

(78) ACA, Cancillería, registro 14, fol. 143 (1272, I, 16).

(79) AHN, Códice 661, pp. 1-4 [CPRA, doc. no. 168] (1225, IV).

(80) AHN, Códice 660, pp. 18-20 (1255, IX, 11). なお，ここには，同じくコンセホが独自の公証人をもつことを許可する規定もみられる（Item volumus et concedimus quod habeatis in Cantavetule scribas sive tabelliones publicos ad forum Cesarauguste）。

(81) DJIA, doc. no. 99 (1256, X, 6) : « exceptis illis quisint mercatores continui, certi et manifesti ».

(82) ACA, Cancillería, registro 192, fol. 110 (1292, IV, 12).

(83) このあたりの論理は，カルロス・ラリエナ・コルベーラのバホ・アラゴン研究でも共有されている。C. Laliena Corbera, El desarrollo de los mercados en una economía regional : el Bajo Aragón, 1250–1330, *Crecimiento económico y formación de los mercados en Aragón en la Edad Media* (*1200–1350*), Zaragoza, 2009, pp. 195–197.

(84) 以上で合計 788 件となる。このほかに，財産・負債分割にかかわる友人ならびに夫婦間の兄弟盟約，権利放棄，判決や合意，金銭受領証，誠実宣誓および臣従礼，遺言執行，抵当権設定，後見人の任命，職人見習い，財産目録，さらには前述のように単純なコンセホ当局成員のリストさえもが含まれる。

(85) ACA, Cancillería, Varia de Cancillería, no. 5, fol. 71 [10] (1291, IV, 14) : « Como yo don Pascual Romeyo e yo Johan Domingeç que deuemos a Johan Caluet III fanegas trigo plaço a santa Maria agosto. Testigos son Pero la Plaça e B. de la Barba. Fecha XIIII dias andados de april ».

(86) ACA, Cancillería, Varia de Cancillería, no. 5, fol. 71 [10] (1291, IV, 15) : « Como yo don Martin el Texedor e yo Nicolas e yo Martin que deuemos a vos Adan XXXI solidos plaço a santa Maria agosto e que vos demos pan en paga como ualeres a sen plaço. Testigos son Laçaro de Sancho Joana e B. de la Barba. Fecha XV dias andados april ».

(87) ACA, Cancillería, Varia de Cancillería, no. 5, fol. 101 [37] v (1302, III, 2) : « Como yo Pero Esteuan deuo a vos Johan Holiuer e mugier Maria V fanegas de trigo por el aqual dicho trigo vos prometemos de dar e de pagar los dichos dineros segunt que valiere trigo I jueues antes de sant Johan e otro pasada sant Johan en los dineros que vos do trigo en paga segunt que valiere trigo en el tiempo del agosto plaço a Santa Maria del mes de agosto. II andados março ».

(88) ACA, Cancillería, Varia de Cancillería, no. 5, fol. 80 [16] (1295, II, 24) : « Como yo Pero Caluet fijo de Martin Caluet atorgo que dar a preso de vos Pero Caluet VIII fanegas trigo por los quales prometo de dar a vos los dineros segunt que como mas valiere pan daquanta sant Johan sen aquellos dineros que vos damos pan como valiere pan en agosto et si baxare que non baxe de XXen dineros la fanega plaço a santa Maria de agosto. Testigos B. Pereç e Domingo Bernat. V dias exir febrero ».

(89) ACA, Cancillería, Varia de Cancillería, no. 5, fol. 82 [18] (1296, III, 27) : « Como yo Pero Texedor e Pero la Guesta que deuemos XIII dobleros a vos Pero Caluet a la primera cabayna asi nos gredar XX solidos denarios reales daquanta sant Miguel. Testigos Viçent, B. Pereç. V dias exir março ».

(90) ACA, Cancillería, Varia de Cancillería, no. 5, fol. 83 [19] (1298, VII, 20) : « Como yo Domingo Pero Ladre fijo de Pero Ladre vecino de Riodeua atorgo que deuo dar e pagar a vos Bartolome Pereç veçino de Villel... cient dobleros de palmo que seyan buenos e derechas e sanar e que aya cada doblero XXIIII palmos de alda real de Valencia en luengo e palmo e medio en taula ençima de alda real e I palmo d'alda real encanto en [ ] por esto conuengo e prometo de dar e pagar... daquanta la fiesta de sant Miguel angel del mes de setembre primera que viene al fondan del Riodeua en somo de la tore de don Goçaluo Royç orella del rio de Guadalauiar sin mission uestra. E si al dicho plaço a vos non pago las dichos dobleros e yendo cabana de madera a Valencia que yo que vos saya tenido de pagar a vos dineros segunt que otra tal madera valiere en la rambla de Valençia obligant este conplir con mi todos mis bienes. Testigos Johan de Laçaro e Yenego de Roçion. XII dias exir julio ».

(91) ACA, Cancillería, Varia de Cancillería, no. 5, fol. 62 [1] (1287, II, 12) : « Como yo Miguel

de Falco ueçino de Teruel atorgo que deuer a uos don Esteuan de Monçon XXXVIII solidos e IIII denarios [jaque]ses por vino que do uos los plaço a sant Bartolome del mes de agosto primero que viene obligant [todo]s mis bienes. Testes son don Sancho Adereyto e Domingo Forti. Fecha XII dias entrado febrero ».

(92) ACA, Cancillería, Varia de Cancillería, fol. 90 [26] v (1299, IX, 4) : « Como yo Pero la Cuesta deuo a uos Martin Yenegeç XXXV solidos por raçon de I mulo plaço a nadal. IIII andados setembre ».

(93) 征服翌年の 1285 年，王権が近隣のサンタ・エウラリアおよびガジェルほかの小麦と，次の収穫までに取得できるだけの小麦を集めて，アルバラシンに供給するよう国王バイレに命令している。M. Almagro Basch, *Historia de Albarracín*, tomo IV, doc. no. 105 (1285, VII, 18).

(94) M. Berges Sánchez, La Comunidad de Albarracín, pp. 63-200.

(95) ACA, Cancillería, Varia de Cancillería, no. 5, fol. 61 [-] (1287, XI, 27).

(96) ACA, Cancillería, Varia de Cancillería, no. 5, fol. 74 [13] v (1292, X, 30).

(97) ACA, Cancillería, Varia de Cancillería, no. 5, fol. 88 [25] (1298, II, 6).

(98) ACA, Cancillería, Varia de Cancillería, no. 5, fol. 76 [-] (1292, IX, 24), 81 [17] (1295, III-IV), 81 [17] (1295, V), 84 [20] v (1296, I, 15-19), 84 [20] v (1296, I, 15-19), 83 [19] v (1298, VIII, 1), 83 [19] v (1298, VIII, 12), 83 [19] v (1298, VIII, 23), 90 [26] (1299, VIII, 1), 90 [26] (1299, VIII, 12), 93 [29] (1300, II, 11), 94 [30] (1300, II, 19), 98 [34] (1300-1301),

(99) ドミンゴ・テヒドールは，フアン・テヒドールがコメンダドールから土地を貸与された際に保証人をつとめている。AHN, Códice 648, no. 251, p. 244 (1281, III, 23).

(100) AHN, Códice 648, no. 290, pp. 267-268 (1280, X, 19).

(101) ACA, Cancillería, Varia de Cancillería, no. 5, fol. 69 [8] v (1290, XII, 27-29).

(102) ACA, Cancillería, Varia de Cancillería, no. 5, fol. 69 [8] v (1290, XII, 29).

(103) ACA, Cancillería, Varia de Cancillería, no. 5, fol. 75 [14] (1292, V, 3).

(104) AHN, Códice 648, no. 388, p. 335 (1299, IV, 19).

(105) ACA, Cancillería, Varia de Cancillería, no. 5, fol. 64 [3] (1277, I, 23), 61 [-] v (1287), 61 [-] v (1287), 69 [8] (1290, XI, 27), 69 [8] (1290, XI, 27-28), 76 [-] v (1292, XII, 2), 76 [-] v (1292), 76 [-] v (1292), 79 [15] v (1294), 96 [32] (1300, II, 2), 96 [32] (1300, II, 15), 101 [37] (1302, II, 8), 103 [39] v (1302, III, 25), 104 [40] (1302, III, 28), 104 [40] (1302, III, 28). 同人は 1300〜1302 年の一連の文書で「弩兵」(ballestero) を名乗っている。この呼称が意味するところは同時期のフエロや入植許可状の諸規定をみるかぎり，大きく分けて二つの可能性があるように思われる。すなわち，第一に，弩 (ballesta) とおそらくは馬を所有して，騎士 (caballero) に準ずる軍事的機能と社会的地位を享受した一部の住人，第二は，やはり弩をもつが狩猟をおもな生業とする一部の住人である。前者の例は，フエンテエスパルダの入植許可状の一部規定にみられる。AMF, Pergaminos, no. 4 [CPRA, doc. no. 127] (1188, XI, 24) : « faciatis michi vel meis exercitum, si necesse fuerit, de V annos in antea, de uno milite et de uno balestario cum suis armis et equitaturis ». また，ハバロジャスへの入植を許可されたヒメノ・ペレス・デ・オサとその随行者である弩兵集団も同様の例であろう。ACA, Cancillería, registro 44, fol. 238 [CPRA, doc. no. 227] (1284, VIII, 14) : « Mandamus vobis quatenus in Iavalues, aldea et termino Albarrasini,

assignetis vobis dicto Eximino Petri et ballesteriis omnibus qui simul vobiscum fuerunt in vicio nostro hereditates seu quinnones unicuique sufficientes et idonea prout aliis populatoribus hereditates assignabuntur in termino Albarraçini et inde unicumque albaranum faciatis et in eo nostrum prebeamus assensum ac cum nostro privilegio confirmemus. Nos autem concessimus quod omnes predicti ballestarii sint populati et hereditati in loco predicto de Iavalues et termino suo ». 後者の例は，カンタビエハのバイリアで発給された，ダローカのフエロに範をとった一連の入植許可状（カンタビエハ，イグレスエラ・デル・シッド，ミランベル）にみられる「山の弩兵」(ballestero de monte) がそれである。AHN, Códice 660, pp. 3-6 [CPRA, doc. no. 168] (1225, IV), pp. 81-83 [CPRA, doc. no. 182] (1241, I) et pp. 21-23 [CPRA, doc. no. 185] (1243, V) : « omnis ballistarius de monte vivens cum balista sua et habitans en Mirambel qui non habeat hereditate ibi det unoquoque anno ad festum sancti Michaeli vel ante quartam partem unius cervui scoriati castro Vetulecante ». むろん両者はかならずしも対立しないが，キレス・ムニオの活動をみるかぎりどちらかといえば前者の意味で捉えるのが妥当であるように思われる。

(106) ドミンゴ・フェレールはキレス・ムニオと共同で穀物の売主となる一方，同人とともにカスカンテ領主ゴンブラントから 25 ソリドゥスの貸付を受けている。ACA, Cancillería, Varia de Cancillería, no. 5, fol. 76 [-] v (1292, XII, 2). 単独では，ビジェルの家屋の購入，木材の売却・購入，ビジェルの兄弟団からの金銭委託，コメンダドールからの金銭借入，さらにコメンダドールから騎士団の塩田を貸与されている（10 年後に契約更新）。ACA, Cancillería, Varia de Cancillería, no. 5, fol. 66 [5] (1290, I, 10), 70 [9] (1291, I, 28), 93 [29] v (1300, II, 15), 94 [30] (1300, II, 19), 97 [33] (1300, III, 20), 97 [33] v (1300, III, 28), 105 [41] (1302, IV, 21).

(107) エステバン・モンソンは，リブロス住人による小麦の売却（表中の 14）ならびにビジェル住人による小麦の売却（同 27）に際して，それぞれマルティン・クレスポおよびビセンテ・クタンダとともに売主の保証人に任命されている。ACA, Cancillería, Varia de Cancillería, no. 5, fol. 71 [10] (1291, [IV, 14]), 73 [12] v (1292, IV, 20). ワインの買主としては，ACA, Cancillería, Varia de Cancillería, no. 5, fol. 62 [1] (1287, II, 12), 63 [2] (1287, II, 24), 63 [2] v (1287, III, 7). これら一連の活動に先んじて，1278 年にはビジェルのコンセホからロス・コネホスと呼ばれる放牧地の用益権を購入している。ACA, Cancillería, Varia de Cancillería, no. 5, fol. 64 [3] v (1278). 最後に 1302 年には，ビジェルの耕地を親族の一人に売却している。ACA, Cancillería, Varia de Cancillería, no. 5, fol. 104 [40] (1302, III, 28).

(108) 両者は，『ビジェルの公証人マニュアル』第 80 [16] 葉に付された 1295 年当時のコンセホ要職者のリストのなかにともに現れる。ACA, Cancillería, Varia de Cancillería, no. 5, fol. 80 [16] : « Como yo toda la universidat et concejo de Villel don Pero Giralt e don Viçent e don Pero Caluet don Johan de Laçaro e don Domingo Yuanes e don Pero Garceç e Miguel Esteuan e Johan Caluet e Domingo Esteuan e los jurados ». フアン・カルベットは，1302 年にビジェルのコンセホがコメンダドールから穀物を購入した際にもコンセホ当局成員のなかに名を連ねており，アデムス住人セバスティアン・デ・ミエレスとの紛争に際してはコンセホの代表者として出廷することとなっている。ACA, Cancillería, Varia de Cancillería, no. 5, fol. 104 [40] v (1302, IV, 13), 106 [42] v (1302, VI, 18).

(109) ACA, Cancillería, Varia de Cancillería, no. 5, fol. 61 [-] v (1287).

(110) ACA, Cancillería, Varia de Cancillería, no. 5, fol. 72 [11] v (1292, I), 82 [18] v (1295, IV,

1082［18］(1296, IV).

(111) ACA, Cancillería, Varia de Cancillería, no. 5, fol. 76［-］(1292,［X, 13］), 80［16］(［1295］, II, 17), 89［25］(1298, II, 6).

(112) ACA, Cancillería, Varia de Cancillería, no. 5, fol. 89［25］(1298, II, 6).

(113) AHN, Códice 648, no. 404, p. 346 (1334, X, 3).

(114) アルバラシン住人（veçino de Albaraçin）としての初出は，1300年2月2日の木材取引においてである。ACA, Cancillería, Varia de Cancillería, no. 5, fol. 92［28］v (1300, II, 2).

(115) もっとも，父ドミンゴ・カルベットおよびその兄弟マルティン・カルベットからの購入が中心であり，どちらかといえば相続により分裂した財産の回復を目的としたものと考えた方がよさそうである。ACA, Cancillería, Varia de Cancillería, no. 5, fol. 67［6］(1290, IV, 13), 79［15］v (［1294］, IX, 17), 84［20］(1296, I), 85［-］(［1296］, XII, 15), 88［24］v (1297,［XII］), 96［32］v (1300, II, 21-28).

(116) ACA, Cancillería, Varia de Cancillería, no. 5, fol. 68［7］v (1290, X, 14), 76［-］v (1292, XI, 3).

(117) ACA, Cancillería, Varia de Cancillería, no. 5, fol. 68［7］(1290, X, 14).

(118) ACA, Cancillería, Varia de Cancillería, no. 5, fol. 68［7］v (1290,［X］).

(119) パスクアル・デ・リルゴスは，ACA, Cancillería, Varia de Cancillería, no. 5, fol. 76［-］(1292, IX, 24), 93［29］(1300, II, 11). ロペ・デ・アダンについては，ACA, Cancillería, Varia de Cancillería, no. 5, fol. 94［30］(1300, II), 97［33］v (1300, III, 31).

(120) ACA, Cancillería, Varia de Cancillería, no. 5, fol. 76［-］(1292, X, 13).

(121) AHN, Códice 648, no. 338, pp. 301-302 (1297, IX, 29).

(122) ACA, Cancillería, Varia de Cancillería, no. 5, fol. 76［-］v (1292,［XI, 3］).

(123) AHN, Códice 648, no. 384, pp. 333-334 (1297, II, 9).

(124) ACA, Cancillería, Varia de Cancillería, no. 5, fol. 101［37］v (1302, III, 8), 103［39］(1302, III, 7).

(125) ACA, Cancillería, Varia de Cancillería, no. 5, fol. 203［39］(1302, III, 7).

(126) AHN, Códice 648, no. 384, pp. 333-334 (1297, II, 9).

(127) ACA, Cancillería, Varia de Cancillería, no. 5, fol. 86［22］v (1297, IV, 2). メンガなる女性は，小麦売主に含まれるアパリシオ・バラチーナ（表中の11）の妻メンガ・ラ・バルバであろうか。両人は1279年にコメンダドールからビジェルの菜園を貸与され，1294年には夫が妻に同地の家屋を贈与する一方，夫婦で同地の家屋用地をフアン・カルベットに売却，妻単独では1293年にやはり同地の葡萄畑をペロ・ガルセスに売却している。AHN, Códice 648, no. 367, p. 326 (1279, III, 21)；ACA, Cancillería, Varia de Cancillería, no. 5, fol. 78［-］(［1293］, X, 15), 79［15］v (［1294］, VI, 21), 79［15］v (［1294］, IX, 17), 79［15］v (［1294］, IX, 17).

(128) ACA, Cancillería, Varia de Cancillería, no. 5, fol. 64［3］v (1278), 62［1］v (1287, I, 18), 62［1］(1287, II, 11), 62［1］(1287, II, 20), 61［-］(1287, XI, 29), 66［5］v (1290,［III］).

(129) ACA, Cancillería, Varia de Cancillería, no. 5, fol. 66［5］(1290, I, 8), 90［26］v (1299, IX, 7), 95［31］(1300, I, 11), 95［31］v (1300, I, 24), 92［28］v (1300, I, 24), 92［28］v (1300, I, 24), 95［31］v (1300, I, 26), 92［28］v (1300, I, 29), 92［28］v (1300, II, 2), 96［32］(1300, II, 2), 96［32］(1300, II, 2-8), 99［35］v (1302, I, 6), 100［36］v (1302, II, 3), 100［36］v-101［37］(1302,［II, 5］).

(130) これが当時，どれほど高いと認識されたかは，『テルエルのフエスの年代記』（Crónicas de los jueces de Teruel），1313 年 4 月 17 日～1314 年 4 月 9 日の記述が参考になる。同年代記には 4 写本が伝来していて（それぞれテルエル市立文書館，テルエル県立歴史文書館，カタルーニャ図書館，国立歴史文書館に所蔵），記述の形式そのものはさまざまながら，いずれも小麦価格がきわめて高額であったことを伝えている。それぞれ，「小麦がファネーガあたり 8 ソリドゥスに高騰した」（Puyo trigo a VIII sueldos la fanega），「同年小麦が 8 ソリドゥスときわめて高額であり，それまでみたことがないものだった」（Esti año fue muy caro et fuert et valio el trigo a ocho sueldos, lo que nunca se a visto），「同年高額であった」（Fue el año caro），「同年小麦が高額だった」（Fue anno caro de pan）というのである。F. López Rajadel, *Crónicas de los jueces de Teruel (1176-1532)*, Teruel, 1994, pp. 126-127. なお，『年代記』にはこのほかにも，小麦・ライ麦・大麦・燕麦，ワイン，オリーヴ油，蜂蜜，雌鶏，卵といった食糧の価格が各所に記録されており，このあたり，テルエルの寡頭支配層の筆頭格であるフエスの歴任者が自らの支配の正当性を持続的に再生産するために，まずもってなにに注意を払わなくてはならなかったかを如実に示している。1238 年のバレンシア征服以降，テルエルの軍事的・戦略的重要性が低下するなかで，彼らエリート層が共同体の共通善を代表する方法は，もはや外敵の脅威に対抗する物理的かつ軍事的な暴力ではなく，むしろ共同体の内的な危機，わけても食糧不足への円滑な対処に求められるようになったのである。A. Ríos Conejero, El poder de la oligarquía urbana de Teruel durante la Baja Edad Media, *Aragón en la Edad Media*, no. 27, 2016, p. 277.

(131) C. Laliena Corbera, Développement économique, marché céréalier et disettes en Aragon et en Navarre, 1280-1340, *Les disettes dans la conjuncture de 1300 en Méditérranée occidentale*, Rome, 2011, pp. 277-308.

(132) 王権は，征服期のアルバラシンやカスティーリャ王国向けの穀物の輸出禁止令を発給する一方，テルエル当局が自ら発布した域外輸出禁止条例に対しては，とくにバレンシア王国向けに穀物輸出を許可するよう命じている。CTEM, doc. no. 166 (1282, V, 7), 181 (1283, VII, 11), 185 (1283, XI, 16).

(133) 王権は 1291 年，トルモンに向けて穀物の輸出を許可するようテルエル当局に命じている。CTEM, doc. no. 225 (1291, XII, 30).

(134) A. J. Gargallo Moya, *El Concejo de Teruel en la Edad Media, 1177-1327, vol. II : La población*, Teruel, 1996, pp. 444-457.

(135) ACA, Cancillería, registro 106, fol. 71 (1297, XI, 4) : « propter inopia quam paciuntur et propter carestiam bladii et aliarum victualium » ; CTEM, doc. no. 296 (1301, I, 8) : « Cum homines universitatis Albarracini et aldearum suarum indigeant victualibus et propterea pro parte eorum fuerit nobis humiliter supplicatum » ; ACA, Cancillería, registro 127, fol. 95-95v (1303, IV, 22) : « propter inopia quam paciuntur et propter carestiam bladii et aliarum victualium ».

(136) ACA, Cancillería, registro 125, fol. 107v (1302, X, 19).

(137) この場合にも，同人はアルバラシン当局からある種の報奨金ないしは手数料を受領したものと想定される。本来この種の報奨金ないし手数料は史料に残ることがきわめてまれであるが，1351～1352 年に穀物危機に直面したバレンシアには，自市に優先的に穀物を供給した商人に支払われた，クラバリア（claveria）と呼ばれる手数料の支払目録（Llibre de claveria）が例外的に伝来している。A. Rubio Vela, Trigo de Aragón en la Valencia del trescientos, *Crecimiento económico y formación de los mercados en Aragón en la Edad Media*

(*1200-1350*), Zaragoza, 2009, pp. 319-367.

(138) 前述のように，1289年のバイリア家産申告目録の段階では，四大バイリアのうちビジェルのみでワインがみられることを想起しよう。J. Miret i Sans, Inventaris, p. 66. なお，この種の域外ワインの持ち込み禁止にかかわる条例は，カンタビエハのバイリアにおいてもやや遅れて1348年にトロンチョンのコンセホが発布したものが知られている。AMT, Pergaminos, no. 35 (1348, VI, 11) : « otro uino de culida de otro lugar noy pueda ni ydeua entrar ».

(139) 当該木材市場は，ランブラが本来河川・水路を意味することから，後述するように木材の搬出経路であるグアダラビアル川が最終的にバレンシア市街の南側に到達したあたりで開設されたものと想定される。

(140) 現行のメートル法換算は，下記にしたがった。P. Lara Izquierdo, *Sistema aragonés de pesos y medidas. La metrología histórica aragonesa y sus relaciones con la castellana*, Zaragoza, 1984, p. 196.

(141) イベリア山地の木材を河川の流路に沿って地中海沿岸部まで搬送する事業は，イスラーム統治下から行われていたものと想定される。グアダラビアル川の例は知られていないものの，とくにシュケル川を介して造船資材となる木材が地中海沿岸まで搬出されたことを，12世紀の地理学者イドリーシーが伝えている。すなわち，「クエンカらから3日のところにあるカラサは，無数のマツが密生する山脈の斜面に立地する。伐採された木材は水流によりデニアおよびバレンシアへと下る。すなわち，それらの木材はカラサ川（シュケル川）を介してアルジーラまで，そこからクリェラの城塞で地中海まで下るのである。その後，それらはデニアまで船で運搬され，そこで船舶の建造に使われる」。R. Dozy et M. de Goeje, *Description de l'Afrique et de l'Espagne*, Leyden, 1968, p. 231 et 237-238 ; R. Azuar Ruiz, La taifa de Denia en el comercio mediterraneo del siglo XI, *Anales de la Universidad de Alicante. Historia medieval*, no. 9, 1992-1993, pp. 39-52.

(142) DJI, doc. no. 1552 (1268, I, 30).

(143) M. T. Ferrer i Mallol, Boscos i deveses a la Corona catalanoaragonesa (segles XIV-XV), *Anuario de estudios medievales*, no. 20, 1990, pp. 511-514.

(144) DJI, doc. no. 1552 (1268, I, 30) : « quod quilibet homines volentes aportare fustam ad civitatem Valencia, possint eam scindere minutam, scilicet et grossam et facere scindi in quibuscunque locis regni Valencie et apportare per rivum de Godalaviar et de Xuquar et per quelibet alia loca dicti regni salve et franque ac libere sine contradictu alicuius persone, secundum quod in foro Valencia continetur... permitatis eos eam aportare franque et libere et sine aliqua lezda et pedatgio ».

(145) J. Caruana Gómez de Barreda, Una relación inédita de jueces de Teruel, *Cuadernos de historia Jerónimo Zurita*, no. 14-15, 1963, p. 234. 彼は1309年にも，テルエルのコンセホの代表者の一角を占めている。CTEM, doc. no. 313 (1309, V, 23).

(146) ACA, Cancillería, registro 117, fol. 77v (1300, V, 15).

(147) AHN, OM, carpeta 694, no. 5 (1271, VIII, 8).

(148) ACA, Cancillería, registro 123, fol. 42 (1302, V, 5).

(149) ACA, Cancillería, registro 203, fol. 126 (1306, III, 7).

第 6 章　サラゴーサ司教領の定住・流通・空間編成

(1) CPRA, doc. no. 142 (1202, IV, 30).

(2) CPRA, doc. no. 144 (1202, VI).

(3) CPRA, doc. no. 145 (1203, X, 5).

(4) F. J. Solsona Benages, *Estudio toponímico del término de Puertomingalvo (Teruel)*, Castelló de la Plana, 2001, p. 30.

(5) CPRA, doc. no. 146 (1204, I).

(6) DAII, doc. no. 300 (1180, V).

(7) DAII, doc. no. 317 (1180, XII).

(8) DAII, doc. no. 479 (1188, X).

(9) DAII, doc. no. 658 (1196, IV).

(10) ACA, Cancillería, pergaminos de Alfonso II, no. 724 (1196, III).

(11) AHN, OM, carpeta 684, no. 87 (1221, I).

(12) R. Viruete Erdozáin, Los documentos de la Orden militar de Alcalá de la Selva según los cartularios de la abadía aquitana de la Sauve-Majeure, *Revista de historia Jerónimo Zurita*, no. 80–81, 2005–2006, pp. 69–97.

(13) CPRA, doc. no. 151 (1208, III, 6).

(14) F. J. Solsona Benages, *Estudio toponímico*, p. 30.

(15) CSSZ, doc. no. 1282 (1261, XI, 19) : « defesam pro tructis in rivo scilicet a molendino nostro quod est a las Covas de Domingo Arquero usque ad pontem de Castelbispal ».

(16) AHN, OM, carpeta 684, no. 87 (1221, I).

(17) CEA, doc. no. 44 (1217, V, 31).

(18) CEA, doc. no. 49 (1220, VIII).

(19) J. M. Ortega Ortega, Mercado sin competencia : poblamiento, trashumancia y escenarios de intercambio en el horizonte de 1300. El caso del Aragón meridional, *Crecimiento económico y formación de los mercados en Aragón en la Edad Media (1200–1350)*, Zaragoza, 2009, pp. 279–285 ; CSSZ, doc. no. 1282 (1261, XI, 19).

(20) CSSZ, doc. no. 1282 (1261, XI, 19).

(21) CTEM, doc. no. 44 et 45 (1262, V, 8). このとき国王はテルエルの全属域村落に，テルエルのコンセホと締結したあらゆる合意を遵守するよう命じている。すなわち，テルエルの住人が属域内の入植対象地を決定し，入植事業にかかわる支出は属域村落が 4 分の 3，テルエルが 4 分の 1 を負担するというものである。

(22) CPRA, doc. no. 205 (1262, IX, 11) : « asin damos a vos sobredichos quinoneros que los ayades poder de quinonar e departir e de poblar en aquel logar o en aquellos do a vos fuere mellor visto e mas convenient de fer puebla o pueblas a serviçio de nostro senor el rey e a ondra del conceyo de Teruel e a pro de los pobladores de aquel logar o de aquellos ». なお，ノゲルエラス (locum qui dicitur Noguerolas) そのものは，その領有権をめぐって 1264 年 2 月からテルエルのコンセホと貴族ギリェルモ・デ・プエージョとの一連の紛争の対象となっている。コンセホはそれが自らの属域に含まれるものと主張し，ギリェルモは本来の領主であるタラソーナ司教から保有したものであると主張したのである。最終的に同年 3 月，王権はそれがそもそもタラソーナ司教に帰属するものではないとして，テルエルの主張を全面的に認めている。CTEM, doc. no. 62 (1264, II, 10), 63 (1264, II, 13), 66 (1264, III, 24).

件のペーニャ・カルバはすでにこの段階で，分配人の活動をつうじてノゲルエラスとその名をあらためたのかもしれない。

(23) CPRA, doc. no. 208 (1265, VI, 5).

(24) CPRA, doc. no. 215 (1270, III, 26).

(25) CTEM, doc. no. 2 (1177, X, 1).

(26) CTEM, doc. no. 74 (1267, XI, 6). アルベントーサはもともと，1195 年以前に国王アルフォンソ 2 世によって，既存ならびに将来建設される全教会がテンプル騎士団に寄進された城塞である。DAII, doc. no. 631 (1189-1194). ヒメノ・ペレス・デ・アレノスは同地に対する騎士団の権利を授封されていた。彼はまた，1250 年に同騎士団領カステリョーテで生じた紛争では，プロヴァンス＝ヒスパニア支部長ギリェルモ・デ・カルドーナとともに判決を下す側に立っている。CETC, doc. no. 13 (1250, V, 22). アラゴン大法官マルティン・ペレスが主宰した 1263 年の裁判で，彼はアルベントーサほかの領有権をめぐって，自らの支配拠点アレノスがバレンシア王国に属することから，バレンシアのフエロにそくした裁定を求めたが，テルエルはむろん自前のフエロにそくした裁定を要求し，互いの主張が鋭く衝突している。CTEM, doc. no. 61 (1263, XII, 11). 1267 年 7 月，王権はアラゴン王国最南端のアベフエラをテルエルのコンセホ要職を歴任したフアン・サンチェス・ムニョスに賦与するとしたが，この段階ではアルベントーサ住人が同地を占有しているので，裁判によってテルエルのコンセホがそれを獲得するのを待たなくてはならないとしている。CTEM, doc. no. 72 (1267, VII, 19). それゆえ，ひとまず子ブラスコ・ヒメネス・デ・アレノスとの和解が成立したとはいえ，アルベントーサにかぎってはテルエルの属域支配に即座に統合されたわけではない。実際，1270 年 4 月，テルエルのコンセホは，ブラスコ・ヒメネス・デ・アレノスの財産管理人である兄弟フアン・ヒメネスが同城塞およびウィラを不正に領有しているとして，国王法廷の裁判官アルベルト・デ・ラバーニアの裁定を仰いでおり，その結果，ようやく自らの領有権が認められるところとなっている。CTEM, doc. no. 87 (1270, IV, 29). だが，上級領主であるテンプル騎士団との和解にはさらに 1 年を要しており，1271 年 3 月の調停では，テルエルのコンセホが，アルベントーサを筆頭にテンプル騎士団領に与えた損害の賠償として 1000 マラベディを支払うよう命じられている。AHN, Códice 648, no. 61bis, p. 61 (1271, III, 24) et 65, pp. 66-67 (1271, IV, 1). これを不服としたコンセホは同年 6 月に即座に 2 名の代理人を任命し，あらためて国王法廷に訴え出る構えをみせている。CTEM, doc. no. 95 (1271, VI, 29). 結局，両者が最終的な合意にいたったのは同年 7 月であり，アルベントーサの教会は従来どおりテンプル騎士団，村域そのものはテルエルの属域に帰属するとする合意内容が，王権により確認されたのは 9 月のことであった。CTEM, doc. no. 99 (1271, VII, 20 et IX, 11).

(27) CTEM, doc. no. 76 (1268, I, 23).

(28) CTEM, doc. no. 78 (1268, IX, 2).

(29) DAII, doc. no. 606 (1194, IV).

(30) CTEM, doc. no. 79 (1269, IV, 30).

(31) CTEM, doc. no. 84 (1270, III, 22).

(32) CTEM, doc. no. 81 (1269, VI, 17).

(33) CTEM, doc. no. 64 (1264, II, 15). テルエルのコンセホは，銀 500 マルカの賠償金支払いと，サラゴーサ司教に納付すべき教会十分の一税の納付再開を義務づけられている。そ

の3日後，国王ハイメ1世が仲裁裁定の内容を確認している。CTEM, doc. no. 65 (1264, II, 18).

(34) CSSZ, doc. no. 1282 (1261, XI, 19).

(35) « nos demus vobis iusticiam sive judicem et alcaldes sive iuratos ».

(36) « ut omnes cause que per iustitiam seu iuratos castri predicti debuerint iudicare iudicentur et terminentur secundum forum Turolii quod nunc habent et si contingerit forum mutari volumus quod iudicentur et terminentur cause vestre secundum forum quod ville et aldee Turolii concedetur ».

(37) « duas partes caloniarum et bannorum tercia parte calumniarum sive bannorum dampnus passis sive iniuriam reservata ».

(38) « nullum bannum sive cotum sine licentia nostri vel nostri alcaldi facere valeatis ». ここではアルカルデとなっているが，コンセホ要職のアルカルデではなく，むしろサラゴーサ司教から城塞を保有するアルカイデを指すものと理解すべきであろう。

(39) ACA, Cancillería, registro 80, fol. 42 (1289, VIII, 25) : « Similiter fuit missa nobili P. Jordani de Penna que desemper et tradar predicto episcopo castrum et uillarum de Linares et Portum de Uengalbon ».

(40) AML, Pergaminos, no. 1 (1317, VII, 2).

(41) AML, Pergaminos, no. 2 (1333, VII, 13).

(42) AMP, Documentación notarial, Judiciario, doc. 45, fol. 4v–8v (1320), doc. 46, fol. 18v (1325) ; Protocolo, doc. 7, fol. 6–7 (1330).

(43) AMP, Documentación notarial, Protocolo, doc. 6 (1326–1329).

(44) AMP, Documentación notarial, Protocolo, doc. 13, fol. 6v (1343) ; doc. 15, fol. 1v (1347, IV, 19), 2 (1347, V, 3), 2–2v (1347, V, 4), 2v–3 (1347, V, 9), 3v–4 (1347, V, 12), 4 (1347, V, 12, 15, 16).

(45) AMP, Documentación notarial, Protocolo, doc. 15, fol. 12–12v (1347, VI, 18).

(46) AMP, Documentación notarial, Protocolo, doc. 15, fol. 13v–14 (1347, VI, 23).

(47) AMP, Concejo, doc. 2 (1362), fol. 6v : « façen Juhan Castellar e Juhan Galen de la misión que ficieron al convit que convido el concello Arnalt de Francia quando vino al Puerto la primera vegada ».

(48) AMP, Documentación notarial, Judiciario, doc. 36, fol. 11 (1316, XI, 24). なお，司祭マルティン・カステリャールは14世紀前半をつうじて，金銭貸付，穀物購買，家畜売却，家畜用益パートナーシップ契約に精を出した富裕かつ有力な同地住人の一人である。わけても1333～1334年に同定される公証人登記簿8番（全64葉）は事実上，彼を債権者とする証書群のみの集成となっている。AMP, Documentación notarial, Protocolo, doc. 8 (1333–1334).

(49) とくに現状のカタログ上ではフスティシア法廷記録に分類されているものの，その内実は公証人登記簿そのものである34番に含まれる18点の証書で，この肩書きをともなって登場する。AMP, Documentación notarial, Judiciario, doc. 34 (1315–1316). このほかの公証人登記簿およびフスティシア法廷記録ではこの肩書きはみられないが，その筆から判断して，それぞれ異なる公証人が作成した可能性があることから，肩書きを付すかは各公証人の判断に委ねられたものと考えられる。それゆえ，彼が一貫して司教の貢租徴収人の職務を任ぜられた可能性も十分にありえよう。

(50) AMP, Documentación notarial, Judiciario, doc. 34, fol. 30v (1315, X, 21), 30v (1315, X, 21), 32 (1315, X, 27), 32 (1315, X, 27), 39 (1315, XI, 24), 39 (1315, XI, 24), 41 (1315, XII, 3), 42 (1315, XII, 14), 44 (1315, XII, 16), 44v (1315, XII, 16), 44v (1315, XII, 19), 45v (1315, XII, 22), 45v (1315, XII, 23), 47 (1316, I, 5), 53 [52] (1316, II, 10), 56bis (1316, III, 17), 57 (1316, III, 17), 59 (1316, IV, 5). なお，それが個人消費かをめぐっては，少々年代が下る1322年，ペロ・エフルベの妻マリアが，「わたしが10ヶ月間に自宅で食した小麦」(trigo que yo comi en nuestra casa en X meses) が2.5カイースであったとの所見を参考までに挙げておこう。AMP, Documentación notarial, Judiciario, doc. 48, fol. 5 (1322, IV, 20). 彼女の父はドミンゴ・サンポル，夫はペロ・エフルベで，いずれも同地のコンセホ要職者を輩出した有力家族である。

(51) AMP, Documentación notarial, Protocolo, doc. 1, fol. 3v (1311, III, 24) ; Judiciario, doc. 35, fol. 9, 9-9v et 9v (1312, V, 28).

(52) AMP, Documentación notarial, Protocolo, doc. 15, fol. 59v (1347, XI, 26).

(53) AMP, Documentación notarial, Protocolo, doc. 15, fol. 59 (1347, XI, 15).

(54) AMP, Documentación notarial, Judiciario, doc. 45, fol. 4v-8v (1320) ; doc. 46, fol. 18v (1325, VIII, 18). 1325年に発給されたものはとくに，同時期の穀物価格の高騰をうけた，穀物 (civera) の村外持ち出しを禁止する条例である。

(55) AMP, Documentación notarial, Judiciario, doc. 48, fol. 6 (1322, VI, 24). アルカイデが，コンセホに対して30カイースの小麦を，カイースあたり26ソリドゥス，合計780ソリドゥスで調達するよう委託し，コンセホがこれに応じたものである。

(56) ただし，プエルトミンガルボの公証人文書では，フスティシア法廷記録と公証人登記簿とのカタログ上の分類は明らかに不十分なものとなっている。実際，フスティシア法廷の結審にいたるあらゆる経緯や関係者を日にちごとにもらさず記録した，語の真の意味でのフスティシア法廷記録と呼びうるものは，現在フスティシア法廷記録に分類される28番以降のうち，42番 (36葉，1319～1320年)，44番 (90葉，1320年)，45番 (40葉，1320年)，49番 (30葉，1325～1328年) のみである。逆に，公証人登記簿に分類される14番 (81葉，1346年) は，それらと同じく明らかにフスティシア法廷記録の体裁をとっている。それ以外は，分類上区別されているにもかかわらず，いずれも事実上公証人登記簿と同様の体裁を示している。詳しくは，補論3を参照されたい。

(57) AMP, Documentación notarial, Judiciario, doc. 35, fol. 9 (1312, V, 27) ; doc. 36, fol. 15v (1317, II, 3) ; doc. 43, fol. 10v-11 (1320, IV, 6), 11 (1320, IV, 6), 18 (1320, V, 13?) ; doc. 31, fol. 19 (ca. 1344, IX, 29) ; Protocolo, doc. 8, fol. 11v (1334, I, 14) ; doc. 15, fol. 2 (1347, V, 4), 52 (1347, X, 27) ; doc. 10, fol. 47v (1348, III, 10).

(58) AMP, Documentación notarial, Judiciario, doc. 35, fol. 23-23v (1312, IX, 8) ; doc. 34, fol. 8 (1315, IV, 20), 15 (1315, IV, 6), 44 (1315, XII, 16), 54v (1316, III, 3). アルカイデが買主となった場合には，フスティシアとともに事におよんだようである。AMP, Documentación notarial, Judiciario, doc. 48, fol. 6 (1322, IV, 24).

(59) AMP, Documentación notarial, Judiciario, doc. 36, fol. 12 (1316, XI, 30). プエルトミンガルボ住人ベルナット・パラレスは，フスティシアのミゲル・ソルソーナ，誓約人ベレンゲール・ダレニスおよびアパリシオ・モラから，集落の城壁に穿たれた空洞を埋める補修工事を経費90ソリドゥスで請け負った。とはいえ，彼は結局工事を進めなかったのでフスティシア法廷に出頭を命じられ，事業と経費そのものをフアン・フォルクに全面的

に譲ることに同意している。

(60) 前章で述べたように，国王ハイメ1世，わけてもペドロ3世は13世紀後半にさまざまな名目で租税，とくに直接税を強権的に導入し，度重なる戦費の調達のために13世紀末にかけて増強一途であったが，じつはこうした動向こそが自立的なコンセホ財政の成立と不可分に結びついている。そもそも租税徴収権は国王大権の一部であるが，13世紀に導入された一連の租税はいずれも個人ではなく都市・村落・所領単位で集団的に賦課されたため，租税の分担と実際の徴税はコンセホによって担われることとなった。なかでも，13世紀中葉に定着し，増額の一途をたどったペイタ（peyta）ないしペチャ（pecha）（カタルーニャではとくにケスティア〔questia〕）は，財産査定に基づく典型的な直接税である。たとえば，テルエルとその属域村落の場合は，テルエルそのものは免除される一方，その属域村落が1万2000ソリドゥスを集団的に負担し，3回にわたって分割納付することとなっている。CTEM, doc. no. 31 (1258, VI, 16), 154 (1281, VI, 21). 本来はピレネー山系で領主の「貢租」を意味したペイタは，王権と都市・村落との関係では国王という領主の「貢租」でありながら，コンセホと住人との関係では分担者の財産規模が入念に調査されて割り当てられるため，コンセホに対する事実上公的な「租税」という性格をもつことになった。最終的には，都市・村落から王権への臨時の援助金ではなく，コンセホが徴収した租税総額を王権と分割するという形式がとられたので，ここにコンセホの「隠された財政」が成立するのである。C. Laliena Corbera, El impacto del impuesto sobre las economías campesinas de Aragón en vísperas de la Unión (1277-1283), *Dynamiques du monde rural dans la conjoncture de 1300 : échanges, prélèvements et consommation en Méditerranée occidentale*, Rome, 2014, pp. 561-604 ; id., Dinámicas de crisis : la sociedad rural aragonesa al filo de 1300, *La Corona de Aragón en el centro de su historia, 1208-1458 : aspectos económicos y sociales*, Zaragoza, 2010, pp. 61-88 ; J. Medrano Adán, *Puertomingalvo en el siglo XV. Iniciativas campesinas y sistema social en la montaña turolense*, Teruel, 2006, pp. 15-38. なお，サラゴーサ司教領であるプエルトミンガルボはもともと，テンプル騎士団領ビジェルと同様に，やはり所領・村落単位で集団的に賦課される宿泊税（セナ〔cena〕）の負担を免れなかった。1284年12月には，隣接するカステルビスパルとともにハカ貨で900ソリドゥスを徴収されている（同じくサラゴーサ司教領のリナレス・デ・モラは単独で700ソリドゥス，ホルカスは500ソリドゥスとなっている）。ACA, Cancillería, registro 51, fol. 22 (1284, XII, 26). その直後の1285年にウエスカ，ついでスエラで開催されたウニオン集会では，リナレス・デ・モラ，カステルビスパル，ホルカスとともに，本年は全体で1900ソリドゥスの納付を要求されているとして，租税の正当性と高額さをめぐって王権に代理人をたてて陳情している。これに対して王権は，あくまでもそれは慣習によるものと回答し，それを一蹴している。L. González Antón, *Las Uniones aragonesas y las Cortes del reino (1283-1301)*, vol. II : Documentos, Zaragoza, 1975, p. 82. 14世紀後半のプエルトミンガルボのコンセホ会計記録やペイタ賦課の基礎をなす住人財産申告・査定記録（libro de la manifestación）では，各住人の財産がリブラ単位で査定され，リブラあたり約2ソリドゥスのペイタが賦課されることとなっている。AMP, Concejo, doc. 3 (1362), fol. 2v : « Item daron por conto que se avie tirado de las letras del libro de la peyta por su sagrament CC XXX VIII liuras e mialla que montan que se deven abatir de lo que avien atornar a concello los ditos jurados — CCCC LXX VII sueldos ». なかでも比較的良好なかたちで伝来する1358年の会計記録では，本来は「セナ徴収人」を意味するデセネロ（dezenero, adezenero），あ

るいは「ペイタ徴収人」（pechero）や単に「徴収人」（acogedor）に任命された 8 名が同地住人の財産全体をそれぞれ八つに分割して担当し，8 月から翌年の 4 月にかけて数度に分けて徴収・納付するというかたちをとっている。たとえば，8 名のうちペロ・サンチェスは 9 月 9 日に 150 ソリドゥスを徴収・納付し，最終的な年間徴収合計額は 1165 ソリドゥスとなっている。AMP, Concejo, doc. 4 (1363), fol. 5 : « Item recebí de Pero Sanchez della pecha quel quoge como adezenero a IX días de setienbre — CL sueldos », fol. 10v : « Item recebí de Pero Sanchez dezenero della pecha quel quoge por concello — mil CLX V sueldos ». 他方，近隣のモスケルエラやリナレス・デ・モラに住む同地の出身者（herederos）からの徴収は，もっぱら二人の誓約人のうちの一人フアン・モレータによって担当されている。なお，当該会計記録はカタログ上，1363 年とみなされていて，唯一これをとりあげたハビエル・メドラーノ・アダンもその判断に準じているが，これは収入・支出各セクション冒頭の年代表記にあるローマ数字の明らかな誤読によるものであり，1358 年とするのが正しい（明らかに M. CCC. L. VIII. となっているところを，どうしたことか誤って M. CCC. LX. III. と読んでいるのである）。J. Medrano Adán, *Puertomingalvo*, pp. 68–69.

(61) AMP, Documentación notarial, Protocolo, doc. 15, fol. 28v–29 (1347, VIII, 1).

(62) AMP, Documentación notarial, Protocolo, doc. 15, fol. 52 (1347, X, 27), 66v (1347, XII, 18).

(63) AMP, Documentación notarial, Judiciario, doc. 45, fol. 5v (1320, IV, 13).

(64) AMP, Documentación notarial, Protocolo, doc. 7, fol. 6 (1330, IV, 3).

(65) J. Medrano Adán, *Puertomingalvo*, pp. 19–20. なお，保存状態がきわめて悪く，網羅されたはずの情報の相当程度が欠落する，14 世紀末（おそらく 1394 年とおぼしい）の住人財産申告・査定記録では，ポマ家のアントン・ポマの財産規模が 217.5 リブラと突出していて，これにつづくのが，ノウ家のペロ・ノウの 190 リブラとなっている。AMP, Concejo, doc. 5 (s. XIV), fol. 14–15.

(66) E. Sarasa Sánchez, *El Privilegio General de Aragón. La defensa de las libertades aragonesas en la Edad Media*, Zaragoza, 1984, p. 84 : « todos los de los villeros de Aragón den e paguen segund que costumpnaron en tiempo quel seynor rey don Jayme finó, es asaber peytas, cavallerías, senas, acemblas, calonias, tributos, huest e monedage ». ペイタまたはペチャ（pecha）については本章註 60 を参照のこと。カバリェリアは本来貴族の封のことであり，ペイタ負担対象には含まれず，これとは別に一律 500 ソリドゥス（ときにその半額）を賦課され，保有者の懐に入れることが許された。アセンブラまたはアセミラ（acémila）は，王権への軍事奉仕に参与する貴族が必要とした運搬家畜の供出である。罰金は，国王裁判により課された罰金収入であり，一般に全体の 3 分の 1 が王権の手元に徴収された。軍役または軍役代納税は，つづくペドロ 3 世の治世に租税収奪の中核の一つをなすにいたる。宿泊税（cena）ならびにモネダティクム（monedaticum）またはモラベディ（moravedí）については，第 5 章註 49 を参照されたい。

(67) C. Laliena Corbera, El impacto del impuesto, pp. 561–604.

(68) C. Laliena Corbera, Transformación social y revolución comercial en Aragón : treinta años de investigación, *Una economía integrada. Comercio, instituciones y mercados en Aragón, 1300–1500*, Zaragoza, 2012, pp. 15–18.

(69) C. Laliena Corbera, Licencias para la exportación de cereal de Aragón y Cataluña a mediados del siglo XIII, *Aragón en la Edad Media*, no. 20, 2008, pp. 445–456.

(70) C. Laliena Corbera, El impacto del impuesto, pp. 561–604.

(71) E. Sarasa Sánchez, *El Privilegio General*, pp. 86–87 : « Item, peages nuevos que non sean dados, especialment de pan e de vino que lievan con bestias, nin de ninguna moneda nin de ningunas otras cosas que usadas non fueron de dar peage en Aragón ». 1283 年 10 月に合意された「アラゴン総特権」のなかで，とくに問題視されているのが，家畜を用いて運搬される穀物およびワインに賦課された新たな通行税である。

(72) *Ibid.*, p. 82 : « Que el senynor rey observe e cofirme fueros, costumpnes, usos, privilegios e cartas de donaciones e de camios del regno de Aragón e de Valencia e de Ribagorça e de Teruel ».

(73) *Ibid.*, p. 82–83 : « Item, que todos los del regno de Aragón usen como solían de la sal de qual que más se querrán de los regnos e de toda la senynoría del senynor rey de Aragón de aquella que más se querrán ; et quend vendan los qui salinas an assí como solían antigament ; et aquellos qui per fuerez vendieron sus salinas e se tienen por agreviados que las cobren e que usen de aquéllas como solían, ellos empero tornando el precio quend recibieron ».

(74) *Ibid.*, p. 83 : « Item, del feito de la quinta que nunqua se díe en Aragón fueras por priegos a la vuest de Valencia, que d'aquí adelant nunqua se die de nengún ganado ni de nenguna cosa ».

(75) *Ibid.*, p. 84 : « todos los de los villeros de Aragón den e paguen segund que costumpnaron en tiempo quel seynor rey don Jayme finó, es asaber peytas, cavallerías, senas, acemblas, calonias, tributos, huest e monedage ».

(76) *Ibid.*, p. 86 : « Item, las cartas que salrran del escrivanía del seynor rey que ayan precio convinent ».

(77) *Ibid.*, p. 86 : « Item, los escrivanos e los corredores de las ciudades e de las villas sean puestos por los iurados e por aquellos que costumpnaron de meterlos menos de treudo segunt que avían husado antigament ».

(78) *Ibid.*, p. 86 : « Item, de las alfondegas que no y vayan a posar christiano ni moro si non sequieren ».

(79) *Ibid.*, p. 86–87 : « Item, peages nuevos que non sean dados, especialment de pan e de vino que lievan con bestias, nin de ninguna moneda nin de ningunas otras cosas que usadas non fueron de dar peage en Aragón ; e que los peages que tornen e que se prengan en aquellos lugares que antigament se solían prendar e no en otros ; et los omnes que vayan por los caminos que vayan por quales lugares queran, dando todo su drecho al seynor rey o aquellos que avrán el peage de todas aquellas cosas de dar devran ».

(80) AHN, Códice 661, pp. 1–4［CPRA, doc. no. 168］(1225, IV).

(81) AHN, Códice 660, pp. 18–20 (1255, IX, 11).

(82) DJIA, doc. no. 99 (1256, X, 6).

(83) ACA, Cancillería, registro 14, fol. 143 (1272, I, 16).

(84) AHN, Códice 594, no. 3, pp. 4–5［CETC, doc. no. 3］(1268, III, 19).

(85) ACA, Cancillería, registro 192, fol. 110 (1292, IV, 12).

(86) CSSZ, doc. no. 1282 (1261, XI, 19).

(87) CTEM, doc. no. 149 (1281, V, 6). サリオンには，テルエルと同じく国王商品取引所が創設された。国王ペドロ 3 世は 1282 年，1050 ソリドゥスを融通してくれたテルエルのユダヤ人ヤコブ・アビンロドリーゴに対して，その弁済のためにテルエルとサリオンの商品取引所からあがる全収入（universis redditibus et exitibus alfondicorum nostrorum de Turolio et de Sarrion）を与えている。CTEM, doc. no. 168 (1282, VI, 4).

(88) ACA, Cancillería, registro 192, fol. 82 (1292, I, 21).

(89) BRAH, Colección Salazar y Castro, M-80, fol. 20 (1323, V, 27). 当該文書は，17世紀にプエルトミンガルボのフスティシアおよび誓約人が，王国全土の国王役人に対して，自らの村落が従来享受した諸特権の由来を証明するべく作成された冊子本のなかで，流通諸税・家畜通行税免除特権の箇所の冒頭に掲げられたコピーである。そこにはつづけて，国王アルフォンソ4世（1328年），フェルナンド1世（1415年）によってそれぞれ確認されたとある。

(90) ACA, Cancillería, registro 1540, fol. 12 (1354, II, 20).

(91) ACA, Cancillería, registro 913, fol. 46-53 ; AMR, Pergaminos, no. 14 (1366, IX, 1).

(92) ACA, Cancillería, registro 2204, fol. 144 (1406-1407).

(93) J. Á. Sesma Muñoz, Las generalidades del reino de Aragón. Su organización a mediados del siglo XV, *Anuario de historia del derecho español*, no. 46, 1976, pp. 393-467.

(94) C. Villanueva Morte, Entre Aragón y Valencia : Teruel y el Alto Palancia en los intercambios mercantiles de la Plena y Baja Edad Media, *Crecimiento económico y formación de los mercados en Aragón en la Edad Media (1200-1350)*, Zaragoza, 2009, pp. 233-274.

(95) テルエルの年市開設特権は次のとおりである。CTEM, doc. no. 113 (1277, II, 3) : « confirmamus vobis quod possitis facere nundinas sive feriam in Turolio quandocumque volueritis semel in anno, que duret per quindecim dies ». とはいえ，これは，国王ペドロ3世即位時のテルエルのフエロの確認文書の一規定であり，実際には父王ハイメ1世の治世にさかのぼるものと考えられる。ただ，『テルエルのフエスの年代記』では，1294年にはじめてテルエルの年市が開設されたとの記述がみられる。すなわち，それまでテルエル北西のセーリャで開設された年市が同年にテルエルに移設されたというのである。F. López Rajadel, *Crónicas de los jueces de Teruel (1176-1532)*, Teruel, 1994, pp. 116-117 : « Aquesti año començo la primera feria de Teruel et fue mudada de Cella a Teruel ».

(96) CTEM, no. 168 (1282, VI, 4). 国王ペドロ3世がテルエルのユダヤ人ヤコブ・アビンロドリーゴからハカ貨で1050ソリドゥスの融資を受けた際，テルエルとサリオンの商品取引所の全収入（omnes denarios assignamus vobis et vestris et cuy volueritis habendos et percipiendos in universis redditibus et exitibus alfondicorum nostrorum de Turolio et de Sarrion）から同人に弁済するとの契約を交わしている。

(97) AMP, Documentación notarial, Protocolo, doc. 1, fol. 1v (1311, III, 17) : « Como yo Ramon Jener atorgo dever a vos dona Menga muler que fuestes don Beltran Asensio veçina en Vila Fermosa o a los vestros o a todos ombres que por vuestro bien a mi demandara çoes a saber III kafices e medio de trigo mensura Valençia que vos prestastes renunciant a toda excepcion d'enganno del qual vos prometo responder como el Puerto se valdra el dia Pentecoste primera vinient pagar a santa Maria d'agosto primera vinient ».

(98) C. Laliena Corbera, Développement économique, marché céréalier et disettes en Aragon et en Navarre, 1280-1340, *Les disettes dans la conjoncture de 1300 en Méditerranée occidentale*, Rome, 2011, pp. 277-308 ; J. Medrano Adán, Poblamiento, ferias y mercados en el Maestrazgo turolense, siglos XIII y XIV, *Crecimiento económico y formación de los mercados en Aragón en la Edad Media (1200-1350)*, Zaragoza, 2009, p. 150.

(99) F. López Rajadel, *Crónicas de los jueces de Teruel (1176-1532)*, Teruel, 1994, pp. 126-127 : « Esti año fue muy caro et fuert et valio el trigo a ocho sueldos, lo que nunca se a visto ».

(100) *Ibid.*, p. 127 : « Valio fanega de trigo VIII sueldos ».
(101) AMP, Documentación notarial, Protocolo, doc. 2, fol. 6v (1312, V, 6).
(102) AMP, Documentación notarial, Protocolo, doc. 2, fol. 4v (1312, IV, 17).
(103) DJI, doc. no. 458 (1247, V, 8) : « statuimus quod presens moneta civitatis et tocius regni Valencie et civitatis et tocius regni Maioricarum semper sit ad legem trium denariorum, exeunte argento ad undecim denarios et obolum, et denariis predicte legis exeuntibus ad pondus decem et octo solidoum pro marcha, et quod oboli ipsorum denariorum semper sint ad legem predictam trium denariorum, exeunte argento ad undecim denarios et obolum ad pondus viginti solidorum pro marcha ».
(104) DJI, doc. no. 459 (1247, V, 8).
(105) DJIA, doc. no. 141 (1260, VIII, 12) : « moneta ternencha ad undecim denarios et obolum ».
(106) *Fororum regni Aragonum*, liber IX, en P. Savall y S. Penén, *Fueros, observancias y Actos de Corte del reyno de Aragón*, Zaragoza, 1866 (reedición facsimilar, Zaragoza, 1992), p. 330 (1307, IX, 9) : « Nobis humiliter supplicarunt quod faceremus augeri et cudi dictam monetam Jaccensem, sub eadem lege, pondere, et figura, usque ad quatuor compotos et dimidium, sic quod esset dimidius compotus obolorum. Et nos dictos quatuor compotos et dimidium faceremus cudi a festo sancti Michaelis proximi ad tres annos continue numerandos ». モネダティクム（モラベディ）は，アラゴン王国伝統のハカ貨が流通した地域で貨幣品位の維持と引き換えに賦課された通常課税である。詳しくは，第 5 章註 49 を参照されたい。
(107) F. Mate y Llopis, Del dinero de vellón al gros, en Cataluña, Valencia y Murcia. De 1291 a 1327 (Notas y documentos), *Homenaje al profesor Cayetano de Mergelina*, Murcia, 1962, p. 599.
(108) F. López Rajadel, *Crónicas*, p. 143 : « Esti sobredito año valio fanega de trigo II sueldos ».
(109) A. J. Gargallo Moya, *El Concejo de Teruel en la Edad Media, 1177-1327*, vol. II : *La población*, Teruel, 1996, pp. 444-457.
(110) AMP, Documentación notarial, Judiciario, doc. 46, fol. 18v (1325, VIII, 18).
(111) « non seya hussada nenguna persona de la villa del Puerto ni de fuera de la villa del Puerto de sachar nenguna civera de la villa del Puerto ni de sus terminos e qual quiere que lo fara et salido o provado lesa por buena verdat que pierda el pan ».
(112) « Item ordenaron que el home estranyo que la lieven al ostal ».
(113) « Item el veçino de la villa del Puerto que lo meca con testimonio et lo saque con testimonio ».
(114) « Item ordenaron que sy algun veçino aura menestrar pan por apagar sus deudos que mostrandolo alcayd et al justicia et homes buenos ».
(115) サンチョ・エフルベ，フアン・ドレス，アンドレス・ガリエン，ベルナット・ムレーリャ，ドミンゴ・タレガ，ベルト・タレガの 6 名である。
(116) 2 番と 35 番には，本来は同一の契約ながら先物取引の異なる局面で結び直されたために，内容的に重複する証書が一部含まれている。この問題は，補論 3 で詳しく検討する。ここでは，その点には目をつむり，証書の総計をそのまま件数として掲げている。
(117) 典型的にはフアン・バレンシアの例が挙げられる。同人はカステルビスパルの複数の住人と共同で小麦を売却する契約をカンタビエハ住人フアン・ドミンゴ・デ・モンソンと二度にわたり交わしているが，同時にそれらカステルビスパルの住人とフアン・バレンシアとのあいだで買主に納品するべき小麦の総量をすべて前者が負うこととする契約が取り結ばれている。これらの場合，フアン・バレンシアは自らの小麦を供出する義務

を負っていないので，共同売主のようにみえながら，じつはカステルビスパル住人と買主との窓口になっただけということになる。AMP, Documentación notarial, Protocolo, doc. 2, fol. 2v (1313, IV, 8), 2v (1313, IV, 8).

(118) ベレンゲール・ソルソーナはもともと，この時期に不在の買主としてミゲル・ソルソーナとともに頻繁に登場する同名の父とともにプエルトミンガルボに定着した人物と考えられる。

(119) AMP, Documentación notarial, Protocolo, doc. 1, fol. 2v (1311, III, 18).

(120) ホアキン・アパリシ・マルティは，ビラフランカの公証人登記簿を用いて，14 世紀後半から 15 世紀前半に，カンタビエハを中心とするアラゴンのマエストラスゴと，ムレーリャ属域村落のビラフランカを含むバレンシアのマエストラットとのあいだで，両王国の政治的境界を越えて，ヒト，モノ（羊毛，毛織物，家畜，穀物），カネが双方向的に行き交うさまを，「社会経済的浸透性」という表現をもって描き出している。とくに注目すべきは，ヒトのレヴェルの「浸透性」の高さである。すなわち，いずれかの住人でありながら双方に土地財産を所有・保有したり，同一家族成員がそれぞれ双方に分散して居住したり，それぞれの出身者が婚姻をつうじていずれかに居を定めたり，さらには職人見習い契約や家内奉公人契約など，互いに若年かつ安価な労働力の供給源となったりと，両王国間の政治的境界は一時的な行き来どころか，日常的かつ恒常的な人的「浸透性」をいささかも妨げるものではなかった。J. Aparici Martí, Ósmosis socio-económico en territorios limítrofes. La permeabilidad del Maestrazgo turolense y castellonense en los siglos XIV y XV, *Stvdivm. Revista de humanidades*, 16, 2010, pp. 39-56. 件のフアン・ドミンゴ・デ・モンソンの動向はまさしく，そうした「浸透性」を先取りしたものといえようか。ただ，わずか 1 年にも満たずして，王国どころか包含される属域もまったく異なる別の村落の住人にあまりにも容易になりおおせているようにも感じられる。時間的にやや下るが，ビラフランカと同じくムレーリャの属域村落の一つカステイフォルトの 1370 年代前半の村落条例集（Llibre d'establiments de Castellfort i aldees de Morella）には，次のような規定がある。すなわち，曰く「ムレーリャおよび属域村落の隣人（vehins, vecinos）となることを望む者はどうすれば受け入れられるか」（Rúbrica en qual manera sien reebuts aquells que·s voldran fer vehins de Morella e de les aldeyes）というルブリックにつづけて，在住 8 年に満たない域外住人は隣人として受け入れられず，ムレーリャおよび属域村落の誓約人の許可の下，しかるべき規定にそくして，財産査定にもとづきペイタを負担することで受け入れられる。ただし，カステイフォルトに必要な，すべての職人あるいはほかの職種，すなわち警備人，放牧人，通達吏は，在住期間が短期間でも，あるいは 1 年でも 2 年でも，誓約人の意志次第で受け入れられるというのである。おおよそ 60 年近くのちの規定であるから変更の可能性は十分にあるものの，当時のビラフランカにも同様の規定があったとすれば，彼はカンタビエハ住人のままで 8 年間の居住期間を満たしたか，あるいはそれこそビラフランカに必要ななにかしらの職種に就いているものと誓約人によって判断されて即座に隣人として認められたのかもしれない。E. Guinot i Rodríguez (ed.), *Establiments municipals del Maestrat, els Ports de Morella i Llucena (segles XIV-XVIII)*, València, 2006, p. 458 : « en la vila de Morella e aldees de aquella d'aquí avant no puxe ésser reebut nuyl hom strany per vehí a menys de VIII ans, e que sie reebut en liures en peyta ab convinent stimació a coneguda dels jurats de la dita vila e aldeyes que ara són ho per temps seran. …tots menestrals ho altres officiis necessariis al loch, guardià, pastor ho missatge, puexe ésser

rehebut a menys temps o a hun any o a dos o aytant com als jurats plaurà ». なお，彼は 1316 年 3 月からビラフランカ住人に転ずるとはいうものの，カンタビエハの属域村落ミランベルには 1317 年においてもなお彼の所有する耕地がみられる。このあたりの詳しい経緯については，補論 3 を参照されたい。

(121) AMP, Documentación notarial, Judiciario, doc. 34, fol. 8 (1315, IV, 20).

(122) AMP, Documentación notarial, Judiciario, doc. 34, fol. 15 (1315, VI, 6).

(123) AMP, Documentación notarial, Judiciario, doc. 34, fol. 44 (1315, XII, 16).

(124) AMP, Documentación notarial, Judiciario, doc. 34, fol. 54v (1316, III, 3).

(125) AMP, Documentación notarial, Judiciario, doc. 35, fol. 23–23v (1312, IX, 8).

(126) じつは，これらの所見は従来，コンセホによる小麦の売却ではなく，むしろコンセホによる小麦の購入・調達に相当するものと理解されてきたものである。ハビエル・メドラーノ・アダンはおそらくこれらの所見をもって，1315 年にはじめてコンセホが域外小麦の調達に乗り出したと主張している。J. Medrano Adán, Poblamiento, ferias y mercados, pp. 159–160. それは，1312〜1313 年の証書が小麦の先物取引にかかわる一般的な形式で作成されているのに対して，これらがもっぱら，代金後払い形式に読める「貨幣を負う」形式か，事前に貸与された小麦の弁済を約束する現物貸借の形式で作成されているからである。事実，4 月 20 日のドミンゴ・ナバーロとの取引では，誓約人フアン・モレータおよびペロ・ロップは「誓約人ベレンゲール・ソルソーナおよびペロ・デ・ベリョックにあなたが貸与することに合意した小麦 25 カイースにより 450 ソリドゥスを負う」，6 月 6 日のフアン・ドミンゴ・デ・モンソンとのそれも同様に，両誓約人は「20 カイースの小麦により 360 ソリドゥスを負う」こととなっている。他方，翌年 3 月 3 日の同じくフアン・ドミンゴ・デ・モンソンとの取引では，両誓約人は「エル・プエルトのコンセホにあなたが貸与した小麦 10 カイースを負い」「あなたが望む期日に現物で上記 10 カイースを与え，支払う」となっている。これらを字義どおり解釈すれば，域外住人からの小麦の調達に読めるのは確かである。だが，補論 3 で詳しく検討するように，とくに域外住人との取引では，こうした形式が文言とは裏腹に，金銭を負う側がじつは小麦の売主となるケースが往々にしてみられる。実際，ドミンゴ・ナバーロは同じ 4 月 20 日にほかにも 2 件の取引を同地住人と個別に交わしているが，それらでも以上のような形式で証書が作成されている。これと同様に，フアン・ドミンゴ・デ・モンソンもまた 6 月 6 日にほかに 4 件の取引を行っているが，やはり同じく金銭を負う形式で証書が作成されている。かりにコンセホが当事者となったものを，1 件あたりの小麦の総量が破格だからといって，字義どおり域外小麦の調達にかかわるものとみなすと，これらすべてで同地住人が個別に域外住人から小麦を調達しようとしたと解釈しなくてはならなくなってしまう。そもそも前述のように 1315〜1316 年の小麦価格は 1312〜1313 年のそれよりカイースあたり 2 ソリドゥスも低下しているばかりか（18 ソリドゥス），1315 年末から 1316 年にかけては 6 ソリドゥスもの低下をみているから（14 ソリドゥス），この時期にコンセホを含む同地住人が域外からの調達が必要なほど小麦不足にさいなまれていたとは考えがたい。となれば，コンセホはむしろまとまった量の域内小麦を調達し，これを例によって域外住人に売却したと考える方が自然であろう。コンセホが当時必要としたのは小麦ではなく，あくまでもその換金をつうじて得られる貨幣であった。1312 年においてさえ，誓約人ベルナット・モレータおよびブラスコ・ビベルは，同地在住の（estant en el Puerto）フランセスク・ダルテスから，「コンセホの財源を補うべく」（por ahuebos et

necesitas del concello del Puerto）300 ソリドゥスを借り入れている。AMP, Documentación notarial, Judiciario, doc. 35, fol. 9 (1312, V, 27). また，1316 年 10 月 21 日，誓約人ベレンゲール・ダレニスとアパリシオ・モラは，件のフアン・ドミンゴ・デ・モンソンから 100 ソリドゥスの金銭貸与を受けている。AMP, Documentación notarial, Judiciario, doc. 36, fol. 4 (1316, X, 21).

(127) 領主ないし領主役人によるこうした購買行為は，じつはこれがはじめてのことではない。すなわち，アルカイデのベルナット・ダルテスは，1311 年 3 月 24 日に 3 名の同地住人からライ麦 1 カイースを 36 ソリドゥスで購入し，翌 1312 年 5 月 28 日には同時に取り結ばれたものとおぼしき 3 件の取引で，それぞれ 8 名，10 名，11 名，合計 29 名の同地住人から，やはりライ麦をそれぞれ 11，9，12 カイース，合計 32 カイースを買い付けている。AMP, Documentación notarial, Protocolo, doc. 1, fol. 3v (1311, III, 24)；Judiciario, doc. 35, fol. 9, 9-9v et 9v (1312, V, 28). 同アルカイデが買主となったのはライ麦取得を目的とするこれらの契約のみであり，なぜ年をまたいでライ麦限定の取引を行ったか，1312 年には契約こそ 3 件に分かたれているものの，なぜ同日に総勢 29 人から合計 32 カイースものライ麦を買い付けようとしたかは判然としない。域外住人との取引対象はもっぱら小麦で，ライ麦がおよそみられないことから，これだけの量のライ麦が域外向けに供せられたとは考えがたい。となれば，もっぱら領主またはアルカイデの家政でとくに一定量のライ麦需要があったと想定される。なお，ドミンゴ・コシーダは，これらのライ麦取引では同地住人と同じく売主の一人として名を連ねている。

(128) AMP, Documentación notarial, Protocolo, doc. 2, fol. 11 (1312, VI, 26), 23v (1312, XII, 18), 24v (1312, XII, 18)；Judiciario, doc. 34, fol. 17 (1315, VII, 27).

(129) AMP, Documentación notarial, Judiciario, foc. 34, fol. 13v-14 (1315, V, 17-19), 14 (1315, V, 20).

(130) AMP, Documentación notarial, Judiciario, doc. 36, fol. 29v (1316, VIII), doc. 49, fol. 8 (1325, V, 12). 同時期では，プエルトミンガルボ住人フアン・モンタニェスが隣人のペロ・ムレーリャの寡婦トダに，長さ 3.5 アルナの毛織物を 32 ソリドゥス 4 デナリウスで売却している。孤立した 1325 年の事例では，ビラフェルモーザに居住するユダヤ人と，カラタユー住人ながらプエルトミンガルボに居住したというユダヤ人が，プエルトミンガルボ住人ドミンゴ・ペロに毛織物を売却している。

(131) AMP, Documentación notarial, Protocolo, doc. 2, fol. 29 (1313. I, 8), 30v (1313, I, 21)；Judiciario, doc. 34, fol. 7 (1315, IV, 15), 16v (1315, VII, 20), 45v-46 (1315, XII, 23).

(132) AMP, Documentación notarial, Protocolo, doc. 1, fol. 1 (1311, III, 15), doc. 2, fol. 19 (1312, XI, 20).

(133) AMP, Documentación notarial, Judiciario, doc. 39, fol. 13 (1313, XII, 18). なお，ウゲット・ペリセロはここで自らをバレンシアの住人にして市民（veçino e ciudadano de Valencia）と名乗っている。同年初頭の小麦の買付に際しては，カステリョのオンダの住人と自称しているので，同年中にバレンシアへの移住を果たしたようである。AMP, Documentación notarial, Protocolo, doc. 2, fol. 39v (1313, III, 27). 彼は 1320 年に，自らがプエルトミンガルボ住人に売った 5 件の茶色や白色の外衣（capa）の代金が未払いであるとして，代理人をたててフスティシア法廷に訴え出ている。その際，買主である同地住人は，購入した当の外衣を担保に設定して，10 日以内に代金を支払うよう裁定されている。AMP, Documentación notarial, Judiciario, doc. 45, fol. 29-29v (1320, VI, 18) et 35v-36 (1320, VII,

3).

(134) AMP, Documentación notarial, Protocolo, doc. 2, fol. 5 (1312, IV, 16).

(135) AMP, Documentación notarial, Judiciario, doc. 35, fol. 16 (1312, VII, 22); Protocolo, doc. 2, fol. 32v (1313, II, 3).

(136) AMP, Documentación notarial, Protocolo, doc. 2, fol. 9v (1312, VI, 11), 17 (1312, X, 30), 11v (1312, VI, 26), 18 (1312, XI, 18); Judiciario, doc. 39, fol. 2v (1314, II, 20).

(137) AMP, Documentación notarial, Judiciario, doc. 41, fol. 2v (1318, VI, 27), doc. 43, fol. 16v (1320, V, 2). いずれも貸与した金銭の弁済受領証である。とくにコンセホに宛てた受領証によれば，プエルトミンガルボの囲壁の補修工事のために貸与した100ソリドゥスが，誓約人ベルナット・サーリャおよびA・グラネルから弁済されている。

(138) AMP, Documentación notarial, Judiciario, doc. 42, fol. 5v (1319, X, 15). 同地住人アントン・コルテスの保証人（caplevador）であったベルナット・アンドレウは，アントン・コルテスに17ソリドゥスの債務を負うペロ・ドミンゴをフスティシア法廷に告訴し，ペロ・ドミンゴが弁済におよぶまで7頭の牝山羊またはペロ・ドミンゴのマス（多角的経営地）を差し押さえるとの裁定を得ている。

(139) アルナウ・イセルトはさらに，ベレンゲール・センシスに対しても1件売却している。AMP, Documentación notarial, Judiciario, doc. 34, fol. 7 (1315, IV, 15).

(140) AMP, Documentación notarial, Protocolo, doc. 2, fol. 29 (1313, I, 8).

(141) バレンシア王国最北端のムレーリャは，同城塞を独自に征服したアラゴン貴族ブラスコ・デ・アラゴンによって，征服翌年の1233年4月，500人の入植者を募るべくカスティーリャのセプルベダおよびエストレマドゥーラのフエロ（forum de Sepulvega et de Extremadura）の賦与を旨とする入植許可状が発給された。もっとも，同年11月に同人が発給したバリボーナの入植許可状では，「ムレーリャの入植者と同様に」（sicut populatores de Morella sunt populati）サラゴーサのフエロを享受することとなっている。E. Guinot i Rodríguez, *Cartes de poblament medievals valencianes*, València, 1991, doc. no. 2 (1233, IV, 17) et 8 (1233, XI). だが，1242年頃の同人の死亡を契機に，生前の合意どおり王領地に編入され，国王ハイメ1世は1250年，ブラスコ・デ・アラゴンによる従来の入植許可状の確認を内容とする第二の入植許可状を発給している。DJI, doc. no. 520 (1250, II, 16); J. V. Gómez Bayarri, Cartas pueblas valencianas concedidas a fueros aragoneses, *Aragón en la Edad Media*, no. 20, 2008, pp. 395–396. ムレーリャにおいても，テルエルと同じように，約1100km^{2}の広大な属域に20あまりの域内村落（アルデアまたはリョック〔lloc, locus〕）を包含する国王ウィラ＝コンセホ型の空間編成が全面的に採用された。J. Sánchez Adell, La comunidad de Morella y sus aldeas durante la Baja Edad Media (Notas y documentos), *Estudis castellonencs*, no. 1, 1983, pp. 98–102. 1257年，開設期日などは具体的に明記されていないものの，年市（forum）および週市（mercatum）の開設特権が早々と賦与されている。ACA, Cancillería, registro 9, fol. 12 (1257, III, 6). ムレーリャ一帯は地中海沿岸の平野部を眼下に望む山岳地帯であり，1270年代に，属域単位の地方牧羊業組合（Lligallo）の創設（1271年），バレンシア王国全土におけるムレーリャ属域家畜の自由通行権の賦与（1273年）をつうじて，早くも1280年代から上層住人を中心に移動放牧と羊毛生産の拡大路線がとられている。生産された羊毛は総じて輸出向けであり，約70kmと比較的アクセスしやすいバレンシア王国北部の主要港ペニスコラや，エブロ川交通路に沿ってトゥルトーザへの搬出が志向された。1300年の概算人口では，王国の首府バレンシア

が2万2000人に対して，ムレーリャは5000人と，王国全体でも3～4位の人口規模を誇る都市的集落になっている。輸出向けとはいうものの，羊毛生産の拡大は自前の毛織物工業の発達を多少なりとも刺激したようであり，1330年までに，上層住人のなかには，コミ家のように，羊毛の供給，生産の手配，製品の販売を一手に引き受けた毛織物業者（parator pannorum）の存在が確認されるし，同地固有の縮絨機が言及されるのもちょうどそのころである。E. Guinot, Colonización feudal y génesis de las villas-mercado al sur de la Corona de Aragón : la región de Morella y el Maestrazgo de Castellón en la coyuntura del 1300, *Dynamiques du monde rural dans la conjoncture de 1300 : échanges, prélèvements et consommation en Méditerranée occidentale*, Rome, 2014, pp. 339-363. これに対して，プエルトミンガルボとほぼ変わらないレヴェルの，ムレーリャの属域村落（ビラフランカ，シンクトーレス，バリボーナ，ラ・マタなど）で自前の毛織物工業が発達をみるのはかなり遅れて1390年代以降のことである。14世紀後半においてもなお，もっぱら休閑期の家内工業の所産である未加工の毛織物を，いかに完成品にして住人に供給するかが，各村落のコンセホ主導で模索されている。たとえば，ビラフランカのコンセホは1366年，ムレーリャの毛織物業者（perayre）と自前の毛織物の取り扱いに関する次のような契約を結んでいる。すなわち，当該毛織物業者が住人から統制された価格で未加工の毛織物を独占的に買い取り，やはり統制された価格で完成品を住人に供給するという内容である。ビラフランカには，縮絨機や染色用の大釜の記述がみあたらないことから，当該毛織物業者がひとたび集積した未加工の毛織物を自らの工房で仕上げさせたうえで住人に供給したものと想定される。この場合，当該毛織物業者はムレーリャの住人ながら，毛織物の供給を職務とする事実上のコンセホ役人に近しい性格を帯びたものと考えられる。いずれにせよ，この段階では，織物工はともかく，梳毛，染色，仕立といった製品の仕上げ工程に従事する専門的な職種は依然として未分化であったし，同地製の毛織物が商品流通に供せられるのは1390年代を待たなくてはならない。C. Rabassa Vaquer, La manufactura tèxtil en l'àmbit rural dels Ports de Morella (segles XIV-XV), *Millars : Espai i història*, no. 29, 2006, pp. 151-174 ; V. Royo Pérez, Elits rurals i xarxes mercantils al nord del País Valencià baixmedieval. El comerç i la manufactura de llana a Vilafranca (1393-1412), *Recerques*, 60, 2010, pp. 25-56.

(142) プエルトミンガルボにおける縮絨機の言及の初出は1315年である。すなわち，同年9月，同地住人がビスタベーリャ・ダル・マエストラット住人に，2基の粉挽水車の4分の1と1基の縮絨機の3分の1を6年間の年限つきで貸与しているのである。他方，隣接するカステルビスパルでは，1320年に，リナレス川沿いに造設されたラ・クバなる縮絨機の例がみられる。AMP, Documentación notarial, Judiciario, doc. 34, fol. 22v (1315, IX, ?) ; doc. 44, fol. 42 (1320, IX, ?).

(143) A. J. Gargallo Moya, *El Concejo de Teruel en la Edad Media, 1177-1327*, vol. II : *La población*, Teruel, 1996, pp. 472-477.

(144) AMP, Documentación notarial, Protocolo, doc. 1, fol. 3v (1311, III, 24), doc. 2, fol. 5 (1312, IV, 25), 18v (1312, XI, 19), 22 (1313, II, 11) ; Judiciario, doc. 35, fol. 9v (1312, V, 28), 23 (1312, IX, 8), doc. 34, fol. 18v (1315, VIII, 25).

(145) AMP, Documentación notarial, Protocolo, doc. 1, fol. 1v (1311, III, 5).

(146) AMP, Documentación notarial, Protocolo, doc. 2, fol. 23 (1312, XII, 9).

(147) AMP, Documentación notarial, Judiciario, doc. 34, fol. 13v (1315, V, 17).

(148) AMP, Documentación notarial, Judiciario, doc. 31, fol. 4 (1310, IX, 2).
(149) AMP, Documentación notarial, Protocolo, doc. 1, fol. 2v (1311, III, 18) ; Judiciario, doc. 35, fol. 2v (1312, IV, 30).
(150) AMP, Documentación notarial, Judiciario, doc. 34, fol. 30v (1315, X, 21), 62v (1316, V, 10).
(151) AMP, Documentación notarial, Protocolo, doc. 2, fol. 12v (1312, VIII, 1).
(152) AMP, Documentación notarial, Judiciario, doc. 30, fol. 15 (1305, II, 26).
(153) AMP, Documentación notarial, Protocolo, doc. 2, fol. 5 (1312, IV, 26).
(154) AMP, Documentación notarial, Protocolo, doc. 2, fol. 14v (1312, X, 2).
(155) AMP, Documentación notarial, Judiciario, doc. 34, fol. 62 (1316, V, 1).
(156) AMP, Documentación notarial, Protocolo, doc. 1, fol. 2v (1311, III, 18) ; Judiciario, doc. 35, fol. 2v (1312, IV, 30).
(157) AMP, Documentación notarial, Protocolo, doc. 2, fol. 29 (1313. I, 8), 30v (1313, I, 21) ; Judiciario, doc. 34, fol. 7 (1315, IV, 15), 16v (1315, VII, 20), 45v-46 (1315, XII, 23).
(158) AMP, Documentación notarial, Judiciario, doc. 34, fol. 30v (1315, X, 21), 62v (1316, V, 10).
(159) AMP, Documentación notarial, Judiciario, doc. 34, fol. 10 (1315, IV, 24).
(160) AMP, Documentación notarial, Protocolo, doc. 2, fol. 5 (1312, IV, 26).
(161) AMP, Documentación notarial, Protocolo, doc. 1, fol. 2v (1311, III, 18) : « IIII dias andados del mes deçembre anno domini Millo CCCo XVo el sobre dito Belenguer Sentis atorgo ser pagado del dito deudo ».
(162) AMP, Documentación notarial, Protocolo, doc. 2, fol. 9v (1312, IV, 4), 11 (1312, VI, 26), 14 (1312, IX, 15), 14v (1312, IX, 30), 22v (1312, XII, 7), 37 (1313, III, 11) ; Judiciario, doc. 35, fol. 11 (1312, VI, 16), 15v (1312, VII, 17), doc. 34, fol. 19 (1315, VIII, 27), 23 (1315, IX, 7), 36 (1315, XI, 12), 36v (1315, XI, 14), doc. 39, fol. 3v (1313, X, 14), doc. 40, fol. 5 (1318, X, 25), doc. 41, fol. 1-1v (1318, VI, 18), 2 (1318, VI, 18) ; Protocolo, doc. 3, fol. 18v (1318, X, 24), 20 (1318, X, 31), 24-24v (1318, XI, 12), 26v-27 (1318, XI, 20).
(163) AMP, Documentación notarial, Judiciario, doc. 35, fol. 1 (1312, IV, 29), 9v (1312, VI, 1), doc. 34, fol. 14v-15 (1315, V, 25), 63v (1316, VI, 14), 64 (1316, VI, 14), doc. 39, fol. 20v (1314, III, 3), doc. 47, fol. 1 (1317) ; Protocolo, doc. 3, fol. 24-24v (1318, XI, 12), 32 (1318, XII, 5), doc. 5, fol. 10v-11 (1319, XI, 13).
(164) AMP, Documentación notarial, Protocolo, doc. 2, fol. 14 (1312, IX, 15).
(165) AMP, Documentación notarial, Judiciario, doc. 34, fol. 19 (1315. VIII, 27).
(166) AMP, Documentación notarial, Judiciario, doc. 34, fol. 63 (1316, VI, 13).
(167) AMP, Documentación notarial, Protocolo, doc. 2, fol. 9v (1312, VI, 4).
(168) AMP, Documentación notarial, Judiciario, doc. 35, fol. 11 (1312, VI, 16).
(169) AMP, Documentación notarial, Protocolo, doc. 2, fol. 11 (1312, VI, 26).
(170) AMP, Documentación notarial, Judiciario, doc. 35, fol. 15v (1312, VII, 17).
(171) AMP, Documentación notarial, Protocolo, doc. 2, dol. 14v (1312, IX, 30).
(172) AMP, Documentación notarial, Judiciario, doc. 34, fol. 36v (1315, XI, 14). このうちバレーロ・ガリエンは先立つこと 2 日前に，繁殖請負によりドミンゴ・ムレーリャに 54 頭の仔羊納品を約束している。AMP, Documentación notarial, Judiciario, doc. 34, fol. 36 (1315, XI, 12).
(173) AMP, Documentación notarial, Judiciario, doc. 35, fol. 9v (1312, VI, 1).

(174) AMP, Documentación notarial, Protocolo, doc. 2, fol. 36 (1313, II, 20).
(175) AMP, Documentación notarial, Judiciario, doc. 34, fol. 63v (1316, VI, 14).
(176) AMP, Documentación notarial, Judiciario, doc. 34, fol. 64 (1316, VI, 14).
(177) AMP, Documentación notarial, Protocolo, doc. 2, fol. 14 (1312, IX, 15).
(178) AMP, Documentación notarial, Judiciario, doc. 34, fol. 36v (1315, XI, 14).
(179) AMP, Documentación notarial, Protocolo, doc. 2, fol. 37 (1313, III, 11).
(180) AMP, Documentación notarial, Judiciario, doc. 34, fol. 23 (1315, IX, 7).
(181) AMP, Documentación notarial, Judiciario, doc. 35, fol. 15v (1312, VII, 17).
(182) 買主はムレーリャ住人ベレンゲール・センシスである。AMP, Documentación notarial, Protocolo, doc. 2, fol. 29 (1313, I, 8).
(183) AMP, Documentación notarial, Judiciario, doc. 34, fol. 36v (1315, XI, 14).
(184) AMP, Documentación notarial, Protocolo, doc. 3, fol. 24-24v (1318, XI, 12).
(185) AMP, Documentación notarial, Protocolo, doc. 2, fol. 17 (1312, X, 30), 18 (1312, XI, 18).
(186) CDCZ, no. 252 (1282, III, 21) : « aliqui mercatores Montispesulani et Catalonie euntes cum mercimoniis in Castella nolunt transire per camina consueta et deviant per alia camina facientes transitum per barcham de Mora, per Alcanicium et Monte Albanum in fraudem et perjudicium juris nostri et lezdarum nostrarun de Ilerda, Vinaxia, de Pina, de Cesaraugusta et aliis pluribus lociis nostris ».
(187) A. J. Gargallo Moya, *El Concejo de Teruel*, t. II, p. 512.
(188) ACA, Cancillería, registro 164, fol. 17v-18 (1317, X, 17) : « una carga de pannos en la qual l[　] havian d[　] pannos de Narbona ». 運搬を委託されたドミンゴ・ペレスが商品を携えたままカスティーリャに逃亡したため，同人を訴追すべく王権の介入を招いたのである。
(189) AMP, Documentación notarial, Protocolo, doc. 2, fol. 13 (1312, VIII, 28).
(190) AMP, Documentación notarial, Judiciario, doc. 34, fol. 67v (1315, VIII, 23).
(191) AMP, Documentación notarial, Judiciario, doc. 34, fol. 6 (1315, IV, 11).
(192) AMP, Documentación notarial, Protocolo, doc. 2, fol. 8 (1312, V, 22) ; Judiciario, doc. 35, fol. 15v (1312, VII, 12).
(193) AMP, Documentación notarial, Judiciario, doc. 35, fol. 16 (1312, VIII, 15).
(194) AMP, Documentación notarial, Judiciario, doc. 49, fol. 8 (1325, V, 12).
(195) AMP, Documentación notarial, Judiciario, doc. 49, fol. 17 (1325, VI, 24).
(196) AMP, Documentación notarial, Judiciario, doc. 48, fol. 4 (1322, IV, 19), doc. 49, fol. 7v (1325, V, 5).
(197) AMP, Documentación notarial, Protocolo, doc. 10, fol. 57-57v (1349, V, 1).
(198) AMP, Documentación notarial, Protocolo, doc. 13, fol. 2v-3 (1343, ?).
(199) AMP, Documentación notarial, Protocolo, doc. 15, fol. 13v-14 (1347, VI, 23).
(200) AMP, Documentación notarial, Judiciario, doc. 49, fol. 8v (1325, V, 16).
(201) AMP, Documentación notarial, Protocolo, doc. 15, fol. 13v-14 (1347, VI, 23).
(202) AMP, Documentación notarial, Judiciario, doc. 49, fol. 8v (1325, V, 16), 9 (1325, V, 17), 15 (1325, VI, 15) ; Protocolo, doc. 7, fol. 15 (1330, VII, 17).
(203) ドミンゴ・サンポルの娘マリアは，ペロ・エフルベの妻となっており，エフルベ家と姻戚関係にあった。AMP, Documentación notarial, Judiciario, doc. 48, fol. 5 (1322, IV, 20). ドミンゴ・サンポルは，子を医者に診せる費用としてペロ・エフルベに 80 ソリドゥスを

融通している。AMP, Documentación notarial, Judiciario, doc. 48, fol. 5-5v (1322, IV, 22).

(204) AMP, Documentación notarial, Protocolo, doc. 7, fol. 34-34v (1330, V, 6).

(205) AMP, Documentación notarial, Protocolo, doc. 15, fol. 49-49v (1347, X, 14), 62v (1347, XII, 10). すでに 1343 年には，ベルナット・ポマの寡婦バルセローナが何度か小麦を購入しているので，これらは同名の子によるものと考えられる。

(206) AMP, Documentación notarial, Judiciario, doc. 49, fol. 7 (1325, V, 5).

(207) AMP, Documentación notarial, Protocolo, doc. 13, fol. 8v (1343, XI, 16), 20v (1343, XII, 8) ; Judiciario, doc. 31, fol. 22 ([1344], X, 4), 23 ([1344], X, 6).

(208) AMP, Documentación notarial, Judiciario, doc. 49, fol. 15 (1324, VI, 15) ; Protocolo, doc. 7, fol. 3v (1330, V, ?), 9v (1330, VI, 20), doc. 10, fol. 57-57v (1349, V, 1).

(209) AMP, Documentación notarial, Protocolo, doc. 7, fol. 31v (1330, IX, 30).

(210) AMP, Documentación notarial, Protocolo, doc. 15, fol. 13v-14 (1347, VI, 23).

(211) AMP, Documentación notarial, Judiciario, doc. 49, fol. 2v (1322, IV, 13) ; Protocolo, doc. 15, fol. 9v (1347, VI, 10).

(212) AMP, Documentación notarial, Judiciario, doc. 49, fol. 15 (1325, VI, 15) ; Protocolo, doc. 10, fol. 5v-6 (1340, VIII, 4).

(213) AMP, Documentación notarial, Protocolo, doc. 13, fol. 20v-21 (1343, XII, 8).

(214) AMP, Documentación notarial, Protocolo, doc. 15, fol. 13v (1347, VI, 22).

(215) AMP, Documentación notarial, Protocolo, doc. 10, fol. 15v-16 (1340, XI, 15), doc. 15, fol. 13v-14 (1347, VI, 23), 15 (1347, VI, 26), 62v (1347, XII, 10), 57-57v (1349, V, 1).

(216) AMP, Documentación notarial, Protocolo, doc. 15, fol. 19-19v (1347, VII, 10), 46 (1347, IX, 29).

(217) AMP, Documentación notarial, Protocolo, doc. 8, fol. 8v-9 (1333, V, 14), 7 (1333, VIII, 25), 11 (1333, XII, 24), 7 (1334, V, 16), 9v (1334, IX, 4), 11 (1334, XII, 25), doc. 10, fol. 5v-6 (1340, VIII, 4), doc. 15, fol. 25v-26 (1347, VII, 25).

(218) AMP, Documentación notarial, Protocolo, doc. 10, fol. 5v-6 (1340, VIII, 4), doc. 15, fol. 38-38v (1347, IX, 3).

(219) AMP, Documentación notarial, Protocolo, doc. 8, fol. 6 (1333, II, 28-29), 11v (1334, I, 14), 12 (1334, IV, 7).

(220) AMP, Documentación notarial, Protocolo, doc. 8, fol. 3 (1333, ?), 3 (1333, ?), 3v (1333, IX, 30), 3v (1333, XI, 21), 3v (1333, ?), 4v (1333, XII, 29), 5 (1334, I, 15), 5 (1334, I, 16), 5 (1334, I, 17), 5 (1334, I, 27), 5v (1333, I, 30), 5v (1333, II, 11), 5v (1334, II, 17), 5v-6 (1334, II, 22), 6 (1334, III, 6), 6 (1334, III, 13), 6 (1334, III, 25), 6v (1334, III, 29), 6v (1334, IV, 2), 6v (1334, IV, 11), 6v (1334, IV, 20), 7v (1334, IV, 20), 7v (1334, XI, 14), 7v (1334, XI, 22), 10v (1334, XI, 23), 10v (1334, XII, 6), 11 (1335, I, 7), 11v (1335, I, 7), 11v (1335, I, 14), 11v (1334, I, 22), 11v (1334, III, 13).

(221) 羊・山羊以外ではとくに牛がその対象となっており，牡牛の売却 3 件，牝牛とその仔牛の用益パートナーシップ契約が 11 件となっている。AMP, Documentación notarial, Protocolo, doc. 8, fol. 3v (1333, XI, 28), 4 (1333, XII, 1), 8v (1335, I, 22), 9 (1335, VII, 10), 10 (1335, XI, 11), 10-10v (1335, XI, 4), doc. 15, fol. 26 (1347, VII, 26), 29v (1347, VIII, 4), 30v-31 (1347, VIII, 7), 44v-45 (1347, IX, 20), 48v-49 (1347, X, 2), 49 (1347, X, 12), 50 (1347, X, 18), 58 (1347, XI, 15).

(222) AMP, Documentación notarial, Protocolo, doc. 7, fol. 18-18v (1330, VII, 24).
(223) AMP, Documentación notarial, Protocolo, doc. 10, fol. 5v-6 (1340, VIII, 4).
(224) AMP, Documentación notarial, Protocolo, doc. 10, fol. 11v (1340, XI, 9).
(225) AMP, Documentación notarial, Protocolo, doc. 13, fol. 11v-12 (1343, XI, 26).
(226) AMP, Documentación notarial, Protocolo, doc. 15, fol. 13v (1347, VI, 22). なお，代金 800 ソリドゥスは，きたるカステリョ・ダ・ラ・プラーナの大市（fira）で，売主の代理人をつとめる司祭マルティン・カステリャールに支払うよう指定されている。
(227) AMP, Documentación notarial, Protocolo, doc. 15, fol. 11 (1347, VI, 15).
(228) AMP, Documentación notarial, Protocolo, doc. 15, fol. 28v (1347, VII, 29).
(229) AMP, Documentación notarial, Protocolo, doc.7, fol. 31 (1330, IX, 30).
(230) AMP, Documentación notarial, Protocolo, doc. 7. fol. 31v (1330, IX, 30).
(231) AMP, Documentación notarial, Protocolo, doc. 10, fol. 11 (1340, XI, 18), 15v-16 (1340, XI, 15), doc. 15, fol. 13v-14 (1347, VI, 23)；Judiciario, doc. 31, fol. 3v (1344, VIII, 31).
(232) AMP, Documentación notarial, Protocolo, doc. 13, fol. 2 (1343, ?).
(233) AMP, Documentación notarial, Protocolo, doc. 13, fol. 18v (1343, XII, 4).
(234) AMP, Documentación notarial, Protocolo, doc. 15, fol. 9v (1347, VI, 10).
(235) AMP, Documentación notarial, Protocolo, doc. 10, fol. 4v-5 (1340, VI, 18).
(236) AMP, Documentación notarial, Protocolo, doc. 13, fol. 22 (1343, XII, 8).
(237) AMP, Documentación notarial, Protocolo, doc. 15, fol. 38v (1347, IX, 5).
(238) AMP, Documentación notarial, Protocolo, doc. 15, fol. 54 (1347, X, 27-XI, 18).
(239) AMP, Documentación notarial, Protocolo, doc. 10, fol. 15v-16 (1340, XI, 15), 57-57v (1349, V, 1), doc. 15, fol. 13v-14 (1347, VI, 23), 62v (1347, XII, 10).
(240) AMP, Documentación notarial, Protocolo, doc. 15, fol. 15 (1347, VI, 26).
(241) AMP, Documentación notarial, Protocolo, doc. 15, fol. 47v (1347, IX, 30)；doc. 10, fol. 57-57v (1349, V, 1).
(242) AMP, Documentación notarial, Judiciario, doc. 44, fol. 69 (1320, XII, 31), 69v (1320, XII, 31).
(243) AMP, Documentación notarial, Protocolo, doc. 10, fol. 10-10v (1340, XI, 7).
(244) AMP, Documentación notarial, Protocolo, doc. 10, fol. 20-20v (1340, XI, 21).
(245) AMP, Documentación notarial, Protocolo, doc. 15, fol. 14v-15 (1347, VI, 25).
(246) AMP, Documentación notarial, Protocolo, doc. 10, fol. 11v (1340, XI, 9).
(247) AMP, Documentación notarial, Protocolo, doc. 13, fol. 24v (1343, XII, 14).
(248) AMP, Documentación notarial, Protocolo, doc. 15, fol. 55v (1347, XI, 19). なお，ここでテルエルの属域村落バルデリナレスの住人から買い付けた羊毛は，納品地がバルデリナレスとなっていて，テルエルのアローバで計量されることとなっているので，この場合はカステリョ方面への輸出を目的としたものではないかもしれない。
(249) AMP, Documentación notarial, Protocolo, doc. 13, fol. 5v (1343, XI, ?).
(250) AMP, Documentación notarial, Protocolo, doc. 13, fol. 18v (1343, XII, 4).
(251) AMP, Documentación notarial, Protocolo, doc. 13, fol. 19v (1343, XII, 6).
(252) AMP, Documentación notarial, Protocolo, doc. 15, fol. 38v (1347, IX, 5), 47v (1347, IX, 30), 47v (1347, IX, 30).
(253) AMP, Documentación notarial, Protocolo, doc. 13, fol. 11v-12 (1343, XI, 26), 12 (1343, XI,

27), 17v-18 (1343, XII, 3), 22v (1343, XII, 10) ; Judiciario, doc. 31, fol. 7v-8 (1344, IX, 11) ; Protocolo, doc. 15, fol. 11 (1347, VI, 15), 14v (1347, VI, 25), 18-18v (1347, VII, 6), 24v (1347, VII, 22), 28v (1347, VII, 29), 46 (1347, IX, 30).

(254) AMP, Documentación notarial, Judiciario, doc. 56, fol. 3v (1331, III).

(255) AMP, Documentación notarial, Protocolo, doc. 13, fol. 11v-12 (1343, XI, 26), 12 (1343, XI, 27), 17v-18 (1343, XII, 3).

(256) AMP, Documentación notarial, Protocolo, doc. 15, fol. 36 (1347, VIII, 23), 36v (1347, VIII, 25), 43v-44 (1347, IX, 18).

(257) AMP, Documentación notarial, Protocolo, doc. 15, fol. 46 (1347, IX, 30).

(258) AMP, Documentación notarial, Protocolo, doc. 15, fol. 24v (1347, VII, 22).

(259) AMP, Documentación notarial, Protocolo, doc. 15, fol. 11 (1347, VI, 15), 14v (1347, VI, 25), 18-18v (1347, VII, 6), 24v (1347, VII, 22), 28v (1347, VII, 29), 46 (1347, IX, 30).

(260) AMP, Documentación notarial, Protocolo, doc. 15, fol. 24v (1347, VII, 22) : « la lana e anynos es aquella part e derecho que nos hemos en la cabanya la qual es comun entre nos e vos ».

(261) AMP, Documentación notarial, Protocolo, doc. 15, fol. 2 (1347, V, ?), 3 (1347, V, 9), 3v (1347, V, ?), 4v (1347, V, 16), 5v (1347, V, 28), 5v (1347, V, 28), 12 (1347, VI, 18), 16v-17 (1347, VII, 1), 36 (1347, VIII, 23), 36v (1347, VIII, 25), 37v (1347, IX, 1), 43v (1347, IX, 17), 43v-44 (1347, IX, 18), 60-60v (1347, XII, 3), 66v (1347, XII, 15).

(262) AMP, Documentación notarial, Protocolo, doc. 13, fol. 21v (1343, XII, 8).

終　章 「辺境」の遍在

(1) このあたりの研究動向については，森本芳樹『西欧中世初期農村史の革新―最近のヨーロッパ学界から―』木鐸社，2007 年，220-232 頁；拙稿「中世初期スペイン農村史における大所領と独立農民」『史学雑誌』第 114 編第 8 号，2005 年，21-41 頁。ただ，経済成長の主動因をめぐる論争が鋭い対立を帯びたのは，領主の大所領か独立農民の個別小経営地か，森本の言葉を借りていえば，「領主制説」をとるか「共同体説」をとるかで，封建制の形成・発展過程をめぐる理解が大きく異なることになるからである。すなわち，「領主制説」をとる北西ヨーロッパ研究が，大所領経営のもとで自由人と奴隷が漸次統合されて均質な封建的農民層が形成されてくるとする，いわば「連続論」に立つのに対して，「共同体説」をとる地中海南ヨーロッパ研究では，比較的遅くまで存続した古代末期以来の奴隷制と，1000 年頃のバン領主制の勃興によって形成されてくる封建的農民層とのあいだに，独立農民が大勢を占めた時代があったと想定されており，生産様式の移行モデルとしては，文字どおり時間的な断絶をともなう，きわめて明白な「断絶論」に立っている。こうなると，前者では，大所領そのものが封建的生産様式を体現するものとみなされるのに，後者の立場からすれば，それはあくまでも解体途上にある奴隷制的生産様式の残滓とみなされることになるのである。

(2) この点をめぐっては，ウエスカ司教に帰属する城塞集落セサの，例外的に伝来する所領会計記録（1276 年 6 月～1277 年 5 月）がたたえる理念と現実との交叉が示唆するところがきわめて興味深い。当該所領は少なくともこの段階では，領主直領地と領民の保有地からなる二元構造をなしている。領主直領地は，耕地（小麦，大麦，燕麦），葡萄畑，オリーヴ畑からなっていて，そこに投下される労働力は，収穫期の耕地にきわめて軽微な賦役労働がわずかにみられるものの，全体としては耕地，葡萄畑，オリーヴ畑をつう

じて賃労働が卓越していて，領民の貨幣取得の手段となっている。これに対して，保有地は基本的に教会十分の一税および初穂納入のみを負担しており，納付品目はもっぱら穀物（小麦，ライ麦，大麦，燕麦）ながら，各世帯の納付品目の構成も量もきわめて多様であることから，画一的かつ均質的な保有地群は想定されない。なかには家畜飼料にあてられる大麦や燕麦のみを納付する世帯もみられることから，それらは週市（月曜市）での小麦やライ麦の購買が必須ということになる。ここから，穀物（小麦，ライ麦，大麦，燕麦），塩，貨幣からなる市場税収入のなかでも，穀物，わけても小麦がなぜその中核を占めたかが説明される。他方，貨幣収入明細をみるかぎりでは，領主もまた取得した穀物を週市で換金しているのであるが，穀物勘定では，売却された穀物，なかでも小麦の大半は実際に換金されたわけではなく，じつは賃金の現物給付，債務の弁済，家人の俸給給付にあてられていたことになっている。両者を突き合わせるならば，むろん粉飾決算ということになろうが，いずれにせよ，それらを除いた小麦の売却量は，総収入の 5.8% と微々たるものにすぎない。それゆえ，領主は理念上，市場における生産物の換金におよそ重きをおいておらず，むしろ穀物，わけても小麦を軸とする再分配型のイエ経済を志向していたことになる。ところが，現実には，そうした仕組みを再生産するために，領主直領地の労働力に支出される食費や賃金，所領のインフラ整備，道具・装身具，農具・馬具に，年間の貨幣総収入をそのまま吐き出してしまうほど多量の貨幣を市場に投下していたのである。T. Adachi, Une critique génétique du compte seigneurial : idéal et réalité de l’exploitation d’un domaine épiscopal de Huesca au XIIIe siècle, *Entre texte et histoire. Études d’histoire médiévale offertes au professeur Shoichi Sato*, Paris, 2015, pp. 3-18.

（3）山田雅彦「ヨーロッパの都市と市場」佐藤次高・岸本美緒編『市場の地域史』山川出版社，1999 年，80 頁。山田によれば，中世初期からヨーロッパ社会は多様な市場を不可欠な構成要素としており，その意味で「すでに完全に市場依存型社会であった」。だが，「市場は放っておけば富と物資の分配に大きな偏りを生じさせる」ので，「人々は市場をたくみに飼い馴らすよう腐心していた」。このあたり，開設市場が具えるその意味での「規制」に積極的な意味をみいだしてきた近年の研究動向を，勘坂純市が平明な筆致で整理している。勘坂純市「中世西ヨーロッパの経済」馬場哲・小野塚知二編『西洋経済史学』東京大学出版会，2001 年，13-34 頁。なかでも「取引費用」（ロナルド・H・コース）を用いて，封建制と市場とのポジティヴな関係を説明するくだりは，近年のスペイン学界でも同様の理解が打ち出されるようになっているだけに，一考の価値がある。すなわち，財貨の取引はもともと契約の遵守とか所有権の安全といった一定のコストを要するので，円滑な取引には，そうしたコストを低減させる「規制」や「制度」の体系が必要である。それを保証するのが，まさしく市場そのものの開設主体である領主権力にほかならない（市場監督人の設置，商人・商品の安全護送，先買禁止，週市巡回システム）。ただ，こうした理解は，「規制」「制度」が保証されないかぎり，財貨の取引が発生しないかのような印象を与えかねない。しかも，ここでいう「規制」「制度」がもっぱら都市・村落条例のような実体的な規範史料に帰せられると，史料そのものの伝来状況に大きく依存することになるだけに，そうした印象がますます強化されてしまう。こうしてわたしたちの射程は，史料に痕跡が残りやすい，政治的に自立的な「中心」に事実上限定されることになるのである。だが，わたしたちの立場からすれば，それはあくまでも，政治的に自立的な「中心」が自らの都合にそくして構築した回路であって，自らの回路とは別の無数の回路を含む，財貨のとめどない奔流そのものではないし，ましてや

それを発生させる契機ではけっしてない。個々の空間ユニットの「規制」「制度」は，せいぜいその尖端を組織化するだけであって，財貨の奔流全体を制御することはできるはずもないのである。

補論 1　オリジナルとカルチュレール

（1）P. Bonnassie, Du Rhône à la Galice : genèse et modalités du régime féodal, *Structures féodales et féodalisme dans l'Occident méditerranéen (X^e–XIIIe siècles). Bilan et perspectives de recherches*, Paris, 1980, pp. 17–84 ; id., *La Catalogne du milieu du Xe à la fin du XIe siècle. Croissance et mutations d'une société*, 2 vols., Toulouse, 1975–1976.

（2）M. Zimmermann, *Textus efficax* : Ennonciation, révélation et mémorisation dans la genèse du texte historique médiéval. Les enseignements de la documentation catalane (X^e–XIIe siècles), *Genesis of Historical Text : Text/Context*, Nagoya, 2005, pp. 137–156 ; id., Écrire en l'an mil, *Hommes et sociétés dans l'Europe de l'an mil*, Toulouse, 2004, pp. 351–378 ; id., *Écrire et lire en Catalogne (IXe–XIIe siècle)*, 2 vols., Madrid, 2003, t. 1, pp. 246–284 ; id., L'usage du droit wisigothique en Catalogne du IXe au XIIe siècle : approches d'une signification culturelle, *Mélanges de la Casa de Velázquez*, 9, 1973, pp. 232–281 ; A. M. Mundó, Le statut du scripteur en Catalogne du IXe au XIe siècle, *Le statut du scripteur au Moyen Âge. Actes du XIIe colloque scientifique du Comité international de paléographie latine*, Paris, 2000, pp. 21–28 ; id., El jutge Bonsom de Barcelona, cal·lígraf i copista del 979 al 1024, *Scribi e colofoni. Le sottoscrizioni di copisti dalle origini all'avvento della stampa*, Spoleto, 1995, pp. 269–288.

（3）ロラン・モレル著／岡崎敦訳「文書オリジナルとはなにか—7-12 世紀の文書史料に関するいくつかの指摘—」『史学』第 76 巻第 2・3 号，2007 年，89-120 頁；ブノワ＝ミシェル・トック著／岡崎敦訳「西欧中世の私文書（10〜13 世紀）」『史淵』第 144 輯，2007 年，77-107 頁。となれば，かつてマイケル・T・クランチィが主張した，12 世紀末から 13 世紀末までに生じた文書の爆発的増加と多様化は，文書作成の次元ではなく，あくまでも文書保管の次元の「革命」の所産ということになろう。M. T. Clanchy, *From Memory to Written Record. England 1066–1307*, London, 1979, pp. 71–74, 263 ; P. Bertrand, À propos de la révolution de l'écrit (X^e–XIIIe siècle). Considérations inactuelles, *Médiévales*, 56, 2009, pp. 76–79.

（4）この点をめぐっては，拙稿「9-11 世紀ウルジェイ司教座聖堂教会文書の生成論—司教座文書からイエ文書へ，イエ文書から司教座文書へ—」『西洋中世研究』第 1 号，2009 年，87-105 頁。

（5）CDCH, pp. 7-16.

（6）その嚆矢となったのが，1991 年パリで開催された通称「カルチュレール国際研究集会」であることは論を俟たない。O. Guyotjeannin, M. Parisse et L. Morelle, *Les cartulaires, actes de la table ronde organisé par l'École nationale des chartes et le G.D.R. 121 du C.N.R.S.* (Paris, 5-7 décembre 1991), Paris, 1993. その具体的なところは，わが国でもすでに岡崎敦によって広く紹介されている。岡崎敦「フランスにおける中世古文書学の現在—カルチュレール研究集会（1991 年 12 月 5-7 日，於パリ）に出席して—」『史学雑誌』第 102 編第 1 号，1993 年，89-110 頁。とはいえ，近年でもこうした古典的な問いをめぐって，カルチュレールの「信用」のありかをあらためて検討したロラン・モレルの次の論考がある。L. Morelle, Comment inspirer confiance ? Quelques remarques sur l'autorité des cartulaires,

Chartes et cartulaires comme instruments de pouvoir. Espagne et Occident chrétien (*VIII*^e^*–XII*^e^ *siècles*), Toulouse, 2013, pp. 153–163. いずれにせよ，フランス学界では 1990 年代以降，書くという実践そのものが歴史研究の対象となると同時に，そこではカルチュレール研究こそが特権的な地位をほしいままにするにいたっている。こうして近年では，カルチュレールの構成・配列とオリジナルの裏面情報を照合してアーカイヴズ管理のあり方そのものを復元したり，カルチュレールと他のテクストとの間テクスト的研究から編纂主体の権威がいかに組織化・永続化されたかを問うたり，さらにはまさしく過去の再定義の所産であるカルチュレールを介して過去意識そのものが研究の対象となってきたのである。P. Chastang, Cartulaires, cartularisation et scripturalité médiévale : la structuration d'un nouveau champ de recherche, *Cahiers de civilisation médiévale*, 49, 2006, pp. 21–31. さらに 2000 年代には，11〜13 世紀ラングドックの 13 のカルチュレールをとりあげたピエール・シャスタンの学位論文や南フランス・カルチュレール研究集会で典型的に表現されているように，一定の時間的・空間的枠組みのなかで複数のカルチュレールを比較・対照する類型論的な方法が模索されるようになっている。P. Chastang, *Lire, écrire, transcrire. Le travail des rédacteurs de cartulaires en Bas-Languedoc* (*XI*^e^*–XIII*^e^ *siècles*), Paris, 2001 ; D. Le Blévec (éd.), *Les cartulaires méridionaux*, Paris, 2006. これに対してスペイン学界では，1990 年代をつうじて，カルチュレールならぬ「史料集」の刊行に意が注がれてきたが，アルカラ大学のカルロス・サエスを旗頭に，2001 年以降，文字文化やリテラシーそのものに対する問題関心が急激な高まりをみせている。その契機となったのが，同年アルカラ大学で開催された第 6 回文字文化史国際研究集会である。報告集として，C. Sáez y A. Castillo Gómez (ed.), *Actas del VI Congreso Internacional de Historia de la Cultura Escrita*, Alcalá de Henares, 2002. また，カルロス・サエス主幹の専門誌『シグノ。文字文化史雑誌』(Signo. Revista de historia de la cultura escrita) が創刊されている。ここでは掲載論文のうち，とくに証書保管という観点からカルチュレールをとりあげた下記の論考を挙げておこう。C. Mendo Carmona, El cartulario como instrument archivístico, *Signo. Revista de historia de la cultura escrita*, 15, 2005, pp. 119–137. ごく最近になってようやく，問題の核心にカルチュレールを据えた国際研究集会が，しばしばフランス学界と合同で開催されるにいたっている。E. Rodríguez Díaz y A. C. García Martínez (ed.), *La escritura de memoria : los cartularios*, Huelva, 2011 ; J. Escalona et H. Sirantoine (dir.), *Chartes et cartulaires comme instruments de pouvoir. Espagne et Occident chrétien* (*VIII*^e^*–XII*^e^ *siècles*), Toulouse, 2013 ; V. Lamazou-Duplan et E. Ramírez Vaquero (éd.), *Les cartulaires médiévaux. Écrire et conserver la mémoire du pouvoir, le pouvoir de la mémoire*, Pau, 2013.

(7) ACH, armario 2, no. 441 (1175, IV, 22) [CDCH, doc. no. 312].

(8) ACH, armario 2, no. 509 (1139, VII) [CDCH, doc. no. 151].

(9) ACH, armario 2, no. 401 (1200, I) [CDCH, doc. no. 573].

(10) ACH, armario 2, no. 514 (1195, XII, 31) [CDCH, doc. no. 509].

(11) ACH, armario 2, no. 627 (1168, XII), 492 (1170, X) ; armario 9, no. 139 (1173, XI) ; armario 2, no. 391 (1177, IX), 443 (1177, IX), 624 (1179, IX) [CDCH, doc. no. 254, 267, 297, 331, 332, 347].

(12) ACH, armario 5, no. 23/LC, no. 511 (1212, III) [CDCH, doc. no. 750].

(13) ACH, armario 2, no. 610 (1184, IV), 362 (1189, IX), 404 (1195, I) ; armario 5, no. 165 (1195, I) ; LC, no. 554 (1194, IV) [CDCH, doc. no. 389, 444, 482, 489, 490].

(14) ACH, armario 2, no. 390 (1196, V) [CDCH, doc. no. 522].

(15) ACH, armario 7, no. 75/LC, no. 945 (1199, VIII) [CDCH, doc. no. 556].

(16) ACH, LC, no. 554 (1194, IV) [CDCH, no. 482].

(17) ACH, LC, no. 555 (1258, II, 28). なお，孫ペドロ・マルタは，1202年に司教座聖堂参事会の祭具室係がアルボレットにおける土地を購入したおりにすでに聖堂参事会員として証人中に名を連ねている。ACH, armario 2, no. 1056 (1202, VII) [CDCH, doc. no. 607].

(18) ACH, LC, no. 645 (1139, VI, 29), 651 (1149, VI), 652 (1151, XI) [CDCH, doc. no. 150, 191, 198].

(19) ACH, armario 2, no. 562 (1165, II) [CDCH, doc. no. 242].

(20) ACH, armario 2, no. 564 (1155, X), 487 (1164, VIII, 9), 478 (1171, II), 384 (1173, XI), 419 (1201, X), 556 (1201, XI) [CDCH, doc. no. 219, 239, 274, 298, 589, 590].

(21) サルバドール・デ・ラス・コルサスと妻サビーナによるウエスカ市域のフエンテ・デ・クアドリエーリョスならびにアルゲルディアにおける土地の購入は，ACH, LC, no. 941 (1141, XI) et 589 (1159, VI) [CDCH, doc. no. 157 et 232]. 1144年には，「汝がわたしたちに誠実に果たした奉仕に報いて」(propter servicium quod fecisti nobis fideliter) という定型表現とともに，司教ドドンからタベルナスの所領が賦与されている。ACH, armario 7, no. 50/LC, no. 904 (1144, XI) [CDCH, doc. no. 162]. 1176年には，アルゲルディアの耕地，モンテアラゴン街道沿いの耕地，コニリェネクの葡萄畑と引き換えに，当該所領とウエスカ市域の菜園が年間小麦1カイースの貢租義務とともにあらためて賦与されており，このときすでに司教座参事会員となっていた子ベルナルドもまた他の兄弟と同様に当該所領の相続にあずかるものと明記されている。ACH, LC, no. 590 (1176, III, 5) [CDCH, doc. no. 319]. 当該所領は，ペドロ・サルバドール，ついでエステバン・カペティットに継承されたが，1211年に司教座聖堂教会の同意の下，ラモン・カリョルに750ソリドゥスで売却されている（当該文書については，ドミニコ会のサント・ドミンゴ・デ・ウエスカ教会にオリジナルが伝来する)。AHN, Clero, Dominicos de Huesca, carpeta 593, no. 2 (1211, I). また，エステバン・カペティットは1212年，ウエスカ市域のアルメリスの耕地を司教座聖堂教会に売却している。ACH, LC, no. 192 et 518 (1212, IV) [CDCH, doc. no. 752]. なお，ペドロ・サルバドールは，後述のボクロン（ブグロン）家のアケルメスの義兄弟であったようである。ACH, LC, no. 607 (1196, XII) [CDCH, doc. no. 525]. エステバン・カペティットは，1164年にサラゴーサで開催された平和・休戦会議で，いまだ形成途上の都市コンセホ代表 (adelantados de concilio) の筆頭として名を連ねている。DAII, no. 23 (1164, XI, 11).

(22) ペドロ・デ・アラサルの子サンチョ・デ・アラサルは妻タレーサとともに，1217年から1225年にかけて市域のグアタテン・バホの葡萄畑の購入にはじまり，もっぱらバリオ・ヌエボ（石造市壁外西側のユダヤ人街区）の家屋を集積し，それらの分割・貸与を繰り返している。1227年にはそれら家屋を市域外のアレーレの財産とともにサンタ・マリア・デ・サラス教会に寄進し，これを称えられて聖堂主席司祭から市域内の25カイサーダの土地を終身で貸与された。その後もアルキブラの耕地，またもやバリオ・ヌエボの家屋を購入し，1251年に聖ヨハネ騎士団にサンタ・マリア・マグダレーナ街区の家屋を寄進して，同人の足跡は途絶える。ACH, LC, no. 545 (1217, III), 546 (1217, VI), 553 (1222, V), 43 (1223, IV, 25), 568 (1225, V), 578 (1225, X), 40 et 989 (1227, IX, 8), 550 (1232, V), 566 (1239, VII, 24), 547 (1241, X, 2), 623 (1251, X).

(23) Á. Conte Cazcarro, Aspectos sociales de la población altoaragonesa a través de la documentación templaria de Huesca, *Argensola*, no. 90, 1980, pp. 261–300 ; P. García Mouton, Los franceses en Aragón (siglos XI–XIII), *Archivo de filología aragonesa*, vol. 26–27, 1980, pp. 7–98.

(24) リン・H・ネルソンは，抵当権設定文書の典型例としてイサーク家の 1 点の文書を紹介している。L. H. Nelson, Three documents from Huesca (1158–1207), O. R. Constable (ed.), *Medieval Iberia. Readings from Christian, Muslim, and Jewish Sources*, Philadelphia, 1997, pp. 242–246. また，彼は，もっぱらドゥラン・グディオルの『ウエスカ司教座聖堂教会文書集』に収録された 1213 年までの同家の文書に依拠しながら，その歴史を自らのウェブサイト上でまとめている。Id., Jofre Isaac and the Weight of Tradition (1140–1185), http://www.vlib.us/medieval/lectures/jofre_isaac.html.

(25) 13 世紀の市参事会構成員の出自・経歴を綿密に追跡したマリア・テレーサ・イランソ・ムニオは，遺言状の分析からその財産規模が意外にも小さいという事実をうけ，すべての財産が遺言状に列挙されるわけではなかったとして，これら 2 家門に勝るとも劣らない財産規模をその背後に読み取ろうとしている。M. T. Iranzo Muñío, *Élites políticas y gobierno urbano en Huesca en la Edad Media*, Huesca, 2005, pp. 149–164. だが，スティーヴン・P・ベンシュによれば，バルセローナでは 12 世紀中葉から 13 世紀初頭にかけて貴族の撤退が加速する一方，貴族と同様に市内外の大土地所有に基礎をおいた従来の有力市民がのきなみ没落し，これに代わって商工業と市域の小土地所有に投資対象を転換した，財産規模でははるかに劣るようにみえる新たな家族が実際に市政の担い手となってゆくという。S. P. Bensch, *Barcelona i els seus dirigents, 1096–1291*, Barcelona, 2000, pp. 124–150.

(26)『錠前の書』には，マサ家文書を収録した固有のセクションが設けられている（965～988 番)。同家については，J. F. Utrilla Utrilla, Los Maza de Huesca : un linaje aristocrático aragonés en el siglo XII, *Aragón en la Edad Media*, no. 20, 2008, pp. 811–827. また，姻戚関係をつうじて縁続きとなったベルグア家については， Id., Linajes aristocráticos aragoneses : datos prosopográficos del linaje de los Bergua y notas sobre sus dominios territoriales (siglos XII–XV), *Aragón en la Edad Media*, no. 10–11, 1993, pp. 859–894.

(27) 1164 年にアルベルトなる人物が司教座聖堂教会に寄進したアルメリスの耕地が，ガラシアンの寡婦（ボネータ）から借り入れた 52 ソリドゥスの担保となっていることから，ガラシアンは遅くとも同年までには没していたと考えられる。AHN, armario 2, no. 339/ADH, CSPV, fol. 101v (1164) [CDCH, doc. no. 241].

(28) ACH, armario 2, no. 747 (1110) [CDCH, doc. no. 108].

(29) ただし，ボネータは，母ギラルダとともに，父フアン・デ・モンペリエと夭折した兄弟ポンスの鎮魂を目的としてアルキブラ門外の耕地をテンプル騎士団に寄進している。CT, doc. no. 3 (1148, X). また，その子フアン・ベレンゲールは，1179 年に市域のアルガスカルの葡萄棚（parral）をテンプル騎士団に売却している。CT, doc. no. 75 (1179, VIII).

(30) ACH, LC, no. 592 (1166, V), 626/extravagantes (1174), 582 (1190, IV), 567 (1192, I), 530 (1209, VI, 24), 615 (1209, VII) [CDCH, doc. no. 247, 304, 449, 465, 708] ; LC, no. 577/extravagantes (1224, X), 583 (1229, IX), 539 (1243, XI, 2).

(31) ACH, LC, no. 603 (1168, IV), 611/armario 2, no. 566 (1182, III), 610 (1185, II), 551/armario 2, no. 600 (1188, III), 609 (1206, VI), 570 (1206, X) [CDCH, doc. no. 253, 368, 397,

433, 673, 676]; LC, no. 544 (1227, VI).

(32) ACH, LC, no. 605/armario 2, no. 663 (1166, V), 607 (1196, XII), 549 (1199, IX), 575 (1199, IX) [CDCH, no. 248, 525, 558, 559]; LC, no. 868 (1221, I).

(33) ACH, LC, no. 657 (1192, XI) [CDCH, doc. no. 470].

(34) ACH, LC, no. 613 (1211, XII) [CDCH, doc. no. 743].

(35) ACH, LC, no. 552 (1195, VII, 21) [CDCH, doc. no. 500].

(36) ACH, LC, no. 580 (1195, VIII), 604 et 608 (1195, VIII), 944 (1195, XI), 616 (1202, V), 609 (1206, VI), 614 (1206, IX), 579/armario 2, no. 578 (1211, I) [CDCH, doc. no. 501, 502, 508, 599, 673, 674, 731].

(37) ACH, LC, no. 612 (1203, VIII) [CDCH, doc. no. 637], 584 (1232, XII).

(38) ACH, LC, no. 617 (1207, III) [CDCH, doc. no. 683].

(39) ACH, LC, no. 618 (a. 1206) [CDCH, doc. no. 781].

(40) ACH, LC, no. 592 (1166, V) [CDCH, doc. no. 247].

(41) ACH, armario 2, no. 663/LC, no. 605 (1166, V) [CDCH, doc. no. 248].

(42) ACH, LC, no. 603 (1168, IV) [CDCH, doc. no. 253]. 一般的な従物書式にそくして家屋，葡萄畑，耕地などがいずれも複数形で列挙されているが，代価が 150 ソリドゥスとファスティアン織りの織布となっているので，全財産であったとは考えにくい。

(43) ACH, extravagantes/LC, no. 626 (1174) [CDCH, doc. no. 304].

(44) ACH, armario 2, no. 566/LC, no. 611 (1182, III) [CDCH, doc. no. 368].

(45) ACH, LC, no. 582 (1190, IV) [CDCH, doc. no. 449].

(46) ACH, armario 2, no. 600/LC, no. 551 (1188, III) [CDCH, doc. no. 433]; LC, no. 567 (1192, I) [CDCH, doc. no. 465].

(47) ACH, LC, no. 610 (1185, II) [CDCH, doc. no. 397].

(48) ACH, LC, no. 657 (1192, XI) [CDCH, doc. no. 470].

(49) ACH, LC, no. 552 (1195, VII, 21) [CDCH, doc. no. 500]. 司教座聖堂教会に遺贈されたハラの葡萄畑は 1199 年，大助祭フアン・デ・セレスに終身で貸与されている。ACH, extravagantes (1199, IV) [CDCH, doc. no. 552]. また，とくに皮革工街区の家屋は，祖父フアン・デ・モンペリエからボネータを介して継承されたものと思われる。というのも，皮革工街区の家屋の売却を旨とする 1147 年の文書には，売却対象となった家屋の隣接物のなかにフアン・デ・モンペリエの家屋がみられるからである。ACH, LC, no. 644 (1147, VI) [CDCH, doc. no. 179]. 同街区は，のちにコリェーリョまたはコリェット（「丘」の意）とも呼ばれるように，市壁内で最も標高の高い区画を占めており，純粋な意味での皮革工にかぎらず，名のある市民がこぞって軒を連ねようとした場所でもある。

(50) ACH, LC, no. 607 (1196, XII) [CDCH, doc. no. 525].

(51) ACH, LC, no. 549 (1199, IX) et 575 (1199, IX) [CDCH, doc. no. 558 et 559].

(52) ACH, LC, no. 606 (1206, III) [CDCH, doc. no. 666].

(53) ACH, LC, no. 580 (1195, VIII) [CDCH, doc. no. 501].

(54) ACH, LC, no. 604 et 608 (1195, VIII) [CDCH, doc. no. 502].

(55) ACH, LC, no. 944 (1195, XI) [CDCH, doc. no. 508].

(56) ACH, LC, no. 616 (1202, V) [CDCH, doc. no. 599].

(57) ACH, LC, no. 612 (1203, VIII) [CDCH, doc. no. 637].

(58) ACH, LC, no. 609 (1206, VI) [CDCH, doc. no. 673].

(59) ACH, LC, no. 614 (1206, IX) [CDCH, doc. no. 674].

(60) ACH, LC, no. 617 (1207, III) [CDCH, doc. no. 683]. 当該文書は，誓約人が登場する初の文書である。フスティシア（すなわち裁判官）のペドロ・デ・サルビセが，後述のフアン・ピクタビン，その義兄弟ペドロ・クエンデ，マサ家と並び立つ貴族家門ベルグア家出身のサンチョ・デ・ウエスカ，当時サルメディーナ（zalmedina, ṣāḥib al-madīna に由来。都督）をつとめたマテオ・デル・マス，ドミンゴ・ルイス，ロレンソ・デル・コリェット，ペドロ・デ・アベーナ，サンチョ・デ・ラバータを中心とする「よき人びと」の面前で判決を下したのち，王宮に集った 7 名の誓約人（マテオ・デル・マス，ペドロ・デ・アベーナ，ペドロ・デ・バリェ，ギリェルモ・デ・ブリーバ，ペドロ・ヒル，ラモン・デ・ブランカ，フアン・カルボネル）の面前でその確認を受けている。とくに「よき人びと」のうち，サンチョ・デ・ラバータを除く 7 名が弁護人（razonador）としてアケルメスの側に立っていたことが事をうまく運ばせたのは想像に難くない。

(61) ACH, LC, no. 530 (1209, VI, 24). ただし，件の遺言状は伝来しない。また，やはり遺言状で明記されたとおりとして，ここでは，ペドロ・デ・アグアスとその妻サンチャに奉仕の報償として賦与されるマサ街区の家屋と市域のロス・コランドラレスの耕地，さらには妻オリーバの連れ子とおぼしいベネデットの娘に与えられるアルガスカルの耕地と全動産が寄進の対象から除外されている。前者の贈与については，ACH, LC, no. 615 (1209, VII) [CDCH, doc. no. 708]. ペドロ・デ・アグアスが果たしたという奉仕の内容は判然としないが，アケルメスとイネスの子らとの財産分割に際して，アケルメスの保証人をつとめたことがあるいはそれにあたるかもしれない。ACH, LC, no. 609 (1206, VI) [CDCH, doc. no. 673]. なお，年代記載のないアケルメスの財産目録（memoria）が伝来するが，そこに列挙された 12 の耕地には 1206 年にイネスの子らに分与された耕地が含まれているため，同年以前に作成されたことは確実であり，アケルメスによって寄進された財産に対する司教座聖堂教会の権利保証にかかわるものではない。ACH, LC, no. 618 (a. 1206) [CDCH, doc. no. 781].

(62) ACH, LC, no. 570 (1206, X) [CDCH, doc. no. 676].

(63) ACH, armario 2, no. 578/LC, no. 579 (1211, I). ラモン・デ・ボクロンに分与された財産のうち，とくに市壁外の，フォルティス（フェレア）門からアルキブラ門に達する街路沿いに位置したらしい家畜市場そばの家屋と菜園は，もともと実父サンチョ・デ・ハサの父祖伝来の財産である。すなわち，ガルシア・デ・ハサの寡婦にしてサンチョの母オルベリートが 1180 年 6 月，テンプル騎士団に家畜市場に隣接する自らの菜園を経由してその菜園に水路を引く権利を寄進している。CT, doc. no. 82 (1180, VI). 1185 年には，当該菜園を相続したサンチョがその 2 分の 1 をサン・ペドロ・エル・ビエホ修道院に寄進している。ADH, CSPV, fol. 138v. (1185).

(64) ACH, LC, no. 868 (1221, I)

(65) ACH, extravagantes/LC, no. 577 (1224, X).

(66) ACH, LC, no. 583 (1229, IX).

(67) ACH, LC, no. 584 (1232, XII).

(68) ACH, LC, no. 544 (1227, VI).

(69) ACH, LC, no. 539 (1243, XI, 2).

(70) ACH, LC, no. 382 (1113, VI) [CDCH, doc. no. 112].

(71) ACH, armario 2, no. 378 (1140, VI) [CDCH, doc. no. 155].

(72) ACH, armario 3, no. 418 (1222, XII).

(73) ACH, armario 2, no. 378 (1140, VI), 354 (1146, VIII), 577 (1148), 630/LC, no. 653 (1154, V, 26) ; armario 9, no. 119 (1157, I) ; armario 2, no. 519 (1158, VIII), 587 (1163, V), 482/LC, no. 636 (1169, III) ; armario 4, no. 1002 (1169, XII) ; armario 2, no. 497/LC, no. 625 (1171, V), 429 (1172, V) ; extravagantes (1181, II) ; armario 2, no. 345 (1183, X), 63 (c. 1183) [CDCH, doc. no. 155, 176, 186, 210, 223, 227, 238, 255, 261, 275, 284, 355, 384, 387].

(74) ACH, LC, no. 847 (1146, XII), 644 (1147, VI), 648 (1147, VI), 848 (1151, II), 574 (1151, VIII), 647 (1153), 630 (1154, II), 650 (1154, IV), 653/armario 2, no. 630 (1154, V, 26), 654 (1154, VI, 8), 638 (1163, I), 649 (1165), 629 (1167, VIII), 635 (1167, IX), 622 (1168, II), 636/armario 2, no. 482 (1169, III), 631 (1171, II), 625/armario 2, no. 497 (1171, V), 634 (1172, XII), 846 (1175, XII) [CDCH, doc. no. 177, 179, 180, 196, 197, 206, 207, 209, 210, 211, 237, 245, 250, 251, 252, 255, 273, 275, 288, 316].

(75) ACH, armario 2, no. 63/LC, no. 849 (1171, I, 23) ; extravagantes (1180, III) ; extravagantes (1181, II) ; armario 2, no. 63 (1186, II) ; extravagantes (1186, II) ; armario 2, no. 374 (1187, X), 63 (1202, III, 3), 152 (1202, VIII, 1), 632 (1207, VIII) [CDCH, doc. no. 270, 351, 356, 403, 404, 421, 598, 608, 691] ; armario 2, no. 366 (1220, II, 12), 470 (1220, V, 14) ; armario 3, no. 418 (1222, XII).

(76) ACH, LC, no. 849/armario 2, no. 63 (1171, I, 23), 588 (1198, II) [CDCH, doc. no. 270, 539] ; LC, no. 210 et 515 (1214, I).

(77) ACH, armario 2, no. 378 (1140, VI) [CDCH, doc. no. 155].

(78) ACH, armario 2, no. 354 (1146, VIII) ; LC, no. 847 (1146, XII), 644 (1147, VI), 648 (1147, VI) [CDCH, doc. no. 176, 177, 179, 180].

(79) ACH, armario 2, no. 577 (1148) [CDCH, doc. no. 186].

(80) ACH, LC, no. 848 (1151, III) [CDCH, doc. no. 196].

(81) ACH, LC, no. 650 (1154, IV) [CDCH, doc. no. 209].

(82) ACH, LC, no. 654 (1154, VI, 8) [CDCH, doc. no. 211].

(83) ACH, LC, no. 635 (1167, IX) [CDCH, doc. no. 251].

(84) ACH, armario 4, no. 1002 (1169, XII) [CDCH, doc. no. 261].

(85) ACH, LC, no. 574 (1151, VIII), 647 (1153), 630 (1154, II) ; armario 2, no. 630/LC, no. 653 (1154, V, 26) ; armario 9, no. 119 (1157, I) ; LC, no. 638 (1163, I) ; armario 2, no. 587 (1163, V) ; LC, no. 649 (1165), 629 (1167, VIII), 622 (1168, II) ; armario 2, no. 482/LC, no. 636 (1169, III) ; LC, no. 631 (1171, II) ; armario 2, no. 497/LC, no. 625 (1171, V) ; armario 2, no. 429 (1172, V) ; LC, no. 634 (1172, XII), 846 (1175, XII) [CDCH, doc. no. 197, 206, 207, 210, 223, 237, 238, 245, 250, 252, 255, 273, 275, 284, 288, 316].

(86) ACH, armario 2, no. 63 (1183?) [CDCH, doc. no. 387].

(87) ACH, extravagantes (1181, II) [CDCH, doc. no. 355]. ギリェルモ・デ・オロロンは，ラモン・アステルに相続させるコリェーリョの家屋と店舗に対するあらゆる権利を放棄するよう命じられており，ラモン・アステルもまたこの措置を確認している。

(88) ACH, armario 2, no. 345 (1183, X) [CDCH, doc. no. 384]. 当該文書は形式上，遺言状の書式に照らすと破格というほかなく，あらゆる財産の分与を網羅しているようにも思われない。ラモン・アステルに対しては，弁済済みの担保を償還し，残りを同人に与えると明記するのみである。1187 年 10 月には，ラモン・デ・テナの子バリェスがラモン・ア

ステルから，自らの父がホフレ・イサークに対して設定していた担保を償還されている。ACH, armario 2, no. 374 (1187, X) [CDCH, doc. no. 421]. じつはラモン・デ・テナは，1172年に当該担保物件をサン・ペドロ・エル・ビエホ修道院に寄進しようとして，同修道院がホフレ・イサークに120ソリドゥスを支払って償還させるよう願い出ていたのであるが，どうやらそれも叶わなかったようである。ADH, CSPV, fol. 155 (1172).

(89) ACH, extravagantes (1181, II) [CDCH, doc. no. 356].

(90) ACH, LC, no. 588 (1198, II) [CDCH, doc. no. 539].

(91) ACH, armario 2, no. 63 (1186, II) [CDCH, doc. no. 403]; extravagantes (1186, II) [CDCH, doc. no. 404].

(92) ACH, armario 2, no. 63 (1202, III, 3) [CDCH, doc. no. 598], 152 (1202. VIII. 1) [CDCH, no. 608]. いずれもラモン・アステルによる担保つきの金銭借入という形式をとっている。この場合の金銭の貸手は，形式上はラモン・アステルが指定した担保ながら，実質的には年限つきの保有地となる菜園および家屋から本来負担すべき貢租を免除される代わりに，それぞれ前もって200ソリドゥスと70ソリドゥスを彼に融通するというかたちになっている。

(93) ACH, armario 2, no. 632 (1207, VIII).

(94) ACH, LC, no. 210 et 515 (1214, I). 当該売却文書は，司教ガルシア・デ・グダルによる購入を内容とする売却文書群がまとめられた200番前後のセクションにも含まれている。

(95) ACH, armario 2, no. 366 (1220, II, 12). 当該遺言状は，本来公証人ドミンゴ・ロペスによって作成されたものであるが，伝来するのは公証人ベルトランドが1227年11月2日に転写したものである。なお，イスエラ川に敷設された粉挽水車には，本来の所有者とおぼしいレネールという人名が付されている。ラモン・アステルは1189年3月，レネールの甥ギリェルモ・デ・ウエスカに20マラベディを貸す際に，明記されていないもののなんらかの担保を受領しており，この粉挽水車の一部がそれに相当するものと考えられる。ACH, extravagantes (1180, III) [CDCH, doc. no. 351].

(96) ACH, armario 2, no. 470 (1220, V, 14).

(97) ACH, armario 3, no. 418 (1222, XII?).

(98) ACH, armario 2, no. 608 (1195, XII) [CDCH, doc. no. 510]. ここでフアン・ピクタビンに売却されたプエージョ・デ・サンチョの葡萄畑と耕地のうち，耕地は父ギリェルモが1184年12月に購入したものである。ACH, armario 2, no. 520 (1184, XII) [CDCH, doc. no. 395].

(99) ACH, armario 2, no. 367 (1199, I) [CDCH, doc. no. 548].

(100) ACH, armario 2, no. 693 (1203, IV) [CDCH, doc. no. 630]. 当該葡萄畑はもともと，征服直後のウエスカを国王ホノールとして保有した当時のアラゴン王国最有力貴族のオルティ・オルティスが所有したものであった。ACH, armario 2, no. 520 (1184, XII) [CDCH, doc. no. 395].

(101) ACH, armario 9, no. 242 (1206, III) [CDCH, doc. no. 665]. なお，5人の子のうち，大助祭ギリェルモ・マルティンはラモン・アステルの第2の遺言状の管理人をつとめており，父と同名のウーゴ・マルティンはそこで保証人として名を連ねている。後者はとくに，1226～1227年に誓約人を歴任したことでも知られる。

(102) ACH, armario 9, no. 215 (1212, V, 13) [CDCH, doc. no. 753].

(103) ACH, LC, no. 191 (1220, I).

(104) CT, no. 172 (1220, IX).

(105) ACH, armario 2, no. 628 (1239, IV, 18), 618 (1242, II). いずれもペドロ・デ・カミーノとその妻サンチャに対して売却されている。

(106) ACH, armario 4, no. 658 (1243, I, 5). ここでは，司教座聖堂教会によりトマス・デ・アグアスに貸与されたコリェーリョの店舗の隣接物件のなかに，故人フアン・ピクタビンの店舗が含まれている。

(107) ACH, armario 2, no. 457 (1248, V, 15), 450 (1250, X, 1). なお，これらの文書のなかで，フアン・ピクタビンによる寄進は公証人アルナルド・ドゥエットにより作成された公正証書によって履行されたと明記されている。

(108) ACH, armario 2, no. 520 (1184, XII), 608 (1195, XII), 367 (1199, I), 693 (1203, IV) ; armario 9, no. 242 (1206, III) ; extravagantes (1211, III) ; armario 9, no. 215 (1212, V, 13) [CDCH, doc. no. 395, 510, 548, 630, 655, 733, 753] ; armario 2, no. 628 (1239, IV, 18), 618 (1242, II).

(109) ACH, LC, no. 191 (1220, I).

(110) ACH, armario 2, no. 63/LC, no. 849 (1171, I, 23) [CDCH, doc. no. 270].

(111) ACH, armario 2, no. 63 [CDCH, doc. no. 387 (1183?), 403 (1186, II), 598 (1202, III, 3)].

(112) ACH, extravagantes (1181, II) [CDCH, doc. no. 355].

補論 2　カルチュレールと公証人登記簿

(1) 当該バイリアの単葉文書は国立歴史文書館（Archivo Histórico Nacional）に所蔵されているが，1188～1551 年でわずかに 24 点，その大半はビジェルのコメンダドール管理下におかれた，テルエルのサント・レデントール救貧院にかかわるものばかりである。AHN, OM, carpeta 694, no. 1-24 (1188-1551).

(2) 現在すべて国立歴史文書館に所蔵されている。AHN, Códice 648 (t. 1 : *Libro verde de Villel*), 649 (t. 2 : *Privilegios reales y pontíficos*), 650 (t. 3, lib. 1 : *Diversorum* [*Zaragoza*]), 651 (t. 4, lib. 2 : *Diversorum* [*Zaragoza*]), 652 (t. 5 : *Donaciones y tributaciones de Boquiñeni, Pradilla y Tauste*), 653 (t. 6 : *Libro del tesoro de Monzón*/*Libro verde*). これらのうち，現段階では国王および教皇文書を集成した第二書のみがごく最近刊行されている。A. Madrid Medina, *El maestre Juan Fernández de Heredia y el Cartulario Magno de la Castellanía de Amposta* (*tomo II*), 3 vols., Zaragoza, 2012-2017. なお，テンプル騎士団統治下で編纂されたバイリアのカルチュレールはアラゴン南部ではカステリョーテのそれを数えるのみである。AHN, Códice 594. このカルチュレールもまた，近年刊行されるにいたっている。S. de la Torre Gonzalo, *El cartulario de la encomienda templaria de Castellote* (*Teruel*), *1183-1283*, Zaragoza, 2009.

(3) AHN, Códice 648, p. 1 : « E porque en los trasoros de la Sancta Casa del Espital de Sant Johan de Jherusalen e la Castellania Damposta ay muytos priuilegios cartas e escripturas publicas e priuadas necessarias utiles e prouechos a la dicha Orden e de grant partida de aquellas los frayres qui agora son en la dicha Orden ignaros e inscientos porque nunque aquellas uieron ni oyeron ni reconyocieron. Encara algunas de las dichas cartas e priuilegios existentes son assi destroydos por lur grant uegedat e antiguidat que buenament non se podiaron leyer ni examinar... Por aquesto encara et por obuiar los periglos e danyos [　] se podrian esdeuenir d'aqui adelant por las razones sobredichas e por tal que mas desenbargadament sin assi [　] se puedan trobar quando necessarias

seran ».

（4）ただし，この国王文書は，1284 年 6 月 8 日の公証人による写し（トランスラトゥム〔translatum〕）の写しである。当該文書は，アルファンブラのバイリアのセクションの冒頭にもあらためて筆写されている（142 番〔168〜169 頁〕）。

（5）なお，3 番には，域外の城塞アルベントーサにおいて創建されるすべての教会をテンプル騎士団に寄進するとした 12 世紀末の国王文書が配置されている。

（6）AHN, Códice 648, p. 442 : « Item como el comendador de Villel dio a Ali de Mahomat de Molina una pieça en el Salobrar con çens de V solidos. Fecha el primero dia de mayo, Era M. CCC. XI. e es taiada ».

（7）AHN, Códice 648, no. 171, p. 203（1190, IX）: « Como don Grimalt enpe/nyo a la Orden una pie［ça］/ en la uega de Vallacrox / e otra en Serriella per［C］solidos / e X fanega trigo ».

（8）AHN, Códice 648, no. 197, pp. 216-217（1251, VIII, 3）: «［Una］par de gallinas sansals /［in］Villel a Sant Miguel ］fadiga ».

（9）あくまでも参考までに，聖ヨハネ騎士団領のアリアーガの例を挙げておこう。当該バイリアには，カルチュレールが編纂されたバイリアとしてはやや例外的にオリジナルを中心に 73 点の単葉文書が伝来する。そのうち 20 点が土地貸借文書であるが，書体から判断して 14 世紀に付されたとおぼしいそれらの裏面情報はきわめて興味深い。たとえば，「粉挽水車に隣接するアリアーガの耕地の貢租。アリアーガ。18 デナリウス」（Sensal de Aliaga d'hun campo / que se tiene con el molino suiano / Aliaga } XVIII d.）。AHN, OM, carpeta 618, no. 23（1280, VIII, 6）. また，「騎士団がカステリョーテにもつロウ 3 リブラ負担の土地貸借証書」（Carta de tributa/rio de tres li/uras de cera que la / Orden ha en Castelleto）。AHN, OM, carpeta 618, no. 32（1299, III, 5）. これらの事例では，貸借財産，所在地，貢租内容のみが表示されている。とくに前者の事例は，保有者名がないことを除けば，ほぼ同一といってよい表記方法である。このあたりは別稿で詳しく論じている。拙稿「テンプル／聖ヨハネ騎士団カルチュレールと文書管理—生成・機能分化・時間—」吉江貴文編著『近代ヒスパニック世界と文書ネットワーク』悠書館，2019 年，203-228 頁。なお，ポール・ベルトランは，フランス北部やベルギーで 13 世紀後半に成立するサンシエ（貢租帳）の書冊化の前段階として，同世紀に単葉文書の裏面に要旨を記入する行為が一般化したとしている。それは，文書の分類だけでなく，実践的な収入管理の必要性にねざしており，文書と収入を地理的に分類するべく同世紀末には不可欠な行為となったという。P. Bertrand, Jeux d'écriture : censiers, comptabilités, quittances…（France du Nord, XIIIe-XIVe siècles）, *Décrire, inventorier, enregistrer entre Seine et Rhin au Moyen Âge*, Paris, 2013, pp. 165-195.

（10）AHN, Códice 648, no. 321, pp. 290-291（1322, XII, 6）.

（11）AHN, Códice 648, p. 470 : « Item Juan Morat por sus casas del varrio del Serriella a dar por VII anyos primeros uinientes d'agora que se cuenta anyo domini Millo CCC. L. VI. cadaun anyo — II galinas. / Esto es por gracia que el senyor castellan fizo que lexo la huna gallina por IX anyos ».

（12）ACA, Cancillería, Varia de Cancillería, no. 5 : *El manual de la escribanía pública de Villel*（*Teruel*）*de 1277-1302*.

（13）当該分類カテゴリには，件の 5 番と同様に，厳密には本来国王文書庫にかかわりのない史料が数多く含まれている。ちょうど国王文書庫の成立期に解体をよぎなくされたテンプル騎士団の関連史料がまさしくそうである。たとえば，4 番は，同じくビジェルの

コメンダドールによって差配されたアルファンブラの14世紀初頭の支出記録である。材質は紙製，体裁は33.5 × 12 cmの縦長状で，全体は16葉からなっている。作成年代の記述が欠落しているが，書体の特徴からみて騎士団解体の直前，14世紀初頭のものであることは疑いない。第1葉裏から第5葉裏までに，7月11日から翌年2月までの毎日の貨幣支出額とその用途が簡便に列挙される一方（支出がない場合は曜日のみ），第6葉から第15葉裏まではもっぱら白紙である。白紙の部分は本来同年の収入の部にあてられる予定であったと考えたくなるところであるが，第16葉にふたたび支出額の記述が復活し，その末尾に半年強の支出総額が合計480ソリドゥス8デナリウスにのぼったと記されている。コンパクトな体裁，きわめて簡便な記述，もっぱら支出額のみを列挙するその内容からみて，当該史料は完全な会計記録作成の素材となる各日の支出覚書に相当するものとおぼしい。ACA, Cancillería, Varia de Cancillería, no. 4. なお，以上のような例としてはほかにも，雑分類にかぎらず，国王ハイメ2世の国王文書登録簿（レヒストロ［registro］）の一つに加えられたテンプル騎士団ヒスパニア＝プロヴァンス支部全体のカルチュレールがある。ACA, Cancillería, registro 310 (Jaime II, Varia 24, *Privilegia Templariorum*).

(14) A. J. Forey, *The Templars in the Corona de Aragón*, London, 1973, p. 457.

(15) ACA, Cancillería, Varia de Cancillería, no. 5, fol. 71 [10] (1291, IV, 14) : « Como yo Miguel del Aldeyuella que devo a vos Adan XXXI solidos et medio plaço a santa Maria agosto et que do a vos por los V solidos pan en paga como valere de la dicho plaço. Testigos son don Estevan Monçon e Miguel Estevan. Fecha XIIII dias andados april ».

(16) P. Bertrand, C. Bourlet et X. Hélary, Ver une typologie des cartulaires médiévaux, *Les cartulaires méridionaux*, Paris, 2006, pp. 7-20 ; M. Bourin, Conclusion, *ibid.*, pp. 253-268. なお，冊子体（codex）が一般的とはいうものの，ごくまれながら巻子本（volumen, rotullus）の例がないわけではない。たとえば，リバゴルサのサンタ・マリア・デ・オバーラ修道院に伝来する，『ベナスケの巻物』(Rótulo de Benasque）と『バリャブリーガの巻物』(Rótulo de Ballabriga）と呼ばれる11世紀中葉の小カルチュレールは，いずれも革紐でつながれた羊皮紙を木製の芯に巻きつけた正真正銘の巻子本である（現在はそれぞれ国立歴史文書館とサラゴーサ大学哲学文学部に所蔵）。これらはいずれも，サンガという名の同じ女性を妻とする二組の私人の夫婦の証書群を筆写・集成した，事実上一世代かぎりの俗人カルチュレールとなっている。詳しくは，拙稿「紀元千年頃の俗人の土地領有をめぐって―スペイン北東部リバゴルサ地方の場合―」『ヨーロッパ中世世界の動態像―史料と理論の対話―』九州大学出版会，2004年，111-135頁。

(17) AHN, Códice 660 et 661. 単葉文書については，国立歴史文書館では，バイリア内の主要村落ごとに分類して所蔵されている。AHN, OM, carpeta 651-652 (Cantavieja), 665 (Mirambel) et 693 (Villarluengo).

(18) 1390年代前半のトロンチョンの国王公証人ロレンソ・プッチブリアウや，同じく同後半のフアン・フロレントの手に非常に近しいように思われる。いずれにせよ，少なくとも同時期の公証人の典型的な書体で書かれていることは疑うべくもない。前者が作成した証書は，AHN, OM, carpeta 652, no. 29 (1391, XII, 12) ; AMT, Pergaminos, no. 56 (1394, XII, 16), 57 et 58 (1395, IV, 5). 後者は，AMT, Pergaminos, no. 61 (1398, VIII, 1).

(19) AHN, Códice 660, p. 135 : « Item Martin Arnaldo por una pieza en la Ombria de la Canyada que afruenta con tierra de Johan Polo e con tierra de Marco el Puerto e con el pinar e con la carrera

que va de la Canyada a la Aiguisuella faze de trehudo por spacio de V anyos de oy a XXX de octubre del anyo XC quarto medio kafiz de trigo e de alli adelant un kafiz ».

(20) AHN, Códice 660, p. 116 : « Primerament Bernat Villa Noua por las possessiones / que tienen en la Cuba que afruentan con el rio e con / carrera publica publica e con vinya e tierra d'En Polo } III solidos VI [dineros] ».

(21) AHN, Códice 660, p. 111 : « Item tenia Bernat de la Torre una pieza en Pa/lomita que afruenta con stanys de concello e con / la penya de la Bacariza facia de sens trigo } III fanegas trigo ».

(22) AHN, Códice 660, p. 121 : « Item Pero Boltanya menor por un mas tierras e cerada / sitiado en la Solana la Loriga termino de Villarluengo / que afruenta con tierra de Pero Boltanya mayor e con tierra / de Pero Merino de dos cabos e con via publica } VI quartales ».

(23) AHN, Códice 660, p. 121 : « Item faze Guillem Torres menor por el mas de Sayon } II quartales ».

(24) AHN, Códice 660, p. 121 : « Facelo Guillem Torres ».

(25) AHN, Códice 660, pp. 119-120.

(26) ハイメ・キレスは，130 頁のビジャルエンゴの財産目録で，公証人職を 30 ソリドゥスで貸与されたとされている。AHN, Códice 660, p. 130 : « Item la scriuanya de la villa dio la el senyor maestro a Jayme Quiliz con XXX sueldos de trehudo pero recibendo periudicio el comendador ».

(27) AHN, Códice 660, p. 120 : « con la fortuna de las guerras le auian perdido las cartas del titol de las ditas heredades ».

(28) ここでは，カンタビエハとその域内村落ビジャルエンゴにかかわる土地貸借文書を挙げておこう。AHN, OM, carpeta 651, no. 7 (1319, VIII, 19), 12 (1335, XI, 15), 13 (1336, XII, 23), 14 (1341, VII, 25), 15 (1349, ?, 2), 18 (c.1349) ; carpeta 652, no. 20 (1353, II, 22), 21 (1353, III, 16), 22, 23 et 24 (1355, III, 1), 25 (1355, III, 12), 26 (1356, II, 14), 27 (1356, VII, 17), 29 (1391, XII, 12), 30 (1395, VIII, 25) ; carpeta 693, no. 1 (1319, XI, 1), 2 et 3 (1321, V, 7), 4 (1332, I, 2).

(29) AHN, OM, carpeta 651, no. 15 (1349, ?, 2), 18 (c.1349) ; carpeta 652, no. 20 (1353, II, 22), 21 (1353, III, 16), 22, 23 et 24 (1355, III, 1), 25 (1355, III, 12), 26 (1356, II, 14), 27 (1356, VII, 17). たとえば，« Signo de Jayme Nadalias vecino de Cantauiella que por actoridat del senyor lugar tenient de castellan notario publico por toda la castellania de Anposta que por actoridat del don Matheu Albarllis justicia de Cantauiella de los libros e notas de don Johan de Mallen notario publico que fue de Cantauiella por el recebida e testificada sacar e scriuir fuy e çerer ». フアン・デ・マリェンは，1349 年のコメンダドールと各共同体との義務・権利協定証書を作成した公証人である。AHN, OM, carpeta 651, no. 16 (1349, VIII, 18), 17 (1349, VIII, 17) ; carpeta 665, no. 4 (1349, VIII, 7), 5 (1349, VIII, 28) ; carpeta 693, no. 5 (1349, VIII, 18), 6 (1349, VIII, 19).

(30) C. Sáez, Origen y función de los cartularios hispanos, *Anuario del Centro de Estudios Históricos "Prof. Carlos S. A. Segreti"*, no. 10, 2005, p. 39. この点で，唯一テンプル騎士団時代に編纂されたカステリョーテのバイリア・カルチュレールが，貢租帳をともなわないにもかかわらず，1572 年にアンポスタ管区の文書庫の目録に登録された際に，「カステリョーテのバイリアの貢租の古いカブレオ」と呼称されていることは意味深長である。AHN, Códice 594 : « siendo uno de ellos este Cartulario, tenia por titulo : Cabreo antiguo de las rentas de la

Baylia de Castellot, y este mismo sele puso en el Indice del Archivo hecho en el año 1572 ».

補論 3　公証人登記簿と商品交換

(1) たとえば，ホセ・アンヘル・セスマ・ムニョスがアラゴン南部の商業を総括したときにも，ハビエル・メドラーノ・アダンが比較的近接したカンタビエハを中心とするマエストラスゴの市場をとりあげた際にも部分的に利用されている。J. Á. Sesma Muñoz, Producción para el mercado, comercio y desarrollo mercantil en espacios interiores (1250–1350) : el modelo del sur de Aragón, *Europa en los umbrales de la crisis (1250–1350). XXI Semana de Estudios Medievales de Estella*, Pamplona, 1995, pp. 205–246 ; J. Medrano Adán, Poblamiento, ferias y mercados en el Maestrazgo turolense, siglos XIII y XIV, *Crecimiento económico y formación de los mercados en Aragón en la Edad Media (1200–1350)*, Zaragoza, 2009, pp. 123–185. なお，メドラーノ・アダンはむしろ，15 世紀のプエルトミンガルボに注目している。Id., *Puertomingalvo en el siglo XV. Iniciativas campesinas y sistema social en la montaña turolense*, Teruel, 2006.

(2) C. Laliena Corbera, Transformación social y revolución comercial en Aragón : treinta años de investigación, *Una economía integrada. Comercio, instituciones y mercados en Aragón, 1300–1500*, Zaragoza, 2012, pp. 15–18.

(3) CTEM, doc. no. 7 (1208, III, 6). それら諸規定は 1260 年編纂の『テルエルのフエロ』(Forum Turolii) に組み込まれることになる。BNE, Mss/690, *Forum Turolii*.

(4) CTEM, doc. no. 37 (1259, IX, 23).

(5) AHN, Códice 660, pp. 18–20 (1255, IX, 11).

(6) C. Laliena Corbera, Licencias para la exportación de cereral de Aragón y Cataluña a mediados del siglo XIII, *Aragón en la Edad Media*, no. 20, 2008, pp. 445–456.

(7) C. Laliena Corbera, El impacto del impuesto sobre las economías campesinas de Aragón en vísperas de la Unión (1277–1283), *Dynamiques du monde rural dans la conjoncture de 1300*, Rome, 2014, pp. 561–604.

(8) E. Sarasa Sánchez, *El Privilegio General de Aragón. La defensa de las libertades aragonesas en la Edad Media*, Zaragoza, 1984, p. 86 : « Item, los escrivanos e los corredores de las ciudades e de las villas sean puestos por los iurados e por aquellos que costumpnaron de meterlos menos de treudo segunt que avían husado antigament ».

(9) AHN, Códice 648, no. 281, p. 273 (1283, IX, 18).

(10) AHN, Códice 648, no. 272, p. 258 (1283, XI, 6).

(11) AHN, Códice 648, no. 311–314 (1320, X, 2), 315 (1320, X, 7), 316 (1320, XI, 11), 317 (1320, VIII, 25), 320 (1321, X, 15), 321 (1322, XII, 6).

(12) J. A. del Castillo y de Espital, *Summario del origen y principio y de los privilegios, estatutos y ordenaciones del colegio de los notarios del numero de cuarenta, vulgarmente dichos de caxa, de la ciudat de Çaragoça*, Çaragoça, 1548. Reimpresión facsímil y Prólogo de Ángel San Vicente Pino, Zaragoza, 1995, fol. 2v–3 (1300, IX, 28) : « Por el qual se ordena y manda que en todas las ciudades villas y aldeas del reyno se meta numero cierto de notarios publicos por los que deuen y han acostumbrado poner los y que sean tantos los notarios que abasten para los negocios del pueblo donde residan. Pero que no sean mas delos que commodamente puedan viuir de aquel offico de notaria : y que se haga y meta en todos los lugares taxacion cierta para los instrumentos y

escripturas publicas, la qual taxacion sea ygual alos vezinos y alos estraños de tal lugar ».

(13) *Ibid*., fol. 2–2v (1295, VII, 10).

(14) *Ibid*., fol. 3 (1317, VIII, 7).

(15) *Ibid*., fol. 3v–4 (1320, X, 23).

(16) それぞれ撮影機器を貸し出したマドリーの国立文書・図書保存・マイクロフィルム化センター（Centro Nacional de Conservación y Microfilmación Documental y Bibliográfica），テルエル県立歴史文書館（Archivo Histórico Provincial de Teruel），テルエル研究所（Instituto de Estudios Turolenses）に保管されている。

(17) F. J. Aguirre González, C. Mores Villamate y M. P. Abos Castel, *Catálogo de los Archivos Municipales Turolenses*, 4 vols., Teruel, 1982–1985.

(18) AMP, Documentación notarial, Protocolo, doc. 1 (1312), 2 (1313), 3 (1318–1323), 4 (1319), 5 (1319), 6 (1325–1331), 7 (1331), 8 (1334), 9 (1338), 10 (1340), 11 (1340), 12 (1342–1343), 13 (1345), 14 (1346), 15 (1347–1348).

(19) AMP, Documentación notarial, Judiciario, doc. 28 (1305), 29 (1305), 30 (1305), 31 (1310?), 32 (1314), 33 (1315), 34 (1315), 35 (1316), 36 (1316–1318), 37 (1316), 38 (1317), 39 (1318), 40 (1318), 41 (1318), 42 (1319–1320), 43 (1319), 44 (1320), 45 (1320), 46 (1320–1325), 47 (1321), 48 (1322), 49 (1325–1328).

(20) AMP, Documentación notarial, Judiciario, doc. 34, fol. 58 (1315) : « Anno Domini MCCCXVI comiença el dia de santa Maria del mes de março ».

(21) AMP, Documentación notarial, Judiciario, doc. 34, fol. 36 (1315, XI, 7) : « III dias nouiembre MCCCXVI atorgo ser pagado del deudo e mando yo dapnar la carta ».

(22) AMP, Documentación notarial, Judiciario, doc. 34, fol. 44 (1315, XII, 16) : « XVI dias agosto MCCCXVI fue dapnata esta carta ».

(23) AMP, Documentación notarial, Judiciario, doc. 33, fol. 2 (1315, XI, ?) : « XVIII dias octubre MCCCXV dona Maria mando dapnar esta carta ».

(24) AMP, Documentación notarial, Judiciario, doc. 35, fol. 2v (1316, V, 11) : « V dias exir octubre MCCCXV Nicolau de laç Açter atorgo ser pagado del dito deudo ».

(25) AMP, Documentación notarial, Protocolo, doc. 1, fol. 2v (1311, III, 18) : « Como yo Domingo Vivel atorgo dever a vos dona Menga muler de Beltran Asensio es asaber LX solidos reales los quales devo a vos por prestamo pagar a santa Maria d'agosto primera vinient ».

(26) AMP, Documentación notarial, Protocolo, doc. 1, fol. 1v (1311, III, 17) : « Como yo Ramon Jener atorgo dever a vos dona Menga muler que fuestes don Beltran Asensio veçina en Vila Fermosa o a los vestros o a todos ombres que por vuestro bien a mi demandara çoes a saber III kafices e medio de trigo mensura Valençia que vos prestastes renunciant a toda excepcion d'enganno del qual vos prometo responder como el Puerto se valdra el dia Pentecoste primera vinient pagar a santa Maria d'agosto primera vinient ».

(27) 1330年代のごく一部の小麦取引では，代金の支払い時期が聖霊降臨祭ではなく，第5章のテンプル騎士団領ビジェルでみられたのと同様に，6月24日の聖ヨハネの祝日となっている。AMP, Documentación notarial, Judiciario, doc. 7, fol. 3–3v (1330, V, 22), 4 (1330, V), 6 (1330, VI, 3), 8v–9 (1330, VI, 12).

(28) AMP, Documentación notarial, Protocolo, doc. 2, fol. 4v (1312, IV, 17) : « Como yo Domingo Juanes veçino Castelvispal e Pere Fabre veçino Mosqueruela devemos a Miguel Solsona

e Berenguer Solsona CXL e V solidos reales los quales devemos a vos por VII kafices e VI quartales trigo que devos oviemos pagar quando querrades a vestra voluntat syn danno ».

(29) AMP, Documentación notarial, Protocolo, doc. 2, fol. 11 (1312, VI, 26) : « Como yo Johan Venedito, Domingo Venedito d'Allepuç, cada uno por el todo devemos a vos Bernat Andreu XXXIII solidos IX dineros rales por panno, precio de vos oviemos pagar quando querrades syn danno ».

(30) AMP, Documentación notarial, Judiciario, doc. 34, fol. 62v (1316, V, 10) : « Como yo Anton Cortes atorgo dever a vos Martin Lopez de Bolea estant en el mismo lugar XXX solidos rales por raçon de huna asna que yo devos conpra, dar e pagar los ditos dineros a santa Maria d'agosto primera vinient ».

(31) AMP, Documentación notarial, Protocolo, doc. 2, fol. 23 (1312, XII, 9) : « Como yo Domingo Martin atorgo dever a vos Beltran Asensio C solidos rales por raçon de aquellas medias de vaquas que yo devos conpra renunciant pagar desta sant [ ] primero vinient en I anyo medio primero aveniendo ».

(32) AMP, Documentación notarial, Judiciario, doc. 34, fol. 7 (1315, IV, 16) : « Como yo Domingo Lorent veçino en el Puerto eteniendo en mi et los mios senoria propiedat do auos Domingo Lop veçino en el Puerto amedias II vaquas de pello uermelios del dia de pascua cuareysma primera vinient en VI anyos primeros vinientes... los quales son preciadas CXL solidos rales ».

(33) AMP, Documentación notarial, Protocolo, doc. 2, fol. 4v (1312, IX, 30) : « Como yo Pero Montanyes atorgo dever a vos Pero Çapatero XLV corderos et XLV corderas los quales devo a vos por XLV ovelias que yo de vos ovi, pagar a la fiesta de pascua florida primera vinient ».

(34) AMP, Documentación notarial, Judiciario, doc. 28, fol. 2v-3 (1305) : « Como yo Jayme Molin veçino del Puerto vendo a Domingo Poma veçino del dito lugar XXXV rovas de lana morena las quales a precio de X solidos por rova de Valencia… yo vos prometo liurar VIII dias ante de la fiesta de sant Johan bautista primera vinient e ocho dias en apres la desta fiesta en lunes dia… yo recognesco aver senyal e de paga CCCL solidos ».

(35) AMP, Documentación notarial, Judiciario, doc. 47, fol. 20 (1317, IX, 19), 29v (1317, X 11).

(36) AMM, Pergaminos, no. 5 (1317, III, 1) : « hun mas con toda la heredat e tierra que ali es laurada e por laurar sitiado en el termino de Mirambell en el Carrascal el qual afruenta de la primera part con tierra de don Johan Domingo de Monçon e de la II con la carera publica e de la III con tierra de la muller e de los fillos del defuncto Jayme Palau e de la IIII part con tierra del fillo del defuncto Pero Balsa et con tierra de uos dito don Assenssio Rabaça ».

(37) AMT, Pergaminos, no. 14 (1331, I, 23).

(38) AMP, Documentación notarial, Protocolo, doc. 2, fol. 4 (1312, IV, 11) : « Como yo Lorent Peligero atorgo dever a vos Johan Domingo de Monçon II kafices de trigo mensura Valençia, pan por pan a santa Maria d'agosto primera vinient ».

(39) AMP, Documentación notarial, Judiciario, doc. 35, fol. 5 (1316 [1312], V, 21) : « Como yo Lorent Peligero devo a vos Johan Domingo de Monçon veçino de Cantauiella absent XL solidos rales por II kafices trigo mensura Valencia que de vos compramos pagar a santa Maria d'agosto ».

(40) ラモン・ホルバについては，1315～1316 年の 34 番では彼の寡婦マリアが当事者となっているが，35 番および 39 番ではふたたび彼が当事者として登場する。これもまた，

35 番および 39 番を 1315 年以降に同定することはできないとした根拠となる所見である。

(41) 彼は，遅くとも 1317 年 9 月頃にはプエルトミンガルボに居住するようになったようである（estant en el Puerto）。AMP, Documentación notarial, Judiciario, doc. 47, fol. 26-26v (1317, IX-X).